KB041620

제 9 판

물권법

〔민법강의 II〕

곽윤직 · 김재형

박영사

머 리 말

2014년 물권법 제8판(전면개정)을 펴내고 2015년에는 최소한의 수정을 해서 그 보정판을 펴냈다. 이 개정판에서는 그 후에 나온 판례를 충실하게 소개하고 법령 개정을 반영하였으며 교과서의 내용을 좀 더 명확하게 서술하는 데 중점을 두었다.

지난 10년 동안 물권법에 관한 논의가 활발해지고 새로운 판례도 많이 나왔다. 공유물의 보존행위에 관한 판례는 대법원 전원합의체 판결로 변경되었다. 배타적 사용·수익권의 포기, 관습상 법정지상권, 분묘기지권의 취득시효, 부동산 명의신탁과 불법원인급여, 그리고 공동근저당권에 관하여 대법원 전원합의체 판결이 선고되었다. 자기 소유 부동산에 관한 취득시효, 채권담보 목적의 전세권, 공동저당, 누적적 근저당권, 동산담보권 등에 관해서도 중요한 판례가 나왔다.

필자는 2016년 9월부터 6년 동안 대법관으로서 위와 같은 판결 중 상당수에 참여하였다. 이러한 경험도 이 개정판에 반영되어 있다.

이 개정판은 표현을 간결하게 하고자 했는데도 새로운 판례를 반영하느라 종전 판에 비하여 30면가량 늘어났다. 이 책이 물권법을 이해하고 학습하는 데 조금이나마 도움이 되기를 바란다.

2024년 2월

김 재 형

제 8 판(전면개정) 머리말

『물권법』 교과서 초판이 출간된 것은 1963년이다. 『민법강의』 시리즈 가운데 맨 처음 나온 책이다. 이 책은 그 어떤 책보다도 선생님의 학문적 열정이 오롯이 담겨있다고 할 수 있는데, 민법학계에서 가장 영향력 있는 교과서가 되었다. 특히 물권변동론은 학계와 실무계에 지대한 영향을 끼쳤다.

이번에 내는 제 8 판(전면개정)에서는 12년 전 제 7 판이 나올 무렵부터 쌓여 있던 학설과 판례를 반영하고 그 동안 제·개정된 법률에 따라 내용을 수정하였다. 또한 새로운 세대의 학생들도 쉽게 읽을 수 있도록 한자를 모두 한글로 바꾸었으며 표현을 간결하고 이해하기 쉽게 하려고 노력하였다.

이 개정판을 내는 작업은 민법총칙 교과서와 동일한 방식으로 하였다. 그런데 물권법에는 수정해야 할 내용이 많았다. 그 이유는 무엇보다도 물권법에 관한 민사특별법이 크게 바뀌었기 때문이다. 부동산등기법이 전면적으로 개정되었고, 집합건물의 소유 및 관리에 관한 법률, 가등기담보 등에 관한 법률, 공장 및 광업재단 저당법, 자동차 등 특정동산 저당법 등 여러 법률이 개정되었다. 2010년에는 동산·채권 등의 담보에 관한 법률이 제정되어 동산담보권과 채권담보권이 새로운 물권으로 인정되었으며 담보등기제도가 새롭게 도입되었다. 1997년 금융위기를 겪은 이후 금융거래를 뒷받침하는 담보법에 관한 관심이 높아졌는데, 이것이 지난 10여 년 동안 담보법에 관한 각종 법률의 제·개정으로 이어졌다고 볼 수 있다. 그리고 전원합의체 판결이 가장 많이 나온 것도 물권법 분야이다. 그 밖에 물권법에 관한 중요한 판례가 많이 나왔다. 그리하여 이번 판에서는 제·개정된 법률과 새로운 판례를 대폭 보완해야 했다.

이제 독자의 몫이다. 이 책이 법을 이해하고 법적 사고를 명료하게 하는 데 조금이나마 도움이 된다면 더할 나위 없는 기쁨이 될 것이다. 미흡한 부분에 관해서는 다음 개정 작업을 기약하고자 한다.

2014년 4월

김 재 형

제 8 판(전면개정) 보정판을 내면서

지난해에 제 8 판(전면개정)을 낸 이후 다시 인쇄를 하게 되었다. 이 기회에 최소한의 수정을 하여 보정판으로 낸다. 독자 여러분께 감사드린다.

2015년 2월 16일

김 재 형

제 7 판 머리말

物權法敎科書의 첫 版은 1963년에 간행하였다. 그 후 全訂版(1975년)·全訂增補版(1980년)·再全訂版(1985년)·新訂版(1992년)·新訂修正版(1999년)을 차례로 냈으므로, 이제까지 모두 다섯 번 版을 고쳐 짰다. 그러므로 이 번에 새로 짠 版은 일곱 번째가 된다. 그리하여 이 번의 版은 「第七版」이라고 하였다.

第七版을 엮은 기본자세는 民法總則(第七版)의 머리말에서 밝힌 그대로이다. 여기에 되풀이하지 않는다.

이 번에도, 民法總則을 낼 때와 마찬가지로, 서울大學校 法科大學의 南孝淳 副敎授의 도움을 받았다. 南敎授의 도움에 대하여 깊은 감사의 뜻을 표시한다.

2002년 10월 15일

郭 潤 直

차 례

제 1 편 총 론
제 1 장 서 설

제 2 장 물권의 본질

제 3 장 물권의 종류

제 4 장 물권의 효력

제 5 장 물권의 변동

제 1 절 총   설

제 2 절 물권변동을 일으키는 법률행위(물권행위)

제 3 절 부동산물권의 변동

제 1 관 부동산등기

제 2 관 법률행위에 의한 부동산물권의 변동

제 3 관 법률행위에 의하지 않는 부동산물권의 변동

제 4 관 등기청구권

제 5 관 등기의 효력

제 2 편　소유권과 점유권

제 1 장　점 유 권

제 1 절　총　　설

제 2 절　점　　유

제 1 관　점유의 개념

제 2 관　간접점유

제 3 관　점유의 여러 모습

제 3 절　점유권의 취득과 소멸

제 1 관　점유권의 취득

제 2 관　점유권의 소멸

제 4 절 점유권의 효력

제 1 관 총   설

제 2 관 권리의 추정

제 3 관 점유자와 회복자의 관계

제 4 관 점유보호청구권

제 5 관 자력구제

제 5 절 준 점 유

제 2 장 소 유 권

제 1 절 총   설

제 2 절 소유권의 내용과 제한

제 3 절 부동산소유권의 범위

제 4 절 소유권에 기한 물권적 청구권

제 5 절 상린관계

제 6 절　소유권의 취득

제 1 관　총　설

제 2 관　취득시효

제 3 관　선점·습득·발견

제 4 관　첨　부

제 7 절　공동소유

제 1 관　총　설

제 2 관　공　유

xii   차   례

제 2 절　전세권의 취득과 존속기간

제 3 절　전세권의 효력

제 4 절　전세권의 소멸

제 4 편　담보물권

제 1 장　총　　설

제 2 장　유 치 권

제 1 절　총　　설

제 2 절　유치권의 성립

제 3 절   유치권의 효력

제 4 절   유치권의 소멸

제 3 장 질   권

제 1 절   총   설

제 2 절   동산질권

제 1 관   동산질권의 성립

제 2 관   동산질권의 효력

제 3 관   동산질권의 소멸

제 3 절　저당권의 효력

제 1 관　저당권의 효력이 미치는 범위

제 2 관　우선변제를 받는 효력

제 3 관　저당권의 실행

제 4 관　저당권과 용익관계

제 5 관　저당권의 침해에 대한 구제

제 4 절　저당권의 처분과 소멸

제 5 절　공동저당과 근저당권

제 6 장　가등기담보와 양도담보

제 1 절　총　　설

제 2 절　가등기담보

제 1 관　서　　설

제 2 관　가등기담보권의 설정과 이전

제 3 관　가등기담보권의 효력

제 4 관　가등기담보권의 소멸

제 3 절　양도담보

제 1 관　총　　설

제 2 관　양도담보권의 설정

제 3 관　양도담보권의 대내적 효력

법령약어

* 법령의 명칭 없이 인용하는 조문은 민법의 조문이다. 아래 법률의 조문을 괄호안에 인용하는 경우에는 다음과 같이 약어를 사용한다.

가담	가등기담보 등에 관한 법률
건설기계	건설기계관리법
건축	건축법
공간정보	공간정보의 구축 및 관리 등에 관한 법률
공익사업	공익사업을 위한 토지 등의 취득 및 보상에 관한 법률
공저	공장 및 광업재단 저당법
광업	광업법
근기	근로기준법
농지	농지법
동산담보	동산·채권 등의 담보에 관한 법률
동산담보규	동산·채권의 담보등기 등에 관한 규칙
디자인	디자인보호법
민소	민사소송법
민집	민사집행법
부동산실명	부동산 실권리자명의 등기에 관한 법률
부등	부동산등기법
부등규	부동산등기규칙
부등특	부동산등기 특별조치법
비송	비송사건절차법
상	상법
상가임대차	상가건물 임대차보호법
상표	상표법
수산업	수산업법
실용신안	실용신안법
입목	입목에 관한 법률
자저	자동차 등 특정동산 저당법
저작	저작권법
집합건물	집합건물의 소유 및 관리에 관한 법률
주택임대차	주택임대차보호법
특허	특허법
회생파산	채무자 회생 및 파산에 관한 법률
형	형법

주요 참고문헌

* 아래 단행본은 저자 또는 서명으로 인용한다.

고상룡, 물권법, 법문사, 2001.
곽윤직 편집대표, 민법주해(Ⅳ)~(Ⅶ), 박영사, 1992.
김기선, 한국물권법, 전정증보판, 법문사, 1990.
김상용, 물권법, 제 2 판, 화산미디어, 2013.
김용담 편집대표, 주석민법 물권(4), 제 4 판, 한국사법행정학회, 2011(김재형 등 집필).
김용한, 물권법론, 전정판, 박영사, 1985.
김증한, 물권법강의, 박영사, 1985.
김증한·김학동, 물권법, 제 9 판, 박영사, 1997.
김현태, 신물권법(상), 일조각, 1963.
_____, 신물권법(하), 일조각, 1964.
방순원, 신물권법(전), 일한도서, 1960.
송덕수, 물권법, 제 6 판, 박영사, 2023.
이영준, 물권법, 전정신판, 박영사, 2009.
이은영, 물권법, 제 4 판, 박영사, 2006.
장경학, 물권법, 법문사, 1987.
최 식, 신물권·담보물권법, 박영사, 1960.

제1편 총 론

제1장 서 설

[1] Ⅰ. 물권법의 의의

물권법(物權法)은 각종의 재화에 대한 사람의 지배관계를 규율하는 사법(私法)이다. 이는 계약을 중심으로 하는 채권법과 함께 재산법의 한 축을 구성하고 있다. 민법전 제2편에서 물권에 관하여 규정하고 있는데, 이는 물권관계, 즉 사람을 비롯한 권리주체가 재화를 직접 지배·이용하는 재산관계를 규율한다. 특히 소유권과 그 변동이 물권법의 중심부분을 차지하고 있다.

사람은 재화에 둘러싸여 그 속에서 살고 있는 존재로서, 바깥 세계, 즉 외계(外界)의 재화를 지배하고 그것을 이용하지 않고서는 살아갈 수 없다. 그러나 그러한 재화는 한정되어 있는 반면, 재화에 대한 사람의 욕망과 수요는 무한하고 사람에 따라 똑같지 않기 때문에, 사람들 사이에서 각자의 수요를 충족하기 위한 경쟁과 다툼이 생긴다. 만일 사람이 자신의 생활을 지탱하는 데 필요한 재화를 얻고 지배하는 것에 관한 질서가 없다면, 끝없는 다툼이 발생할 것이다. 아득한 옛날에는 바깥 세계의 재화에 대하여 작용하는 사람의 지배는 법질서를 떠난 단순한 「힘」의 관계, 즉 실력관계에 지나지 않았으나, 인류의 역사가 시작한 때부터는 일정한 재화의 지배를 권리(權利)로서 다루게 되었다. 여기에 물권법의 근원이 있다. 그 후 물권법은 변천과 추이를 거듭하면서 끊임없이 발달해 왔다. 사회의 변천에 따라서 물권법도 여러 단계를 거쳐 발달해 오고 있으며, 각 단계의 물권법은 그 모습과 이상을 달리하고 있다. 오늘날 우리는 근대사회에 형성된 근대적인 물권법 속에서 살고 있으며, 이것이 우리가 생각하는 물권법이다.

근대사회는 자유시장경제를 기반으로 하고 있는데, 이것은 상품경제와 자본주의경제를 토대로 하고 있다. 민법은 이러한 토대를 형성하는 데 중요한 역할을 하였다. 즉 재화에 대한 사적 지배(소유)와 그의 자유로운 교환(계약)이 법적으로 보장되어 근대사회, 특히 자본주의 사회질서가 형성되었다. 그리하여 근대사회는 모든 사람에게 권리주체로서 독립·대등한 지위를 보장하고, 소유권(所有權)과 계약(契約)이라는 법제도를 통해서 재산의 사적 소유와 그의 자유로운 교환관계를 법률적으로 보호한다. 그러므로 근대사회에서 사법의 역할은 소유권과 계약을 중심으로 하여 자본주의 사회질서에 적합한 재산관계를 실현하는 데 있으며, 물권법은 사법 가운데 소유권을 중심으로 하는 재산법이다.

　　　한 나라의 물권법질서는 그 나라의 헌법과 그에 기초를 둔 경제질서에 의하여 결정된다. 우리 헌법은 재산권을 보장하고(헌법 23조 참조), 행동의 자유와 계약의 자유를 인정하며(헌법 10조 참조), 자유경제 또는 시장경제가 경제질서의 기본임을 밝히고 있다(헌법 119조 1항 참조). 우리의 헌법질서에서 물권법은 기본적으로 근대사회의 그것, 즉 근대물권법의 하나이다. 현대사회의 물권법도 그 토대와 기본구조는 근대의 물권법과 거의 비슷하다.

[2]　Ⅱ.　물권법의 내용과 법원(法源)

1.　형식적으로 물권법이라고 할 때에는 민법전의 제 2 편 물권편(185-372조)을 가리키는 것이며, 그것은 총칙·점유권·소유권·지상권·지역권·전세권·유치권·질권·저당권의 9장으로 구성되어 있다. 그 내용은 민법이 인정하는 8종의 물권의 내용과 그 보호, 그리고 이러한 물권의 변동을 정하고 있다.

(1)　「총칙」에서는 물권법정주의(185조)·물권변동(186-190조) 그리고 물권의 소멸원인 중 하나인 혼동(191조)에 관하여 규정하고 있다. 그중 물권변동에 관한 규정은 사회적으로 또한 법률적으로 매우 중요한 의의를 가지지만, 조문은 5개뿐이어서, 이를 보충하기 위한 판례가 많이 쌓여 있다.

(2)　「점유권」(192조 이하)은 물건의 점유에 관한 권리이다. 사람이 물건을 사실상 지배하고 있을 때(즉, 점유하고 있을 때)에 이에 대하여 법은 여러 가지 효과가 발생하는 것으로 하고 있다. 이들 여러 효과가 발생하는 근원이라고 생각하여 인정되는 권리가 점유권이다. 일반적으로 물권은 그 객체인 물건을 현재 지배하고 있는지를 묻지 않고 그것을 「지배할 수 있는 권리」이기 때문에, 관념적인 권리라고 할 수

있다. 이에 대하여 점유권은「현재 지배하고 있다는 사실」을 바탕으로 해서 인정되는 권리이다.

(3)「소유권」(211조 이하)은 물건을 전면적으로 지배할 수 있는 권리이다. 바꾸어 말하면, 물건이 가지는 사용가치와 교환가치의 전부를 지배할 수 있는 권리이며, 그것은 사유재산제도의 법적 표현이고, 또한 물권법의 기본을 이룬다.

(4)「지상권」(279조 이하) ·「지역권」(291조 이하) ·「전세권」(303조 이하)은 이들을 한데 묶어서「용익물권」이라고 일컫는다. 이들은 소유권의 내용을 이루는 사용 · 수익의 권능, 즉 사용가치의 지배라는 권능의 일부를 소유권으로부터 분리하여 독립한 권리로 인정된 것이다.

(5)「유치권」(320조 이하) ·「질권」(329조 이하) ·「저당권」(356조 이하)은 한데 묶어서「담보물권」이라고 일컫는다. 이들은 채무의 변제를 확보할 목적으로 물건에 담보가 성립하는 것이라는 점에서「담보」물권이며, 또한 소유권의 내용을 이루는 사용가치와 교환가치에 대한 전면적 지배권능 중 교환가치에 대한 지배권능의 전부 또는 일부만을 분리하여 그것에 대한 독립한 지배권으로 되어 있는 담보「물권」이다.

민법은 전세권에도 담보물권의 특질로 여겨지는 우선변제권을 인정하고 있다. 그러나 전세권은 본래는 용익물권이고, 다만 전세권이 소멸하는 경우에 전세권자의 전세금반환을 확보하기 위하여 우선변제적 효력을 인정한다. 전세권의 기본성격은 역시 용익물권인 데에 있고, 전세권의 담보물권성은 전세권자를 보호하기 위한 부수적인 것에 지나지 않는다.

2.　민법 물권편 외에도 실질적으로는 물권법에 속하는 특별법이 많이 제정되어 있다. 이들 특별법은 상당히 풍부하며, 특히 다음과 같은 법률이 중요하다. (i) 물권 일반 및 용익물권에 관한 것으로는 부동산등기법 ·「부동산등기 특별조치법」·「부동산 실권리자명의 등기에 관한 법률」·「집합건물의 소유 및 관리에 관한 법률」· 주택임대차보호법 ·「상가건물 임대차보호법」등이 있다. (ii) 담보물권에 관한 것으로는 이른바 비전형담보제도 중에서 가등기담보와 부동산양도담보의 규율을 목적으로 하는「가등기담보 등에 관한 법률」이 있다. 그 밖에 재단저당을 인정하는「공장 및 광업재단 저당법」이 중요하고, 또한 동산저당을 인정하는「자동차 등 특정동산 저당법」도 주목할 법률이다. 2010년에 제정된「동산 · 채권 등의 담

보에 관한 법률」(2012. 6. 11. 시행)은 동산담보권과 채권담보권을 인정하고 이를 등기
하도록 하였다는 점에서 획기적인 법률이다. 「자산유동화에 관한 법률」은 자산유
동화제도를 도입한 것인데, 금융기관 등의 채권 등 자산을 담보로 증권을 발행하여
자금을 조달할 수 있도록 하였다. 「한국주택금융공사법」은 주택저당채권 등의 유
동화에 관하여 규정하고 있다. (ⅲ) 상법은 상사유치권과 질권에 관하여 민법에 대
한 특칙을 정하고 있고, 또한 민법에서는 인정하지 않는 법정담보권인 우선특권에
관하여 정하고 있다.

      3. 이 책에서는 모든 물권에 관한 서술을 「물권법총론」·「소유권과 점유권」·
「용익물권」·「담보물권」의 4편으로 크게 나누고, 제 1 편 「물권법총론」에서는 물권
의 본질·종류·효력과 물권변동의 이론을 다루고, 제 2 편에서는 물권법에서 가장
기본적 권리인 소유권과 점유권을 다룬다. 제 3 편과 제 4 편에서는 제한물권인 「용
익물권」과 「담보물권」을 각각 다루기로 한다. 위와 같은 순서에 따라 민법 물권편
규정을 중심으로 하여 필요한 범위에서 관련되는 특별법도 언급하면서 설명하기로
한다.

[3] Ⅲ. 물권법의 특질

      민법이 규율하는 생활관계는 크게 재산관계와 가족관계라는 두 개의 이질적인
것으로 나눌 수 있다. 둘 중 앞의 것을 규율하는 것이 재산법이고, 뒤의 것을 규율
하는 것이 가족법(친족법)이다. 물권법은 채권법·상속법과 더불어 재산법을 구성한
다(현재 우리나라의 다수설은 상속법을 가족법으로 이해하고 있다. 그러나 재산상속에 관한 현행
상속법의 내용을 볼 때 이를 재산법이라고 하는 것이 옳다. 자세한 것은 「민법총칙」 [2] 2, 「상속
법」 [5] 참조). 그중 상속법은 재산 귀속자의 사망으로 생기는 재산귀속에 관한 공백
을 메우기 위하여 새로운 귀속자 또는 승계자를 결정하는 것에 관한 법규범이며,
재화를 직접 지배하는 관계를 규율하는 물권법과는 다르다. 한편 채권법은 특정인
이 타인(바꾸어 말해서, 다른 특정인)의 일정한 행위를 요구하는 법률관계(채권관계)를
규율하는 것이며, 재화에 대한 직접적인 지배관계를 규율하는 것은 아니다. 그러나
채권관계는 많은 경우에 물권적 지배관계를 변동시키는 원인이 된다. 바꾸어 말해
서, 채권관계는 기본적으로 물권관계에 도달하기 위한 수단이며, 물권법과 채권법

은 매우 밀접한 관계를 가지고 있다. 그러나 둘 사이에는 여러 가지 차이가 있고, 서로 뚜렷이 구별된다. 채권법과 비교할 때, 물권법은 다음과 같은 특질을 가지고 있다.

1. 채권법은 본래 채권자와 채무자 사이의 상대적인 관계, 즉 직접 제 3 자에게는 영향을 미치지 않는 관계를 규정하는 것이 많으므로, 그곳에서는 계약 자유의 원칙이 적용되고, 사적 자치가 인정되는 범위가 매우 넓다. 따라서 그 규정은 대체로 임의규정(任意規定)이다. 이에 반하여 물권법은 배타성을 가지는 물권에 관하여 규정하는 것이기 때문에, 물권의 종류나 내용을 당사자가 임의로 정할 수 있도록 한다면, 일반 제 3 자의 이해에 직접 영향을 미치게 된다. 따라서 그곳에서는 사적 자치가 허용되는 범위가 좁고, 그 규정은 대부분 강행규정(强行規定)이다. 그리고 민법 제 2 조의 규정은 모든 권리의 행사에 타당한 것이지만, 특히 물권법에서 권리남용이 문제된다.

2. 재화의 유통과정에 관한 법률관계를 규율하는 채권법, 특히 매매법 등은 재화의 유통이 세계적 규모로 이루어짐에 따라서 세계공통법으로 옮겨 가는 경향이 짙다. 그러나 물권법은 나라마다 역사적 발전이 고르지 않았기 때문에 여러 가시 점에서 그 모습을 달리하고 있다. 이러한 현상은 특히 부동산물권에서 현저하며, 나라마다 특유한 관습과 전통에 따라 특유한 모습을 띠는 경우가 많다. 뿐만 아니라, 한 나라에서도 각 지방의 관습에 따라 달라지는 경우도 적지 않다. 위와 같은 현상은 우리의 물권법에서도 나타나는가?

주지하는 바와 같이, 우리나라 법제도는 대부분 외국법, 특히 독일법을 계수한 것이며, 고유법의 빛깔이 짙은 영역으로는 가족법(친족법) 정도가 있을 뿐이다. 물권법도 그 예외가 아니며, 물권제도는, 전세권제도를 제외하고는, 주로 독일의 제도를 계수한 것이다. 현행 물권제도의 모법이라고 할 수 있는 독일 물권법은 본래 로마법적 요소와 고유법인 게르만법적 요소가 뒤섞여 있다고 일반적으로 설명되고 있으나, 로마법의 영향이 압도적인 채권법과는 달리 게르만법계의 물권법으로부터 큰 영향을 받았다. 그러나 우리 물권법에서는 로마법적 요소가 독일 물권법보다 너욱 강하게 작용하고 있다. 특히 그 외부적인 체계는 로마법에 아주 가깝다. 그 반면에, 내부적인 내용은 동산과 부동산의 구별이나 등기제도 등 독일법적 요소가 강하다.

제 2 장 물권의 본질

[4] I. 총 설

물권은 어떠한 권리인가? 이 물권의 본질론은 특히 물권과 채권이 어떻게 구별되는지에 관한 문제로서 예로부터 다루어져 오고 있다. 여기서는 현행 민법의 해석으로서 일반적으로 다루는 내용을 설명하기로 한다.

현행 민법의 해석론의 테두리 안에서 물권의 본질을 밝힌다고 하지만, 그 설명은 전형적 물권인 소유권에 관해서는 전적으로 타당하나, 각종의 제한물권에서는 정도의 차이는 있지만 다소 예외적인 성질이 있다. 그리고 민법은 점유권과 준점유권도 일종의 물권으로 규율하고 있으나, 본권(本權)인 물권과는 여러 가지 점에서 다르다. 이곳에서 다루는 물권의 본질론은 본권인 물권에 관한 것이며, 점유와 준점유의 특수성에 관해서는 나중에 따로 검토하기로 한다([50] 이하, [83] 이하 참조).

민법은 물권의 정의나 본질에 관하여 규정하고 있지 않으나, 일반적으로 물권은 "특정의 물건을 직접 지배해서 이익을 얻는 배타적인 권리"라고 설명한다. 이 정의는 물권의 내용 또는 특질과 물권의 객체라는 두 방향에서, 물권의 본질을 파악한다. 이곳에서는 권리의 일종으로서의 물권의 의의, 물권의 특질과 물권의 객체에 관하여 차례로 설명하기로 한다.

[5] II. 물권의 의의

물권은 그 객체인 물건을 직접 지배해서 이익을 얻는 것을 내용으로 하는 권리이다. 권리는 여러 표준에 따라서 여러 가지로 나누어지는데, 물권은 그중에서 재산권이고 지배권이며 절대권에 속한다.

1. 재산권으로서의 물권　　물권은 일정한 재화를 직접적·배타적으로 지배할 수 있는 권리이며, 채권과 매우 밀접한 관계를 갖는 재산권이다. 그러나 채권은 당사자가 자신의 의사에 따라 자유로이 만들어 낼 수 있음을 원칙으로 하는 데 반하여, 물권은 오직 물권법(실질적 의의)에 따라 정해진 것만이 인정될 뿐이다. 채권은 특정인의 행위를 그 객체로 하나, 물권은 물건을 객체로 하는 재산권이라는

데서, 채권을 대인권(對人權)이라고 부르는 데 대하여, 물권은 대물권(對物權)이라고 일컫는다. 그러나 예외적으로 재산권을 객체로 하여 성립하는 물권도 있다. 권리질권(345조), 재산권의 준점유(210조), 지상권 또는 전세권을 목적으로 하는 저당권(371조) 등이 그것이다.

   2. **지배권으로서의 물권**   권리자가 스스로 직접적·배타적으로 객체를 지배하는 것이 물권의 본질이므로, 물권은 가장 전형적인 지배권이다.

   3. **절대권으로서의 물권**   물권은 특정의 상대방이라는 것이 없고, 일반인을 의무자로 하여 모든 자에게 주장할 수 있는 권리이며, 그것은 절대권이다. 이에 대하여 채권은 특정인에 대한 청구권에 지나지 않는 상대권이다. 절대권에는 「배타성」 또는 「독점성」이 있으나, 상대권에는 이것이 없는 것이 특색이다.

   4. **물권의 「권리」성**   위에서는 물권은 「어떠한 권리인가」라는 측면에서 그 의의를 밝혀 보았는데, 물권의 권리성에 관해서는 주의할 점이 있다. 물권은 객체인 물건을 직접 지배해서 이익을 얻는 것을 그 내용으로 하지만, 물건에 대한 현실적 지배와 물권의 내용을 구별해야 한다. 근대사회에서 물권(특히 소유권)의 권리로서의 성질은 그 객체인 물건에 대한 현실적 지배가 아니라, 「지배할 수 있다」(바꾸어 말하면, 「일정한 이익을 누릴 수 있다」)는 지배 가능성으로 나타난다. 예컨대, 타인에게 부동산을 임대한 경우 또는 타인이 부동산을 불법으로 점유하고 있는 경우에, 소유자는 부동산에 대한 현실적 지배를 잃고 있지만, 소유권 자체를 상실하지 않는다. 이와 같이 오늘날의 물권은 관념적인 것이다. 민법은 여기에 중요한 예외를 하나 인정하고 있다. 즉, 점유권(192조 이하)을 물권의 일종으로서 정하고는 있는데, 그것은 「점유」라는 현실적 지배의 사실을 기초로 해서만 성립하는 물권이어서, 근대적인 물권 일반의 관념성과는 동떨어져 있다. 여기서 「점유권은 과연 물권이냐」라는 의문도 생긴다. 일반적으로 점유권을 민법이 특별히 인정한 「특수한 물권」이라고 설명하는 것은 이 때문이다.

[6] Ⅲ. 물권의 특질

   앞에서 설명한 바와 같이 물권은 재산권의 일종이다. 재산권의 주요한 것으로는 물권 이외에 채권이 있다. 그러므로 물권의 본질을 명확하게 이해하려면, 물권은 채권과 어떻게 다른지를 좀 더 구체적으로 알아볼 필요가 있다. 채권과 비교할 때 물권의 가장 뚜렷한 특질은 지배권·절대권이라는 데 있다. 바꾸어 말하면, 객체를 직접적·배타적으로 지배하고 권리를 절대적으로 보호하는 것이 채권에 대한 물권의 특질이다. 그 밖에 또 하나의 특질로서 강한 양도성 또는 처분성을 들 수 있다. 물건에 대한 지배의 「직접성」·「배타성」, 권리보호의 「절대성」과 강한 「양도성」(처분성)에 관하여 차례로 살펴보기로 한다.

1. 객체에 대한 직접적 지배   물권은 특정의 물건을 직접 지배하는 것을 내용으로 하는 권리이다. 「직접」 지배한다는 것은 타인의 행위를 기다리지 않고 바로 물건으로부터 일정한 이익을 얻는 것을 뜻한다.

(1) 권리의 내용을 실현하는 데 타인의 행위가 필요하지 않다는 점에서 물권은 채권과 구별된다. 물건 소유자는 그 소유권(물권)을 바탕으로 하여, 소유물을 매도하든 임대하든, 타인의 의사를 기다리지 않고 권능을 실행할 수 있다. 바꾸어 말하면, 물권자가 그의 권리 내용을 실현하려면, 직접 그 객체인 물건에 관한 권능을 실행하면 되고, 타인의 행위가 필요하지 않다. 이것이 「물건에 대한 직접적 지배」라는 물권의 특질이다. 채권은 채무자의 행위를 내용으로 하고, 그 권리 내용의 실현을 위해서는 채무자의 행위가 있어야만 한다. 예컨대, 물건의 매수인은 매매계약에 기초하여 목적물의 소유권이전청구를 내용으로 하는 채권을 가질 뿐이며, 매도인의 소유권이전행위가 없으면 채권의 내용은 실현될 수 없다. 매수인이 목적물의 소유권을 이전받아 소유권자가 된 경우에는 그 목적물을 직접 지배한다. 이와 같이 타인의 행위가 필요하지 않고 스스로 직접 권리 내용을 실현할 수 있다는 점이 물권의 고유한 특질이다.

또 하나의 예를 들어 보자. 집을 짓기 위하여 타인의 토지를 빌리는 경우, 물권인 지상권(279조 이하)을 설정할 수 있다. 이때 지상권자는 그의 권리가 존속하는 동안에는 이용목적의 범위 안에서 마치 그가 토지소유자인 것과 같이 토지를 직접 이용할 수 있는 권능을 가지며, 그 이용에 관하여 타인인 지상권설정자(토지소유자)의 어떤 행위가 필요하지 않다. 이에 반하여, 채권인 임차권(618조 이하)으로 토지를 빌리는 경우에 임차인이 가지는 권리의 내용은 타인인 임대인(토지소유자)에 대하여 토지이용의 허용이라는 행위를 청구하는 데 있다. 임차인이 현재 토지를 이용하고 있다면, 그것은 토지

이용의 허용이라는 채무가 이행된 것에 지나지 않는다. 따라서 임대인이 그의 토지소유권을 제 3 자에게 양도하여 소유권이 이전되면, 임대인은 이제는 그의 채무를 이행할 수 없고 임차인도 토지이용의 권능을 잃는다.

(2)　물권을 가지는 자가 목적물로부터 얻는 「이익」에는 두 가지가 있다. 하나는 물건을 그의 경제적 효용에 따라서 그대로 이용하는 것, 즉 사용가치를 얻는 것이고, 다른 하나는 재화가 가지는 교환가치를 취득하는 것이다. 모든 물권자가 이들 두 이익을 모두 차지하는 것은 아니며, 물권의 종류에 따라 차이가 있다. 즉, 가장 완전한 물권인 소유권을 가지는 자는 물건의 사용가치와 교환가치 전부를 전면적으로 지배할 수 있다. 그러나 지상권·지역권·전세권 등의 용익물권자는 물건의 사용가치를 일부나 전부 지배할 뿐이고, 유치권·질권·저당권 등의 담보물권자는 물건의 교환가치를 전부 또는 일부 지배할 수 있을 뿐이다.

(3)　물권자가 물권의 객체인 물건을 사실상 또는 법률상 「직접적」으로 지배할 수 없는 경우가 있다. 이를 어떻게 볼 것인지 문제된다. 예컨대, 토지소유권의 객체인 토지 위에 지상권 등의 제한물권이 설정되거나, 토지의 임대차가 있거나, 또는 불법하게 토지의 점유를 빼앗기고 있는 경우에, 토지소유자(물권자)는 토지를 직접 지배하지 않고 있는가 하는 문제이다. 토지소유자는 지상권의 설정 등으로 일시적으로 토지에 대한 직접적 지배의 권리를 잃고 있는 것처럼 보인다(즉, 사용·수익·처분이라는 소유권의 세 권능 중 사용·수익의 권능을 잃고 있는 것처럼 보인다). 그러나 소유자는 지상권의 존속기간이 끝날 때까지, 일시적으로 소유권 본래의 직접적 지배(사용·수익·처분이라는 지배) 중 사용·수익의 권능만을 제한받고 있을 뿐이며, 소유자는 지상권설정계약 등에 의하여 용익권능을 일정기간 동안 「스스로」 포기했을 뿐이라고 볼 수 있다. 임대차계약에 의하여 용익권능을 제한받는 경우는 소유자가 「스스로」 맺은 계약에 따라 자기의 토지를 임차인에게 사용·수익하도록 하여 소유권을 행사하고 있다고 말할 수 있다. 요컨대, 이들 경우에 현실적으로 용익권능이 제한되어 있더라도, 물권인 소유권이 객체에 대한 직접적 지배의 성질을 잃고 있는 것은 아니다. 비유어 밀하면, 이러한 경우에는 룰선의 식섭석 지배는 그 회복의 가능성으로서 남아 있다.

2.　객체에 대한 배타적(독점적) **지배**　　　앞에서 본 바와 같이 물권은 물건

에 대한 직접적 지배를 그 내용으로 하므로, 마치 물리학에서 "두 개의 물체가 동시에 동일한 공간을 차지할 수 없다."라고 하는 것과 같이, 하나의 물건에 대한 어떤 사람의 지배가 성립하면, 같은 물건에 관해서는 다른 사람의 지배를 인정할 수 없다. 이것을 물권의 배타성 또는 독점성이라고 한다. 이를 법률적으로 표현한다면, 하나의 물건 위에 함께 성립할 수 없는 내용의 물권이 두 개 이상 동시에 성립한다는 것은 법률상 불가능하다.

그러나 서로 다른 내용을 가진 물권은 같은 물건에 동시에 성립할 수 있다. 예컨대, 하나의 물건에 두 개의 소유권 또는 두 개의 지상권이 성립할 수는 없다. 그러나 서로 내용이 다른 물권인 소유권과 제한물권, 또는 소유권과 점유권은 하나의 물건에 동시에 성립할 수 있다. 또한 담보물권, 예컨대 저당권의 경우에 1번저당권·2번저당권과 같이, 하나의 물건에 두 개 이상 같은 내용의 물권이 성립하므로, 겉모양으로는 배타성이 없는 것처럼 보인다. 그러나 본래 담보물권의 본질은 목적물의 물질적 이용에 있지 않고, 그 교환가치로부터 우선적으로 피담보채권의 만족을 얻는 데 있다. 따라서 하나의 물건에 관하여 동시에 다수의 담보물권이 성립하는 때에는 그들 사이에 성립 시기나 등기의 전후에 따라서 순위가 있게 되며, 선순위의 담보물권이 만족을 얻은 나머지의 가치에 관해서만 후순위의 담보물권이 효력을 발생할 뿐이다. 따라서 담보물권에서도 배타성이 인정된다.

위와 같은 물권의 배타성은 절대권·지배권이라는 물권의 본질에서 당연히 나오는 성질이다. 동일한 물건에 관하여 서로 용납되지 않는 내용의 물권이 둘 이상 동시에 성립하는 것이 허용되지 않음은 사유재산제도의 당연한 귀결이다. 이에 반하여, 채권은 배타성이 없으며, 같은 내용의 채권이 동시에 두 개 이상 함께 존재할 수 있다. 이 점에서 채권과 물권은 본질적으로 다르다. 본래 채권은 사람의 행위를 청구하는 것을 그 내용으로 하므로, 예컨대 동일한 물건을 甲에게 매각한다고 약정하면서 동시에 乙에게도 매각한다고 약정한 때에는(이른바 2중매매), 甲·乙 두 사람의 채권은 동시에 함께 존재할 수 있으며, 그들 사이에 우열의 차이가 없다. 채무자는 이행할 때 어느 채권자에게 이행할지를 결정하면 되고, 채권에는 배타성이 없다(그러나 채권이더라도 예외적으로 배타성을 취득하는 수가 있다).

물권의 배타성 또는 독점성은 제 3 자에 대한 영향이 크므로, 이를 외부에서 알 수 있도록 할 필요가 있으며, 등기·점유 등의 표상으로써 공시한다. 이에 관해서는 나중에 자세히 설명한다([16] 참조).

  3. **권리의 절대적 보호**   이미 본 바와 같이 물권은 절대권이며, 그의 보호는 절대적이다. 상대권인 채권은 특정의 채권자와 채무자 사이의 채권관계로부터 생기는 권리이어서, 제 3 자에 대해서는 원칙적으로 아무런 효력도 없다. 채권의 내용인 급부(급여)는 오직 특정인(채무자)에게 요구할 수 있을 뿐이다. 따라서 채권은 원칙적으로 채무자에 의해서만 침해될 수 있을 뿐이며, 채무불이행이 그것이다. 이에 반하여, 물권에서는 특정의 상대방이라는 것이 없고, 그 효력은 절대적이다. 즉, 소유권에서는 권리자 이외의 모든 사람이 그 객체를 이용할 수 없고, 제한물권에서는 객체에 대한 특정의 이용이 배제된다. 만일 어떤 사람이 물권을 침해한 경우, 물권자는 그 침해자에 대하여 손해배상, 목적물의 반환, 부작위(不作爲), 방해제거 등을 청구함으로써, 그 침해를 배제할 것을 요구할 수 있다. 바꾸어 말하면, 물권의 침해가 있으면, 물권자에게는 물권적 청구권이나 불법행위에 기한 손해배상청구권이 원칙적으로 인정된다. 이러한 권리보호의 절대성은 물권의 고유한 특질로서, 채권에서는 원칙적으로 인정되지 않는다.

  4. **권리의 강한 양도성**   권리는 원칙적으로 양도할 수 있으나, 예외적으로 권리의 성질상 타인에게 귀속할 수 없는 것, 즉 양도·상속 등으로 타인에게 이전할 수 없는 것이 있으며, 그러한 권리를 일신전속권(一身專屬權)이라고 일컫는다. 정확하게는「귀속상의 일신전속권」이라고 일컫는다(민법이 규정하고 있는 채권자대위권 제도에 따르면, 채무자의 권리 중 채권자가 대위행사할 수 없는 것이 있는데, 이를「행사상의 일신전속권」이라고 부른다. 이 두 가지 일신전속권은 문제되는 국면이 각각 다르기 때문에, 반드시 일치하는 것은 아니다. 이곳에서 문제되는 것은「귀속상의 일신전속권」이며,「행사상의 일신전속권」에 관해서는 채권총론강의에서 채권자대위권을 설명할 때 보기로 한다). 인격권과 가족권은 대부분 이러한 귀속상의 일신전속권이다. 결국 양도성이 일반적으로 인정되는 것은 재산권이다.

  그런데 모든 재산권의 양도성이 똑같은 것은 아니다. 민법상의 2대 재산권인 물권과 채권을 비교할 때, 물권의 양도성이 채권의 그것보다 훨씬 강하다. 우선 채권의 양도성에 관하여 본다면, 가장 통상적인 채권인 지명채권에는 여러 제한이 있

다. 첫째, 성질상 양도할 수 없는 것은 양도가 금지된다(449조 1항 단서 참조). 둘째,
당사자의 의사표시로 양도성을 빼앗을 수도 있다(449조 2항 본문. 그러나 동조항의 단서
참조). 셋째, 정책적 견지에서 법률상 양도가 금지되는 것도 상당히 있다(979조, 근로
기준법 86조, 공무원연금법 39조, 군인연금법 18조, 국민연금법 58조, 국민기초생활 보장법 36조
등 참조). 이에 대하여 물권의 양도성을 배제하는 법령 규정은 없다(다만 306조 단서에
서 전세권의 양도를 금지할 수 있는 규정이 있으나, 그 타당성은 의심스럽다). 즉, 현행법상 물
권의 양도성이 채권의 그것보다 훨씬 강하다는 것을 알 수 있다. 일반적으로 양도
성을 물권의 특질이라고 설명하는 것은 이러한 이유에서이다. 이러한 특성이 인정
되는 결과, 예컨대 소유권이나 지상권 등에 관하여 양도금지의 특약을 하더라도 그
것은 당사자 사이에서 채권적 효력이 있을 뿐이며, 그러한 특약을 위반하여 양도한
때에도, 양수인은 그 물권을 유효하게 취득한다.

[7] Ⅳ. 물권의 객체

물권의 객체가 되는 것은 원칙적으로 「특정된 독립한 물건」이다. 물건의 의미
나 종류 등에 관해서는 민법총칙강의에서 자세히 설명하였으며, 이곳에서 따로 적
지 않는다. 그러나 물건은 물권의 객체로서 가장 주요한 것이므로, 민법총칙강의에
서 설명한 것의 요점을 간단히 정리해 보기로 한다.

1. 특정·독립의 물건

(1) 물권의 객체는 원칙적으로 「물건」이어야 한다(192조·211조·279조 참조). 따
라서 그것은 "유체물 및 전기 기타 관리할 수 있는 자연력"이어야 한다(98조. 물건의
의의에 관한 자세한 설명은 「민법총칙」 [102] 이하 참조). 그러나 채권 그 밖의 권리에 물
권이 성립하는 경우를 인정함으로써, 위 원칙에 대한 일정한 예외가 인정되어 있
다. 즉, 민법은 재산권의 준점유(210조), 재산권을 목적으로 하는 권리질권(345조 이
하), 지상권과 전세권을 목적으로 하는 저당권(371조 1항)을 인정함으로써, 예외적으
로 권리를 물권의 객체로 하고 있다.

(2) 물권의 객체는 「특정」되어 있어야 한다. 물권은 물건에 대한 직접적 지배
를 본질적 내용으로 하기 때문에, 「특정물」이 아니면 물권은 성립할 수 없다. 바꾸
어 말하면, 불특정물에는 물권이 성립할 수 없다. 구체적으로 어느 물건인지를 알

수 없으면, 그 물건에 배타적 권리를 인정할 수 없기 때문이다. 같은 이유로「현재 존재」하지 않는 물건에 관해서도 물권은 성립하지 못한다. 요컨대, 물권의 목적물 은 반드시「현존·특정」되어 있어야만 한다.

(3) 물권의 객체는「독립」한 물건이어야 한다. 즉, 거래상 하나의 물건으로 생각되는 독립물이어야 한다. 따라서 물건의 일부나 구성부분은 원칙적으로 물권 의 객체가 되지 못한다. 공시가 곤란하고, 직접 지배함으로써 얻는 이익이 적기 때 문이다. 그러나 법률은 예외적으로 1필의 토지의 일부나 1동의 건물 일부에 각종 용익물권을 설정하는 것을 인정하고 있다(부등 69조·70조·72조 참조).

2. 일물일권주의　　　하나의 물건 위에는 그 내용이 서로 용납되지 않는 물권은 하나밖에 존재할 수 없다. 이를 뒤집어서 말한다면, 하나의 물건의 객체는 하나의 독립한 물건이어야 한다. 이것을「일물일권주의(一物一權主義)」라고 일컫는 다. 물권의 절대성·배타성의 당연한 결과로서 인정되는 원칙이다. 이 원칙으로부 터 다시 하나의 물건 일부분에는 독립한 물권이 존재할 수 없고, 두 개 이상의 물 건 전체에 하나의 물권이 있을 수 없다는 원칙도 파생적으로 생긴다.

이 원칙의 근거는 (i) 물건의 일부나 집단 위에 하나의 물권을 인정할 사회 적 필요나 실익이 없다는 것과 (ii) 물건의 일부나 집단에 하나의 물권을 인정한다 면 그 공시가 곤란하거나 공시를 혼란케 한다는 데에 있다.

이 일물일권주의의 원칙에는 상당한 범위의 예외가 인정된다. 즉, 물건의 일부 라고 하더라도 권리의 객체가 될 수 있고, 다수 물건의 집단이 법률규정에 따라 하 나의 물건으로 다루어질 수도 있다. 일물일권주의와 관련하여 문제가 되는 물권의 객체를 간추려서 살펴보면, 다음과 같다.

(1) 독립한 물건, 즉 하나의 물건인지 아닌지를 정하는 특별한 표준은 없으 며, 그것은 결국 사회통념 또는 거래관념에 따라 정해진다고 하겠으나, 특히 문제 가 되는 것은 토지와 건물에 관해서이다.

㈎ 토지는 끊이지 않고 이어져 있으나, 인위적으로 그 지표에 선을 그어서 경 계로 삼아 나누어지며,「공간정보의 구축 및 관리 등에 관한 법률」(공간정보관리법) 에 따라 지적공부인 토지대장 또는 임야대장에 등록된다(공간정보 64조). 등록된 각 구역은 독립성이 인정되며, 지번으로 표시되고, 그 개수는「필(筆)」이라는 단위로

계산된다. 1필의 토지를 여러 필지로 분할하거나, 여러 필지의 토지를 1필로 합병하려면, 「분필」 또는 「합필」의 절차를 밟아야 한다(공간정보 79조 이하, 부등규 74조 이하 참조).

    (나) 건물은 토지의 정착물 가운데서도 가장 중요한 것이나(99조 참조), 우리 법제에서는 토지로부터 완전히 독립한 별개의 부동산이다(부동 14조·15조 참조. 서구 각국의 법제에서는 건물은 독립성이 없으며, 토지의 일부이다). 그리하여 건축물대장에 등록되고(건축 38조. 「건축물대장의 기재 및 관리 등에 관한 규칙」 참조), 또한 토지와는 따로 등기부(건물등기부)를 두고 있다(부동 14조 1항). 따라서 토지와는 따로 물권의 객체가 된다(예컨대, 토지소유자가 토지 위에 건물을 가지고 있다면, 그는 토지소유권과 건물소유권의 두 소유권을 가지는 것이 된다). 짓고 있는 건물은 언제부터 독립한 부동산이 되느냐, 또는 헐고 있는 건물은 언제부터 건물이 아닌 것이 되느냐는 결국 사회통념에 따라 정해진다. 한편 건물의 개수를 정하는 것도 역시 사회통념 또는 거래관념에 따라야 하며, 물리적 구조에 따라 정할 것은 아니다.

    (2) 일물일권주의를 관철한다면, 물건의 「일부」나 「구성부분」은 하나의 물권의 객체가 되지 못하는 것이 원칙이다. 그러나 이미 밝힌 일물일권주의의 두 근거에 비추어 볼 때 (i) 물건의 일부에 대한 물권을 인정할 사회적 필요성이나 실익이 있고, (ii) 어느 정도의 공시가 가능하거나 공시와는 관계가 없는 때에는 그 범위 내에서 예외를 인정해도 상관없다. 특히 문제가 되는 것은 다음과 같다.

    (가) 분필절차를 밟기 전에는 1필의 토지의 일부만 양도하여 소유권을 이전하지 못한다. 1필의 토지 일부를 점유하여 취득시효가 완성된 경우에는 그 토지를 분필하여 소유권이전등기를 해야만 소유권을 취득할 수 있다(자세한 것은 [109] 2 (1) (다) 참조). 등기를 해야만 물권변동이 생기고, 토지의 일부에 대한 등기는 인정되지 않기 때문이다(186조·187조·245조 2항 참조). 그러나 용익물권은 분필절차를 밟지 않더라도 1필의 토지 일부에 설정할 수 있는 예외가 인정된다(부동 69조·70조·72조 1항 6호). 1필의 토지라고 할 때 그것은 평면적으로 지표상 구획된 범위를 가리키는 것이 아니라, 입체적으로 그 위·아래에 있는 공중·지하를 포함한다. 따라서 지중의 토사·암석 등은 모두 토지의 구성부분으로서 그 일부를 이룬다. 따라서 독립성이 없다. 채굴 그 밖의 방법으로 토지로부터 분리된 때에 비로소 독립한 동산이 될 뿐

이다.

(내)   1동의 건물 일부가 독립하여 소유권의 객체로 될 수 있음은 민법 제215조
와 특히 「집합건물의 소유 및 관리에 관한 법률」이 건물의 구분소유로서 인정하고
있다([96] 참조). 그러나 1동의 건물로 등기되어 있는 것의 일부는 구분 또는 분할의
등기절차를 밟기 전에는 처분하지 못한다(대판 1962. 1. 31, 4293민상859 참조). 다만 1
동의 건물 일부에 대하여 전세권을 설정할 수 있는 예외가 인정되는 것은 토지의
경우와 같다.

(다)   수목(樹木)은 본래 그것이 부착하고 있는 토지의 정착물이며, 독립하여 물
권의 객체로 되지 못하는 것이 원칙이다. 그러나 다음과 같은 두 예외가 인정되어
있다. 첫째, 「입목에 관한 법률」에 의하여 등기된 수목의 집단, 즉 입목(立木)은 지
반인 토지를 떠나서 독립한 부동산으로 다루어지며(동법 3조 1항), 그것만을 양도할
수 있고, 또한 저당권의 목적으로 할 수 있다(동법 3조 2항). 둘째, 위의 등기를 하지
않은 수목의 집단도 명인방법(明認方法)이라는 공시방법을 갖춘 때에는 독립한 부동
산으로서 거래의 목적으로 할 수 있다는 것이 종래 판례에 의하여 인정되고 있다
(대판 1967. 12. 18, 66다2382·2383 참조). 이 경우 명인방법의 실시는 법률행위가 아니
며 그 입목이 특정인의 소유라는 사실을 공시하는 팻말의 설치로 다른 사람이 그것
을 식별할 수 있으면 명인방법으로는 충분하다(대판 1989. 10. 13, 89다카9064 참조). 그
러나 명인방법은 공시방법으로 불완전하고 소유권 이외의 권리를 공시하는 데는
적당하지 않기 때문에, 저당권의 목적으로 하는 것은 인정되지 않는다.

(라)   「미분리의 과실(果實)」은 수목의 일부에 지나지 않으나, 이에 관해서도 명
인방법을 갖춘 때에는 독립한 물건으로서 거래의 목적으로 할 수 있다는 것이 종래
판례에 의하여 인정되어 있다. 이를테면 토지의 정착물인 입인삼(立人蔘)에 대한 소
유권취득의 유효요건인 공시방법으로서는 입인삼의 점유이전만으로는 불충분하고,
권리의 변동이 있음을 일반에게 알리는 문구를 기재한 팻말을 인삼포를 통과하는
사람이면 누구나 쉽게 볼 수 있는 곳에 설치한 명인방법으로 충분하다(대판 1972. 2.
29, 71다2573 참조).

(마)   파종 후 수개월 만에 수확할 수 있는 「농작물」은 비록 그것이 남의 땅에
서 위법하게 경작·재배한 것이더라도 언제나 경작자에게 속하며, 따라서 그 한도

에서 토지의 정착물 중 농작물만은 그것이 부착하고 있는 토지와는 별개로 독립한 물건으로 다루어진다는 것이 대법원의 판례이다(대판 1963. 2. 21, 62다913; 대판 1969. 2. 18, 68도906 참조). 이 판례의 타당성은 매우 의심스러우나, 어떻든 판례에 의하면 농작물은 토지와는 따로이 소유권의 객체가 된다. 그리고 이 경우에는 명인방법을 갖출 필요도 없다(이 농작물의 소유관계에 관해서는 부합에서 자세히 다루기로 한다. [117] 2 (3) ㈏ 참조).

　(3)　일물일권주의의 원칙상 물건의 「집단」 또는 「집합물」에 하나의 물권이 성립할 수 없음은 당연하다. 보통은 하나하나의 물건에 각각 하나의 물권을 인정하면 되는 것이지 특히 집합물이라 하여 그 위에 하나의 물권을 인정할 필요가 없다. 또한 그러한 물건의 집단이나 집합물은 특정성과 독립성이 충분하지 않아서 그 위에 하나의 물권을 인정하여 이를 공시한다는 것이 기술적으로 곤란하다. 그러나 이 때에도 이를 필요로 하는 사회적 요청이 강하고, 또한 특정성과 독립성을 인정할 수 있어서 적당한 공시방법을 갖출 수 있다면, 그 한도에서 하나의 물권의 성립을 인정해도 좋을 것이다. 여기서 「입목에 관한 법률」은 수목의 집단을 하나의 부동산으로 보고, 그 위에 하나의 소유권 또는 저당권의 성립을 인정한다. 또한 「공장 및 광업재단 저당법」은 다수의 기업재산을 하나의 부동산으로 보고, 그 위에 하나의 저당권을 설정하는 것을 인정하고 있다([230] 참조). 판례는 여러 동산을 한꺼번에 양도담보로 제공하는 집합동산 양도담보를 인정하고 있으며(대판 1988. 10. 25, 85누941 등 참조), 「동산·채권 등의 담보에 관한 법률」은 여러 동산에 하나의 동산담보권이 성립하는 것을 인정하고 있다(동법 3조 2항).

제 3 장 물권의 종류

[8] I. 물권법정주의

1. 의   의   근대법에서는 물권의 종류와 내용은 민법 그 밖의 「법률」
이 정하는 것에 한하여 인정되며, 당사자가 그 밖의 물권을 자유로이 만들어 내는
것을 금지한다. 이 법원칙을 물권법정주의(物權法定主義) 또는 물권한정주의(物權限定
主義)라고 일컫는다. 즉, 물권법에서는 채권법에서 인정되는 계약자유의 원칙이 인
정되지 않는다. 그 결과 채권법상 계약의 전형은 예시적인 것에 지나지 않으나, 물
권법에서 물권의 정형은 확정적이다. 이미 밝힌 바와 같은 물권법의 강행법규성은
물권법정주의를 채용하는 결과이다([3] 1 참조). 민법도 "물권은 법률 또는 관습법에
의하는 외에는 임의로 창설하지 못한다."라고 규정함으로써, 물권법정주의를 채용
하고 있음을 분명하게 선언하고 있다(185조).

근대물권법에서 물권법정주의를 말할 때 「법」은 성문법 가운데 「법률」만을 가리
키는 것으로 이해되어 있다. 그 결과 「법률」 이외의 법원(法源), 특히 관습법에 의해서
도 물권의 종류와 내용을 정할 수 있다고 규정하는 민법전은 우리 민법을 빼놓고는 찾
아볼 수 없다. 이런 의미에서 민법 제185조는 매우 특색 있는 입법례이며, 동조에 의
하여 민법은 다른 근대민법에서의 물권법정주의를 약간 수정해서 받아들이고 있다고
말할 수 있다. 이러한 수정 규정을 두게 된 유래 등에 관해서는 잠시 후에 살펴보기로
한다.

2. 근   거   근대법이 물권법정주의를 취하는 근거 또는 이유로서는
다음의 두 가지를 생각할 수 있다. 첫째, 근대법은 봉건시대에 부동산 특히 토지에
대한 복잡·혼란했던 지배관계(분할소유권관계·각종의 토지의 부담 등)를 정리하여, 토
지에 관한 권리관계를 단순화하고 「자유로운 소유권」을 확립하였다. 이러한 「자유
로운 소유」를 방해하는 봉건적 물권관계가 부활하는 것을 막기 위해서는 소유권
이외의 제한물권에 대하여 한정적인 태도를 취하지 않을 수 없었다. 둘째, 공시의
원칙을 관철하려는 데 있다([16] 참조). 즉, 물권은 채권과 달리 독점적이고 배타적
인 지배권이므로, 제 3 자가 그 존재를 명백히 인식할 수 있는 방법(공시방법)을 마련

하지 않는다면, 제 3 자에게 예측하지 않은 손해를 줄 뿐만 아니라, 거래의 안전과 신속을 꾀할 수 없다. 그런데 동산물권의 공시방법인 점유는 당사자가 임의로 만들어 내는 모든 물권을 공시하는 데 무력하다. 또한 부동산물권의 공시방법인 등기는 여러 형태의 물권을 공시한다는 것이 반드시 불가능하지는 않지만, 너무 복잡하면 혼란을 가져오고 공시의 목적을 달성하지 못할 염려가 있다. 따라서 물권의 종류와 내용을 미리 법률로써 한정하여 당사자에게 선택의 자유만을 인정하는 것이 공시의 원칙을 관철하는 데 유리하다. 그중 첫 번째 근거는 역사적·연혁적 이유에 지나지 않으며, 그 중요성을 잃고 있다(근대사회체제가 확립되어 있는 오늘날에는 봉건관계가 부활할 염려가 없기 때문이다). 현재는 두 번째 근거가 중요하다. 즉, 근대법이 물권법정주의를 취하여 물권을 자유롭게 창설하는 것을 인정하지 않는 것은 물권 공시의 필요라는 측면에서 이해할 수 있다.

[9] Ⅱ. 민법 제185조의 해석

물권법정주의를 규정하는 민법 제185조의 해석상 문제가 되는 점을 설명한다.

(1) 동조에서 말하는 「법률」은 헌법상의 의미의 법률을 가리키는 것이고, 명령이나 규칙과 같은 것을 포함하지 않는다.

(2) 관습법에 의한 물권의 성립을 인정하는 제185조는 타당한가? 다음과 같은 이유에서 타당하다고 생각한다. 첫째, 민법상의 제도는 대부분 원래가 서구사회에서 발달·형성된 것이고, 우리의 전통사회에서는 생소한 것이다. 물권법정주의도 그 예외는 아니다. 이 원칙을 받아들임으로써 전통사회에 예로부터 뿌리를 박고 내려오는 관습상의 물권적 권리를 모두 물권으로서 인정하지 않는다는 것은 적절하지 못하다. 우리 사회에서 전해 내려온 생활양식을 기본적으로는 그대로 소중하게 보존하는 것이 바람직하다. 그렇다면 민법이 규정하고 있지 않은 관습상의 권리를 존속시켜야 할 것이다. 둘째, 시간이 흐르면 사회가 필요로 하는 물권의 종류에도 변화가 생긴다. 종래부터 인정된 물권의 종류만으로는 만족할 수 없게 되거나 불편하다고 할 때 새로운 종류의 물권에 관한 관습법이 생길 수 있다. 사회생활에서 자연히 생겨나는 그러한 관습법을 법규정으로 막는 것은 오히려 해가 될 수 있다. 물론 그때그때 법률을 개정함으로써 사회의 새로운 수요를 충족할 수 있으나, 그러한

법률 개정은 쉽게 이루어지지 않는다. 이러한 점을 생각한다면, 관습법에 의한 물권을 인정할 필요가 있다.

위와 같이 민법에서는 법률뿐만 아니라 관습법에 의한 물권의 성립도 인정되나, 여기서 법률과 관습법의 관계를 어떻게 이해할 것인지 문제된다. 이는 민법 제185조가 관습법에 보충적 효력을 인정하는 민법 제 1 조와 어떠한 관계에 있는가 하는 문제이다. 이 점에 관하여 다음과 같은 두 가지 주장이 있다. 하나는 제185조가 관습법에 대하여 성문법과 대등한 효력을 인정한 것이라고 새기고, 이 점에서 민법 제 1 조에 대한 예외라고 새기는 견해이다(김증한·김학동 17면, 이영준 18면 참조). 다른 하나는 민법 제 1 조를 관습법에 대하여 성문법 변경적 효력을 인정하는 것이라고 해석하는 전제에서, 제185조도 역시 관습법에 대하여 성문법을 변경할 수 있는 효력을 인정하는 것이라고 새기는 견해이다(김용한 36면, 장경학 108면 참조). 그러나 이들 두 견해는 모두 부당하다. 위 두 견해에 따르면, 제185조는 관습법에 대하여 「성문법과 대등한 효력」 또는 「성문법 변경적 효력」을 각각 인정하는 것이라고 새기고 있으나, 이들 관습법의 「대등적 효력」 또는 「변경적 효력」은 그 표현이 다르지만 같은 내용에 지나지 않는다. 즉, 관습법에 대하여 대등적 효력 또는 변경적 효력을 인정한다는 것은 성문법과 관습법 사이에 우열의 차이를 두지 않고서, 성문법에 의한 관습법의 개폐(改廢)를 인정하는 동시에(기존의 관습법을 변경하기 위해 성문법이 제정되는 경우), 관습법에 의한 성문법의 개폐를 부정하지 않는 것(기존의 성문법과 다른 관습법이 성립하는 경우)을 뜻한다(물론 이 경우에도 "신법은 구법에 우선한다."라는 원칙이 전제가 된다). 민법 제185조가 관습법에 의한 물권의 성립을 인정하고 있다고 해서, 과연 위와 같은 효력을 관습법에 인정할 수 있는가? 이를 긍정한다면, 그것은 물권법정주의에 정면으로 부딪치는 것이고(바꾸어 말해서, 물권법정주의를 부정하는 것과 다름없다), 물권법의 강행법규성에도 명백히 모순되며, 도저히 인정할 수 없는 것임은 긴 설명이 필요하지 않다. 또한 두 번째 견해는, 민법 제 1 조를 관습법의 「변경적 효력」을 인정하는 것이라고 새기는 데서 출발하고 있으나, 민법 제 1 조는 분명히 관습법의 보충적 효력을 규정하고 있다(「민법총칙」 [8] 1 (4) 참조). 뿐만 아니라, 제185조에서 관습법의 변경적 효력을 분명하게 규정하고 있지도 않다. 그러므로 제185조를, 제 1 조와 마찬가지로, 관습법의 변경적 효력을 인정하는 것으로 새기는 주장은 그 전제부터 잘못된 것이다. 관습법에 대하여 대등적 효력 또는 변경적 효력을 인정하려는 견해는 옳지 않다. 현행법은 제 1 조에서든 제185조에서든 관습법에 대하여 보충적 효력을 인정할 뿐이라고 새겨야 하며, 이러한 해석이 타당하다(김상용 32면, 송덕수 19면 참조). 따라서 민법 그 밖의 법률이 규정하고 있는 물권과 다른 물권을 관습법상 인정하는 것은 허용되지 않으며, 법률이 특별히 규정하고 있지 않은 종류나 내용의 물권만이 관습법상 성립될 수 있다고 해석해야 한다.

관습법에 의한 물권의 성립을 인정한다고 하지만, 이미 밝힌 바와 같은 물권법 정주의의 근거에 비추어, 다음의 두 요건은 언제나 요구된다. 첫째, 근대법의 이상인「자유로운 소유권」에서 뒷걸음질치는 봉건적 물권관계이어서는 안 된다. 둘째, 특정의 공시방법을 갖추어야 한다. 그러나 특별한 공시의 수단을 마련하지 않더라도, 모든 사람에게 또는 특정지역 내에서 그 물권의 존재가 두루 알려져 있는 것으로 인정될 만한 사정이 있으면, 특히 공시방법을 갖추고 있지 않더라도 물권으로서 인정해도 상관없다.

(3) "물권은 …… 임의로 창설하지 못한다"는 것은 (ⅰ) 법률 또는 관습법이 인정하지 않는 새로운 종류의 물권을 만들지 못한다는 것과 (ⅱ) 법률 또는 관습법에 의하여 인정되는 물권이더라도, 그것이 법률 또는 관습법이 정하는 것과 다른 내용을 갖지 못한다는 것을 뜻한다. 판례는 관습법에 따른 물권으로 관습상 법정지상권과 분묘기지권을 인정하고 있다(아래 [144] · [145] 참조). 그러나 성문법과 관습법이 인정하지 않는 새로운 종류의 물권을 창설하는 것은 허용되지 않는다고 하면서 관습상의 사도통행권을 인정하는 것은 물권법정주의에 위배된다고 한다(대판 2002. 2. 26, 2001다64165 참조). 한편 미등기 무허가건물의 양수인이라도 소유권이전등기를 하지 않는 한 건물소유권을 취득할 수 없고, 소유권에 준하는 관습상 물권이 있다고도 할 수 없으며, 현행법상 사실상 소유권이라고 하는 어떤 포괄적인 권리 또는 법률상 지위를 인정하기도 어렵다(대판 2006. 10. 27, 2006다49000 참조).

(4) 제185조는 강행규정이며, 이를 위반하는 법률행위는 무효이다(105조 참조). 다만, 당사자 사이에서 채권적 효력을 가지는 경우가 있다(예컨대, 양도성 없는 지상권을 설정해도, 지상권자가 양도하면 양수인은 지상권을 취득한다. 그러나 양도인으로 하여금 지상권설정자에 대하여 계약위반의 책임을 지게 할 수는 있다. 고상룡 16면, 김상용 32면, 김용한 35

면, 김증한·김학동 17면, 이은영 29면 참조. 이에 반하여 채권행위는 항상 무효라는 견해로는 이
영준 21면이 있다). 토지소유자가 배타적 사용·수익권을 포기할 수 있는지 문제되는
데, 소유자가 채권적으로 상대방에 대하여 사용·수익의 권능을 포기하거나 사용·
수익권 행사에 제한을 설정하는 것 외에 소유권의 핵심적 권능에 속하는 배타적인
사용·수익 권능이 소유자에게 존재하지 않는다고 하는 것은 물권법정주의에 반하
여 특별한 사정이 없는 한 허용될 수 없다(대판 2012. 6. 28, 2010다81049 참조. 다만 이
판결은 아래 [92]에 소개한 대판(전) 2019. 1. 24, 2016다264556에 의하여 부분적으로 변경되었
다고 볼 수 있다). 또한 전세권설정계약의 당사자가 전세권의 핵심인 사용·수익 권능
을 배제하고 채권담보만을 위해 전세권을 설정하였다면, 법률이 정하지 않은 새로
운 내용의 전세권을 창설하는 것으로서 물권법정주의에 반하여 허용되지 않고 이
러한 전세권설정등기는 무효이다(대판 2021. 12. 30, 2018다40235·40242 참조).

[10]   Ⅲ. 물권의 종류와 분류

  1. 민법이 인정하는 물권   점유권·소유권·지상권·지역권·전세권·유
치권·질권·저당권의 8종이 있다. 이들은 여러 표준에 따라서 여러 가지로 나누어
지는데, 주요한 것은 다음과 같다.

  (1) 본권과 점유권   점유권은 물건을 지배할 수 있는 법률상 권원의 유무
를 묻지 않고서, 물건을 사실상 지배하고 있는 상태 그 자체를 보호하는 것을 목적
으로 하는 물권이다. 이에 반하여, 본권(本權)은 물건을 사실상 지배하고 있는지 여
부를 묻지 않고 이를「지배할 수 있는 권리」이다. 점유권과 본권은 같은 물건 위에
겹쳐서 존재할 수 있다. 점유권과 본권을 구별하는 실익은 주로 그 보호의 목적과
수단이 다르다는 데 있다.

  (2) 소유권과 제한물권   소유권은 객체인 물건을 전면적으로 지배하는 권
리, 즉 물건이 가지는 사용가치·교환가치의 전부를 지배할 수 있는 권리이다. 그러
나 그 밖의 물권(즉 소유권과 점유권을 제외한 그 밖의 물권)은 제한된 범위에서 제한된
방법으로 특정의 목적을 위하여 지배할 수 있는 권리이다. 여기서 소유권을「완전
물권」이라고 하고, 이에 대하여 소유권 이외의 물권(점유권은 제외)은 소유권에 대한
제한 위에 성립하고 또한 그의 내용도 제한된다는 점에서「제한물권」이라고 부른다.

(3) **용익물권과 담보물권**   제한물권은 다시 용익물권과 담보물권으로 나누어진다. 용익물권은 물건이 가지는 사용가치의 지배를 목적으로 하는 것이며, 민법상 지상권·지역권·전세권의 3가지가 있다. 한편 담보물권은 채권담보를 위하여 물건이 가지는 교환가치의 지배를 목적으로 하며, 민법상 유치권·질권·저당권의 3가지가 있다. 민법은 전세권자에게 전세금반환을 확보해 주기 위하여, 전세권을 용익물권임과 동시에 일종의 담보물권과 유사하게 취급하고 있다. 그러나 전세권의 기본성격은 용익물권이라는 점은 이미 밝혔다([2] 1 (5) 참조). 그리고 담보물권 중 유치권은 법률규정에 따라 일정한 요건이 갖추어질 때 당연히 성립하는「법정담보물권」이고, 질권과 저당권은 원칙적으로 당사자의 설정행위에 의하여 성립하는「약정담보물권」이다.

(4) **부동산물권과 동산물권**   물권의 객체가 부동산인지 동산인지에 따른 구별이다. 둘 사이에는 매우 뚜렷한 차이가 있다. 근본적으로 부동산물권은 등기에 의하여 공시하나, 동산물권은 점유가 그 공시방법이라는 차이가 있고, 이로부터 다시 여러 차이가 생긴다. 그러나 물권으로서의 본질에서는 둘 사이에 차이가 없다. 민법에서 부동산물권과 동산물권을 들어 보면, 다음과 같다.

부동산물권 ········ 점유권·소유권·지상권·지역권·전세권·유치권·저당권
동산물권 ·········· 점유권·소유권·유치권·질권

2. 민법 이외의 법률이 인정하는 물권

(1) **상법이 인정하는 물권**   상사유치권(상 58조·91조·111조·120조·147조·807조)·상사질권(상 59조)·주식질권(상 338조·339조·340조)·선박저당권(상 787조~790조)·선박채권자의 우선특권(상 468조·893조·777조~788조) 등이 있다.

(2) **특별법이 인정하는 물권**   농지저당권(농지 13조)·입목저당권(입목 3조 참조)·공장저당권(공저 3조 내지 9조)·공장재단저당권(공저 10조 이하)·광업재단저당권(공저 52조 이하)·건설기계저당권(자저 3조 1호)·소형선박저당권(자저 3조 2호)·자동차저당권(자저 3조 3호)·항공기저당권(자저 3조 4호) 등이 있고, 또한「가등기담보 등에 관한 법률」에 의하여 가등기담보권·양도담보권도 인정되어 있다.

3. 관습법상의 물권   이미 설명한 바와 같이 민법 제185조는 물권의 종

류와 내용은 특히 「법률」로 정한 것에 한하여 인정한다는 근대법의 물권법정주의
를 수정하여, 법률 이외에 관습법에 의해서도 물권이 성립할 수 있음을 규정하고
있다. 그러한 관습법상의 물권으로서 판례에 의하여 확인되어 있는 것은 다음의 두
가지이다(대판 1970. 5. 26, 69다1239는 온천에 관한 권리를 관습법상의 물권이라고 볼 수 없다
고 한다).

  (1) **분묘기지권**   타인의 토지에 분묘를 설치한 때에는 일정한 요건이 갖
추어진 경우에 지상권에 유사한 물권이 성립한다. 그런데 「장사 등에 관한 법률」이
나 취득시효에 관한 판례의 변화에 따라 그 성립이 부정되는지 문제된다. 이에 관
한 자세한 설명은 지상권에 관한 장에서 하기로 한다([144] 2 (1) ㈐ 참조).

  (2) **관습상의 법정지상권**   동일인의 소유에 속하는 대지와 그 지상건물이
매매 등으로 각각 소유자를 달리하게 된 경우에는, 건물을 철거한다는 특약이 없는
한, 건물소유자는 그 대지 위에 관습상의 법정지상권을 취득한다는 것이 판례이다.
이에 관해서도 지상권에 관한 장에서 설명하기로 한다([145] 참조).

제4장 물권의 효력

[11] Ⅰ. 총 설

모든 권리는 권리의 내용이 되는 일정한 이익의 실현이 법에 의하여 인정되고 보호됨으로써 성립한다. 어떤 권리의 「효력」을 다룰 때에는 권리 내용의 실현이 법에 의하여 어떻게 인정되고 보호되는지를 문제삼는다. 앞에서 보았듯이 물권에는 여러 종류가 있으며, 각종의 물권에는 저마다 특유한 효력이 있다. 이러한 각종의 물권에 특유한 효력은 이 책 제2편부터 제4편까지에서 다루는 각종의 물권에 관한 설명에서 다룰 것이다.

위와 같이 각종의 물권에는 그에 특유한 효력이 있지만, 한편 물권은 「물건에 대한 직접적·배타적 지배」를 내용으로 하는 재산권이라는 공통의 일반적 성질을 바탕으로 하여, 모든 물권에 공통하는 일반적인 효력을 생각할 수 있다. 이곳에서 특히 「물권의 효력」이라는 제목으로 다루려는 것은 이러한 모든 물권에 공통적으로 인정되는 일반적 효력이다. 그러한 일반적 효력으로 보통 우선적 효력과 물권적 청구권(물상청구권)의 둘을 든다.

[12] Ⅱ. 우선적 효력

우선적 효력은 물권들 사이와 물권과 채권 사이에서 문제가 된다.

1. 물권 상호간의 우선적 효력 같은 물건 위에 성립하는 물권 상호간에는 시간적으로 먼저 성립한 물권이 뒤에 성립한 물권에 우선한다. 이는 "시간에서 앞서면 권리에서 앞선다"("prior tempore, potior iure." 또는 "First in time, first in right.")라는 표어로 표현된다.

(1) 물권은 물건을 배타적으로 지배하는 것을 권리 내용으로 하기 때문에, 같은 물건에 성질·범위·순위가 같은 물권이 동시에 성립하지 못한다. 그러나 종류를 달리하는 물권은 같은 물건에 동시에 성립할 수 있다. 예컨대, 같은 물건에 두 개 이상의 소유권이 성립하지 못하나(특정물을 2인 이상이 공동소유하는 것은 가능하나, 이때에도 소유권은 언제나 하나뿐이다. [120] 이하 참조), 소유권과 저당권 또는 지상권과

저당권과 같이, 서로 종류가 다른 물권이면 같은 물건에 함께 존재할 수 있다. 그리고 저당권은 목적물을 현실적으로 지배·이용하는 것이 아니기 때문에, 같은 부동산에 두 개 이상 설정될 수 있다.

　(2)　위에서 보았듯이 다른 종류 또는 같은 종류의 물권이 같은 물건에 두 개 이상 성립하는 경우에, 그들 사이에서는 시간적으로 먼저 성립한 물권이 나중에 성립한 물권에 우선한다는 것이 물권 상호간의 우선적 효력이다([32] 3 참조). 그리하여 같은 부동산에 설정된 둘 이상의 저당권은 성립의 시기에 따라 순위를 가지게 되어 1번저당권·2번저당권 등으로 구별되며, 선순위의 것이 후순위의 것에 우선한다. 또한 저당권이 설정된 뒤에 설정된 지상권은 저당권의 실행(경매)으로 소멸하나(민집 268조·91조 참조), 지상권이 설정된 뒤에 설정된 저당권이 실행되더라도 지상권은 소멸하지 않는다(경매에서 매수인은 지상권의 제한이 있는 토지를 취득하게 된다).

　　민법에는 물권의 순위를 정하는 규정이 없으나, 부동산등기법은 "같은 부동산에 관하여 등기한 권리의 순위는 법률에 다른 규정이 없으면 등기한 순서에 따른다."라고 정한다(4조 1항). 따라서 물권이 등기된 순서에 따라 그 순위가 정해진다(대결 2018. 1. 25, 2017마1093은 전세권설정등기의 존속기간과 상관없이 등기된 순서에 따라 전세권의 순위가 정해진다고 하였다).

　(3)　위와 같은 물권 상호간의 우선적 효력은 물권의 배타성에서 나오는 효과이다. 따라서 배타성이 없는 점유권은 우선적 효력이 없다. 즉, 물건에 대한 사실적 지배 그 자체가 점유권을 성립시키고(192조 참조), 그 득실은 점유라는 외형적 사실과 운명을 같이하기 때문에, 두 개 이상의 점유권 상호간의 대립은 생각할 수 없다.

　(4)　법률이 특별한 이유로 물권 상호간의 특수한 순위를 정하는 경우에는 물권의 효력은 성립의 시간적 순서에 따르지 않는다. 민법에는 이러한 물권 상호간의 특별순위를 정하는 경우는 없으나, 근로기준법의 임금우선특권(동법 38조)·주택임대차보호법상의 보증금이나 전세금의 우선특권(동법 3조의 2·12조 참조) 및 소액의 보증금 또는 전세금의 우선특권(동법 8조·12조 참조)·상법의 우선특권(상 468조·782조 이하·788조 참조)에서 그 예를 볼 수 있다.

　2.　채권에 우선하는 효력　　　어떤 물건에 관하여 물권과 채권이 성립하는 경우에는, 그 성립의 선후와는 관계없이, 물권이 우선한다.

(1) 특정의 물건이 물권과 채권 쌍방의 목적으로 되어 있는 때에는 물권이 우선한다. 예컨대, 甲 소유의 피아노에 관하여, 甲·乙 사이에 매매계약이 성립하고 있더라도, 나중에 丙이 甲으로부터 증여를 받거나(554조 참조) 또는 매수하여 소유권을 취득하는 것이 가능하며, 이때 丙의 소유권은 乙이 가지는 채권(피아노 소유권이전청구권)에 우선한다. 乙은 甲에게 채무불이행책임(손해배상책임)을 물을 수 있을 뿐이다. 물권은 특정물에 대한 직접적 지배를 내용으로 하는 데 대하여, 채권은 채무자의 행위(급부)를 매개로 하여 간접적으로 지배할 수 있을 뿐이므로, 물권이 채권에 우선하는 것은 당연하다.

(2) 위와 같은 채권에 대한 물권의 우선적 효력에는 다음과 같은 예외가 있다. (ⅰ) 부동산물권의 변동을 청구하는 채권(예컨대, 매매에 의하여 매수인이 가지는 소유권이전청구권 등)은 가등기를 갖추고 있으면, 물권에 우선하는 효력이 인정된다(부등 88조·91조 참조. 그러나 가등기에 기하여 나중에 본등기를 하여야 한다). (ⅱ) 부동산임차권은 채권이지만 공시방법(등기)을 갖추고 있는 때에는 그 후에 성립하는 물권에 우선하는 효력을 취득한다(621조 참조).

(3) 채권에 대한 물권의 우선적 효력의 실익은 채무자가 파산한 경우 또는 강제집행의 경우에 가장 두드러지게 나타난다. 파산 등 도산절차나 강제집행절차에서 채무자의 일반재산을 이루고 있는 물건에 대하여 물권을 가지는 자는 일반채권자에 우선한다. 즉, 채무자의 물건에 관하여 소유권을 가지는 자는 환취권(회생파산 70조 이하·407조 이하) 또는 제 3 자 이의의 소를 제기할 권리(민집 48조)를 갖는다. 이에 반하여 담보물권을 가지는 자는 파산절차에서는 별제권(회생파산 411조 이하)에 의하여 우선적으로 변제를 받을 권리가 인정되고, 회생절차에서는 회생담보권(회생파산 141조)으로 회생채권에 우선하는 지위가 인정되고 있다.

[13] Ⅲ. 물권적 청구권

1. 의   의

(1) 물권의 내용의 실현이 어떤 사정으로 방해당하고 있거나 방해당할 염려가 있는 경우에, 물권자가 방해자에 대하여 그 방해의 제거 또는 예방에 필요한 일정한 행위, 즉 작위(作爲) 또는 부작위(不作爲)를 청구할 수 있는 권리가 「물권적 청

구권」이다. 「물상청구권(物上請求權)」이라고 부르기도 하였다. 민법은 소유권과 점유권에 관하여 각각 물권적 청구권에 관한 규정을 두고 있고(213조·214조 및 204조~207조 참조), 또한 소유권에 기한 물권적 청구권에 관한 규정을 다른 물권에 준용함으로써(290조·301조·319조·370조 참조), 물권적 청구권을 물권의 일반적 효력으로 인정하고 있다.

(2) 물권적 청구권을 인정하는 이론적 근거는 물권이 목적물에 대한 직접적인 지배권이라는 점에 있다. 만일 물권 내용의 완전한 실현이 타인의 지배에 속하는 사정으로 방해되고 있는 경우, 그 타인에 대하여 그러한 방해의 제거에 필요한 행위를 청구할 수 없다면, 물권은 유명무실하게 된다. 바꾸어 말한다면, 물권자에게 물권으로서의 실효성을 주기 위하여 인정되는 것이 물권적 청구권이다.

(3) 위에서 본 바와 같이, 물권적 청구권은 물건에 대한 직접적 지배를 방해하는 자에게 그 방해제거 또는 방해예방에 필요한 행위를 청구할 수 있는 권리이다. 따라서 물권적 청구권이 발생하려면, 언제나 방해자에 의한 방해행위가 있어야 하는데, 그러한 방해행위는 많은 경우에 불법행위(750조 이하)가 되어, 피해자인 물권자에게 손해배상청구권을 발생시킨다. 그렇다면 물권적 청구권과 불법행위에 의한 손해배상청구권은 어떤 관계에 있는 것인가?

이들 두 가지는 그 요건과 효과가 크게 다르다. 즉, 물권적 청구권은 방해 또는 침해가 발생한 때는 물론이고, 발생할 가능성만 있어도 곧 생긴다. 또한 방해자의 고의·과실이 요구되지 않으므로, 고의·과실이 있는 방해행위가 있는 때는 물론이고, 고의·과실이 없는 방해행위가 있어도 물권적 청구권은 생긴다. 이에 반하여, 불법행위에 의한 손해배상청구권은 침해의 발생가능성만으로는 성립하지 않고 손해가 발생해야 하며, 또한 가해자의 고의·과실이 요구된다. 한편 효과에 관해서도, 물권적 청구권에서는 방해의 제거와 예방에 필요한 행위를 요구할 수 있으나, 불법행위에 기한 손해배상청구권에서는 손해를 금전으로 평가해서 일정액의 금전의 지급을 요구할 수 있을 뿐이고, 방해의 제거와 같은 원상회복을 청구하지는 못한다(763조·394조 참조). 둘 사이에는 이상과 같은 차이가 있기 때문에, 물권자는 물권적 청구권을 행사해서 방해의 제거나 방해예방을 청구할 수 있어도, 물권의 침해로 생긴 손해의 배상을 청구하지는 못한다. 반대로 불법행위에 기한 손해배상청구

권으로는 침해로 손해가 발생한 때에 그 배상을 청구할 수 있을 뿐이고, 방해의 제
거나 예방을 청구하지는 못한다. 따라서 물권에 대한 침해가 고의나 과실로 이루어
진 것이어서 불법행위가 되는 때에는 두 청구권, 즉 물권적 청구권과 손해배상청구
권이 함께 존재하게 된다. 예컨대, 타인의 가옥을 불법 점거하고 있는 자에 대하여
소유자는 소유물반환청구권에 의하여 가옥의 반환을 청구하고, 그것과는 따로 불
법행위를 이유로 손해배상을 청구할 수 있다.

2. 종 류

(1) 물권적 청구권은 방해의 제거를 목적으로 하는 청구권이므로, 그 방해의
모습에 따라서 다음의 세 가지가 있다.

(가) **물권적 반환청구권**   타인이 권한 없이 물권의 목적물을 점유함으로써
물권을 방해하고 있는 경우에, 물권적 반환청구권이 인정된다. 이는 물권적 지배의
전부를 빼앗긴 경우에, 이를 점유하는 자에 대하여 그 반환을 청구해서 빼앗긴 점
유를 회복하는 것을 내용으로 한다(예컨대, 甲 소유의 토지에 乙이 甲의 허락 없이 건물을
지어 甲의 토지소유권을 침해하고 있는 경우, 甲이 乙에게 그 소유물의 반환을 청구할 수 있다.
또한 A의 소유물을 B가 훔쳐서 점유하고 있는 경우, A가 B에게 그 소유물의 반환을 청구할 수 있
다). 이때 물건의 반환은 점유를 이전하는 방법으로 한다.

(나) **물권적 방해제거청구권**   물건의 점유를 전면적으로 침해하는 것 이외
의 방법으로 물권의 당연한 실현이 방해되고 있는 경우, 방해자에 대하여 방해를
제거할 것을 청구하는 것을 내용으로 하는 권리가 물권적 방해제거청구권이다(예컨
대, 甲의 소유지에 乙이 함부로 목재을 쌓아 놓은 경우에, 甲이 乙에게 목재의 철거를 청구하는
권리이다). 방해는 부동산물권에 관하여 생기는 것이 보통이다.

(다) **물권적 방해예방청구권**   물권이 현재 방해당하고 있지는 않아도 장차
방해가 생길 염려가 있는 경우에, 그 방해의 위험을 현재 유지하고 있는 자에 대하
여 그 방해의 예방을 청구하는 권리가 물권적 방해예방청구권이다(예컨대, 甲 소유 가
옥의 벽이 乙의 가옥 쪽으로 곧 무너질 것 같은 경우, 乙이 甲에게 그 예방을 청구하는 권리이다).
이때 방해 위험은 이미 발생하고 있는 방해가 장래에도 계속될 가능성이 있는 경우
에 한정되지 않는다. 방해 위험도 부동산에 관하여 생기는 것이 보통이다.

(2) 한편 물권적 청구권은 그 기초가 되는 물권이 무엇인지에 따라서 점유권

을 바탕으로 하는 물권적 청구권과 그 밖의 물권, 즉 본권을 바탕으로 하는 물권적
청구권으로 나누어진다. 점유권과 소유권을 바탕으로 하는 물권적 청구권에서는
위에서 설명한 세 가지가 모두 인정되지만, 그 밖의 물권에서는 그 물권의 내용에
따라서 다소의 차이가 있다(213조·214조·290조·301조·319조·370조 참조).

3. 성   질   물권적 청구권의 특성을 들어 보면, 다음과 같다.

(1) 물권적 청구권은 물권을 기초로 발생하는 청구권이며, 채권의 요소를 이
루는 채권적 청구권과 다르다.

(2) 물권적 청구권은 행위를 요구할 수 있는 권리라는 점에서는 채권적 청구
권과 같으나, 채권적 청구권에서는 의무자가 처음부터 특정되어 있는 데 반하여,
물권적 청구권은 의무자가 특정되지 않고, 방해하는 자 또는 방해할 염려가 있는
자이면 누구나 의무자가 된다.

(3) 채권적 청구권의 의무자가 이행하면 채권은 소멸하나, 물권적 청구권에서
는 이행을 하더라도 물권이 소멸하지 않는다.

(4) 물권적 청구권의 이행불능으로 인한 전보배상청구권이 인정되는지 문제
된다. 판례는 이를 부정한다. 소유자가 소유권을 상실함으로써 이제 등기말소 등을
청구할 수 없게 된 경우에, 등기말소 등 의무자에 대하여 그 권리의 이행불능을 이
유로 제390조에 따른 손해배상을 청구할 수 없다. 등기말소청구권 등의 물권적 청
구권은 그 권리자인 소유자가 소유권을 상실하면 이제 그 발생의 기반이 아예 없게
되어 더 이상 그 존재 자체가 인정되지 않기 때문이다(대판(전) 2012. 5. 17, 2010다
28604 참조).

(5) 채권적 청구권은 채권양도에 의하여 얼마든지 거래될 수 있다. 그러나 물
권적 청구권은, 물권에 의존하는 권리이므로, 언제나 물권과 그의 운명을 같이하
며, 물권의 이전·소멸이 있으면 그에 따라 이전·소멸한다. 따라서 소유권을 상실
한 전소유자가 제3자인 불법 점유자에 대하여 물권적 청구권에 의한 방해배제를
청구할 수 없다(대판(전) 1969. 5. 27, 68다725 참조). 또한 물권과 분리해서 물권적 청구
권만을 양도하지는 못한다.

(6) 물권은 채권에 우선하므로, 물권적 청구권은 채권적 청구권에 우선한다.
따라서 도산절차에서는 물권자는 환취권에 의하여 우선적으로 보호된다(회생파산 70

조 · 407조).

(7) 물권적 청구권은 소멸시효에 걸리는가? 긍정설(소수설)과 부정설(다수설)이 대립하고 있다(소수설로는 이영준 53면, 다수설로는 김기선 42면, 김상용 50면, 방순원 8면, 송덕수 35면, 이은영 79면이 있다). 다수설이 그 주요한 이유로서 두 가지를 든다. 첫째, 민법 제162조 2항에 의하여 소유권은 소멸시효에 걸리지 않는데, 물권적 청구권만 시효로 소멸한다면, 소유권은 있어도 물건의 반환을 청구할 수 없고, 점유자는 소유권이 없더라도 반환할 필요가 없다는 부당한 상태가 생긴다. 둘째, 물권적 청구권은 물권의 원만한 상태와 현재의 상태가 부합하지 않는 데서 생기는 것이므로, 이러한 상태가 계속되는 동안은 끊임없이 이 청구권이 발생하고, 따라서 소멸시효에 걸릴 여지가 없다. 민법의 해석으로는 소유권에 의한 물권적 청구권에 관해서는 소유권 자체가 소멸시효에 걸리지 않기 때문에, 다수설이 지적하고 있는 바와 같은 부당한 점을 고려하여, 소멸시효에 걸리지 않는다고 해석하는 것이 타당하다(고상룡 35면, 김용한 50면 참조). 판례도 소유권에 기한 물권적 청구권은 소멸시효의 대상이 아니라고 한다(대판 1982. 7. 27, 80다2968 참조). 이에 반하여, 소유권 이외의 제한물권에 의한 물권적 청구권은 소멸시효에 걸린다고 해석해야 한다. 소유권이 아닌 제한물권은 소멸시효에 걸리기 때문에, 그로부터 나오는 물권적 청구권도 동일하게 보아야 한다(이에 관해서는 민법총칙 [201] 참조).

4. 내   용(비용부담의 문제)

(1) 물권적 청구권의 내용은 그때그때 침해의 모습에 따라서 목적물의 반환, 방해의 제거, 방해의 예방을 청구하는 것이다. 그런데 이들 반환 · 제거 · 예방을 실현하는 데 물권적 청구권은 물권이 있어야 할 상태로 돌아가기 위하여 상대방의 적극적인 행위 또는 작위를 청구하는 것인지, 또는 청구자가 스스로 하는 회복행위를 상대방이 소극적으로 인정할 것(즉, 소극적인 부작위)을 청구하는 것인지 문제된다. 만일 상대방의 적극적 행위를 청구하는 것이라면, 그것을 위한 비용은 상대방이 부담하게 되므로, 이 문제는 물권적 청구권을 행사하는 경우 그 비용을 어느 쪽에서 부담하는가라는 것이 된다(송덕수 36면. 반대: 고상룡 38면, 김증한 · 김학동 28면, 이영준 49면 참조). 바꾸어 말하면, 물권적 청구권은 청구자가 자기의 노력과 비용으로 방해를 물리쳐서 치워 내는 것을 상대방이 참고 인정할 것을 청구할 수 있는 권리(인용청구

권)인지 또는 상대방의 노력과 비용으로 방해를 물리치고 없앨 것을 청구할 수 있
는 권리(행위청구권)인지가 문제된다. 이 문제는 모든 물권적 청구권에서 생긴다.

(2) 이 문제에 관하여 학설·판례는 대립하고 있다.

(가) 판례는, 물권적 청구권을 상대방의 적극적인 행위를 청구하는 권리, 즉 행
위청구권으로 보고 있다(판결주문에서 언제나 피고에게 방해제거·건물철거·토지인도 등을
명하고 있는 데서 이를 알 수 있다. 대판 1966. 1. 31, 65다218; 대판 1968. 4. 16, 67다2778 등 참
조). 따라서 그러한 행위에 필요한 비용은 상대방이 부담한다고 보아야 한다. 다수
설도 이러한 판례를 지지하고 있다(김기선 182면, 장경학 135면. 이영준 48면은 이러한 입
장이지만, 비용부담은 별도의 문제라고 한다. 또한 송덕수 40면, 이은영 69면은 수거허용 청구권
도 인정되어야 한다고 한다). 이 행위청구권설은 물권적 청구권에 관한 민법의 여러 규
정(204조~206조·213조·214조 참조)의 자구(字句)에도 충실한 해석이다. 그러나 이 견
해에 따르면, 반환청구권과 방해제거청구권이 경합·충돌하는 경우(예컨대, 장마로 돌
담이 이웃 토지에 무너진 경우 돌담의 소유자는 반환청구권을 가지게 되나, 한편 토지의 소유자는
방해제거청구권을 가지게 되어, 두 청구권의 경합·충돌이 있게 된다)에, 어느 쪽이든지 원고
로 된 쪽이 상대방에게 비용을 부담하게 할 수 있다는 불합리한 결과가 생긴다.

(나) 행위청구권설에서 생기는 위와 같은 불합리를 제거하기 위하여, 이 견해
를 약간 수정해서, 반환청구의 경우에 예외를 인정하려는 견해가 있다. 즉, 반환청
구의 상대방인 현재의 점유자가 그의 의사에 따라 점유를 취득한 것이 아닌 경우
(위 사례에서, 이웃 토지의 소유자가 자기의 의사로 돌담을 취득한 것이 아닌 때)에는 그 상대
방이 비용을 부담하는 것은 공평하지 않으므로, 이 경우만은 소유자가 자기의 비용
으로 목적물을 회수하거나 거두어 가는 행위를 상대방이 참고 인정할 것을 청구할
수 있을 뿐이라고 한다(김상용 54면, 김증한 20면·168면·169면, 김증한·김학동 26면, 방순
원 108면 참조). 그러나 이 견해에 따르면, 방해제거나 방해예방의 경우에는 비록 방
해가 불가항력으로 생긴 것이더라도 언제나 상대방이 비용을 부담하게 되는 불합
리가 남게 되고, 또한 반환청구의 경우에만 예외를 인정하는 이론적 근거가 명확하
기 않다.

(다) 위에서 지적한 민법규정의 문구에 비추어, 우리 민법상 물권적 청구권은
당연히 행위청구권이다. 그러나 행위청구권설을 관철하는 경우에 생기는 불합리한

점을 피하기 위하여 과실책임의 일반원칙에 따라서 다음과 같이 해결하는 것이 타당하다. 즉, 방해상태가 상대방의 유책사유(즉 고의나 과실)에 의하여 생겼는지에 따라 구별하는 것이다. 방해상태가 상대방의 유책사유에 의하여 생긴 때에는 상대방에 대하여 적극적인 배제행위, 따라서 그 비용부담도 청구할 수 있으나, 상대방에게 책임 없는 사유로 생긴 때(천재지변 또는 제3자의 행위로 생긴 경우)에는, 물권자 자신이 그 방해를 제거하는 것을 상대방에게 인용하도록 하는 데 그치고, 그 비용도 물권자가 부담해야 한다고 보아야 한다(한편 양당사자 모두 유책사유가 없는 경우 비용을 반반씩 부담해야 한다는 견해가 있다. 김용한 54면. 또한 비용부담의 문제는 물권적 청구권의 내용의 문제가 아니고 책임의 원리가 적용된다는 견해도 있다. 고상룡 38면 참조).

　　5. 물권적 청구권의 요건 등에 관한 문제는 각종의 물권에서의 물권적 청구권을 설명할 때 다루기로 한다.

제 5 장 물권의 변동

제 1 절 총   설

[14] Ⅰ. 물권변동의 의의와 종류

1. 물권의 발생·변경·소멸을 통틀어 물권의 변동(變動)이라고 일컫는다. 물권의 주체를 중심으로 말한다면, 제186조의 규정에서 보는 바와 같이 물권의 「득실변경」이 된다. 이때 득실(得失), 즉 취득·상실은 물권의 상대적인 발생·소멸을 의미한다. 이 물권변동은 여러 표준에 따라서 나누어 볼 수 있다. 그중에서 특히 의미있는 것 몇 가지에 관하여 보기로 한다.

2. 물권 자체를 기준으로 할 때, 물권변동의 모습은 다음과 같이 나눌 수 있다.

(1) **물권의 발생**   물권의 발생에는 절대적 발생과 상대적 발생이 있다. 절대적 발생은 전에는 없었던 물권이 이 사회에 하나 새로 생겨나는 것이며, 주체를 중심으로 말한다면 원시취득(原始取得)에 해당한다(야생의 동물을 잡는 무주물 선점이 그 예이다). 상대적 발생은 이미 존재하는 물권으로서 타인이 가지고 있는 것을 이어받아 어떤 주체에게 권리가 생기는 것, 즉 승계취득(承繼取得)을 말한다. 그 승계에는 (ⅰ) 매매·상속 등에 의하여 전주(前主)가 가지고 있는 물권을 그대로 이어받는 이전적(移轉的) 승계와 (ⅱ) 소유자로부터 저당권·지상권 등을 설정받는 것과 같이 전주의 권리 내용의 일부를 이어받는 설정적(設定的) 승계가 있다. 이전적 승계 가운데서 당사자의 의사에 의한 것을 특히 양도(讓渡)라고 한다(188조 참조).

(2) **물권의 소멸**   역시 절대적 소멸과 상대적 소멸이 있다. 절대적 소멸은 이미 존재하고 있었던 물권 하나가 이 사회에서 없어지는 것이며, 예컨대 소유물이 소비 또는 파괴 등으로 없어지는 것과 같은 경우이다. 상대적 소멸은 물권 그 자체는 존속하지만, 물권이 타인에게 승계됨으로써 종래의 주체가 물권을 잃는 것을 말한다. 이전적 승계를 전주의 처지에서 본 것이다.

(3) **물권의 변경**   물권의 동일성을 유지하면서 물권의 객체나 효력에 변화가 생기는 것을 말한다. 예컨대, 객체인 물건이 늘어나거나 줄어드는 것 또는 저

당권에서 피담보채권의 이율을 변경하는 것을 들 수 있다. 주체의 변경은 물권의 이전에 해당한다.

3. 변동하는 물권이 부동산물권인지 동산물권인지에 따라서 물권변동은 부동산물권의 변동과 동산물권의 변동으로 나눌 수 있다. 부동산물권과 동산물권은 공시방법이 근본적으로 다르다. 동산물권의 거래는 인도(점유의 이전)라는 매우 불완전한 방법으로 공시하나, 부동산물권의 거래는 등기라는 훌륭한 기술적인 방법으로 공시한다. 민법도 부동산물권변동과 동산물권변동을 구별하고 있다. 부동산물권변동은 제186조와 제187조에서, 그리고 동산물권변동은 제188조 내지 제190조에서 각각 규율하고 있다. 이러한 사정이 있기 때문에, 이 장에서도 물권변동의 이론을 부동산물권변동(제3절)과 동산물권변동(제4절)으로 나누어 설명하기로 한다.

4. 물권변동은 그 원인이 되는 법률요건에 따라 그 법률효과로서 발생한다(민법총칙 [117] 참조). 물권변동을 일어나게 하는 법률요건으로는 법률행위가 가장 중요하나, 그 밖에 민법이 규정하는 것으로 취득시효(245조 이하)·소멸시효(162조 이하)·혼동(191조)·무주물선점(252조)·유실물습득(253조)·매장물발견(254조)·첨부(256조 이하)·상속(1005조) 등이 있고, 민법 이외의 법률이 규정하는 것으로는 수용(공익사업 45조 등)·몰수(형 48조 등)·강제경매와 담보권 실행을 위한 경매절차상 매각(민집 135조·268조 등) 등이 있으며, 또한 일정한 판결에 의해서도 물권변동은 일어난다(187조 참조).

물권변동의 원인이 되는 법률요건을 기준으로 한다면, 물권변동은 두 가지로 나눌 수 있다. 하나는 법률행위, 즉 당사자의 의사에 따라 일어나는 물권변동이고, 다른 하나는 그러한 의사와는 관계없이 주로 법률 규정에 따라 일어나는 물권변동이다. 둘 중 앞의 것은 「법률행위에 의한 물권변동」이라고 일컫고, 뒤의 것은 「법률행위에 의하지 않는 물권변동」이라고 부른다. 그러나 「법률행위에 의하지 않는 물권변동」은 편의상 이를 「법률 규정에 의한 물권변동」이라고 부르는 것이 보통이다.

사적 자치를 기본으로 하는 민법에 의하여 규율되는 우리의 생활에서는 위 두 가지 물권변동 중 「법률행위에 의한 물권변동」이 압도적으로 중요한 의의를 가진다. 바꾸어 말하면, 오늘날 물권변동은 대부분 직접 물권의 득실변경을 목적으로 하는 법률행위, 즉 물권행위(物權行爲)의 효과로서 일어난다. 민법도 부동산물권변동을 법률행위에 의한 것과 법률행위에 의하지 않는 것으로 나누어 각각 다른 원칙에 따라 규율하고 있다. 한편 동산물권변동에 관해서도 두 가지로 나누어 규율하고 있으나, 다만 법률 규정에 의한 동산물권변동을 주로 소유권에 관한 장에서 규율하고 있다. 그러므로 이 책에서도 물권변동의 이론을 법률행위에 의한 경우와 그렇지 않은 경우로 나누어 설명하기로 한다.

[15] II. 물권의 변동과 공시

1. 물권에는 배타성이 있기 때문에, 어떤 물건에 관하여 어떤 사람이 하나의 물권을 취득하면, 다른 사람은 그것과 양립할 수 없는 내용의 물권을 취득할 수 없다. 뿐만 아니라 근대법에서는 물권 가운데에서도 가장 중요한 소유권과 저당권은 현실적 지배를 요소로 하지 않는 관념적인 권리로 되어 있다. 따라서 소유권을 양수하거나 저당권을 설정받으려고 하는 자는 그 물건에 누가 어떠한 내용의 물권을 가지고 있는지를 아는 것이 필요하다. 여기서 물권의 귀속과 내용, 즉 물권의 현재 상태를 외부에서 인식할 수 있는 일정한 표상(表象)에 의하여 공시(公示. 널리 일반에게 알리는 것)하는 것이 필요하다. 근대법은 이러한 요청에 따라서 일정한 표상을 정하고 있다. 이것이 공시제도 또는 공시방법이다.

2. **부동산물권의 공시제도**   부동산물권의 존재 또는 변동에 일정한 공시방법을 따르게 하려는 일은 근대 이전의 법제에도 있었다. 그러나 그러한 공시방법이라고 생각되는 것은 고대의 법제에서 공통적으로 볼 수 있는 현상인 부동산거래에 유형적 행위를 요구한 데서 오는 부수적 효과에 지나지 않았거나, 공조(公租)를 징수하기 위한 공부기재(公簿記載)가 우연히 공시의 작용도 아울러 하는 것이었다. 토지에 대한 봉건적 구속이 철폐되고 그 거래의 자유가 인정된 근대사회에서 비로소 부동산거래의 안전을 위한 물권공시제도가 제대로 시행되었다. 그리고 여기서는 공적 장부에 부동산에 관한 일정한 권리관계를 기재하는 부동산등기(不動産登記)라는 가장 잘 갖추어진 기술적인 공시방법을 생각해 냈다. 우리나라에 등기제도가 들어온 것은 일제강점기이다. 즉, 독일의 등기제도를 모범으로 한 일본의 등기제도가 일제강점기부터 우리나라에서 시행되었다. 그 후 민법을 제정ㆍ시행하면

서, 부동산등기법도 함께 제정·시행하였다. 그 후 부동산등기의 전산화가 이루어지고 부동산등기법이 전면 개정되어 현재 잘 갖추어진 등기제도를 가지고 있다.

　　3. 동산물권의 공시제도　　　　현실의 인도(현실의 점유이전)를 동산물권이전의 표상으로 하는 것은 고대의 법제부터 있었다. 그런데 이러한 공시방법을 근대화하여 동산 위의 권리관계를 공적 장부에 기재(등기·등록)하는 것으로 바꾸어 놓는다는 것은 극히 어려운 일이다. 왜냐하면, 부동산에 비하여 개개의 동산은 일반적으로 값이 낮고, 성상이 변하기 쉬우며, 무엇보다도 그 종류가 다양한 데다가 수 또한 많다. 그런데도 이를 공적 장부에 기재한다는 것은 번거로운 반면에 그만한 값어치가 없다고 보았다. 이러한 이유에서 적은 예외(선박·자동차·항공기·건설기계 등의 소유권이전이나 저당권 설정)를 제외하고는 동산의 공시방법은 여전히 점유, 즉 현실의 지배에 의존하는 데 그쳤다. 그러나 최근 「동산·채권 등의 담보에 관한 법률」을 제정하여 동산이나 채권을 담보로 제공하고 등기를 하는 제도를 도입하였다(동법 1조, 2조 7호·8호, 7조, 35조 등). 이는 동산담보권과 채권담보권이라는 새로운 물권을 창설하고 이를 저렴한 비용으로 공시하는 새로운 담보등기제도를 도입한 것이다(상세한 것은 아래 [231] 이하 참조).

[16] Ⅲ. 공시의 원칙과 공신의 원칙

　　1. 개　　설　　　　앞에서 본 바와 같이, 공시제도 또는 공시방법은 물권의 현재 상태를 공시해서 물권을 거래하는 자를 보호하기 위한 것이다. 따라서 공시방법이 그러한 기능을 다하기 위해서는 다음과 같은 공시(公示)의 원칙과 공신(公信)의 원칙 두 가지를 모두 인정하거나, 그중 어느 하나를 인정해야만 한다. 독일민법은 부동산·동산을 통하여 두 원칙을 모두 인정하고 있으나, 프랑스민법은 부동산에 관해서는 공시의 원칙만을, 그리고 동산에 관해서는 공신의 원칙만을 인정하고 있다. 우리 민법은 부동산에 관해서는 공시의 원칙만을, 그리고 동산에 관해서는 두 원칙을 모두 채용하고 있다.

　　2. 공시의 원칙

　　(1) 물권변동에는 언제나 외부에서 인식할 수 있는 어떤 표상, 즉 공시방법이 따라야 한다는 원칙이다. 바꾸어 말하면, 그러한 공시방법을 갖추지 않으면 물권변

동의 효과를 부인하는 원칙이다. 거래의 안전을 위하여 인정된 원칙이다. 예컨대, 甲으로부터 乙에게 물권이 이전되려면 그 이전을 공시해야 하고(이전등기·인도 등), 만일 그러한 공시를 하지 않는다면 乙에게 물권이 이전되는 효과가 생기지 않는다. 甲이 乙에게 물권을 이전하더라도 그 공시가 필요하지 않다면, 등기나 점유가 현재 甲에게 있다는 사실에 기초하여 甲을 권리자라고 믿고서 물권을 거래한 제 3 자 丙은 그의 신뢰를 보호받지 못하고 예측하지 않은 손실을 입기 때문이다.

(2) 현대법은 공시의 원칙을 실현하기 위하여 이를 강제하는 방법을 쓰고 있다. 그 방법으로는 두 가지가 있다. 하나는, 공시방법을 갖추지 않으면 제 3 자에 대한 관계에서는 물론이고 당사자 사이에서도 물권이 변동되지 않는 것으로 하는 것이다(성립요건주의). 다른 하나는, 당사자 사이에서는 물권변동이 일어나지만, 공시방법을 갖추지 않는 한, 그 물권변동을 가지고 제 3 자에게 대항하지 못하는 것으로 하는 것이다(대항요건주의). 우리 민법과 독일민법·스위스민법은 성립요건주의를 채택하고 있고, 프랑스민법과 일본민법은 대항요건주의에 따른다.

(3) 부동산물권에 관해서는 등기라는 완전한 공시방법이 마련되어 있기 때문에, 공시의 원칙은 거의 완전히 그 기능을 다하고 있다. 그러나 동산물권에 관해서는 그 공시방법인 점유의 이전(인도)이 공시로서 매우 불완전하기 때문에, 공시의 원칙은 거의 그 기능을 발휘하지 못하고 있다. 그런데도 동산물권의 거래가 안전하게 이루어지는 것은 주로 다음에서 설명하는 공신의 원칙에 의한 것이다.

3. 공신의 원칙

(1) 물권의 존재를 추측하게 하는 표상, 즉 공시방법을 신뢰해서 거래한 자가 있는 경우에, 비록 그 공시방법이 진실한 권리관계에 일치하고 있지 않더라도, 마치 공시된 대로 권리가 존재하는 것처럼 다루어 그의 신뢰를 보호해야 한다는 원칙이다. 앞에서 설명한 공시의 원칙이 관철되어 있으면, 동산의 점유자는 그 동산에 관하여 물권을 가지는 것으로 추정되고, 등기된 권리는 존재하는 것으로, 등기가 말소된 권리는 소멸한 것으로 추정된다. 그러나 표상이 있는 곳에 언제나 물권이 있다고 할 수는 없다. 甲으로부터 乙에게 부동산소유권을 이전하는 등기가 있어도, 乙이 서류를 위조하거나 그 물권변동의 기초가 되는 법률행위가 무효인 때에는, 등기와 진실한 권리관계는 부합하지 않는다. 이는 동산에서도 마찬가지이다. 어떤 사

람이 동산을 점유하고 있다고 해서, 반드시 그가 물권자라고 할 수 없다. 이와 같이 등기나 점유와 진정한 권리관계가 부합하지 않는 경우에, 등기나 점유에 부합하는 실질적 권리를 갖고 있지 않은 등기명의인이나 점유자와 물권을 거래한 자는 어떻게 되는가? 만일 이 경우에 물권을 취득하지 못한다면, 등기나 점유를 신뢰하여도 보호받지 못하고, 그 결과 표상 또는 공시방법이 있는 경우에, 과연 그 표상대로 실질적 권리가 있는지 없는지를 그때그때 조사해야 한다. 그런데 그러한 조사는 쉽지 않을 뿐만 아니라, 또한 확실하게 할 수도 없으므로, 물권거래의 안전과 신속이 저해된다는 결과가 된다. 이것을 구제하려는 것이 이 원칙의 목적이다. 따라서 공신의 원칙을 인정한다면, 예컨대 공시방법에 의하여 甲의 소유로 표시되어 있는 경우, 비록 그 물권의 진정한 권리자는 乙이고 甲은 무권리자라고 하더라도, 공시된 대로의 효과, 즉 甲의 소유에 속하는 것으로 법률상 다루어진다는 효과가 생긴다.

　　(2) "어느 누구도 자기가 가지는 이상의 권리를 타인에게 줄 수 없다"(Nemo plus iuris ad alium transferre potest, quam ipse habet)는 원칙이 관철되어 있었던 로마법에서는 공신의 원칙이 인정될 여지가 없었다. 위와 같은 로마법의 원칙은 아직도 유지되는 근대법의 기본원칙이라고 할 수 있으나, 공신의 원칙은 이 원칙에 대한 예외를 인정한다.

　　(3) 공신의 원칙을 인정하면, 물권거래의 안전은 보호되지만, 반면에 진정한 권리자는 그의 권리를 박탈당하게 된다. 결국 정적 안전(靜的 安全. 거래당사자의 이익과 거래에 관여하지 않은 제3자의 이익이 대립하는 경우에, 제3자가 그의 의사에 의하지 않고서 손실을 받지 않는 것)을 희생하여 동적 안전(動的 安全. 소유자 자신의 권리보호와는 별도로, 거래 자체를 보호하고, 거래를 통하여 권리를 취득할 지위를 안전하게 하는 것), 즉 거래의 안전을 보호하는 것이 된다. 따라서 공신의 원칙은 동적 안전과 정적 안전 가운데 어느 쪽을 보호할 것인가를 비교·검토하여, 동적 안전이 더욱 중요하다고 보는 경우에 한하여 인정할 수 있다. 그러므로 동산과 같이, 거래가 빈번하고 그 원활한 유통에 모든 사회경제가 의존하는 것에 관해서는 진정한 권리자를 희생해서라도 공신의 원칙이 채용되어야 하지만, 부동산에 관해서는 좀 더 신중하게 검토할 문제들이 있다.

　　특히, 공신의 원칙을 채용하는 데 고려할 것은 권리를 잃게 되는 진정한 권리자의 보호이다. 동산의 점유에 공신력을 주는 경우에 그 보호는 부당이득반환청구권(741조 이하)이나 불법행위에 의한 손해배상청구권(750조 이하)에 의하는 수밖에 없지만, 부동산등기에 공신력을 주는 경우에는 그 밖에 다음과 같은 것을 생각할 수 있다. 가급적 무권리자의 등기나 무효의 등기가 이루어지지 않도록 예방적 조치를 하는 것이다. 이 목적을 위해서는 등기부를 잘 갖추고 등기절차를 신중히 하는 것이 중요하다. 그리고 등기관에게 당사자 사이의 실질적 관계까지도 심사할 수 있는 권한을 주는 방안(실질적 심사주의)을 검토할 필요가 있다. 그러나 그로 말미암아 등기절차가 지연되어서는 안 된다. 실질적 심사주의를 채용하려면 그러한 지연을 막을 수 있는 다른 합리적인 제도가 아울러 고려되어야 한다.

　　(4)　위와 같이 공신의 원칙은 거래의 안전을 보장하고 공시제도의 신용을 유지하기 위하여 필요하다. 다만 정적 안전의 희생이라는 무시할 수 없는 약점이 있으므로, 그 채용 여부는 간단한 문제가 아니다. 그리하여 공시의 원칙을 채용한 여러 나라에서도 공신의 원칙을 반드시 채용하고 있는 것은 아니다. 독일민법과 스위스민법은 동산·부동산에 관하여 모두 공신의 원칙을 채용하고 있지만, 프랑스민법은 부동산에 관해서는 채용하지 않고 동산에 관해서만 인정한다. 우리 민법은 프랑스민법의 태도에 따르고 있다.

　　그러나 우리나라에서도 장차 부동산물권거래의 안전을 위하여 부동산등기에 공신력을 인정할 필요가 있다. 종래에는 등기제도가 제대로 갖추어지지 못한 사정이 있었지만, 이제 등기제도도 거의 완비되었다. 따라서 위에서 밝힌 여러 조치를 포함하여 보완조치를 취한 다음 부동산에 관해서도 공신의 원칙을 채택하는 방향으로 제도를 전환할 필요가 있다.

제 2 절　물권변동을 일으키는 법률행위(물권행위)

[17]　Ⅰ. 물권행위의 의의

1. 개　념

　　(1)　물권변동을 일으키는 법률요건에는 여러 가지가 있으나, 이를 크게 나누어 본다면, 법률행위와 법률 규정의 둘이 있다는 점은 이미 보았다([14] 4 참조). 그

가운데에서도 사적 자치 또는 계약자유를 기본으로 하는 근대민법에 의하여 규율되는 우리의 생활에서 법률행위에 의한 물권변동이 압도적으로 중요한 의의를 가지게 됨은 극히 당연한 일이다. 바꾸어 말하면, 오늘날 물권변동은 대부분 물권의 득실변경을 목적으로 하는 법률행위의 효과로서 일어난다. 이와 같이 직접 물권변동을 목적으로 하는 의사표시를 요소로 하는 법률행위를 물권행위(物權行爲) 또는 물권적 법률행위라고 한다.

한편 민법에서 물권행위 개념이 필요하지 않다는 견해가 있다(이영섭, "물권행위의 독자성," 법조 9권 7호, 29면; 명순구 외, 아듀 물권행위, 125면 참조). 제186조에 따르면 법률행위와 등기가 있으면 물권변동이 일어나는데, 이때 법률행위는 채권행위(債權行爲)를 가리키는 것이고 물권행위로 보아야 할 근거는 없다고 한다. 그러나 민법은 채권행위와 구별되는 물권행위 개념을 전제로 하고 있다. 이를테면 제187조 단서의 "처분," 제188조 1항 등의 "양도"는 채권행위가 아닌 물권행위를 가리킨다. 민법 제정 당시 기초자도 물권행위 또는 물권계약을 긍정하고 있었다(제26회 국회정기회의 속기록, 6면 참조). 판례에서도 물권적 의사표시 또는 물권행위 개념을 인정하고 있다(대판 1991. 3. 22, 91다70; 대판 1997. 11. 28, 95다43594; 대판 2001. 10. 9, 2000다51216; 대판 2005. 6. 10, 2002다15412·15429; 대판 2010. 2. 11, 2009다93671 참조).

(2) 위와 같은 물권행위는 채권·채무를 발생시키는 법률행위인 채권행위와 대립하는 개념이다. 이 두 법률행위는 서로 대립하는 개념이지만, 서로 매우 밀접한 관련이 있다.

채권행위와 물권행위는 무엇보다도 그것에 의하여 발생하는 법률효과가 다르다. 즉, 채권행위에 의하여 생기는 법률효과는 「채권의 발생」이지만, 물권행위에 의하여 생기는 효과는 「물권변동」이다. 그 밖에도 다음과 같은 점에서 구별된다. 채권행위에 의해서는 채권이 발생할 뿐이고, 그 발생한 채권의 이행이라는 문제가 남지만, 물권행위에 의해서는 곧 물권변동이 일어나고, 이행의 문제는 생기지 않는다. 예컨대, 甲이 그가 소유하는 부동산을 乙에게 매도하는 계약을 맺은 경우에, 매매라는 채권행위로는 甲이 乙에게 부동산의 소유권을 이전할 채무를 부담하고 乙은 甲에게 대금을 지급할 채무를 부담하는 데 그친다. 따라서 甲과 乙은 아직도 각자가 부담하는 채무를 이행해야 하는 문제가 남는다. 이러한 채무를 이행하기 위하여 甲

과 乙이 목적부동산의 소유권을 이전하기로 합의하고 그 등기를 갖추면, 부동산소유권의 이전이라는 물권변동이 일어난다. 또한 乙이 가지고 있는 금전 가운데에서 대금에 해당하는 금액의 돈에 관하여 역시 甲·乙이 소유권이전의 합의를 하고 인도를 하면, 금전소유권의 이전이라는 물권변동이 일어난다. 위와 같이 물권이 변동되면 甲과 乙 사이에 이행이라는 문제가 남지 않는다.

위에서 본 바와 같이, 물권행위와 채권행위는 이론상 서로 구별되는 개념이지만, 둘은 밀접한 관계가 있다. 즉, 물권변동을 일어나게 할 채권·채무를 발생시키는 채권행위를 한 경우에는 그 이행으로서 물권행위를 하게 된다. 이와 같이 채권행위(즉, 물권변동을 일으켜야 할 채무를 발생시키는 채권행위)의 이행으로서 물권행위를 하는 경우, 바꾸어 말하면 채권행위가 물권행위의 원인이 되는 경우에, 그 채권행위를 물권행위의 원인행위(原因行爲)라고 일컫는다. 이와 같이 물권변동을 목적으로 하는 채권행위를 전제로 하여 그 이행으로서 물권행위를 하는 것이 보통이다. 그러나 물권거래의 실제에서는 물권행위가 채권행위와 합쳐 한 덩어리가 되어 외형상 하나의 행위로 이루어지는 경우가 있다. 동산의 현실매매에 의하여 소유권을 매수인에게 이전하는 것이 그 좋은 예이다. 또한 채권행위를 하지 않고 물권행위만을 하는 경우도 있다. 이를테면 법률 규정에 의하여 채권이 발생하고 그 이행으로 물권행위를 하는 경우(예컨대, 불법행위에 의한 손해배상채권이 발생하고 그 이행을 하는 경우)를 들 수 있다.

이상과 같이 채권행위와 물권행위는 대립하는 개념이면서도 서로 밀접한 관계가 있으나, 이 둘의 관계에 관하여 물권행위의 독자성이론과 무인성이론이라는 중요한 이론문제가 있다. 이에 관해서는 항을 바꾸어서 나중에 다룬다.

(3) 법률행위는 그 요소인 의사표시의 모습에 따라서 계약과 단독행위로 구분할 수 있는데, 물권행위도 이와 같이 나누어 볼 수 있다. 그러나 물권계약이 보통이고 또한 중요하다.

㈎ 일반적으로 계약이라고 할 때, 그것은 「좁은 의미의 계약」, 즉 채권의 발생을 목적으로 하는 「채권계약」을 의미한다. 학자들은 물권변동을 목적으로 하는 의사표시의 합치를 「물권계약」이라고 하지 않고 「물권적 합의」라는 말을 즐겨 사용한다. 즉, 물권의 경우에는 계약이라는 용어 대신 합의라는 용어를 사용한다. 이는 위의 채권계약과 구별하기 위한 것이다. 민법은 그러한 구별을 하고 있지 않으

나, 편의상 물권계약을 「물권적 합의」라고 부르는 것이 채권계약과의 구별을 뚜렷하게 하여 좋다고 생각한다. 이 책에서도 이 용어를 쓰기로 한다.

(나) 물권의 포기와 승역지 소유자의 위기(委棄. 299조)는 물권적 단독행위의 예이다. 원래 단독행위에는 상대방이 있는 것과 없는 것이 있는데, 물권적 단독행위에도 두 가지가 있다. 예컨대, 제한물권의 포기는 「상대방 있는 물권적 단독행위」로서 상대방에 대한 의사표시를 하고 그 등기를 해야 한다. 그러나 소유권의 포기는 포기의 의사표시와 등기(부동산의 경우) 또는 점유의 포기(동산의 경우)를 해야 하는데, 포기의 의사표시의 상대방이 없기 때문에 「상대방 없는 물권적 단독행위」에 해당한다. 또한 두 사람 이상의 공유자가 소유권을 포기하는 경우에도 소유권을 포기하는 경우와 동일하게 볼 수 있다.

2. 방   식

(1) 물권행위는 일정한 방식에 따라서 해야 하는가? 입법례에 따라서는 예외적으로 일정한 경우에 특별한 방식으로 물권행위를 할 것을 요구하는 것이 있다(예컨대, 독일민법에서는 「부동산소유권 이전의 물권적 합의」는 공증인 앞에서 해야 하고, 공증인은 이를 증명하는 공정증서를 작성해야 한다. 동법 925조 참조). 그러나 우리 민법에서는 물권행위에 관하여 그러한 방식을 요구하지 않고 있다. 즉, 모든 물권행위는 무방식(無方式)으로 얼마든지 할 수 있다.

(2) 민법상 물권행위에는 방식의 자유가 인정되기 때문에, 어떤 물권변동이 일어나야 한다는 것에 관하여 당사자들의 의사표시가 합치되는 것으로 충분하다. 물권행위는 명시적으로 할 수도 있고 묵시적으로 할 수도 있다. 그러나 물권행위에 의하여 변동되는 물권이 무엇이고 당사자가 누구인지는 언제나 알 수 있고 또한 확정할 수 있어야 한다.

3. 적용법규

(1) 물권행위도 법률행위이므로, 민법 총칙편의 법률행위에 관한 규정이 적용된다. 즉, 당사자의 권리능력과 행위능력·의사표시·대리·무효와 취소·조건과 기한 등에 관한 규정은 모두 물권행위에도 적용된다.

(2) 물권행위 중 물권적 합의는 일종의 계약이다. 따라서 이에 관해서는 민법 채권편 계약의 성립에 관한 규정이 당연히 준용되어야 한다. 그러나 이 점을 제외

하고는 채권편 규정이 원칙적으로 물권행위에는 적용되지 않는다. 채권법 규정이
원칙적으로 적용되지 않는다는 것은 어디까지나 「물권행위」에 관한 것이다. 물권
법에서도 일정한 경우에는 채권법에서 다루는 것과 같은 모양의 법률관계, 즉 채권
관계가 생긴다. 예컨대, 물권적 청구권 또는 소유권자와 제한물권자의 관계(283조·
285조·286조·309조·310조·315조·316조·324조·325조 등 참조) 등에서 그 예를 볼 수
있다. 이러한 경우에는 원칙적으로 채권법 규정이 적용되지만, 물권법의 특별규정
에 의하여 또는 물권법상의 법률관계라는 특수성 때문에 그 적용이 배제되는 경우
가 있다.

[18] Ⅱ. 물권행위와 공시방법

   1. 대립하는 두 입법례   앞에서 본 바와 같이 물권행위는 직접 물권변동
을 목적으로 하는 법률행위이다. 그러나 물권행위, 즉 당사자의 의사표시만으로 물
권변동이 일어나는 것으로 할지 또는 그러한 의사표시만으로는 곧 물권변동의 효
력이 발생하지 않고, 그 밖에 부동산물권에 관해서는 등기, 동산물권에 관해서는
인도라는 공시방법을 각각 갖추어야만 효력이 생기는 것으로 할지는 입법정책의
문제이며, 입법주의가 갈라져 있다. 그 주요한 것으로 두 가지가 있다. 이러한 입법
주의를 설명하면, 다음과 같다.

   (1) 프랑스민법에서는 의사표시만으로 물권이 변동되지만 부동산물권변동에
관한 공시방법을 갖추어야 그 물권변동을 제3자에게 대항할 수 있다고 한다(동산
의 물권변동에서는 「인도」를 대항요건으로 하지 않는다. 바꾸어 말해서, 동산물권변동은 당사자의
의사표시만으로 일어나는 것이 프랑스민법의 원칙이다). 그 후에 제정된 독일민법은 공시방
법을 물권변동의 요건으로 함으로써, 물권행위와 등기 또는 인도가 있어야만 물권
변동이 일어나는 것으로 하고 있다.

   종래 프랑스민법이 채용하는 제도를 「의사주의(意思主義)」 또는 「프랑스법주의」
라고 하고, 독일민법이 취하고 있는 제도를 「형식주의(形式主義)」 또는 「독일법주의」
라고 일컬어 오고 있다(이들 용어는 원래 일본에서 사용하였다. 우리나라에서도 일본법학의
영향으로, 이들 용어가 널리 사용되었다). 이들 용어는 적절한 것일까? 의사주의와 형식
주의는 민법 제정 당시 민법의 기초자가 사용한 용어이다. 이 용어는 의사의 합치

만으로 물권변동이 일어나는지, 등기 또는 인도라는 형식을 갖추어야 물권변동이 일어나는지에 따라 사용하는 것이지만, 공시방법이 성립요건인지 대항요건인지를 알려주지 못하기 때문에 정확하지 못하며, 개념의 혼동을 가져오는 단점이 있다. 독일법주의·프랑스법주의도 좋은 용어라고 생각하지 않는다(위와 같은 용어를 사용할 경우 민법이 독일법주의를 채택하고 있다는 인상을 줄 수 있는데, 물권변동에 관한 민법 규정이 독일민법과 동일하지 않다). 가장 무난한 것은 「성립요건주의(成立要件主義)」·「대항요건주의(對抗要件主義)」라고 부르는 것이다. 이는 독일민법과 프랑스민법상의 물권변동에서 공시방법이 갖는 효력의 차이에 착안한 용어이다(부동산물권변동에 관한 등기주의라는 표현을 사용하기도 하는데, 이는 부동산물권변동에서 공시방법에 주목한 용례이다).

(2) **대항요건주의**(의사주의)   물권변동은 그것을 목적으로 하는 의사표시가 있으면 일어나고, 그 밖에 공시방법이 물권변동의 요건으로서 요구되지 않는다. 프랑스민법 규정에 따르면, 소유권은 「채권의 효력으로서」(par l'effet des obligations) 이전한다고 하고(동법 711조), 물건을 인도해야 할(즉, 소유권을 이전해야 할) 채무는 「당사자의 합의만에 의하여」(par le seul consentement des parties contractantes) 완성되며, 채권자를 소유자로 만든다고 정하고 있다(동법 1138조). 즉, (i) 물권변동을 일으키는 의사표시는 채권을 발생시키는 의사표시와 구별되지 않으며, (ii) 물권변동을 일으키는 법률행위는 당사자의 의사표시만으로 효력을 발생하고, 그 밖에 공시방법을 갖출 필요는 없다. 따라서 (iii) 하나의 법률행위로 채권의 발생과 물권변동의 두 가지를 모두 일어나게 할 수도 있다. 오히려 보통의 경우에 물권행위는 채권행위 속에 흡수되어 있는 것으로 구성된다(물권행위의 독자성을 인정하지 않는다). 그러므로 매매·교환·증여와 같이 물건의 권리를 이전해야 할 채권을 발생시키는 계약을 하면, 물건의 인도가 없더라도, 특별한 사정이 없는 한, 동시에 소유권이전의 효과도 생긴다고 한다(동법 1583조·1703조·938조 참조). 그리고 특별한 사정이 있는 경우에, 예컨대 곧 물권변동을 일어나게 하는 데 지장이 있는 경우(불특정물 또는 현존하지 않는 물건이 목적인 때)에도, 그 지장이 없어진 때에, 따로 물권행위를 할 필요 없이, 당연히 물권이 변동된다. 뿐만 아니라, (iv) 물권행위의 독자성이 인정되지 않으므로, 물권행위의 효력을 원인관계(즉 채권행위)로부터 단절하느냐 않느냐의 문제(물권행위의 무인성)도 일어나지 않는다. 그런데 이와 같이 물권변동이 당사자의 의사

표시만으로 생긴다고 한다면, 제 3 자에게 손해를 줄 염려가 있으므로, 거래의 안전을 위하여, 동산물권에 관해서는 공신의 원칙에 의하여 보호하고(동법 2279조·1141조 참조), 부동산물권에 관해서는 공시방법(저당권과 우선특권에 관해서는 inscription(등기), 그 밖의 물권에 관해서는 publicité(공시). 그러나 실제로는 이 두 공시방법은 모두 제출된 소정의 공정증서를 순서대로 편철하는 것이다)을 갖추어야만 그 변동을 가지고 제 3 자에게 대항할 수 있다고 한다. 따라서 부동산물권변동에서는 그 법률관계가 당사자 사이의 법률관계(의사표시만으로 효력 발생)와 제 3 자에 대한 법률관계(공시방법을 갖추어야 함)로 갈라지게 되어, 복잡하고 어려운 해석상 여러 문제가 생긴다.

　(3)　**성립요건주의**(형식주의)　　　　물권변동은 그것을 목적으로 하는 당사자의 의사표시(즉 물권행위)만으로는 일어나지 않고, 그 밖에 등기·인도라는 공시방법을 갖추어야만 비로소 물권변동이 일어난다는 입법주의이다. 따라서 그러한 공시방법을 갖추지 않는 한, 제 3 자에 대한 관계에서는 물론이며, 당사자 사이에서도 물권변동의 효과는 생기지 않는다. 즉, 독일민법 규정에 따르면, (ⅰ) 물권변동을 일으키는 의사표시(즉 물권행위)는 그것이 단독행위인 때는 물론이고 계약(즉 합의)인 때에도, 채권만을 발생시키는 보통의 계약, 즉 원인행위인 채권행위와 구별되며, 이를 물권적 합의(Einigung)라고 한다. 그리고 Einigung 가운데에서도 「부동산소유권이전의 합의」를 특히 Auflassung이라고 한다. Einigung은 무방식으로 할 수 있고, 또한 조건과 기한을 붙일 수도 있으나, Auflassung은 언제나 특별한 방식에 따라 해야만 하고(이 방식을 밟지 않은 Auflassung은 무효) 또한 조건과 기한을 붙이지 못한다(동법 925조). (ⅱ) 위와 같은 물권행위 외에, 부동산물권에 관해서는 등기(동법 873조·928조 참조), 동산물권에 관해서는 인도(동법 929조~931조·1032조·1205조·1206조)를 해야만 물권이 변동된다. (ⅲ) 이와 같이 물권행위는 채권을 발생시키는 원인행위와는 언제나 분리되어 있고, 따라서 그것은 따로 해야 한다(물권행위의 독자성). 그러나 특별한 방식에 따라서 해야 하는 Auflassung의 경우에는 그 독자성이 언제나 뚜렷하지만, 아무런 방식도 요구되지 않는 보통의 Einigung의 경우에는 묵시적으로 이루어지고 있는 것이 실정이며, 학설·판례는 능기신정에 필요한 서류인 능기허락서(등기함으로써 권리를 잃게 되는 자(수동적 당사자)의 서면에 의한 의사표시로서, 공적(보통은 공증인의) 인증(Beglaubigung)이 있어야 한다)를 교부하는 때에 있는 것으로 해석하

고 있다(작성자(수동적 당사자)가 능동적 당사자(등기함으로써 권리를 얻게 되는 자)에게 교부하고, 그가 등기를 신청하는 것이 보통임). 그리고 (ⅳ) 물권행위의 독자성이 인정되므로, 비록 원인행위인 채권행위가 무효이거나 실효하더라도 물권행위의 효력에는 영향이 없다(물권행위의 무인성). 이와 같은 성립요건주의 또는 형식주의에서는 물권행위가 당연히 공시방법과 연결되어 있기 때문에, 대항요건주의(의사주의)에서와 같이, 물권변동의 효과가 당사자 사이와 제 3 자에 대한 관계에서 달라지는 일은 생기지 않는다.

(4)　이해를 돕기 위하여, 위에서 본 바와 같은 대립하는 두 입법주의가 근본적으로 다른 점을 다음의 〈보기〉를 중심으로 하여 살피기로 한다.

〈보　　기〉

(ㄱ) 甲과 乙은 1월 7일에 甲 소유의 토지를 대금 2억원으로 乙에게 매각한다는 매매계약을 체결하고, 乙은 계약금으로서 2천만원을 甲에게 지급하였다. 그리고 등기는 1개월 후에 잔금의 지급과 상환으로 하기로 약속하였다. 2월 7일에 甲과 乙은 이전등기를 신청하고, 乙은 잔금을 지급하였다.

(ㄴ) 甲과 乙은 甲 소유의 자전거 1대를 10만원에 매매하기로 하고, 乙은 1만원의 계약금을 지급하였다. 3일 후에 乙은 잔금을 지급하고, 그 자전거를 인도받았다.

(ⅰ) 〈보기〉 ㈀의 경우 대항요건주의에 의하면, 물권변동은 당사자의 의사표시만으로 일어나며, 또한 물권행위는 채권행위와 구별되지 않고 보통은 채권행위 속에 흡수되어 있으므로, 甲과 乙이 1월 7일에 매매계약을 체결한 때에, 아직 이전등기[우리의 소유권이전등기에 상당하는 프랑스법상의 공시방법은 publicité(공시)이다. 여기에서는 이해의 편의상 publicité를 「이전등기」라고 표현하고자 한다]를 갖추지 않았더라도, 토지소유권은 甲·乙 사이에서는 乙에게 이전된다. 그러나 아직 이전등기가 되어 있지 않으므로, 乙은 그의 소유권취득을 제 3 자에게 주장하지 못한다. 따라서 乙보다 제 3 자 丙이 먼저 이전등기를 마치면, 丙이 완전한 소유자가 되고, 乙은 소유권을 취득하지 못한다. 丙에게 그의 소유권취득을 대항하려면, 乙은 丙보다 먼저 이전등기를 갖추어야만 한다. 한편 성립요건주의에 따르면, 물권행위와 공시방법을 갖춘 때에 물권이 변동되므로, 1월 7일의 매매계약(채권행위)으로는 부동산소유권 이전청구권이라는 채권이 발생하였을 뿐이며, 제 3 자에 대한 관계에서든 당사자 사이에서든, 아직 소유권은 乙에게 이전되지 않고, 甲이 그대로 소유자이다. 2월 7일에 신청한 이전등기[독일 등기법상 「이전등기」라는 용어는 없으며, 우리가 말하는 이전등기도 단순히 Eintragung(등기)이

라고 일컫는다. 여기에서 이전등기라고 적고 있는 것은 이해의 편의를 위한 것이다]가 있을 때에 비로소 소유권은 당사자 사이의 관계에서든 제 3 자에 대한 관계에서든, 乙에게 이전한다. 뿐만 아니라, 물권행위는 채권행위와 구별되고 그것과는 따로 해야 하기 때문에, 甲·乙 사이에 물권행위도 있어야만 한다. 특히, 독일민법과 같이 부동산소유권이전의 합의, 즉 Auflassung은 언제나 특별한 방식에 따라야 하는 법제에서는 채권행위와 구별되는 물권행위가 뚜렷하게 존재하게 된다.

　　(ii)〈보기〉(ㄴ)의 경우 대항요건주의에 따르면, 동산물권의 변동도 당사자의 의사표시만으로 일어나며, 특히 부동산물권변동의 경우와는 달리, 공시방법, 즉 인도를 제 3 자에 대한 대항요건으로 하고 있지도 않으므로, 자전거의 소유권은, 당사자 사이에서든 제 3 자에 대한 관계에서든, 매매계약을 체결하였을 때 乙에게 완전히 이전된다. 다만 제 3 자 丙이 甲으로부터 2중으로(바꾸어 말해서, 겹쳐서) 양도받아 乙보다 먼저 공시방법(인도)을 갖춘다면, 丙이 소유권을 취득하지만, 이는「공신의 원칙」이 채용되어 있는 결과이다. 한편 성립요건주의에 따르면, 동산물권의 변동도 물권행위 외에 공시방법까지 갖추어야만 일어나기 때문에, 매매계약만으로는 채권이 발생할 뿐이며, 당사자 사이에서도 소유권은 이전되지 않는다. 물권행위를 하고 인도를 받았을 때 비로소 乙은 소유권을 취득하게 된다. 따라서 매매계약만 체결하고 인도하지 않고 있는 동안 甲이 丙에게 이중으로 양도하고 또한 인도하였다면, 丙이 소유권을 취득한다. 그러나 이때 丙의 소유권취득은 공신의 원칙에 따른 것이 아니다. 동산소유권이전의 합의는 Auflassung이 아니라 보통의 Einigung이므로, 특별한 방식이 필요하지 않고, 보통 인도할 때 그러한 합의가 묵시적으로 있었던 것으로 해석되고 있다.

(5)　위에서 설명한 대항요건주의와 성립요건주의의 대립은 어디까지나「법률행위에 의한 물권변동」에서 두 입법주의가 대립하는 것이며, 물권변동의 또 하나의 원인인「법률 규정에 의한 물권변동」또는「법률행위에 의하지 않는 물권변동」에 관한 것이 아니다.

　　「법률 규정에 의한 물권변동」을 어떻게 다루고 있는지에 관해서 본다면, 우선 동산물권에서는 성립요건주의·대항요건주의 사이에 큰 차이가 없다. 즉, 어느 주의를 채용하는 법제에서든, 법률 규정에 의한「동산물권변동」에 관해서는 이를 각각 관계되는 곳에서 따로따로 규정할 뿐이고 일반적인 원칙으로 규율하고 있지 않다. 그러나「부동산물권변동」에 관해서는 대항요건주의와 성립요건주의가 매우 대조적이다. 대항요건주의를 취하는 법제에서는 법률행위에 의한 물권변동에서 그러한 것과 마찬가지로, 역시 등기를 대항요건으로 하는 것이 보통이다. 이에 반하여 성립요건주의를 따르는 법제에

서는 법률 규정에 의한 부동산물권변동은 등기를 갖추지 않아도 당연히 효력을 발생하
나, 다만 취득한 물권의 처분은 등기를 갖춘 후가 아니면 할 수 없는 것으로 하는 것이
보통이다.

(6) 이상과 같은 성립요건주의와 대항요건주의 가운데 어느 것이 더 우수한
입법주의라고 할 수 있는가? 적어도 부동산물권에 관해서는 성립요건주의가 대항
요건주의에 비하여 더 합리적이고 우수하다. 이미 보았듯이 대항요건주의에서는
당사자의 의사표시가 있은 후 등기가 있을 때까지 물권변동의 효력은 당사자 사이
에서만 생기기 때문에, 마치 물권이 당사자 사이에는 양수인에게, 그리고 제 3 자
와의 관계에서는 양도인에게 있는 것과 같은 현상이 나타나고, 법률전문가만이 이
해할 수 있는 복잡한 법률관계가 생긴다. 이에 반하여, 성립요건주의에서는 법률
관계가 그와 같이 분열하지 않고 일원화되어 복잡한 문제가 생기지 않아 법률관계
가 명확하고, 따라서 거래의 안전이라는 요청도 충분히 충족할 수 있으므로, 성립
요건주의가 더 우수한 제도라고 말할 수 있다. 한편 동산물권변동에 관해서는「인
도」가 공시방법으로서는 극히 불완전한 것이라는 점을 생각할 때, 인도를 동산물
권변동의 성립요건으로 하지 않았음은 물론, 오히려 대항요건으로도 하고 있지 않
은 프랑스민법의 입법례가 현명한 것이라고 생각한다.

  2. 우리 민법의 원칙   민법은 제186조와 제188조에서 물권변동을 목적
으로 하는 당사자의 의사표시만으로는 물권변동의 효력이 생기지 않으며, 그 밖에
등기 또는 인도라는 공시방법을 갖추어야만 비로소 효력이 생기는 것으로 하고 있
다. 즉, 민법은 성립요건주의(형식주의)라는 입법주의를 채용하고 있다.

    민법이 제정 · 시행되기 전에는 위의 두 입법주의 중 대항요건주의(의사주의)를 따
    르고 있었다. 그러나 프랑스민법과는 달리, 동산물권변동에 관해서도 인도를 대항요건
    으로 하고 있었다. 부동산물권변동에 관해서는 의용민법(일본민법) 제176조가 동일한
    조항을 조선민사령 제13조가 규정하고 있었다. 그러나 동산물권변동에 관해서는 조선
    민사령에 규정을 두지 않았기 때문에, 의용민법 제178조가 규정하고 있었다.

  3. 물권행위와 공시방법의 관계   민법은 성립요건주의를 채용하고 있으
므로, 법률행위에 의한 물권변동은 그것을 목적으로 하는 법률행위(즉 물권행위)와
공시방법(등기 또는 인도)의 두 가지를 갖춘 때에 일어난다. 여기서 물권행위와 공시

방법은 서로 어떤 관계에 있는지 문제된다. 바꾸어 말하면, 물권행위는 물권적 의사표시와 공시방법을 합한 것인지, 또는 물권적 의사표시만으로 물권행위를 이룬다고 볼 것인지가 문제이다. 만일 물권적 의사표시만이 물권행위를 이룬다고 해석한다면, 등기나 인도라는 공시방법은 어떤 법적 성질을 갖는 것으로 볼 것인지가 또한 문제된다.

(1) 먼저 학설을 보면, 물권적 의사표시와 공시방법을 합한 것이 물권변동이라는 법률효과를 발생시키는 물권행위라고 보는 견해(고상룡 63면, 방순원 25면, 이영준 89면, 장경학 167면, 최식 76면 참조)와 물권적 의사표시만이 물권행위를 이룬다는 견해(김기선 69면, 김상용 71면, 김용한 75면, 김증한·김학동 47면, 김현태 47면, 송덕수 63면 참조)가 서로 대립하고 있다.

(2) 물권적 의사표시와 공시방법을 합한 것을 물권행위로 보는 견해는 채권행위와 물권행위의 개념 구분에서 출발한다. 즉, 채권행위는 의무부담행위이고 물권행위는 처분행위이다. 채권행위가 있는 경우에는 의무이행이 남아있지만, 물권행위는 이행의 문제를 남기지 않는다. 따라서 공시방법을 갖추어야 처분행위로서 물권행위가 있다고 볼 수 있다고 한다. 또한 이 견해는 등기·인도라는 공시방법을 물권행위의 「형식」으로 파악한다. 바꾸어 말하면, 물권행위는 등기·인도라는 형식을 갖추어서 해야 하는 「요식행위(要式行爲)」라고 한다(이 견해에 따르면, 물권변동에 관한 성립요건주의를 「형식주의」라고 부르는 것이 가능하게 된다).

먼저 물권행위가 요식행위라는 주장은 부당하다. 그것은 오히려 개념의 혼동을 초래하고 있다. 앞에서 본 바와 같이, 독일민법에서는 부동산소유권이전의 합의, 즉 Auflassung을 요식행위로 하고 있다. 그것은 언제나 쌍방 당사자 또는 그 대리인이 일정한 관할관청에 동시에 출석해서 해야만 한다. 이러한 의미에서 Auflassung은 요식행위이나, 그 밖에 부동산에 관한 물권적 합의(Einigung)는 원칙적으로 무방식이다. 그런데 민법은 부동산소유권이전의 합의에 아무런 방식도 요구하고 있지 않다. 그러나 계약자유의 한 내용으로서 방식의 자유가 있으므로, 당사자끼리 일정한 방식(예컨대, 서면의 작성)에 따라서 물권행위를 할 수 있음은 물론이다. 물권행위의 요식성을 이와 같이 새긴다면, 물권행위를 요식행위로 볼 수 없다. 그리고 아래에서 보는 것처럼 물권행위 또는 물권변동의 성립요건과 효력요건을 구분하는 견해에서는 물권행위 개념에 공시방법을 포함시켜야 하는 것은 아니다.

(3) 위에서 본 바와 같이, 물권적 의사표시만이 물권행위를 이룬다는 견해가 타당하다. 그렇다면 물권행위와 공시방법의 관계를 어떻게 이해할 것인지 문제된다. 이 점에 관하여, 물권적 의사표시만이 물권행위라는 견해에서는 모두 등기나 인도라는 공시방법을 물권행위의 효력발생요건이라고 주장한다. 그 이유로서 드는 것은 일정하지 않으나, 다음과 같은 두 가지 가운데 어느 하나를 내걸고 있다.

첫째, 법률행위는 성립요건과 효력발생요건으로 나누어지는데, 물권적 의사표시만을 물권행위라고 보는 이상, 등기는 이를 물권행위의 효력발생요건으로 보아야 한다고 주장한다(김증한, 신물권법(상), 240면, 김증한·김학동 47면 참조).

둘째, 위와 같은 전제에서, 다시 다음과 같은 특별한 이유를 드는 견해도 있다. 즉, 민법 제186조와 제188조 1항은 각각 등기 또는 인도를 하여야 '효력이 생긴다'고 정하고 있으므로, 등기는 물권행위의 성립요건이 아니라 효력발생요건으로 보아야 한다는 것이다(김기선 69면, 김현태(상) 47면, 김용한 76면 등 참조).

이들 이유를 검토해 볼 때 모두 찬성할 수 없다. 이러한 견해, 즉 등기를 물권행위의 효력발생요건으로 보는 견해는, 두 가지 전제에서 출발하고 있다. 하나는 물권변동이 물권행위에 의해서만 발생하는 법률효과라는 것이고, 다른 하나는 물권행위도 법률행위이므로, 일반적으로 법률행위에 관하여 성립요건과 효력발생요건으로 나누어 볼 수 있는 것과 같이, 물권행위도 역시 이 두 요건으로 나누어진다는 것이다. 첫째의 전제에 관하여 본다면, 이미 고찰한 바와 같이, 법률행위에 의한 물권변동을 물권행위에 의해서만 발생하게 할 것인지 또는 그 밖에 다른 요건, 즉 공시방법도 갖춘 때에 발생하게 할 것인지는 입법정책의 문제이고, 실제에서도 입법주의가 대립하고 있다. 민법은 물권행위 외에 법률이 정하는 등기·인도라는 공시방법까지 갖추어야만 물권변동이 일어나는 것으로 하고 있으므로, 대항요건주의를 채용하고 있었던 구법 아래에서는 몰라도, 현행 민법에서는 유지될 수 없는 전제이다. 다음에, 일반적으로 법률행위의 요건은 성립요건과 효력발생요건으로 나누어지는데, 위와 같이 법률행위에 의한 물권변동은 물권행위에 의하여서만 발생한다는 전제에 서기 때문에, 물권변동을 위하여 법률행위(즉, 물권행위) 외에 법률이 요구하는 등기나 인도라는 공시방법은 물권행위의 성립요건과 효력발생요건 가운데 어느 하나에 속해야 한다는 것이다. 이 둘째의 전제는 첫째의 전제를 기초로 하고 있으나, 첫째의 전제가 유지될 수 없으므로, 이 전제도 타당하지 않다. 다음에, 민법 제186조와 제188조 1항의 규정을 근거로 드는 견해에 관하여 본다면(두 규정에 관하여 꼭 같은 말을 할 수 있으므로, 이하에서는 186조만을 가지고 설명하기로 한다), 제186조는 확실히 '등기하여야 효력이 생긴다'고 규정한다. 그러나 "부동산물권의 득실변경을 일으키는 법률행위는 등기하여야 그 효력이 생긴다."라고 규정하고 있지는 않다. 바꾸어 말하면, 등기를 하여야만 '물권행위가 효력을 발생한다'고 규정하고 있지 않으며, '물권의 득실변경'은 등기하여야 효력이 생긴다고 규정하고 있을 뿐이다. 위의 설명으로 알 수 있는 것과 같이, 민법은 등기를 물권행위의 효력발생요건으로 규정하지 않고, 물권변동의 효력발생요건으로서 규정하고 있다. 「물권행위」와 「물권변동」은 다르다. 물권행위는 법률행위로서 물권변동의 원인이 되나, 물권변동은 법률행위는 아니며, 물권행위의 결과로서 일어나는 효과에 지나지 않는다. 그런데 물권변동이 성립한다는 것은 물권변동이 효력을 발생한다는 것과 같은 말이다. 즉, 법률행위를 성립요건과 효력발생요건으로 나누는 것은 의미가 있으나, 법률효과를 그와 같이 나누는 것은 무의미하다.

　　이상에서 다룬 바와 같이, 물권적 의사표시만이 물권행위를 이룬다고 할 때에 공시방법이 물권행위의 효력발생요건이라는 견해에는 찬동할 수 없다. 그렇다면 물권행위와 공시방법의 관계를 어떻게 이해하는 것이 정당할까? 등기·인도라는 공시방법은 물권행위의 형식이 아니고, 물권행위의 증명이나 공증도 아니다. 그것은 물권행위와 똑같은 값을 갖는 것이고, 또한 물권행위로부터 독립한 것이다. 두 가지가 결합해서 비로소 물권변동이라는 법률효과를 발생시킨다. 그러므로 공시방법은 물권행위 이외에 법률에 의하여 요구되는 물권변동의 또 하나의 요건이라고 새기는 것이 정당하다(김상용 91면, 송덕수 63면 참조).

[19] Ⅲ. **물권행위의 독자성**

1. 의   의

(1) 채권행위와 물권행위는 이론상 별개의 법률행위이다. 예컨대, 甲이 乙에게 부동산을 매각하는 계약을 했다면, 매매계약은 채권행위이며 그 효과로서 당사자 사이에 채권·채무가 발생할 뿐이고, 곧 소유권이 乙에게 이전하지는 않는다. 乙이 부동산소유권을 취득하려면, 乙 앞으로 부동산에 관한 소유권이전등기를 해야만 한다. 이것이 물권변동에 관한 성립요건주의에서 논리적으로 예상되는 전형적인 물권변동 과정이다. 그런데 채권행위와 별도로 물권행위가 있어야 하는지 문제된다. 물권행위의 원인이 되는 채권행위가 존재하고 그것을 전제로 하여 물권행위가 이루어지는 것이라면, 물권행위는 그에 앞선 채권행위와는 별개의 행위라고 할 수 있다. 그렇다면 물권행위는 원칙적으로 원인이 되는 채권행위와는 현실적으로도 별개의 행위로서 해야만 하는가? 이것이 물권행위의 독자성(獨自性. 독립성이라고도 한다) 문제이다. 이를 긍정하는 것이 물권행위의 독자성을 인정하는 견해이고, 부정하는 것은 독자성을 인정하지 않는 견해이다. 이때 물권행위의 독자성을 부정한다고 해서, 물권행위라는 개념 자체를 부정한다든가, 채권행위를 전제로 하지 않고 물권변동만을 일으키는 법률행위의 존재를 부정하는 것은 아니다. 또한 채권행위와는 따로 나중에 다시 이행행위로서 별개의 독립한 물권행위를 하는 것을 부인하는 것도 아니다(그러나 물권행위의 개념을 부정하는 견해도 있다. 이에 관해서는 [17] 1 (1) 참조).

한편 독자성을 인정한다고 해서, 채권행위와 물권행위가 합쳐서 하나의 행위로 할 수 없다고 하는 것도 아니다. 물권행위의 독자성을 인정할지 부정할지가 가장 문제되는 것은, 「이 건물을 판다」·「이 시계를 준다」라는 것과 같이, 매매나 증여의 계약을 한 경우에, 당사자가 채권의 발생뿐만 아니라 물권변동의 효과도 발생시키기를 원하고 있다는 사실은 인정되지만, 물권행위를 나중에 따로 한다는 특약의 존재는 인정되지 않는 때이다. 이러한 경우에 물권변동은 항상 처음의 계약과는 따로 독립한 물권행위를 하고 공시방법을 갖춘 때에 일어나는지, 또는 처음의 계약 속에 물권행위가 포함된 것으로 보아서 공시방법만을 갖추면 일어나는지가 다투어지고 있다.

(2) 물권행위의 독자성은 물권변동에 관한 입법주의에 따라서 좌우되는 문제
는 아니다.

(가) 독일에서는 물권행위의 독자성이 인정된다는 것이 통설이다. 그 이유는
독일민법의 규정상 채권계약을 Vertrag이라고 하면서, 물권적 합의에 대해서는
Einigung이라는 용어를 쓰고 있기 때문이다. 그러나 Einigung을 하는 시기나 존재
가 항상 명확한 것은 아니다. 다만 Auflassung은 반드시 일정한 방식에 따라서 해
야 하기 때문에, 그 존재와 시기는 늘 뚜렷하다. 여기서 Auflassung 이외의
Einigung을 무방식(묵시적으로)으로 한 때에는, 등기에 필요한 서류(등기허락서)를 교
부한 때(부동산물권 변동의 경우) 또는 인도를 한 때(동산물권변동의 경우)에, 각각 그러
한 Einigung이 있었던 것으로 새기고 있다. 한편 같은 성립요건주의를 취하는 오스
트리아민법은 물권행위의 독자성을 입법적으로 부정하고 있다. 즉, 물권변동은 채
권행위(그것이 부동산물권변동을 일으켜야 할 채무를 발생시키는 것일 때에는 공정증서로 작성
되어야 한다)와 그에 의거한 등기(부동산의 경우) 또는 인도(동산의 경우)가 있을 때에
일어나므로, 채권행위와 등기 또는 인도의 중간에 별개의 행위를 따로 한다는 법적
구성을 취할 필요가 없다(동법 426-428조·431조·432조 참조). 말하자면, 동법에서는
물권행위는 채권행위 속에 포함되어 하나의 행위로서 하는 것으로 되어 있다.

(나) 물권변동에 관하여 대항요건주의를 취하는 전형적 민법인 프랑스민법에서
는 역시 입법적으로 물권행위의 독자성을 부정하고 있다. 즉, 소유권은 "채권의 효
력으로서"(par l'effet des obligations) 취득되고 이전되므로(동법 711조), 물권행위는 보
통의 경우에는 채권행위 속에 합쳐져 있어서 독자성이 없다. 그러나 같은 입법주의
를 취하는 일본민법에서는 물권행위와 그 원인이 되는 채권행위의 관계에 관하여,
프랑스민법과는 달리, 아무런 언급이 없기 때문에, 학자들 사이에서 물권행위의 독
자성을 인정할지 부정할지를 둘러싸고 크게 다투어졌으며, 지금도 논쟁의 대상이
다(독자성을 부정하는 것이 판례·통설이다).

이상에서 보았듯이 채권행위와 물권행위는 이론상 구별되므로, 대항요건주의
를 채용하는 법제에서도 입법에 따라서는 물권행위의 독자성이 문제될 수 있고, 한
편 성립요건주의를 취하면서도 물권행위의 독자성을 문제삼지 않는 입법도 있을
수 있다. 물권행위의 독자성은 성립요건주의를 취하는지 또는 대항요건주의를 채

용하는지에 따라서 당연히 인정되거나 부정되는 것이 아니다.

    2. 학설의 검토   민법은 물권변동에 관하여 성립요건주의를 분명하게
규정하고 있지만, 독일민법과 달리 채권행위와 물권행위의 관계에 관해서는 규정
을 두고 있지 않기 때문에, 물권행위의 독자성을 인정할 것인지에 관하여 학설은
대립하고 있다. 현재로서는 이를 인정하는 견해가 압도적으로 다수이고(김기선 73면,
김상용 108면, 김용한 85면, 김증한·김학동 44면, 김현태(상) 57면, 방순원 23면, 이영준 70면, 이
은영 140면, 장경학 174면, 최식 76면 참조), 부정하는 견해는 소수설에 속한다(이영섭, "물
권행위의 독자성," 법조 9권 7호, 송덕수 65면 참조). 판례는 소수설에 따르고 있다(대판
1977. 5. 24, 75다1394 참조. 그러나 그 이유나 근거를 밝히고 있지 않다). 부정설이 타당하다
고 생각한다. 이런 견지에서 다수설을 검토해 보기로 한다. 다수설이 물권행위의
독자성을 인정하는 근거로서 내세우는 이유는 일정하지 않으나, 그 주요한 것을 추
려서 검토해 보면, 다음과 같다.

    (1) 민법은 물권변동에 관하여 성립요건주의를 취하고 있기 때문에 물권행위
의 독자성을 인정해야 한다는 견해가 있다(최식·장경학 등). 그러나 이 주장이 잘못
된 것임은 이미 앞에서 보았다.

    (2) 민법 제186조와 제188조 1항의 규정상 독자성을 인정하고 있음이 명백하
다는 주장이 있다(김기선 71면, 김증한·김학동 44면, 김현태(상) 57면, 이영준 69면, 장경학
176면 참조). 즉, 이들 규정은 모두 물권변동에 관한 것이므로, 제186조에서 말하는
법률행위와 제188조 1항에서 말하는 양도(의사표시에 의한 이전)는 각각 물권행위를
가리키는 것으로 보아야 하며, 따라서 이들 조항은 물권행위의 독자성을 인정한 것
으로 볼 수 있다는 것이다. 이 주장은 옳은 것인가?

    제186조의 법률행위와 제188조 1항의 양도는 모두 물권행위를 가리키는 것으
로 새기는 점은 옳다. 그러나 이 사실로부터 곧 이들 조항이 독자성을 인정한 것이
라는 결론을 내리고 있는 데는 논리의 비약이 있다. 왜냐하면 이들 조항이나 그 밖
의 어느 조문에도 물권행위는 채권행위와는 따로 해야만 하는지 또는 채권행위와
합쳐서 해도 상관없는지에 관하여 규정하고 있지 않기 때문이다. 여러 번 언급한
바와 같이, 독일민법에서 Auflassung은 항상 일정한 방식에 따라서 해야 한다고 규
정하고 있다. 따라서 물권행위 가운데서도 적어도 Auflassung은 채권행위와 합쳐져

서 할 수 없고, 언제나 채권행위와는 따로 해야만 한다. 그런데 우리 민법에는 그러한 규정이 없다. 뿐만 아니라, 프랑스민법에서처럼 채권의 효력으로서 물권이 변동한다는 규정도 없다. 이와 같이 민법이 물권행위와 채권행위의 관계에 관하여 침묵을 지키고 있기 때문에, 바로 물권행위의 독자성 문제가 생긴다. 민법 제186조와 제188조 1항의 규정상 독자성을 인정한 것이 명백하다는 주장은 잘못이며, 옳지 않다(송덕수 66면 참조).

(3) 물권행위의 독자성을 인정하지 않는다면, 채권이 발생함과 동시에 이행되는 것이 원칙이라는 결과가 되어, 채권의 성질에 반한다는 주장이 있다(김증한, 신물권법(상), 249면 참조). 그러나 독자성을 부인하여 채권행위 속에 물권행위도 포함되어 있다고 해석하더라도, 그것으로 채권의 이행이 완전히 끝난 것은 아니다. 왜냐하면 대항요건주의를 채택하고 있었던 의용민법에서는 몰라도 성립요건주의를 채택하고 있는 현행 민법에서는 등기 또는 인도라는 공시방법까지 갖추어야만 완전히 이행되며, 물권행위를 한 것만으로는 일부 이행이 있게 될 뿐이다. 따라서 물권행위의 독자성을 인정하지 않는다면 채권의 성질에 크게 반한다는 주장은 납득할만한 근거가 되지 않는다.

(4) 물권행위의 무인성을 인정하는 전제로서 독자성을 인정해야 한다고 한다(김용한 85면, 김증한·김학동 56면 참조). 물권행위의 독자성을 인정해야 한다는 근거로서 주장되는 것 중 이것이 가장 중요하고 또한 유력하다. 이 주장에는 등기에 공신력이 인정되지 않는 우리의 법제에서 물권행위의 무인성을 인정함으로써 거래의 안전을 확보하자는 정책적인 의미가 있다. 그러나 이 주장은 물권행위의 무인성을 인정할 필요가 없다는 견해에서 본다면 전혀 무의미하다. 무인성에 관해서는 잠시 후에 다룬다([20] 참조).

3. 두 견해의 차이　　　이상에서 보았듯이 물권행위의 독자성을 인정하는 이유로서 내세우는 근거는 모두 납득할 만한 것이 못 된다. 그렇다면 물권행위의 독자성을 부정하는 것이 타당한가? 결론을 내리기 전에, 먼저 독자성을 인정하는 경우와 부정하는 경우에 실제로 어떠한 차이가 생기는지를 보기로 한다.

(1) 독자성을 인정하는 견해에 따르면, 민법 제186조의 법률행위와 제188조 1항의 양도는 모두 물권행위를 가리킨다. 한편 독자성을 부인하는 견해에 따르면,

이들은 물권행위를 흡수·포함하고 있는 채권행위를 가리킨다. 대체로 어느 견해를
취하느냐에 따라서 차이가 있게 된다고 한다. 그러나 이미 자세히 보았듯이 독자성
을 인정하든 부인하든, 위 조항에서 법률행위와 양도는 모두 물권행위를 가리키는
것으로 새기는 것이 정당하며, 이러한 해석에 따른다면, 독자성의 인정 여부에 따
라 달라지지는 않는다.

(2) 독자성을 인정하는 견해에 따르면, 물권행위는 채권행위와 구별되는 별개
의 독립한 행위이며, 그것은 원칙적으로 채권행위와는 따로 이루어진다고 한다. 그런
데 우리 민법에서는, 독일민법과 달라서, 부동산소유권이전의 합의에도 어떤 방식을
요구하고 있지 않으므로, 언제 물권행위가 있다고 볼 것인지 문제된다. 일반적으로
개별적인 경우에 구체적으로 검토·판단해야 한다고 하며, 보통은 등기신청에 필요
한 서류를 넘겨 줄 때(부동산물권변동의 경우) 또는 인도를 할 때(동산물권변동의 경우)에
묵시적으로 이루어진다고 해석하고 있다(김기선 73면, 김상용 108면, 김증한 48면, 김증
한·김학동 53면, 장경학 174면·175면 참조). 등기를 한 때(이영준, 75면 참조) 또는 등기신
청을 한 때(윤진수, 민법논고 Ⅱ, 344면 참조)에 물권행위가 있다는 견해도 있다. 이에
반하여, 독자성을 부인하는 견해에 따르면, 물권행위는 보통 채권행위 속에 포함되
어서 하나의 행위로 두 가지가 행해진다고 본다. 즉, 채권행위를 한 때에 물권행위도
함께한 것으로 새긴다.

위와 같은 물권행위의 시기에 관한 차이는 어떤 의미가 있는가? 대항요건주의를
따르고 있었던 의용민법에서는 물권행위의 시기에 관한 차이는 매우 중요한 의의가
있었다. 왜냐하면 공시방법은 대항요건에 지나지 않고, 물권변동은 물권행위만으로 발
생하기 때문에, 물권행위의 시기를 어느 때로 보느냐에 따라서, 물권변동이 일어나는
시기가 달라지기 때문이다. 그러나 성립요건주의를 취하고 있는 현행 민법에서는 물권
적 의사표시만으로는 물권변동이 일어나지 않고, 그 밖에 공시방법을 갖춘 때에 물권
이 변동되므로, 물권행위의 시기에 따라 물권변동의 시기가 달라지지는 않는다. 따라
서 두 견해 사이에 물권행위의 시기에 관한 차이는 현행법에서는 아무런 의미가 없다.

(3) 물권행위는 법률행위이므로, 당사자가 행위를 할 때에 행위능력을 가져야
함은 물론이다. 앞에서 보았듯이 독자성을 인정하느냐 않느냐에 따라서 물권행위
의 시기에 차이가 있고, 이에 따라 행위능력의 유무를 결정하는 표준이 되는 시기

에 관해서도 두 견해 사이에 차이가 있다. 그러나 이러한 차이가 특별히 중요한 의미를 갖지는 않는다.

(4) 물권행위의 독자성은 물권행위의 무인성을 인정하는 데 이론적 전제가 된다. 그러므로 나중에 다루는 바와 같이, 물권행위의 독자성을 부인하는 견해는 동시에 무인성도 부정한다. 그러나 독자성을 인정하는 견해는 동시에 무인성도 인정하는 것이 일반이다.

이상과 같은 차이점을 종합해 본다면, 물권행위의 무인성을 인정할 수 있는지 없는지의 차이를 빼놓고는, 독자성을 인정하든 부정하든, 결과적으로 큰 차이가 없다고 말할 수 있다.

4. 사　견　　위에서 검토한 바와 같이, 물권행위의 무인성을 인정할 수 있는지 없는지를 빼놓고는, 독자성을 인정하든 부정하든 별로 차이가 없고, 또한 독자성을 인정해야 할 이유로서 내세우는 근거는 모두 납득할 만한 것이 못 된다. 그러나 이러한 사실만으로 독자성을 부정하는 결론을 내릴 수 없다. 마지막으로 판단의 기초가 되는 것은 우리나라에서 물권거래의 실제에서 물권행위의 독자성이 인정될 수 있는지 없는지에 있다고 생각한다.

거래의 실정은 어떠한가? 거래의 실제에서는 채권행위 외에 물권행위를 의식해서 따로 하는 일은 없다. 예컨대, 부동산의 매매에서 매매계약과 등기만 하면(또는 등기에 필요한 서류만 주고받으면) 그것으로 거래를 마쳤다고 아는 것이 일반관념이며, 그 밖에 매매계약과 등기의 중간에 물권행위를 따로 해야 한다고 생각하지 않는 것이 거래의 실정이다.

그러나 이러한 주장에 대하여, 독자성을 인정하는 견해 가운데에는 거래의 실제에서도 독자성이 인정된다고 주장하는 견해가 있다. 그에 의하면, 매매계약과 등기의 중간에 당사자 사이에서 행해지는 행위를 볼 때, 당사자 사이에서 「소유권을 넘겨 준다」·「소유권을 넘겨 받는다」는 의사 또는 의식이 뚜렷한 것은 대금의 완급과 상환으로 등기서류를 내 준 때이다. 그렇다면 매매계약과는 별도로 뚜렷하게 물권행위를 한다고 새길 수 있다고 한다(김증한·김학동 51-54면 참조. 이 주장에 따르고 있는 견해로는 김기선 73면, 김상용 108면, 이영준 70면, 장경학 174-175면 참조).

독자성을 인정하는 견해에서는 거래의 실정을 그렇게 볼 수도 있겠지만, 그 반대의 주장도 성립할 수 있다. 즉, 등기서류를 주고받거나 목적물을 인도하는 것은 어디까지나 법률이 요구하는 또 하나의 요건인 공시방법을 갖추기 위한 것이고, 처음의 매매계약 가운데 소유권이전의 합의도 있었다고 새길 수 있다. 거래의 실정을 보는 시각의 차이에 따라 두 견해는 모두 성립할 수 있다고 생각한다. 그러나 매매계약에서 물권적 합의도 하였다고 보는 것이 당사자의 의사에 부합하고, 또한 자연스럽다고 생각한다. 특히 현행 민법에서는, 의용민법에서와는 다르게, 당사자의 물권적 합의만으로는 물권변동이 일어나지 않으므로, 우리 사회의 법의식을 이렇게 새기는 것이 타당하다.

결론적으로 독자성을 인정하는 견해가 주장하는 이유는 타당하지 않고, 독자성의 인정 여부에 따라 큰 차이가 없으며, 또한 거래의 실제에서도 의식해서 물권행위를 하고 있지 않으므로, 물권행위의 독자성을 인정할 필요가 없다. 이러한 견해가 물권행위의 무인성도 인정하지 않음은 물론이나, 이에 관해서는 다음에서 보기로 한다.

[20] Ⅳ. 물권행위의 무인성

1. 의   의   민법의 해석에서 물권행위의 독자성을 인정하는 학설은 다시 물권행위의 무인성(無因性) 또는 추상성(抽象性)도 인정하는 것이 일반이다.

물권행위는 흔히 채권계약의 이행행위로서 이루어진다. 그리하여 채권행위를 먼저 하고 그 이행으로서 나중에 물권행위를 따로 독립해서 한다고 할 때, 그 원인행위인 채권행위가 존재하지 않거나 무효이거나 취소 또는 해제되는 경우, 채권행위를 원인으로 하여(바꾸어 말하면, 그 채권행위로부터 발생한 채권의 이행으로서) 따로 하게 된 물권행위도 무효가 되고, 따라서 물권변동은 없었던 것으로 되는가 문제된다. 물권행위의 효력은 그 원인인 채권행위의 부존재·무효·취소·해제 등으로 당연히 그 영향을 받는다고 하는 것이 물권행위의 유인론(有因論)이다. 이에 반하여, 물권행위의 효력은 그 원인이 되는 채권행위의 운명에 의하여 아무런 영향도 받지 않으며, 물권행위의 효력은 원인관계와 법률상 단절 또는 절연되어 있다고 하는 것이 물권행위의 무인론(無因論)이다. 예컨대, 甲이 술에 만취되어 의사능력이 없는 상태에서 乙과 어떤 물건에 관하여 매매계약을 하고, 그 이행행위인 물권행위는 甲이

술에서 깨어나 의사능력을 회복한 후에 하였다고 한다면, 甲이 계약을 체결할 당시 의사능력이 없었음을 증명하면 채권행위는 무효가 되나, 물권행위 자체에는 그러한 무효원인이 없게 된다. 이 경우에 채권행위가 무효이더라도 물권행위는 그대로 유효한 것이 되는가, 또는 원인행위가 효력을 잃었다는 이유로 물권행위도 당연히 그 효력을 잃었다고 보아야 하는가? 물권행위의 무인성을 인정하는 견해는 앞의 결론을 취하고, 유인성을 주장하는 견해는 뒤의 결론을 취한다. 여기서 물권행위의 유인·무인의 문제는 물권행위의 독자성을 인정하는 때에 비로소 생기고, 물권행위의 독자성을 부정하는 법제나 학설에서는 처음부터 문제가 되지 않음을 알 수 있다. 위의 예에서, 물권행위는 보통 채권행위 속에 포함되어 있다고 보는 견해에서는 무인성이 문제되지 않음은 명백하며, 등기나 인도를 할 때에 물권행위를 하였다고 보는 경우에, 즉 물권행위의 독자성을 인정하는 경우에 비로소 무인성을 인정하거나 부정할 수 있게 된다. 그러나 물권행위의 독자성을 인정한다고 해서 반드시 무인성도 인정해야 하는 것은 아니다. 바꾸어 말해서, 물권행위의 독자성을 인정하되, 유인성을 주장할 수도 있다.

　　그리하여 물권행위의 독자성이 인정되지 않는 프랑스민법에서는 물권행위의 무인성은 주장될 여지가 없으며, 반대로 독자성을 인정하는 독일민법에서는 무인성도 인정하는 것이 통설이다. 한편 독자성은 인정하면서 유인으로 새기는 민법으로는 스위스민법을 들 수 있다. 스위스민법상 부동산물권변동에서 수동적 당사자(등기를 함으로써 권리를 잃게 되는 자. 스위스민법상 이 수동적 당사자가 단독으로 등기를 신청하는 것이 원칙이다)가 하는 등기신청은 등기의 신청행위임과 동시에 물권행위(즉 물권적 단독행위)로 해석되고 있다. 이와 같이 물권행위의 독자성이 인정된다고 새기고 있으나, 유인·무인에 관해서는 따로 유인성을 인정하는 분명한 규정을 두고 있다(스민 974조 2항). 민법의 해석에서는 학설·판례가 대립하고 있다. 판례는 유인론을 취하고 있다(대판 1977. 5. 24, 75다1394 참조). 종전에는 무인론이 다수설이었으나, 최근에는 유인설을 따르는 견해가 많아지고 있다(고상룡 77면, 김상용 116면, 송덕수 71면, 이영준 82면, 이은영 151면 참조).

　　2. 우리나라의 무인설　　　　현행 민법의 해석에서 물권행위의 독자성을 인정하는 학자들은 대부분 무인성도 인정하고 있다(김기선 75면, 김용한 91면, 김증한·김

학동 55면, 장경학 181면 참조). 물권행위의 무인성을 인정하는 다수설의 주장은 다음과 같다.

(1) **무인성을 인정하는 이유**   다수설이 무인성을 인정하는 이유로 드는 주요한 것은 대체로 다음의 세 가지이다. (i) 물권행위와 채권행위를 별개의 행위로 생각한다면 그 유효·무효도 따로따로 정해야 한다. (ii) 물권적 법률관계는 모든 사람에 대하여 명료함을 이상으로 하므로, 물권행위의 효력을 당사자 사이에서만 효력을 가지는 원인행위의 유효·무효에 의하여 영향을 받게 하는 것은 부당하다. (iii) 무인성을 인정함으로써 등기에 공신력을 부정하는 민법의 결함을 보충·정정하여 거래의 안전을 보호할 수 있다. 이 가운데에서 세 번째의 이유가 가장 중요하므로, 이에 관하여 좀 더 자세히 보기로 한다.

앞에서 든 예를 가지고 순전히 논리적으로 따져 볼 때, 유인론에 따르면 소유권은 甲에게 되돌아가 있으므로(물권행위가 효력을 잃은 결과, 법률상 당연히 甲에게 되돌아간다) 甲은 소유권에 의한 물권적 청구권(즉 소유물 반환청구권)을 행사하여 乙로부터 그 물건을 찾아올 수 있게 되나, 무인론에 따르면 甲은 부당이득반환청구권을 가지게 될 뿐이다(741조 이하). 무인론에서는 채권행위가 실효해도 물권행위는 유효하다는 법률구성을 취하므로, 乙의 소유권취득에는 영향이 없게 되나, 다만 그 소유권취득은 법률상의 원인 없이 타인의 재산으로 이익을 얻은 것이 되어 부당이득이 되기 때문이다. 그러므로 유인론·무인론의 차이는 목적물이 아직 양수인(乙)에게 있는 동안은, 채권행위의 실효로 물권이 법률상 당연히 복귀하는지, 또는 당연히 복귀하지 않고 부당이득의 법리에 의하여 반환을 청구할 수 있게 되는지에 있을 뿐이다(어느 경우에나 甲은 목적물을 되찾아올 수 있다). 그런데 乙이 다시 丙에게 그 소유권을 양도하였다면(甲이 목적물을 회복하기 전에), 큰 차이가 있게 된다. 유인론에 따르면 甲은 丙에 대해서도 역시 물권적 청구권을 행사하여 찾아올 수 있다(소유권은 甲에게 있고, 丙은 무권리자 乙로부터 물권을 취득한 데 지나지 않으므로). 그러나 무인론에 따르면 甲·乙 사이의 매매계약이 무효이더라도 물권행위의 효력에는 영향이 없으므로, 乙은 계속 소유자이며, 丙에게 한 양도도 유효한 것이 된다. 따라서 丙의 소유권취득에는 아무런 영향이 없으며, 甲은 乙에게 부당이득반환을 청구할 수 있을 뿐이다. 그러나 乙은 이제는 그 물건을 가지고 있지 않으므로, 甲은 목적물의 값을 반환하라고 청구할 수 있을 뿐이다(747조). 물권행위의 무인성이 그 작용을 발휘하는 것은 바로 이때이며, 甲은 소유권을 잃고 만다. 주의할 것은, 위의 예에서 丙의 선의·악의는 이를 묻지 않는다는 점이다. 즉, 丙이 악의이더라도, 그의 소유권취득에는 영향이 없다. 물권행위의 무인성을 인정한다면 거래의 안전을 보호하는 결과가 된다는 것은 바로 위와 같은 것을 말하는 것이다.

(2) 상대적 무인설　　물권행위의 독자성을 인정하는 학설은 위와 같은 이유로 물권행위에 관하여 무인성도 인정하고 있다. 그런데 무인성을 인정하는 견해들은 예외없이 모두 상대적 무인설을 취한다(김기선 77면, 김용한 95면, 김증한·김학동 59면, 장경학 181면 참조). 즉, 물권행위는 원칙적으로 무인이지만, 특히 당사자가 유인으로 하려는 의사표시를 한 때, 바꾸어 말하면 채권행위의 유효를 물권행위의 조건으로 한 때에는 유인이 된다고 한다.

(3) 무인설을 취해도 물권행위가 유인성을 띠는 경우　　물권행위의 무인성을 인정한다면, 원인행위가 실효해도 물권행위는 언제나 그대로 유효한 것이 되는가? 그렇지는 않다. 일정한 경우에는 원인행위가 실효하는 때에 물권행위도 실효하고, 따라서 유인성을 인정하는 경우와 차이가 없게 되는 경우가 있다. 그러한 경우로서 무인론자는 다음과 같은 것을 들고 있다.

㈎ 제한능력·사기·강박·착오 등 원인행위의 취소원인이 물권행위에도 공통되는 경우. 물권행위의 독자성을 부정한다면, 원인행위와 물권행위는 원칙적으로 하나의 행위로서 이루어진다고 보게 되므로, 원인행위의 취소원인은 원칙적으로 물권행위에도 공통해서 있게 된다. 그러나 독자성을 인정한다면, 두 행위는 따로 하는 것이 원칙이고, 따라서 취소원인이 두 행위에 공통하는 경우와 공통하지 않는 경우가 있게 된다. 이 두 경우 가운데 유인론을 취하는지 무인론을 취하는지에 따라서 차이가 생기는 것은 취소원인이 두 행위에 공통하지 않는 경우이다.

㈏ 반사회질서 또는 불공정에 의한 무효 또는 그 밖의 무효원인이 원인행위와 물권행위에 공통하는 경우. 특히 민법 제103조·제104조에 따른 무효에 관해서는 녹일의 통설과 같이 대체로 다음과 같은 해석을 한다. 폭리행위를 당한 자의 처분행위(물권행위)는 폭리행위를 이유로 무효로 될 수 있다. 그러나 사회질서 위반은 원칙적으로 채권행위에 관해서만 있을 수 있고, 따라서 물권행위가 제103조에 따

라 무효로 되지는 않는다. 다만 예외적으로, 물권행위의 효과로서 일어나는 물권변동 그 자체가 사회질서에 반하는 경우(예컨대, 채무자의 모든 재산을 담보에 제공하는 경우)와 물권의 이전 그 자체가 사회질서에 반하지는 않으나 그 물권변동으로 사회질서에 반하는 결과를 초래하는 경우(예컨대, 상대방으로 하여금 어떤 범죄를 저지르게 하는 때)에는 물권행위도 사회질서 위반을 이유로 무효가 될 수 있다고 한다(김증한, 신물권법(상), 254면. 그러나 개고판 이후에는 이러한 설명을 삭제하고 있다. 김증한·김학동 59면 참조).

(다) 채권행위의 유효를 물권행위의 조건으로 하는 경우, 즉 상대적 무인의 경우이다.

(라) 채권행위와 물권행위가 외형상 하나의 행위로 이루어지는 경우. 물권행위의 독자성을 인정한다면 이러한 경우는 예외에 속하나, 독자성을 부정한다면 이것이 원칙적인 경우가 된다. 그런데 이 경우, 즉 채권행위와 물권행위가 하나의 행위로 이루어지는 경우를 무인성·유인성의 어느 쪽에 따르든 차이가 없게 되는 특별한 경우로 드는 것은 무의미하다. 왜냐하면 그것은 위에서 적은 (가)의 한 모습에 지나지 않기 때문이다.

이상의 여러 경우에는 무인론을 취한다고 하더라도 유인론에 따르는 경우와 차이가 없다. 결국 유인론이냐 무인론이냐에 따라서 차이가 있게 되는 것은 반사회질서와 불공정법률행위에 의한 무효의 경우를 제외한 그 밖의 무효원인과 취소원인이 채권행위와 물권행위의 모두에 공통하지 않는 경우라는 것이 된다. 좀 더 정확하게는 위의 무효·취소의 원인이 채권행위에만 있고 물권행위에는 없는 경우이다.

3. 무인론에 대한 비판   과연 물권행위의 무인성을 인정해야 하는가? 우선 무인성을 인정해야 한다는 이유를 검토·비판해 보기로 한다.

(1) 물권행위는 채권행위와는 별개의 행위이므로, 그 유효성은 원인행위인 채권행위의 유효성과는 따로 정하는 것이 당연하다고 한다. 이러한 생각에 따른다면, 물권행위에서 당사자의 의사 내용은 물권변동 그것에만 향하여져 있는 것이며, 물권변동의 원인은 단순히 이 의사의 동기에 지나지 않게 된다. 그러므로 이 의사만이 그 동기와는 분리되어 물권적 법률효과를 일으키는 것은 논리의 필연이라고 한

다. 이러한 생각은 개인의사 자치의 도그마(Dogma)와 개념법학의 결합이다. 무릇 모든 출연행위에는 반드시 일정한 법률원인이 있다. 따라서 원인 또는 출연의 목적 이 법률상 존재하지 않는 경우에는 출연행위도 효력을 발생하지 않는다고 하는 것 이 당사자의 의사에 합치한다. 이러한 의미에서 모든 출연행위, 따라서 물권행위는 유인이라고 새기는 것이, 위에서 적은 바와 같은 개념법학적 태도를 떠난 타당한 해석이다.

　(2)　다음으로 무인성을 인정함으로써 법률관계를 명료하게 할 수 있다고 한 다. 법률관계를 명료하게 한다는 것은 사회적으로 중요한 의미가 있다. 그것은 물 권적 법률관계에 한하지 않고 모든 영역에서 요구되는 법률제도 이상의 하나라고 할 수 있다. 그것은 법률상 다툼을 감소시킴으로써, 법적 확실성을 높여 준다. 그러 나 무인성을 인정한다고 해서 법률관계가 항상 명료해지는 것은 아니다. 확실히 유 인성이 인정되는 곳에서는 등기와 실체상 권리관계가 부합하지 않는 경우가 늘어 난다. 그러나 무인성을 인정하더라도 그러한 경우가 생길 수 있다. 특히 상대적 무 인성을 취한다면, 물권적 법률행위가 불확실한 상태에 있는 경우가 적지 않다. 또 한, 법적 확실성을 높여 법률상 다툼을 감소시키는 것도 중요하지만, 그보다도 정 당한 이익을 보호한다는 것을 더 높이 평가해야 한다.

　(3)　이미 보았듯이 가장 중요한 이유는 거래의 안전을 보호하는 데 있다. 앞 에서 구체적 사례를 통하여 살펴보았듯이 원인이 되는 채권행위가 실효하더라도 물권행위의 효력에는 영향이 없으므로, 예컨대 그것이 소유권의 이전에 관한 것이 면, 매수인으로부터 다시 목적물을 양도받은 제3자는 무권리자로부터 양도받은 것이 되지 않으므로, 이 의미에서는 확실히 거래의 안전을 보호하게 된다. 그러나 자세히 검토해 보면, 그 보호 범위는 결코 그렇게 넓지 않다(이하의 설명에서 유인설은 채권행위와 물권행위가 동시에 하나의 행위로 이루어진다고 보는 반면, 무인설은 두 행위는 따로 이루어진다고 하는 점을 염두에 두어야 한다).

　(개)　무인성을 부정한다면, 채권행위가 취소되거나 해제된 경우에는 항상 물권 행위의 효력에 영향을 미친다고 본다. 그러나 무인성을 인정한다면 정반대의 결과 가 발생한다. 즉, 채권행위가 취소되거나 해제되더라도 물권행위의 효력에는 영향 이 없는 경우가 있게 된다. 가령 원인행위인 채권행위의 취소원인이 물권행위에는

없는 경우에 채권행위의 취소원인이 물권행위의 효력에 영향을 미치지 않게 된다. 그런데 채권행위와 물권행위가 거의 동시에 이루어지는 경우는 물론이며, 두 행위 사이의 시간적 간격이 그다지 멀지 않은 때에는 물권행위에도 취소원인이 있게 되고, 이것이 보통이다. 바꾸어 말하면, 채권행위가 취소되더라도 물권행위의 효력에 영향이 없는 경우는 예외에 속한다. 바로 이 예외적인 경우에 관하여 무인성을 인정함으로써 제 3 자를 보호할 수 있다고 한다.

그렇다면 이러한 경우에 무인성을 부정한다면, 언제나 제 3 자를 보호하지 않게 되는가? 그렇지 않다. 민법은 거래의 안전을 위하여 취소의 소급효를 제한하는 경우가 있으며, 이때에는 유인성을 인정하더라도 선의의 제 3 자는 보호된다.

이에 관하여 자세히 적는다면, 법률행위를 취소할 수 있는 주요한 경우는, 당사자의 제한능력·착오·사기·강박에 의한 의사표시이다. 그 가운데 착오 그리고 사기·강박에 의한 의사표시의 취소에 관하여, 민법은 제109조 2항과 제110조 3항에서 각각 그 의사표시의 "취소는 선의의 제 3 자에게 대항하지 못한다."라고 규정한다. 따라서 이들 착오·사기·강박의 경우에는 유인성을 인정하더라도 선의의 제 3 자는 보호된다. 오히려 유인성을 취할 때에는 이들 조항에 의하여 「선의의 제 3 자」만이 보호되나, 무인성을 인정한다면 이들 조항을 기다릴 것도 없이 선의의 제 3 자뿐만 아니라 「악의의 제 3 자」까지도 보호하는 결과가 된다(즉, 제 3 자가 보호되는 결과는 민법 109조 2항이나 110조 3항의 적용을 통해서가 아니라, 무인성을 인정하는 결과 이론상 당연히 생기게 된다). 악의의 제 3 자까지 보호하게 되는 결과는 법률정책상 바람직하지 못할 뿐만 아니라, 민법 제109조 2항과 제110조 3항은 의미 없는 규정이 된다(이런 의미에서 민법이 109조 2항이나 110조 3항을 별도로 둔 것은 유인성을 전제로 한 것이라고도 말할 수 있다).

다음에 당사자의 제한능력을 이유로 물권행위가 취소되는 경우에 관하여 본다면, 민법은 이 경우에 관해서만은 선의의 제 3 자를 보호하기 위한 제109조 2항·제110조 3항과 같은 규정을 두고 있지 않다. 따라서 무인성을 인정한다면 거래의 안전을 보호할 수 있으나, 유인성에 따른다면 거래의 안전을 해치는 결과를 초래할 가능성이 있다. 그러나 제한능력을 이유로 법률행위를 취소하는 경우에 거래의 안전 또는 선의의 제 3 자 보호를 완전히 무시하고 있지는 않다. 민법 제15조부터 제

17조까지 상대방을 보호하기 위한 여러 제도를 두고 있고, 특히 제145조에서 이른 바 법정추인제도를 두어 상대방을 보호하고 있다.

이들 제도가 있기 때문에, 무인성을 인정하면 제 3 자가 보호되나, 유인성에 의해서는 보호되지 못하는 경우는 대폭 줄어든다. 결국 무인성·유인성의 어느 쪽을 따를지에 따라서 제 3 자의 보호에 관하여 생긴다는 차이는 매우 적다고 말할 수 있다.

한편 민법은 제548조 1항 단서에서 해제의 소급효를 제한하고 있다. 따라서 채권행위가 해제되고 유인성으로 물권행위도 그 효력을 잃게 되더라도, 제 3 자는 역시 보호된다.

(나) 무인성을 부정한다면, 채권행위가 무효인 때 물권행위가 그대로 유효인 경우는 없게 된다. 그러나 무인성을 인정한다면, 역시 채권행위가 무효이더라도 물권행위의 효력에 영향이 없을 수도 있고 있을 수도 있다. 무인성을 인정하더라도 채권행위의 무효로 물권행위도 무효가 되는 경우는, 이미 밝힌 바와 같이, 폭리행위의 경우에는 항상 그렇고, 반사회질서로 채권행위가 무효인 때에는 일정한 경우에 물권행위도 무효가 된다고 한다. 이러한 경우를 제외하고는, 채권행위의 무효는 물권행위를 무효로 하지 않으므로, 거래의 안전을 보호하는 결과가 된다. 그런데 그 밖의 무효인 경우에 관하여 민법은 역시 거래의 안전을 위하여 무효의 절대적 효력을 제한하고 있다(107조 2항·108조 2항 참조). 따라서 무효의 경우에 관해서도 취소의 경우와 같은 말을 할 수 있다.

(다) 위에서 본 바와 같이, 무인성을 인정하는 때에는 거래의 안전을 보호하는 결과가 되나, 유인성을 인정한다면 그러한 보호를 할 수 없게 되는 경우는 매우 드물다. 그런데 그러한 매우 적은 차이를 더욱 좁혀 주는 것이 이른바 상대적 무인설이다. 우리나라의 무인론자들은 모두 예외 없이 상대적 무인설을 취하고 있으나, 거래의 안전을 위해서는 상대적 무인설은 무의미하다. 왜냐하면 법률정책으로서는 물권행위를 항상 원인과 분리하여 그 유효를 확보하지 않는다면 의미가 없으며, 그것을 당사자 사이에서 슬그머니 유인으로 하는 것을 허용해서 물권행위의 효력을 잃게 하는 것은 문제점을 망각한 이론이다(그렇기 때문에 무인론 가운데 자기의 상대적 무인설은 별로 실익이 없다는 견해도 있다. 장경학, 신물권법총론, 190면, 최식 78면 참조).

4. 사 견   이상에서 자세히 검토한 바와 같이 무인설이 내세우는 근거는 모두 납득하기 어렵다.

물권행위의 무인성은 독일민법에서 채용되어 있는데, 본래 그것은 거래의 안전을 보호하려는 것이 아니었고, 등기관이 실질적으로 심사할 범위를 물권행위에만 제한함으로써 물권거래를 간편하게 하기 위한 것이다. 거래의 보호를 위해서는 이른바 「공신의 원칙」을 인정하는 것이 올바른 길이다. 공신의 원칙이 인정되어 있으면, 거래의 안전은 그것에 의하여 보장되고, 특히 무인성을 주장할 실익이 없다. 물권행위의 무인성을 인정하여 거래의 안전을 확보하려는 것은 너무나 원시적인 (primitive) 방법이다. 특히 악의의 제 3 자까지도 보호하는 결과가 되는 것은 어느 모로 보나 부당하다.

한편 비교법적으로 보더라도, 무인성을 인정하는 것은 오직 독일민법에서뿐이다. 독일에서도 민법전 제정 당시부터 무인론에 대한 반대가 있었을 뿐만 아니라, 그 후 계속해서 무인론에 대한 반대론이 높아져 왔으며, 오늘날에는 독일에서도 유인론의 정당성이 강력하게 주장되고 있다. 독일민법은 입법적으로도 유인론에 접근하는 경향이 있다. 즉, 1940년의 개정으로 독일민법에는 제925조의 a가 신설되어, 동법 제313조에서 요구하는 방식에 따라 작성된 원인행위에 관한 증서(즉, 공정증서)가 제시되거나 동시에 작성된 때에만 관할관청은 Auflassung의 표시를 수령할 수 있는 것으로 하고 있다(독일민법 313조의 규정은 다음과 같다. "당사자의 한쪽이 부동산 소유권을 이전할 의무를 부담하는 계약은 공정증서의 작성(notarielle Beurkundung)이 필요하다. 그러나 이 방식을 지키지 않고 체결한 계약도 Auflassung 및 부동산등기부에의 등기가 행하여진 때에는 그 전 내용에 따라 유효하게 된다").

거래관념에 비추어 보더라도 유인론이 자연스럽다. 예컨대 매매계약이 무효이거나 취소되었는데도 물권행위가 유효라고 보아 소유권이 여전히 매수인에게 남아 있다고 하는 것은 거래관념에 부합하지 않는다. 채권계약이 무효이거나 취소되었으면 그 효과가 물권행위에도 미치는 것으로 보아야 한다.

이와 같은 여러 사정을 고려할 때, 결국 우리 민법의 해석상 물권행위의 무인성을 부인해야 한다고 생각한다. 그러므로 민법에서는 다음과 같이 새겨야 한다.

(1) 채권행위와 물권행위는, 특별한 사정이 없는 한, 하나의 행위로 이루어지

는 것이 원칙이다. 따라서 그 행위에 관한 제한능력·의사의 흠결 또는 착오·사기·강박 등은 채권적 효력과 물권적 효력의 쌍방에 영향을 미친다. 그러나 이때 물권행위가 효력을 잃게 되는 것은 어디까지나 물권행위 자체에 흠이 있기 때문이며, 유인·무인과는 관계가 없다. 왜냐하면 유인·무인의 문제는, 물권행위에는 흠이 없더라도, 그 원인인 기초적 법률관계에 관하여 존재하는 흠으로 말미암아 그 효력을 잃게 되는지 않는지의 문제이기 때문이다. 그러므로 민법 제186조의 법률행위나 제188조 1항의 양도는 모두 물권행위를 가리킨다. 다만, 이 물권행위는 보통 채권행위 속에 포함되어 함께 이루어진다고 새겨야 한다(바꾸어 말하면, 하나의 행위가 채권행위인 동시에 물권행위이기도 하다는 뜻이다).

　(2)　채권행위와 물권행위를 따로따로 하는 경우, 예컨대 매매계약을 체결한 후에 채무의 이행으로서 물권의 이전만을 목적으로 하는 법률행위를 따로 한다든가, 또는 소비대차계약에 의하여 차주가 부담하고 있는 채무를 변제하기 위하여 물권을 이전하는 행위를 한다든가 하는 때에는, 채권행위(매매·소비대차 등)의 부존재·무효·취소 그 밖의 실효는, 반대의 특약이 없는 한, 원칙적으로 물권행위의 효력에 영향을 미친다([26] 2 (1) 참조). 즉, 원칙적으로 유인(有因)이다.

제 3 절　부동산물권의 변동

제 1 관　부동산등기

[21]　Ⅰ.　등기의 의의와 종류

　1.　**등기의 의의**　　국가기관인 등기관이 법정절차에 따라서 등기부라는 공적인 정보저장매체에 부동산에 관한 일정한 권리관계를 기록하는 것 또는 그러한 기록 자체를 가리켜 「등기」 또는 「부동산등기」라고 일컫는다(종전에는 '기재'라는 용어를 사용하였으나, 등기전산화에 따라 '기록'이라는 용어를 사용하고 있다. 또한 종전에는 '공적 장부'라는 표현을 사용하였으나, 등기전산화에 따라 전산정보처리조직에 의하여 기록되기 때문에 '정보저장매체'라고 표현하고자 한다). 주의할 점은 다음과 같다.

　(1)　위의 정의는 등기에 관한 실체법상 정의이다. 절차법상으로는 그 밖에 「부동

산의 표시」에 관한 기록(등기기록 중 표제부의 기록)까지도 포함해서 등기라고 한다.

(2) 등기는 부동산의 권리관계나 표시를 등기부에 「기록하는 것」을 가리키는 것이다. 그러나 경우에 따라서는 그러한 「기록 자체」를 등기라고 하는 경우도 있다(예컨대 부등 33조·55조 등 참조).

(3) 설령 등기신청을 하였다고 하더라도(나아가서는 비록 등기필정보까지 통지하였다고 하더라도), 등기관의 과실 등으로 등기가 실행되어 있지 않으면(바꾸어 말해서, 등기부에 기록되지 않으면), 등기가 있다고 할 수 없다(대결 1971. 3. 24, 71마105 참조).

(4) 등기는 국가기관인 등기관이 법규가 정하는 절차에 따라서 이를 해야 한다. 부동산등기에 관한 법령으로서 가장 중요한 것은 부동산등기법(2011년 법(全改) 10580호)과 부동산등기규칙(2011년 대법원규칙(全改) 2356호)이다.

2. 등기의 종류   등기는 여러 표준에 의하여 여러 가지로 나누어진다. 그 주요한 것은 다음과 같다.

(1) **사실의 등기·권리의 등기**   사실의 등기는 등기기록 중 표제부에 하는 부동산 표시의 등기이다. 즉, 부동산의 위치·사용목적(건물의 경우에는 구조)·면적을 표시해서, 등기기록이 어느 부동산에 관한 것인지를 밝혀 주는 등기이다. 표제부의 등기라고도 일컫는다. 한편 권리의 등기는 등기기록 중 갑구(甲區)란과 을구(乙區)란에 하는 부동산의 권리관계에 관한 등기이다. 권리변동의 효력이라는 등기의 실체법상 효력은 이 갑구·을구의 등기, 즉 권리의 등기에 관해서만 인정된다.

(2) **보존등기·권리변동의 등기**

(가) **보존등기**   미등기의 부동산에 관하여 그 소유자의 신청으로 처음으로 하는 소유권의 등기가 보존등기(保存登記)이다. 우리나라는 모든 부동산에 관하여 당연히 등기기록을 개설해야 하는 「모든 부동산 등기강제의 원칙」을 채용하고 있지 않기 때문에, 어떤 부동산(즉, 등기기록이 아직 개설되어 있지 않은 미등기부동산)에 관하여 등기기록을 처음으로 개설하려면, 부동산소유자가 우선 보존등기를 신청해야 한다. 예컨대, 토지의 매립이나 건물의 신축 등으로 부동산소유권을 원시취득한 자가 소유권을 보존하기 위하여 보존등기를 신청하면, 등기관은 새로 부동산을 위한 등기기록을 마련하여 표제부에 표시의 등기(사실의 등기)를 하고, 갑구란에 소유권자가 누구라는 것을 등기한다. 이와 같이 등기기록을 편성하게 되면, 앞으로 그 부동

산에 관한 모든 등기는 이 보존등기를 기초로 하여(바꾸어 말하면, 보존등기를 기점으로 하여), 등기기록의 관계부분 또는 해당란에 기록하게 된다.

(나) **권리변동의 등기** 소유권의 보존등기를 기초로 그 후에 하는 권리변동(소유권의 이전·제한물권의 설정 등)의 등기를 말한다.

(3) **등기의 내용에 따른 분류**

(가) **기입등기** 기입등기(記入登記)는 새로운 등기원인에 의하여 어떤 사항을 등기부에 새로이 적어 넣는 등기이며, 보통 등기라고 하면 이를 가리킨다(소유권 보존등기·소유권이전등기·저당권설정등기 등).

(나) **경정등기** 경정등기(更正登記)는 등기관이 등기를 마친 후 그 등기에 착오(錯誤)나 빠진 부분이 있어서 원시적으로 등기와 실체관계 사이에 불일치가 생긴 경우(예컨대, 소유권이전등기에서 신청인 또는 등기관의 잘못으로 소유자의 주소를 잘못 기록하거나 또는 일부를 빠뜨린 때)에, 이를 고쳐서 바로잡기 위하여 하는 등기이다(부등 32조).

(다) **변경등기** 어떤 등기가 행해진 후에 등기된 사항에 변경이 생겨서 후발적으로 등기와 실체관계 사이에 불일치가 생긴 경우(예컨대, 소유자의 주소나 성명의 변경 또는 저당권의 이율의 변경 등)에, 그 불일치를 고쳐서 바로잡기 위하여 하는 등기이다.

(라) **말소등기** 말소등기(抹消登記)는 이미 존재하는 등기의 전부를 말소하는 등기이다(부등 55조 이하, 87조, 93조). 즉, 등기에 대응하는 실체관계가 없는 경우에, 그 등기를 법적으로 소멸시킬 목적으로 하는 등기이다. 말소되어야 할 등기에는 그것이 일단 유효하게 성립한 후에 부적법하게 된 경우도 있고(예컨대, 변제로 저당권이 소멸한 경우, 목적부동산이 소멸한 경우 등), 처음부터 부적법한 것이어서 무효인 경우도 있다(예컨대, 매매 등의 등기원인이 무효인 경우, 목적부동산이 원래부터 존재하지 않는 경우 등).

(마) **회복등기** 이미 존재하는 등기가 부당하게 소멸한 경우에, 이를 부활·재현(즉, 회복)하는 등기를 회복등기(回復登記)라고 한다. 이는 등기를 실제관계에 합치하게 하기 위한 것이다. 바꾸어 말하면, 실체관계에 대응하는 완전한 등기가 있었는데도 그 등기가 나중에 어떤 사정으로 부당하게 없어진 경우, 종전 등기를

되살려서 다시 실체관계에 대응하도록 하는 것이다. 종전 등기의 소멸원인이 무엇이냐에 따라서, 회복등기에는 다음의 두 가지가 있다.

① 말소회복등기   종전 등기의 전부 또는 일부가 부적법하게 말소된 경우(예컨대, 저당권소멸의 원인이 없는데도 부적법하게 저당권말소등기가 있는 때)에 하는 회복등기이다(부등규 118조). 말소등기의 회복을 신청하는 경우에 등기상 이해관계 있는 제 3 자가 있을 때에는 제 3 자의 승낙이 있어야 한다(부등 59조).

② 멸실회복등기   종이 형태의 등기부 전부 또는 일부가 멸실한 경우에 하는 회복등기이다(부등규 부칙 3조). 현재의 전산등기부는 멸실되더라도 그 부본으로 복구할 수 있으므로 종전과 같은 멸실회복등기절차를 유지할 필요가 없다. 그러나 종이 형태의 종전 등기부가 폐쇄되지 않은 상태에서 멸실된 경우에 멸실회복등기를 해야 한다.

(ㅂ) 멸실등기   멸실등기(滅失登記)는 부동산이 멸실한 경우 또는 존재하지 않는 건물에 대한 등기가 있는 경우에 하는 등기이다(부등 39조·43조·44조·45조). 따라서 멸실등기는 「사실의 등기」 또는 「표제부의 등기」이나, 부동산이 멸실한 때에는 부동산 위의 권리도 모두 소멸한다. 멸실등기를 하는 때에는 표제부에 멸실의 뜻과 원인 또는 부존재의 뜻을 기록하고 표제부의 등기를 말소하는 표시를 한 후 등기기록을 폐쇄해야 한다(부등규 84조·103조).

(4) 등기의 방법 또는 형식에 따른 분류

(가) 주 등 기   주등기(主登記)는 다음의 부기등기에 대응하여 사용하는 용어이며, 「독립등기」라고도 일컫는다. 이는 표시란에 등기할 때에는 표시번호란에, 그리고 갑구나 을구에 등기할 때에는 순위번호란에, 각각 이미 존재하는 등기의 표시번호나 순위번호에 이어지는 독립한 번호를 붙여서 하는 등기이다(부등 48조, 부등규 13조). 등기는 원칙적으로 주등기의 형식으로 한다.

(나) 부기등기   부기등기(附記登記)는 그 자체로서는 기존 등기에 이어지는 독립한 번호를 갖지 않으며, 이미 존재하고 있는 어떤 특정등기 — 이것을 해당 부기등기에 대한 주등기라고 한다 — 의 번호를 그대로 사용하고, 다만 이 번호(주로 주등기이지만 부기등기가 될 수도 있다)의 순위번호에 가지번호를 붙여서 하는 등기이다(부등 5조·52조, 부등규 2조 참조). 이러한 형식의 등기를 두게 된 이유는, 어떤 등기로 하여

금 다른 기존의 등기(즉, 주등기)의 순위를 그대로 가지고 있게 할 필요가 있는 경우를 대비하기 위한 것이다. 즉, 기존의 어떤 등기와의 동일성 또는 그 연장임을 표시하려고 할 때(예컨대, 변경등기나 경정등기의 경우), 또는 표시될 등기가 이미 존재하고 있는 등기에 표시되어 있는 권리와 동일한 순위나 효력을 가진다는 것을 등기부상 명백히 하려고 할 때(예컨대, 소유권 외의 권리의 이전등기)에는 부기등기를 한다(부등 52조 참조).

　(5)　등기의 효력에 따른 분류

　㉠　종국등기　　종국등기는 등기의 본래의 효력, 즉 물권변동의 효력(그러나 592조와 621조의 경우에는 대항력)을 발생시키는 등기이며, 보통의 등기는 모두 이에 속한다. 종국등기는 나중에 설명하는 가등기에 대하여, 이를 본등기(本登記)라고도 부른다.

　㉡　예비등기　　종국등기(본등기)를 하기 전에 미리 하는 등기이며, 등기의 본래의 효력인 물권변동(또는 특정의 경우의 대항력)에는 직접 관계가 없고, 다만 간접적으로 이에 대비하여 하는 등기이다. 가등기(假登記)가 이에 속한다. 종전에는 「예고등기」가 있었으나, 2011년 부동산등기법 개정당시 폐지되었다. 이에 관해서는 나중에 따로 설명하기로 한다([33] 참조).

[22]　Ⅱ. 등기소와 등기관

1. 등 기 소

　(1)　등기사무를 담당하는 국가기관이 「등기소」이다. 법원조직법에 따르면, 등기에 관한 사무를 관장하는 기관이 「법원」이며(법조 2조 3항), 부동산등기법은 지방법원, 그 지원(支院) 또는 등기소가 관할구역 내의 등기사무를 담당하도록 하고 있다(부등 7조 1항). 이 등기소의 설치·폐지 및 관할구역은 대법원규칙으로 정한다(법조 3조 3항). 현재 지방법원의 각 관할구역 안에는 다수의 등기소가 설치되어 있다.

　(2)　등기할 권리의 목적인 부동산의 소재지를 관할하는 지방법원, 그 지원 또는 등기소(이하 '등기소'라 한다)가 관할등기소이다(부등 7조 1항). 부동산이 여러 등기소의 관할구역에 걸쳐 있을 때에는 대법원규칙으로 정하는 바에 따라 각 등기소를 관할하는 상급법원의 장이 관할 등기소를 지정한다(부등 7조 2항). 현재 등기소의 관할구역은 대체로 행정구역인 시·구·군을 기준으로 해서 정해져 있다.

2. 등 기 관

(1) 지방법원, 그 지원 또는 등기소에서 등기사무를 다루고 처리하는 자는, 지방법원, 그 지원 또는 등기소에 근무하는 법원서기관·등기사무관·등기주사 또는 등기주사보(법원사무관·법원주사 또는 법원주사보 중 2001년 12월 31일 이전에 시행한 채용시험에 합격하여 임용된 사람을 포함한다) 가운데서 지방법원장 또는 지원장이 지정하는 사람이다(부등 11조 1항). 이들이 등기관(登記官)이다.

(2) 등기사무는 그 성질상 공평·엄정하게 집행되어야 하므로, 등기관은 자기, 배우자 또는 4촌 이내의 친족(이하 "배우자등"이라 한다)이 등기신청인인 때에는 그 등기소에서 소유권등기를 한 성년자로서 등기관의 배우자등이 아닌 자 2명 이상의 참여가 없으면 등기를 할 수 없다. 배우자등의 관계가 끝난 후에도 같다(부등 12조 참조).

(3) 등기관이 고의 또는 과실로 법령을 위반하는 부당한 처분(등기의 과오 등)으로 사인에게 손해를 준 경우에 관하여, 특별배상책임을 정하는 규정은 따로 없다. 따라서 국가배상법 규정에 따라 국가가 배상책임을 지게 된다. 이 국가배상책임과는 별도로, 민법 규정(750조 참조)에 따라 등기관이 피해자에 대하여 직접 배상책임을 지게 됨은 물론이다.

[23] Ⅲ. 등기부와 대장

1. 등 기 부

(1) 종래 부동산에 관한 권리관계를 기재하는 공적 장부로서 등기부(登記簿)를 두고, 이 등기부에 기재하는 것을 등기라고 하였다. 부동산등기가 전산화된 이후에도 등기부라는 용어를 그대로 사용하지만, 개정 부동산등기법은 '등기부'란 전산정보처리조직에 의하여 입력·처리된 등기정보자료를 대법원규칙으로 정하는 바에 따라 편성한 것을 말한다고 정의규정을 두었다(부등 2조 1호). 이에 따라 '등기부부본자료'(登記簿副本資料)라는 개념도 신설되었는데, 등기부와 동일한 내용으로 보조기억장치에 기록된 자료를 말한다(부등 2조 2호). 1필의 토지 또는 1개의 건물에 관한 등기정보자료는 '등기기록'이라 한다(부등 2조 3호).

우리나라 등기제도의 핵심을 이루는 등기부는 토지등기부와 건물등기부로 구분된다(부등 14조 1항). 등기부는 영구(永久)히 보존해야 한다(부등 14조 2항).

(2) 등기부를 편성할 때에는 1필의 토지 또는 1개의 건물에 대하여 1개의 등기기록을 둔다(부등 15조 1항 본문). 바꾸어 말하면, 등기부는 권리의 객체인 1개의 부동산을 단위로 하여 편성된다. 이를 「물적 편성주의」 또는 「1부동산 1등기기록의 원칙」(종전에는 '1부동산 1용지의 원칙'이라고 하였다)이라고 한다.

그러나 이 원칙에는 중요한 예외가 있다. 즉, 「집합건물의 소유 및 관리에 관한 법률」에 의하여 건물의 구분소유가 인정됨에 따라서([96] 2 참조), 부동산등기법은 이를 이어받아 다음과 같은 특례를 인정하고 있다.

㈎ 아파트·연립주택·다세대주택 등과 같이, 1동의 건물을 구분한 건물에서는 구분건물마다 따로따로 1등기기록을 두지 않고 「1동의 건물에 속하는 전부」, 바꾸어 말해서 1동의 건물에 속하는 구분건물 전부에 대하여 1개의 등기기록을 두고 있다(부등 15조 1항 단서). 등기할 건물이 구분건물(區分建物)인 경우에 등기관은 1동 건물의 등기기록의 표제부에는 소재와 지번, 건물명칭 및 번호를 기록하고 전유부분의 등기기록의 표제부에는 건물번호를 기록해야 한다(부등 40조 2항).

부동산등기법 제15조 1항 단서에서 「1동의 건물에 속하는 전부」에 대하여 1개의 등기기록을 둔다는 것은 무엇을 뜻하는 것일까? 구분건물마다 표제부·갑구·을구를 두지만, 아울러 이들을 총괄하는 형식으로 「1동의 건물」의 표제부를 각 구분건물의 등기기록들을 모은 첫머리에 두어 이들을 전체로서 1등기기록이라고 한다는 것이 부동산등기법 제15조 1항 단서의 뜻이다. 따라서 이 경우에는 등기기록의 표제부가 「1동의 건물」의 표제부와 각 구분건물의 표제부로 나누어지는 셈이다. 그리고 각 구분건물마다 표제부 다음에 갑구·을구를 두게 되나, 「1동의 건물」의 표제부 다음에 갑구·을구를 둘 필요가 없음은 물론이다.

㈏ 「집합건물의 소유 및 관리에 관한 법률」은 구분소유권과 대지사용권의 분리 처분을 금지하고 있으며, 대지사용권은 구분건물의 처분에 따르는 것이 원칙이다(동법 20조). 이러한 구분건물과 대지사용권의 일체성을 등기부상 표시하는 방법으로서, 부동산등기법은 대지권등기를 하도록 하고 있다. 즉, 대지권(구분건물과 일체성을 갖는 대지사용권)이 있는 경우에는 1동 건물의 표제부에 대지권의 목적인 토지의 표시를, 전유부분의 표제부에 대지권의 표시에 관한 사항을 기록하도록 하고 있다(부등 40조 3항·4항 참조).

　　그리하여 구분건물과 대지권이 일체로서 변동하는 경우에는 구분건물의 등기기록에만 공시한다. 이는 본래 토지등기기록에 등기되어야 할 대지사용권, 즉 토지에 관한 권리의 변동이 건물의 등기기록에 하는 구분건물에 관한 권리의 변동과 함께 등기되는 것과 같이 된다. 이 한도에서는 1등기기록에 두 부동산에 관한 등기를 하는 것이 된다. 바꾸어 말해서, 두 개의 부동산을 하나의 등기기록에 등기하므로, 이것도 1부동산 1등기기록의 원칙에 대한 예외라고 할 수 있다.

　　(3)　등기기록의 구성　　　등기기록은 크게 세 부분으로 구성되어 있다. 즉, 등기기록에는 부동산의 표시에 관한 사항을 기록하는 표제부와 소유권에 관한 사항을 기록하는 갑구(甲區) 및 소유권 외의 권리에 관한 사항을 기록하는 을구(乙區)를 둔다(부등 15조 2항). 이 점은 토지등기부·건물등기부 모두 같다. 종전에는 등기번호란이 별도의 구성부분으로 규정되어 있었지만(구 부등 16조 1항), 등기부의 전산화에 따라 등기기록의 구성부분을 위와 같이 세 부분으로 나누어 규정하고 있다. 등기기록을 개설할 때에는 1필의 토지 또는 1개의 건물마다 부동산고유번호를 부여하고 이를 등기기록에 기록하도록 하고 있다(부등규 12조 1항).

　　⑺　**표 제 부**　　　표제부(表題部)에 기록할 사항은 토지의 등기기록인지 건물의 등기기록인지에 따라 다르다. 토지 등기기록의 표제부에는 표시번호, 접수연월일, 소재와 지번(地番), 지목(地目), 면적, 등기원인을 기록한다(부등 34조). 건물 등기기록의 표제부에는 표시번호, 접수연월일, 소재, 지번 및 건물번호(다만, 같은 지번 위에 1개의 건물만 있는 경우에는 건물번호는 기록하지 않는다), 건물의 종류, 구조와 면적(부속건물이 있는 경우에는 부속건물의 종류, 구조와 면적도 함께 기록한다), 등기원인, 도면의 번호(같은 지번 위에 여러 개의 건물이 있는 경우와 구분건물인 경우로 한정한다)를 기록한다(부등 40조 1항).

　　위의 설명은 대체로 통상의 토지·건물에 관한 것으로, 1동의 건물을 구분한 건물에서는, 표제부가 「1동 건물」의 표제부와 각 구분건물의 표제부로 나누어지고, 1동 건물 등기기록의 표제부에는 소재와 지번, 건물명칭 및 번호를 기록하고 전유부분의 등기기록의 표제부에는 건물번호를 기록해야 한다(부등 40조 2항). 이는 구분건물을 특정하기 위한 것이라고 할 수 있다. 또한 구분건물에 대지사용권으로서 건물과 분리하여 처분할 수 없는 것, 즉 대지권이 있는 경우에는 1동 건물 등기기록의 표제부에 대지권의 목적인 토지의 표시에 관한 사항을 기록하고, 전유부분 등기기록의 표제부에는 대지권의 표시에 관한 사항을 기록해야 한다(부등 40조 3항). 이는 대지권등기로서 구분건물과 대지사용권의 일체성을 등기부상 표시하는 방법임은 이미 적은 바와 같다.

　　(나) 갑　　구　　갑구(甲區)에는 소유권에 관한 사항을 기록하는데(부등 15조 2항), 순위번호, 등기목적, 접수연월일 및 접수번호, 등기원인 및 그 연월일, 권리자를 기록한다(부등 48조 1항). 권리자에 관한 사항을 기록할 때에는 권리자의 성명 또는 명칭 외에 주민등록번호 또는 부동산등기용등록번호와 주소 또는 사무소 소재지를 함께 기록해야 한다(부등 48조 2항). 또한 법인 아닌 사단이나 재단 명의의 등기를 할 때에는 그 대표자나 관리인의 성명, 주소 및 주민등록번호를 함께 기록해야 한다(부등 48조 3항).

　　(다) 을　　구　　을구(乙區)에는 소유권 외의 권리에 관한 사항을 기록하는데(부등 15조 2항), 갑구와 마찬가지로 순위번호, 등기목적, 접수연월일 및 접수번호, 등기원인 및 그 연월일, 권리자를 기록한다(부등 48조 1항). 권리자를 기재하는 방법도 갑구의 경우와 같다(부등 48조 2항·3항).

　　(4) 등기사항의 열람과 증명　　등기제도의 목적은 부동산에 관한 권리관계를 공시하는 데 있으므로, 등기기록을 공개해서, 일반인이 이용할 수 있도록 해야 한다. 누구든지 수수료를 내고 대법원규칙으로 정하는 바에 따라 등기기록에 기록되어 있는 사항의 전부 또는 일부의 열람(閱覽)과 이를 증명하는 등기사항증명서의 발급을 청구할 수 있다. 다만, 등기기록의 부속서류에 대해서는 이해관계 있는 부분만 열람을 청구할 수 있다(부등 19조 1항). 등기부의 전산화로 인하여 등기부등·초본이라는 용어 대신 등기사항증명서라는 용어를 사용하고 있다. 등기기록의 열람 및 등기사항증명서의 발급 청구는 관할 등기소가 아닌 등기소에 대해서도 할 수 있다(부등 19조 2항).

　　　　등기소는 그 물적 설비로서 등기부 이외에도 등기에 필요한 여러 가지 장부를 갖추고 있다(부등규 21조 1항 참조). 이러한 장부에 담고 있어야 할 사항이 전자적으로 기록된 경우에는 그 장부를 전자적으로 작성할 수 있다(부등규 21조 3항). 그 가운데 특히 중요한 「접수장」에 관하여 간단히 설명한다.

같은 부동산에 관하여 등기된 권리의 순위는 원칙적으로 등기한 순서에 의하여 정하여지므로(부등 4조 1항), 등기한 순서는 당사자의 이해에 중대한 영향을 미친다. 또한 등기의 순서는 등기기록 중 같은 구(區)에서 한 등기 상호간에는 순위번호에 따르고, 다른 구에서 한 등기 상호간에는 접수번호에 따른다(부등 4조 2항). 그리하여 등기 신청서를 접수한 순서를 기록하고 확정하기 위하여 만들어지는 것이 접수장이다. 등기관은 이 접수장의 접수번호의 순서에 따라 등기사무를 처리해야 한다(부등 11조 3항).

2. 대 장

(1) 부동산은 거래의 대상인 동시에 과세(課稅)를 비롯하여 국가의 각종 행정목적의 대상이다. 이러한 목적을 위하여 부동산의 상황을 정확하게 파악해야 하는데, 그 기초자료로 이용하기 위한 공부가 대장(臺帳)이다. 이러한 대장으로서 토지에 관해서는 「토지대장」과 「임야대장」의 두 가지가 있고(공간정보 2조 19호 참조), 건물에 관해서는 「일반건축물대장」(집합건물 이외의 건축물에 관한 대장)과 「집합건축물대장」(「집합건물의 소유 및 관리에 관한 법률」이 적용되는 건축물, 즉 집합건축물에 관한 대장)의 두 가지가 있다(건축 38조. 「건축물대장의 기재 및 관리 등에 관한 규칙」 4조 참조).

이들 대장에 등록되는 것은 지번·지목(토지의 주된 사용목적. 건물의 경우에는 용도)·면적·건물의 구조 그리고 소유자의 성명 또는 명칭·주소·주민등록번호 또는 등록번호(부동산등기에 이용하기 위하여, 각종의 단체나 외국인에게 주어지는 특정번호가 「부동산등기용 등록번호」이며, 이를 줄여서 「등록번호」라고 일컫는다. 부등 49조 참조) 등이다.

〈토지조사·임야조사와 사정〉

부동산의 공시, 즉 등기제도를 확립하기 위해서는 완전한 부동산대장을 갖춘다는 것이 그 전제요건이다. 이를 위한 것이 일제시대의 토지조사사업과 임야조사사업이다. 그 개요를 설명하면 다음과 같다.

한반도를 식민지화한 일제는 이른바 합병 직후인 1912년 8월에 「토지조사령」(제령 2호)을 정하여 토지의 조사, 소유자의 사정(査定)과 재결(裁決)에 착수하였다. 토지조사는 토지소유자의 신고에 기하여 그 지목(토지의 사용목적 또는 용도)을 정하고, 지반을 측량하여 구역마다 지번을 붙여 경계를 밝히고, 그 지적(토지의 면적)에 대한 소유권을 확정하는 것이다. 사정은 토지소유권자를 확정하는 행정처분이다. 이 처분은 절대적 효력을 갖는 것이어서, 법원이 이를 인정해야 함은 물론이고, 사정과 부합하지 않는 등기는 말소해야 했다. 비록 소유자의 신고를 바탕으로 사정을 하였지만, 그것은 단순한 기존 소유권의 확인이 아니라, 사정에 의하여 비로소 소유권이 결정되었다. 말하자면, 사정 전에 소유자였던 자가 사정에 의하여 소유자로 결정되면, 종전의 소유권은 소멸하고 사정으로 새로이 소유권을 취득하게 되는 이른바 원시취득으로 새겨졌다. 이러한 사정은 토지조사를 바탕으로 하여 이루어졌음은 물론이다. 재결은 어떤 토지에 대한 사정에 불복이 있는 자의 신청이 있는 때에 그 토지에 대한 권리관계의 존재를 확인하는 행정처분이다(고등토지조사위원회에서 재결을 하였다). 이 재결에 의하여 사정된 소유권자나 경계에 변경이 생긴 때에는, 그 변경의 효력은 사정일에 소급하였다. 위와 같이 실시된 토지조사가 완결된 것은 1917년 12월이었으며, 그 결과를 바탕으로 「토지대장」이 작성되었고, 그 대장을 기초로 등기부를 작성하였다.

그 후 토지조사가 종결되면서 식민당국은 임야에 대한 조사사업에 착수하였다. 즉, 토지조사의 대상이 되었던 것은 전답과 택지가 중심이었으며, 일부의 임야도 조사에 포함되었으나, 대부분의 임야가 제외되었다. 그리하여 토지조사사업이 완결된 다음 해인 1918년에 「조선임야조사령」을 정하여 본격적인 임야조사에 들어갔다. 이 사업이 완결된 것은 1935년이다. 이 조사를 바탕으로 「임야대장」이 만들어졌으며, 이러한 사정으로 우리나라는 다른 나라와는 달리 지적공부로서 「토지대장」·「임야대장」의 두 대장을 지금도 가지고 있다.

(2) 이들 대장의 소관청은 특별자치시장·특별자치도지사 또는 시장·군수·구청장이다(공간정보 2조 18호, 건축 38조 참조). 이와 같이 특별자치시·특별자치도·시·군·구를 대장의 소관청으로 한 것은 부동산에 대한 재산세가 지방세이기 때문이다.

(3) 누구든지 소정의 수수료를 납부해서 소관청에 신청하면 대장을 열람하거나 그 등본·초본을 교부받을 수 있다(공간정보 75조·106조 1항 13호, 「건축물대장의 기재 및 관리 등에 관한 규칙」 11조).

(4) 지적공부의 작성절차는 다음과 같다. 국토교통부장관은 모든 토지에 대하여 필지별로 소재·지번·지목·면적·경계 또는 좌표 등을 조사·측량하여 지적공부에 등록해야 한다(공간정보 64조 1항). 지적공부에 등록하는 지번·지목·면적·경계 또는 좌표는 토지의 이동이 있을 때 토지소유자의 신청을 받아 지적소관청이 결정한다, 다만, 신청이 없으면 지적소관청이 직권으로 조사·측량하여 결정할 수 있다(공간정보 64조 2항). 토지소유자는 신규등록할 토지가 있으면 그 사유가 발생한 날부터 60일 이내에 지적소관청에 신규등록을 신청해야 한다(공간정보 77조).

토지에 관하여 새로이 등록할 사유 또는 이미 있는 등록을 변경할 사유가 생긴 때에는 소유자 등에게 신고의무가 생긴다(공간정보 77-87조). 신고는 등록을 촉진하기 위한 자료를 제공하는 것이고, 소관청은 신고의 유무와 상관없이 직권으로 조사하여 등록한다(공간정보 64조 2항·84조 2항·88조). 즉, 대장등록에 관해서는 신청주의가 아니라 직권주의가 원칙이다.

(5) 건축물대장의 작성절차에 관해서는 건축물대장규칙 제5조, 제12조 등에서 규정하고 있다.

3. 대장과 등기부의 관계

(1) 대장과 등기부는 각각 일정사항에 관하여 동일한 기재를 하는데, 그러한 기재는 내용상 항상 일치하고 부합해야만 각자가 담당하는 기능을 다할 수 있다. 여기서 대장과 등기부는 그러한 기재내용의 일치 또는 부합을 유지하기 위하여 절차적으로 서로 의존하고 협력하고 있다. 즉, 부동산의 물체적 상황 또는 동일성에 관한 사항(등기기록의 부동산의 표시)에 관해서는 대장의 기재가 기초가 되고, 등기는 이에 따르도록 하고 있다(부등 29조 11호 참조). 이와 반대로 권리 그 자체의 변동에 관해서는 등기부(즉, 갑구·을구의 기재)를 기초로 하여 대장(소유권에 관한 것이다)을 이에 따르도록 하고 있다(공간정보 88조 참조). 다만 이에 대한 예외로서, 소유권보존등기에 관해서는 소유권의 확인에 관하여 대장의 기재를 등기의 기초로 하는 방법을 취한다(부등 65조 참조). 소유권보존등기를 할 때에는 그에 앞서서 이루어진 등기가 아직 없기 때문이다.

(2) 위 기준에 따라 대장과 등기부 쌍방의 기재를 일치시키는 절차는 다음과 같다.

대장등록에서는 직권주의가 적용되기 때문에, 등기부를 기초로 하는 사항, 이를테면 토지소유자의 변경사항에 관해서는 등기에 부합하도록 대장을 바로 정리한다(공간정보 88조 1항·4항 참조). 이에 반하여, 대장을 기초로 하는 사항에 관해서는 대장등록의 처분이 있더라도 등기절차상으로는 신청주의가 원칙이기 때문에(부등 22조), 대장에 부합하는 등기를 바로 할 수 없어 대장과 등기부가 서로 일치하지 않게 된다. 여기서 신청주의와 어긋나지 않는 한도에서 등기와 대장을 일치시키기 위한 규정이 있다. 즉, 신청정보 또는 등기기록에 있는 부동산의 표시가 토지대장·임야대장 또는 건축물대장과 일치하지 않은 경우에는 등기관이 신청을 각하해야 한다(부등 29조 본문 11호). 또한 토지의 분할, 합병이 있는 경우, 토지표시에 관한 사항(토지표제부 등기사항)이 변경된 경우와 토지가 멸실된 경우, 건물의 분할, 구분, 합병이 있는 경우, 건물표시(건물표제부 등기사항)에 변경이 있는 경우, 건물이 멸실된 경우에는 그 소유권의 등기명의인은 그 사실이 있는 때부터 1개월 이내에 그 등기를 신청해야 한다(부등 35조·39조·41조·43조).

[24]　Ⅳ.　등기사항

　　등기사항(이 용어는 강학상 개념이며, 개정 부동산등기법은 이와 달리 등기기록에 기록할 사항이라는 의미로 사용하고 있다. 부등 34조·40조·48조 등. 따라서 '등기사항'이라는 표현 대신 '등기할 수 있는 사항'이라는 표현을 사용할 수도 있다)에는 실체법에서 정하고 있는 사항과 절차법에서 정하고 있는 사항이 있으며, 이것이 반드시 일치하는 것은 아니다. 실체법상 등기사항은 등기하지 않으면 사법상의 일정한 효력(권리변동의 효력이나 추정적 효력 등)이 생기지 않는 사항이다. 따라서 무엇이 이에 해당하는지는 주로 민법 제186조·제187조에 따라 결정된다. 한편 절차법상 등기사항은 당사자가 등기를 신청할 수 있고 또한 등기관이 등기할 권한을 갖고 있는 사항이다. 이것은 부동산등기법에서 등기가 허용되는 사항이 무엇인지에 따라 결정된다. 절차법상 등기사항에 속하는 것을 가리켜 「등기능력」이라고 일컫기도 한다. 어떤 구체적 사항이 이들 두 가지의 의미에서 등기사항인 경우도 있으나, 어느 하나에만 속하는 경우도 있다. 예컨대, 지상권이나 전세권이 소유권과 혼동으로 소멸하거나, 또는 피담보채권의 변제로 저당권이 소멸하였다고 하자. 이러한 경우 지상권이나 전세권 또는 저당권의 소멸을 등기하지 않더라도 소멸의 효과가 당연히 발생한다. 혼동에 의한 제한물권의 소멸이나 피담보채권의 변제에 의한 저당권의 소멸 등은 실체법상 등기해야 하는 사항은 아니다. 그러나 그러한 물권의 소멸도 공시제도의 목적에 비추어 본다면, 역시 등기하는 것이 바람직하다. 따라서 혼동을 등기원인으로 하는 지상권이나 전세권의 말소등기 또는 변제에 의한 저당권의 말소등기의 신청이 있는 때에 등기관은 그러한 말소등기를 해야 한다. 요컨대, 실체법상 등기사항은 모두 절차법상 등기사항이 되지만, 절차법상 등기사항은 실체법상 등기사항을 포함하는 보다 넓은 범위에 걸친다. 실체법상 등기사항에 관해서는 제 2 관에서 다루기로 하고, 여기서는 절차법상 등기사항, 그중에서도 부동산등기법상 등기사항에 관해서만 보기로 한다.

1. 등기할 수 있는 물건

(1) 등기할 수 있는 물건은 부동산이다. 부동산등기법상 등기의 목적물이 되는 것은 부동산 중에서도 토지와 건물뿐이다(부등 14조 1항). 건물 이외의 토지정착물은, 특별법(「입목에 관한 법률」이 있다)에 의한 예외를 제외하고는, 독립해서 등기의 대상이 되지 않는다.

위와 같이 부동산등기법상 등기의 목적물이 되는 것은 토지와 건물이나, 토지·건물이라고 해서 모두 등기의 대상이 되지는 않는다. 등기의 대상은 그중 사권(私權)의 목적이 되는 것에 한정된다. 본래 등기는 사권인 물권을 공시하는 것이기 때문이다. 이러한 의미에서 현행법상 등기의 목적물이 되지 못하는 부동산은, 공유수면 아래의 토지(「공유수면 관리 및 매립에 관한 법률」 2조 1호 참조)이다. 그러나 사권의 목적이 되는 부동산은 비록 그것이 공용의 제한을 받고 있더라도(예컨대, 도로의 부지 또는 하천을 구성하는 토지로 되어 있는 경우), 그 부동산에 관한 사권의 변동에는 등기가 필요하며, 등기의 목적물이 된다.「축사의 부동산등기에 관한 특례법」에 따르면 개방형 축사에 대해서는 일정한 요건을 갖추면 이를 건물로 보고 건물등기부에 등기할 수 있도록 하고 있다(동법 3조·4조).

(2) 토지대장·임야대장에서 1필이라고 하는 것이 1개의 토지이고, 대장에 등록된 각 필지는 독립성이 인정되나, 건물에 대해서는 무엇을 건물로 볼 것인지, 건축과정 중 어느 단계에서 건물이 되는지, 건물의 개수 등은 대장의 기재만으로 판단하기 어려운 문제가 있다.

2. 등기할 수 있는 권리

현행법상 등기할 수 있는 권리는 원칙적으로 토지 및 건물에 대한 물권, 즉 부동산물권이다. 그러나 부동산물권이 모두 등기할 수 있는 권리는 아니다. 부동산에 관한 점유권·유치권 그리고 민법 제302조의 특수지역권은, 그 성질상 등기할 필요가 없으며, 등기능력이 없다. 따라서 그 밖의 부동산물권, 즉 소유권·지상권·지역권·전세권·저당권이 등기능력 있는 물권이다(부등 3조). 부동산물권은 아니지만, 공시의 원칙을 관철하기 위하여 특히 등기능력이 인정되어 있는 물권도 있다. 민법 제348조가 규정하는 권리질권이 그것이다(부등 3조 6호). 그러나 물권만이 등기능력을 갖는 것은 아니며, 물권은 아니지만 등기능력이 인정되는 것도 있다. 부동산임차권(621조, 부등 3조 8호)과 부동산환매권(592조, 부등 53조)이 그것이다. 그 밖에 물권변동을 목적으로 하는 청구권에 관해서는 가등기능력이 인정되어 있다(부등 88조). 또한 동산담보권과 채권담보권도 등기할 수 있다(동산담보 3조, 37조, 38조, 부등 3조 7호).

3. 등기할 수 있는 권리변동 절차법상 등기할 수 있는 권리변동은 그 변동의 종류가 무엇인지를 묻지 않고서 모두 등기할 수 있다. 자세히 적는다면, 위에서 본 등기할 수 있는 권리의 「보존, 이전, 설정, 변경, 처분의 제한 또는 소멸」이다(부등 3조). 그중 「보존」은 미등기의 소유권의 보존을 의미하고, 「변경」은 주로 권리 내용(예컨대, 제한물권의 존속기간 등)의 변경을, 「처분의 제한」은 공유물의 분할금지(268조 참조)나 압류·가압류·가처분에 의한 처분행위의 금지 등을, 그리고 소멸은 포기·혼동·목적물 멸실 등에 의한 권리소멸을 의미한다.

[25] V. 등기절차

부동산등기법은 신청주의를 등기절차 개시의 원칙으로 하고 있다. 그리하여 등기의 종류가 무엇인지를 묻지 않고서 원칙적으로 당사자의 신청 또는 관공서의 촉탁(어느 한 관공서의 직무상 필요한 사무가 다른 관공서의 권한에 속하는 경우, 그 다른 관공서에 사무의 처리를 위임하는 것. 이러한 관공서의 촉탁도 실질적으로는 신청의 한 모습이다. 말하자면, 그것은 관공서에 의한 신청이다)이 있는 경우에만 등기할 수 있다. 예외적으로 법률에 특별규정이 있는 경우(「등기관의 직권에 의한 경우」와 「법원의 명령에 의한 경우」가 있다. 예컨대, 부등 58조 4항·107조 등 참조)에 한하여 당사자의 신청 또는 관공서의 촉탁에 의하지 않는 등기를 할 수 있다(부등 22조 1항). 이와 같이 등기절차 개시의 모습에는 여러 가지가 있으나, 여기서는 가장 중요한 당사자의 신청에 의하는 경우만을 간단히 보기로 한다.

1. 등기의 신청 당사자가 등기를 신청하는 것에는 공동신청주의와 단독신청주의가 있다. 이것은 당사자 중 누구를 신청인으로 할 것인지에 따라 구분된다. 현행법은 당사자들이 공동으로 신청하는 것을 원칙으로 하고, 예외적으로 단독

신청을 인정하고 있다. 한편 신청주의에서는 등기를 신청할지 하지 않을지는 당사자의 자유이고, 등기신청을 의무로서 사인에게 강제하지 않는 것이 원칙이다. 그러나 현행법상 예외적으로 특별법에 따라 등기신청이 의무로서 강제되는 경우가 있다. 또한 타인 명의의 등기신청을 원칙적으로 금지하고 있다. 이와 같은 등기신청에서는 대리인에 의한 신청도 인정된다. 그리고 등기신청은 법정의 서면을 제출해서 해야 하는 요식행위이다. 여기서 어떤 서면을 제출해야 하는지가 검토되어야 한다. 이상과 같은 여러 가지 사항에 관하여 차례로 살펴보기로 한다.

(1) **공동신청의 경우**   등기는 「등기권리자와 등기의무자」가 공동으로 신청하는 것이 원칙이다(부등 23조 1항). 공동신청주의를 원칙으로 채용한 것은 등기에 의하여 불이익을 받게 될 자도 등기신청에 참가하게 함으로써, 거짓이 아닌 참된 바른 등기만을 하도록 하기 위해서이다.

등기절차상 등기권리자는 신청된 등기를 함으로써 실체적 권리관계에서 권리의 취득 그 밖의 이익을 받는 자라는 것이 등기부상 형식적으로 표시되는 자이다. 한편 등기절차상 등기의무자는 등기를 함으로써 실체적 권리관계에서 권리의 상실 그 밖의 불이익을 받는 자라는 것이 등기부상 형식적으로 표시되는 자이다. 예컨대, 甲 소유의 부동산소유권을 乙에게 이전하기 위한 등기를 신청하는 경우에는 乙이 등기권리자이고 甲이 등기의무자이다. 甲 소유의 부동산에 설정된 乙의 저당권의 등기에 관하여 말소등기를 신청하는 경우에는 甲이 등기권리자이고 乙이 등기의무자이다. 위 저당권에 관하여 말소등기가 아니라 채무자변경에 관한 변경등기를 신청하는 경우에는, 乙이 등기권리자이고 甲이 등기의무자이다.

위에서는 등기절차상 또는 절차법상 등기권리자와 등기의무자를 설명하였으나, 그것과는 따로이 실체사법상 등기권리자 · 등기의무자의 관념이 있다. 즉, 실체법상 등기청구권을 가지는 자와 그에 대응하는 의무자가 각각 실체법상 등기권리자 · 등기의무자이다([31] 참조).

(2) **단독신청의 경우**   단독신청을 인정하는 경우로는 공동신청에 의하지 않더라도 거짓이 아닌 참된 바른 등기를 한다고 볼 수 있는 확실한 사정이 있는 경우와 등기의 성질상 등기의무자가 없는 경우를 들 수 있다. 예컨대, 상속, 법인의 합병 그 밖의 포괄승계에 따른 등기(부등 23조 3항)는 위 두 경우 모두에 해당하여

등기권리자에 의한 단독신청을 허용하고 있다. 판결에 의한 등기를 승소한 등기권리자 또는 등기의무자가 단독으로 신청할 수 있도록 하고 있는 것(부등 23조 4항)은 위 첫 번째 이유로 단독신청을 인정한 것이다. 한편 미등기부동산소유권의 보존등기(부등 65조 참조)·토지의 분할, 합병의 변경등기(부등 35조), 건물의 분할, 구분, 합병의 변경등기(부등 41조 1항), 부동산 표시의 변경등기(부등 35조·34조)는 위 두 번째 이유로 실체상 권리자 또는 등기명의인에 의한 단독신청을 인정하는 경우들이다.

(3) 신청이 강제되는 경우　　　부동산에 관한 거래를 하고 등기하면 여러 가지 세금이 부과된다. 종래 부동산에 관한 거래를 하면서, 등기를 하는 경우에 부과되는 세금을 내지 않을 목적으로, 등기를 하지 않고서 부동산을 전전 양도하거나 제때 등기하지 않는 등의 바람직하지 못한 경우를 많이 볼 수 있었다. 이러한 부당행위를 억제하고 가급적 실체관계에 부합하는 등기를 신청하게 함으로써 부동산거래질서를 확립할 목적으로, 부동산등기 특별조치법(1990년 법 4244호)이 제정되었다. 동법은 여러 조치를 취하고 있는데, 일정한 경우에 등기신청을 강제하고 있다. 그리하여 다음의 네 경우에 특정거래자는 등기신청의무를 부담하는 것으로 규정하고 있다(동법 2조). 그중 ㈎·㈏·㈐는 공동신청이 강제되는 경우이고, ㈑는 단독신청이 강제되는 것이다. 공동신청을 강제하는 앞의 세 경우는, 각종의 세금을 내지 않는 수단이 되는 중간생략등기([27] 4 참조)를 막기 위한 것이고, 단독신청이 강제되는 ㈑는 미등기부동산을 그 보존등기를 갖추지 않은 채 거래함으로써 중간생략등기를 하는 경우와 같은 탈세를 꾀하려는 것을 막기 위한 것이다.

㈎ 부동산의 소유권이전을 내용으로 하는 계약(매매·증여 등)을 맺은 당사자는, 그 계약이 쌍무계약인 때(예컨대, 매매)에는 반대급부(예컨대, 매매의 경우의 대금지급)의 이행이 완료된 날부터, 그리고 그 계약이 편무계약인 때(예컨대, 증여)에는 계약이 효력을 발생한 날부터, 각각 60일 이내에 소유권이전등기를 신청해야 한다(동법 2조 1항 본문). 이 등기신청의무가 발생하려면 계약이 유효하여야해야 함은 물론이다. 따라서 그 계약이 무효이거나 취소·해제된 때에는 등기신청의무가 생기지 않는다(동법 2조 1항 단서).

이 의무를 위반하여 정해진 기간 내에 상당한 사유 없이 등기신청을 게을리한 때에는, 그 기간과 사유·목적부동산의 가액 등을 참작해서 정해지는 과태료(동법

11조 참조)가 부과 · 징수된다(동법 11조 · 12조 참조). 이 과태료의 처분을 받는 것은 원칙적으로 등기권리자(즉, 부동산취득자)뿐이다(동법 11조 1항. 이는 관행상 등기의무자는 등기에 필요한 서류를 넘겨주고, 등기권리자가 이들 서류를 가지고 사실상 단독으로 등기를 신청하고 있기 때문이다).

　　(내)　부동산소유권을 이전받을 것을 내용으로 하는 계약을 맺은 자(매수인 · 수증자 등)가, 반대급부의 이행이 완료한 날 이후(그 계약이 쌍무계약인 때) 또는 계약이 효력을 발생한 이후(그 계약이 편무계약인 때), 부동산소유권을 이전하는 계약이나 계약상의 지위를 이전하는 계약을 제 3 자와 맺고자 할 때에는, 제 3 자와 계약을 체결하기 전에 먼저 체결된 계약에 따라 소유권이전등기를 신청해야 한다(동법 2조 2항). 이를 위반하면, (가)에서와 같은 과태료의 처분을 받는 외에, 3년 이하의 징역이나 1억원 이하의 벌금의 처벌을 받는다(동법 11조 · 8조 1호 참조). 다만 형사처벌은 일정한 목적(조세부과의 면탈, 가격변동에 따른 이득의 취득, 권리변동 규제법령의 제한 회피 등)으로 등기신청의무를 위반한 때에 한하여 받게 된다(동법 8조 1호 참조). 법인의 대표자나 법인 또는 개인의 대리인, 사용인, 그 밖의 종업원이 그 법인 또는 개인의 업무에 관하여 위 등기신청의무를 위반하면 행위자를 벌하는 외에 법인 또는 개인에게도 해당 조문의 벌금형을 부과한다. 다만, 법인 또는 개인이 그 위반행위를 방지하기 위하여 해당 업무에 관하여 상당한 주의와 감독을 게을리하지 않은 경우에는 그러하지 아니하다(동법 10조 참조).

　　(다)　부동산소유권을 이전받는 것을 내용으로 하는 계약을 체결한 자가, 반대급부의 이행이 완료되기 전(그 계약이 쌍무계약인 때) 또는 계약이 효력을 발생하기 전(그 계약이 편무계약인 때)에, 제 3 자와 그 부동산의 소유권을 이전하는 계약을 맺고자 할 때에는, 먼저 체결된 계약의 반대급부의 이행이 완료되거나 계약의 효력이 발생한 날부터 60일 이내에, 먼저 체결된 계약에 따라 소유권이전등기를 신청해야 한다(동법 2조 3항). 이 의무를 위반한 경우의 과태료와 형사처벌은 (내)의 경우에서와 같다(동법 11조 · 8조 1호 · 10조 참조).

　　(라)　미등기부동산, 즉 소유권보존등기가 되어 있지 않은 부동산의 소유자가 그 부동산의 소유권을 이전하는 계약을 체결한 때에는, 그 계약을 체결한 날부터(부등 65조에 따라 보존등기를 신청할 수 있음에도 이를 하지 않은 채 계약을 체결한 경우) 또는 보존

등기를 신청할 수 있게 된 날부터(계약을 체결한 후에 부동산등기법 65조에 따라 보존등기를 할 수 있게 된 경우), 각각 60일 이내에 보존등기를 신청해야 한다(동법 2조 5항). 이 신청의무를 위반한 때에는 ㈎에서와 같은 과태료의 처분을 받게 된다(동법 11조).

　　㈒　위에서 본 바와 같은 등기신청의무를 규정하는 부동산등기 특별조치법 제 2조의 규정은 효력규정이 아니라 단속규정이라고 새겨야 한다([27] 3 (1) ㈒ ① 참조). 따라서 등기신청의무를 게을리하여 정해진 등기신청의 의무기간이 지난 다음에 등기신청을 하더라도 등기소는 그 신청의 접수를 거절하지 못한다.

　　(4)　타인 명의의 등기신청의 금지　　　당사자가 신청한 등기가 실행되면, 등기권리자는 등기부상 물권자로서 표시된다. 즉, 등기명의인이 된다. 그러므로 등기는 당연히 또한 언제나 등기권리자 본인의 명의로 신청해야 한다. 그런데 종래 반사회적 목적(탈세·투기·탈법행위 등)을 위한 수단으로서, 진정한 등기권리자가 타인과 약정(이른바 명의신탁약정)을 맺고, 그 타인으로 하여금 진정한 등기권리자를 갈음하여 등기권리자로서 등기를 신청하도록 하는 예(이른바 명의신탁)가 적지 않았으며, 판례는 일찍부터 그러한 등기도 유효하다고 하고 있었다(명의신탁에 관해서는 [27] 5 참조). 그러나 이 명의신탁의 유효성을 인정하는 것은 반사회적 행위를 조장하는 것이 되어 부당하기 때문에, 1995년에 제정된 「부동산 실권리자명의 등기에 관한 법률」(1995년 법 4944호)은 명의신탁을 원칙적으로 금지하고 있다. 즉, 동법 제3조 1항에서 "누구든지 부동산에 관한 물권을 명의신탁약정에 따라 명의수탁자의 명의로 등기하여서는 아니 된다."라고 규정하고, 이를 위반한 명의신탁자에 대해서는 과징금(부동산가액의 100분의 30의 범위에서 정함)과 이행강제금을 부과하는 외에(동법 5조·6조 참조), 5년 이하의 징역 또는 2억원 이하의 벌금에 처하는 것으로 하고 있다(동법 7조). 그리고 명의신탁약정은 무효이며(동법 4조 1항), 그러한 약정에 따른 등기도 원칙적으로 무효가 되어 물권변동은 일어나지 않는다(동법 4조 2항. 자세한 것은 [27] 5 (2) ㈏ ② 참조).

　　다만 모든 명의신탁이 금지되어 있지는 않고 예외적으로 허용되는 경우가 있다. 즉, 종중재산에 관한 명의신탁, 배우자 상호간의 명의신탁과 종교단체의 명의로 그 산하 조직이 보유한 부동산에 관한 명의신탁은, 그것이 조세포탈·강제집행의 면탈·법령의 제한을 회피할 목적으로 하는 것이 아닌 한, 그대로 유효한 것으로 인정된다(동법 8조).

(5) **대위신청**   등기의 신청은 등기권리자·등기의무자 또는 등기명의인(또는 이들의 대리인)이 해야 하고, 그 밖의 자는 등기신청인이 되지 못하는 것이 원칙이다. 그러나 이 원칙에 대한 예외로서, 민법 제404조의 규정에 의하여 채권자는 채무자를 대위하여 등기를 신청할 수 있다. 즉, 채권자는, 채무자의 대리인으로서가 아니라, 자기의 이름으로 채무자 명의의 등기를 신청할 수 있다(부등 28조). 그 밖에 채권자대위에 의한 신청과 별도로 부동산등기법이 대위신청에 관한 규정을 두고 있다(부등 41조 3항·46조 2항·44조 2항·82조 2항 등). 그 설명은 부동산등기법의 해설서에 미루기로 한다.

〈등기청구권의 대위행사와 등기의 대위신청〉

채권자대위권제도는 채무자의 책임재산 보전이 본래의 목적이므로, 그 행사는 「채무자의 무자력」을 요건으로 한다고 새겨야 함은 당연하다. 그런데 일찍부터 판례는 채무자의 자력과는 관계없는 특정채권의 보전을 위해서도 대위권의 행사를 인정하고 있으며, 그 한 경우로서 「등기청구권」의 대위행사를 인정하고 있다(대판 1966. 1. 15, 65다1313; 대판 1966. 9. 27, 66다1150 등 참조). 이 「등기청구권」의 대위행사와 「등기의 대위신청」은 다르다. 등기의 대위신청에서 채권자에 의하여 행사되는 채무자의 권리는 「등기신청권」이지 「등기청구권」은 아니다. 이와 같이 「등기청구권의 대위행사」와 「등기의 대위신청」은 다르다. 채권자대위권에 관해서는 채권총론에서 자세히 다룬다.

(6) **대리인에 의한 신청**   등기는 본인뿐만 아니라 대리인도 신청할 수 있는데, 대리인에 의한 등기신청에서는 민법 제124조가 정하는 자기계약·쌍방대리의 금지는 적용되지 않는다는 것이 판례·학설이다. 따라서 등기신청에 필요한 서류를 갖추고 있으면, 당사자 중의 한 사람이 사실상 혼자서 신청할 수도 있다.

(7) **등기신청의 방법**   개정 부동산등기법은 등기신청의 방법을 2가지로 구분하여 정하고 있다.

㈎ **방문신청**   신청인 또는 그 대리인(代理人)이 등기소에 출석하여 신청정보와 첨부정보를 적은 서면을 제출하는 방법이다. 다만 대리인이 변호사(법무법인, 법무법인(유한) 및 법무조합을 포함한다)나 법무사(법무사법인 및 법무사법인(유한)을 포함한다)인 경우에는 대법원규칙으로 정하는 사무원을 등기소에 출석하게 하여 그 서면

을 제출할 수 있다(부등 24조 1항 1호).

　(나)　**전자신청**　　　대법원규칙으로 정하는 바에 따라 전산정보처리조직을 이용하여 신청정보와 첨부정보를 보내는 방법(법원행정처장이 지정하는 등기유형으로 한정한다)이다(부등 24조 1항 2호).

　(8)　**등기신청에 필요한 신청정보와 첨부정보**　　　등기를 신청하는 경우에 신청인은 등기소에 대법원규칙으로 정하는 신청정보와 첨부정보를 제공해야 한다(부등 24조 2항). 개정 부동산등기법은 종전과는 달리 신청정보와 첨부정보의 상세한 내용을 부동산등기규칙에서 정하고 있다.

　(가)　**신청정보**　　　① 부동산등기를 신청하는 경우에 신청인이 제공해야 할 신청정보의 주요한 것은 다음과 같다(부등규 43조 1항). (ㄱ) 부동산의 표시에 관한 사항, (ㄴ) 신청인의 성명(또는 명칭), 주소(또는 사무소 소재지)와 주민등록번호(또는 부동산등기용등록번호), (ㄷ) 신청인이 법인인 경우에는 그 대표자의 성명과 주소, (ㄹ) 대리인에 의하여 등기를 신청하는 경우에는 그 성명과 주소, (ㅁ) 등기원인과 그 연월일, (ㅂ) 등기의 목적, (ㅅ) 등기필정보(다만, 공동신청 또는 승소한 등기의무자의 단독신청에 의하여 권리에 관한 등기를 신청하는 경우로 한정한다), (ㅇ) 등기소의 표시, (ㅈ) 신청연월일.

　　위 (ㄱ)의 부동산의 표시와 관련하여 토지의 경우에는 소재와 지번(地番), 지목(地目), 면적으로 부동산을 표시하고, 건물의 경우에는 소재, 지번 및 건물번호(다만 같은 지번 위에 1개의 건물만 있는 경우에는 건물번호는 기록하지 않는다), 건물의 종류, 구조와 면적(부속건물이 있는 경우에는 부속건물의 종류, 구조와 면적도 함께 기록한다)으로 부동산을 표시한다. 구분건물의 경우에는 1동 건물의 표시로서 소재지번·건물명칭 및 번호·구조·종류·면적, 전유부분의 건물의 표시로서 건물번호·구조·면적을 표시하고, 대지권이 있는 경우 그 권리의 표시(다만 1동의 건물의 구조·종류·면적은 건물의 표시에 관한 등기나 소유권보존등기를 신청하는 경우로 한정한다)를 한다.

　　법인 아닌 사단이나 재단이 신청인인 경우에는 그 대표자나 관리인의 성명, 주소와 주민등록번호를 신청정보의 내용으로 등기소에 제공해야 한다(부등규 43조 2항). 주택법 제80조의 2와 「부동산 거래신고에 관한 법률」 제 3 조에서 정하는 계약을 등기원인으로 하는 소유권이전등기를 신청하는 경우에는 거래가액을 신청정보의 내용으로 등기소에 제공해야 한다(부등규 124조 2항 1문).

② 부동산등기법은 등기필정보에 관하여 상세하게 규정하고 있으므로, 이에 관해서 살펴보고자 한다.

(ㄱ) 등기관이 새로운 권리에 관한 등기를 마쳤을 때에는 등기필정보를 작성하여 등기권리자에게 통지해야 한다. 다만 등기권리자가 등기필정보의 통지를 원하지 않는 경우, 국가 또는 지방자치단체가 등기권리자인 경우, 대법원규칙으로 정하는 경우(부등규 109조 2항)에는 그러하지 아니하다(부등 50조 1항). 등기필정보는 방문신청의 경우에는 등기필정보를 적은 서면을 교부하는 방법으로 통지하고, 전자신청의 경우에는 전산정보처리조직을 이용하여 송신하는 방법으로 통지한다(부등규 107조 1항). 부동산등기규칙은 그 밖에도 등기필정보의 통지에 관한 세세한 내용을 정하고 있다.

(ㄴ) 등기필정보(登記畢情報)란 등기부에 새로운 권리자가 기록되는 경우에 그 권리자를 확인하기 위하여 등기관이 작성한 정보를 말한다(부등 2조 4호). 등기필정보는 아라비아 숫자와 그 밖의 부호의 조합으로 이루어진 일련번호와 비밀번호로 구성한다(부등규 106조 1항). 등기필정보는 부동산 및 등기명의인별로 작성한다. 다만 대법원예규로 정하는 바에 따라 등기명의인별로 작성할 수 있다(부등규 106조 2항).

개정 전의 부동산등기법에서는 등기관이 신청된 어떤 등기를 완료한 때에 당사자가 등기를 신청할 때 제출한 등기원인을 증명하는 서면(이에 갈음하여 신청서의 부본을 제출한 때에는 그 부본)에 일정한 사항, 특히 「등기필」(등기를 끝냈다는 뜻)의 뜻을 기재하고, 등기소인을 찍어 이를 등기권리자(즉 그 완료된 등기에 의하여 새로 등기부상의 권리자로 된 자)에게 교부하였다(구법 67조 1항). 이를 등기필증(登記畢證)이라고 하였다. 개정 부동산등기법과 그 규칙에서는 부동산등기의 전산화에 따라 종래의 등기필증을 갈음하여 등기필정보 제도를 도입하고, 그 작성방법 등에 관해서도 새롭게 정하고 있다.

(ㄷ) 등기권리자와 등기의무자가 공동으로 권리에 관한 등기를 신청하는 경우에 신청인은 그 신청정보와 함께 등기의무자의 등기필정보를 등기소에 제공해야 한다(부등 50조 2항 1문). 승소한 등기의무자가 단독으로 권리에 관한 등기를 신청하는 경우에도 또한 같다(부등 50조 2항 2문). 등기신청에 요구되는 「등기의무자의 등기필정보」는 등기의무자가 그의 권리에 관하여 등기권리자로서 등기를 신청하였을

때에 등기소로부터 교부받았던 등기필정보를 말한다. 예컨대, 소유권이전등기를 신청하는 경우에 매도인인 등기의무자의 등기필정보는 그 매도인이 전에 그 소유권을 취득하는 등기를 한 때(또는 보존등기를 한 때)에 등기소로부터 받은 등기필정보를 말하는 것이다. 이 등기필정보를 등기를 신청할 때 제출하도록 한 것은 그렇게 함으로써 등기의무자라고 하는 자가 과연 진정한 등기의무자인지 여부를 등기관이 확인할 수 있게 하고, 나아가 거짓의 등기신청을 예방해서 바른 등기를 하도록 하려는 것이다. 이와 같이 등기필정보를 제출하도록 한 이유가 등기의무자 본인의 증명에 있으므로, 그러한 필요가 없는 경우에는 그 제출을 요구할 필요가 없음은 물론이다. 예컨대, 등기권리자에 의한 단독신청이 허용되는 경우에는 등기필정보를 제출하는 문제도 생기지 않는다.

〈등기필증과 등기필정보〉

　　종전에 등기필증을 세상 일반에서는 권리증(權利證)이라고 속칭하면서, 마치 그것이 부동산물권을 표상하고 있는 것과 같이 보는 의식이 매우 강하였다. 이는 그 소지자가 다음 등기를 할 때 꼭 필요한 것이나, 멸실하더라도 다시 교부받지 못하는 데서 유래하는 것으로 짐작된다. 그러나 본래 등기필증은 어느 시기에 일정한 내용의 등기가 있었다는 증명서에 지나지 않고, 등기부상 현존하는 부동산물권을 표상하고 있는 것은 결코 아니다. 기껏해야 그것은 그 위에 등기권리자로서 표시되어 있는 자가 지금도 그 권리의 명의인이라는 점과 그 소지자는 권리자 자신이리라는 점을 상당히 강하게 추정하는 자료일 뿐이다. 개정 부동산등기법에서는 위에서 설명한 것처럼 종래의 등기필증을 갈음하여 등기필정보 제도를 도입하였다. 등기필정보는 숫자와 기호 16개로 이루어진 것으로서 진정한 등기의무자를 확인하기 위한 것이다.

　⒟　등기필정보가 없는 경우에 등기의무자가 등기하려고 할 때 어떻게 할 것인지 문제된다. 등기의무자의 등기필정보가 없을 때에는 등기의무자 또는 그 법정대리인(이하 "등기의무자등"이라 한다)이 등기소에 출석하여 등기관으로부터 등기의무자등임을 확인받아야 한다. 다만, 등기신청인의 대리인(변호사나 법무사)이 등기의무자등으로부터 위임받았음을 확인한 경우 또는 신청서(위임에 의한 대리인이 신청하는 경우에는 그 권한을 증명하는 서면) 중 등기의무자등의 작성부분에 관하여 공증(公證)을 받은 경우에는 그러하지 아니하다(부등 51조).

　⒠　나아가 부동산등기법 제110조는 등기필정보의 안전을 확보하기 위한 조

치를 규정하고 있다. 이는 등기의무자 아닌 자를 등기의무자로 하여 부실등기가 신청될 위험을 막기 위한 것이다.

(ᄂ) **첨부정보**   ① 부동산등기를 신청하는 경우에는 신청정보와 함께 첨부정보를 등기소에 제공해야 한다. 그 주요한 것은 다음과 같다(부등규 46조 1항). (ᄀ) 등기원인을 증명하는 정보, (ᄂ) 등기원인에 대하여 제3자의 허가, 동의 또는 승낙이 필요한 경우에는 이를 증명하는 정보, (ᄃ) 등기상 이해관계 있는 제3자의 승낙이 필요한 경우에는 이를 증명하는 정보 또는 이에 대항할 수 있는 재판이 있음을 증명하는 정보, (ᄅ) 신청인이 법인인 경우에는 그 대표자의 자격을 증명하는 정보, (ᄆ) 대리인에 의하여 등기를 신청하는 경우에는 그 권한을 증명하는 정보, (ᄇ) 등기권리자(새로 등기명의인이 되는 경우로 한정한다)의 주소(또는 사무소 소재지) 및 주민등록번호(또는 부동산등기용등록번호)를 증명하는 정보. 다만, 소유권이전등기를 신청하는 경우에는 등기의무자의 주소(또는 사무소 소재지)를 증명하는 정보도 제공해야 한다. (ᄉ) 소유권이전등기를 신청하는 경우에는 토지대장·임야대장·건축물대장 정보나 그 밖에 부동산의 표시를 증명하는 정보. 한편, 구분건물에 대하여 대지권의 등기를 신청할 때 일정한 경우에는 해당 규약이나 공정증서를 첨부정보로서 등기소에 제공해야 한다(부등규 46조 2항).

② 첨부정보에 관하여 주요한 내용을 상세히 살펴보면 다음과 같다.

(ᄀ) **등기원인을 증명하는 정보**   (ⅰ) 여기서 말하는 「등기원인」은 등기하는 것을 정당하게 하는 법률상의 원인, 즉 권원을 뜻한다. 무엇이 그러한 등기의 정당원인 또는 정권원(正權原)인지는 물권행위의 무인성을 인정할 것인지 또는 유인성을 인정할 것인지에 따라서 결론이 달라진다. 무인성을 인정한다면, 법률행위에 의한 물권변동에서는(바꾸어 말해서, 민법 186조에 의하여 등기함으로써 비로소 물권변경이 일어나는 경우) 바로 물권행위가 그러한 등기원인이라고 볼 것이다. 그러나 유인성을 인정한다면, 등기원인은 등기함으로써 일어나게 될 권리변동의 원인, 바꾸어 말해서, 물권행위가 아니라 그 물권행위를 하게 된 원인이 되는 원인행위 또는 그의 무효·취소·해제 등이 등기원인이라고 새기게 된다. 판례도 등기원인을 등기하는 것 자체에 관한 합의가 아니라 등기하는 것을 정당하게 하는 실체법상 원인을 뜻하는 것으로서, 등기함으로써 일어나게 될 권리변동의 원인행위나 그의 무효, 취소, 해

제 등을 가리킨다고 한다(대판 1999. 2. 26, 98다50999 참조). 위와 같이 무엇이 등기원인인지에 관하여 학설은 대립하고 있으나, 등기에 관한 특별절차를 규제하고 있는 부동산등기 특별조치법의 여러 규정(특히 3조 내지 6조 참조)은 원인행위인 채권행위가 등기원인임을 분명히 하고 있다. 한편 법률행위에 의하지 않는 물권변동의 경우에 하는 등기, 바꾸어 말해서 민법 제187조에 의한 등기는 이미 발생하고 있는 법률상태의 뒷마무리에 지나지 않는다. 그리하여 이 경우에는 이미 발생하고 있는 법률상태가 등기와의 관계에서는 권원, 즉 등기원인이 된다. 그러므로 등기원인은 매우 다양하며, 법률행위에 한하지 않고, 그 밖의 법률사실 또는 법률요건이 등기원인이 되기도 한다(상속 · 경매 · 취득시효 · 변제 · 토지의 분합 · 건물의 증축 등).

　　위에서 본 바와 같은 등기원인의 성립을 증명하는 정보가 바로 「등기원인을 증명하는 정보」이다. 예컨대, 매매 · 증여 등에 의한 소유권이전등기의 신청에서는 그 매매나 증여의 계약서, 그리고 저당권설정등기를 신청하는 경우에는 저당권설정계약서 또는 저당권부 소비대차계약서가 등기원인을 증명하는 정보가 된다. 판결에 의한 등기신청의 경우에는 판결정본이 등기원인을 증명하는 정보이다. 그리고 상속인 그 밖의 포괄승계인이 등기를 신청하는 경우에는 가족관계등록에 관한 정보 또는 법인등기사항에 관한 정보 등 상속 그 밖의 포괄승계가 있었다는 사실을 증명하는 정보를 첨부정보로서 등기소에 제공해야 한다(부등규 49조).

　　일정한 등기원인에 관해서는 특별한 방식이 요구된다.「부동산등기 특별조치법」제 3 조가 규정하고 있다. 즉, 소유권이전등기의 신청에서는 계약이 등기원인인 때(바꾸어 말해서, 등기원인이 부동산소유권의 이전을 내용으로 하는 계약, 즉 매매 · 증여 · 교환 · 조합 등인 때)에는 그 계약은 반드시 서면으로 하고, 작성되는 계약서에는 일정사항이 기재되어야 하며(당사자 · 목적부동산 · 계약연월일 · 대금액과 지급일자 등의 대금에 관한 사항은 언제나 기재해야 하고, 그 밖에 부동산중개업자가 있거나 또는 계약의 조건 · 기한이 있는 때에는 이것도 기재해야 한다), 뿐만 아니라 그와 같이 작성된 계약서에 당해 부동산의 소재지를 관할하는 시장 · 구청장 · 군수나 또는 그 권한의 위임을 받은 자의 검인을 받아서 이를 제출해야 한다(동법 3조 1항. 검인을 신청하는 계약서에는 검인신청인도 반드시 표시해야 한다). 그리고 집행력 있는 판결서 또는 판결과 같은 효력을 갖는 조서(민소 220조 참조)가 등기원인을 증명하는 서면일 때에는, 그 판결서나 조서에 검인을 받아야 한다(동법 3조 2항). 검인신청에 관해서는 그 밖에 또 하나의 특칙이 있다. 즉, 부동산의 소유권을 이전받을 것을 내용으로 하는 쌍무계약 또는 편무계약을 체결하여 등기신청의무를 부담하게 된 자가 그 부동산 또는 계약상 지위를 다시 제3자에게 이전하는 계약을 체결하고자 할 때에는, 먼저 체결된 계약서에 위에서 적은 동법 제3조에 의한 검인을 받아야 하며(동법 4조), 이를 위반하면 1년 이하의 징역 또는 3천만원 이하의 벌금형을 받게 된다(동법 9조 1호·10조 참조). 중간생략등기를 막기 위한 조치이다(이상과 같은 검인을 한 행정기관은 그 검인된 계약서·판결서 등의 사본 1통을 그 부동산의 소재지를 관할하는 세무서장에게 송부해야 한다. 동법 3조 3항. 이는 과세의 편의와 확실을 꾀하기 위한 것이다). 중간생략등기에 관해서는 후에 자세히 설명한다([27] 4 참조).

(ii) 부동산등기법을 개정하기 전에는 원칙적으로 등기원인을 증명하는 서면을 제출하도록 하였다. 그러나 등기원인을 증명하는 서면이 반드시 존재하는 것은 아니다. 예컨대, 시효로 소유권을 취득한 경우에는 등기원인을 증명하는 서면은 처음부터 존재하지 않는다. 또한 등기원인을 증명하는 서면이 있었다고 하더라도 분실 또는 멸실 등으로 현실적으로 이를 제출할 수 없는 경우도 있을 수 있다. 이러한 경우에 대비하여 구 부동산등기법은 「신청서의 부본」을 제출하면 되는 것으로 하였다(구법 45조). 그러나 개정 부동산등기법은 첨부정보로 등기원인을 증명하는 정보를 제공하도록 하고 있다. 그리고 등기원인이 부동산소유권의 이전을 목적으로 하는 계약인 때에는 반드시 계약서를 작성해서 검인을 받아 제출해야 한다는 점은 이미 적었다.

(iii) 이상과 같은 「등기원인을 증명하는 정보」를 제출하도록 한 이유는 무엇인가? 종전에 등기원인을 증명하는 서면을 제출하도록 한 이유는 등기관이 등기원인의 존부에 대한 심사를 할 수 있도록 함으로써 등기가 바른 것임을 보장하려는 것과 그것을 가지고 등기필증을 작성하기 위한 것이었다고 설명하였다. 그러나 개정 부동산등기법 아래에서는 등기필증이 폐지되고 등기필정보가 도입되어 등기필증을 작성할 필요가 없다. 그러므로 등기의 진정성을 보장하기 위한 것으로 보아야 하고, 등기원인을 증명하는 정보에 대한 해석도 종래와 달라져야 한다.

(ㄴ) 등기원인에 대하여 제3자의 허가, 동의 또는 승낙이 필요한 경우에는 이

를 증명하는 정보   등기원인에 대하여 제3자의 허가, 동의 또는 승낙이 필요한 경우(예컨대, 토지거래허가구역 내의 토지에 대한 토지거래허가(부동산 거래신고 등에 관한 법률 10조), 공익법인의 기본재산 처분에 대한 주무관청의 허가(공익법인의 설립·운영에 관한 법률 11조 3항), 미성년자의 행위에 관한 법정대리인의 동의(5조), 피한정후견인의 행위에 관한 한정후견인의 동의(13조), 채무자를 위하여 변제한 자가 채권자를 대위하기 위한 채권자의 승낙(480조), 임차권의 양도·전대의 경우 임대인의 승낙(629조 1항) 등)에는, 그 제3자의 허가 등이 있었음을 증명하는 정보를 제출해야 한다. 이에는 예외가 있다. 등기원인을 증명하는 정보가 집행력 있는 판결인 경우에는 제3자의 허가 등을 증명하는 정보를 제공할 필요가 없다. 다만, 등기원인에 대하여 행정관청의 허가, 동의 또는 승낙을 받을 것이 요구되는 때에는 그러하지 아니하다(부등규 46조 3항).

(ㄷ) 법인의 대표자의 자격 또는 대리인의 권한을 증명하는 정보   이미 밝힌 바와 같이, 등기는 대리인에 의해서도 할 수 있다. 법인의 경우에는 대표자가 등기를 신청해야 한다. 이와 같이 대표자 또는 대리인에 의하여 등기를 신청하는 경우에는 대표자의 자격을 증명하는 정보 또는 대리인의 권한을 증명하는 정보를 제출해야 한다. 여기서 대리인에는 임의대리인과 법정대리인을 포함한다. 대표자의 자격이나 대리인의 권한을 증명하는 정보는 법인등기사항증명서, 위임장, 가족관계등록사항별증명서 등을 말한다.

(ㄹ) 등기권리자의 주소 및 주민등록번호(또는 부동산등기용등록번호) 또는 등기의무자의 주소를 증명하는 정보   등기권리자(새로 등기명의인이 되는 경우로 한정한다)의 주소(또는 사무소 소재지) 및 주민등록번호(또는 부동산등기용등록번호)를 증명하는 정보를 제공해야 한다. 다만, 소유권이전등기를 신청하는 경우에는 등기의무자의 주소(또는 사무소 소재지)를 증명하는 정보도 제공해야 한다. 이러한 정보에는 주민등록표등본·초본이 해당한다. 이에 의하여 잘못된 주소의 등기나 허무인 명의의 등기를 막을 수 있으며, 조세 징수를 확보하는 데 이점이 있다.

(ㅁ) 인감증명서   방문신청을 하는 경우에는 등기신청서에 등기소에 제공해야 하는 정보를 적고 신청인 또는 그 대리인이 기명날인하거나 서명해야 한다(부등규 56조). 이때 일정한 경우 인감증명을 제출하고 해당 신청서(위임에 의한 대리인이 신청하는 경우에는 위임장을 말한다)나 첨부서면에는 그 인감을 날인해야 한다(부등규 60

조 1항·61조 1항 참조). 이를테면 가령 소유권의 등기명의인이 등기의무자로서 등기를 신청하는 경우에 등기의무자의 인감증명을 제출해야 한다(부등규 60조 1항 1호). 또한 등기신청서에 제3자의 동의 또는 승낙을 증명하는 서면을 첨부하는 경우에는 그 제3자의 인감증명을 제출해야 한다(부등규 60조 1항 7호). 인감증명은 신청서 등에 날인한 인감이 진정한 것이라는 증명을 위한 것이다. 그러므로 등기소에 제출하는 서면이 공정증서로 작성되어 있는 경우에는 인감증명을 제출할 필요가 없다(부등규 60조 4항).

위와 같이 인감증명의 제출을 요구하는 이유는 등기를 신청하는 사람이 틀림없는지를 확인하고 등기신청의사가 있었음을 확인하거나 제3자의 동의 또는 승낙이 필요한 경우에 그 승낙자의 진정한 의사를 확인함으로써, 거짓의 등기가 생기는 것을 막자는 데에 있다. 허위등기가 있는 경우에, 실제로 피해를 입는 것은 등기권리자가 아니라 등기의무자 쪽이다. 그렇기 때문에 인감증명서의 제출도 등기의무자에게만 요구하는 것이다.

(ㅂ) 대장의 등본   부동산의 물리적 상황 또는 동일성에 관해서는 항상 대장의 기재를 기초로 한다. 이미 밝힌 바와 같이, 신청서에는 대장에 등록된 사항들을 기재해야 하나, 등기관이 이를 확인하려면, 대장과 대조한다는 것이 필요하다. 여기서 소유권이전등기를 신청하는 경우에는 토지대장·임야대장·건축물대장 정보나 그 밖에 부동산의 표시를 증명하는 정보를 제출해야 하는 것으로 하고 있다(부등규 46조 1항 7호).

(ㅅ) 거래계약신고필증정보와 매매목록   「부동산 거래신고에 관한 법률」 제3조에서 정하는 계약을 등기원인으로 하는 소유권이전등기를 신청하는 경우에는 시장·군수 또는 구청장으로부터 제공받은 거래계약신고필증정보를 첨부정보로서 등기소에 제공해야 한다. 이 경우 거래부동산이 2개 이상인 경우 또는 거래부동산이 1개라 하더라도 여러 명의 매도인과 여러 명의 매수인 사이의 매매계약인 경우에는 매매목록도 첨부정보로서 등기소에 제공해야 한다(부등규 124조 2항).

(ㅇ) 등기신청서에 첨부하는 인감증명, 법인등기사항증명서, 주민등록표등본·초본, 가족관계등록사항별증명서 및 건축물대장·토지대장·임야대장 등본은 발행일부터 3개월 이내의 것이어야 한다(부등규 62조).

2. 등기신청에 대한 심사

(1) 등기는 국가가 사권(私權)을 위해서 하는 공증행위(公證行爲)라고 할 수 있다. 따라서 가능한 한 등기와 실질관계가 부합하도록 노력해야 함은 당연하다. 이를 위해서는 등기신청이 있다고 무조건 그 신청된 등기할 것이 아니라, 일정한 심사를 하는 것이 필요하다. 즉, 등기관이 신청서를 받으면, 일정한 접수절차(부등규 65조)를 밟고 곧바로 신청에 관한 모든 사항을 조사 또는 심사해야 한다. 그리고 이 심사를 바탕으로 해서 신청에 따른 등기를 할 것인지 또는 신청을 각하할 것인지를 결정함으로써, 등기를 하거나 신청을 각하하는 처분을 해야 한다.

(2) 위와 같은 등기신청의 심사에 관해서는 실질적 심사주의(실질적 적법주의) 와 형식적 심사주의(형식적 적법주의)가 대립하고 있다. 형식적 심사주의는 신청에 대한 심사의 범위를 등기절차법상의 적법성 여부에 한정하는 것이고, 실질적 심사주의는 그 밖에 등기신청의 실질적 이유 또는 원인의 존부와 효력까지도 심사하는 입법주의이다. 두 입법주의를 비교해 볼 때, 형식적 심사주의에서는 확실을 꾀할 수 없고, 실질적 심사주의에 의하면 신속을 해치게 되어, 두 주의는 각각 장점과 단점을 가지고 있다.

(3) 등기법은 등기관의 심사권한에 관하여 어떤 주의를 취하고 있는가? 부동산등기법은 제29조에서 신청을 각하해야 할 11개의 경우를 들고 있을 뿐이고, 심사권한의 범위에 관한 일반적 규정을 두고 있지 않다. 여기서 부동산등기법 제29조야말로 등기관의 심사권한을 정하는 규정이며, 이 규정은 형식적 심사주의가 등기법이 취하는 원칙임을 가리키고 있는 것으로 종래 이해되어 있다. 이제 위 규정을 분석·검토해서 등기법에서의 등기관의 심사권한이 어떤 것인지를 밝혀 보면, 다음과 같다.

부동산등기법 제29조가 들고 있는 것은 단순한 형식적·절차적 사항(관할·취득세의 납부 등)뿐만 아니라, 실질적·실체법적 사항도 포함하고 있다. 그러므로 실질적·실체법적 사항도 심사의 대상으로 하고 있다고 할 수 있다. 등기권리자와 등기의무자의 공동신청을 요구하고, 등기필정보와 등기의무자의 인감증명 등을 제공·제술하게 하고, 무엇보다도 등기원인을 증명하는 정보의 제공을 요구한다. 이것은 모두 등기신청의 실체법상 원인의 존부와 그 효력을 심사하기 위한 것이다. 비록 증거력이 약한 사문서에 의하기는 하나 실질적 · 실체법적 사항도 심사대상이 된다. 다만 그 심사의 방법이 신청정보와 첨부정보 및 등기기록에 의해야 한다는 제한이 있을 뿐이다(종래 예외적으로 구분건물의 표시에 관하여 실질적 심사권을 인정한 개정 전 56조의 2는 개정 부동산등기법에서 삭제되었다). 일반적으로 부동산등기법이 형식적 심사주의를 취하고 있다고 하나, 최근에는 이에 대해 비판적인 견해가 있다(구연모, 부동산등기법, 126면 참조).

판례는 등기관이 "등기신청에 대하여 실체법상의 권리관계와 일치하는지 여부를 심사할 실질적 심사권한은 없고 오직 신청서 및 그 첨부서류와 등기부에 의하여 등기요건에 합당하는지 여부를 심사할 형식적 심사권한밖에 없는 것이어서"(대결 (전) 2010. 3. 8, 2006마571 등 참조), "그 밖에 필요에 응하여 다른 서면의 제출을 받거나 관계인의 진술을 구하여 이를 조사할 수는 없"다고 하여(대결 2008. 12. 15, 2007마 1154 등 참조), 형식적 심사주의를 취하는 것으로 보고 있다.

3. 등기의 실행   등기관이 등기신청을 심사한 결과 신청이 적법하다고 인정하는 경우에는 등기를 실행한다.

(1) 등기관은 접수번호의 순서에 따라 등기사무를 처리해야 한다(부등 11조 3항).

(2) **표제부 등기**   표제부에 기록할 사항은 토지의 등기기록인지 건물의 등기기록인지에 따라 다르다. 구체적인 사항은 [23] 1 (3) 참조.

(3) **사항란 등기**   사항란에는 권리에 관한 사항을 등기하며, 권리의 종류에 따라서 갑구(소유권에 관한 사항) 또는 을구(소유권 외의 권리에 관한 사항)에 등기된다(부등 15조 2항 참조). 갑구 또는 을구에 권리에 관한 등기를 할 때에 기록해야 할 구체적인 사항에 관해서는 [23] 1 (3) 참조.

등기관이 채권자대위권에 기한 신청에 의하여 등기할 때에는 대위자의 성명 또는 명칭, 주소 또는 사무소 소재지 및 대위원인을 기록해야 한다(부등 28조 2항). 또한 등기관이 주택법 제80조의 2 1항 및 「부동산 거래신고에 관한 법률」 제3조 1항에서 정하는 계약을 등기원인으로 한 소유권이전등기를 하는 경우에는 대법원규칙으로 정하는 바에 따라 거래가액을 기록한다(부등 68조).

(4) **등기완료 후의 절차**

㈎ **등기완료의 통지**   등기관이 등기를 마쳤을 때에는 대법원규칙으로 정

하는 바에 따라 신청인 등에게 그 사실을 알려야 한다(부등 30조).

(나) **등기필정보의 작성·통지** 등기관이 새로운 권리에 관한 등기를 마쳤을 때에는 일정한 예외적인 경우를 제외하고는 등기필정보를 작성하여 등기권리자에게 통지해야 한다(부등 50조 1항).

(다) **소유권변경 사실의 통지** 등기관이 일정한 등기를 하였을 때에는 지체 없이 그 사실을 토지의 경우에는 지적소관청에, 건물의 경우에는 건축물대장 소관청에 각각 알려야 한다(부등 62조). 이는 등기기록과 대장의 소유자의 인적 사항을 일치시키기 위한 것이다. 통지를 해야 하는 등기는 다음과 같다.

① 소유권의 보존 또는 이전
② 소유권의 등기명의인표시의 변경 또는 경정
③ 소유권의 변경 또는 경정
④ 소유권의 말소 또는 말소회복

(라) **과세자료의 제공** 등기관이 소유권의 보존 또는 이전의 등기(가등기를 포함한다)를 하였을 때에는 대법원규칙으로 정하는 바에 따라 지체 없이 그 사실을 부동산 소재지 관할 세무서장에게 통지해야 한다(부등 63조). 그리고 부동산등기 특별조치법 제 3 조 1항·2항이나 동법 제 4 조의 규정에 의한 검인을 한 행정관청은 그 계약서 또는 판결서 등의 사본 1통을 부동산의 소재지를 관할하는 세무서장에게 송부해야 한다(부등특 3조 3항).

4. 등기관의 처분에 대한 이의 등기사무를 맡아서 관리하는 국가기관인 등기관은, 등기법이 정하는 바에 따라서, 여러 가지의 결정 또는 처분을 할 권한이 있다. 만일 이러한 결정이나 처분이 부당한 경우에는, 그로 말미암아 불이익을 받은 당사자는 그 부당처분의 효과를 제거해서 정당한 처분이 있었던 것과 같은 상태를 이룰 수 있도록 청구할 수 있어야 한다. 이것이 부동산등기법 제100조 이하에 정해져 있는 이의(異議) 제도이다. 이 이의 제도에 의한 구제와는 별도로, 부당한 처분으로 받은 손해의 배상을 청구할 수 있음은 물론이다.

제 2 관   법률행위에 의한 부동산물권의 변동

[26] I. 원칙: 성립요건주의

1. 민법 제186조   민법 제186조는 "부동산에 관한 법률행위로 인한 물권의 득실변경은 등기하여야 그 효력이 생긴다."라고 정함으로써, 법률행위에 의한 부동산물권변동에 관하여 성립요건주의의 원칙을 채용하고 있다. 따라서 법률행위에 의한 부동산물권변동은 법률행위와 등기의 두 요건을 갖추었을 때 효력을 발생한다. 이때 법률행위는 물권적 의사표시를 뜻하는데, 물권행위라고 하기도 한다. 등기는 물권행위 개념에서 제외된다고 해석하는 것이 타당하다는 점에 관해서는 이미 자세히 다루었다([18] 3 참조). 부동산물권변동에서는 목적부동산의 인도는 요건이 아니다. 목적부동산의 인도 유무와는 관계없이, 물권행위와 등기의 두 요건만 갖추어지면, 그 부동산에 관한 물권이 변동된다.

2. 원칙의 적용범위   민법 제186조가 규정하는 위와 같은 원칙이 적용되는 것은 부동산에 관한 물권의 득실변경(得失變更)에 관해서이다. 물권의 득실변경이 물권의 주체를 중심으로 하여서 본 물권의 발생·변경·소멸, 즉 물권변동을 의미한다는 것과 이들 물권의 발생·변경·소멸의 의미에 관해서는 이미 설명하였다([14] 1·2, [24] 3 참조). 그리고 물권변동에 등기가 요구되는 부동산물권에는, 소유권·지상권·지역권·전세권·저당권·권리질권이 있다는 것도 이미 설명하였다([24] 2 참조). 따라서 민법 제186조의 원칙은 민법이 인정하는 부동산물권 중에서 점유권과 유치권을 제외한 물권의 법률행위에 의한 모든 변동에 적용된다.

위에서 적은 것은 민법 제186조의 적용범위에 관한 일반론이다. 제186조의 적용범위에 관해서는 몇 가지 특수한 문제가 있다. 민법은 법률행위에 의한 물권변동과 법률행위에 의하지 않는 물권변동을 각각 다른 원칙에 의하여 규제한다. 즉, 둘 중 앞의 것에 관해서는 제186조에서 등기를 그 요건으로 하고 있으나, 뒤의 것에 관해서는 제187조에서 등기 없이 그 효력이 발생하는 것으로 하고 있다. 여기서 제186조의 물권변동인지 또는 제187조의 물권변동인지가 문제되는 경우가 몇 개 있다. 차례로 검토하기로 한다.

(1) 원인행위의 실효에 의한 물권의 복귀

(개) 매매나 증여와 같은 「원인행위」가 「취소」되거나 「해제」된 경우에, 그 효력을 잃게 된 원인행위의 이행으로 발생한 물권변동은, 등기를 말소하지 않더라도 당연히 효력을 잃고 물권은 원귀속자에게 복귀하는가, 아니면 물권이 당연히 복귀하지는 않으며 원상회복을 위한 이전등기를 해야 비로소 복귀하는가? 예컨대, 甲이 그 소유의 부동산을 乙에게 매각하여 등기까지 하였으나, 그 후 매매계약을 취소하거나 해제하였다면, 소유권은 甲에게 복귀한다. 이때 비록 등기부에는 乙이 소유자로 되어 있으나, 그 말소등기를 하지 않은 채 방치하더라도, 소유권은 甲에게 돌아가 있는 것으로 되는가? 또는 말소등기나 이전등기를 해야만 소유권이 甲에게 되돌아가고, 그러한 등기를 할 때까지는 등기부상의 소유자 乙이 그대로 소유자로 남아 있는가? 이 문제는 물권행위에 관하여 무인성을 인정할지 또는 유인성을 인정할지에 따라서 결론이 달라진다([20] 참조).

물권행위의 무인성을 인정한다면, 원인행위(채권행위)가 취소되거나 해제되더라도 이행행위(물권행위)가 유효하고, 그에 대응하는 등기가 유효하게 성립하고 있으면 물권변동은 그대로 유효하다. 다만 부당이득의 문제가 되어, 그 반환을 위한 또 다른 물권행위와 등기가 있어야만 물권은 복귀하게 된다. 「원인행위」가 「무효」인 경우에도 위와 같은 결론에는 변함이 없다.

한편 물권행위의 유인성을 인정한다면, 비록 물권행위가 원인행위인 채권행위와는 따로 독립해서 행해져 있고 또한 그것이 완전히 유효하더라도, 「원인행위」가 「취소」되거나 「해제」되면 처음부터 그러한 물권변동은 없었던 것이 되므로, 등기를 말소하지 않더라도 물권은 당연히 복귀하게 된다. 「원인행위」가 「무효」인 때에는 처음부터 그러한 물권변동은 일어난 일이 없었던 것이고, 따라서 물권의 복귀는 문제가 되지 않는다. 이러한 결론은 민법 제186조·제187조와는 관계없이 유인주의를 인정하는 때에 당연히 도출되는 해석이다.

(나) 위와 같이 물권행위의 유인성을 인정함으로써, 원인행위가 취소되거나 해제되는 경우에는, 물권은 등기의 말소 여부와는 관계없이 당연히 복귀한다고 하고, 또한 원인행위가 무효인 때에는 물권변동은 처음부터 일어난 적이 없었던 것이 된다면, 거래의 안전이 문제될 수 있다. 즉, 원인행위가 취소되거나 해제되기 전에 유

효한 물권변동이 있는 것으로 믿고 거래한 제 3 자, 또는 원인행위의 취소나 해제가 있은 후 등기를 말소하지 않은 채 그대로 남겨 두고 있는 경우에 그 등기를 믿고 거래한 제 3 자, 그리고 무효인 원인행위를 바탕으로 하는 등기가 말소되지 않고 있는 동안에 그 원인행위의 무효를 알지 못하고 거래한 제 3 자는 각각 어떻게 되는지 문제된다.

물권행위의 무인성을 인정하더라도 동일한 문제가 생길 수 있다. 즉,「물권행위」자체가「무효」이거나「취소」되는 경우에는, 등기는 그것이 말소될 때까지는 그대로 남아있어 이를 믿고 거래하는 제 3 자가 생길 수 있다. 구체적으로는, 물권행위가 취소되기 전에 유효한 물권변동이 있는 것으로 믿고 거래한 제 3 자, 또는 물권행위의 취소가 있은 후 등기를 말소하지 않은 채 그대로 남겨 두고 있는 경우에 그 등기를 믿고 거래한 제 3 자, 그리고 무효인 물권행위를 바탕으로 하는 등기가 말소되지 않고 있는 동안에 그 물권행위의 무효를 알지 못하고 거래한 제 3 자의 보호가 문제된다.

위에서 본 바와 같이, 물권행위의 무인성 또는 유인성의 어느 것을 취하든, 문제가 되는 제 3 자는 보호되지 않는가? 이러한 경우에 선의의 제 3 자를 보호해서 거래의 안전을 확보하려는 제도가 바로 등기에 공신력을 인정하는 것이다. 민법은 등기의 공신력을 인정하고 있지 않다. 그러나 일정한 경우에 마치 등기의 공신력을 인정하는 것과 같은 결과를 인정하게 되는 특별규정을 두고 있다. 민법 제107조 2항·제108조 2항·제109조 2항·제110조 3항·제548조 1항 단서의 여러 규정이 그것이다(그러한 특별규정은 특별법에도 있다. 부동산실명 4조 2항 단서). 이미 지적한 바와 같이([20] 3 (3) 참조), 무인론에 따르면 이 규정들은 별로 의미 없다고 말할는지 모르나(그러나 무인성을 인정하더라도 제 3 자의 보호가 문제되는 위에서 적은 경우에는, 이 규정들에 의하여 제 3 자는 보호되기 때문에, 이 한도에서는 이 규정들이 중요한 의미를 갖는다), 유인주의에서는 이 규정들은 거래의 안전을 위한 매우 의미 있는 규정이다. 그런데 이들 조항에서 제 3 자의 범위를 어떻게 해석할 것인지가 문제된다. 해석에 따라서 보호되는 제 3 자의 범위에 차이가 있기 때문에, 이 해석론은 매우 중요하다. 경우를 나누어서 살피기로 한다.

① 취소의 경우   민법 제109조 2항과 제110조 3항은 각각 착오 또는 사

기·강박에 의한 "의사표시의 취소는 선의의 제 3 자에게 대항하지 못한다."라고 규정한다. 이때 제 3 자의 범위는 어떻게 되는가? 원인행위(유인주의의 경우) 또는 물권행위(무인주의의 경우)의 취소에 의하여 물권은 당연히 복귀한다고 새긴다면, 논리적으로는 이들 조항에서 말하는 제 3 자는 「그 취소의 의사표시가 있기 전에 새로운 이해관계를 가지게 된 자」를 말한다고 새겨야 할 것이다. 그러나 그러한 해석은 타당하지 않다. 어떤 법률행위가 취소할 수 있는 것인지는 외부의 제 3 자가 알 수 없다. 또한 취소의 의사표시가 있었다고 하더라도 이것 또한 외부에서는 알 수 없다. 그런데도 취소의 의사표시가 있었다는 사실만으로, 그 시기를 기준으로 해서, 제 3 자의 범위를 한정하는 것은, 거래의 안전이라는 목적을 위하여 취소의 소급효를 제한하는 규정을 둔 본래의 목적에 반하고, 또한 거래의 안전을 보호하는 데 철저하지 못하다. 그러한 해석은 말하자면 「취소할 수 있는 법률행위임을 알지 못한 자」를 보호하지만, 「취소의 의사표시가 있었음을 알지 못한 자」는 보호하지 않는다는 결과가 된다. 그러나 취소의 의사표시가 있었음을 알지 못한 자까지 보호해야만 거래의 안전을 보호한다는 목적에 부합한다. 취소할 수 있는 법률행위가 언제나 취소되어야 하는 것은 아니기 때문이다. 그러한 취소의 의사표시가 있었다는 사실은 말소등기에 의하여 공시되고, 그 후의 제 3 자는 아무리 선의이더라도 보호할 필요가 없다. 따라서 제109조 2항이나 제110조 3항에서 정한 「선의의 제 3 자」는 원인행위 또는 물권행위의 취소에 의한 말소등기가 된 시기를 기준으로 하여, 그 시기까지 취소의 의사표시가 있었음을 알지 못하고 새로운 이해관계를 맺은 자를 뜻한다고 새기는 것이 타당하다. 판례도 이러한 해석을 하고 있다(대판 1975. 12. 23, 75다533 참조).

　　② 무효의 경우　　　민법 제107조 2항과 제108조 2항은 각각 비진의표시와 허위표시로 인한 무효의 경우에 관해서도 소급효를 제한하여 이들 "무효는 선의의 제 3 자에게 대항하지 못한다."라고 규정한다. 이때 「제 3 자」의 범위는 어떻게 새겨야 하는가? 무효의 경우에는 취소의 경우와는 달리 특정인에 의한 무효주장이 필요하지 않고, 당연히 효력이 없다. 따라서 이들 조항에서 제 3 자는 언제나 원인행위(유인주의의 경우) 또는 물권행위(무인주의의 경우)가 있는 때부터 말소등기가 될 때까지 사이에, 그 원인행위 또는 물권행위가 무효임을 알지 못하고 새로운 이해관계를

가지게 된 자를 가리킨다고 해석해야 한다(부동산실명 4조 2항 단서와 3항에서 「선의의 제 3 자」의 범위도 위와 마찬가지로 새겨야 한다).

③ 해제의 경우   부동산물권의 변동을 목적으로 하는 채권계약의 이행으로 등기까지 갖추어 물권변동이 있게 된 경우에, 채권계약을 해제하면 일단 발생하였던 물권변동은 당연히 원상회복되는가? 이 점에 관하여 채권적 효과설과 물권적 효과설이 대립하고 있다. 채권적 효과설은 해제에 의하여 원상회복을 요구하는 채권관계가 생길 뿐이고 물권관계가 당연히 원래의 상태로 돌아가지 않는다는 것이며, 그것은 물권행위의 무인성을 인정하고, 또한 이를 바탕으로 하는 견해이다. 이에 대하여 물권적 효과설은 해제로 당연히 원상회복이 있게 되어 물권은 당연히 되돌아가 있다고 새기는 것이며, 그것은 물권행위의 유인성을 인정하는 견해이다. 이로써 알 수 있는 것과 같이, 제 3 자의 보호 문제가 생기는 것은 유인론의 견지에서 물권적 효과설을 취할 때이다. 민법은 제548조 1항 단서에서 해제는 "제 3 자의 권리를 해하지 못한다."라고 규정하고 있다. 채권적 효과설에 따르면 이 조항은 당연한 것을 규정한 것이라고 하나, 물권적 효과설에서는 제 3 자보호 또는 거래안전을 위하여 해제의 소급효에 일정한 제한을 둔 것으로 본다. 그러할 때 「제 3 자」의 범위는 어떻게 새겨야 하는가? 자세한 것은 채권법에서 다루므로, 여기서는 결론만을 적어 둔다. 이 조항에서 말하는 「제 3 자」는 「해제의 의사표시가 있기 이전」에 해제된 계약에서 생긴 법률효과를 기초로 하여 새로운 이해관계를 맺은 자와 「해제의 의사표시가 있은 후 그 해제에 의한 말소등기가 있기 이전」에 이해관계를 갖게 된 「선의의 제 3 자」를 뜻한다고 해석해야 한다(대판 1985. 4. 9, 84다카130·131 참조).

(2) 재단법인을 설립하는 경우 출연재산의 귀속   민법 제48조는 생전처분으로 재단법인을 설립하는 경우에는 법인이 성립된 때에, 그리고 유언에 의하는 경우에는 유언의 효력이 발생한 때에, 각각 출연재산은 재단법인에 귀속한다고 규정한다. 법인이 성립하는 것은 법인설립등기를 한 때이고(33조), 유언이 효력을 발생하는 것은 유언자가 사망한 때이다(1073조 1항 참조). 여기서 그 출연재산 속에 부동산물권이 포함되어 있는 경우에, 부동산물권이 재단법인에게 귀속하는 것은 제186조에 의하여 등기를 한 때인지, 또는 출연재산의 귀속시기를 정하고 있는 제48조를 제187조가 말하는 「기타의 법률 규정」으로 보아 등기 없이 일정시기에 재단법인에

귀속한다고 볼 것인지 문제된다(이에 관해서는 「민법총칙」 [79] 1 (2) ㈎ 참조).

　　재단법인 설립행위가 틀림없는 법률행위라는 점을 강조하여, 출연재산은 제186조에 따라 등기를 갖추는 때에 귀속하게 된다고 주장하는 소수설이 있다(김증한·김학동 72면, 이영준 99면, 이은영 156면 참조). 즉, 재단법인 설립행위가 법률행위라면 마땅히 제186조에 의하여 등기해야만 출연재산이 법인에게 귀속하고, 민법 제48조는 민법이 채용하는 성립요건주의에 반대되는 규정이어서 동조를 출연재산의 법인에의 귀속시기를 정한 것으로 보아서는 안 되며, 그것은 다만 등기를 갖춘 때에 출연재산이 귀속하는 시기를 특히 소급시키는 것에 지나지 않는다고 새긴다. 이렇게 새겨야 민법이 물권변동에 관하여 취하고 있는 성립요건주의의 원칙과도 조화된다고 한다. 이 주장은 법률행위에 의한 물권변동은 등기해야 효력이 생긴다는 성립요건주의에 대한 예외는 있을 수 없다는 생각을 바탕으로 하는 것이라고 할 수 있다. 그러나 성립요건주의에 대한 예외는 필요하면 인정할 수 있고, 제48조는 재단법인을 두텁게 보호하기 위하여 특별히 둔 규정이라고 새길 수 있다. 그러므로 제48조를 제187조가 말하는 「기타의 법률 규정」으로 보아 출연재산은 등기 없이 제48조가 정하는 시기에 당연히 법인에게 귀속한다고 새기는 다수설(김상용 153면, 송덕수 134면 참조)이 제48조의 문언에 충실한 해석으로서 타당하다.

　　판례는 처음에는, 위의 다수설과 같이, 재단법인설립에서의 출연재산은 등기 없이 법인의 설립과 동시에 당연히 그에게 귀속한다고 하였다(대판 1973. 2. 28, 72다2344·2345; 대판 1976. 5. 11, 75다1656 등 참조). 그러나 그 후 태도를 바꾸어 특수한 이론을 전개하고 있다. 즉, 출연자와 법인 사이에서는 다수설과 같이 등기 없이도 출연부동산은 법인설립과 동시에 법인에게 귀속하나, 법인이 그가 취득한 부동산을 가지고 제 3 자에게 대항하기 위해서는 제186조의 원칙에 따라 등기가 필요하다고 한다(대판(전) 1979. 12. 11, 78다481·482 참조). 이 판례이론은 물권변동에 관하여 대항요건주의를 취하는 일본의 판례·해석론이다. 민법 제48조가 일본민법의 규정을 그대로 가져온 것은 사실이나, 물권변동의 원칙은 근본적으로 다르다. 그런데 대항요건주의 아래에서와 같은 해석을 하는 것은 민법 제48조의 규정과는 거리가 먼 근거 없는 해석이며 부당하다.

　　위에서 적은 바와 같이 소수설보다는 다수설이 민법 제48조의 해석론으로서 타당하다고 생각하나, 그렇다고 다수설을 취할 때 전혀 문제가 없다는 것은 아니다. 가장 큰 문제는 거래의 안전이다. 이 문제는 다음과 같은 경우에 생긴다. 예컨대, 재단법인의 설립을 위하여 부동산을 출연한 경우, 설립등기가 완료된 때에는, 재단법인은 출연부동산에 관한 이전등기를 할 수 있다. 그러나 다수설에 따르면, 그러한 이전등기를 하지 않더라도, 바꾸어 말해서 등기명의는 그대로 출연자 앞으로 되어 있더라도, 법률상 출연부동산의 소유권은 재단법인에게 있게 된다. 이 경우 직접 또는 간접으로 재단법인 앞으로 이전등기하는 것을 강제하는 규정은 없다. 다만 민법 제187조에 따라 부동산을 처분하려고 할 때 이전등기를 하면 된다. 그런데 등기부상 소유자로 되어 있는 출연자가 신의에 반하여 부동산을 제3자에게 매각 등으로 처분하고 제3자 앞으로 이전등기를 하였다면 어떻게 되는가? 소수설에 따르면, 제3자는 유효하게 소유권을 취득하고 거래의 안전은 문제가 되지 않는다. 그러나 재단법인은 부동산을 취득할 길이 없고 재산 없는 재단법인이 될 가능성이 있다. 반대로 다수설에 따르면, 제3자가 아무리 선의라도 부동산소유권을 취득하지 못한다. 제3자는 무권리자인 출연자로부터 취득한 것이기 때문이다. 재단법인은 제3자로부터 부동산을 인도받고, 제3자 명의의 이전등기의 말소를 청구할 수 있다. 거래의 안전이 문제됨을 알 수 있다. 바로 이런 사안이 대법원의 판단을 받게 되자, 대법원은 종래의 판례를 변경하였다. 그러나 이미 지적한 바와 같이, 변경된 판례이론은 민법 제48조에 반한다. 이 문제는 어떻게 처리되어야 하는가?

이러한 문제가 생기게 된 근본이유는 민법이 물권변동에 관하여 성립요건주의를 취하였으면서 대항요건주의에서만 타당할 수 있는 규정을 두었기 때문이다. 즉, 민법 제48조는 물권변동에 관한 성립요건주의와 조화될 수 없다. 제48조를 그대로 두면서 해석으로 문제를 처리하려는 것은 잘못이며, 제48조를 삭제하거나(스위스민법에는 출연재산의 귀속시기에 관한 규정이 없으나, 성립요건주의와 조화되는 해석으로 문제를 처리하고 있다) 개정하는 것(독일민법은 출연재산의 귀속에 관하여 매우 합리적인 규정, 즉 제82조·제84조를 두어서 문제를 처리하고 있다)만이 합리적인 해결방법이다.

(3) **소멸시효의 완성과 물권의 소멸**   민법은 소유권을 제외한 그 밖의 물권도 소멸시효에 걸리는 것으로 하고 있다(162조 2항). 그 결과 일정한 부동산물권도 소멸시효에 걸리지만, 실제로는 용익물권인 지상권·지역권·전세권의 3가지가 소멸시효의 대상이 된다. 이들 물권에 관하여 소멸시효가 완성되면, 등기 없이도 소멸하는가, 아니면 등기를 해야만 소멸하는가? 소멸시효완성의 효과에 관해서는 절대적 소멸설과 상대적 소멸설이 대립하고 있으며, 어느 견해를 취하는지에 따라서

차이가 있다. 소수설인 상대적 소멸설은 시효의 완성으로 권리가 당연히 소멸하지 않고, 시효의 이익을 받을 자가 상대방에게 권리의 소멸을 주장하여 등기의 말소를 청구해서 등기가 말소된 때 비로소 권리는 소멸한다고 한다(김증한·김학동 76면, 김용한 127면 참조). 한편 다수설과 판례가 취하는 절대적 소멸설에 따르면, 시효의 완성으로 위의 권리는 당연히 소멸하는 것으로 본다. 민법의 해석론으로서는 절대적 소멸설이 타당하다(「민법총칙」 [209] 이하 참조).

　(4)　제한물권의 소멸청구 또는 소멸통고　　　민법은 일정한 경우에 제한물권설정자가 제한물권자에게 그 소멸을 청구하거나 소멸을 통고할 수 있다고 규정한다. 이들 소멸청구나 소멸통고가 있는 경우에, 제한물권은 말소등기 없이 당연히 소멸하는가 또는 말소등기까지 해야 비로소 소멸하는가에 관하여 학설은 대립하고 있다.

　　(가)　소멸청구의 경우　　　민법은 지상권설정자와 전세권설정자가 각각 일정한 경우에 지상권 또는 전세권의 소멸을 청구할 수 있다고 규정한다(287조·311조). 이 경우에 지상권이나 전세권은 그 설정자의 소멸청구의 의사표시만으로 소멸한다는 다수설(김기선 285면·318면, 김상용 154면, 방순원 180면·203면, 이영준 100면, 이은영 168면, 최식 237면·263면 참조)과 소멸청구의 의사표시만으로는 소멸하지 않고 그 밖에 등기(말소등기)도 해야만 소멸한다는 소수설(김증한·김학동 74면·378면·418면, 김현태(상) 322면, 송덕수 135면, 장경학 220면 참조)이 대립하고 있다. 다수설은 이들 소멸청구권이 형성권이고, 형성권은 보통 의사표시만으로 행사한다는 점을 강조한다. 이에 대하여 소수설은 이들 소멸청구권이 형성권이라는 점에는 이론이 없으나, 그 소멸청구의 의사표시는 물권적 단독행위라는 것을 강조한다. 그리하여 다수설은 이 소멸청구에 의한 소멸을 민법 제187조에 의한 물권변동이라고 보는 데 대하여, 소수설은 민법 제186조에 의한 물권변동이라고 한다. 두 견해를 검토해 볼 때, 다수설에 따라 소멸청구의 의사표시만으로 제한물권이 소멸한다면, 그 소멸 사실은 말소등기가 있기 전에는 등기부상 나타나지 않는다. 지상권자나 전세권자가 소멸청구의 의사표시를 한 이후에 지상권이나 전세권을 제 3 자에게 양도하거나 이들 권리에 저당권을 설정한 경우, 그 양수인이나 저당권자는 보호받지 못하는 결과가 된다. 등기에 공신력이 없기 때문이다. 이와 달리 말소등기까지 해야만 소멸한다는

소수설에 따르면, 그러한 염려는 없다. 등기에 공신력이 인정되지 않는 데서 오는 단점을 피하고, 거래의 안전을 보호할 수 있다는 점에서 소수설의 장점이 있다. 대법원은 민법 제287조에 따른 지상권소멸청구의 의사표시에 의하여 지상권이 소멸한다는 전제에서 판단한 적이 있다(대판 1993. 6. 29, 93다10781 참조).

제287조와 제311조의 문언에 따르면, 지상권설정자와 전세권설정자가 각각 소멸을 청구할 수 있다고 정하고 있다. 이와 같은 소멸청구에 더하여 말소등기가 필요하다고 정하고 있지 않다. 또한 이 소멸청구권은 형성권이기 때문에 그 행사로써 바로 효력이 생긴다고 보아야 한다. 지상권과 전세권의 소멸청구권을 행사한 때부터 말소등기를 할 때까지 지상권과 전세권이 존속한다고 보아 그 양수인이나 저당권자를 보호할 필요성이 있다고 볼 수 있으나, 이와 같은 권리를 양수하거나 저당권을 설정하려는 사람은 지상권설정자나 전세권설정자에게 이를 확인하면 충분히 알 수 있다. 따라서 법규정의 취지와 소멸청구권의 법적 성격에 비추어 말소등기까지 해야만 지상권 또는 전세권이 소멸하는 것이 아니고 소멸청구를 할 때 이들 권리가 소멸한다고 보아야 한다.

(나) 소멸통고의 경우   민법 제313조는, 존속기간을 약정하지 않은 전세권은 당사자가 언제든지 그 소멸을 상대방에게 통고할 수 있다고 하고, 상대방이 이 통고를 받은 날부터 6개월이 경과하면 「전세권은 소멸한다」고 규정한다. 여기서 이 경우에 전세권은 말소등기를 하지 않아도 법률상 당연히 소멸한다는 다수설(김기선 318면, 김현태(하) 56면, 송덕수 137면, 이영준 101면, 이은영 168면, 장경학 구저 각론(상) 113면, 최식 263면 참조)과 말소등기를 해야만 소멸한다고 새기는 소수설(김증한·김학동 417면, 방순원 204면, 장경학 221면 참조)이 대립하고 있다. 민법이 「……소멸한다」고 규정하고 있는 데서, 다수설은 민법 제187조에 의한 전세권의 소멸을 주장하고 있다. 한편 소수설은 소멸통고가 물권적 단독행위라는 전제에서 민법 제186조가 적용된다고 주장한다. 소멸통고는 이를 등기할 길이 없으므로, 앞에서 소멸청구에 관하여 본 바와 같이, 거래의 안전을 해할 염려가 있다. 그러나 민법의 규정상으로는 다수설과 같이 해석해야 한다. 따라서 소멸통고가 있은 지 6개월이 지나면 전세권이 소멸하는 효과가 생긴다고 보는 것이 타당하다.

[27]　Ⅱ.　요건으로서의 법률행위와 등기

　1. 법률행위　　이에 관해서는 본장 제 2 절에서 자세히 다루었다.

　2. 등　기　　등기는 부동산물권변동의 공시방법이며, 물권을 변동시키려는 법률행위가 있어도 등기를 갖추지 않으면 물권변동은 일어나지 않는다. 따라서 등기는 법률행위에 의한 물권변동에 관하여 법률이 요구하는 또 하나의 요건이다. 등기의 의의·종류·절차 등에 관해서는 이미 자세히 보았다.

　물권변동의 효력이 발생하려면, 등기가 유효하게 성립하고 있어야 함은 당연하다. 등기는 어떤 요건을 갖추었을 때 유효한가? 이는 두 방향에서 검토되어야 한다. 첫째, 등기는 부동산등기법이 정하는 절차상의 요건을 갖추어서 적법하게 행해져야 한다. 둘째, 등기는 법률행위와 부합하는 것이어야 한다. 첫 번째 요건이 형식적 또는 절차적 유효요건이라면, 두 번째 요건은 등기의 실질적 또는 실체적 유효요건이다. 여기서는 형식적 유효요건에 관해서만 설명하고, 실체적 유효요건에 관해서는 항을 바꾸어서 3에서 다루기로 한다.

　(1) 등기의 존재　　등기가 등기로서 유효하기 위해서는 우선 등기가 있어야만 한다.

　⑺　민법 제186조 등에서 말하는 등기는 등기관이 등기부에 일정한 기록을 하는 것이다. 비록 등기신청이 있었다고 하더라도 어떤 사정으로 등기가 실행되어 있지 않으면(바꾸어 말하면 등기부에 기록되지 않으면) 등기가 있다고 할 수 없다. 따라서 그 유효·무효도 당연히 문제가 되지 않는다(대결 1971. 3. 24, 71마105 참조).

　⑻　등기의 실행으로 등기부상 등기가 된 후에, 그 등기가 부적법하게 그 존재를 잃게 되었다면, 그 등기의 실체법상 효력은 소멸하는가, 또는 등기는 없더라도 실체법상 효력은 그대로 존속하는가? 경우를 나누어서 본다.

　①　종이 형태의 등기부 전부 또는 일부가 멸실한 경우 회복등기를 하게 된다(부동규 부칙 3조). 구 부동산등기법 제24조는 정해진 기간 내에 멸실회복등기를 하면, 그 멸실되었던 등기부에서의 순위를 그대로 가진다고 규정하고 있었다. 따라서 적법한 멸실회복등기를 하면, 실체법상 효력은 멸실기간 중에도 존속하였던 것이 된다. 적법한 멸실회복등기가 없는 경우에 실체법상 효력도 소멸하는지 문제된다. 판례는 소유권과 제한물권을 구별하여, 제한물권에 관해서는 실체법상 효력도 소

멸하는 것으로 보나, 소유권만은 등기부가 멸실하였다고 해서 소멸하지 않는다고 한다(대판 1968. 2. 20, 67다1797; 대판 1970. 3. 10, 70다15 참조).

② 등기가 불법하게 말소된 경우 말소등기는 실체관계에 부합하지 않는 것이어서 무효이다. 등기는 물권의 효력발생요건이고 효력존속요건이 아니므로 물권에 관한 등기가 원인 없이 말소된 경우에 물권의 효력에는 아무런 영향을 미치지 않는다(대판 1968. 8. 30, 68다1187; 대판 1982. 9. 14, 81다카923 참조). 만일 불법말소로 권리변동의 효과가 생긴다면, 말소등기에 마치 공신력을 인정하는 결과가 된다. 따라서 불법하게 말소되었더라도, 권리자가 권리를 잃지 않으며, 말소된 등기의 회복등기를 할 수 있다고 한다.

③ 일단 등기된 사항이 나중에 새로운 등기부로 옮겨 적는 과정에서 등기관의 고의·과실로 유탈(遺脫), 즉 빠져 버리는 경우가 있다. 이러한 경우 그와 같이 없어진 사항은 효력이 없어지는지 문제된다. 등기부에 나타나고 있지 않은 사항이라고 해서 바로 그에 대응하는 물권이 상실된다고 볼 수 없다.

(2) **등기절차의 적법성**   등기는 관할등기소에서 해야 하며(부등 29조 1호), 관할위반의 등기는 당연히 무효이다. 또한, 부동산등기법상 등기할 수 없는 것임이 논리적으로 명백한 사항에 관하여 등기를 해도, 이것 역시 무효이다(부등 29조 2호). 이들 무효의 등기는 일정한 절차를 밟아서 등기관이 직권말소하게 된다(부등 58조).

(3) **1부동산 1등기기록의 원칙**   우리의 등기부는 물적 편성주의, 즉 1부동산 1등기기록의 원칙에 따라 편성되어 있다(부등 15조). 즉, 하나의 부동산에 관하여 하나의 등기기록을 둘 뿐이다. 따라서 어떤 토지나 건물에 관하여 등기가 있는 때에는, 비록 그 등기가 적법한 것이 아니더라도, 이를 말소하지 않고서는 그 토지나 건물의 등기를 다시 하지는 못한다. 이는 부동산에 관한 법률관계를 가장 정확명료하게 공시하기 위한 것이다. 토지의 경우에는 지번이 대체로 토지의 개수를 결정하고, 건물의 경우에는 그 물리적 구조뿐만 아니라 거래 또는 이용의 목적물로서 관찰한 건물의 상태도 그 개수 판단 표준의 중요한 자료가 된다. 이러한 상태를 판별하기 위해서는 주위건물과 접근의 정도, 주위의 상태 등 객관적 사정은 물론 건축한 자의 의사와 같은 주관적 사정도 고찰해야 한다(대판 1961. 11. 23, 4293민상623·624 참조). 기존 등기와 내용상 부딪치고 모순되는 등기를 신청한 경우에 기존 등기

의 유효·무효를 따질 것도 없이 신청을 각하해야만 한다.

　　(4)　이중등기　　　내용적으로 서로 모순되고 부딪치는 두 개 이상의 등기가 절차상 잘못으로 실제로 이루어진 경우에는 어떻게 되는가? 이는 이중등기(二重登記) 또는 중복등기(重複登記) 문제로서, 주로 보존등기에서 이런 문제가 생긴다. 동일한 토지나 건물에 관하여 2중으로 등기가 개시된 때가 그것이다. 등기절차를 중시할 것인지(절차법설), 실체관계에 부합하는지 여부를 중시할 것인지(실체법설)에 따라 견해가 나누어진다.

　　(가)　판례는 원칙적으로 등기절차를 중시하되 소유권보존등기가 실체관계에 부합하는지를 고려하는 것이기 때문에, 절차법적 절충설을 채택하고 있다. 이중보존등기의 소유권등기명의인이 동일인인 경우와 동일인이 아닌 경우를 나누어서 살피기로 한다.

　　첫째, 소유권보존등기 명의인이 동일인인 경우에는, 1부동산 1등기기록의 원칙상, 먼저 행해진 보존등기가 유효하고, 뒤에 행해진 보존등기는 무효라고 해야 한다. 판례도 이러한 견지를 취하고 있다. 그리하여 뒤에 행해진 보존등기를 기점으로 하여 제 3 자 명의의 등기를 한 경우에도, 그것이 실체관계와 부합하는지를 가릴 것 없이, 무효이다(대판 1981. 10. 24, 80다3265 참조).

　　둘째, 소유권보존등기 명의인이 동일인이 아닌 경우에는, 단순히 등기의 선후만을 따져서 결정할 것이 아니라, 소유권보존등기의 실체관계를 따져서 진정한 소유권에 바탕을 둔 보존등기를 유효하다고 보아야 한다. 예컨대, 제 1 의 보존등기는 실체관계에 부합하지 않지만 제 2 의 보존등기는 실체관계에 부합한다면, 제 2 의 보존등기가 유효하고 제 1 의 보존등기는 무효이다(대판(전) 1978. 12. 26, 77다2427 참조). 이 경우에는, 비록 뒤에 이루어진 등기를 무효라고 하여 말소하더라도, 등기내용이 실체관계에 부합하는 한, 먼저 이루어진 등기가 말소된 뒤 다시 뒤에 이루어진 등기와 같은 내용의 등기가 될 것이므로, 절차의 반복을 피하기 위하여 그렇게 새기는 것이다.

　　이와 달리 먼저 이루어진 소유권보존등기가 원인무효가 되지 않는 한 뒤에 된 소유권보존등기는 비록 그 부동산의 매수인에 의하여 이루어진 경우에도 무효이다(대판(전) 1990. 11. 27, 87다카2961, 87다453 참조). 명의인이 동일인이 아닌 소유권보존등기가 이중으로 되어 있는 경우에 원칙적으로 나중에 한 소유권보존등기는 무효이고, 나중에 소유권보존등기를 한 사람이 원시취득한 사람인 경우에 한하여 그 등기가 유효하다. 따라서 소유권보존등기가 이루어진 부동산의 매수인은 소유권이전등기를 해야 하고, 만일 소유권보존등기를 한 경우에 그 등기는 무효이다. 이러한 법리는 뒤에 된 소유권보존등기의 명의인이 해당 부동산의 소유권을 원시취득한 경우, 이를테면 점유취득시효가 완성된 경우에도 그대로 적용된다(대판 2008. 2. 14, 2007다63690 참조).

(나) 동일 부동산에 관하여 중복된 소유권보존등기에 터잡아 등기명의인을 달리하는 각 소유권이전등기가 된 경우에 등기의 효력은 소유권이전등기의 선후에 따라 판단할 것이 아니고 각 소유권이전등기의 바탕이 된 소유권보존등기의 선후를 기준으로 판단해야 한다. 그 이전등기가 멸실회복으로 인한 이전등기라 하여 달리 볼 것은 아니다(대판(전) 2001. 2. 15, 99다66915 참조).

(다) 이중보존등기로서 문제가 되는 것은, 두 개의 보존등기가 각각 동일한 부동산을 공시하는 것으로 인정되는 정도의 형식적 내용을 가지는 경우에 한한다. 건물에 관한 소유권보존등기가 건물의 객관적, 물리적 현황을 공시하는 등기로서 효력이 있는지는 등기부에 표시된 소재, 지번, 종류, 구조와 면적 등이 실제건물과 사회통념상 동일성이 인정될 정도로 합치되는지에 따라 결정된다(대판 1990. 3. 9, 89다카3288 참조). 따라서 동일한 부동산에 관하여, 두 개의 보존등기가 있는 경우에, 그 중 하나가 부동산의 표시에서 실물과 너무나 현격한 차이가 있어서 도저히 그 부동산의 등기라고 볼 수 없는 경우에는, 부동산의 실제 상황에 합치하는 보존등기가 효력을 가진다(대판 1968. 11. 19, 66다1473 참조). 그러나 부동산의 실제와 다소의 차이가 있더라도 동일성을 해치지 않을 정도이면, 위에서 적은 바와 같은 원칙에 따라서 그 유효·무효가 결정된다(대판 1965. 2. 23, 64다1664 참조).

(5) **등기신청 절차상의 흠**   등기는 부동산등기법이 정하는 신청절차에 따라서 이루어져야 한다. 일정한 경우에는 「부동산등기 특별조치법」에 의하여 등기신청이 강제되며, 이를 위반한 때에는 일정한 자가 일정한 처분을 받게 된다는 것은 이미 설명하였다(동법 2조·8조 내지 12조. [25] 1 (3) 참조). 이들 등기신청이 절차상 흠이 있다고 하더라도 등기가 사실상 되었다면, 그 효력은 어떻게 되는가? 예컨대,

신청서의 기재에 잘못이 있거나, 또는 신청에 필요한 서면을 제출하지 않았는데도 등기가 되었다면, 그 등기는 효력을 잃는가? 이때 등기의 유효·무효는 절차상의 흠 그 자체만을 가지고 판단할 것이 아니라, 주로 그 등기가 실체적 유효요건을 갖추고 있는지에 따라서 결정해야 한다. 즉, 당사자에게 등기신청의 의사(등기의사)가 있고, 또한 등기가 실체적 유효요건을 갖추고 있는 한, 그 등기는 유효하다(대판 1966. 4. 6, 66다196; 대판 1970. 11. 14, 70다2116 참조). 구체적으로 부동산등기법 제29조 1호와 2호를 위반한 등기는 당연히 무효가 되나, 동조 3호 이하를 위반한 등기는 당연히 무효가 되지 않는다(대결 1968. 8. 23, 68마823 참조).

　　판례에 나타난 몇 가지 사례를 들어 둔다.
　　(ㄱ) 위조문서에 의한 등기(예컨대, 乙이 소유자 甲의 문서를 위조하여 甲으로부터 부동산을 양수하는 등기를 하고, 이를 丙에게 양도하여 이전등기를 한 때)는 일반적으로 무효가 된다(즉, 丙은 소유권을 취득하지 못한다. 대판 1973. 10. 31, 73다628 참조). 그러나 이것은 위조문서에 의한 등기이기 때문에 무효인 것이 아니라, 실체적인 권리관계에 부합하지 않고, 또한 그 등기에 부합하는 법률행위가 없기 때문이다. 따라서 위조문서에 의한 등기라고 하더라도, 그것이 실체관계에 부합하거나 그 등기에 부합하는 법률행위가 있는 때에는, 그러한 등기도 유효하다(대판 1965. 5. 25, 65다365; 대판 1982. 12. 14, 80다459 참조).
　　(ㄴ) 등기의무자의 신청의사는 등기의 유효요건이다. 그리고 신청은 대리인에 의해서도 할 수 있다. 등기를 신청한 대리인에게 대리권이 없었다면, 그 등기의 효력은 어떻게 되는가? 비록 등기를 신청한 대리인에게 대리권이 없었더라도, 본인의 의사에 의하여 실체적 유효요건을 갖추게 되고, 또한 등기가 이에 부합하는 때에는 그 등기는 유효하다(대판 1971. 8. 31, 71다1163 참조).
　　(ㄷ) 등기의무자인 사자(死者) 명의의 신청으로 등기가 된 경우에 그 등기는 신청의사가 없는 것으로서 무효인가? 그 등기가 사자의 공동상속인의 의사에 좇아 이루어진 것이고, 또한 현재의 실체적 권리관계에 합치하면, 그러한 등기도 유효하다(대판 1964. 11. 24, 64다685 참조).

3. 법률행위와 등기의 관계　　법률행위에 의한 부동산물권의 변동에는 법률행위와 등기의 두 요건이 필요하며, 또한 이들 두 가지는 서로 부합해야 한다. 위 두 요건 중 어느 하나가 존재하지 않거나 또는 유효하지 못하면, 물권변동은 일어나지 않는다(대판 1964. 11. 24, 64다851·852 참조). 이를 등기의 측면에서 말한다면,

등기는 당사자가 법률행위에 의하여 이루려고 꾀하는 물권변동에 부합해야 하고, 그렇지 못한 등기는 유효할 수 없다. 이것이 등기의 실질적 유효요건이다.

그런데 법률행위와 등기는 동시에 해야 하는 것이 아니고, 실제에서도 언제나 시간적 간격을 두고 이루어지고 있다. 하나는 거래당사자에 의한 법률행위이고, 다른 하나는 등기관에 의한 등기부 기록이라는 전혀 다른 성질의 것이기 때문이다. 이러한 둘 사이의 성질상 차이는 두 가지가 시간적으로 떨어져서 행해진다는 결과를 가져올 뿐만 아니라, 또한 때로는 그들이 내용적으로 부합하지 않는 경우를 초래하며, 이러한 사정으로 말미암아 여러 어려운 문제가 생긴다. 경우를 나누어서 보기로 한다.

(1) 내용적 불합치에 관한 문제

㈎ 유효한 법률행위와 등기가 있다고 해서, 언제나 물권변동이 일어나지는 않는다. 법률행위와 등기가 내용적으로 부합·일치하고 있어야 한다. 만일 두 가지가 내용적으로 합치하지 않으면, 합의된 권리변동은 발생하지 않고, 또한 등기된 권리변동은 성립한 일이 없었던 것으로 된다. 예컨대, 근저당권을 설정하기로 합의하였는데 저당권의 등기를 하였다든가, 전세권을 설정하는 계약을 체결하였는데 임차권이 등기되었다든가 하는 경우에는, 어느 권리도 성립하지 못한다. 또한 甲토지를 매매하였는데 乙토지의 소유권이전등기를 한 경우에도 그 등기는 무효이다(대판 1967. 12. 19, 67다1250·1251 참조). 이러한 경우에 당사자가 원한 대로 권리변동이 일어나게 하려면, 필요한 절차를 밟아서 경정등기를 하거나, 아니면 실행된 등기에 부합하는 법률행위를 다시 해야 한다.

㈏ 만일 법률행위와 등기가 내용적으로 완전히 부합하지는 않고 일부분만이 부합하고 있거나 일부분만이 부합하지 않으면, 어떻게 되는가? 학설로서는 등기된 양(量)이 물권행위의 양보다 큰 경우에는 물권행위의 한도 내에서 효력이 생긴다고 하고, 등기된 양이 물권행위의 양보다 작은 경우에는 법률행위의 일부 무효에 관한 민법 제137조의 규정에 따라 판단해야 한다는 견해가 있다(김상용 161면, 김용한 128면; 김증한, 71면; 장경학, 물권법, 225면. 반대: 김증한·김학동 84면 참조). 타당한 견해이며, 판례도 이에 따르고 있다(대판 1967. 9. 5, 67다1347; 대판 1970. 9. 17, 70다1250 참조).

㈐ 위에서 본 바와 같이, 물권행위와 등기는 언제나 합치해야 한다는 원칙을 지킨다면, 등기부는 물권변동의 과정과 원인의 모습(매매 또는 증여에 의한 변동이라든가 또는 취소에 의한 복귀)을 정확하게 공시하게 된다. 그리고 그것이 부동산등기법의 목표이자 이상임은 의심의 여지가 없다(부등 24조 · 34조 · 40조 · 48조 · 50조 등 참조).

종래 부동산거래에서 물권변동의 과정을 생략하거나(甲 · 乙 · 丙으로 소유권을 순차로 이전하려고 할 때, 등기는 甲으로부터 丙에게 이전등기를 하는 경우), 또는 물권변동의 원인을 고의로 다르게 하는 등기(증여에 의한 소유권이전을 매매에 의한 것으로 등기하거나, 또는 매매에 의한 것을 증여에 의한 것으로 등기하는 것은 그 예)를 하는 것을 종종 볼 수 있다. 등기제도상 등기관은 이와 같은 실체적 내용을 등기신청인이 제공하는 정보에 기해서만 심사하고, 요건을 갖춘 등기신청을 모두 접수해야 한다. 이러한 사정을 악용하여 등기에 따르는 여러 세금과 비용을 절약하고 번거로운 절차를 피하기 위하여 이와 같은 변칙적 등기가 이용되고 있다. 어떻든 이러한 등기는 법률행위에 부합하지 않는 것임은 물론이다. 뿐만 아니라, 그러한 등기는 부동산등기법의 본래 취지에 반하고, 또한 등기제도의 작용을 크게 감소시킨다. 우리의 등기에는 공신력이 인정되어 있지 않기 때문에, 부동산을 거래하는 자는 등기기록을 그대로 믿을 게 아니라, 그 기록이 진실에 합치하는지를 조사하지 않으면 안심할 수 없다. 등기가 권리관계의 진실한 과정이나 원인의 모습을 보여주지 않는다면, 그러한 조사는 매우 곤란하다. 따라서 그러한 등기를 인정해서는 안 되며, 이미 밝힌 원칙대로 마땅히 무효라고 해야 한다.

그러나 판례는 일찍부터 이러한 등기를 유효한 것으로 새기고 있다. 그러한 등기를 억제하기 위하여 이를 무효로 해야 하겠지만, 그러한 등기를 무효라고 한다면 거래의 불안이 클 것으로 보아 판례의 태도를 그대로 인정한 것이 그간의 실정이었다. 이를테면 등기절차에 흠이 있더라도 등기가 진실한 권리관계와 합치하는 경우에는 실체관계에 부합한다고 보아 등기의 유효성을 인정한다(대판 1994. 6. 28, 93다55777 참조). 위조된 문서에 따라 등기가 되었지만 실체관계에 부합하는 경우에도 그 등기가 유효라고 한다(대판 1980. 6. 10, 79다1212 참조).

위와 같이 실체적 권리관계에 부합하지 않는 등기의 유효성이 판례에 의하여 인정된다는 점을 이용해서, 그것을 탈세에 의한 폭리 또는 투기의 방편으로(특히,

1975년에 양도소득세가 새로 도입되면서, 이를 면탈하는 방법으로) 삼는 예가 빈번해지자, 이를 금지하기 위한 여러 조치가 취하여져 있음은 이미 밝혔다([25] 1 (3)·(4)·(8) ㈐ 참조). 이들 조치로 변칙적 등기가 앞으로 많이 줄어들겠지만, 근절될는지는 의심스럽다. 결국 이들 변칙적 등기의 효력은 여전히 문제로 남게 된다고 말할 수 있다. 그러한 변칙적 등기로서 특히 문제가 되는 것에 관하여 차례로 설명하기로 한다.

　① 실제와 다른 등기원인에 의한 등기　　등기부에는 반드시「등기원인」을 기록해야 한다(부등 34조·40조·48조 참조). 이 등기원인이 무엇을 가리키는지에 관해서는 물권행위의 독자성과 무인성을 인정하는 처지에서, 그것은 물권행위를 뜻한다고 주장하는 견해가 있었으나(김증한 69면 참조), 물권변동이 있게 된 원인, 즉 원인행위 또는 그의 무효·취소·해제 등을 뜻한다고 새기는 것이 다수설·판례이고, 타당하다는 점은 이미 밝힌 바와 같다([25] 1 (8) ㈐ ② ㈀ 참조).

　거래계에서는 세금관계 또는 등기절차의 번거로움 등으로 등기원인을 사실과 다르게 표시해서 등기를 신청하는 일이 있다. 예컨대, 증여에 의한 소유권이전등기를 매매에 의한 이전등기로서 신청하는 것과 같다. 이러한 등기는, 비록 등기원인은 다르더라도, 실체적으로는 물권행위에 부합하는 것이라고 말할 수 있다. 그리하여 종래 판례는 이러한 등기를 유효한 것으로 새기고 있었다(대판 1980. 7. 22, 80다791 참조).

　법률행위의 무효로 물권이 되돌아간 경우 말소등기를 하지 않고 이전등기를 하기도 하였다(예컨대, 甲·乙 사이의 법률행위가 허위표시로 무효이어서 乙 앞으로 한 이전등기가 무효로 된 때에, 甲·乙의 합의로 그 등기를 말소하지 않고서 乙로부터 甲으로 이전등기를 하는 때). 또한 법률행위가 취소·해제되어 물권이 되돌아가는 경우에, 등기의 원상회복방법으로서 이전등기를 말소하지 않고 다시 이전등기를 하는 방법(예컨대, 甲· 乙 사이의 매도가 해제되어 물권이 매도인 甲에게 복귀하였으나, 乙 명의의 이전등기를 말소하지 않고서, 乙로부터 甲 명의로 이전등기를 하는 때)도 이용되고 있었다(판례는 진정한 등기명의의 회복을 원인으로 한 소유권이전등기절차의 이행을 청구하는 것을 허용하고 있다. 대판(전) 1990. 11. 27, 89다카12398 참조. 이에 관해서는 아래 [31] 2 (2) 참조). 이들 등기도 당사자 사이의 실체관계에는 부합하는 것이므로, 무효가 아니라는 것이 판례였다(대판 1970. 7. 24, 70다1005 참조. 증여계약의 해제로 소유권이전등기를 청구한 사안에 대한 것이다).

이와 같이 실제와 다른 등기원인에 의한 등기는 물권변동의 과정이나 원인의 모습을 제대로 공시하지 않아 등기제도 본래의 목적에 반하는 것이다. 특히 실제의 등기원인이 증여인데도 마치 매매가 등기원인인 것처럼 꾸며서 이전등기를 함으로써 고액의 증여세를 면탈하는 수단으로 이용하고 있어서 문제로 지적되고 있다. 또한 실제로는 매매를 하였으면서 증여를 등기원인으로 하여 이전등기를 하는 경우도 있는데, 이는 법령의 제한을 회피하려고 탈법수단으로 이용하는 것이어서 역시 문제이다. 이러한 점을 고려하여 「부동산등기 특별조치법」은 특별규정을 두고 있다. 즉, 동법 제 2 조의 규정에 의하여 소유권이전등기를 신청할 의무 있는 자가 그 이전등기를 신청할 때에 허위의 등기원인을 기록하거나 또는 소유권이전등기가 아닌 다른 등기를 신청하는 것을 금지하고(동법 6조), 이를 위반한 때에는 3년 이하의 징역이나 1억원 이하의 벌금에 처하는 것으로 하고 있다(동법 8조 2호·10조 참조). 여러 번 언급한 바와 같이, 특별조치법의 규정은 단속규정으로 보아야 하므로, 동법 제 6 조를 위반하는 등기를 한 경우에 그것이 당연히 무효인 것은 아니다. 여기서 그러한 등기의 유효 여부가 문제되나, 거래의 안전을 위하여, 종래의 판례가 그러하였던 것과 같이, 유효하다고 새겨야 한다.

② **무효등기의 유용** 등기가 실체적 권리관계에 부합하지 않아 무효로 된 다음에 그 등기에 부합하는 실체적 권리관계가 있게 된 때, 이 등기가 유효인지 문제된다. 이것이 무효등기의 유용(流用. 이를 전용이라고도 한다) 문제이다. 이 문제에 관해서는 두 경우로 나누어 볼 필요가 있다. 첫째, 예컨대 가장매매를 원인으로 한 소유권이전등기를 한 경우에 그 매매가 무효(108조의 허위표시)이므로 등기도 무효가 되나, 나중에 적법한 매매 등이 있게 되었다면, 처음의 무효등기를 말소하지 않고 그 등기를 가지고 나중의 적법한 원인에 의한 등기로 유용할 수 있는지 문제된다. 이러한 편법을 인정하더라도 부당한 결과를 가져오지 않으므로, 유효하다고 해야 한다. 판례도 이를 유효하다고 한다(대판 1977. 4. 12, 76다2516; 대판 1986. 12. 9, 86다카 716 참조). 둘째, 처음에는 물권행위에 부합하는 유효한 등기였던 것이 나중에 실체관계가 없어져 등기가 무효로 되었으나, 다시 그 후에 내용상 처음의 등기와 비슷한 별개의 실체관계가 생긴 경우에, 무효로 된 등기를 나중에 생긴 별개의 비슷한 실체관계의 공시방법으로서 이용할 수 있는지 문제된다. 판례는 이러한 유용도 유

효하다고 한다(대판 1969. 3. 4, 67다2910; 대판(전) 1970. 12. 24, 70다1630 참조).

이와 같이 무효등기를 유용하기 전에 새로운 이해관계를 가진 제 3 자가 없는 한, 유효성을 인정하더라도 상관없을 것이다(대판 1963. 10. 10, 63다583; 대판 1989. 10. 27, 87다카425 참조). 그러나 당사자가 무효인 등기를 유용하기로 합의하기 전에 등기부상 이해관계 있는 제 3 자가 있는 경우에는 그 합의로써 등기부상 이해관계인에게 대항하지 못한다(대판 2009. 5. 28, 2009다4787 참조). 무효등기의 유용에 관한 합의나 추인은 묵시적으로도 이루어질 수 있다. 이러한 묵시적 합의나 추인을 인정하려면 그 등기가 무효임을 알면서도 유효함을 전제로 기대되는 행위를 하거나 용태를 보이는 등 무효등기를 유용할 의사에서 비롯되어 장기간 방치된 것이라고 볼 수 있는 특별한 사정이 있어야 한다(대판 2007. 1. 11, 2006다50055 참조).

한편 멸실건물의 등기부에 신축건물에 관한 등기를 등재한 경우에는 무효등기의 유용에 관한 법리가 적용되지 않는다. 멸실된 건물과 신축된 건물이 위치를 비롯하여 여러 가지 면에서 서로 같다고 하더라도 두 건물이 동일한 건물이라고 할 수 없으므로 신축건물의 물권변동에 관한 등기를 멸실건물의 등기부에 등재해도 그 등기는 무효이다(대판 1980. 11. 11, 80다441 참조).

(2) 시간적 불합치에서 생기는 문제

(가) 법률행위를 한 후 등기를 하기 전에 당사자가 행위능력을 상실하면 어떻게 되는가? 예컨대, 甲이 소유하는 부동산을 乙에게 매각할 때에는 행위능력이 있었으나, 그 후 성년후견절차의 개시결정을 받아 등기를 신청할 때에는 제한능력자라면, 어떻게 되느냐의 문제이다. 민법은 의사표시의 통지를 발송한 후에 의사표시자가 제한능력자가 되어도 의사표시의 효력에는 영향을 미치지 않는다고 한다(111조 2항). 따라서 유효하게 성립한 법률행위는 계속해서 효력이 있다. 문제는 등기신청이다. 등기신청행위는 신청인이 국가기관인 등기소에 대하여 일정한 내용의 등기를 해달라고 요구하는 절차법상 의사표시이며, 그것은 사법상 법률행위가 아니라, 공법상 행위, 즉 공법행위이다. 따라서 당사자가 의사능력을 가지고 있어야 함은 당연하나, 행위능력자이어야 하는지는 문제이다. 등기신청행위가 공법행위임을 강조한다면, 형식적으로는 민법 제 5 조 이하의 제한능력에 관한 규정은 적용되지 않는다고 해야 할 것이다. 그러나 비록 등기신청행위가 공법행위라 하여도, 그 목

적은 오로지 사법상 재산적 권리의 변동이라는 효과의 발생에 있으므로, 이런 의미에서는 사법상 행위에 준해서 생각해야 한다. 즉, 신청행위의 사법적 측면을 생각한다면, 민법 제 5 조 이하의 규정은 이때에도 준용된다고 새겨야 한다. 따라서 위의 사례에서, 甲은 법정대리인의 동의를 얻어서 본인이 신청하거나(한정후견 중 후견인의 동의가 필요한 경우), 또는 법정대리인이 이를 해야 한다.

(내) 법률행위와 등기의 중간에, 당사자가 사망하거나 당사자인 법인이 합병을 하는 등 포괄승계를 하면 어떻게 되는가? 예컨대, 甲이 그의 부동산에 관하여 乙과 매매계약을 맺은 후 등기신청 전에 사망하면, 어떻게 되는지 문제된다. 이때에도 甲·乙의 매매계약의 효력에는 영향이 없다는 것이 민법의 원칙이다(111조 2항). 그러나 민법에 따르면, 이때 거래되는 물권은 이미 상속인에게 귀속한 것이므로, 상속인이 「상속에 의한 등기」(이전등기)를 하고(187조. 부등 23조 3항 참조), 그 후에 다시 등기를 해야 한다는 결과가 된다. 법인의 합병 등 포괄승계가 있는 경우에는 이와 마찬가지로 합병 등에 의한 등기를 한 다음, 다시 등기를 해야 한다.

이 경우에 피상속인이나 피합병회사로부터 취득자에게로 이전등기를 하는 것이 인정된다면 매우 편리할 것이다. 부동산등기법은 그러한 제도로서 「포괄승계인에 의한 등기」를 인정한다. 즉, 등기원인은 이미 존재하고 있으나, 그에 대응하는 등기를 신청하기 전에 등기권리자나 등기의무자의 사망 등으로 상속 등 포괄승계가 있는 경우에는, 실체법상 등기권리자·등기의무자의 지위는 상속인 등 포괄승계인에 의하여 승계되고, 또한 피상속인 등이 가지고 있었던 등기신청권도 승계되기 때문에, 이런 경우에는 피상속인 등이 살아 있다면 그가 신청하였을 등기를 상속인 등 포괄승계인이 등기권리자 또는 등기의무자로서 신청할 수 있도록 하고 있다(부등 27조). 이것이 「포괄승계인에 의한 등기」이다. 이때 등기를 신청하는 상속인 그 밖의 포괄승계인은 가족관계등록에 관한 정보 또는 상속 그 밖의 포괄승계가 있었다는 사실을 증명하는 정보를 첨부정보로서 등기소에 제공해야 한다(부등규 49조). 따라서 위의 사례에서 甲의 상속인이 가족관계등록사항별 증명서를 첨부해서 乙과 공동으로 등기를 신청하면 된다.

위에서 다룬 경우는 피상속인이 취득자와 법률행위를 한 경우이나, 이와 구별해야 할 경우가 있다. 즉, 피상속인의 사망으로 물권을 상속한 자가 자기 앞으로 상속에 의한 이전등기를 하지 않고서 양수인과 거래를 하고, 등기는 피상속인으로부터 직접 양수인에게 하는 경우가 그것이다. 이때 그 등기가 유효한지에 관하여 과거에는 이를 인정하는 견해가 있었을 뿐만 아니라(최식 88면 참조), 판례도 그 유효성을 인정하고 있었다(대판 1967. 5. 2, 66다2642; 대판 1963. 5. 30, 63다105 참조). 그러나 「부동산등기 특별조치법」이 제정되어 있는 현재에는 어떻게 새길 것인지 문제된다. 이러한 편법은 민법 제187조를 정면으로 위반할 뿐만 아니라, 「부동산등기 특별조치법」 제 2 조·제 3 조에도 위반한다. 그러나 이 경우 상속인은 「중간생략등기」에서 중간자와 같은 지위에 있고, 중간생략등기의 유효성을 인정하는 이상(아래 4항 참조), 이러한 등기도 유효하다고 해야 한다. 그러나 「부동산등기 특별조치법」을 위반하고 있으므로, 동법이 정하는 벌칙이 적용된다는 것을 잊어서는 안 된다.

    ㈐ 법률행위와 등기 사이에 권리의 귀속에 변동이 생기면 어떻게 되는가? 앞에서 상속이나 합병에 의한 포괄승계로 귀속에 변동이 생긴 경우를 보았으나, 여기서 문제삼는 것은 그러한 포괄승계가 아니라 특정승계로 귀속에 변동이 생긴 경우이다. 예컨대, 甲·乙이 공동상속한 부동산을 丙에게 매각하였는데, 丙 앞으로 이전등기를 신청하기 전에 그 부동산이 甲의 단독소유로 되고 이전등기까지 되었다면, 어떻게 되는지 문제된다. 처분자는 등기할 때에도 처분할 권리를 가지고 있어야 한다. 만일 법률행위를 할 때에는 권리자였으나, 등기할 때에는 이미 권리자가 아니라면, 그 등기는 실질적 유효요건을 갖추지 않은 무효의 등기에 지나지 않고 말소되어야 한다. 따라서 법률행위와 등기 사이에 처분되는 권리의 귀속이 변동하였다면, 취득자는 새 권리자와 다시 법률행위를 하고 등기신청을 해야 한다. 위의 사례에서 丙은 甲과 다시 법률행위를 하고, 甲으로부터 이전등기를 받아야 한다. 이때 甲의 단독소유 등기를 하지 않고서, 甲·乙의 공동소유에서 곧바로 丙의 소유로 이전등기를 해도, 그 등기는 유효한가? 이러한 등기는 중간생략등기의 일종이라고 할 수 있으며, 그러한 등기도 유효하다고 해야 한다. 이때 甲·丙 사이의 법률행위 또는 물권행위가 있어야 함은 물론이다.

    ㈑ 위에서 적은 바와 같이, 처분자는 등기가 있을 때까지는 처분할 권리를 가지고 있어야 한다. 따라서 물권행위를 할 때에는 처분할 권리가 있었으나, 그 후 권리자가 파산하거나 목적부동산의 압류·가압류·가처분 등으로 처분이 금지·제

한되면, 이제는 물권행위에 대응하는 등기를 신청할 수 없게 된다.

　　㈐　법률행위와 등기라는 물권변동의 두 요건 가운데 보통 먼저 법률행위를 하고 이어서 그에 대응하는 등기를 한다. 위의 여러 설명도 이런 전제에서 진행하였다. 그러나 반드시 법률행위를 먼저 해야 하는 것은 아니다. 때로는 등기가 먼저 이루어지고, 이어서 법률행위를 할 수도 있음은 물론이다. 이때에는 먼저 한 등기는 그에 부합하는 법률행위가 없으므로 효력이 없으나, 나중에 그에 대응하는 법률행위가 있게 됨으로써 그 등기는 유효하게 되고, 물권이 변동된다. 따라서 이때에는 법률행위의 효력이 발생하는 때에 등기된 대로 물권이 변동한다. 그리고 법률행위가 나중에 이루어지는 경우, 당사자의 행위능력의 유무, 권리의 귀속 여부, 처분권의 유무 등은 모두 법률행위를 하는 때를 기준으로 해서 결정된다.

4.　중간생략등기

　　(1)　의　　의　　　중간생략등기(中間省略登記)는 부동산물권이 최초양도인으로부터 중간취득자에게, 중간취득자로부터 최종취득자에게, 순차로 이전되어야 할 경우, 중간취득자의 등기(중간등기)를 생략하고 최초양도인으로부터 직접 최종취득자에게 등기하는 것을 가리킨다. 즉, 중간등기를 하지 않고 최초양도인으로부터 최종취득자에게로 한 등기를 중간생략등기라고 한다. 예컨대, 甲이 그의 부동산을 乙에게 매도하고, 乙은 자기 앞으로 이전등기를 하지 않고 부동산을 다시 丙에게 매각한 경우, 甲으로부터 직접 丙에게 이전등기를 하였다면, 이 등기가 바로 중간생략등기이다. 중간생략등기의 합의는 이와 같은 중간생략등기를 하기로 하는 합의를 가리킨다. 이 합의는 부동산이 전전매도된 경우 각 매매계약이 유효하게 성립함을 전제로 이행의 편의상 최초매도인으로부터 최종매수인 앞으로 소유권이전등기를 하기로 한다는 당사자 사이의 합의이다. 그러한 합의가 있다고 해서 최초매도인과 최종매수인 사이에 매매계약이 체결되었다는 것은 아니다(대판 1996. 6. 28, 96다3982 참조).

　　이 편법은 등록세 등 조세부담을 줄여서 가볍게 하고, 그 밖에 절차와 비용을 절약하기 위하여 의용민법시대부터 널리 관용적으로 이용되어 왔으나, 근래에 와서는 각종의 세금을 면탈함으로써 폭리를 얻는 부동산투기의 수단으로 악용되고 있음은 여러 차례 설명한 바와 같다(폭리를 얻는 것은 중간취득자이며, 그는 등록세·취득세·양도소득세의 부담을 모두 면하여 폭리를 얻게 된다). 부동산투기가 사회문제화하면서 이를 억제하기 위한 일련의 법적 조치가 취하여졌다는 것도 이미 적었다. 이해의 편의를 위하여 정리하면, 등기신청에 요구되는 등기원인을 증명하는 서면으로서 일정한 관청의 검인을 받은 계약서를 제출하도록 하고(부등특 3조 및 4조. [25] 1 (8) ㈐ 참조), 일정기간 내에 중간취득자 앞으로의 이전등기를 의무로서 강제하며, 제 3 자에게 부동산을 처분하는 경우에 이전등기의무를 이행하지 않는 경우에는 처벌하는 규정을 두고 있다(부등특 2조·8조. [25] 1 (3) 참조). 그러나 이들 조치로 중간생략등기를 완전히 막지는 못하고 있다(마치 甲과 丙이 계약을 맺은 것처럼 허위의 계약서를 작성해서 필요한 검인을 받을 수 있고, 또한 처벌을 무릅쓰고 등기신청의무를 이행하지 않는 중간취득자가 있을 수 있기 때문이다). 다만 부동산등기법은 구분건물의 경우에 건물을 신축한 자로부터 현재 구분건물의 소유명의인 앞으로 곧바로 대지사용권의 이전등기를 할 수 있는 규정을 두고 있는데(부등 60조), 이는 대지사용권의 이전등기에 대하여 중간생략등기를 허용한 것으로 볼 수 있다.

중간생략등기 문제는 두 가지로 구분하여 살펴볼 필요가 있다. 하나는 중간생략등기의 유효성 문제이고, 다른 하나는 중간생략등기청구권의 인정 여부이다.

위와 같은 중간생략등기는 실제로 어떻게 행해지는가? 1991년 부동산등기 특별조치법이 시행되기 전과 시행된 후로 나누어서 보기로 한다.

특별조치법이 시행되기 전에는, 예컨대 甲이 그의 부동산을 乙에게 매도하였다면, 甲은 이전등기에 필요한 서류를 마련해서 乙에게 교부한다. 이때 등기원인을 증명하는 서면으로서 계약서가 아닌 「매도증서」(어떤 부동산을 얼마의 대금을 받고 매도하여 소유권을 이전한다는 문언, 즉 대금액·성명·연월일을 적고 매도인이 기명·날인한 것)를 작성한다. 이때 매도증서는 매매대금액·매수인의 성명·매매일자를 기입하지 않고 백지식으로 작성한다. 위임장도 마찬가지로 백지식으로 작성·교부한다. 이렇게 하면, 乙은 이제 언제든지 원하는 때에 혼자서 등기를 신청할 수 있게 된다. 그러나 乙이 자기명의로 이전등기를 하지 않고서, 그 부동산을 丙에게 전매하여, 甲으로부터 丙으로 이전등기를 하려면(즉, 중간생략등기를 하려면), 乙은 그가 甲에게서 받은 서류를 그대로 丙에게 교부하면 되고, 乙이 작성·교부할 것은 하나도 없다. 乙로부터 등기서류를 교부받은 丙이 등기를 갖추려면, 乙로부터 받은 서면(실제로는 甲이 마련한 것) 중 백지식으로 되어 있는 매도증서와 위임장의 매수인란에 자기의 이름을 기입하고, 또한 일자를 적어 넣어 신청하면 된다. 이러한 방법으로 중간생략등기를 하는데, 甲이 마련해서 乙에게 교부한 등기서류 중 일정한 시간이 지나면 다시 마련해야 하는 것이 하나 있다. 그것은 甲의 인감증명서이다. 등기신청에는 발행일부터 6개월(현재는 3개월) 이내의 것을 제출해야 했다. 또한, 甲이 乙에게 교부한 매도증서와 위임장이 백지식이 아니었다면, 丙을 매수인으로 하는 甲의 매도증서와, 역시 丙을 임의대리인으로 하는 甲의 위임장이 있어야만, 甲으로부터 丙으로의 중간생략등기를 할 수 있게 된다.

특별조치법이 시행된 후에는, 위에서 설명한 것 중 등기원인을 증명하는 서면으로서 「매도증서」가 아닌 일정한 관청의 검인을 받은 계약서를 제출해야 한다는 점만이 달라졌다. 즉, 甲과 丙을 당사자로 하는 허위의 매매계약서를 작성해서 검인을 받아야만 甲으로부터 丙으로 중간생략등기를 신청할 수 있게 된다(부등특 3조). 그 신청은 특별조치법 제 2 조 1항이 정하는 기간 내에 해야 함은 물론이다. 또한 종전에는 중간생략등기를 해도 과태료가 부과되거나 처벌을 받지는 않았으나, 특별조치법의 시행 후에는 동법 제 2 조 2항의 위반으로 과태료가 부과될 뿐만 아니라, 징역(3년 이하)이나 벌금(1억원 이하)의 처벌을 받게 되는 점도 달라졌다(부등특 8조). 중간생략등기를 한다는 것이 매우 어렵게 되었음을 알 수 있다.

(2) 유 효 성

(가) 위와 같은 중간생략등기는 유효한가? 그 효력을 다루기 전에 위에서 적은 「부동산등기 특별조치법」의 규정이 효력규정인지 또는 단속규정에 지나지 않는지의 문제를 살펴보아야 한다. 만일 그것이 효력규정이라면, 중간생략등기는 언제나 무효이므로, 그 유효 여부는 문제가 되지 않기 때문이다. 특별조치법의 규정은 효력규정이 아니라 단속규정이라고 새겨야 한다. 그 이유는 다음과 같다. 이 규정의 취지가 동법 제 2 조 각항이 규정하는 기간 내에 등기의무를 이행하지 않았다고 해서, 그 기간이 지난 후에도 등기신청을 할 수 없도록 하려는 것은 아니다. 특히 동법을 위반하여 행해진 중간생략등기를 무효라고 하면, 그 무효인 등기를 기초로 하여 그 후에 이루어진 등기도 모두 무효가 되어, 거래의 안전이 크게 위협받게 된다(판례도 「부동산등기 특별조치법」은 부동산을 순차로 매도한 당사자 사이의 중간생략등기합의의 사법상 효력까지 무효로 하는 것은 아니라고 한다. 대판 1993. 1. 26, 92다39112 참조). 이러한 전제에서 종래의 학설·판례를 중심으로 중간생략등기의 효력을 살펴보기로 하다,

(나) 학설은 중간생략등기의 유효성을 인정하는 것이 다수설이다(김증한·김학동 90면, 김현태(상) 89면, 방순원 41면·42면, 이영준 128면, 최식 88면 참조). 그리고 중간생략

등기가 유효하기 위해서는 중간자의 동의 또는 3자합의(위 사례에서, 甲·乙·丙 세 사람의 합의)가 필요하다고 설명하는 것이 보통이다. 그러나 중간생략등기의 신청을 금지하는 「부동산등기 특별조치법」의 규정을 효력규정으로 보고, 중간생략등기는 효력규정 위반으로 무효라는 견해도 있다(김상용 168면 참조).

  판례는 중간생략등기의 유효성을 인정하나, 3자합의는 반드시 요건이 아니라고 한다. 즉, 3자합의가 있을 때에 유효함은 물론이나(그러한 합의는 묵시적으로도 할 수 있고, 또한 순차로 즉 甲·乙이 합의를 한 다음 乙·丙이 합의를 할 수도 있다. 대판 1964. 9. 22, 64다587; 대판 1971. 2. 23, 70다2996 참조. 또한 판례는 소유권이전등기 소요서류 등에 매수인란을 백지로 하여 교부한 경우에는 중간등기생략의 합의가 있다고 본다. 대판 1982. 7. 13, 81다254 참조), 그러한 합의가 없더라도 이미 중간생략등기가 적법한 등기원인에 의하여 (바꾸어 말해서, 甲·乙과 乙·丙 사이에 적법한 원인행위가 성립·이행된 경우) 성립되어 있는 때에는, 합의가 없었음을 이유로 그 무효를 주장하지 못하고, 따라서 그 말소를 청구하지도 못한다고 한다(대판 1967. 5. 30, 67다588; 대판 1969. 7. 8, 69다648; 대판 1972. 7. 25, 71다2053; 대판 1980. 2. 12, 79다2104 등 참조). 양도계약의 당사자들 사이에 양도계약이 적법하게 성립되어 이행된 경우에 중간생략등기가 유효로 될 수 있지만, 양도계약이 부적법한 경우에는 중간생략등기가 무효로 될 수 있다. 이를테면 토지거래허가구역 내에서 최초 매도인이 중간 매수인에게 매도하고 이어 중간 매수인이 최종 매수인에게 순차 매도하였다면, 최종 매수인이 자신과 최초 매도인을 매매당사자로 하는 토지거래허가를 받아 자신 앞으로 소유권이전등기를 마쳤다고 하더라도 그러한 최종 매수인 명의의 소유권이전등기는 적법한 토지거래허가 없이 마친 등기로서 무효이다(대판 1997. 3. 14, 96다22464 참조). 토지거래허가를 받아야 하는 토지거래계약이 처음부터 허가를 배제하거나 잠탈하는 내용의 계약인 경우에는 허가 여부를 기다릴 것도 없이 확정적으로 무효로서 유효화될 여지가 없기 때문이다(대판 1996. 6. 28, 96다3982 참조).

  대항요건주의를 취하는 법제에서는 중간생략등기가 진실한 권리변동의 과정을 표시하지는 않더라도 현재의 권리상태를 공시한다고 볼 수 있다(甲·乙 사이의 법률행위로 물권은 乙에게 이전하였고, 또한 乙·丙 사이의 법률행위로 물권은 丙에게 이전하고 있기 때문이다). 그러나 성립요건주의에서는 중간생략등기로는 현재의 권리상태도 공시하는 것이 되지 못한다(甲으로부터 乙로의 등기와 乙로부터 丙으로의 등기가 없을 뿐만 아니라, 甲에서 丙에게 이전하는 채권행위가 없음을 생각하라). 그렇다면 중간생략등기는 무효라고 해야겠지만, 그렇게 해석한다면 이미 밝힌 바와 같이 거래의 안전이 문제되므로, 중간생략등기가 유효하다는 학설·판례에 찬성하지 않을 수 없다.

　문제는 이론적으로 어떻게 그 유효성을 뒷받침할 것인지에 있다. 보통 3자합의가 있으면 유효하다고 하나, 3자합의가 없는 경우에도 그 유효성을 인정할 수 있다. 이 경우에 무권리자의 처분에 대한 동의가 있는 것으로 보아 중간생략등기가 유효하다고 보는 방법이 있다. 민법에 규정은 없지만, 무권리자의 처분은 그것이 권리자의 동의를 얻어서 행한 것일 때에는 유효하다(이를 처분수권이라 한다.「민법총칙」[175] 2 참조). 예컨대, 甲이 乙에게 부동산을 매도하고 乙이 丙에게 그 부동산을 전매하는 경우 甲은 무권리자인 乙이 甲의 부동산소유권을 처분하는 데 대한 동의한 것으로 본다면 중간생략등기가 유효하게 된다. 乙이 甲의 동의를 얻어 丙에게 甲의 부동산소유권을 양도하기로 약정하였고, 甲으로부터 丙으로 소유권이전등기가 되었으므로, 소유권은 유효하게 甲으로부터 丙에게 이전한 것이 된다. 그러나 위 사안에서 乙의 처분을 무권리자의 처분이라고 볼 수 없고 乙이 丙에게 부동산을 처분하는 것에 대하여 甲이 동의했다는 것은 당사자의 의사에 합치하지 않는다. 甲이 乙에게 부동산의 처분에 동의한 경우라면 위와 같은 논리가 타당하지만, 그렇지 않은 대부분의 경우에는 처분수권 법리로 해결할 수 없다.

　위와 같이 부동산 매매의 당사자들 사이에 순차로 양도약정을 하고 실제로 중간생략등기를 한 경우, 특별한 사정이 없는 한 소유권을 최종매수인에게 이전하려는 의사가 있다고 보아야 한다. 최초매도인과 최종매수인 사이에 중간생략등기를 하려는 의사가 없었다면, 중간생략등기를 하기 어렵기 때문이다. 중간생략등기는 위와 같은 당사자들의 의사에 합치하는 것이기 때문에, 중간생략등기는 실체관계에 부합하는 유효한 등기로 볼 수 있다. 그러나 당사자 사이에 중간생략등기를 하려는 의사가 없다면, 중간생략등기를 무효로 보아야 한다(이는 당사자 사이에 양도약정이 무효인 경우는 물론 유효인 경우에도 마찬가지이다).

　(3) **중간생략등기청구권**　　부동산을 전전 매도한 경우에 최종매수인이 최초매도인을 상대로 이전등기청구를 할 수 있는지 문제된다.

위에서 본 바와 같이 최초매도인이 무권리자인 중간매도인의 처분에 대하여 동의를 한 것으로 보아 최종매수인이 최초매도인에게 이전등기청구권을 행사할 수 있다고 설명하는 방법이 있다. 즉, 나중에 설명하는 바와 같이 등기청구권은 채권행위에서 생긴다고 한다면, 甲·丙 사이에 그러한 채권행위가 있었던 것으로 다루어지기 때문에, 丙은 甲에 대하여 등기에 협력할 것을 요구할 수 있다는 것이다. 그러나 매도인이 부동산을 매도하였다고 해서 매수인이 다른 사람에게 부동산을 처분하는 것에 동의하고 그 소유권을 최종매수인에게 직접 이전하는 데 동의하였다고 보기는 어렵다.

판례는 3자합의가 없는 한 등기청구권을 인정하지 않는다(대판 1969. 10. 28, 69다1351; 대판 1983. 12. 13, 83다카881; 대판 1991. 4. 23, 91다5761; 대판 1994. 5. 24, 93다47738 참조). 부동산의 양도계약이 순차 이루어져 최종양수인이 중간생략등기의 합의를 이유로 최초양도인에게 직접 그 소유권이전등기청구권을 행사하려면, 관계당사자 전원의 의사합치, 즉 중간생략등기에 대한 최초양도인과 중간자의 동의가 있는 외에 최초양도인과 최종양수인 사이에도 중간생략등기의 합의가 있어야 한다(대판 1994. 5. 24, 93다47738; 대판 1997. 5. 16, 97다485 참조). 이때 중간생략등기의 합의란 부동산이 전전 매도된 경우 각 매매계약이 유효하게 성립함을 전제로 이행의 편의상 최초매도인으로부터 최종매수인 앞으로 소유권이전등기를 한다는 당사자 사이의 합의를 뜻한다. 그러한 합의가 있다고 하여 최초매도인과 최종매수인 사이에 매매계약이 체결되었다는 의미는 아니다. 따라서 중간생략등기의 합의가 있었다고 해서 중간매수인의 소유권이전등기청구권이 소멸된다거나 최초매도인의 그 매수인에 대한 소유권이전등기의무가 소멸되는 것은 아니다(대판 1991. 12. 13, 91다18316 참조). 또한 최초매도인이 매수인인 중간자에 대하여 갖고 있는 매매대금청구권의 행사가 제한되는 것도 아니다(대판 2005. 4. 29, 2003다66431 참조). 토지거래허가구역 내의 토지에 대하여 중간생략등기의 합의를 하는 것은 허용되지 않는다. 관할 관청의 허가 없이 전전 매매되고 그 당사자들 사이에 최초매도인으로부터 최종매수인 앞으로 직접 소유권이전등기를 경료하기로 하는 중간생략등기의 합의가 있는 경우, 최종매수인은 최초매도인에 대하여 직접 그 토지에 관한 토지거래허가 신청절차의 협력의무의 이행을 청구할 수도 없고 이전등기를 청구할 수도 없다(대판 1996. 6. 28, 96다3982

참조).

한편 부동산에 관한 소유권이전등기청구권을 양도할 수 있는지 문제되는데, 판례는 이를 부정하고 있다. 최종양수인이 중간자로부터 소유권이전등기청구권을 양도받았다고 하더라도 최초양도인이 그 양도에 대하여 동의하지 않고 있다면 최종양수인은 최초양도인에 대하여 채권양도를 원인으로 하여 소유권이전등기 절차 이행을 청구할 수 없다(대판 1995. 8. 22, 95다15575; 대판 2001. 10. 9, 2000다51216 참조. 대판 2021. 6. 3, 2018다280316은 이러한 법리가 명의신탁자가 부동산에 관한 유효한 명의신탁약정을 해지한 후 이를 원인으로 한 소유권이전등기청구권을 양도한 경우에도 적용된다고 한다). 최초양도인이 중간자로부터 소유권이전등기청구권을 양도받은 양수인에게 소유권을 무조건 이전해주겠다는 의사가 있다고 볼 수는 없다. 이러한 의사에 반하여 최종양수인의 최초양도인에 대한 소유권이전등기청구권을 인정해서는 안 된다.

(4) **중간생략등기 법리의 확장**   물권변동의 과정을 생략하는 경우로서 가장 주요한 것은, 위에서 본 중간생략등기를 하는 때이나, 그 밖에도 보존등기를 아직 하고 있지 않은 미등기부동산을 당사자 사이의 합의만으로 양도하여 양수인이 보존등기를 하는 경우(본래는 양도인이 보존등기를 하고 양수인에게 이전등기를 해야 함)와, 상속한 재산을 양도하면서 등기는 피상속인으로부터 양수인으로의 이전등기를 하는 경우(본래는 상속인이 상속에 의한 이전등기를 하고, 이어서 양수인에게 다시 이전등기를 해야 함) 등이 있다(이에 관해서는 나중에 다시 적기로 한다). 미등기부동산의 양수인이 보존등기를 하는 이유는, 미등기부동산의 양도인은 등록세와 양도소득세 등을 내지 않을 수 있고, 보존등기를 하는 양수인이 취득세를 내지 않을 수 있기 때문이다(미등기부동산의 양수인이 보존등기를 하는 예는 1970년대 중반까지는 관계법령의 불비로 상당히 이용되었다. 그러나 그 후 관계법령의 정비로 현재는 특수한 경우를 제외하고는 원칙적으로 이를 할 수 없다). 이러한 탈세를 방지하기 위하여,「부동산등기 특별조치법」에 특별규정이 있다. 즉, 제 2 조 4항은 미등기부동산의 소유권을 이전하는 계약을 맺은 자는 일정 기간 이내에 보존등기를 하고, 이어서 양수인에게 이전등기를 해야 하며, 이 보존등기신청의무를 위반한 때에는 과태료의 처분을 받게 된다([25] 1 (3) ⑷ 참조). 그러나 이 규정은 이미 밝힌 바와 같이 단속규정으로 새겨야 하며, 양수인에 의한 보존등기의 효력이 당연히 부인되는 것은 아니다. 그 유효 여부를 생각해 볼 때, 이론적

으로는 그러한 등기는 민법 제187조를 위반하는 것이고, 또한 그것을 유효한 것으로 인정한다면 미등기부동산은 당사자 사이의 합의만으로 얼마든지 물권이 변동하는 것이 되어, 민법 제186조도 위반하는 것이므로, 무효라고 해야 할 것이다. 그러나 그러한 보존등기를 무효라고 한다면 거래의 안전이 문제되고, 또한 중간생략등기를 유효하다고 하는 이상, 그러한 등기를 무효라고 할 수는 없다. 판례도 위와 같은 등기가 실체적 권리관계에 부합되어 적법한 등기라고 한다(대판 1968. 6. 4, 67다763; 대판 1984. 1. 24, 83다카1152; 대판 1995. 12. 26, 94다44675 등 참조).

5. 명의신탁등기

(1) **명의신탁(名義信託)의 유효성에 관한 법리**   우리나라에서 종래 명의신탁등기가 널리 이용되었다. 이것은 진정한 권리자가 아닌 다른 사람을 마치 권리자인 것처럼 등기부상 표시하는 등기로서, 다른 나라에서는 그 예를 찾아볼 수 없는 특수한 변칙적 등기이다. 이것도 법률행위와 등기가 부합하지 않는 경우에 해당하나, 일찍이 의용민법시대부터 조선고등법원의 판례가 그 유효성을 인정하고 있었다. 그 후 대법원도 같은 태도를 취하여 이를 유효하다고 보았다. 그러나 이 명의신탁등기는 여러 가지 탈법과 위법행위의 수단으로 악용되거나 남용되는 것이어서 많은 문제가 있었다. 명의신탁으로 인한 여러 폐단을 깨닫게 되어 규제입법이 나왔으나, 아직은 그 이용이 완전히 봉쇄되어 있지 않다.

종래의 판례에 따르면, 대내적 관계에서는 신탁자가 소유권을 보유하여 이를 관리·수익하면서, 등기부상 소유명의만을 수탁자로 해두는 것을 「명의신탁」이라고 한다(대판 1965. 5. 18, 65다312 참조). 명의신탁이라고 할 때 명의는 원래 「소유명의」를 뜻하고(종전 판례는 소유권에 관해서만 명의신탁을 인정하였다), 명의신탁에서는 명의신탁으로 외관상 권리자인 것처럼 된 자(명의수탁자)가 소유권을 행사하지는 못하며, 오히려 외관상 소유자가 아닌 자(명의신탁자)가 권리행사의 기회를 뺏기지 않고 계속 관리 또는 수익을 할 수 있다. 그러나 외관상으로는 소유권이 수탁자에게 있는 것으로 되기 때문에, 수탁자가 신탁자의 승낙 없이 신탁재산을 처분한 때에는, 제3취득자는 선의·악의를 묻지 않고 적법하게 소유권을 취득한다고 새기고 있었다(대판 1963. 9. 19, 63다388 참조).

〈판례이론의 형성과정〉

　　한반도를 지배하게 된 일본은 1912년에 조선민사령(朝鮮民事令)을 정하여 일본민법 그 밖의 법률을 한반도에서 의용(依用)하기로 하고, 동시에 조선부동산등기령(朝鮮不動産登記令)을 정해서 부동산등기제도를 도입하였다. 그러나 당시 아직 부동산대장이 없었기 때문에 등기제도를 곧 실시할 수 없게 되자, 그 시행을 연기하고, 토지조사와·임야조사에 착수하였다. 그런데 토지·임야의 조사·사정(査定)의 과정에서, 종중 소유의 위토는 종중의 소유로 사정되지 못하였다. 당시의 의용민법상 권리주체가 될 수 있는 것은 자연인과 법인뿐이었기 때문이다. 하는 수 없이 종중은 일족(一族) 중의 누군가의 단독 명의로, 혹은 종원 수인의 공유 명의로, 소유자의 사정을 받아 등기한다는 편법을 이용하였다. 바로 이것이 화근이 되어 나중에 많은 소송이 발생하였다. 즉, 위토를 자기의 단독 소유 혹은 다른 자와의 공유로 사정받아 등기한 자 가운데서 그의 소유권 또는 지분을 독단으로 제3자에게 처분하는 사람이 나타났다. 이에 대하여 일제 강점기에서 최고법원이었던 조선고등법원은 종중이 명의자들에게 부동산을 신탁한 것이며, 그 처분은 유효하다고 하였다(조고판 1918(大正 7). 11. 12; 조고판 1924(大正 13). 12. 26 참조).

　　위와 같은 조선고등법원의 판례는 조선민사령 등이 효력을 가지고 있었던 1959년 말까지 유지되었을 뿐만 아니라, 1960년에 현행 민법·부동산등기법 등이 효력을 발생한 후에도 대법원 판례로서 굳게 유지되었다. 다만 1960년대부터 그러한 신탁을 특히 「명의신탁」이라고 일컬어 오고 있다.

　위와 같은 명의신탁, 나아가 명의신탁등기는 유효한가? 결론부터 적는다면, 명의신탁은 무효이며, 그것의 유효성을 인정하는 해석은 잘못이다.

　명의신탁과 그 등기는 일제강점기뿐만 아니라 해방 후 반세기 동안 판례가 그 유효성을 인정하였기 때문에, 우리 사회에서 널리 이용되었다. 그러나 그것은 많은 경우에 탈세나 투기 그리고 각종의 탈법행위라는 불미스러운 목적에 악용되거나 남용되었다. 이에 대하여 일찍이 해석론으로 명의신탁이 허위표시에 해당하여 무효라고 주장하였다. 즉, 원래 허위표시는 상대방과 통정(합의)하여 내심의 효과의사 또는 진의에 합치하지 않는 효과의사를 표시하는 것, 바꾸어 말하면, 법률행위가 있다고 사회통념상 생각할 만한 외형이나 외관을 가장적으로 만들어 내지만, 당사자 사이에서는 가장된 외관상 법률행위가 그대로 법률효과를 생기지 않도록 하는 데 관하여 합의(통정)가 성립하고 있다. 민법은 허위표시를 무효로 규정하고 있다

(108조). 명의신탁에 관하여 보면, 당사자는 일정한 법률행위를 하지만, 그 법률행위는 당사자의 어떤 목적을 위한 외관을 가장하여 만들기 위하여 이용된다. 예컨대, 甲이 그의 부동산을 乙에게 명의신탁하기 위하여 매매계약을 하고 소유권이전등기를 하였다면, 이때 매매라는 법률행위는 부동산의 소유권이 마치 乙에게 귀속하는 것과 같은 외관을 가장하여 만들어 내기 위하여 이용하는 것이고, 진정으로 소유권을 乙에게 이전하려는 것은 아니다. 뿐만 아니라, 가장하여 만들어 낸 외관의 법적 효력을 부인하는 데 관한 합의(통정)가 당사자 사이에 있다. 위 예에서, 甲·乙 사이에는, 매매와 그 이행행위로 소유명의를 乙에게 이전할 뿐이지, 乙이 소유권을 취득하는 것이 아니라는 데 서로 합의하고 있다. 그렇기 때문에 甲은 계속 소유권을 행사할 수 있고, 乙은 소유명의는 가지고 있지만 소유권을 행사하지 못한다. 따라서 명의신탁은 허위표시로서 무효이다. 이러한 견해는 실무에서 받아들여지지 않았다.

(2) 명의신탁에 관한 법적 규제

㈎ 부동산등기 특별조치법   명의신탁의 악용을 막아 부동산거래질서를 확립한다는 명목 아래 1990년에 제정된 「부동산등기 특별조치법」에 특별규정을 두어서 처음으로 명의신탁을 규제하였다. 즉, 동법 제 7 조는 명의신탁을 하는 경우를 크게 두 가지로 나누어, 특정목적(조세부과의 면탈, 시점 간의 가격변동에 따른 이득취득, 소유권변동을 규제하는 법령의 회피)을 위한 명의신탁을 금지하고, 그 밖의 경우에는 명의신탁을 위한 소유권이전등기의 신청요건을 강화하였다(구체적으로는 부동산의 표시, 실소유자의 성명이나 명칭을 기재한 서면을 등기신청서와 함께 제출해야 한다). 그리고 어느 경우에나 위반자는 엄벌에 처하는 것으로 하였다. 그러나 동법 제 7 조는 단속규정에 지나지 않는 것이어서, 명의신탁의 규제로서는 불충분한 것이었다.

㈏ 부동산 실권리자명의 등기에 관한 법률   위와 같은 부동산등기 특별조치법의 규정만으로는 명의신탁과 그 등기를 효과적으로 규제할 수 없으며, 좀 더 강력한 규제입법이 필요하다는 것을 깨닫게 되어, 1995년에 제정된 것이 「부동산 실권리자명의 등기에 관한 법률」이다. 이 법률에서는 명의신탁약정과 그에 의한 등기에 관하여 폭넓게 규제하고 있다.

① 명의신탁의 금지   명의신탁약정이란 부동산에 관한 소유권이나 그

밖의 물권(이하 '부동산에 관한 물권'이라 한다)을 보유한 자 또는 사실상 취득하거나 취득하려고 하는 자(이하 '실권리자'라 한다)가 타인과의 사이에서 대내적으로는 실권리자가 부동산에 관한 물권을 보유하거나 보유하기로 하고 그에 관한 등기(가등기를 포함한다. 이하 같다)는 타인의 명의로 하기로 하는 약정을 말한다(동법 2조 1호).

동법은 누구든지 부동산물권을 명의신탁약정에 의하여 수탁자명의로 등기해서는 안 된다고 선언하고 있다(동법 3조 1항. 그러나 채권담보를 위한 이른바 신탁적 양도와 상호명의신탁은 일정한 요건 아래에 종전과 같이 인정된다. 동법 3조 2항 참조). 바꾸어 말해서, 부동산물권에 관한 등기는 언제나 실권리자명의(實權利者名義)로 해야 하고, 모든 권리주체는 그러한 실권리자명의의 등기를 해야 할 의무가 있음을 명백히 하고 있다.

② 명의신탁의 사법적 효력　　명의신탁약정은 언제나 무효이고(동법 4조 1항), 또한 명의신탁약정에 따른 등기도 무효이며, 따라서 그 등기로 이루어진 물권변동도 무효이다(동법 4조 2항 본문). 결국 부동산소유자 또는 부동산실권리자가 다른 사람 앞으로 등기명의를 신탁하는 경우 명의신탁약정과 그 등기는 모두 무효이다.

명의신탁의 전형적인 모습은 등기명의신탁이다. 그중 양자간 명의신탁은 부동산소유자가 명의수탁자에게 부동산 소유명의를 이전하는 것이고, 3자간 명의신탁(중간생략등기형 명의신탁이라고도 한다)은 명의신탁자가 소유자로부터 부동산을 양수하면서 명의수탁자와 명의신탁약정을 하여 소유자로부터 바로 명의수탁자 명의로 해당 부동산의 소유권이전등기를 하는 것이다.

한편 타인의 부동산을 명의수탁자 명의로 매수하여 그 명의로 소유권이전등기를 하기로 약정하는 것을 계약명의신탁이라고 한다. 이와 같은 계약명의신탁이나 그에 따른 등기도 원칙적으로 무효이다. 다만 부동산에 관한 물권을 취득하기 위한 계약에서 명의수탁자가 어느 한쪽 당사자가 되고 상대방 당사자는 명의신탁약정이 있다는 사실을 알지 못한 경우에는 그러하지 아니하다(동법 4조 2항 단서). 이 단서의 규정은 부동산 거래의 당사자를 보호하기 위한 것으로, 상대방이 명의신탁약정에 의한 수탁자라는 사실을 알지 못한 경우에 물권을 취득하기 위한 계약과 그에 따른 등기를 유효라고 한 것이다. 따라서 이에 해당하는 경우에는 등기된 대로 물권이

변동된다.

부동산실명법을 위반하여 무효인 명의신탁약정에 따라 명의수탁자 명의로 등기한 경우 명의신탁자는 명의수탁자를 상대로 그 등기의 말소청구 이외에도 부당이득반환을 청구할 수 있다. 명의신탁이 부동산실명법 위반으로 무효라고 하더라고 그것만으로 민법 제746의 불법원인급여에 해당하지 않는다(대판(전) 2019. 6. 20, 2013다218156 참조). 명의신탁자와 명의수탁자가 계약명의신탁약정을 맺고 명의수탁자가 당사자가 되어 명의신탁약정이 있다는 사실을 알지 못하는 소유자와의 사이에 부동산에 관한 매매계약을 체결한 뒤 수탁자 명의로 소유권이전등기를 마친 경우 명의신탁자와 명의수탁자 사이의 명의신탁약정은 무효이지만 동법 제 4 조 2항 단서에 따라 그 명의수탁자는 당해 부동산의 완전한 소유권을 취득하게 된다. 이 경우 명의신탁자는 그가 명의수탁자에게 제공한 부동산 매수자금이 무효의 명의신탁약정에 의한 법률상 원인 없는 것이 되기 때문에 명의수탁자에 대하여 동액 상당의 부당이득반환청구권을 가질 수 있을 뿐이다(대판 2005. 1. 28, 2002다66922; 대판 2008. 9. 25, 2007다74874; 대판 2009. 3. 26, 2008다34828 참조). 3자간 등기명의신탁에서 명의수탁자의 처분 등을 원인으로 제 3 자 명의로 소유권이전등기가 마쳐진 경우, 제 3 자는 유효하게 소유권을 취득하고 명의수탁자가 처분대금 등의 이익을 명의신탁자에게 부당이득으로 반환할 의무를 진다는 것이 판례이다(대판(전) 2021. 9. 9, 2018다284233 참조). 그러나 3자간 등기명의신탁이 무효이고, 부동산소유자는 매도인이므로 매도인에게 부당이득반환청구권이 있다고 보아야 한다(위 판결의 반대의견 참조).

한편 명의신탁이 무효인 경우에 명의신탁등기를 유효한 것으로 믿고 거래한 자는 어떻게 되는가? 이 경우에도 거래의 안전을 위하여 그러한 무효인 약정에 의한 등기의 무효는 이를 가지고 제 3 자에게 대항하지 못한다(동법 4조 3항). 여기에서 제 3 자란 명의신탁 약정의 당사자 및 포괄승계인 이외의 자로서 명의수탁자가 물권자임을 기초로 그와의 사이에 직접 새로운 이해관계를 맺은 사람을 말한다. 따라서 명의수탁자의 일반 채권자는 위 조항에서 말하는 제 3 자에 해당하지 않는다(대판 2007. 12. 27, 2005다54104 참조). 명의신탁자와 부동산에 관한 물권을 취득하기 위한 계약을 맺고 단지 등기명의만을 명의수탁자로부터 경료받은 것 같은 외관을 갖춘 자도 제 3 자에 해당되지 않는다(대판 2004. 8. 30, 2002다48771 참조).

③ 명의신탁에 대한 행정적·형사적 제재   실권리자명의의 등기의무를
위반한 자에게는 무거운 과징금이 부과된다(동법 5조 참조). 이 과징금이 부과된 자
는 지체없이 실권리자명의로 등기를 해야 하며, 이를 위반하면 다시 이행강제금이
부과된다(동법 6조 참조). 그 밖에 명의신탁자·수탁자 등에게는 엄한 벌칙이 적용된
다(동법 7조 참조). 동법은 위에서 설명한 것 외에도, 대장의 소관청과 국세청장의 조
사권(동법 9조), 기존의 명의신탁등기의 실명등기(동법 11조) 등과 이를 위반한 경우
의 벌칙에 관해서도 자세히 규정하고 있다.

④ 명의신탁에 대한 특례   그런데 동법은 일정한 명의신탁등기에 대해
서는 예외적으로 법률의 적용범위에서 제외하고 있다. 즉, 종중이 보유하는 부동산
물권을 종중 외의 자의 명의로 등기한 경우, 배우자명의로 부동산물권을 등기한 경
우와 종교단체의 명의로 그 산하 조직이 보유한 부동산에 관한 물권을 등기한 경우
가 그것이다. 위 경우에는 그것이 조세포탈·강제집행의 면탈·법령의 제한을 회피
하려는 목적으로 한 것이 아닌 때에는, 그 명의신탁약정과 그에 의한 등기는 그대
로 유효하며, 과징금이나 이행강제금 또는 벌칙은 적용되지 않고, 또한 실권리자명
의로 실명등기를 해야 할 의무도 면제된다(동법 8조 참조). 이러한 예외를 인정하는
것은 타당한가? 그러한 예외를 인정할 특별한 이유나 근거는 없다. 그러한 예외를
인정하는 동법 제8조의 규정은 삭제하는 것이 옳다. 더군다나 이와 같은 예외를
확대하려는 시도는 전혀 바람직하지 않은 일이다.

제3관   법률행위에 의하지 않는 부동산물권의 변동

[28] I. 원   칙

1. 민법 제187조   민법 제187조는 "상속·공용징수·판결·경매 기타
법률의 규정에 의한 부동산에 관한 물권의 취득은 등기를 요하지 아니한다. 그러나
등기를 하지 아니하면 이를 처분하지 못한다."라고 정하고 있다. 이것이 법률행위
에 의하지 않는 부동산물권변동에 관한 민법의 원칙이다. 이미 밝힌 바와 같이 제
187조에 의한 부동산물권의 변동을 「법률의 규정에 의한 부동산물권의 변동」이라
고도 일컫는다.

법률행위에 의하지 않는 부동산물권변동에 관하여 등기를 요구하지 않는 이유는 무엇인가? 성질상 등기가 불가능하거나 법이 정책적 이유에서 등기를 요구하지 않는 것이라고 보는 견해가 있다(김증한·김학동 132면 참조). 우리 법제에서 시간의 경과, 사망 또는 국가의 행위 등으로 일정한 시기에 권리의 변동이 일어난다는 이론을 구성해야만 하는 경우가 적지 않다. 그러한 경우에도 물권변동에 관한 성립요건주의를 관철하기 위해서 등기를 해야만 물권변동이 일어난다고 한다면, 법률관계에 공백상태가 있게 된다. 이러한 공백상태의 발생을 막으려는 데 그 이유가 있다고 하는 것이 정확한 설명이다.

제187조가 규정하는 원칙에 관해서는 다음과 같은 점을 특히 주의할 필요가 있다.

(1) 제187조는 「물권의 취득」이라고 하고 있으나, 물권이 법률 규정에 의하여 당연히 「소멸」하는 경우에도 등기를 필요로 하지 않는다고 해야 하므로, 동조는 널리 「물권변동」에 관하여 규정하는 것이며, 「취득」에 한정되지 않는다.

(2) 제187조에 따라 물권을 취득하더라도, 이를 다시 제186조의 규정에 따라 처분하려면, 미리 물권의 취득을 등기하고 그 후에 처분에 따른 등기를 해야 한다. 바꾸어 말하면, 제187조에 따라 등기 없이 물권을 취득하더라도, 그 취득을 등기하지 않는 한, 그 물권을 처분할 수 없다. 뿐만 아니라, 「부동산등기 특별조치법」 제 2 조 4항은, 미등기부동산의 소유자가 그 소유권의 이전을 내용으로 하는 계약을 체결한 때에는, 일정기간 내에 보존등기를 신청해야 하는 것으로 정하고 있음은 이미 보았다([25] 1 (3) ㈜·㈜ 참조). 그러므로 제187조 단서에 따라 일정한 경우에는 부동산물권자의 처분권이 제한된다고 할 수 있다. 따라서 취득한 물권의 등기를 하지 않고서 처분하면, 이 처분금지를 위반한 것으로 그 처분의 효력이 생기지 않고 무효라고 해야 한다. 다만 부동산물권을 등기 없이 취득한 자가 자기 명의로 등기하지 않고 이를 처분한 경우 그 처분의 상대방은 부동산물권을 취득하지 못한다는 것일 뿐이고, 그 처분행위의 채권적 효력까지 부인할 수는 없다(대판 1994. 10. 21, 93다12176 참조).

제187조에 대해서는 상당히 넓은 예외가 학설·판례에 의하여 인정되고 있다. 그러한 예외에 관해서는 등기의 유효요건 또는 유효성을 설명하면서 이미 자세히

다루었으므로, 다시 적지 않는다([27] 3 참조).

2. 원칙의 적용범위

(1) 위와 같은 원칙이 적용되는 것은 상속·공용징수·판결·경매 그 밖의 법률 규정에 따른 부동산물권의 변동이다. 구체적으로 각각의 경우에 관하여 살펴보기로 한다.

⑺ 상　　속　　　피상속인의 사망으로 상속은 개시된다(997조 참조). 따라서 상속으로 부동산물권이 변동되는 시기는 피상속인이 사망하는 순간이다. 상속에 따른 등기는 상속인이 단독으로 신청한다(부등 23조 3항·27조). 일정한 경우에는 상속에 따른 등기를 하지 않고 처분하더라도 그 처분이 유효하다는 것은 앞에서 설명하였다.

위에서 설명한 상속의 경우와 관련해서 특기할 것이 있다. 민법상 상속은 법정상속(상속인·상속순위·상속분 등을 모두 개인의 의사와는 관계없이 법률로써 정하고, 개인이 변경하지 못하는 상속의 모습)이며, 유언으로 상속인을 지정하는 본래의 의미에서 유언상속은 인정하지 않는다. 다만 유증(유언으로 재산상 이익을 무상으로 타인에게 주는 것)을 인정함으로써, 유산처분의 자유를 보장할 뿐이다. 현행법이 인정하는 유증에는 특정유증(상속재산 중의 특정재산을 대상으로 하는 유증)과 포괄적 유증(유증의 목적의 범위를 유증자가 자기의 재산 전체에 대한 비율로써 표시하는 유증)이 있으나, 그중 포괄적 유증에 관하여 민법은 제1078조에서 "포괄적 유증을 받은 자는 상속인과 동일한 권리 의무가 있다."라고 정한다. 따라서 유증이 효력을 발생하면, 포괄적 수증자는 유증이 있었다는 사실을 알았는지를 묻지 않고서 수증분에 상당하는 상속재산을 법률상 당연히 포괄적으로 승계한다(1005조 참조). 유언자 또는 유증자의 부동산물권은 등기라는 공시방법을 갖추지 않더라도 법률상 당연히 수증자에게 이전한다. 즉, 법률행위에 의하지 않는 물권변동이 있게 되고, 제187조가 적용된다.

포괄적 유증에 따른 부동산물권의 취득에는 위와 같이 제187조가 적용되나, 유증의 또 다른 모습인 특정유증의 경우에는 어떻게 되는가? 특정유증은 채권적 효력이 있는 데 지나지 않는다(대판 2003. 5. 27, 2000다73445 참조). 그러므로 유증의 목적인 부동산물권은 일단 상속재산으로서 상속인에게 귀속하고, 수증자는 유증의무자(상속인 또는 유언집행자 등)에 대하여 유증을 이행할 것을 청구할 수 있는 채권을 취득할 뿐이다. 따라서 특정의 부동산물권이 유증의 목적물인 때에는, 수증자가 유증의무자에게 그 물권을 이전할 것을 청구하고, 유증의무자가 이전등기를 하는 때에 수증자에게 귀속한다. 즉, 이 경우에는 제186조가 적용된다.

(나) **공용징수**   공용징수(공용수용)는 공익사업을 위하여 국민의 특정 재산권을 법률의 힘으로 강제적으로 취득하는 것이다(공용징수에는 징발도 포함되나, 부동산의 징발은 부동산을 사용할 뿐이므로(징발법 19조 참조) 물권변동 문제는 생기지 않는다).「공익사업을 위한 토지 등의 취득 및 보상에 관한 법률」은 단순히 수용(收用)이라고 한다. 이에는 기업자와 토지소유자의 협의로 성립하는 협의수용(協議收用)과 그러한 협의가 성립하지 못한 때에 토지수용위원회의 재결로 성립하는 재결수용(裁決收用)이 있다. 수용의 효과가 완성되는 것, 즉 물권변동의 시기는 협의수용의 경우에는 소유권이전등기를 마친 때이다. 한편 재결수용의 경우에는 재결에서 정한 수용개시일이나(공익사업 45조), 만일 기업자가 수용개시일까지 보상금을 지급하거나 공탁하지 않으면 수용의 재결은 효력을 잃으므로(공익사업 42조 참조), 보상금의 지급을 조건으로 하여 수용개시일에 물권이 변동된다. 수용에 따른 소유권이전등기는 등기권리자가 단독으로 신청할 수 있다. 그리고 국가 또는 지방자치단체가 수용에 따른 등기권리자인 경우에는 국가 또는 지방자치단체는 지체 없이 위 이전등기를 등기소에 촉탁해야 한다(부등 99조 1항·3항).

(다) **판   결**   판결은 여러 가지 종류로 구분할 수 있으나, 원고승소 본안판결의 형태에 따라 이행판결·확인판결·형성판결로 나누어진다. 그중 판결의 확정으로 권리가 변동되는 것은 형성판결(形成判決)뿐이다. 따라서 제187조에서 말하는 판결도 모든 판결을 뜻하는 것이 아니라 오직 형성판결만을 가리킨다고 새겨야 한다(통설과 판례도 마찬가지이다. 대판 1963. 4. 18, 62다223; 대판 1965. 8. 17, 64다1721 참조). 이상과 같은 판결에 따라 물권변동이 일어나는 시기는 그 판결이 확정된 때이다(민소 498조). 그러나 이행판결은 이 규정에서 말하는 판결에 속하지 않는다. 따라서 매매 등 법률행위를 원인으로 하여 소유권이전등기절차의 이행을 명하는 판결이 확정되더라도 그 판결에 따라 소유권이전등기를 한 때에 비로소 소유권이전의 효력이 생긴다(대판 1970. 6. 30, 70다568; 대판 1982. 10. 12, 82다129 참조).

민사소송법 제220조에 따르면, 재판상의 화해, 청구의 포기 또는 인낙을 변론

조서, 변론준비기일조서에 적은 때에는 그 조서는 확정판결과 같은 효력이 있다. 이러한 조서도 제187조의 판결에 포함되는지 문제된다. 그 내용이 당사자 사이의 법률관계 형성에 관한 것이면, 제187조의 판결 속에 포함된다(대판 1964. 9. 8, 64다165; 대결 1969. 10. 8, 69그15; 대판 1970. 6. 30, 70다568 등 참조). 다만 공유물분할의 소송절차 또는 조정절차에서 공유토지에 관한 현물분할의 합의가 성립하여 조정이 성립한 경우에는 그 즉시 새로운 법률관계가 창설되는 것이 아니어서 이 규정이 적용되지 않는다(대판(전) 2013. 11. 21, 2011두1917 참조).

　판결에 의한 등기는, 승소한 등기권리자 또는 등기의무자가 단독으로 신청한다(부등 23조 4항). 승소한 등기의무자가 단독으로 등기를 신청한다는 것은 다음과 같은 뜻이다. 즉, 등기권리자가 그의 등기청구권을 행사하지 않고 있어서 등기의무자가 불이익을 받을 염려가 있는 경우에는, 그러한 불이익을 면하기 위하여 등기의무자가 등기권리자를 피고로 하여 등기를 신청할 것을 명하는 확정판결을 얻어서, 등기의무자가 단독으로 판결에 의한 등기를 신청할 수 있다는 것이다(부동산등기법은 일정한 경우 등기의무자에게도 등기권리자에 대하여 공동신청에 협력할 것을 요구할 수 있는 등기청구권, 즉 등기인수청구권이 인정된다는 것을 전제로 하고 있다. [31] 2 참조).

　㈐ 경　　매　　널리 경매라고 하면, 그것은 말로 하는 경쟁체결 방법에 의한 매매를 말한다. 이 경매에는 사인(私人) 사이에서 행해지는 사경매(私競賣)와 국가기관에 의한 공경매(公競賣)가 있다. 제187조에서 말하는 경매가 공경매를 뜻함은 물론이다. 그러한 공경매에는 민사집행법에 따른 경매와 국세징수법에 따른 경매가 있다. 이에 관하여 좀 더 자세히 설명하면 다음과 같다.

　민사집행법상 강제경매(채무자 소유의 부동산을 매각하여 매각대금으로 채권자를 만족시키는 방법)에는 일반 채권자에 의한 강제경매(통상의 강제경매, 민집 78조 이하)와 담보권의 실행을 위한 경매(담보권실행경매, 민집 264조 이하)가 있다. 이들 경매에서 압류부동산의 현금화(종전에는 '환가'라고 하였다) 또는 매각은 호가경매(呼價競賣. 매각기일에 2인 이상의 매수희망자가 서로 비싼 값을 불러 경쟁하고, 가장 높은 값을 부른 자를 매수인으로 결정하는 경매), 기일입찰(매각기일에 매수희망자가 서면으로 의사표시, 즉 입찰을 하고, 곧이어 개찰해서 최고가매수인을 결정하는 입찰), 기간입찰(일정기간을 두어 그 기간 내에는 우편 등으로 언제든지 입찰을 할 수 있고, 기간이 지난 후 개찰기일에 개찰하는 입찰)의 세 방법 중 집행법원이 정하는 매각방법에 따른다(민집 103조·268조 참조). 호가경매라는 방법으로 매각하는 경우가 제187조의 경매에 해당함은 분명하다. 그런데 입찰(즉, 기일입찰과 기간입찰)이라는 매각방법에 관해서는 논란이 있다. 경매에서는 각 경쟁자가 다른 경쟁자의 표시내용을 알 수 있으나, 입찰에서는 경쟁자가 서로 다른 경쟁자의 표시내용을 알 수 없어서 둘은 다르기 때문에, 입찰을 제187조의 경매에 포함시킬 수 없다고 생각할 수 있다. 이와 같이 본다면, 입찰은 동조에서 말하는 「기타 법률의 규정」에 의한 물권변동에 해당한다고 해야 한다. 그러나 호가경매와 입찰은 경매의 매각방법이기 때문에, 본조의 경매에 포함된다고 보아야 한다.

　　민사집행법 제267조는 "매수인의 부동산 취득은 담보권 소멸로 영향을 받지 아니한다."라고 정하고 있다. 판례는 경매개시결정이 있은 뒤에 담보권이 소멸했는데도 경매가 계속 진행되어 매각된 경우에만 적용된다고 한다(대판(전) 1964. 10. 13, 64다588; 대판 2012. 1. 12, 2011다68012 참조). 그러나 경매개시결정 당시 담보권이 이미 소멸한 때에도 경매의 공신력을 인정하는 것이 타당하다. 민사집행법 제267조는 담보권 소멸, 즉 담보권이 유효하게 성립한 후 나중에 발생한 사유로 소멸한 경우에는 담보권이 경매절차개시 전에 소멸한 것인지 여부를 묻지 않고 적용된다고 보아야 한다. 판례는 법률 규정과 달리 경매의 공신력을 제한한 것으로 부당하다(대판(전) 2022. 8. 25, 2018다205209의 반대의견 참조).

　　한편 국세징수법은 압류부동산의 매각을 「공매」라 하고, 경매와 입찰을 공매방법으로 정하고 있다(동법 61조·67조 참조). 경매로 공매하는 경우에는 제187조의 경매에 해당함은 분명하다. 그런데 입찰로 공매하는 경우에는 제187조에서 말하는 「기타 법률의 규정」에 의한 물권변동이 된다고 생각할 수도 있지만, 공매를 경매의 한 종류로 볼 수 있으므로, 입찰로 공매하는 경우에도 경매에 해당한다고 볼 수 있다.

　　위에서 살핀 바와 같은 공경매의 경우에 매수인이 경매부동산의 소유권을 취득하는 시기는 어느 경우나 같다. 즉, 민사집행법은 "매수인은 매각대금을 다 낸 때에 매각의 목적인 권리를 취득"한다고 정하고 있고(민집 135조·268조 참조), 국세징수법도 "매수인은 매수대금을 납부한 때에 매각재산을 취득한다."라고 정하고 있다(동법 77조).

다음에 등기와의 관계를 보면, 통상강제경매와 담보권실행경매의 등기절차는 같다. 법원이 경매개시결정을 한 때에는, 법원사무관 등이 즉시 사유를 등기부에 기입하도록 등기소에 촉탁해야 하고(민집 94조 1항·268조), 경매절차가 끝나면 법원사무관 등이 매수인이 취득한 권리의 등기를 등기소에 촉탁해야 한다(민집 144조·268조). 한편 국세징수법에 따른 경매에서는 체납자가 권리이전절차를 밟지 않을 때에, 세무서장이 대신하여 권리이전절차를 밟는다(동법 79조, 동법시행령 77조 참조).

　　위에서 본 바와 같이, 민사집행법은 일반 채권자에 의한 강제경매와 담보권의 실행을 위한 경매에 관하여 규율하고 있다. 둘 중 앞의 것은 「통상강제경매」, 그리고 뒤의 것은 「담보권실행경매」라고 부르고 구별하는 것이 좋다고 생각한다. 두 경매 사이의 근본적 차이는 통상강제경매의 신청에는 「집행권원」이 필요하나(민집 80조), 담보권실행경매의 신청에는 그것이 필요하지 않다는 데 있다(민집 264조).

　㈐　**그 밖의 법률 규정에 의한 취득**　　여기서 「법률」이라고 하는 것은 널리 「법」을 뜻하며, 따라서 형식적 의미의 「법률」뿐만 아니라, 「관습법」도 포함한다고 새겨야 한다. 이렇게 해석해야만 제185조에서 관습법에 의해서도 물권이 성립할 수 있다고 한 것과 조화된다. 그 밖에 법률 규정에 의한 물권변동이 일어나는 주요한 경우로서는 ① 신축건물의 소유권취득(대판 1965. 4. 6, 65다113; 대판 1997. 5. 30, 97다8601 참조), ② 법정지상권의 취득(305조·366조, 입목 6조. [43]·[132]·[217] 참조), ③ 관습상의 법정지상권의 취득(대판 1966. 9. 20, 66다1434; 대판 1969. 4. 22, 68다2247·2248 참조. [145] 참조), ④ 법정저당권의 취득(649조. [217] 참조), ⑤ 용익물권의 존속기간 만료에 의한 소멸, ⑥ 피담보채권 소멸에 의한 저당권의 소멸, ⑦ 법정대위에 의한 저당권의 이전(482조·368조), ⑧ 혼동에 의한 물권의 소멸(191조. [49] 참조), ⑨ 소멸시효에 의한 물권의 소멸, ⑩ 법률행위의 무효에 의한 복귀, ⑪ 구 농지개혁법에 따른 농지소유권 취득(대판 1993. 2. 12, 92다28297 참조) 등을 들 수 있다. 또한 「자산유동화에 관한 법률」 제8조에서는 동법에 따른 자산 양도의 경우에 금융위원회에 등록하면 물권변동의 효력이 생긴다고 정함으로써 민법 제186조에 대한 특례를 정하고 있다(상세한 것은 김재형, 민법론 Ⅰ, 447면 이하 참조).

　(2)　이 밖에 민법 제187조에 의한 물권변동이 일어나는 경우라고 할 것인지 또는 제186조에 의한 물권변동이 일어나는 경우로 보아 등기가 필요하다고 해야

할 것인지가 문제되는 경우가 있음은 이미 자세히 설명하였다([26] 2 참조).

[29] Ⅱ. 예   외

법률행위에 의하지 않는 부동산물권변동은 등기가 필요하지 않다는 원칙에는 하나의 예외가 있다. 민법 제245조 1항은 일정기간 동안 부동산을 점유한 자는 등기함으로써 그 소유권을 취득한다고 하고, 다시 이 규정을 다른 제한물권의 취득에 관하여 준용하고 있다(248조 참조). 즉, 민법은 이른바 부동산물권의 점유취득시효에 관하여 등기를 시효취득의 요건으로 함으로써, 제187조의 예외를 규정하고 있다. 취득시효에 관해서는 편의상 이를 소유권에 관한 설명에 미루기로 한다([107] 이하 참조).

제4관   등기청구권

[30] Ⅰ. 의   의

1. 등기는 등기권리자와 등기의무자의 공동신청으로 하는 것이 원칙이다(부등 23조 1항. [25] 1 (1) 참조). 이와 같이 우리의 등기제도는 공동신청주의를 채용하고 있기 때문에, 만일 한쪽 당사자(등기의무자)가 협력하지 않는다면 다른 쪽 당사자(등기권리자)가 단독으로 등기를 신청할 수 없으므로 결국 물권변동이 되지 못한다. 예컨대, 부동산을 매매한 경우에, 매도인이 이전등기신청에 협력할 것을 거절한다면, 매수인은 혼자서 등기를 신청할 수 없기 때문에, 소유권을 취득하지 못한다. 여기서 매수인(등기권리자)이 매도인(등기의무자)에 대하여 등기신청에 협력할 것을 요구할 수 있는 권리를 인정하는 것이 필요함을 알 수 있다(상대방의 협력이 필요하지 않은 경우에는 등기청구권은 문제되지 않는다). 이 권리, 즉 등기권리자가 등기의무자에게 등기신청에 협력할 것을 요구할 수 있는 권리가 등기청구권(登記請求權)이다. 그리고 이 등기청구권을 가진 자가 「실체법상 등기권리자」이고, 등기청구권에 응할 의무를 부담하는 자가 「실체법상 등기의무자」이다.

2. 위와 같은 등기청구권에 관하여 민법은 아무런 규정도 두고 있지 않으며(다만 채권편에서 부동산임차인의 등기청구권을 정하는 규정이 하나 있다. 621조 참조), 그 해결

을 전적으로 학설·판례에 맡기고 있다. 학설·판례는 심하게 대립하고 있다.

[31] Ⅱ. 발생원인과 성질

현행법상 등기청구권이 문제되는 경우는 다음과 같이 네 경우로 나누어서 살펴보는 것이 적당하다.

첫째, 법률행위에 의한 물권변동

둘째, 실체관계와 등기가 일치하지 않는 경우

셋째, 취득시효

넷째, 그 밖의 경우

위 네 경우에 등기청구권의 발생원인과 그 성질을 차례로 검토하기로 한다. 학설 대립이 가장 심하고 또한 실제에서도 가장 중요한 것은 법률행위에 의한 물권변동이다.

1. 법률행위에 의한 물권변동　　법률행위에 의한 물권변동은 법률행위와 등기에 따라 일어나므로, 이때에는 언제나 등기청구권이 문제된다. 이 경우 등기청구권의 발생원인에 관한 학설이 다양하지만, 이를 크게 나눈다면 아래 ㈎·㈏의 두 가지이다. 그중 ㈎의 견해는 물권행위의 독자성을 부인하나, ㈏의 견해는 독자성을 인정하는 데서 출발하고 있다. 그러나 물권행위의 독자성을 인정하면서도 채권행위에 근거가 있다는 주장이 있는 반면에, 물권행위에 근거가 있다고 하면서도 그로부터 나오는 등기청구권은 채권적인 것이라는 주장도 있다.

㈎ 등기청구권은 원인행위인 채권행위로부터 발생하며, 따라서 그 성질은 채권적 청구권이라는 견해(이영섭, "물권행위의 독자성," 법조 9권 7호. 그러나 물권행위의 독자성을 인정하면서도 채권행위에서 생기는 채권적 청구권이라고 새기는 견해로는 김현태(상) 94면, 장경학 247면, 최식 91면 참조)가 있다.

㈏ 물권행위에 등기청구권의 근거가 있다는 견해는 그 성질이 물권적 청구권이라는 견해(김증한·김학동 98면, 방순원 47면 참조)와 채권적 청구권이라는 견해(김기선 102면, 이영준 218면 참조)로 나누어진다.

학설을 검토해 보면, 결국 두 가지 점에서 대립이 있음을 알 수 있다. 하나는, 등기청구권의 근거 또는 발생원인이 원인행위인 채권행위인지 또는 이행행위인 물권행위인지이고, 또 하나의 대립은 등기청구권이 채권적 청구권인지 또는 물권적 청구권인지이다. 차례로 살피기로 한다.

물권행위는 어디까지나 이행행위이다. 그것은 급부행위이다. 그러므로 물권행위로부터 어떤 급부청구권이 발생한다는 것은 이론적으로 부당하며, 급부청구권의 원인은 원인행위에 돌아가서 찾을 수밖에 없다. 또한 등기는 물권행위의「증명방법」이 아니며, 그것은 또 하나의 물권변동 요건이다. 법률행위와 등기는 다 같이 물권변동의 요건이지, 한쪽이 다른 쪽을 강제하는 의무를 발생시키는 관계에 있지 않다. 물권행위에서 등기청구권의 원인을 찾는 것은 부당하며, 그것은 원인행위인 채권행위에서 찾아야만 한다. 다음에, 물권행위에서 등기청구권이 생긴다고 하는 견해에서는 그 성질을 물권적 청구권이라고 하나, 이것도 극히 부당하다. 등기를 갖추기 전에는 비록 물권행위는 따로 하고 있더라도, 물권이 변동되지 않는다. 그러므로 등기권리자가 물권적 청구권을 가질 수 없음은 명백하다(물권의 일반적 효력에 관해서는 위 [13] 참조). 등기청구권이 물권적 청구권이라든가 또는 물권적 성질을 갖는다는 주장은 잘못된 것이다.

이상과 같이 등기청구권의 근거를 물권행위에서 찾으려는 주장은 근본적 결함을 가지고 있다. 결국 등기청구권은, 물권행위의 독자성을 인정하든 또는 부인하든, 원인행위인 채권행위에 그 근거가 있다고 해야 한다. 즉, 어떤 물권변동을 목적으로 하는 채권행위가 있으면, 채권행위에서 등기청구권이 당연히 발생한다고 해야 한다. 따라서 그 성질은 채권적 청구권이라고 해야 한다. 판례도 이러한 해석을 하고 있다(대판 1962. 5. 10, 61민상1232; 대판 1965. 2. 16, 64다1630; 대판(전) 1976. 11. 6, 76다148; 대판 1976. 11. 23, 76다342 등 참조).

등기청구권이 채권적 청구권이라면, 그것은 당연히 시효로 소멸한다고 해야 한다. 채권이 소멸시효에 걸리는 이상, 그 채권에 바탕을 둔 채권적 청구권도 소멸시효에 걸린다고 해야 하기 때문이다. 그런데 판례는 일정한 경우에 채권적 등기청구권이 시효소멸하지 않는다고 한다. 즉, 부동산의 매수인이 매도인에 대하여 가지는 등기청구권은 채권적 청구권이지만, 만일 매수인이 목적물을 인도받고 있으면, 그 등기청구권은 소멸시효에 걸리지 않는다고 한다(대판(전) 1976. 11. 6, 76다148 참조). 이에 관해서는 민법총칙강의에서 이미 다루었다(「민법총칙」 [201] 2 (2) ㈏ ① 참조).

2. 실체관계와 등기가 일치하지 않는 경우

(1) **말소등기청구권**　　예컨대, 甲소유의 부동산에 관하여, 무권리자 乙이 위조문서를 사용하여 乙 명의로 이전등기를 한 때, 또는 매매로 甲으로부터 乙로 이전등기가 있었으나 그 매매가 무효인 때에는, 甲은 실체적 권리관계에 부합하지 않는 乙 명의의 등기를 말소하기 위하여 등기청구권이 당연히 인정되어야 한다. 이러한 경우 등기청구권 자체에 관하여 민법은 명시적인 규정을 두고 있지 않다. 그러나 학설·판례는 그러한 경우 등기청구권을 모두 인정하고 있다. 학설은 이와 같이 등기와 실체적 권리관계가 일치하지 않는 경우에, 그 불일치를 제거하기 위해서도 등기청구권이 발생한다고 하고, 이때의 등기청구권은 물권의 효력으로서 발생하는 일종의 물권적 청구권이라고 설명하는 데 일치되어 있다(김기선 101면, 김현태 (상) 95면, 방순원 47면·48면, 장경학 248면, 최식 90면·91면 등 참조). 판례도 같은 이론을 취하고 있다(대판 1964. 11. 24, 64다851·852 참조).

이러한 학설과 판례는 다음과 같은 이유로 정당하다. 등기와 실체관계가 일치하지 않는 경우 진정한 물권자는 물권내용의 완전한 실현을 방해당하고 있다고 할 수 있다. 따라서 물권자는 그러한 방해(즉, 등기와 실체관계의 불일치)를 제거할 것을 방해자(등기명의자)에게 요구할 수 있고, 이를 위하여 진정한 물권자에게는 물권적 청구권의 성질을 갖는 등기청구권이 물권의 효력으로서 생긴다고 해야 한다. 이를테면 소유권이전등기의 경우에는 민법 제214조에서 정한 소유권에 기한 방해배제청구권이 그 근거조문이 된다. 이 규정은 다른 물권에 준용되고 있는데, 이에 따라 물권자는 각각 실체관계에 맞지 않는 등기의 말소를 청구할 수 있다고 보아야 한다.

(2) **진정명의회복을 위한 소유권이전등기청구권**　　부동산에 관하여 원인 무효의 소유권이전등기가 됨으로써 실체관계와 등기가 일치하지 않게 된 경우에, 소유자가 소유권이전등기의 말소를 청구하는 것이 아니라 진정명의회복(眞正名義回復)을 위한 소유권이전등기를 청구하는 것이 허용되는지 문제된다. 대법원은 처음에 이를 부정하였다(대판 1972. 12. 26, 72다1846·1847; 대판 1981. 1. 13, 78다1916 참조). 그러나 대법원은 1990년 전원합의체판결로써 종전 판례를 변경하여 진정명의회복을 위한 소유권이전등기청구를 허용하였다. 즉, 이미 자기 앞으로 소유권을 표상하는 등기가 되어 있었거나 법률에 따라 소유권을 취득한 자가 진정한 등기명의를 회복하

기 위한 방법으로는 현재의 등기명의인을 상대로 등기의 말소를 구하는 외에 진정한 등기명의의 회복을 원인으로 한 소유권이전등기절차의 이행을 직접 구하는 것도 허용된다(대판(전) 1990. 11. 27, 89다카12398 참조). 이와 달리 자기 앞으로 소유권의 등기가 되어 있지 않았고 법률에 따라 소유권을 취득하지도 않은 사람이 소유권자를 대위하여 현재의 등기명의인을 상대로 그 등기의 말소를 청구할 수 있을 뿐인 경우에는 진정한 등기명의의 회복을 위한 소유권이전등기청구를 할 수 없다(대판 2003. 5. 13, 2002다64148 참조).

등기는 현재의 권리관계뿐만 아니라 물권변동의 과정과 양태도 그대로 반영하는 것이 바람직하지만, 소유권이전등기의 말소등기청구권은 제214조에서 정한 소유물방해배제청구권에 기하여 발생하는 것으로 그 방해를 배제하는 것에 중점이 있다. 소유자가 원인무효의 등기에 대하여 말소등기청구를 할 수 없는 경우 또는 그것이 매우 곤란한 경우에는 이전등기청구를 허용해야 한다. 부동산에 관하여 원인 무효의 등기가 순차로 마쳐진 경우, 소유자가 진정한 등기명의를 회복하기 위해서 중간등기명의인들에게도 차례로 그 등기의 말소를 구하는 것보다는 최종등기명의인인 피고를 상대로 하여 직접 이전등기를 구하는 것이 소송절차나 소송경제적으로도 도움이 된다(김재형, 민법론 Ⅰ, 99면 이하). 다만 소유권이전등기의 말소를 청구하는 소송에서 패소확정판결을 받은 경우에는 그 기판력이 그 후 제기된 진정명의회복을 원인으로 한 소유권이전등기청구소송에도 미친다(대판(전) 2001. 9. 20, 99다37894 참조).

〈등기인수청구권〉

위와 같이 새긴다면, 등기청구권은 언제나 물권자에게만 인정된다는 것이 된다. 그렇다면 물권을 가지지 않는 자(즉, 상대방)는, 비록 그 실체관계에 부합하지 않는 등기를 제거하는 데 이익이 있다고 해도, 등기청구권은 인정되지 않는가? 실체관계에 부합하지 않는 등기가 있는 경우에, 물권자가 아닌 자에게도 소유자로서의 책임을 벗어나기 위해서라든가 또는 과세상의 문제 등으로 그 등기를 제거하는 데 정당한 이익이 있는 때에는 등기청구권이 인정된다고 새기는 것이 옳다. 바꾸어 말해서, 등기청구권은 원칙적으로 등기권리자에게 인정되나, 정당한 이익이 있는 때에는 등기의무자에게도 예외적으로 등기청구권이 인정된다고 새겨야 한다. 이와 같이 등기의무자에게 인정되는 등기청구권은 등기권리자에게 인정되는 보통의 등기청구권과 구별하기 위하여 이를 등기인수청구권(登記引受請求權)이라고 부른다. 예컨대, 甲의 토지를 乙이 매수하였으나, 乙이 계속 이전등기를 하지 않는 경우, 甲은 乙에 대하여 이전등기를 하자고 청구할 수 있다. 다만 甲에게는 그러한 청구가 인정될 만한 정당한 이익이 있어야 한다. 이때 乙이 가지는 등기청구권에 대하여, 甲에게 인정되는 것을 등기인수청구권이라고 한다. 이 경우에는 등기법상 등기권리자(乙)가 아닌 등기의무자(甲)도 등기권리자로 되는 예외가 된다. 부동산등기법은 위 경우에 甲은 乙에게 이전등기를 신청할 것을 소구하고, 그 승소판결을 얻어서, 그가 단독으로 이전등기를 신청할 수 있는 것으로 하고 있다(부등 23조 4항·50조 2항 2문, 부등규 43조 1항 7호·53조 1항 1호·109조 2항 3호 참조). 이는 등기의무자에게는 등기인수청구권이 인정된다는 것을 전제로 한다.

3. 취득시효　　　민법은 일정한 기간 동안 점유만 하면 취득시효가 완성되어 물권을 취득하게 되는 제도, 즉 점유취득시효제도를 두고 있다. 본래 취득시효는 법률행위에 의한 물권변동이 아니므로, 민법 제187조의 원칙이 적용되어야 할 것이다. 그러나 민법 제245조 1항에서 제187조에 대한 유일한 예외를 인정하여 점유취득시효는 등기해야 그 효력이 생기는 것으로 하고 있다([29] 참조). 점유취득시효의 완성으로 소유권을 취득한다고 하면, 등기부상 권리자와 시효취득자가 합치하지 않게 될 것이기 때문이다. 이와 같이 점유취득시효에서는 등기가 취득시효의 요건이기 때문에 등기청구권이 문제된다.

이 경우 등기청구권에 관해서는 많이 논의되지 않았다(언급하고는 있으나, 「실제에서는 문제가 되지 않는다」든가(방순원 129면 참조), 「입법의 불비」(최식 146면 참조)라고 적고 있다). 다만 물권적 기대권론을 가지고 설명하는 견해가 있다. 그 주장에 따르면, 취득시효기간이 만료함으로써 '부동산의 점유자는 마치 물권적 합의가 있은 취득자와 마찬가지의 물권적 기대권을 취득한다고 해석할 수 있다'고 하면서, '등기청구권은 이 물권적 기대권의 효력으로서 생긴다'고 한다(김증한·김학동 98면 참조). 그러나 이 이론은 다음과 같은 이유로 타당하지 않다. 이 경우에 물권적 기대권이 인정되려면, 시효취득자의 지위가 매우 확고하고 물권을 취득하는 것이 확실해야 한다.

시효취득자의 지위는 어느 정도로 확고한가? 예컨대, 甲의 부동산을 乙이 20년간 소유의 의사로 평온·공연하게 점유하여 시효가 완성되었다고 하자. 그런데 乙이 이전등기를 갖추기 전에 甲이 그 부동산을 丙에게 양도하였다면, 乙은 취득시효의 완성을 가지고 丙에게 대항할 수 있는가? 점유시효취득자의 등기청구권은 「물권적」 기대권의 효력으로서 생긴다고 하므로, 그 등기청구권도 「물권적」이어서, 위의 예에서 乙은 丙에게 대항할 수 있다고 할는지 모르나, 그것은 부당하다. 법률상 여전히 甲이 소유자이며, 乙의 취득시효기간 경과로 甲의 처분권이 제한되거나 금지되지는 않기 때문이다. 위 예에서 丙은 유효하게 소유권을 취득한다고 해야 한다. 판례도 이러한 결과를 인정하고 있다(대판 1967. 9. 29, 67다1508; 대판 1968. 5. 21, 68다 472; 대판 1970. 9. 29, 70다1875; 대판 1971. 12. 28, 71다1566 등 참조). 즉, 점유취득시효가 완성된 자의 지위는 「물권적 기대권」을 인정할 만큼 확고하지 못하다. 이때 등기청구권은 「물권적」인 청구권이라고 볼 수 없다. 따라서 점유취득시효의 경우에 물권적 기대권은 인정할 수 없으며, 이에 근거하여 등기청구권을 설명하려는 주장은 부당하다. 민법 제245조 1항은 "……등기함으로써 소유권을 취득한다."라고 규정하고 있으므로, 부동산소유권의 점유취득시효에서는 그 효과로서 바로 소유권을 취득하는 것이 아니라, 제245조 1항의 규정에 따라 등기청구권을 취득하게 되고, 이에 따라 등기를 함으로써 소유권을 취득한다고 새기는 것이 타당하다(대판 1966. 10. 21, 66다976 참조). 이러한 이론은 제248조와의 관계에서 소유권 이외의 부동산물권의 점유취득시효의 경우에서도 마찬가지임은 물론이다.

  4. 그 밖의 경우   그 밖에 민법상 등기청구권이 문제되는 경우는 부동산임차권과 부동산환매권의 등기에 관해서이다.

  (1) 부동산임차권   민법 제621조에 따르면, 부동산임차인은 「당사자간에 반대약정이 없으면」 임대인에 대하여 그 임대차 「등기절차에 협력할 것을 청구」할 수 있다고 하고, 등기를 하면 그때부터 제 3 자에 대하여 대항할 수 있다고 정하고 있다. 이때 등기청구권의 발생원인에 관해서는 여러 주장이 있으나(임대차계약에 등기청구권에 관한 약정이 있다는 견해(최식 91면 참조), 물권적 합의에서 생긴다는 견해(이영준 218면 참조), 임차인에게 물권적 임차권을 취득할 기대권이 생기고 이로부터 등기청구권이 생긴다는 견해(김증한·김학동 98면 참조)), 모두 옳지 않다. 제621조 1항은 바로 부동산임차인의 등기청구권을 인정하는 규정이며, 따라서 동조의 규정에 따라 등기청구권이 발생한다고 새겨야 한다. 그리고 그 성질이 채권적 청구권임은 물론이다.

  (2) 부동산환매권   민법 제592조는 매매등기와 동시에 환매권의 보류를 등기한 때에는 제 3 자에 대하여 그 효력이 있다고 정한다. 그러므로 환매등기에서

등기청구권은 당사자 사이의 계약 또는 약정에 따라 발생하고, 그 성질은 채권적 청구권이라고 해야 한다(송덕수 113면 참조).

제 5 관　등기의 효력

[32]　등기의 효력 일반

　1.　권리변동적 효력　　　법률행위와 그것에 대응하고 또한 부합하는 등기가 있으면, 부동산에 관한 물권변동이라는 효력이 생긴다. 따라서 등기에는 물권변동을 일어나게 하는 효력이 있고, 이것이 등기의 효력 중에서 가장 중요한 것이다.

　2.　대항적 효력　　　지상권·지역권·전세권·저당권 등의 변동은 등기해야 그 효력이 생기게 되나, 그 밖에 이들 권리에 관해서는 일정사항(존속기간·지료·이자·지급시기 등)을 등기할 수 있는 길이 인정되어 있다(부등 69-75조). 환매권과 부동산임차권에 관해서도 같다(부등 53조·74조). 이들이 등기된 때에는 제 3 자에 대해서도 대항할 수 있다. 즉, 등기가 허용되는 이들 일정사항은 등기하지 않으면 당사자 사이에서 채권적 효력이 있을 뿐이나, 이를 등기한 때에는 당사자 이외의 제 3 자에 대해서도 주장할 수 있게 된다.

　3.　순위확정적 효력　　　같은 부동산에 관하여 설정된 여러 개의 권리의 순위관계는, 법률에 다른 규정이 없으면, 등기의 전후 또는 선후에 의하여 정해진다(부등 4조 1항). 그리고 등기의 전후는, 등기기록 중 같은 구(區)에서 한 등기 상호간에는 순위번호에 따르고, 다른 구에서 한 등기 상호간에는 접수번호에 따른다(부등 4조 2항). 그러나 부기등기의 순위는 주등기의 순위에 따른다. 다만, 같은 주등기에 관한 부기등기 상호간의 순위는 그 등기 순서에 따른다(부등 5조).

　4.　등기의 점유적 효력　　　민법 제245조 2항은 등기부취득시효에 관하여 규정하고 있다([109] 참조). 즉, 부동산의 소유자로 등기되어 있는 자가 10년 동안 자주점유를 한 때에는 소유권을 취득한다. 그리고 이 규정은 소유권 이외의 재산권에도 준용된다(248조). 그러므로 등기부취득시효에서는 등기가 마치 동산취득시효에서 점유와 같은 효력을 가진다.

　5.　등기의 그 밖의 부수적 효력　　　그 밖에도 등기에는, 그 유효·무효와

는 관계없이, 어떤 등기가 형식적으로 존재한다는 사실만으로 일정한 효력이 인정
된다. 그러한 효력으로 다음과 같은 것이 있다.

(1) 추정적 효력

㈎ 의   의   어떤 등기가 있으면, 그에 대응하는 실체적 권리관계가 존
재하는 것으로 추정된다. 바꾸어 말하면, 등기에는 등기부상의 법률관계가 실체법
상으로도 존재하는 것으로 추측케 하는 효력이 인정된다. 이것을 등기의 추정적 효
력 또는 간단히 등기의 추정력(推定力)이라고 말한다. 민법은 등기의 추정력에 관한
규정을 두고 있지 않으나, 학설·판례는 모두 이를 인정하며, 이론이 없다(등기의 추
정력에 관한 판례는 매우 많다. 몇 개의 판례를 인용한다면, 대판 1965. 11. 30, 65다1907; 대판
1969. 2. 4, 68다2329; 대판 1972. 10. 10, 72다1352; 대판 1979. 6. 26, 79다741 참조). 등기절차
를 보면 법률상 유효한 실체적 권리관계에 기초하여 등기가 이루어지도록 보장되
어 있으며(예컨대, 공동신청주의, 등기신청단계에서 각종의 서면이나 정보의 요구, 요건을 갖추
지 못한 신청의 각하 등), 국가기관이 법률에 따라 엄격하게 관리하기 때문이다.

㈏ 추정력의 내용과 범위   위와 같이 등기에는 추정력이 있기 때문에, 예
컨대 어떤 부동산이 甲 소유로 보존등기가 되어 있으면, 그 부동산은 甲이 소유하
는 것으로 추정되고, 甲으로부터 乙에게 소유권이전등기가 되어 있는 부동산은 乙
의 소유에 속하는 것으로 추정된다. 이러한 추정으로부터 권리변동의 성립도 추정
되는가? 판례는 이를 인정하고 있다(대판 1966. 1. 31, 65다186; 대판 1969. 5. 27, 69다306
참조).

등기의 추정력은 등기부에 기록된 등기원인과 절차에도 미치는지 문제된다.
종래 실제와 다른 등기원인으로 이루어진 등기가 적지 않았으며, 판례는 그러한 등
기의 유효성을 인정하고 있음은 이미 밝힌 바와 같다([27] 3 (1) ㈐ ① 참조. 그리고 「부
동산등기 특별조치법」은 이를 금지하고 있으나, 그것은 단속규정이라는 것도 이미 적었다). 이러
한 사정을 고려할 때, 등기의 추정력은 등기원인과 절차에는 미치지 않는다고 볼
수도 있다(대판 1964. 9. 30, 63다758은 비법인사단이 재단법인에 소유권이전등기를 하였다고 해
서 이를 위해 필요한 결의가 있다고 추정되지 않는다고 하였다). 그러나 등기가 되어 있으면
그 원인과 절차도 적법한 것으로 추정하고 상대방이 그 원인과 절차가 적법하지 않
다는 반증을 제시해야 한다(이영준 234면 참조). 판례도 마찬가지이다. 즉, 부동산등

기부에 소유권이전등기가 되어 있으면 그 절차와 원인이 정당한 것이라고 추정된
다(대판 2003. 2. 28, 2002다46256 참조).

　　등기부상 권리변동의 당사자 사이에서 권리변동의 존부가 문제되는 경우에도
등기의 추정력을 주장할 수 있는지 문제된다(예컨대, 甲으로부터 乙에게 소유권이전등기
가 되었는데, 甲이 乙을 상대로 등기원인의 무효 또는 부존재를 이유로 이전등기의 말소를 청구하
는 경우, 乙은 등기의 추정력을 주장해서 자기가 진정한 소유자라고 주장할 수 있는지의 문제이
다). 판례는 이를 긍정하고 있다(대판 1982. 6. 22, 81다791; 대판 2000. 3. 10, 99다65462 참
조). 이러한 경우에 등기의 추정력을 주장하지 못한다면 등기를 함으로써 권리관계
를 명확하게 하려는 목적이 달성될 수 없다. 따라서 등기부상 권리변동의 당사자
사이에도 등기의 추정력을 인정해야 한다(이영준 237면 참조).

　　(다) **추정의 효과**　　등기명의인은 적법한 등기원인에 따라 권리를 취득한
것으로 추정되므로 이를 다투는 사람이 무효사유를 주장·증명해야 한다(대판 2013.
1. 10, 2010다75044·75051 참조). 추정의 효과는 등기부상 법률관계가 일단 진정한 것
으로서 다루어진다는 것일 뿐이고, 반대의 증거로 이 추정을 뒤집을 수 있다. 이 경
우 증명책임은 이를 주장하는 자에게 있다(대판 1964. 9. 22, 64다459; 대판 1965. 3. 9, 64
다1826; 대판 1965. 8. 24, 65다837; 대판 1970. 9. 22, 70다1392·1393 참조). 등기절차가 적법
하게 진행되지 않은 것으로 볼만한 의심스러운 사정이 있음이 증명되면 등기의 추
정력은 깨어진다(대판 2003. 2. 28, 2002다46256 참조). 사망자 명의의 신청으로 이루어
진 이전등기는 원인무효의 등기로서 등기의 추정력을 인정할 여지가 없다(대판
2017. 12. 22, 2017다360·377. 다만 이러한 등기는 그 등기원인이 이미 존재하고 있으나 아직 등
기신청을 하지 않고 있는 동안 등기의무자에 대하여 상속이 개시된 경우에 피상속인이 살아 있다
면 그가 신청하였을 등기를 상속인이 신청한 경우 또는 등기신청을 등기관이 접수한 후 등기를
하기 전에 본인이나 그 대리인이 사망한 경우와 같은 특별한 사정이 인정되는 경우에는 추정력이
인정될 수 있다. 대판 2004. 9. 3, 2003다3157 참조). 그러나 등기명의인이 종전 소유자로부
터 부동산을 취득할 때 등기부상 기록된 등기원인이 아닌 다른 원인으로 적법하게
취득하였다고 하면서 등기원인 행위의 태양이나 과정을 다소 다르게 주장한다고
해서 이러한 주장만 가지고 등기의 추정력이 깨어지지는 않는다(대판 1997. 9. 30, 95
다39526; 대판 2000. 3. 10, 99다65462 참조).

　　소유권보존등기는 새로 등기용지를 개설함으로써 부동산을 등기부상 확정하고 이후는 그에 대한 권리변동은 모두 보존등기를 시발점으로 하게 되는 까닭에 등기가 실체법상 권리관계와 합치할 것을 보장하는 관문이다. 그 등기는 소유권이전등기에서와 같이 당사자 간의 상대적인 사정만을 기초로 이루어질 수 없고 물권의 존재 자체를 확정하는 절차가 필요하다. 따라서 소유권보존등기는 소유권이 진실하게 보존되어 있다는 사실에 관해서만 추정력이 있고 소유권보존 이외의 권리변동이 진실하다는 점에 관해서는 추정력이 없다(대판 1996. 6. 28, 96다16247 참조). 보존등기 명의자가 보존등기를 하기 이전의 소유자로부터 부동산을 양수한 것이라고 주장하고 종전 소유자는 양도사실을 부인하면 보존등기의 추정력은 깨어지고 그 보존등기 명의자 측에서 양수사실을 증명할 책임이 있다(대판 1982. 9. 14, 82다카707 참조). 또한 보존등기 명의인 이외의 자가 토지를 사정받은 것으로 밝혀지면 소유권보존등기의 추정력이 깨어진다. 즉, 보존등기 명의인이 원시취득자가 아니라는 점이 증명되면 보존등기의 추정력은 깨어지고 보존등기 명의인의 주장과 증명에 따라 그 등기에 대하여 실체적 권리관계에 부합하는지를 가려야 한다(대판 1996. 6. 28, 96다16247; 대판 1996. 7. 30, 95다30734 참조).

　　「부동산소유권이전등기등에 관한 특별조치법」은 등기절차에 대한 예외를 인정하여 보증서와 확인서 등을 받아 소유권이전등기를 할 수 있도록 하였다. 이와 같은 특별조치법에 따라 소유권이전등기를 한 경우에 그 등기는 일반적으로는 그 법에 규정된 절차에 따라 적법하게 된 것으로서 실체적 권리관계에도 부합하는 등기로 추정된다. 그러나 등기의 기초가 된 위 특별조치법상 보증서나 확인서가 위조되었거나 허위로 작성된 것이라든지 그 밖에 다른 어떤 사유로 등기가 위 특별조치법에 따라 적법하게 된 것이 아니라는 점이 주장·증명되면 그와 같은 추정은 번복된다(대판 1993. 9. 14, 93다12268 참조). 구 「임야소유권이전등기 등에 관한 특별조치법」에 따라 등기를 마친 자가 보증서나 확인서에 기재된 취득원인이 사실과 다름을 인정하더라도 그가 다른 취득원인에 따라 권리를 취득하였음을 주장하는 때에는, 특별조치법의 적용을 받을 수 없는 시점의 취득원인 일자를 내세우는 경우와 같이 그 주장 자체에서 특별조치법에 따른 등기를 마칠 수 없음이 명백하거나 그 주장하는 내용이 구체성이 전혀 없다든지 그 자체로서 허구임이 명백한 경우 등의 특별한 사정이 없는 한 위 사유만으로 특별조치법에 따라 마쳐진 등기의 추정력이 깨어진다고 볼 수는 없으며, 그 밖의 자료로 새로이 주장된 취득원인 사실에 관하여도 진실이 아님을 의심할 만큼 증명되어야 등기의 추정력이 깨어진다(대판(전) 2001. 11. 22, 2000다71388·71395 참조).

(라) **점유의 추정력과의 관계** 점유의 추정력을 인정하는 민법 제200조는 동산에만 적용된다고 정하고 있지 않다. 따라서 이 규정이 부동산에도 적용되는지 문제된다. 여기서 등기의 추정력과 점유의 추정력이 어떤 관계에 있는지 문제된다. 학설은 대립하고 있으며, 다수설은 등기된 부동산(따라서 미등기의 부동산은 제외됨)에 관해서는 제200조가 적용되지 않는다고 하나(김기선 109면, 장경학 253면, 최식 201면 참조), 부동산(등기되어 있는지 미등기인지를 묻지 않고)에도 적용된다는 소수설이 있다(방순원 75면 참조). 부동산에서는 등기가 공시방법으로 되어 있다는 점을 생각한다면, 등기되어 있는 부동산에 관해서는 점유의 추정력이 배제된다는 다수설이 타당하다. 판례도 다수설에 따르고 있다(대판 1964. 9. 22, 64다471; 대판 1966. 5. 24, 66다541; 대판 1966. 7. 26, 66다864; 대판 1982. 4. 13, 81다780 참조).

(2) 그 밖의 효과 위와 같이 등기의 내용은 일단 진정한 것으로 추정되므로, 이로부터 다시 다음과 같은 추정이 인정될 수 있다.

(가) 등기의 내용을 신뢰하는 것은 선의인 데 과실이 없었던 것으로, 즉 무과실로 추정된다(대판 1982. 5. 11, 80다2881 참조). 따라서 등기내용을 조사하지 않은 경우에는 비록 선의이었더라도 과실이 있는 것으로 추정된다.

(나) 부동산물권을 취득하려는 자는 등기부를 조사하는 것이 보통이므로, 반증이 없는 한, 등기내용을 알고 있었던 것(즉, 악의)으로 추정된다.

6. 등기의 공신력 우리 민법에서 등기에 공신력([16] 3 참조)이 인정되지 않는다는 점에 관해서는 명시적 규정은 없지만 해석론으로서 다툼이 없다(대판 1969. 6. 10, 68다199 참조). 무권리자로부터 양수한 자가 권리를 취득할 수 있다는 것은 법률이론으로서는 예외에 속한다. 따라서 공신력을 인정하는 규정이 없는 이상 공신력은 없다고 해야 한다. 그러므로 예컨대, 甲이 서류를 위조하여 乙 소유의 부동산을 자기의 소유명의로 등기하여, 이를 丙에게 매각 이전한 경우에, 丙이 아무리 등기를 신뢰하고 甲 소유의 것이라고 믿었더라도, 丙은 권리를 취득하지 못한다

(대판 1973. 10. 31, 73다628 참조). 또한 甲이 乙 소유의 부동산을 매수하여 이전등기를 한 다음에, 甲·乙 사이의 법률행위가 무효이거나 취소되는 경우에도, 甲의 등기를 믿고서 다시 甲으로부터 매수하여 이전등기를 한 丙은 권리를 취득하지 못한다. 다만 그러한 무효 또는 취소로써 선의의 제 3 자에게 대항할 수 없다고 하는 경우(107조 2항·108조 2항·109조 2항·110조 3항)에는 결론이 달라진다. 즉, 이러한 경우에 만일 丙이 선의이면, 丙에 대한 관계에서는 甲·乙 사이의 법률행위는 유효한 것으로 다루어지기 때문에, 丙은 권리를 취득하게 된다. 그러나 이는 공신력의 유무와는 관계없는 것으로, 등기에 공신력이 있기 때문에 그러한 결론에 도달한 것은 아니고, 위와 같은 개별 규정의 효과일 뿐이다.

제 6 관   가 등 기

[33] 가 등 기

1. 의   의   부동산물권변동을 일어나게 할 청구권을 가지고 있는 자를 보호하기 위한 일시적·예비적 보전수단으로서 인정되는 등기가 가등기(假登記)이다. 이를 임시등기 또는 보전등기라고 할 수 있다. 그것은 일정한 청구권을 보전, 즉 보호하여 안전하게 할 목적으로 공시하는 등기이다.

의무부담행위인 채권행위와 처분행위인 물권행위를 엄격히 구별하는 법체계에서는 청구권의 발생과 물권변동 사이에 일정한 시간적 간격이 있게 된다. 따라서 예컨대, 부동산의 매수인과 같은 부동산물권변동에 관한 채권자 또는 청구권자는 그가 물권자로서 등기되는 때에 비로소 자신의 권리를 안전하게 확보할 수 있다. 실제로 그러한 등기가 될 때까지는 채무자가 다시 그의 권리를 다른 사람에게 이전함으로써 물권변동에 관한 채권자의 권리를 실현할 수 없는 무의미한 것으로 만들 수 있다. 그리하여 부동산물권변동에 관한 채권자 또는 청구권자는 그가 원한 대로 물권이 변동될 때까지 자신의 채권 또는 청구권을 잠정적·일시적으로 보호할 필요가 있다. 여기서 부동산물권변동에 관한 청구권자를 보호할 목적으로 청구권을 확보하거나 보전할 수 있는 방법으로 인정된 것이 가등기제도이다.

가등기는 부동산물권변동을 목적으로 하는 청구권이 이미 성립하고 있음을 등기부에 미리 기록하는 것이다. 이로써 가등기 이후에 부동산에 관하여 물권을 취득하는 사람(바꾸어 말해서, 물권자로서 등기되는 사람)에게, 자기에 앞서서 어떤 사람을 위한 청구권이 있다는 것을 알리고, 이러한 사실을 알면서 등기하는 때에는 그의 물권을 잃게 될는지도 모른다는 것을 계산에 넣도록 알리기 위한 것이다.

　2. 요　　건　　　　가등기를 하려면, 보전할 유효한 청구권이 존재하고 있어야 한다. 어떠한 청구권이 가등기로 보전될 수 있는지는 부동산등기법 제88조가 규정하고 있다. 즉, (i) 장차 권리변동을 발생케 할 청구권(예컨대, 부동산매수인의 소유권이전청구권·채권자의 저당권설정청구권 등)을 보전하려 할 때, (ii) 그러한 청구권이 시기부 또는 정지조건부인 때, 그리고 (iii) 청구권이 장래에 확정될 것인 때(예컨대, 예약완결권 등)이다. 이들 청구권을 보전하기 위하여 언제나 가등기를 할 수 있는가? 일정한 제한이 있다. 본래 가등기는 그것으로 공시되는 청구권을 바탕으로 해서 장차 일정한 본등기가 이루어진다는 것을 경고하는 작용을 하므로, 가등기의 내용은 장차 이루어질 본등기의 내용과 일치해야 한다(바꾸어 말하면, 본등기를 할 수 있는 등기에 관해서는 청구권보전을 위한 가등기를 할 수 있으나, 본등기를 할 수 없는 등기에 관해서는 비록 보전할 청구권이 있더라도 가등기를 하지 못한다).

　3. 절　　차

　(1)　가등기도 일종의 등기이기 때문에, 가등기권리자와 가등기의무자의 공동신청으로 하는 것이 원칙이다(부등 23조 1항). 그러나 가등기의무자의 승낙이 있으면, 가등기권리자가 단독으로 신청하는 것이 인정된다(부등 89조 참조). 그리고 가등기의무자가 공동신청에 협력하지 않거나 승낙을 하지 않는 때에는, 가등기권리자는 판결을 얻어서 단독으로 등기를 신청할 수 있음은 물론이다(부등 23조 4항 참조). 그 밖에 가등기를 명하는 법원의 가처분명령(假處分命令)을 얻어 가등기를 할 수도 있다(부등 89조 참조). 가등기를 명하는 가처분명령은 가등기권리자의 신청으로 가등기 원인사실의 소명이 있는 경우에 할 수 있다(부등 90조 1항). 가등기는 위와 같이 절차가 간편하다는 이점이 있기 때문에, 종래 널리 이용되고 있다.

　(2)　가등기의 말소는, 가등기명의인이 단독으로 신청할 수 있다(부등 93조 1항). 또한, 가등기명의인의 승낙이 있는 때에는, 가등기의무자 또는 가등기에 관하여 등기상 이해관계 있는 자가 그 말소를 신청할 수 있다(부등 93조 2항).

(3) 가등기가 된 청구권은 재산적 가치를 가지는 것이므로, 채권양도의 방법
으로 얼마든지 거래할 수 있다. 그런데 가등기된 청구권은 가등기라는 특수한 방법
으로 등기부에 공시되므로, 그것이 양도되었다는 것을 등기부에 공시할 필요가 있
다. 가등기된 권리에 대해서도 이전등기를 할 수 있다. 판례는 가등기된 권리를 양
도한 경우에는 양도인과 양수인의 공동신청으로 가등기상 권리의 이전등기를 가등기
에 대한 부기등기의 형식으로 할 수 있다고 한다(대판(전) 1998. 11. 19, 98다24105 참조).

한편 가등기된 권리 자체를 양도하는 것이 아니라 장래에 양도하기로 예약하
였다면, 가등기된 권리에 대하여 다시 가등기를 할 수 있다. 이때 하는 등기도 역시
가등기이다. 가등기를 바탕으로 해서 다시 가등기를 하는 경우에, 그 가등기는 「가
등기의 가등기」가 된다.

이해를 돕기 위하여 구체적 사례를 가지고 설명하기로 한다.

A로부터 부동산을 매수한 B가 그의 부동산소유권 이전청구권을 가등기한 후에 그
청구권을 C에게 양도하였다면, C는 그의 양수채권에 관한 등기를 할 필요가 있다. 이
때 C는 종전에 가등기된 청구권이전등기를 부기등기의 방식으로 해야 하고 가등기의
가등기를 하는 것은 아니다. 왜냐하면 이 경우에 C는 A로부터 직접 부동산소유권을 이
전받는 것이지, B가 A로부터 일단 소유권을 취득한 뒤에, 이를 다시 C에게 이전하는
것은 아니기 때문이다. 그런데 만일 C가 양수한 채권에 관하여 다시 가등기를 할 수
있다면, 나중에 C가 본등기를 하려면, B가 먼저 소유권취득을 위한 본등기를 하고, 이
어서 B가 본등기로 취득한 소유권이 다시 C에게 이전하는 형식으로 C가 본등기를 해
야 한다. 그러나 이러한 등기부상의 권리변동관계는 실제의 권리변동관계(즉, A로부터
C에게로 이전하는 것)에 부합하지 않는다. 따라서 이러한 경우에는, C는 B의 가등기에
관하여 다시 가등기를 할 것이 아니라, B의 가등기에 관하여 채권이전의 부기등기를
해야만 한다. 이 부기등기의 성질이 가등기의 가등기가 아닌지 문제된다. 부기등기의
효력은 독립등기(주등기)의 효력에 의하여 정해지므로(부등 5조 본문 참조), 가등기를
기점으로 하는 부기등기는 그 성질상 역시 가등기라고 할 수 있다.

한편 A로부터 부동산을 매수한 B가 소유권이전청구권을 가등기한 다음 그 청구권
을 C에게 양도하기로 예약을 하였다면 그 가등기에 대하여 다시 가등기를 할 수 있다.
이것이 전형적인 「가등기의 가등기」이다.

4. 효   력   현행법상 가등기에는 다음과 같은 효력이 인정되어 있다.

(1)　**본등기순위보전의 효력**(본등기 후의 가등기의 효력)

(가)　가등기에 의하여 나중에 본등기를 한 경우 "본등기의 순위는 가등기의 순위에 따른다"(부등 91조). 예컨대, 甲으로부터 乙에게 소유권이전에 관하여 가등기를 하고, 이어서 甲으로부터 丙에게 소유권이전의 본등기를 한 후, 乙의 가등기에 의하여 본등기를 하면, 乙의 본등기는 비록 그것이 丙의 본등기보다 늦게 한 것이지만, 丙의 본등기에 우선하며, 丙의 소유권취득은 乙에 대한 관계에서는 그 효력을 잃는다. 만일 위 예에서 乙은 저당권설정에 관하여 가등기를 하고, 丙은 저당권설정의 본등기를 하고 있다면, 乙의 본등기에 의하여 丙의 저당권은 후순위가 된다. 이와 같이 순위보전의 효력이 가등기에는 있고, 가등기에 의하여 본등기를 하면, 그것에 저촉하는 중간처분이 본등기를 갖추고 있더라도, 가등기에 저촉하는 범위에서 모두 효력을 잃거나 또는 후순위가 된다. 그리하여 가등기를 한 후 본등기의 신청이 있으면 가등기의 순위번호를 사용하여 본등기를 하고 있다(부등규 146조).

(나)　위와 같이 가등기는 본등기의 순위를 보전하는 효력이 있지만, 물권변동의 시기가 가등기를 한 때까지 소급한다는 것을 뜻하지는 않는다(대판 1981. 5. 26, 80다3117; 대판 1992. 9. 25, 92다21258 참조). 즉, 물권변동의 효력은 본등기를 하는 때에 발생한다. 따라서 앞에서 든 예에서 丙이 취득한 소유권은 乙이 본등기를 할 때까지는 아무런 영향을 받지 않는다(예컨대, 그동안 차임은 丙에게 속한다).

〈가등기에 의한 본등기의 절차〉

이것이 문제가 되는 것은, 가등기 후에 제3자를 위한 중간처분의 등기가 되어 있는 경우이다. 예컨대, 甲으로부터 乙에게 소유권이전의 가등기가 있은 후에, 甲이 丙을 위하여 소유권이전등기를 하고 있다면, 乙의 본등기를 어떻게 할 것인지의 문제이다. 이 점에 관하여 의용민법시대에는 다음과 같은 세 견해가 있었다.

제1설 — 乙은 먼저 丙의 본등기의 말소를 구하고, 그것이 말소된 후에 甲에게 乙 명의의 본등기 신청에 협력할 것을 요구해야 한다는 견해이다(이 견해는 丙의 본등기의 말소를 요구하는 근거가 무엇인지가 문제이고, 또한 丙의 본등기를 말소한 후 乙이 자기의 본등기를 하지 않고 내버려 두면 어떻게 되는지가 문제점으로 지적된다).

제2설 — 乙은 먼저 甲을 상대로 하여 乙 앞으로 본등기를 한 후에, 丙의 본등기의 말소를 요구해야 한다는 견해이다(이 견해는 甲에게 본등기를 요구하는 근거가 문제이고, 또한 丙의 본등기를 말소하지 않고서 내버려 두면 어떻게 되는지가 문제로 지적된다).

제3설 ― 乙은 甲을 상대로 乙 명의의 본등기를 청구하고, 동시에 丙을 상대로 하여 丙의 본등기의 말소를 청구해야 한다는 견해이다(이 견해는 가등기만 하고 있는 상태에 있는 乙이 무엇을 근거로 甲, 특히 丙에게 본등기 또는 본등기의 말소를 요구하는지가 문제이며, 乙에게 가등기인 채로 어떤 대항력을 인정하지 않는 한, 그러한 청구를 인정할 수 없을 것이다).

대법원은, 처음에는 위 견해 중 제1설에 따르고 있었으나(대판 1961. 12. 14, 4294민상253 참조), 나중에 태도를 바꾸어 특이한 이론을 전개하고 있다. 즉, 乙은 甲을 상대로 乙의 본등기를 해야 하며, 이 본등기가 있으면 丙의 등기는 (구) 부동산등기법 55조 2호의 '사건이 등기할 것이 아닌 때'에 해당하므로, 등기관이 175조 1항에 따라 丙의 본등기를 직권으로 말소해야 한다고 한다(대결 1962. 12. 24, 4294민재항675 참조). 이러한 판결은 그 후에도 계속되어 확고한 판례가 되었다(대판 1966. 6. 21, 66다699; 대결 1968. 2. 6, 67마1223; 대결 1975. 12. 27, 74마100 참조). 판례를 분석해 볼 때, 기본적으로는 위 제2설과 같으며, 다만 직권말소한다는 부분이 다를 뿐이다. 따라서 제2설에서와 같은 문제가 있을 뿐만 아니라, 직권말소의 근거도 문제이다.

2011년 개정 부동산등기법은 가등기로 보전되는 권리를 침해하는 가등기 이후 등기를 등기관이 직권으로 말소해야 한다는 명문의 규정을 두어 丙의 본등기를 직권으로 말소하는 법적 근거가 없다는 문제를 해결하고 있다. 즉, 제92조 1항은 "등기관은 가등기에 의한 본등기를 하였을 때에는 대법원규칙으로 정하는 바에 따라 가등기 이후에 된 등기로서 가등기에 의하여 보전되는 권리를 침해하는 등기를 직권으로 말소하여야 한다."라고 정하고 있다. 따라서 乙은 甲을 상대로 본등기를 하고 등기관이 丙의 등기를 직권으로 말소해야 한다. 부동산등기규칙은 가등기에 기한 본등기를 하는 방법에 관하여 상세한 규정을 두고 있다(부등규 147-149조).

(2) **청구권보전의 효력**(본등기 전의 가등기의 효력)

㈎ 본등기 전의 가등기의 효력에 관하여, 의용민법시대의 통설은 다음과 같이 설명한다. 즉, 가등기는 위에서 적은 바와 같이 본등기순위보전의 효력만을 가지며, 가등기에 기초하여 본등기를 하더라도 물권변동은 그 본등기를 하는 때에 일어나고, 다만 그 순위가 가등기를 한 때를 기준으로 해서 결정될 뿐이다. 그러므로 본등기가 없는 한, 가등기 그것만으로는 아무런 실체법상의 효력도 생기지 않는다. 따라서 가등기가 있더라도, 등기의무자인 본등기명의인은 부동산을 처분할 권리를 잃지 않는다. 위 사례에서 乙의 가등기가 있더라도, 甲은 丙에게 부동산을 처분할

수 있으며, 丙은 본등기를 할 수 있다고 한다. 다만 나중에 乙이 가등기에 기초하여 본등기를 하면, 丙의 본등기는 乙의 가등기에 저촉하는 한도에서 그 효력을 잃거나 그것에 우선당하게 될 뿐이다. 현재 대법원도 위와 같은 의용민법시대의 통설과 같이 새기고 있다(대판 1966. 5. 24, 66다485; 대판 1970. 3. 10, 69다1699 참조).

　　(나)　대법원이 취하는 위 이론은 옳은가? 그 이론에는 부당한 점이 있으며, 그러한 이론은 반성되어야 한다. 그 이론에 따르면, 가등기 자체는 아무런 실체법적 효력이 없고, 따라서 乙의 가등기가 있은 후에도 甲은 얼마든지 처분할 수 있다고 한다. 다만 나중에 乙이 그의 가등기에 기초하여 본등기를 할 때, 그 절차를 어떻게 할 것인지에 관하여 판례는 특수이론을 전개하고 있고, 의용민법시대에는 세 견해가 대립하고 있었음은 이미 밝힌 바와 같다. 그런데 위 판례이론 또는 세 견해는 모두 丙의 본등기 후에 乙이 그의 가등기에 기초한 본등기를 할 수 있다는 것을 전제로 하고 있는 점은 같다. 그러나 丙의 소유권취득이 완전히 유효한 것이라면, 乙이 본등기를 해서 그도 또한 유효하게 소유권을 취득하게 될 까닭이 없다. 이 점은 판례이론 또는 세 견해 중의 어느 것에 대해서든 같은 말을 할 수 있다. 따라서 어느 견해에 따르든 乙은 甲에게 자신의 본등기 신청에 협력할 것을 청구하거나 그 전제로서 丙에 대하여 丙 본등기 말소를 청구할 수는 없다고 해야 한다. 그렇다면 가등기제도는 그 존재의의를 잃게 될 것이다. 가등기를 제도로서 의의 있게 하려면, 乙은 甲에게 자신의 본등기 신청에 협력할 것을 청구할 수 있거나, 또는 丙에 대하여 丙의 본등기의 말소를 청구할 수 있다고 해야 한다. 乙이 甲이나 丙에 대하여 그러한 협력을 청구할 수 있다고 하려면, 乙의 가등기는 가등기인 채로 어떤 실체법적 효력이 있다고 해야 한다.

　　부동산등기법 제 3 조는 물권변동을 일어나게 하는 「청구권을 보전하려 할 때」 가등기를 한다고 규정한다. 「보전」이란 「안전하게 보호하고 지킨다」는 뜻이다. 따라서 가등기를 함으로써 가등기된 청구권은 안전하게 지켜져야만 하는데, 구체적으로 보전의 내용이 무엇인지에 관하여 부동산등기법은 침묵을 지키고 있고, 통설이나 판례는, 가등기된 상태로는 아무런 효력도 없다고 함으로써, 오히려 「보전」을 외면하고 있다. 그러면서도 통설이나 판례는 위 사례에서 乙은 丙의 본등기 후에도 乙의 본등기를 할 수 있다고 한다. 이러한 해석이 가능하려면, 가등기는 가등기인 채로 어떤 효력이 있다고 해야 한다. 그 효력이란 무엇인가? 자세히 설명할 여유가 없으므로 결론만을 적는다면, 그 효력은 「가등기 후에 그 부동산이나 권리에 관하여 한 처분은 청구권(가등기된)을 침해하는 한도에서 효력이 없다」, 즉 상대적으로 무효라고 하는 것이다. 그리고 이 효력을 「청구권보전의 효력」이라고 할 수 있다.

　5. 이상에서 설명한 것은 일반적인 가등기의 효력이다. 그것과는 따로 담보가등기(擔保假登記)가 인정되고 있다. 즉, 「가등기담보 등에 관한 법률」에 따라 채권담보의 목적으로 한 가등기를 특히 담보가등기라고 일컬으며, 이에 대해서는 동법에서 특수한 효력을 정하고 있다. 이에 관해서는 가등기담보를 설명할 때 보기로 한다([250] 2 참조).

〈예고등기〉

　　2011년 개정 전의 부동산등기법은 예고등기제도를 두고 있었다. 예고등기(豫告登記)는 등기원인의 무효 또는 취소로 인한 등기의 말소 또는 회복의 소(패소한 원고에 의한 재심의 소도 포함된다)가 제기된 경우, 이를 제 3 자에게 경고하기 위하여 수소법원의 촉탁으로 하는 등기를 가리킨다(개정 전의 부동산등기법 4조·39조). 그러나 그 등기원인의 무효·취소를 가지고 제 3 자에게 대항할 수 있는 경우이어야 하며(개정전의 부동산등기법 4조 단서), 무효·취소를 가지고 선의의 제 3 자에게 대항하지 못하는 경우(107조 2항·108조 2항·109조 2항·110조 3항 참조)에는 예고등기가 허용되지 않았다. 위와 같은 경우에 이루어졌던 예고등기는, 어떤 부동산에 관하여 존재하는 등기에 관하여 어떤 소가 제기되어 있다는 사실을 공시함으로써, 제 3 자에게 경고를 준다는 사실상 효과를 가질 뿐이며, 등기 본래의 효력인 물권변동의 효력발생과는 아무런 관계가 없는 특수한 등기이다. 따라서 예고등기가 있다고 해서, 부동산에 관하여 처분금지의 효력이 생기지는 않는다(대판 1966. 3. 22, 65다2616·2617; 대판 1994. 9. 13, 94다21740 참조). 또한 소가 반드시 정당한 이유에 따라 제기된다고도 할 수 없으므로, 예고등기가 있더라도, 소제기의 이유가 되는 등기원인의 무효 또는 실효가 실제로 존재한다는 추정도 인정되지 않는다. 위와 같은 예고등기는 등기의 말소 또는 회복을 청구하는 소가 원고의 이익 또는 불이익으로 끝난 때에는 말소되었다.

　　그러나 예고등기는 다른 나라에 입법례가 거의 없고, 소를 제기하였다는 이유로 예고등기를 하는 것은 부동산권리자의 권리를 심각하게 제한할 수 있기 때문에, 2011년 부동산등기법 개정 시에 예고등기제도를 폐지하였다.

제 4 절　동산물권의 변동

[34] 개　　관

　민법이 인정하는 동산물권에는 소유권·점유권·유치권·질권의 4종류가 있으나, 본절에서 설명하는 동산물권의 변동은 나중에 밝히는 바와 같이 주로 소유권에 관한 것이다. 그리고 동산물권변동의 모습도 부동산물권변동의 경우와 마찬가지로 이를 「법률행위에 의한 물권변동」과 「법률행위에 의하지 않는 물권변동」, 즉 「법률 규정에 의한 물권변동」으로 나눌 수 있다. 그런데 뒤의 법률 규정 중 주요한 것은 소유권의 취득에 관한 것이며, 민법은 이를 소유권에 관한 장에서 규율하고 있다. 그러므로 이에 대해서는 편의상 소유권에 관한 부분에서 설명하기로 한다. 그리고 동산물권의 소멸에 관해서는 제 6 절에서 설명한다. 결국 본절에서 다루는 것은 법률행위에 의한 동산물권의 취득이다. 그리고 동산물권의 공시방법인 점유에는 공신력이 인정되기 때문에, 법률행위에 의한 동산물권의 취득은 이를 「권리자로부터의 취득」과 「무권리자로부터의 취득」으로 나누어서 설명하는 것이 적절하다. 여기서도 이러한 차례로 설명하기로 한다.

제 1 관　권리자로부터의 취득

[35] I. 원　　칙(성립요건주의)

　1. 민법 제188조 1항　　민법은 동산물권의 변동에 관해서도 성립요건주의의 원칙을 채용하고 있으며, 제188조 1항은 "동산에 관한 물권의 양도는 그 동산을 인도해야 효력이 생긴다."라고 정함으로써, 위의 원칙을 분명하게 규정하고 있다. 즉, 부동산물권변동의 경우와 마찬가지로, 법률행위 이외에 공시방법인 인도를 동산물권변동의 요건으로서 요구하고 있다.

　2. 원칙의 적용범위　　위와 같은 원칙이 적용되는 것은 동산에 관한 물권의 「양도」, 즉 법률행위에 의한 이전이다. 한편 「동산에 관한 물권」이라고 하지만, 실제로는 제188조 1항의 적용을 받는 것은 소유권에 한정된다. 동산물권에는 소유권 외에 점유권·유치권·질권이 있으나, 이 세 권리에서는 점유가 권리의 발

생 또는 존속의 요건으로서 소유권에서보다 더욱 엄격하게 요구되며, 각각 특별규
정이 적용된다(192조 · 320조 · 328조 · 330조 · 332조 참조).

[36] Ⅱ. 법률행위

동산소유권양도에서 법률행위에 관해서도 이미 설명한「물권변동을 일으키는
법률행위」에 관한 설명이 그대로 타당하다([17] 이하 참조). 따라서 물권행위는 원인
행위인 채권행위 속에 포함되어서 하나의 행위로 이루어지는 것이 원칙이고, 또한
유인행위이다.

그런데 물권행위의 독자성과 무인성을 인정하는 견해는, 동산소유권양도의 물
권적 합의에 관해서도 같은 주장을 한다. 즉, 물권적 합의는 원인행위인 채권행위
와는 별개의 행위이고, 또한 무인의 행위라고 하며, 반대의 의사가 명백하지 않는
한, 물권적 합의는「인도가 있을 때에」있었던 것으로 해석한다(김증한 · 김학동 53면,
이영준 75면, 장경학 261면, 최식 76면 참조). 물권행위의 독자성과 무인성을 주장하는 가
장 주요한 근거는, 그렇게 함으로써 거래의 안전을 보호하자는 데 있다. 그런데 동
산물권변동에서는 점유에 공신력이 인정되고, 따라서 거래의 안전이 잘 보호되므
로, 무인성을 주장해야 할 근거는 완전히 사라지고 만다. 동산물권변동에서는 물권
행위의 독자성과 무인성을 인정할 필요가 전혀 없다. 특히 독자성을 인정하더라도,
이른바「간편한 인도방법」이 인정되므로, 그 독자성이란 두드러지게 나타나지도
않는다.

〈동산물권변동에서 제3자의 보호〉

물권행위의 독자성을 인정하고 나아가서는 무인성까지도 인정할 것인가, 아니면
독자성과 무인성을 부정하고 설령 물권행위가 원인행위와는 따로 독립해서 이루어지는
경우가 있더라도 이때에는 원인행위의 실효로 그 물권행위도 당연히 실효한다고 새기
는 유인성을 인정할 것인가? 이처럼 대립하는 두 견해 중 어느 쪽을 취하느냐에 따라서
어떠한 차이가 있게 되는지에 관해서는 이미 자세히 보았다. 특히「원인행위의 실효에
의한 복귀」의 문제를 설명하면서, 제3자의 보호가 문제되는 경우가 무인주의 · 유인주
의 가운데 어느 쪽을 취하든 생긴다는 것도 부동산물권변동을 설명하면서 자세히 보았
다([26] 2 (1) 참조). 그런데 같은 문제는 동산물권변동에서도 있을 수 있다. 그러나 동
산물권변동에 관하여 생기는 그러한 제3자 보호의 문제는 이를 특별히 다룰 가치가

없다. 동산에는 「점유의 공신력」이 인정되어 있기 때문이다. 따라서 문제가 되는 경우 (원인행위의 무효·취소·해제의 경우(유인성을 인정하는 때)와 물권행위의 무효·취소 의 경우(무인성을 인정하는 때))에, 제 3 자는 민법 제249조가 정하는 이른바 「선의취 득」에 따라 보호될 뿐만 아니라, 한편으로는 민법 제107조 2항·제108조 2항·제109 조 2항·제110조 3항·제548조 1항 단서에 따라서도 보호된다. 이러한 경우에는 선의 의 제 3 자가 어느 쪽이든 자기가 원하는 쪽의 보호를 받을 수 있음은 물론이다. 그리 고 이러한 조항에서 제 3 자의 범위를 어떻게 정할지에 관해서도 자세히 다루었으나, 그것이 의미 있는 것은 등기의 공신력이 인정되지 않는 부동산물권변동의 경우이며, 동산물권변동에서는 위 조항들, 특히 그중에서도 문제가 되는 제109조 2항·제110조 3 항·제548조 1항 단서에서 말하는 제 3 자를 어떻게 정하든 실제로 크게 달라지는 경우 는 없다. 점유의 공신력이 인정되어 있어서 선의취득을 할 수 있기 때문이다. 그러나 이론의 일관성을 위하여, 동산물권변동의 경우에도, 위 조항에서 제 3 자의 범위는 부 동산물권변동에 관하여 설명한 것과 같게 새겨야 한다.

[37] Ⅲ. 인   도

1. 인도의 의의　　　점유의 이전이 인도(引渡)이다. 그리고 점유는 물건을 사실상 지배하는 것을 말한다(192조 1항 참조). 인도는 동산물권변동의 공시방법이 다. 그러나 이러한 공시방법으로서의 인도는 현실의 인도에 한정되지 않고, 관념적 인 인도(현실의 점유이전이 아니라 당사자의 의사표시만으로 하는 점유이전)도 공시방법으로 서 인정되기 때문에, 그렇지 않아도 공시방법으로서는 불완전한 인도를 더욱더 불 완전하게 만들고 있다. 여기서 동산거래의 안전은 주로 나중에 설명하는 점유의 공 신력(선의취득)으로 보장하고 있다([15] 3·[16] 3 참조).

　　점유나 인도에 관해서는 점유권(제 2 편 제 1 장)을 설명할 때 자세히 보겠지만, 여기서는 동산물권변동에 관한 설명을 이해하는 데 필요한 한도에서 간단히 보기 로 한다.

2. 인도의 종류　　　동산소유권이전의 요건으로서 요구되는 인도는 현실의 인도임을 원칙으로 하나(188조 1항 참조), 민법은 이 밖에 간이인도·점유개정·목적 물반환청구권의 양도(이들을 통틀어서 「간편한 인도방법」이라고 한다)와 같은 의사표시만 으로 하는 인도도 이를 유효하다고 하고 있다. 자세한 설명은 점유에 관한 설명에 미루기로 하였으므로, 이곳에서는 공시방법인 인도의 의미를 밝히는 데 그친다.

(1) **현실의 인도**   예컨대, 물건을 교부하는 것과 같이, 물건에 대한 사실상 지배를 이전하는 것이다. 어떠한 경우에 사실상 지배의 이전이 있다고 인정하느냐는 결국 사회통념에 따라 정할 수밖에 없다. 즉, 사회통념상 물건이 양도인의 지배권을 벗어나서 양수인의 지배권 내에 들어갔다고 인정되면 되고, 물건이 집에 배달된 경우에도 「현실의 인도」가 있는 것이 된다. 현실의 인도가 있었다고 하려면 양도인의 동산에 대한 사실상 지배가 동일성을 유지한 채 양수인에게 완전히 이전되어 양수인은 목적물에 대한 지배를 계속적으로 확고하게 취득해야 하고, 양도인은 동산에 대한 점유를 완전히 종결해야 한다(대판 2003. 2. 11, 2000다66454 참조).

민법은 「간편한 인도방법」에 관해서는 이를 각각 별개의 조항(즉 188조 2항·189조·190조)으로 규정하고 있으므로, 제188조 1항에서 말하는 「인도」는 「현실의 인도」를 가리키는 것이 분명하다. 따라서 동산소유권이전의 요건인 인도는 이 현실의 인도를 원칙으로 한다.

(2) **간이인도**   예컨대, 乙이 여태까지 甲으로부터 차용하고 있었던 물건을 甲으로부터 아주 매수해 버리는 경우와 같이, 양수인 乙 또는 그의 직접점유자가 이미 목적물을 점유하고 있는 때에는, 甲·乙 사이에서 점유를 이전하는 의사표시(물권적 합의)를 하는 것만으로 양수인 乙은 인도를 받은 것이 된다. 이를 간이인도(簡易引渡)라고 한다. 말하자면, 일단 그 물건을 甲에게 반환하였다가, 다시 甲으로부터 乙에게 현실의 인도를 한다는 것과 같은 일을 할 필요가 없다는 것이다. 민법은 이러한 간이인도에 의한 동산소유권의 양도를 인정하고 있다(188조 2항). 따라서 양수인이 이미 물건을 점유하고 있는 경우에는 소유권양도의 합의만으로 소유권은 양도된다.

(3) **점유개정**   예컨대, 甲이 乙에게 매각한 물건을 다시 乙로부터 차용하는 경우와 같이, 양도인 甲이 양도한 후에도 양수인 乙의 직접점유자로서 목적물의 점유를 계속하려는 때에는, 양수인이 간접점유를 취득하게 되는 법률관계([59] 참조)를 甲과 乙이 합의하면, 이 합의에 따라 乙은 인도를 받은 것이 된다. 그러므로 일단 甲으로부터 乙에게 현실의 인도를 하고, 다시 乙로부터 차용하기 위하여 인도를 받는다는 것과 같은 일을 할 필요가 없게 된다.

이 점유개정(占有改定)은, 위에서 적은 간이인도와 달리, 양도한 후에도 계속해서 양도인이 점유하므로, 외부에서는 양수인에게 권리가 이전하였다는 것을 알 수 없기 때문에, 이를 공시방법으로서 인정할 것인지 문제될 수 있다. 그러나 이것을 금지해도 공시의 효과는 기대할 수가 없으므로(현실의 인도를 요구하더라도, 나중에 임대차나 사용대차를 위하여 다시 양도인에게 교부하는 것을 금지할 수는 없기 때문이다), 규정을 두어서 인정한 것이다(189조). 따라서 점유개정에 의한 동산소유권의 양도에서는 소유권이전의 합의와 양수인에게 간접점유를 취득시키는 계약이라는 두 개의 합의가 있게 된다. 그리고 이 두 합의(계약)는 불요식행위이고 묵시적으로 할 수 있으므로, 두 합의는 하나의 행위로 합체되어서 이루어지는 것이 보통이다. 실제로 점유개정은 동산양도담보를 설정하기 위하여 많이 이용되고 있다(상세한 것은 아래 [259] 2 (2) (나) 참조).

(4) **목적물반환청구권의 양도**   예컨대, 甲이 丙에게 맡겨 둔 물건을, 맡겨 둔 채로 乙에게 매각하는 경우와 같이, 양도인 甲이 제 3 자 丙이 점유하고 있는 목적물을 乙에게 양도하는 경우, 양도인 甲이 점유자 丙에 대하여 가지는 반환청구권을 양수인 乙에게 양도하면 乙은 인도받은 것이 된다. 그러므로 甲이 일단 丙으로부터 목적물을 찾아다가 乙에게 인도하고, 乙은 다시 丙에게 맡긴다는 번거로움을 피할 수 있다. 이것을 목적물반환청구권의 양도라고 한다(190조).

여기서 말하는 반환청구권은 물권적 청구권인 반환청구권이 아니라 언제나 채권적 청구권인 반환청구권이다(통설. 반대설로는 방순원 67면 참조). 소유권이전 합의와 반환청구권 양도로 소유권은 이전하고, 소유권이 이전하기 때문에 소유물반환청구권이라는 물권적 청구권도 양수인에게 이전한다. 그리고 반환청구권 양도에 의한 동산소유권 양도에서도 반환청구권 양도의 합의와 소유권이전의 합의는 보통 하나의 행위로 이루어진다. 이때 목적물을 점유하고 있는 제 3 자에게 통지를 하거나 또는 그의 승낙을 얻는 것이 필요한가? 양도하는 반환청구권은 물권적인 것이 아니라 채권적 청구권이므로, 채권양도 규정이 적용되고, 따라서 그러한 통지나 승낙은 필요하다고 새겨야 한다(이견 없음).

3. 동산에 관한 물권변동에는 인도가 필요하지만, 나름의 심을 유의해야 한다.

(1) **등기·등록으로 공시되는 동산**   동산 중에는 인도가 아니라 등기·등록으로 공시하는 다음과 같은 것이 있다.

⑺　선박은 등기 또는 등록이 그 공시방법이며, 선박에 관한 권리 변동은 등기를 하고 선박국적증서에 기재해야만 제3자에게 대항할 수 있다(상 743조 참조). 이와 같이 등기·등록을 공시방법으로 하고 있지만, 부동산물권변동에서와는 다르게, 성립요건주의가 아니라 대항요건주의를 취하고 있음을 주의해야 한다. 그리고 등기로 공시하는 것은 20톤 이상의 선박이다(선박법 1조의 2·8조, 선박등기법 2조). 그러나 20톤 미만의 선박, 즉 소형선박은 등록을 해야 소유권의 득실변경의 효력이 생긴다(선박법 8조의 2).

⑻　자동차와 항공기의 소유권 취득·상실·변경은 등록을 해야 그 효력이 생긴다(자동차관리법 6조, 항공법 5조 1항 참조). 그리고 자동차·항공기 및 건설기계(건설공사에 사용되는 기계로서「건설기계관리법」에서 정하는 것)를 목적으로 하는 저당권의 득실변경도 등록해야 그 효력이 생긴다(자저 5조 1항. 건설기계에 관한 권리의 득실은 동산과 같이 인도가 있을 때 성립하나, 다만 이를 시·도지사에게 신고해야 한다. 건설기계 5조 1항 참조).

(2)　**부동산등기로 공시되는 동산**　　주물인 부동산이 처분되면, 원칙적으로 그 종물인 동산에도 처분의 효력이 미친다(100조 2항). 그러므로 건물의 이전등기가 있으면, 그 종물인 동산의 양도에 관해서는 따로 인도가 필요하지 않다고 해야 한다. 주물인 건물에 저당권이 설정되는 경우에도 마찬가지로 종물인 동산에 저당권의 효력이 미친다(358조).

제 2 관　무권리자로부터의 취득(선의취득)

[38]　Ⅰ. 선의취득의 의의와 작용

　　동산의 선의취득(善意取得) 제도는 동산을 점유하는 자의 권리외관을 중시하여 이를 신뢰한 자의 소유권 취득을 인정하고 진정한 소유자의 추급을 방지함으로써 거래의 안전을 확보하기 위하여 법이 마련한 제도이다(대판 1998. 6. 12, 98다6800 참조).

　　여러 곳에서 이미 보았듯이, 민법은 부동산등기에는 공신력을 인정하지 않으면서 동산의 점유에는 공신력을 인정하고 있다([16] 3·[32] 6 참조). 이와 같이 점유에 공신력이 인정되는 결과, 예컨대 甲이 乙 소유의 동산을 빌려 점유하고 있었는데, 甲을 소유자라고 오신(誤信), 즉 잘못 믿은 丙이 甲으로부터 그 동산을 매수한 때에는, 丙은 소유권을 취득하게 된다. 양도인인 甲은 무권리자이므로, 본래 丙이 甲으로부터 소유권을 취득할 수 없지만, 甲의 점유, 즉 「권리가 존재하는 것과 같은 외관」(이를 줄여서 '권리외관'이라고 한다)을 신뢰하였다면, 丙은 소유권을 취득한다. 오늘날 동산 거래는 빈번하게 이루어지고, 하나의 물건에 관하여 동시에 또는 잇달아 여러 사람이 관련을 맺는다. 그런데 거래할 때마다 그때그때 소유권의 유무를 확인해야 한다면, 그것은 쉬운 일이 아닐 뿐만 아니라 시간과 비용이 들고 거래의 안전과 신속이 방해된다. 여기서 일일이 소유권의 유무를 확인하지 않더라도, 양도인의 점유, 즉 권리외관을 신뢰한 사람이 보호된다고 한다면, 거래의 안전과 신속을 꾀할 수 있게 된다. 이와 같이 거래의 안전을 위하여 동산의 점유에 공신력을 인정하는 제도가 선의취득이다.

[39]　Ⅱ. 선의취득의 요건

민법 제249조가 규정하는 선의취득의 요건은 다음과 같다.

1. 일반적 요건　　　선의취득이 인정되는 것은 「동산」에 한한다. 동산 중에서 특히 문제가 되는 것을 검토하면 다음과 같다.

(1) 금　　전　　　금전이나 화폐도 동산이다. 그렇다면 금전에 관해서도 제249조가 당연히 적용되는가? 학설은 대립하고 있다(긍정설: 방순원 132면, 최식 110면. 반대설: 김용한 284면, 김증한·김학동 131면, 이영준 276면, 장경학 452면 참조). 금전은 재화의 교환을 매개하고 그 가치를 측정하는 일반적 기준이다. 금전의 취득은 그것으로 상징되는 일정액수의 가치를 취득하는 것이다. 금전은 동산의 일종이긴 하지만, 보통 물건이 가지는 개성을 갖고 있지 않으며, 가치 그 자체라고 생각해야 한다. 따라서 동산에 적용되는 규정 가운데에는 금전에는 적용되지 않는다고 보아야 할 것이 적지 않다. 민법이 금전에 대하여 제250조의 적용을 배제하고 있는 점을 생각한다면(250조 단서), 금전에 대해서도 제249조가 적용된다고 예정하고 있는 것처럼 보이나, 위와 같은 금전의 특수성을 고려할 때, 경우를 나누어 다음과 같이 보아야 한다. 즉, 금전이 가치의 상징으로서 유통되고 있는 경우에는 물건으로서의 개성이 문제되지 않는다. 따라서 선의취득을 문제삼을 것도 없이 「금전은 그 점유가 있는 곳에 소유권도 있다」고 보고, 부당이득반환 문제만이 남는다. 그러나 금전이 언제

나 가치의 상징으로서 유통되고 있는 것은 아니며, 단순한 물건(즉, 동산)으로서 거래되기도 한다(예컨대, 봉금(封金)의 임치나, 진열 목적으로 특정화폐를 교부하는 경우 등). 이러한 경우에는 금전에 대하여 보통의 동산과 마찬가지로 선의취득에 관한 규정이 적용된다고 보아야 한다. 금전의 선의취득을 위와 같이 새긴다면, 제250조 단서는 가치의 상징으로서 유통되는 금전이 아니라, 단순한 물건으로서 거래되는 금전에 관해서만 적용된다고 새겨야 한다.

(2) **등기·등록으로 공시되는 동산**　　선박·자동차·항공기·일정한 건설기계 등과 같이 법률이 특별히 정하고 있는 등기·등록을 갖춘 동산은, 점유를 권리표상으로 하는 선의취득의 목적물이 되지 못한다(자동차에 관한 같은 취지의 판례 — 대판 1964. 9. 8, 64다650; 대판 1966. 1. 25, 65다2137 참조). 그러나 등기·등록이 필요하지 않는 선박에 관해서 선의취득이 인정됨은 물론이다.

(3) **명인방법으로 공시되는 지상물**　　수목의 집단·입도(立稻)·미분리과실 등은 본래 토지의 일부(수목이나 입도의 경우)이거나 토지 일부의 일부(미분리과실의 경우)에 지나지 않으며, 또한 명인방법이라는 특별한 공시방법이 있으므로, 선의취득의 객체가 되지 않는다.

(4) **증권적 채권**　　민법은 지시채권·무기명채권의 선의취득에 관하여 특별규정을 두고 있으므로, 제249조 이하의 규정은 적용되지 않는다(514조·524조 참조).

(5) 위에서 설명한 것 이외의 동산에 대해서는, 비록 그것이 직접 또는 간접으로 등기·등록으로 공시되는 것이더라도, 모두 제249조의 선의취득 규정이 적용된다고 보아야 한다. 즉, 「입목에 관한 법률」에 따라 등기된 입목이 토지로부터 분리(벌채)된 후 여전히 저당권의 효력이 미치는 경우에도 분리된 수목은 선의취득의 목적이 된다. 공장저당권의 효력이 미치는 「공장의 토지나 건물에 설치된 동산」이 제 3 취득자에게 인도된 경우에도 역시 선의취득의 목적이 된다(공저 9조 2항 참조). 한편 부동산의 종물인 동산이 그의 주물인 부동산의 등기에 따라 공시되는 경우에도 마찬가지이다(예컨대, 저당권의 효력이 미치는 저당부동산의 종물, 건물이전등기에 따라 공시되는 건물의 종물 등).

2. 양도인에 관한 요건

(1) **양도인의 점유**　　선의취득은 양도인의 점유에 공신력을 주는 제도이므

로, 양도인이 점유하고 있어야 한다. 양도인의 점유가 직접점유일 필요는 없고 간접점유라도 상관없으며, 어느 경우든 선의취득은 성립한다. 또한 양도인이 자주점유를 하고 있든 타주점유를 하고 있든 묻지 않는다.

(2) 양도인이 정당한 소유자가 아닐 것

(가) 양도인이 소유권을 가지지 않는 경우가 가장 전형적인 것이다.

(나) 타인의 동산을 자기의 이름으로 처분할 권한이 없는 자도 포함된다. 예컨대, 위탁매매인·질권자·집행관 등이 그의 권한에 따라 자기의 이름으로 처분하는 경우에, 그 처분재산 속에 타인의 동산이 섞여 있어서 그 동산을 처분할 권한이 없는 때에, 이들에게 처분권이 있다고 잘못 믿고 거래를 하면, 선의취득이 성립한다.

(다) 대리인이 본인 소유가 아닌 동산을 처분한 경우에, 양수인이 본인의 소유물이라고 잘못 믿은 때에도 선의취득이 성립한다.

3. 양수인에 관한 요건

(1) 양도인과 양수인의 동산물권취득에 관한 유효한 법률행위　　양수인(양도인의 점유를 신뢰해서 거래한 자)이 양도인과 동산물권취득에 관한 유효한 법률행위를 하였어야 한다. 이를 설명하면,

(가) 「동산물권」에 관한 거래, 즉 법률행위가 있어야 한다. 동산물권이라고 하지만, 실제로는 소유권과 질권에 한정된다(343조 참조). 유치권은 법률상 당연히 성립하는 권리이고, 그 성립요건도 법정되어 있어서, 선의취득이 성립할 여지가 없다.

(나) 물권을 취득하는 「법률행위」가 있어야 한다. 선의취득은 거래의 안전을 보호하는 제도이므로, 보호의 객체가 되는 거래에 관한 법률행위가 있어야만 한다. 매매·증여·질권설정·대물변제 등이 그 예이다(물권행위의 독자성을 인정하는 견해에 따르면 여기에서 법률행위는 물권행위를 뜻하지만, 독자성을 부인한다면 물권행위를 포함하고 있는 채권행위를 가리키는 것이 된다). 따라서 상속에 따른 취득과 같이, 법률상 당연히 취득의 효과가 발생하는 경우에는 선의취득이 적용되지 않는다.

(다) 법률행위가 「유효」해야 한다. 선의취득은 양도인이 무권리자라고 하는 점을 제외하고는 아무런 흠이 없는 거래행위이어야 성립한다(대판 1995. 6. 29, 94다22071 참조). 물권취득의 법률행위가 제한능력·착오·사기·강박·대리권의 흠결 등으로 취소되거나, 그 밖의 무효·취소 원인이 있어서 효력을 잃고 있는 때에는 선의취득

이 성립할 수 없다. 그러나 이러한 효력이 없는 법률행위를 한 자로부터 다시 양도 받은 자에 관해서는 선의취득이 성립할 수 있음은 물론이다.

　　(2) **평온·공연·선의·무과실**　　선의는 양도인이 무권리자임을 알지 못하는 것이고, 무과실은 그와 같이 알지 못한 데 과실이 없음을 말한다. 그리고 거래는 평온·공연하게 이루어져야 한다.

　　그 증명책임은 누구에게 있는가? 제197조 1항에 따라 점유자는 선의로 평온·공연하게 점유하는 것으로 추정된다. 이 규정은 양수인 자신의 점유에 관한 것이지, 양도인의 점유에 관한 것은 아니지만, 선의취득의 경우에도 양수인이 선의로 법률행위를 한 것으로 추정하고 있다. 그러나 제197조에서 무과실은 추정되지 않는다. 여기서 무과실의 증명책임이 누구에게 있는지에 관하여 학설은 대립하고 있다. 소수설은 선의취득의 주장자에게 증명책임이 있다고 한다(김기선 231-232면, 김상용 215면, 방순원 136면, 이영준 288면 참조). 판례도 이러한 견해를 채택하고 있다(대판 1962. 3. 22, 4294민상1174·1175; 대판 1968. 9. 3, 68다169; 대판 1981. 12. 22, 80다2910; 대판 1999. 1. 26, 97다48906 참조). 이에 대하여 다수설은 선의취득의 경우에는 제200조에 따라 점유자는 권리가 있다는 추정을 받고 있으므로, 그와 거래하는 자가 양도인에게 권리가 있다고 믿더라도 과실은 없다고 한다(김용한 286면, 김증한·김학동 126면, 장경학 456면, 최식 113면 참조). 다수설에 찬성한다.

　　판례는 선의·무과실의 기준시점에 관하여 물권행위가 완성되는 때라고 한다. 따라서 물권적 합의가 동산의 인도보다 먼저 행해지면 인도된 때를, 인도가 물권적 합의보다 먼저 행해지면 물권적 합의가 이루어진 때를 기준으로 선의·무과실을 판단해야 한다(대판 1991. 3. 22, 91다70 참조).

　　(3) **양수인의 점유취득**　　점유취득에는 이미 설명한 바와 같이 네 가지의 모습이 있다([37] 2 참조). 선의취득의 요건으로서 요구되는 점유취득은 어떠한 종류의 것이어야 하는지 문제된다. 양수인이 현실의 인도를 받은 경우에 선의취득이 성립할 수 있음은 당연하다. 간이인도와 반환청구권의 양도에 의한 취득으로 충분하다는 데 학설이 일치한다. 이미 현실적인 점유를 하고 있는 양수인에게는 간이인도에 의한 점유취득으로 선의취득의 요건을 충족한다(대판 1981. 8. 20, 80다2530 참조). 그리고 양도인이 소유자로부터 보관을 위탁받은 동산을 제 3 자에게 보관시킨 경우

에 양도인이 그 제 3 자에 대한 반환청구권을 양수인에게 양도하고 지명채권 양도
의 대항요건을 갖추었을 때에도 선의취득의 요건을 충족한다(대판 1999. 1. 26, 97다
48906 참조).

　　그러나 점유개정에 의한 점유의 취득도 상관없는지에 관해서는 학설이 대립하
고 있다. 다수설은 점유개정으로는 선의취득이 성립하지 못한다고 한다(김증한·김학
동 125면, 방순원 134면, 이영준 283면, 장경학 461면, 최식 112면 참조). 판례도 같은 견해를
취하고 있다(대판 1964. 5. 5, 63다775; 대판 1978. 1. 17, 77다1872 참조). 동산소유자가 이중
으로 매도하고 각각 점유개정의 방법으로 매도인이 점유하는 경우 매수인들 사이
에서는 나중에 현실 인도받은 자만이 소유권을 취득한다(대판 1975. 1. 28, 74다1564 참
조). 이에 대하여 점유개정에 의해서도 선의취득이 성립할 수 있다는 소수설이 있
다(김기선 232면 참조).

　　민법은 점유개정을 인도의 한 방법으로서 인정하고 있으므로, 소수설이 완전
히 틀린 주장이라고는 할 수 없다. 그러나 점유개정은 거래에 관한 법률행위가 있
었음을 외부에 대하여 전혀 표시하지 못하기 때문에, 과연 취득행위가 있었는지조
차 판정하기가 곤란하다. 따라서 실제로는 거래행위가 없었는데도 있었던 것과 같
이 다루어질 염려도 있다. 여기서 이러한 정확하지 못한 행위로 원권리자의 권리를
빼앗는다는 것은 아무리 거래의 안전을 위해서라고 하더라도 원권리자에게 너무나
가혹하고 부당하다. 양수인이 외부에서 비교적 잘 인식할 수 있는 점유를 취득하는
경우에만 선의취득의 성립을 인정해야 하며, 점유개정에 의한 점유취득에 의해서
는 선의취득이 성립할 수 없다고 새겨야 한다.

[40] Ⅲ. 선의취득의 효과

　　이상과 같은 요건이 갖추어지면, 선의취득자는 그 동산에 관한 물권을 취득
한다.

　　(1) 동산물권을 취득한다고 하지만, 실제로는 소유권과 질권에 한한다([39] 3
(1) ㈎ 참조). 민법은 제249조에서 "…… 그 동산의 소유권을 취득한다"라고 규정하
고, 한편 제343조는 제249조 내지 제251조를 질권에 준용하고 있다.

　　동산을 선의취득한 자는 권리를 취득하는 반면, 종전 소유자는 소유권을 상실

하게 되는 법률효과가 법률 규정에 따라 발생된다. 따라서 취득자가 임의로 이와 같은 선의취득 효과를 거부하고 종전 소유자에게 동산을 반환받아 가라고 요구할 수 없다(대판 1998. 6. 12, 98다6800 참조).

(2) 선의취득에 의한 소유권 또는 질권의 취득은 원시취득이다(통설. 그러나 승계취득으로 새기는 소수설도 있다. 이영준 290면 참조). 선의취득에 따라 양수인은 양도인이 가지고 있었던 권리를 승계취득하는 것이 아니라, 양도인이 무권리자인데도 양수인이 권리를 취득하게 된다. 따라서 양도인의 권리에 관하여 존재하고 있었던 제한은 원칙적으로 소멸한다.

(3) 선의취득으로 권리를 취득한 양수인은 원권리자에 대하여 부당이득반환의무를 부담하는가? 본래 선의취득제도는 단순히 형식적으로 선의취득자에게 권리가 귀속한다는 것을 인정하려는 것이 아니라, 거래의 안전을 보호하기 위하여 취득자에게 이득을 보유시키려는 것이므로, 부당이득반환의무는 부담하지 않는다. 그런데 취득이 무상행위에 의한 경우에는 이득을 반환해야 한다는 견해가 있다(김상용 219면, 김용한 289면, 이영준 291면, 장경학 461면·462면 참조). 당사자 사이의 이해를 공평하게 해결할 수 있다는 것을 그 근거로서 든다. 그러나 취득이 무상행위에 의한 경우에는 그 이득을 반환해야 한다는 특별규정을 두고 있으면 몰라도, 그러한 규정이 없는 민법에서는 무상행위에 의한 취득의 경우를 따로 특별하게 다룰 필요는 없다(김증한·김학동 127면 참조).

(4) 종전 소유자는 양수인의 선의취득으로 소유권을 상실하였으므로, 양도인을 상대로 채무불이행 또는 불법행위에 기한 손해배상책임(390조·750조)을 추궁할 수 있다. 또한 양도인이 양도행위로 대가를 취득한 경우에는 부당이득반환의무가 생긴다(741조).

[41] Ⅳ. 도품과 유실물에 관한 특칙

제250조나 제251조는 도품(盜品)과 유실물(遺失物)에 관한 특칙을 두고 있다. 이들은 제249조의 선의취득의 요건이 충족된 경우들에 관한 규정이다. 제250조에 따르면, 선의취득의 요건을 갖추고 있더라도, 선의취득한 "동산이 도품이나 유실물인 때에는, 피해자 또는 유실자는 도난 또는 유실한 날로부터 2년 내에 그 물건의 반

환을 청구할 수 있다. 그러나 도품이나 유실물이 금전인 때에는, 반환을 청구하지 못한다"(250조). 이 특칙에 관하여 설명하면 다음과 같다.

1. 특칙의 적용범위   제250조가 적용되는 것은 도품과 유실물이다. 그러나 금전은, 그것이 도품·유실물이더라도, 제249조에 정한 선의취득이 성립하고, 이때 금전은 가치의 상징으로서의 금전이 아니라 단순한 동산으로서 거래되는 것을 뜻한다는 점은 이미 적었다([39] 1 (1). 250조 단서).

(1) 도품은 절도 또는 강도가 점유자의 의사에 반해서 그의 점유를 박탈한 물건이고, 유실물은 점유자의 의사에 의하지 않고서 그의 점유를 이탈한(바꾸어 말해서, 떨어져 나간) 물건으로서 도품이 아닌 것이다. 따라서 편취당한 경우에는 이 규정이 적용되지 않는다.

유실물의 습득에 관해서는 제253조의 규정과 유실물법이 있으나, 이들은 습득자가 규정된 절차를 밟아서 소유권을 취득하는 경우에 관한 것이다. 이와 달리 제250조는 습득자가 그러한 절차를 밟지 않고서 횡령·처분한 경우, 즉 습득자의 소유물이 되지 않고 원소유자에게 복귀하지도 않고서 제3자에게 양도하는 경우에 적용된다.

(2) 본인이 직접점유를 하지 않고 간접점유를 하고 있는 경우, 점유이탈 의사의 유무는 직접점유자에 관하여 결정해야 한다. 즉, 직접점유자의 의사에 의하지 않고서 그의 점유를 떠난 경우에는, 그 물건은 도품·유실물에 해당한다. 한편 본인이 점유보조자를 통해서 점유하는 경우에도 직접점유자의 경우와 마찬가지로 해석해야 한다. 예컨대, 점유보조자가 점유물을 처분한 경우에는 그 점유이탈은 점유보조자의 의사에 의한 것으로서, 도품·유실물이 되지 않는다고 해야 한다. 또한 원권리자로부터 점유를 수탁한 사람이 적극적으로 제3자에게 부정 처분한 경우와 같은 위탁물 횡령도 포함되지 않는다. 이는 점유보조자나 수탁자가 동산을 횡령하는 경우 형사법상 범죄가 되는지와는 상관없다(대판 1991. 3. 22, 91다70 참조).

2. 특칙의 내용   피해자 또는 유실자는 도난당하거나 유실한 날부터 2년 내에 그 물건의 반환을 청구할 수 있다. 이 반환청구는 일반적으로 무상으로 할 수 있으나, 제251조가 적용되는 경우에는 '대가를 변상'해야 한다.

(1) **반환청구권자**   반환청구권자는 '피해자 또는 유실자'이다. 대부분 원

소유자이겠지만, 직접점유자(수치인·임차인 등)도 피해자 또는 유실자가 된다. 이와 같이 직접점유자가 반환청구권을 가지는 경우에 간접점유자인 원소유자도 반환청구를 할 수 있는지 문제되는데, 그들은 모두 반환청구권을 가진다고 보아야 한다. 질권자가 질물을 도난 또는 유실한 경우에도 이 반환청구권을 가지게 됨은 물론이다(343조 참조).

(2) **반환청구기간**   반환청구기간은 '도난 또는 유실한 날부터 2년간'이다. 기산점인 도난의 시기에 관해서는 절취행위가 성립한 때인지 또는 피해자의 점유를 이탈한 때인지 문제되나, 피해자가 점유를 상실한 때라고 해야 한다. 이 기간의 성질에 관해서는 제척기간으로 새기는 것이 다수설이다(김기선 236면, 이영준 296면, 장경학 466면, 최식 115면. 시효기간으로 보는 견해로는 김상용 222면, 김증한·김학동 129면 참조). 반환청구권의 성질은 형성권이 아니라 청구권이므로, 위의 반환청구기간을 시효기간으로 정할 수도 있었겠지만, 민법이 이 기간을 제척기간으로 정하고 있다고 보아야 한다.

(3) **반환청구의 상대방**   반환청구의 상대방은 위의 기간 내에 도품 또는 유실물을 취득하여 현재 점유하고 있는 자이다. 도품·유실물에 관하여 직접 선의취득을 한 자에 한정되지 않으며, 선의취득자로부터의 특정승계인도 포함된다.

(4) **소유권의 귀속**   피해자 또는 유실자가 반환을 청구할 수 있는 2년 동안 도품·유실물의 소유권은 원소유자에게 속하고 있는지 또는 선의취득자에게 속하고 있는지 문제된다. 통설은 선의취득의 성립과 동시에 소유권은 선의취득자에게 귀속한다고 해석한다. 만일 원소유자에게 속한다고 새긴다면, 선의취득자는 2년간 타인의 물건을 점유하는 것이 되고, 또한 실제 소유권을 언제 취득하는지도 뚜렷하지 않게 되어 부당하다. 통설이 타당하다.

(5) **대가의 변상**   피해자 또는 유실자는 위에서 적은 바와 같이 2년간은 반환을 청구할 수 있고, 또한 그 반환청구는 대가를 지급하지 않고서 할 수 있다. 다만 취득자가 도품 또는 유실물을 '경매나 공개시장에서 또는 동종류의 물건을 판매하는 상인에게서 선의로 매수한 때'에는 피해자 또는 유실자는 선의취득자가 '지급한 대가를 변상'하지 않으면, 그 물건의 반환을 청구할 수 없다(251조).

(개) 여기서 말하는 경매는 통상의 강제경매이든 담보권실행경매이든 상관없

다. 공개시장이란 널리 점포를 뜻하며, 또한 동종류의 물건을 판매하는 상인에는 행상인 등도 포함된다. 이러한 매매에 관해서는 일반적인 동산양도보다 훨씬 더 거래의 안전을 보호할 필요가 있으므로, 선의취득자에게 반환의무를 인정하면서도 이러한 제한을 두어서 선의취득자를 보호하기로 한 것이다.

(나) 제251조는 그 요건에서 선의로 매수한 때라고 정하고 있을 뿐이고 무과실을 명문으로 규정하고 있지는 않다. 그러나 이 규정은 제249조와 제250조를 전제로 하는 규정이므로 무과실도 당연한 요건이라고 해석해야 한다(대판 1991. 3. 22, 91다70 참조).

(다) 제251조는 선의취득자에게 대가변상의 청구권을 준 것인지 또는 대가변상을 하지 않으면 반환청구를 거부할 수 있는 항변권을 인정한 것에 지나지 않는지 문제될 수 있다. 현재 학설은 청구권을 준 것으로 해석하는 데 일치하고 있다. 따라서 선의취득자가 일단 목적물을 반환한 후에도, 피해자나 유실자에 대하여 대가를 변상하든지, 이를 원하지 않으면 목적물을 반환하라고 청구할 권리를 잃지 않는다고 해석해야 한다(대판 1972. 5. 23, 72다115 참조).

제5절　지상물에 관한 물권의 변동
(명인방법에 의한 물권변동)

[42]　Ⅰ. 서　　설

민법은 부동산물권에 관해서는 등기를, 그리고 동산물권에 관해서는 점유를 각각 공시방법으로 삼고 있을 뿐이고, 물건 특히 부동산에 관하여 그 일부분 위의 물권관계를 공시하는 방법을 특별히 정하고 있지 않다(다만 나중에 설명하는 것처럼 입목에 관해서는 특별법에서 등기할 수 있도록 정하고 있다). 민법은 부동산을 토지뿐만 아니라 토지의 정착물도 부동산으로 하고 있으나(99조 1항), 부동산등기법은 토지등기부와 건물등기부를 두었을 뿐이어서, 건물 이외의 토지의 정착물에 관해서는 등기할 길이 막혀 있다. 일물일권주의의 원칙상 이는 당연한 일이라 하겠으나, 실세생활에서는 수목의 집단이라든가 입도 또는 과수의 열매 등과 같은 미분리의 과실에 관해서도 그 지반이나 원물과 분리하여 독립해서 거래의 목적으로 하는 일이 이미 의용민법시대부터 있었다. 뿐만 아니라, 이들의 물권관계를 공시하는 방법으로서 관습상 이른바 명인방법(明認方法)이 이용되고 있었다. 그리하여 판례는 일찍부터 이러한 수목의 집단·입도·미분리의 과실 등의 지상물에 관하여 그 위에 독립한 물권이 성립하는 것을 인정하고, 관습상 공시방법인 명인방법을 이들 물권관계를 공시하는 데 적당한 것으로 인정하고 있다. 이들 지상물 중 수목의 집단에 관해서는 「입목에 관한 법률」이 제정되어 독립한 부동산으로서 거래할 수 있는 길이 열려 있으나, 등기제도를 일반적으로 번거롭고 비용이 많이 드는 것으로 생각하는 점을 고려한다면, 관행으로서 확립되어 있는 간편한 명인방법을 이용하여 거래가 이루어질 것으로 예상된다. 이하에서는 이러한 등기 또는 명인방법에 의한 지상물에 관한 물권변동에 관하여 설명하기로 한다.

[43] Ⅱ. 입목에 관한 물권의 변동

1. 입목의 개념   「입목에 관한 법률」(이하에서는 「입목법」이라 약칭한다)에 따르면, 토지에 부착된(바꾸어 말해서, 들러붙어 있는) 수목의 집단으로서 특히 그 소유자가 이 법에 따라 소유권보존등기를 하면, 수목의 집단은 입목법에서 말하는 입목(立木)이 되어, 지반으로부터 분리된 독립한 부동산이 되고, 그 소유권의 양도 또는 저당권의 설정은 입목등기부에 등기함으로써 공시된다(동법 2조·3조). 소유권보존등기는 1필의 토지 일부분에 부착한 수목에 관해서도 할 수 있다(동법 15조 1호). 입목법이 적용될 수 있는 수목의 집단에 관하여 특별한 제한은 없다. 그리하여 '1필의 토지 또는 1필의 토지의 일부분에 생립하고 있는 모든 수종의 수목'의 집단이 입목이 될 수 있다(동법 시행령 1조 참조).

2. 입목등기   소유권보존등기를 할 수 있는 수목의 집단은 그 소재지를 관할하는 도·시·군·구에 비치되는 입목등록원부에 등록되어야 한다(동법 8조 이하 참조). 입목등기부는 물적 편성주의에 따라 편철되며(동법 13조), 각 등기소에 비치된다(동법 12조). 그리고 입목등기부의 양식은 토지 또는 건물 등기부의 그것과 같다(동법 14조). 입목등기의 신청은 입목소유자가 단독으로 하며, 그 신청의 진정을 보장하기 위하여 각종의 서면을 제출케 한다(동법 15조 이하).

3. 입목에 관한 물권변동   입목에 관하여 인정되는 물권은 소유권과 저

당권뿐이다. 입목법은 물권변동에 관하여 특별규정을 두고 있지 않으므로, 역시 민법 제186조와 제187조에 따라 이들 물권이 변동된다.

　　4. 법정지상권　　입목의 경매나 그 밖의 사유로 토지와 그 입목이 각각 다른 소유자에게 속하게 되는 경우에는 토지소유자는 입목소유자에게 지상권을 설정한 것으로 보며, 지료는 당사자의 약정에 따른다(동법 6조).

[44] Ⅲ. 그 밖의 지상물에 관한 물권변동(명인방법에 의한 물권변동)

　　앞에서 설명한 입목을 제외한 수목의 집단과 미분리의 과실·입도·엽연초·인삼·농작물 등 각종 지상물은 명인방법(明認方法)이라는 공시방법에 따라 그 지반이나 원물로부터 독립한 거래의 객체로 삼는 관행이 확립되어 있다. 판례도 이와 같은 명인방법을 인정하고 있다. 판례법을 중심으로 이 명인방법에 의한 물권변동에 관하여 살펴보기로 한다.

　　1. 명인방법　　지상물을 토지로부터 분리하지 않은 채로 토지의 소유권(또는 사용수익권)과 분리하여 그 자체를 독립해서 거래하는 데 이용되는 공시방법이 명인방법이다. 그것은 제3자로 하여금 지상물의 소유권이 누구에게 귀속하고 있다는 것을 명백히 인식하게 하는 적당한 방법을 통틀어서 일컫는 것이다. 예컨대, 수목 집단의 경우에는 경계를 따라 적당한 거리를 두고 나무껍질을 깎아서 거기에 소유자의 성명을 쓴다든가, 또는 미분리의 과실의 경우에는 논·밭의 주위에 새끼를 둘러치고 소유자의 성명을 쓴 목찰을 세우는 등의 방법이 그것이다. 또 다른 예를 든다면, 인삼을 매매한 경우에 물권변동의 사실을 공시한 푯말을 인삼포를 지나는 자가 볼 수 있는 곳에 설치하는 것도 명인방법이 된다(대판 1972. 2. 29, 71다2573 참조). 그 밖에도 판례에 따르면, 임야의 여러 곳에 「입산금지 소유자 ○○○」라는 푯말을 송판에 써서 붙이는 것도 수목의 집단에 대한 소유권취득의 명인방법으로서 부족하지 않다고 한다(대판 1967. 12. 18, 66다2382·2383 참조). 그러나 지상물의 소재지에 있는 다수의 주민에게 소유권을 취득하였음을 발표한 것은 명인방법을 취한 것으로 인정되지 않는다. 또한 명인방법은 대체로 어떤 범위의 지상물이 거래의 목적물이라는 것을 알 수 있는 방법으로 해야 한다. 따라서 넓은 필지에 자라고 있는 수목의 집단에 관하여 한 곳에 명인방법을 하더라도 그것은 명인방법을 갖춘 것

으로 인정되지 않는다(대판 1973. 9. 25, 73다1229 참조).

위와 같이 명인방법은 거래관행에 따라 인정된 공시방법이어서, 매우 소박하고 또한 간단한 것이다. 거래의 과정, 즉 권리취득의 원인(매매, 증여 등)이나 종전 권리자 등을 표시할 필요는 없다. 지상물이 독립한 물건이며 현재의 소유자가 누구라는 것을 명시하면 그것으로 충분하다. 그러나 일단 명인방법을 하였더라도, 나중에 제 3 자가 권리를 취득할 당시에 명인, 즉 명백히 인식할 수 없는 상태였다면, 그것은 명인방법으로서 효력이 없다. 즉, 명인방법은 계속되어야 하며, 비ㆍ바람으로 불분명하게 된 때에는 새로 명인방법을 갖추어야 한다. 계속되지 않은 명인방법은 유효한 공시방법이 되지 못한다.

2. **명인방법에 의한 물권변동**   명인방법은 본래 수목의 집단에 관한 거래에서 시작되어 그 후 다른 지상물로 퍼져간 것이다. 그렇다고 지상물이면 무엇이든 명인방법에 의한 거래가 인정되는 것은 아니다. 등기를 공시방법으로 하는 토지와 건물, 그리고 「입목에 관한 법률」에 의한 입목에는 명인방법에 의한 거래는 허용되지 않는다. 그러나 그 밖의 토지 정착물과 미분리의 과실로서 독립한 거래가치를 갖는 지상물은 모두 명인방법에 의한 거래를 할 수 있다. 그리고 이러한 지상물이더라도 그것은 언제나 특정되어 있어야 한다. 예컨대, 특정 임야에 있는 수목 일정수량과 같이, 특정되지 않은 수목을 거래하고 명인방법을 갖추더라도 그것은 적법한 명인방법으로서 인정되지 않는다(대판 1973. 9. 25, 73다1229 참조).

명인방법은 등기와 같은 완전한 공시방법이 아니므로, 복잡한 물권변동의 내용이나 과정을 공시할 수 없다. 그렇기 때문에, 지상물에 대한 물권이 인정되는 것은 소유권에 한정된다. 또한 지상물소유권의 변동은 양도 및 이와 같은 것으로 보아야 할 소유권의 유보(예컨대, 토지만을 매각하고 산림은 보류하는 경우)에 한하여 인정된다. 따라서 명인방법에 의해서는 저당권을 설정할 수 없다. 그러나 양도담보는 소유권이전의 형식에 따라 설정되므로, 소유권양도의 명인방법을 함으로써 양도담보를 설정할 수 있다. 그리고 법률행위의 취소ㆍ해제 등에 의한 소유권의 복귀는 소유권의 양도와 같은 방식으로 할 수 있고, 따라서 명인방법을 갖추어야 처분할 수 있다고 새겨야 한다.

이상과 같은 지상물에 대한 물권은 물권행위와 명인방법을 갖춤으로써 변동한다. 즉, 명인방법은 지상물에 관한 물권변동의 성립요건 또는 효력발생요건이다(대판 1969. 11. 25, 69다1346 참조). 이는 토지와 분리하여 지상물을 처분하는 경우뿐만 아니라, 지상물의 소유권을 유보한 채 지상물이 식재된 토지의 소유권을 이전하는 경우에도 마찬가지이다(대판 2021. 8. 19, 2020다266375 참조). 따라서 지상물을 이중으로 매매한 경우에는 명인방법을 먼저 갖춘 자가 비록 악의였다고 하더라도 소유권을 취득하게 된다(대판 1967. 2. 28, 66다2442 참조).

제 6 절　물권의 소멸

[45]　I. 서　　설

　　각종의 물권변동 가운데에서, 물권의 절대적 발생원인에 관해서는 나중에 적는「소유권」의 설명에 미루고, 또한 물권의 상대적 발생·소멸의 원인에 관해서는 그 주요한 것은 이미 설명하였다. 또한 물권의 변경에 관해서도 각각 관계되는 곳에서 설명하는 것이 적당하므로, 결국 남은 문제, 즉 물권의 절대적 소멸에 관해서만 여기서 설명한다.

　　물권의 절대적 소멸의 원인에는 모든 물권에 공통한 것과 각종의 물권에 특유한 것이 있다. 뒤의 것에 관해서는 이를 각각 관계되는 곳에서 설명하기로 한다. 앞의 것, 즉 각종의 물권에 공통한 소멸원인으로서는 목적물의 멸실·소멸시효·공용징수·포기·혼동·몰수 등이 있으나, 그중에서 주요한 것에 관해서만 다음에서 설명하기로 한다.

[46]　II. 목적물의 멸실

　　물권은 물건을 직접 지배하는 권리이므로, 물건이 전부 멸실하면 물권도 소멸하게 됨은 그에 관한 특별한 규정은 없어도 당연하다. 물건이 멸실하였다고 인정할 것인지는 사회통념·거래관념에 따라서 결정된다. 물건의 일부가 멸실한 때에는, 그 동일성이 유지되어 있는 한, 물권은 존속한다. 물건의 멸실이라고 하더라도, 물리적으로 완전히 소멸해 버리는 경우(물건의 소실 등)와 멸실물의 물질적 변형물(무너진 집의 목재 등)이 남는 경우가 있고, 또한 멸실물의 가치적 변형물, 즉 대위물(예컨대, 건물이 멸실한 경우에 이에 대한 보험금이나 손해배상의 청구권 등)이 남는 경우와 그렇지 않은 경우가 있다. 물권은 원칙적으로 목적물의 물질적 변형물에 미친다고 해석해야 하므로, 예컨대 건물의 소유권이나 저당권은 그 붕괴목재에 미친다. 그리고 물권 중에서도 교환가치의 지배권이라는 본질을 가지는 담보물권에서는 목적물에 대위하는 가치적 변형물에 미치는 것이 원칙이다. 이것을 물상대위라고 한다(342조·370조).

[47] Ⅲ. 소멸시효

민법은 채권 그 밖의 청구권뿐만 아니라, 소유권을 제외한 그 밖의 물권도 소멸시효에 걸리는 것으로 하고 있다(162조 2항). 즉, 소유권 이외의 물권은 20년의 시효로 소멸한다. 소유권은 소멸시효에 걸리지 않으나, 타인이 취득시효로 취득하는 결과로서 소멸하는 일은 있다. 점유권은 점유하고 있다는 사실만 있으면 성립하고 (192조 1항), 점유가 계속하는 한 점유권도 존속하고, 점유를 상실함으로써 점유권도 소멸하므로, 소멸시효가 적용되지 않는다(192조 2항). 유치권도 그 존속에는 점유의 계속이 요구되며(320조 1항), 점유를 상실하면 권리도 소멸한다(328조). 따라서 소멸시효는 적용되지 않는다. 또한 담보물권은 피담보채권이 존속하는 한 독립해서 소멸시효에 걸리지 않는 것이 원칙이다(369조 참조). 결국 소멸시효에 걸리는 것은 지상권·지역권·전세권의 세 가지뿐이다.

소멸시효완성의 효과에 관해서는 학설이 대립하고 있으나, 다수설은 권리가 소멸한다고 해석한다. 그러나 소멸시효의 완성으로 시효이익을 받을 자에게 권리의 소멸을 주장할 권리가 생길 뿐이라고 주장하는 소수설은, 위에서 밝힌 바와 같은 용익물권에 대한 소멸시효가 완성한 후 그 말소등기를 해야 비로소 소멸한다고 새기고 있음은 이미 적었다([26] 2 (3) 참조).

[48] Ⅳ. 물권의 포기

(1) 물권의 포기는 물권을 소멸시키는 의사표시로 성립하는 단독행위(물권적 단독행위)이다. 소유권과 점유권의 포기는 상대방 없는 단독행위이고, 제한물권의 포기는 그 포기에 따라 직접 이익을 얻는 자(보통은 소유자)에게 해야 하는 상대방

있는 단독행위이다. 어느 경우에나 부동산물권의 포기는 등기해야 함은 물론이다
(186조). 점유를 수반하는 물권(소유권·질권·지상권·전세권 등)에서는 포기의 의사표
시 외에 점유도 포기해야 한다.

부동산물권을 포기하는 경우 등기절차에 관하여 부동산등기법은 특별한 규정
을 두고 있지 않다. 소유권의 포기와 같이 상대방 없는 단독행위로 물권을 포기하
는 경우에는 단독으로 말소등기를 신청할 수 있다고 해야 한다. 제한물권의 포기와
같이 상대방 있는 단독행위로 물권을 포기하는 경우에는 상대방과의 공동신청으로
등기해야 한다.

(2) 포기는 자유로이 할 수 있는 것이 원칙이지만, 그로 말미암아 타인의 이
익을 침해해서는 안 된다. 민법은 지상권 또는 전세권이 저당권의 목적인 경우에,
그 지상권 또는 전세권의 포기는 저당권자의 동의 없이 하지 못하는 것으로 규정하
고 있다(371조 2항).

[49] V. 혼   동

1. 서로 대립하는 두 개의 법률상의 지위 또는 자격이 동일인에게 귀속하는
것을 혼동(混同)이라고 한다. 이러한 경우에 이 두 지위를 존속시키는 것은 보통 무
의미하므로, 그 한쪽은 다른 쪽에 흡수되어서 소멸하는 것이 원칙이다. 혼동은 채
권과 물권에 공통적인 소멸원인이다. 채권과 채무의 혼동(507조)에 관해서는 채권법
의 설명에 미루고, 여기서는 물권의 혼동에 관해서만 설명한다.

입법례에 따라서는 부동산물권은 혼동으로 소멸하지 않는 것으로 하는 경우도
있으나, 민법에서는 동산물권·부동산물권을 구별하지 않고 물권은 혼동으로 소멸
하는 것이 원칙이고, 특별한 경우에 한하여 예외적으로 소멸하지 않는다고 하고
있다.

2. 소유권과 제한물권의 혼동

(1) 동일한 물건에 대한 소유권과 제한물권이 동일인에게 귀속한 경우에 그
제한물권은 소멸하는 것이 원칙이다(191조 1항 본문). 혼동이 일어나게 된 법률상 원
인이 무엇인지는 이를 묻지 않는다. 예컨대, 저당권자가 저당물의 소유권을 취득하
거나 소유권자가 지상권자 또는 전세권자를 상속하는 경우에 그 저당권이나 지상

권 또는 전세권은 소멸하는 것이 원칙이다.

(2) 그러나 그 제한물권이 제3자의 권리의 목적인 경우에는 소멸하지 않는
다(191조 1항 단서). 제191조 1항 단서는 제한물권이 제3자의 권리의 목적인 때에
관해서만 규정하고 있으나, 이를 넓게 해석하여「본인 또는 제3자」의 이익을 위하
여 필요한 경우에는 혼동으로 제한물권이 소멸하지 않는다고 새기는 것이 일반이
다(대판 1998. 7. 10, 98다18643 참조). 바꾸어 말하면, 혼동할 쌍방의 권리를 본인 또는
제3자의 이익을 위하여 존속시킬 필요가 있는 경우에는 예외적으로 혼동에 의한
소멸은 인정되지 않는다.

(가) 그 물건이 제3자의 권리의 목적인 때   예컨대, 甲이 乙 소유의 토지
위에 저당권을 가지고 있고, 제3자 丙이 같은 토지 위에 후순위저당권을 가지고
있는 경우에, 甲이 그 토지소유권을 취득하더라도 甲의 저당권은 소멸하지 않는다.
만일 이 예외를 인정하지 않는다면, 제3자의 후순위 권리가 혼동으로 부당하게 유
리한 지위를 차지하여 본인의 이익을 침해하는 결과가 되기 때문이다.

① 이 예외가 적용되는 것은 제3자의 권리가 본인의 권리보다 후순위인 경
우(예컨대, 위 사례에서 丙의 권리가 후순위저당권이거나 또는 저당권자에게 대항할 수 없는 지
상권인 경우 등)에 한정되며, 그것이 처음부터 우선하는 경우에는 혼동으로 제3자가
부당하게 우위에 선다는 경우는 있을 수 없으므로, 이 예외의 적용은 없게 되어, 혼
동으로 본인의 권리는 소멸한다(대판 1962. 5. 3, 62다98; 대판 1999. 4. 13, 98도4022 참조).
예컨대, 앞의 예에서 제3자 丙의 저당권이 甲의 저당권보다 선순위이거나, 丙이
甲의 저당권에 우선하는 지상권(저당권설정 전에 설정등기가 되어 있는 것)을 갖는 경우,
또는 甲이 乙이 소유하는 토지에 지상권을 갖고 있고 丙이 같은 토지 위에 甲의 지
상권에 우선하는 저당권(지상권설정 전에 설정된 것)을 가지는 경우 등이 이에 속한다.
또한 부동산에 대한 소유권과 임차권이 동일인에게 귀속하게 되는 경우 임차권은
혼동으로 소멸하는 것이 원칙이지만, 그 임차권이 대항요건을 갖추고 있고 또한 그
대항요건을 갖춘 후에 저당권이 설정된 때에는 혼동으로 인한 물권소멸 원칙의 예
외 규정인 제191조 1항 단서를 준용하여 임차권은 소멸하지 않는다(대판 2001. 5. 15,
2000다12693 참조).

② 이 예외가 적용되는 경우라도, 다른 이유로 본인의 권리가 소멸하는 경우

가 있음을 유의해야 한다. 예컨대, 甲이 丁에 대한 채권을 담보하기 위하여 물상보
증인 乙의 소유지 위에 저당권을 가지고 있고 丙은 그 토지 위에 후순위저당권을
가지는 경우에, 甲·乙 사이에 혼동이 있게 되면 이 예외는 그대로 적용되어 甲의
저당권은 존속하지만, 같은 경우에 甲이 乙에 대한 채권자로서 채무자 乙의 소유지
위에 저당권을 갖는 경우에는 채권·채무의 혼동으로 甲의 채권이 소멸하므로, 甲
의 저당권은 채권의 소멸로 소멸하게 된다.

　(ㄴ)　**혼동한 제한물권이 제 3 자의 권리의 목적인 때**　　예컨대, 甲이 乙 소유
의 토지에 지상권을 가지고 있고, 그 지상권이 丙의 저당권의 목적인 때에는, 甲이
토지소유권을 취득(예컨대, 상속을 하여서)하더라도 甲의 지상권은 소멸하지 않는다.
만일 이때 소멸한다면, 甲의 권리를 기초로 하여서 그 위에 성립하는 제 3 자 丙의
권리가 소멸하여 丙은 부당하게 불이익을 받게 되기 때문이다.

　3.　제한물권과 그 제한물권을 목적으로 하는 다른 권리(제한 물권)**의 혼동**

　(1)　예컨대, 지상권 위의 저당권을 가지는 자가 그 지상권을 취득하거나, 저
당권 위의 질권을 가지는 자가 저당권자를 상속하는 경우 등에는, 저당권이나 질권
은 원칙적으로 소멸한다(191조 2항·191조 1항 본문).

　(2)　그러나 다음과 같은 예외가 있다(191조 2항·191조 1항 단서).

　(ㄱ)　**제한물권이 제 3 자의 권리의 목적인 때**　　예컨대, 甲이 乙이 가지는 지
상권 위에 저당권을 가지고 있고, 제 3 자 丙이 같은 지상권 위에 후순위의 저당권
을 가지고 있는 경우에는, 甲이 지상권을 취득하더라도 저당권은 소멸하지 않는다.
그 입법취지는 후순위의 제 3 자가 부당하게 유리한 지위를 취득해서 본인의 이익
을 침해하게 되는 것을 막는 데 있음은 이미 설명한 2 (2) (ㄱ)의 경우와 같다. 따라
서 예컨대, 甲이 乙의 지상권 위에 임차권을 가지고 있고, 丙이 같은 지상권 위에
저당권을 가지는 경우에, 甲의 임차권이 丙의 저당권에 대항할 수 있는 것이면(甲의
임차권이 저당권설정 전에 성립하고 또한 등기되어 있을 때), 丙은 후순위에 있으므로 이 예
외의 적용으로 甲의 임차권은 소멸하지 않는다. 이에 반하여 甲의 임차권이 丙의
저당권에 대항할 수 없는 것이면, 丙은 우위에 있으므로 이 예외가 적용되지 않고,
甲의 임차권은 소멸한다.

　(ㄴ)　**혼동한 권리가 제 3 자의 권리의 목적인 때**　　예컨대, 乙의 지상권 위에

甲이 저당권을 가지고 있고, 다시 그 저당권 위에 제 3 자 丙이 질권을 가지고 있는
때, 또는 乙의 지상권 위에 甲이 임차권을 가지고 있고, 그 임차권 위에 丙이 질권
을 가지는 경우에는 甲이 지상권을 취득하여도 甲의 저당권이나 임차권은 소멸하
지 않는다. 이 예외도 이미 설명한 2 (2) ㈏에서와 같은 취지에서 인정되는 것이다.

　　4.　이상에서 설명한 혼동에 의한 소멸은 서로 대립하는 두 개의 법률상의 지
위를 양립 즉 함께 맞서게 하는 것이 무의미하다는 데 있다. 그러므로 권리의 성질
상 처음부터 양립해서 대립하는 것이 아닌 것에는 적용되지 않는다. 즉, ① 점유권
은 물건에 대한 사실상의 지배라는 사실을 보호하는 것이며, 점유권에는 소유권 그
밖의 본권을 수반하는 경우도 있고 그렇지 않은 경우도 있다. 따라서 점유권과 소
유권 그 밖의 본권인 물권과는 본래 양립할 수 있는 것이므로, 점유권에 관해서는
혼동의 원칙이 적용되지 않는다(191조 3항). 그리고 ② 광업권은 광물채취를 목적으
로 하는 지각의 지배권이며, 보통은 지표의 이용을 목적으로 하는 토지소유권과는
별개의 독립한 권리로서, 두 권리는 양립할 수 있는 것이므로, 혼동으로 소멸하지
않는다.

　　5.　혼동에 의한 물권소멸의 효과는 절대적이다. 혼동 이전의 상태가 어떤 이
유로 되살아나더라도 일단 소멸한 권리는 되살아나지 않는다. 그러나 혼동을 생기
게 한 원인이 존재하지 않거나 원인행위가 무효·취소·해제 등으로 효력이 없는
때에는 혼동은 생기지 않았던 것으로 된다. 예컨대, 어떤 부동산 위에 근저당권을
취득한 자가 근저당권설정자로부터 그 부동산을 매수하여 소유권이전등기를 마치
면, 근저당권은 혼동으로 소멸하게 되나, 나중에 소유권이전등기가 원인무효로 되
면, 소멸하였던 근저당권은 당연히 되살아난다(대판 1971. 8. 31, 71다1386 참조).

제 2 편 소유권과 점유권

제 1 장 점 유 권

제 1 절 총   설

[50] Ⅰ. 점유제도

1. 개   관   물건을 사실상 지배하고 있는 경우에 그 지배를 정당화하는 법률상 권리, 즉 본권(本權)이 있는지 없는지를 묻지 않고서 그 사실상 지배상태, 즉 점유(占有)에 대하여 민법은 여러 가지의 법률효과를 주고 있다. (i) 점유자는 그 점유를 침해당한 때에 침해의 배제를 청구할 수 있다(점유보호청구권)(204조 이하). (ii) 일정한 경우에는 자기의 힘으로써 점유의 침해에 대하여 방어 또는 회복을 할 수 있다(자력구제)(209조). (iii) 점유자가 점유물에 대하여 행사하는 권리는 적법하게 가지고 있는 것으로 추정된다(권리의 추정)(200조). (iv) 선의의 점유자는 점유물에서 생기는 과실을 취득한다(201조). (v) 점유물의 멸실·훼손에 대한 책임이 가벼워진다(202조). (vi) 점유물에 관하여 지출한 비용을 일정한 범위에서 상환청구할 수 있는 권리를 갖는다(203조). 그 밖에도 점유는 동산물권변동의 성립요건 또는 효력발생요건이며, 일정한 요건을 갖춘 동산의 선의취득자는 그 동산에 관한 물권을 취득하게 됨은 이미 설명하였다([38] 이하 참조).

알기 쉬운 예를 가지고 점유제도를 설명해 보자. 예컨대, 甲이 현재 사진기를 소지(所持), 즉 가지고 있다고 할 때, 甲의 소지에는 (i) 소유자로서 가지고 있는 경우, (ii) 다른 사람으로부터 빌려서 가지고 있는 경우, (iii) 타인으로부터 보관을 부탁받아 소지하고 있는 경우, (iv) 훔쳐 온 경우 등 여러 가지 원인이 있을 수 있다. 그러나 우리는 일상생활에서 어떤 사람이 물건을 가지게 된, 즉 소지하게 된 원인을 일일이 따지지 않고, 그 법률관계의 확실한 증명을 요구하지도 않는다. 甲이 사진기를 갖고 있는 것은 사실이며, 그 사진기에 대한 하나의 사실적 지배관계가 이루어져 있다. 여기서 우리는 甲의 그러한 사실적 지배상태를 일단 인정하고, 이 사실관계를 전제로 해서 甲과 거래하고 교섭하게 된다. 한편 甲도 현재 갖고 있는 사진기를 뺏기는 것과 같은 일을 당한 때에는, 원인관계를 일일이 증명할 것도 없이, "남의 소지물을 왜 빼앗는가. 돌려달라."라고 주장하는 것이 인정되어 마땅하다. 그리하여 甲의 사실적 지배상태를 법률적으로 보호하기 위하여 근대법은 위에서 든 바와 같은 여러 방법을 마련하고 있다. 이것이 점유제도이며, 근대법은 모두 이러한 제도를 가지고 있다.

　이러한 점유제도에 관해서는 많은 문제가 있다. 점유제도를 인정하는 이유는 무엇인가(점유제도의 목적 또는 근거), 어떠한 요건이 있을 때에 점유는 성립하는가(점유이론), 점유에는 여러 가지 법률효과가 인정되는데, 이는 권리인지, 권리라면 어떤 내용의 권리인지(점유의 권리성) 등에 관하여, 19세기에 독일에서 활발하게 논의되었다.

　2. possessio와 Gewere　　이상과 같은 근대법의 점유제도는 로마법계의 「포셋시오」(possessio)와 게르만법계의 「게베에레」(Gewere)의 이론적·제도적 결합의 산물이다. 무릇 물건에 대한 사실적 지배는 그 사실성을 권리의 표현형식으로 보아 그것과 관련시켜 관찰할 수도 있으나, 권리와의 관련을 완전히 떠나 사실적인 측면만을 포착하여 법이론을 구성할 수도 있다. 둘 중 앞의 것이 게르만법의 Gewere이고, 뒤의 것은 로마법의 possessio이다. 이와 같은 근본적인 차이를 가지는 두 제도가 결합하여 이루어진 것이 근대법, 따라서 민법의 점유제도이다. 그러므로 현행 민법의 점유제도에 대해 깊이 이해하려면 위와 같은 두 법계의 점유제도를 이해할 필요가 있다. 특히 중요한 점만을 간단히 들어 보면 다음과 같다.

　(1)　로마법에서는 물건에 대한 법률적 지배인 소유권과 물건에 대한 사실적 지배인 점유(possessio)가 완전히 분리되었고, 점유는 소유권 그 밖의 본권의 유무와 관계없이 사실적 지배 그 자체로서 보호되었으며, 이를 위하여 점유소권(占有訴權)이 인정되어 있었다. 그러나 사실적 지배를 하고 있는 자이면 누구든지 점유소권으로 보호받았던 것은 아니며, 일정한 자만이 보호를 받을 수 있었다.

　(2)　한편 게르만법은 로마법과는 달리 본권과 점유를 나누지 않았으며, 겉으

로 나타난 사실적 지배라는 현상형태를 통해서 본권을 파악하였다. Gewere는 그 어원이 나타내는 것처럼 「권리의 옷」, 즉 권리를 그 속에 둘러싸고 있는 겉옷이며, Gewere의 체계는 그대로 물권의 체계이기도 하였다.

(3) 그러고 보면, 이미 적은 바와 같은 민법이 인정하는 점유의 여러 효과 중, 점유보호청구권(점유소권)은 possessio의 이론을 이어받은 가장 주요한 것이며, 이에 반하여 권리의 추정, 자력구제, 선의취득과 물권의 공시는 모두 Gewere의 법리를 이어받은 것이라고 할 수 있다. 그리고 과실취득권이나 비용상환청구권은 possessio에 유래하는 것으로 일반적으로 이해되고 있다.

[51] Ⅱ. 점유제도의 사회적 작용(점유제도의 근거론)

1. 점유제도의 사회적 작용은 무엇인가? 바꾸어 말하면, 법적 지배권인 본권과는 분리해서 물건에 대한 사실적 지배(점유) 그 자체를 보호하는 근거는 무엇인가? 학설은 변천과 대립을 보여 주고 있다.

(1) 19세기 독일의 학설로는 (ⅰ) 점유자의 인격침해에 대한 구제가 그 근거라고 하는 견해(Savigny), (ⅱ) 소유권의 보호에 있다는 견해(Jhering), (ⅲ) 점유자의 의사를 보호하는 데 있다는 견해(Windscheid) 등이 있었다. 그러나 현재 가장 유력한 것은 사회의 평화와 질서를 유지하기 위한 것이라는 견해(Dernburg, Kohler)이다. 이 평화설에 따르면 사회에는 진정한 권리 없이 단순히 물건을 사실상 지배하고 있는 경우가 적지 않다. 이러한 경우에 진정한 권리자가 표면상의 지배자로부터 그 지배를 빼앗아 자기의 권리를 마음대로 회복할 수 있다면, 사회의 질서는 유지되지 못한다. 여기서 진정한 권리자이더라도 함부로 실력의 행사로 권리를 실현하는 것을 금지하는 것이 사회의 평화와 물권적 질서의 유지를 위하여 필요하며, 이 목적을 위하여 점유자에게 점유보호청구권을 인정함으로써 사력(私力), 즉 개인의 사사로운 힘의 행사로부터 그를 보호하고 있다는 것이다. 말하자면 이 견해는 점유보호청구권을 중심으로 하는 로마법의 possessio의 사회적 작용 또는 근거에 관한 견해이다.

(2) 위의 평화설에 대하여, 독일에서는 새로운 유력한 견해가 주장되고 있다. 일찍이 이익법학을 주창했던 헥크(Heck)는 「연속설」이라는 독자적인 학설을 다음

과 같이 주장한다. 평화설은 사력에 의한 점유방해를 금지함으로써 사회의 평화와 질서를 유지할 수 있다고 하여 사회 또는 공공의 이익을 강조하지만, 그러한 공공의 이익의 보호는 공법(형법과 행정법)의 작용이지 사법상 점유보호의 원인이 될 수 없다. 사법에서 공공의 이익은 사법적 점유의 보호에서보다는 소유권의 보호에서 더 중요한 문제이다. 평화설은 적절한 견해라고 할 수 없으며, 점유를 보호함으로써 직접 보호되는 것은 점유물을 그대로 보유하거나 간직하는 데 대한 점유자의 「개인적 이익」이다. 점유자는 그의 생활관계의 「연속」을 가능한 한 유지하려고 한다. 이 「연속」에 대한 침해는 점유자의 생활가치를 상실시키며, 언제나 점유자의 이익을 침해하는 결과가 된다. 이러한 점유자의 개인적 이익을 보호하려는 데 점유제도의 존재이유가 있다고 주장한다. 결국 헥크는 사회의 평화가 아니라 점유자 개인의 이익을 보호하려는 것이 점유제도의 근거라고 한다. 그리고 그 밖에 점유의 공시적 작용도 점유의 근거로 들고 있다.

  2. 우리 민법에서 점유제도의 사회적 작용에 관한 학설을 본다면, 초기에는 평화설이 다수설이었으나(방순원 54면, 최식 176면 참조), 근본적으로는 이에 찬성하면서도 이원적으로 사회적 평화의 유지와 동산물권의 공시라는 두 가지를 드는 견해도 있다(김증한·김학동 185-186면 참조). 그러나 근래에 와서는 사회적 평화·점유자의 개인적 이익보호·본권의 보호·거래안전·동산물권의 공시 등의 여러 개 또는 이들 중의 몇 개를 들어 다원적으로 설명하려는 경향이 있다(김기선 125-126면, 김상용 246면, 김용한 170면, 김현태 174면, 장경학 288면 참조).

  평화설로 점유의 근거를 설명하는 것은 타당한가? 헥크가 지적한 바와 같이, 사회의 평화·질서의 유지라는 것으로는 점유제도의 사회적 작용을 충분히 밝혀 주었다고 할 수 없다. 점유제도로 사회의 평화와 질서가 유지된다고 하지만, 그것은 점유자가 그의 점유상태를 계속 유지함으로써 얻게 되는 이익이 있기 때문이며, 그러한 점유자의 개인적 이익이 원동력이 되어서 평화와 질서가 유지된다는 점을 보아 넘기고 있다. 사회의 평화와 질서의 유지라고 하는 것을 갈음하여 점유자 개인을 중심으로 한 현상유지를 통해서 점유자 개인의 이익을 보호하려는 데에 점유제도의 본래의 근거 또는 사회적 작용이 있다고 보는 것이 정확하다.

[52]　Ⅲ.　**점유권의 개념**(점유의 권리성)

　　1.　이미 밝힌 바와 같이, 점유라는 사실에 대하여 법률은 여러 가지 법률효과를 인정하고 있다. 이 효과들은 각각 일정한 근거에 따라 점유라는 사실 그 자체에 주어지는 것이라는 법률구성을 한다면, 「점유」라는 개념 외에 따로 「점유권」이라는 개념을 인정할 필요가 없다. 그런데 민법은 이 효과들을 발생시키는 원천으로서 점유권(占有權)을 상정하고, 이 점유권에서 여러 효과가 흘러나오는 것이라는 구성을 하고 있다. 그러므로 민법의 논리에 따른다면, 점유라는 사실에 따라, 바꾸어 말하면 점유를 법률요건으로 해서 점유권이 발생하고, 이 점유권으로부터 여러 가지 법률효과가 발생하는 것이 된다.

　　민법은 점유권도 물권의 일종으로 구성하고 있으나, 다른 물권과는 그 법적 성질이 크게 다르다. 즉, 일반적으로 근대법에서 물권은 물건을 실제로 사실상 지배하고 있는지 않는지를 묻지 않고 「지배를 할 수 있는」 관념적인 권리라는 데에 그 본질이 있으나, 점유권은 현재 사실상 지배하고 있다는 데서 생기고, 또한 사실상의 지배를 상실하면 소멸하므로, 객체를 「지배할 수 있는」 권리는 아니다. 그러므로 점유권은 민법이 특히 물권의 일종으로 하고 있기는 하지만, 본래의 물권과는 크게 다르다는 점을 주의해야 한다.

　　2.　점유권과 구별해야 할 개념으로 「점유할 수 있는 권리」 또는 「점유할 권리」가 있다. 이들은 점유하는 것을 법률상 정당하게 하는 권리를 말하며, 본권(本權)이라고 일컫는다. 물건의 사용가치를 지배하는 것을 목적으로 하는 권리(소유권·전세권·지상권·임차권 등)는 모두 이 권리, 즉 본권을 포함하고 있다. 도둑과 같이 점유권은 가지고 있지만 점유할 권리, 즉 본권을 갖지 않는 자가 있고, 또한 도둑을 맞은 피해자와 같이 점유할 권리는 가지고 있으나 점유권은 없는 경우가 있다.

제 2 절 점   유

제 1 관   점유의 개념

[53]   Ⅰ. 점유에 관한 주관설과 객관설(점유이론)

점유가 성립하려면 객관적인 사실적 지배 외에 어떤 의사를 필요로 하는지 문제된다. 이에 관하여 19세기의 독일학자들 사이에서 학설상의 논쟁이 있었으며, 그 영향을 받아 입법주의도 나누어져 있다. 대표적 학설은 다음과 같다.

위와 같은 독일학자들 사이의 논쟁은 로마법의 possessio와 관련하여 전개되었다. 로마법상 possessio가 인정된 것은 일정한 자에 한정되었으며, 물건을 사실상 지배하고 있는 자 모두에게 한결같이 인정되지는 않았다. 여기서 possessio가 인정되려면 일정한 점유의사(占有意思)가 있어야 한다는 주장이 생겼는데, 그 점유의사가 어떠한 것인지에 관하여 논쟁이 벌어졌던 것이다.

(1) 주 관 설   점유는 소지(즉, 사실상의 지배)뿐만 아니라 그 밖에 어떤 의사가 필요하다는 견해이다. 의사를 어떤 내용으로 이해하는지에 따라서 (ⅰ) 소유자의사설(Savigny가 주장한 것으로서, 소유자로서 물건을 지배할 의사, 즉 소유자의 의사가 필요하다는 견해), (ⅱ) 지배자의사설(Windscheid가 주장한 견해이며, 사실상 모든 방향에서 물건을 지배할 의사가 필요하다는 견해), (ⅲ) 자기를 위하여 소지하는 의사설(Dernburg의 견해로서, 소지에 의한 사실상 이익을 자기에게 귀속시키려고 하는 의사가 있으면 된다는 견해)이 있었다. 주관설에 따르면, 「소지 + 점유의사 = 점유」라는 것이 되어, 소지와 점유는 구별된다.

(2) 객 관 설   점유는 사실상의 지배(즉, 소지)만으로 충분하며, 그 밖에 특별한 의사를 필요로 하지 않는다는 견해이다. 이에는 다시 두 견해가 있다. (ⅰ) 소지의사설(Jhering이 주장하는 견해로서, 점유의사는 필요하지 않으나, 소지의 의사, 즉 물건을 사실상 지배하려는 의사는 필요하다는 견해)과 (ⅱ) 순객관설(위 견해에서와 같은 의사도 필요하지 않으며, 점유는 순전히 객관적인 사실적 지배상태라고 하는 견해. Bekker가 그 대표자)이 그것이다. 이 객관설에 따르면, 「물건에 대한 사실상의 지배 = 소지 = 점유」라는 것이 되어, 점유와 소지는 구별되지 않는다.

[54]　Ⅱ.　민법에서의 점유

민법에서 점유는 물건에 대한 「사실상의 지배」만으로 성립한다(192조 1항). 즉, 객관설을 따르고 있다.

(1)　사실상의 지배란 사회관념상 물건이 어떤 사람의 지배 내에 있다고 할 수 있는 객관적 관계를 말한다. 물건을 물리적으로 잡고 있다든지 또는 가지고 있다든지 하는 것이 반드시 필요한 것은 아니다.

타인의 토지에 건물을 소유하고 있으면, 소유자가 건물의 대지를 지배하고 있다고 볼 수 있으므로 대지에 대한 점유를 인정해야 한다. 타인이 소유하는 지상에서 건물을 소유하거나 점유하고 있는 자는 동시에 그 대지를 점유하고 있다고 볼 수 있다(대판 1960. 7. 28, 4292민상1002 참조). 사회통념상 건물은 그 부지를 떠나서는 존재할 수 없으므로 건물의 부지가 된 토지는 그 건물의 소유자가 이를 점유하는 것이다(대판 1981. 9. 22, 80다2718 참조). 건물의 소유자는 현실적으로 건물이나 대지를 점거하고 있지 않더라도, 건물을 소유하기 위하여 건물의 대지를 점유하고 있다고 보아야 한다(대판 1967. 9. 19, 67다1401 참조). 타인 소유의 토지에 권원 없이 건물을 소유하면 그 자체로 그 부지인 토지를 점유하고 있다고 볼 수 있고, 이는 미등기건물이라 하더라도 마찬가지이다(대판 2022. 9. 29, 선고 2018다243133·243140 참조).

그 밖에 다음과 같은 판례가 있다.

(ㄱ)　가옥 추녀끝 수직하의 토지부분은 이를 타인이 현실적으로 점유하고 있는 것과 같은 특별한 사정이 없는 한, 원칙적으로 가옥의 점유자가 점유한다고 하는 것이 사회통념상 상당하다(대판 1969. 6. 24, 69다650·651 참조).

(ㄴ)　임야에 대한 점유의 이전이나 점유의 계속은 반드시 물리적이고 현실적인 지배가 필요하지 않고 관리나 이용의 이전이 있으면 인도가 있었다고 보아야 한다. 임야에 대한 소유권을 양도하면 그에 대한 지배권도 넘겨지는 것이 거래에서 통상적인 형태이다. 임야를 매수하여 이전등기를 하고 인도받았다면 특별한 사정이 없는 한 임야 전부에 대한 인도와 점유가 있었다고 볼 수 있다(대판 1996. 9. 10, 96다19512 참조).

(ㄷ)　타인의 소유지에 조상을 암장(暗葬)하고 있다면, 그 분묘지는 객관적으로는 인식할 수 없는 상태이어서, 암장자가 그 분묘지를 점유하고 있었다고 할 수 없다(대판 1962. 3. 8, 4294민상804 참조).

(ㄹ)　타인 소유의 임야에 분묘를 설치하여 관리하고 그 임야에서 땔감을 채취한

것만으로는 그 임야를 소유의 의사로 배타적으로 점유하였다고 볼 수 없다(대판 1999. 6. 11, 99다2553 참조).

위와 같이 사실상 지배의 유무는 여러 사정을 고려하여 사회관념에 따라 정해진다. 즉, 사실상 지배가 있다고 하기 위해서는 반드시 물건을 물리적, 현실적으로 지배하는 것만을 뜻하는 것이 아니고, 물건과 사람과의 시간적, 공간적 관계와 본권관계, 타인지배의 가능성 등을 고려하여 사회관념에 따라 합목적적으로 판단해야 한다(대판 1992. 11. 10, 92다37710; 대판 1999. 6. 11, 99다2553 참조). 사실상 지배를 결정하는 데 특별한 표준은 없으나, 다음의 점을 주의해야 한다.

(가) 물건에 대하여 일정한 공간적 관계에 있어야 한다. 그러나 그 관계는 경우에 따라서 상당히 다를 수 있음은 물론이다.

예컨대, 여행 중의 사람은 자기의 집에 있는 가재·도구 등에 대하여, 사실상의 지배가 있는 것이고, 건물이 소실되어 가옥소유자가 일시 행방불명이더라도, 그것만으로 대지에 대한 사실상의 지배를 잃은 것으로 판단할 수는 없다. 또한 자기 집에서 몇 km 떨어진 곳에 있더라도 그의 집과 마당이나 뜰을 점유하고 있다고 할 수 있고, 자동차를 주차장에 세워놓고 좀 떨어진 곳에 가 있더라도 자동차를 점유하고 있다고 할 수 있다.

(나) 사람과 물건의 관계, 즉 사실적 지배관계는 어느 정도 계속적이어야 하고, 또한 타인의 간섭을 물리칠 수 있는 상태에 있어야 한다.

예컨대, 옆 사람한테서 잠깐 연필을 빌리거나 연단의 컵을 강연자가 사용하는 경우와 같이, 물건을 쥐고 있거나 가지고 있는 것이 일시적인 경우에는 사실상 지배는 성립하지 않는다. 또한 공로에의 통로로서 공중의 통행에 제공되고 있는 골목길을 어떤 특정인이 일상 통로로 사용하고 있다고 해서 그 특정인이 골목길을 점유하고 있다고 할 수 없다(대판 1974. 7. 16, 73다923 참조). 도로법상 도로는 관리청이 점유하는 것으로 보아야 한다(대판 1975. 9. 23, 74다2270 참조).

(다) 점유할 수 있는 권리가 있는지 여부는 원칙적으로 문제가 되지 않는다. 도둑도 훔친 물건에 대하여 점유를 취득한다.

(2) 민법상 점유가 성립하기 위해서는 일정한 점유의사가 필요하지 않다. 그러나 적어도 사실적 지배관계를 가지려는 의사(점유설정의사)는 필요하다는 것이 통설이다(김증한·김학동 192면, 방순원 56면, 이영준 317면, 최식 184면 참조). 그러한 지배하

고자 하는 의사 없이는 어떤 지배라는 것을 생각할 수 없을 뿐만 아니라, 그러한 의사에 반해서는 사실상의 지배를 할 수 없기 때문이다. 그러나 그러한 의사는 명확하게 표시되어야 하는 것은 아니고, 보통은 여러 사정으로부터 추측·판단되는 것이며, 따라서 표시되지 않는 것이 일반적이다. 또한 그러한 의사는 모든 개개의 물건에 관하여 의식되어야 하는 것은 아니며, 점유자의 관여 없이 그의 지배권 내에 들어온 물건에 대해서도 인정된다(예컨대, 우편함에 투입된 서신이나 주거에 투입된 물건에 대해서도 그러한 의사는 있었던 것으로 인정된다). 그리고 이 의사는 법률행위에서와 같은 어떤 법률효과의 발생을 원하는 것이 아니라, 사실상의 지배를 하고자 하는 자연적 의사이다. 따라서 점유를 하는 데 행위능력은 요구되지 않으며, 어린이나 정신병자도 계속해서 지배하려는 의사가 있는 한 점유를 할 수 있고, 미성년자는 그의 법정대리인의 동의 없이 독자적으로 점유를 할 수 있다.

(3) 위와 같이 점유는 물건에 대하여 사실상의 지배를 하고 있는 때에 성립하나, 일정한 경우에는 본인이 직접 사실상의 지배를 하고 있지 않더라도 타인을 통하여 점유가 성립할 수 있다. 다음에서 설명하는 점유보조자에 의한 점유가 그것이다. 한편 민법은 점유가 사실상의 지배라는 원칙에 대한 예외를 인정하여 사실상 지배가 없는데도 점유의 성립을 인정하는 경우가 있다. 상속인에 의한 점유의 포괄승계([63] 2 참조)와 간접점유([56] 이하)가 그것이다.

[55] Ⅲ. 점유보조자

1. 의   의   전항에서 언급한 바와 같이, 어떤 사람이 물건에 대한 사실상 지배를 하고 있어도 물건의 점유자가 되지 못하고 그 사람과 특정 관계에 있는 사람만이 점유자가 되는 경우가 있다. 이때 물건을 사실상 지배하고 있지만 점유자가 되지는 못하는 사람을 점유보조자(占有補助者)라고 일컫는다. 민법은 "가사상, 영업상, 기타 유사한 관계에 따라 타인의 지시를 받아 물건에 대한 사실상의 지배를 하는 때에는 그 타인만을 점유자로 한다."라고 정함으로써, 점유보조자의 사실상 지배를 보호하지 않는다(195조).

점유보조자에 의한 물건에 대한 사실상의 지배를 보호하지 않는 이유는 무엇인가? 만일 점유보조자도 점유자라고 한다면, 예컨대 영업상 또는 가사상 그 밖의

종속관계에 있는 사람이 그의 업무수행상 물건을 지배하는 경우에, 그는 점유자이
므로 점유의 보호에 관한 여러 권리를 모든 사람, 심지어는 그의 주인에 대하여서
도 행사할 수 있고, 또는 그러한 점유를 타인에게 이전할 수도 있다는 결과가 된다.
이러한 결과는 부당하며, 인정할 수 없음은 사회관념상 당연한 일이다. 결국 점유
보조자에 의한 물건에 대한 사실상 지배는 이를 보호할 이익이 없기 때문이다.

    예컨대, 가정부가 주인의 주택의 점유자라고는 할 수 없을 것이고(특히 주인이 멀
리 여행을 떠나 있을 경우), 은행의 출납원이 은행 금고 속의 금전을 점유한다고 할 수
없다. 공장의 노동자가 그가 다루는 기계나 기기를 점유한다고 할 수도 없고, 또한 공
무원이 관청의 자동차를 운전하고 있다고 해서 점유자가 되지는 못한다.

2. 요   건   점유보조관계가 성립하려면 다음 요건을 갖추어야 한다.

    (1) 어떤 사람(점유보조자)이 타인(점유자)을 위하여 물건에 대한 사실상 지배를
하고 있어야 한다.

    (2) 점유보조자와 점유자(점유주) 사이에는 점유보조자가 점유자의 지시에 따
라야 할 관계(점유보조관계)가 있어야 한다. 타인의 지시를 받아 물건에 대한 사실상
지배를 한다는 점에서 타인의 지시를 받지 않고 물건을 사실상 지배하는 점유자와
구별된다. 지시에 따라야 할 관계는 채권 · 채무의 대등적 관계가 아니라, 사회적 의
미에서 명령 · 복종의 종속관계를 말한다. 제195조는 가사상 또는 영업상의 관계를
예시하고 있으나, 그 밖에 타인의 지시를 받는 유사한 관계에도 일반적으로 점유보
조관계를 인정하고 있다. 이 규정에서 말하는 '기타 유사한 관계'는 타인의 지시를
받고 이에 따라야 할 관계로서 사회관념상 점유를 보조한다고 인정되는 경우라고
한다(대결 2017. 2. 8, 2015마2025 참조). 이러한 종속관계가 생기는 기초는 계약일 수도
있고, 친족법이나 공법상의 법률관계일 수도 있으며, 또한 이들 법률관계는 반드시
유효한 것이어야 하는 것은 아니다. 그리고 이 종속관계는 계속적이어야 하는 것은
아니고(고용된 인부 등), 또한 제3자가 외부에서 용이하게 인식할 수 있어야 하는 것
도 아니다.

    (3) 점유보조관계가 성립하는지 않는지 문제될 수 있는 것으로 다음과 같은
경우가 있다.

(7) 자기의 물건에 관하여 점유보조자일 수 있는가? 물건에 대한 권리관계는 점유보조관계의 성립에 관한 요건이라고 할 수 없으므로, 자기의 물건에 관하여 점유보조자가 될 수도 있다고 해야 한다(예컨대, 부모가 어린이에게 준 물건에 관하여 그 어린이는 소유자인 동시에 점유보조자이다).

(4) 배우자의 지위　　배우자가 상대방의 점유보조자로 볼 수 있거나 공동점유자라고 볼 수 있는 경우가 있다. 양성평등의 원칙상 부부 사이에는 종속관계가 있다고 할 수 없고, 또한 배우자가 상대방에게 복종의무를 부담하고 있다고도 할 수 없다. 보통 배우자는 자신의 책임으로 가사를 처리하는 것으로 보아야 한다. 따라서 혼인생활을 하는 주거와 가사에 사용되거나 주거에 있는 물건에 대해서는 그것이 부부 쌍방의 공동사용에 제공되는 한도에서 부부의 공동점유를 인정하는 것이 옳다. 이때 아내는 남편의 점유보조자가 아니다(대판 1998. 6. 26, 98다16456·16463 참조).

(대) 법인의 기관　　「법인의 점유」도 인정할 수 있다. 따라서 이사와 같은 법인의 기관이 법인을 위하여 물건을 사실상 지배하여 점유를 취득하면, 그것은 곧 법인의 점유가 된다. 그러므로 이때 법인의 기관은 점유보조자는 아니다.

3. 효　과

(1) 점유보조자는 비록 물건에 대하여 실력을 행사하고 있더라도 점유자는 아니며, 「점유주」만이 점유자이다(195조). 그러나 자기의 물건에 관하여 점유보조자인 자는 동시에 점유자임을 주의해야 한다.

(2) 점유보조자는 점유자가 아니므로, 점유권에 관한 여러 효력은 점유주에 대한 관계에서는 물론 제 3 자에 대한 관계에서도 인정되지 않는다(대판 1976. 9. 28, 76다1588 — 사안은 점유보조자의 점유물방해제거청구권을 부인한 것임).

(3) 그러나 점유보조자도 점유주를 위하여 나중에 설명하는 자력구제권(209조)을 행사할 수 있다고 해야 한다.

(4) 민법 제195조는 점유보조자가 물건에 대한 지배를 행사하는 경우에 관해서만 규정하고 있는 것 같으나, 이 규정은 점유보조자가 점유를 취득하는 경우에도 적용된다고 해석해야 한다. 즉, 점유보조자가 점유보조관계에서 어떤 물건에 대한 사실적 지배를 취득한 경우(예컨대, 가정부가 시장에서 가사에 필요한 물품을 사들이는 경우

등)에는 「점유주」가 점유를 취득하게 된다. 한편 같은 이유로, 점유보조자가 점유를 잃으면 그에 따라 점유주도 점유를 잃은 것이 된다.

(5) 점유보조관계, 즉 종속관계가 끝나면 점유보조자로서의 지위도 끝난다. 그러나 점유보조자 자신의 의사가 변경되는 것(즉, 점유보조관계를 끝낸다는 의사를 가지게 되는 것)만으로는 점유보조관계가 끝나지 않으며, 외부에서 명백히 인식할 수 있어야 한다.

> 예컨대, 점원이 상점 내의 상품에 대한 점유자가 되려면, 단순히 앞으로 점유보조자로서가 아니라 점유자로서 점유한다는 의사를 가지고 점유하는 것만으로는 충분하지 않다. 그의 점유주(즉, 상점주인)로부터 그 상점을 사서 넘겨받는 것과 같이 점유보조관계가 끝났음을 외부에서 뚜렷하게 알 수 있어야 한다.

제 2 관   간접점유

[56] Ⅰ. 간접점유의 의의

점유보조자에 관해서 본 바와 같이, 물건을 사실상 지배하고 있는데도 점유자가 되지 못하는 경우가 있는 반면에, 사실상의 지배가 없는데도 점유자로 인정되는 경우가 있다. 바꾸어 말하면, 물건에 대한 사실상의 지배가 곧 점유라는 원칙에는 예외가 있다. 이러한 예외에 속하는 것으로는 상속인의 점유(193조. [63] 2 참조)와 이곳에서 설명하는 간접점유(間接占有)가 있다.

1. 간접점유는 직접점유와 대립하는 개념이다. 직접점유는 물건을 직접 지배하거나, 또는 점유보조자를 통해서 물건을 점유하는 경우에 성립하는 점유이다. 이에 대하여 간접점유는 어떤 사람이 타인과의 일정한 법률관계에 근거하여 그 타인에게 점유를 이전한 경우, 그에게 인정되는 점유이다. 그러한 법률관계로서 민법은 "지상권·전세권·질권·사용대차·임대차·임치 기타의 관계"를 들고 있다(194조). 이러한 관계를 점유매개관계(占有媒介關係)라고 일컫는다. 말하자면, 간접점유는 점유매개관계에 따라 직접점유를 하는 자(점유매개자)가 매개하는 점유이다. 간접점유자는 점유보조자와는 달리 점유권이 인정된다(194조).

2. 간접점유자에게도 점유권을 인정하는 이유는 무엇인가? 타인을 통해서 물

건에 대한 사실상 지배를 행사하고 있는 자에게는 법률로 보호할 만한 가치가 있는 이익이 있다고 법이 인정하기 때문에, 그러한 자도 점유자로서 다루게 된다. 즉, 간접점유자의 점유를 매개하는 직접점유자의 점유권은 간접점유자의 권리로부터 전해 내려온 것이다. 따라서 간접점유자를 상위점유자라고 한다면, 직접점유자는 하위점유자라고 할 수 있다. 점유매개관계에 따라 점유가 직접점유자에게 옮겨지지만, 간접점유자는 반환청구권이 있어서 그러한 법률관계가 끝나거나 없어지면, 결국 물건을 도로 찾아오게 되므로, 사회관념상 물건이 완전히 간접점유자의 지배로부터 떨어져 나갔다고 할 수 없고, 간접적으로는 물건을 지배하고 있다고(따라서 점유하고 있다고) 할 수 있다. 여기서 법률도 이를 인정하여 간접점유자의 이익도 보호하려는 것이다.

[57]　Ⅱ.　간접점유의 성립요건

민법 제194조가 정하는 간접점유의 성립요건은 다음과 같다.

1.　특정인의 직접점유가 있어야 한다. 따라서 물건을 직접 사실상 지배하는 것은 직접점유자뿐이고, 간접점유자는 그러한 지배가 없다. 「특정인」이라는 것은 점유매개자를 뜻하며, 간접점유자와 일정한 법률관계에 있는 자이다. 그리고 직접점유자는 타주점유([59] 참조)를 해야 한다. 직접점유자도 「점유」를 하는 점에서 점유보조자와 다름은 이미 설명하였다.

2.　직접점유자의 점유권은 간접점유자로부터 전해 내려온 것이어야 한다.

(1)　간접점유자로부터 점유권이 전해 내려오기 위해서는 직접점유자와 간접점유자 사이에 일정한 법률관계가 있어야 한다. 그러한 법률관계로서 제194조는 지상권·전세권·질권·사용대차·임대차·임치를 예시하고, 「기타의 관계」라고 하고 있다. 여기서 「기타의 관계」가 무엇을 뜻하는지 문제된다. 그것은 「일시적으로 타인으로 하여금 점유할 수 있는 권리·의무를 발생케 하는 법률관계」라고 말할 수 있다. 그것은 일시적인 법률관계이므로, 반드시 반환청구관계가 있어야 한다. 이것을 점유매개관계라고 일컫는다. 이러한 점유매개관계는 제194조가 열거하는 것 이외에도 계약(도급계약·물건운송계약·위탁매매계약 등)·법률 규정(유치권·친권·후견 등) 또는 국가행위(파산재단의 관리·강제관리 등) 등에서 발생한다.

(2) 점유매개관계는 몇 겹으로 겹쳐서 있을 수 있다(예컨대, 甲이 乙에게 소유물을 임대한 후, 乙이 다시 丙에게 전대하면, 두 개의 점유매개관계가 있게 된다).

(3) 점유매개관계는 반드시 유효한 것이어야 하는 것은 아니다((5) 참조).

(4) 점유매개자(직접점유자)가 점유할 권리는 간접점유자의 권리로부터 「전해 내려온 것」이므로, 상위점유자인 간접점유자의 권리는 하위점유자인 직접점유자의 그것보다 포괄적이어야 한다.

    직접점유자의 점유권이 간접점유자로부터 「전해 내려온다」는 것은 시간적으로 간접점유가 먼저 존재하고 나중에 직접점유자에게 이전되어야 한다는 것을 뜻하지는 않는다. 점유매개자가 제3자로부터 먼저 점유를 취득하고, 그 후에 종전에 약정하였던 점유매개관계에 따라 다른 쪽 당사자(예컨대 위임인)에게 간접점유를 취득하게 하거나, 또는 자주점유를 하고 있는 소유자가 점유개정으로 소유권을 양도한 후 그 물건을 임차하여 계속 점유하고, 상대방(양수인인 동시에 임대인)을 상위점유자로서 승인하는 것도 가능하다.

(5) 간접점유자는 점유매개자에 대하여 반환청구권을 가져야 한다. 이 반환청구권은 언제나 채권적 반환청구권이며, 조건부 또는 기한부이더라도 상관없고, 또한 이 반환청구권에 관하여 항변권이 있더라도 상관없다. 이 반환청구권의 존재는 절대적인 요건이며, 이것만 있으면 점유매개관계를 인정할 수 있으므로, 이미 설명한 바와 같이 점유매개관계가 유효할 필요는 없다. 점유를 매개하는 관계가 유효하지 않은 때에는 부당이득의 법리에 따라 반환청구권이 발생한다.

[58] Ⅲ. 간접점유자의 지위

(1) 간접점유자도 점유권을 가진다(194조). 따라서 점유에 관한 규정은 원칙적으로 간접점유에도 적용된다. 다만 그 성질상 간접점유에 적용할 수 없거나 규정상 그 적용이 배제된다고 생각되는 규정은 적용되지 않는다.

(2) 직접점유자가 그의 점유를 빼앗기거나 방해당하고 있는 경우에는 간접점유자도 점유보호청구권을 가진다(207조 1항). 그러나 직접점유자에 따라 간접점유가 침해된 경우, 예컨대 직접점유자가 점유물을 횡령하여 제3자에게 처분한 경우에는 간접점유자의 점유보호청구권은 인정되지 않는다. 직접점유자가 임의로 점유를

다른 사람에게 양도한 경우에는 점유이전이 간접점유자의 의사에 반한다고 하더라도 간접점유자의 점유가 침탈된 경우에 해당하지 않는다(대판 1993. 3. 9, 92다5300 참조).

점유물을 빼앗긴 경우에 간접점유자는 빼앗은 자에 대하여 자기에게 반환할 것을 청구하지는 못하고, 직접점유자에게 반환할 것을 빼앗은 자에게 청구할 수 있을 뿐이다. 그러나 직접점유자가 물건의 반환을 받을 수 없거나 받기를 원하지 않는 때에는 자기에게 반환할 것을 청구할 수 있다(207조 2항).

(3) 간접점유자는, 직접점유자에 대한 침해가 있더라도 자력구제권은 인정되지 않는다(209조. [80] (2) 참조).

(4) 직접점유자에 대한 관계에서는 간접점유자는 점유보호청구권이나 자력구제권을 행사할 수 없고, 다만 간접점유의 기초가 되는 법률관계(즉, 점유매개관계) 또는 물권에 의한 청구권을 행사할 수 있을 뿐이다.

(5) 한편 직접점유자는 간접점유자에 대하여 간접점유의 기초가 되는 법률관계에서 발생하는 청구권을 행사할 수 있을 뿐만 아니라, 점유보호청구권과 자력구제권도 행사할 수 있다.

(6) 간접점유의 취득과 상실에 관해서는 나중에 설명한다([64]·[68] 참조).

제 3 관 점유의 여러 모습

[59] I. 자주점유와 타주점유

(1) 자주점유(自主占有)는 소유의 의사를 가지고서 하는 점유이다. 소유자가 할 수 있는 것과 같은 배타적 지배를 사실상 행사하려고 하는 의사가 소유의 의사이다. 법률상 그러한 지배를 할 수 있는 권한, 즉 소유권을 가지고 있거나 소유권이 있다고 믿고 있어야 하는 것은 아니다. 사실상 소유할 의사가 있는 것으로 충분하다.

한편 타주점유(他主占有)는 자주점유 이외의 점유를 말하며, 타인이 소유권을 가지고 있다는 것을 전제로 하는 점유이다. 바꾸어 말하면, 자주점유를 하는 자가 따로 있다는 것을 전제로 하는 점유가 타주점유이다.

자주점유와 타주점유를 구별하는 실익은 취득시효(245조 이하)·무주물선점(252

조)·점유자의 책임(202조) 등에서 볼 수 있다.

(2) 소유의 의사가 있는지 여부는 점유취득의 원인이 된 사실, 즉 권원(權原)의 성질에 따라 객관적으로 정해진다(대판 1969. 3. 4, 69다5; 대판 1979. 4. 24, 78다2873 참조). 따라서 매수인은 언제나 소유의 의사가 있는 자주점유자이고, 이에 반하여 지상권자·전세권자·질권자·임차인·수치인(受置人) 등은 언제나 그러한 의사가 없는 타주점유자이다.

(3) 위와 같이 소유의 의사가 있는지는 객관적으로 결정되고, 주관적으로 소유의 의사가 있다는 것만으로는 자주점유가 되지 못하므로, 타주점유가 자주점유로 전환되기 위해서는 (ⅰ) 타주점유자가 새로운 권원에 따라 소유의 의사를 가지고 점유를 시작하거나(예컨대, 임차인이 임차물을 매수하면, 그때부터 자주점유자가 된다), 또는 (ⅱ) 타주점유자가 그로 하여금 타주점유를 하게 한 자(간접점유자)에게 소유의 의사가 있음을 표시해야 한다(예컨대, 임차인이 자주점유자가 되려면, 임대인에게 소유의 의사를 표시해야 한다)는 것이 통설이고(김현태(상) 190면, 방순원 58면·59면, 이영준 492면, 장경학 308면, 최식 190면 참조), 또한 판례이다(대판 1966. 10. 18, 66다1256; 대판 1982. 5. 25, 81다195 참조). 그러나 간접점유자가 없는 경우(예컨대, 유실물을 습득한 때)에는 소유의 의사를 객관적으로 인식할 수 있는 것으로 충분하다고 해야 한다. 그리고 (ⅰ)의 경우에 상속은 새 권원이라고 할 수 없다(아래 상속에 의한 점유 [63] 2 (3) 참조). 매수한 인접 대지의 일부로 믿고 점유한 경우 인접한 대지를 매수하면서 그 대지의 일부로 알고 점유하였다고 주장하더라도 그 대지를 매수한 사실이 없으면 권원의 성질상 자주점유라고 추정될 수 없다(대판 1977. 10. 11, 77다1381 참조).

(4) 자주점유로부터 타주점유로의 전환 또는 타주점유 모습의 변화(예컨대, 임차인으로서의 타주점유로부터 지상권자로서의 타주점유로의 변화)에 관해서도 이론상 위에서 설명한 타주점유로부터 자주점유로의 전환에서와 마찬가지로 생각해야 한다(판례도 경락에 의한 소유권이전등기가 있으면, 경락 전의 소유자는 타주점유자가 되었다고 한다. 대판 1968. 7. 30, 68다523 참조).

(5) 권원의 성질상 자주점유인지 또는 타주점유인지를 판정할 수 없는 경우에는 점유자는 소유의 의사로써 점유하는 것으로 추정된다(197조 1항). 즉, 자주점유로 추정된다(취득시효에서 자주점유의 추정에 관해서는 아래 [109] 2 (1) ㈎ 참조).

[60] Ⅱ. 선의 점유와 악의 점유

(1) 선의 점유는 점유할 수 있는 권리 즉 본권이 없는데도 본권이 있다고 오신(誤信), 즉 그릇 믿고서 하는 점유이고, 악의 점유는 본권이 없음을 알면서 또는 본권의 유무에 관하여 의심을 품으면서 하는 점유이다. 일반적으로 선의는 어떤 사실을 알지 못함(즉, 부지)을 뜻하며, 의심을 품은 경우에도 선의가 되지만, 점유에 관해서는 본권 있음을 확신한 경우에만 선의 점유를 인정하는 것이 학설의 태도이다. 선의 점유의 효과는 취득시효·과실취득 등에서 강력하므로, 의심을 품는 때에도 악의로 해석한다. 선의 점유와 악의 점유를 구별하는 실익은 취득시효(245조 이하)· 점유자의 과실취득(201조)·점유자의 책임(202조)·점유자의 비용상환청구(203조)·선의취득(249조) 등에서 나타난다.

(2) 점유자가 선의인지 악의인지 분명하지 않은 때에는, 점유자는 선의로 점유하는 것으로 추정된다(197조 1항). 그러나 선의의 점유자가 본권에 관한 소에서 패소(즉, 종국판결에서 패소로 확정된 때. 대판 1974. 6. 25, 74다128 참조)하면, 그 소가 제기된 때에 소급하여 악의였던 것으로 본다(197조 2항).

[61] Ⅲ. 그 밖의 점유의 모습

1. 과실 있는 점유와 과실 없는 점유

(1) 이 구별은 앞에서 설명한 선의 점유에 관하여 본권이 있다고 그릇 믿은 데 과실이 있는지 없는지에 의하는 것이다. 취득시효·선의취득 등에서 구별의 실익이 있다.

(2) 무과실에 관해서는 제197조와 같은 규정이 없기 때문에 추정되지 않는다는 것이 통설이다. 따라서 주장하는 자가 증명해야 한다(그러나 선의취득의 경우에는 예외적으로 무과실이 추정된다. [39] 3 (2) 참조).

2. 흠 있는 점유와 흠 없는 점유

(1) 흠 있는 점유라고 할 때 「흠」(하자라고도 한다)은 완전한 점유로서의 효력의 발생을 방해하는 모든 사정을 말한다. 악의·과실·강포(强暴. 평온하지 않은 것)· 은비(隱秘. 공연하지 않은 것)·불계속 등이 이에 속한다. 이러한 흠이 없는 점유가 「흠 없는 점유」이다. 선의·악의의 점유, 과실·무과실의 점유에 관해서는 위에서 설명

하였다. 평온·강포·공연·은비 등을 구별하는 실익은 취득시효·선의취득 등에서 나타난다.

(2)　점유의 평온·공연도 추정된다(197조 1항). 또한 점유의 계속도 추정된다. 즉, 전후 두 시점에 점유한 사실이 있는 경우에는 그 점유는 계속된 것으로 추정된다(198조). 이러한 추정은 동일인이 전후 양 시점에 점유한 것이 증명된 때에만 적용되는 것이 아니고 전후 양 시점의 점유자가 다른 경우에도 점유의 승계가 증명되면 점유 계속은 추정된다(대판 1996. 9. 20, 96다24279·24286 참조).

3.　**단독점유와 공동점유**　　　단독점유는 하나의 물건에 관하여 한 사람이 점유하는 것을 가리키고, 공동점유는 수인이 공동으로 같은 물건을 점유하는 것을 가리킨다.

제 3 절　점유권의 취득과 소멸

제 1 관　점유권의 취득

[62]　Ⅰ. 서　　설

이미 설명한 바와 같이([52] 참조), 점유라는 사실을 바탕으로 하여 점유권이 발생하므로, 점유를 취득하는 때에 점유권도 취득하게 된다.

점유의 취득에는 원시취득과 승계취득이 있으나, 원시취득에 관해서는 점유의 개념을 설명할 때에 이미 보았으므로, 문제가 되는 것은 점유의 승계취득이다. 즉, 점유의 이전에 관한 것이다. 점유의 이전이 인정됨은 민법의 규정상 명백하다(196조 참조). 그리고 점유의 이전을 「인도」라고 한다는 것은 여러 번 언급하였다.

[63]　Ⅱ. 직접점유의 취득

1.　**의사표시에 의한 취득**(점유권의 양도)

(1)　**현실의 인도에 의한 양도**　　　물건에 대한 사실상의 지배를 이전하는 것이 「현실의 인도」이다. 이 방법으로 점유권을 양도하려면, 당사자 사이에 점유권이전의 합의(물권행위)와 물건에 대한 사실상 지배의 이전이 있어야 한다(김기선 141면,

방순원 65면, 장경학 314면, 최식 193면 참조). 제196조 1항의 인도가 현실의 인도를 뜻함은 물론이다(196조 참조).

학설 중에는 위에서 적은 바와 같은 당사자 사이의 합의를 「의사표시가 아니라 자연적 의사」라고 하고, 따라서 현실의 인도는 법률행위가 아니므로 행위능력을 필요로 하지 않는다는 견해가 있다(김상용 269면, 김용한 192면·193면, 김증한·김학동 113면 참조). 그러나 이는 찬성할 수 없는 견해이다. 점유를 알고 있을 뿐이고 「점유권」이라는 것을 생각하고 있지 않는 법제에서는 몰라도 「점유권」도 일종의 물권으로 하고 있는 우리의 법제에서는 그 양도에는 역시 물권행위가 요구된다고 해야 한다.

인도에 관해서는 동산물권변동을 설명하면서 간단히 적었으나([37] 1·2 참조), 특히 주의할 점을 적는다면 다음과 같다.

인도는 물건에 대한 사실적 지배를 양도인이 양수인에게 이전하는 것이다. 그러나 이 사실적 지배의 이전은 반드시 물리적으로 이전하는 것을 뜻하는 것은 아니며, 사회통념상 또는 거래관념상 물건에 대한 지배가 양도인의 지배로부터 양수인의 지배로 옮겨가는 것을 뜻한다. 그 방법과 형식은 동산인지 부동산인지에 따라 다르다. 동산에서는 대부분의 경우에 손에서 손으로 장소적 이전이 있는 것이 보통이고, 부동산에서는 그 관리(예컨대, 열쇠의 인도)나 이용이 옮겨진다. 가령 임야에 대한 점유의 이전이나 점유의 계속은 반드시 물리적이고 현실적인 지배를 요한다고 볼 것은 아니고 관리나 이용의 이전이 있으면 인도가 있었다고 보아야 한다(대판 1996. 9. 10, 96다19512 참조).

(2) 간이인도에 의한 양도   양수인이 이미 물건을 점유하고 있는 경우에는 당사자의 의사표시만으로 인도한 것이 된다(188조 2항). 이것을 간이인도(簡易引渡)라고 한다. 이러한 간이인도로 점유권을 양도할 수 있다(196조 2항). 따라서 이때에는 점유권 이전의 물권행위만 있으면 점유권은 양도되고 취득된다. 이 경우에는 양수인 쪽이 현실적으로 물건을 점유하고 있으므로, 점유권의 양도를 위하여 실제로 물건을 주고받는 것을 되풀이하는 것은 쓸데없는 일이기 때문에 인정되는 간편한 인도방법이다.

2. 상속에 의한 취득(점유권의 상속)

(1) 점유권의 취득, 따라서 점유의 취득은 당사자의 의사에 의하지 않는 경우

에도 인정된다. 그 가장 주요한 것이 상속에 의한 점유권의 취득이다. 상속으로 피
상속인의 점유가 그대로 상속인에게 이전하는지 문제된다. 민법은 "점유권은 상속
인에 이전한다."(193조)라고 규정하여 이를 인정하고 있다. 그리고 포괄적 수증자는
상속인과 동일한 권리 · 의무가 있으므로(1078조 참조), 여기서 말하는 상속인에는 포
괄적 유증의 수증자도 포함된다.

(2) 그 결과 피상속인의 사망으로 상속이 개시되면, 피상속인이 점유하고 있
었던 물건은 당연히 상속인의 점유가 된다. 상속인이 사실상 지배하거나 관리하고
있을 필요가 없음은 물론이며, 상속의 개시를 알고 있을 필요도 없다. 상속인이 여
러 사람 있는 경우에 제1009조 이하의 상속분에 관한 규정이 적용되는가? 판례는
이를 부정하고, 상속인들이 단순히 공동으로 점유할 뿐이라고 한다(대판 1962. 10. 11,
62다460 참조). 상속인이 미성년자인 경우에는 그 법정대리인을 통하여 점유권을 승
계받아 점유를 계속할 수 있는 것이며 점유의 계속은 추정된다(대판 1989. 4. 11, 88다
카8217 참조).

(3) 상속인이 상속으로 당연히 승계하는 점유 및 점유권은 피상속인이 가지
고 있었던 것과 동일한 것이다. 상속이 점유의 성질을 변경하는 새 권원이 되지 않
는다(방순원 59면; 대판 1971. 2. 23, 70다2755 참조). 상속으로 점유권을 취득한 경우에는
상속인은 새로운 권원에 따라 자기 고유의 점유를 개시하지 않는 한 피상속인의 점
유를 떠나 자기만의 점유를 주장할 수 없다(대판 1992. 9. 22, 92다22602 · 22619 참조).
그러나 상속인이 상속의 개시에 따라 상속재산에 속하는 물건을 현실적으로 점유
하게 된 경우에, 상속인에게 고유의 점유가 성립할 수 있는지는 별개의 문제이다
([65] (2) 참조). 가령 선대의 점유가 타주점유인 경우 선대로부터 상속으로 점유를
승계한 자의 점유도 원래 자주점유가 아니지만, 점유자가 소유자에 대하여 소유의
의사가 있는 것을 표시하거나 새로운 권원에 따라 다시 소유의 의사로써 점유를 시
작한 경우에는 자주점유가 된다(대판 1997. 5. 30, 97다2344 참조).

[64] Ⅲ. 간접점유의 취득

1. 간접점유의 설정   간접점유를 인정하기 위해서는 간접점유자와 직접
점유를 하는 자 사이에 일정한 법률관계, 즉 점유매개관계가 필요하다. 이러한 점

유매개관계는 직접점유자가 자신의 점유를 간접점유자의 반환청구권을 승인하면서 행사하는 경우에 인정된다(대판 2012. 2. 23, 2011다61424·61431 참조). 간접점유를 설정하는 방법에는 다음의 두 가지가 있다.

(1) **여태까지 직접점유자였던 자가 간접점유자로 되는 방법**   직접점유자가 물건을 직접 점유하다가 타인과의 점유매개관계에 기하여 그 타인이 물건을 직접 점유하게 하고 스스로는 간접점유자가 됨으로써 간접점유가 성립한다. 예컨대, 소유자가 그의 소유물을 임대하면, 소유자는 간접점유자가 되고 임차인은 직접점유자가 된다.

(2) **점유개정에 의하는 경우**   민법은 점유개정에 의한 점유권의 양도를 인정한다(196조 2항·189조). 양도한 후에도 양도인이 계속해서 점유하는 경우에 점유이전의 합의만으로 점유가 이전되고, 양수인은 양도인을 직접점유자로 하여 스스로는 간접점유를 하는 것이 된다. 이것을 점유개정이라고 한다.

2. 간접점유의 양도(목적물반환청구권의 양도에 의한 점유권의 양도)

(1) 이미 설명한 바와 같이, 간접점유자는 언제나 반환청구권을 갖고 있다([57] 2 (5) 참조). 이 반환청구권을 양도함으로써 점유를 이전한 것이 되고, 따라서 점유권도 이전한다(196조 2항·190조).

(2) 이때 반환청구권은 점유매개관계에서 발생하는 채권적 청구권이다. 따라서 그 양도에는 채권양도에 관한 규정이 준용된다(450조).

[65] Ⅳ. 점유권 승계의 효과

(1) 점유권이 승계되는 경우에 승계인이 가지는 점유에는 두 가지의 측면이 있다. 한편으로는 종전 점유자의 점유와 동일성을 가지는 점유가 계속하는 것이라고 볼 수 있고, 다른 한편으로는 승계인 자신이 새로이, 말하자면 원시적으로, 시작한 점유를 갖게 된다. 여기서 민법은 (ⅰ) 점유자의 승계인은 자기의 점유만을 주장할 수도 있고, 또는 (ⅱ) 자기의 점유와 전(前)점유자의 점유를 아울러 주장할 수도 있는 것으로 하였다(199조 1항).

종전 점유자는 바로 앞의 점유자에 한하는 것이 아니라, 「현재의 점유에 앞서는 종전의 모든 점유자」를 말하며, 그 종전 점유자가 여러 사람인 경우(예컨대, 甲·

乙·丙·丁으로 점유가 순차로 이전한 경우)에는 특정의 점유자(예컨대 위 사례에서 乙) 이후에 있었던 종전 점유자의 점유를 아울러 주장할 수도 있다. 이와 같이 종전 점유자의 점유도 주장할 수 있으나, 그것을 주장하는 때에는, 종전 점유자의 점유에 있는 흠(하자)도 이어받게 되며(199조 2항), 결국 흠이 전부에 있는 것으로 된다. 예컨대, 甲이 악의로 10년간 점유를 계속한 후에 乙이 점유를 이어받아 선의로 5년간 점유하였다면, 乙은 甲의 점유를 합한 악의의 15년의 점유를 주장할 수도 있고, 또는 乙만의 5년간 선의 점유를 주장할 수도 있다. 그리고 취득시효의 경우에 점유자의 승계인이 자기의 전 점유자의 점유를 아울러 주장할 때 그 직전의 점유만을 주장할 것인가, 그 전 점유자의 것을 아울러 주장할 것인가는 그 주장하는 사람의 임의에 속하지만, 그 점유시초를 전 점유자의 점유기간중의 임의시점을 택하여 주장할 수 없다(대판 1981. 4. 14, 80다2614 참조).

  (2) 위와 같은 점유의 분리·병합은 포괄승계 특히 상속의 경우에도 적용되는가? 학설은 긍정설(김증한·김학동 207면, 김현태 200면, 장경학 320면 참조)과 부정설(김상용 272면, 방순원 69면, 이영준 363면 참조)이 대립하고 있다. 판례는 부정설을 따르고 있다(대판 1966. 3. 29, 66다194; 대판 1972. 6. 27, 72다535·536; 대판 1975. 5. 13, 74다2136 등 참조). 민법이 제193조에서 "점유권은 상속인에 이전한다."라고 정하여 점유의 상속을 인정하고 있다. 이는 피상속인의 점유와 상속인의 점유 사이에 중단이 생기는 것을 막기 위한 것이다. 이 틈을 막기 위한 당연승계의 경우에 상속이 점유변경의 새 권원이 될 수 없음은 당연하다. 그러나 상속인이 스스로 현실적으로 점유를 하는 경우에도 상속이 권원이 될 수 없다고 해야 할 이유는 없다. 다수설이 타당하다.

제 2 관 점유권의 소멸

[66] I. 서   설

  점유권은 다른 물권과는 그 성질이 다르므로, 물권 일반의 소멸원인이 점유권에 그대로 적용되지는 않는다. 가령 혼동([49] 참조)·소멸시효(162조 이하) 등은 점유권에 적용되지 않는다. 다음과 같은 원인으로 점유가 소멸하는 때에 점유권도 소멸한다.

[67] Ⅱ. 직접점유의 소멸원인

　직접점유는 점유물에 대한 사실상의 지배를 상실 즉 잃음으로써 소멸한다(192
조 2항). 사실상의 지배를 잃었는지 여부는 사회통념에 따라 결정된다. 이러한 사실
상의 지배가 상실되는 경우는 (ⅰ) 점유자의 자유의사에 의한 상실(점유의 양도와 점
유의 포기)과 (ⅱ) 자유의사에 의하지 않은 상실로 나눌 수 있다. (ⅱ)의 경우에 점
유자의 의사에 의하지 않고서 물건이 제 3 자의 지배로 확정적으로 이전하였거나,
또는 사회통념상 점유자가 물건에 대한 사실상의 지배가능성을 상실하였다고 인정
되는 때에는 점유를 잃게 된다(절도·유실·횡령 등). 이러한 방법으로 직접점유자의
점유로부터 떨어져 나간 것을 점유이탈물(占有離脫物)이라고 한다. 그러나 사실상의
지배를 행사하는 것이 지장을 받고 있는 경우에, 그 지장이 성질상 일시적인 것일
때에는, 이에 따라 점유권이 상실되지 않는다고 해야 한다(예컨대, 가축의 일시 도주
등). 사실상의 지배를 잃게 되면 점유권이 소멸한다는 위의 원칙에는 예외가 있다.
즉, 타인의 침탈로 점유를 상실한 경우에, 점유자가 1년 이내에 점유회수의 청구를
통하여 점유를 회수하면 점유는 처음부터 상실하지 않았던 것으로 다루어진다(192
조 2항 단서). 따라서 회수될 때까지 한때 점유가 끊어졌더라도, 피침탈자는 그 끊어
졌던 동안에도 점유를 계속한 것이 된다.

[68] Ⅲ. 간접점유의 소멸원인

　간접점유는 직접점유자가 점유를 잃거나 직접점유자가 점유매개자의 역할을
그만두는 경우에 소멸한다. 직접점유자가 점유물을 횡령하는 것은 뒤의 예이다. 직
접점유자가 그의 의사에 반하여 점유를 잃게 되고 그것이 동시에 간접점유자의 의
사에 반하는 경우에는, 그 물건은 간접점유자로부터의 점유이탈물이 된다. 판례는
간접점유에서 점유매개관계를 이루는 임대차계약 등이 해지 등으로 종료되더라도
직접점유자가 목적물을 반환하기 전까지는 간접점유자의 직접점유자에 대한 반환
청구권이 소멸하지 않는다고 한다. 따라서 점유매개관계를 이루는 임대차계약 등
이 종료된 이후에도 직접점유자가 목적물을 점유한 채 반환하지 않고 있으면, 간접

점유자의 반환청구권이 소멸하지 않으므로 간접점유의 점유매개관계가 단절되지 않는다(대판 2019. 8. 14, 2019다205329; 대판 2023. 8. 18, 2021다249810 참조).

제 4 절   점유권의 효력

제 1 관   총   설

[69] 개   관

민법은 점유에 대하여 여러 가지의 효과를 주고 있다. 그러한 것으로 (i) 권리의 추정(200조), (ii) 선의점유자의 과실취득권(201조), (iii) 비용상환청구권(203조) · 책임의 경감(202조), (iv) 점유보호청구권(204조 이하), (v) 자력구제권(209조) 등이 있다. 차례로 설명한다.

제 2 관   권리의 추정

[70] I . 권리의 적법 추정

(1) "점유자가 점유물에 대하여 행사하는 권리는 적법하게 보유한 것으로 추정"된다(200조). 이는 권리의 추정에 해당한다. 따라서 소유자로서 점유하는 자는 정당한 소유자이고, 질권자로서 점유하는 자는 적법하게 질권을 가지는 것으로 추정된다. 한편 점유자는, 특별한 사정이 없는 한, 소유의 의사를 가지고 점유하는 것으로 추정되므로(197조 1항), 점유자는 원칙적으로 소유자라고 추정된다. 이는 사실의 추정에 해당한다. 그러므로 도둑도 점유하고 있으면 소유자로 추정되며, 진정한 소유자는 그것이 자기의 물건임을 증명해야 하는 결과가 된다. 그리고 위와 같이 권리의 추정을 받게 되는 점유자의 점유에 관해서는 아무런 제한이 없다. 점유의 종류를 묻지 않으며, 점유에 흠이 있든 또는 간접점유이든 어느 것이든 상관없다.

(2) 보통은 물건에 대한 권리를 가진 사람이 그 물건을 점유해서 그 위의 권리를 행사한다. 이것을 반대로 새긴다면, 물건을 점유해서 그 위의 권리를 행사하는 것과 같은 외관을 갖춘 행위를 하고 있는 사람은 대부분 적법한 권리자이다. 이

개연성을 기초로 하여 제200조의 추정이 인정되는 것이다.

　(3)　따라서 등기를 그 표상으로 삼는 부동산물권에 관해서는 이 추정규정이 적용되지 않으며, 등기되어 있는 부동산에 관해서는 그 등기에 추정력을 주어야 한다는 것이 통설·판례임은 이미 밝혔다([32] 5 (1) ㈜ 참조).

[71]　Ⅱ. 추정의 효과

　(1)　「점유물에 대하여 행사하는 권리」에는 물권뿐만 아니라, 점유할 수 있는 권한을 포함하는 모든 권리(임차인·수치인의 권리 등)가 포함된다고 해석해야 한다.

　(2)　종전에 점유한 사람은 그 점유기간 중 적법하게 권리를 가졌던 것으로 추정된다고 보아야 한다. 바꾸어 말하면, 현재 물건을 점유함으로써 이 규정의 추정을 받는 사람은 이전에 점유를 하고 있었던 동안에도 적법한 권리를 가지고 있었던 것으로 추정된다.

　(3)　추정은 모든 사람에 대하여 효력이 생기는가? 민법에는 규정이 없으나, 소유자로부터 권리를 취득하였다는 이유로 점유하는 사람은 그 소유자에 대해서는 추정을 주장하지 못한다고 하는 것이 타당하다. 예컨대, 임차인이 임대인인 소유자와의 사이에서 임차권의 존부에 관하여 다툼이 생긴 때에는, 일반원칙에 따라서 증명책임을 정할 것이지, 현재 점유하고 있다고 해서 적법한 임차인이라고 추정될 수는 없다(동지: 김증한·김학동 213면, 김현태(상) 205면, 방순원 75면 참조).

　(4)　추정은 점유자의 이익을 위해서뿐만 아니라, 불이익을 위해서도 추정된다. 가령 건물임차인이 그 건물에 부속시킨 임차인의 소유동산을 객체로 하는 임대인의 법정질권에서, 임차인이 점유하는 동산은 그의 소유라고 추정된다(650조 참조). 또한 어떤 물건의 소유자에게 과세되는 경우에, 그 물건의 점유자가 그것을 벗어나려면, 자기는 소유자가 아님을 증명해야 하는 결과가 된다.

　(5)　추정의 효과는 반증을 들어서 깨뜨려질 때까지는 정당한 것으로 다루어진다는 것이다. 따라서 진정한 권리가 있다는 것을 이유로 등기를 신청하거나, 또는 자기의 점유가 정당한 권원에 의한 것이라는 증명을 갈음하는 것과 같은 적극적인 행위를 하는 경우에는 이 규정에 따른 추정을 이용할 수 없다(동지: 김증한·김학동 214면, 김현태(상) 206면 참조).

(6) 추정의 효과는 점유자뿐만 아니라 제 3 자도 이를 주장할 수 있다. 예컨 대, 점유자로부터 물건을 임차하고 있는데 제 3 자가 점유자의 소유권을 부인하면 서 반환을 청구하는 경우에 임차인은 점유자가 받는 추정을 주장할 수 있다.

제 3 관 점유자와 회복자의 관계

[72] Ⅰ. 서   설

점유자가 점유할 권리가 없는 경우에 소유자는 소유물의 반환을 청구할 수 있 다. 이와 같이 소유자 등이 점유자를 상대로 물권적 청구권을 행사하면, 점유자는 그에 응하여 점유물을 소유자에게 반환해야 한다. 이때 점유자와 회복자의 사이에 는 (i) 점유자는 점유 중에 과실을 취득할 수 있는지, (ii) 점유 중에 그 물건을 멸실·훼손한 경우에 어느 정도의 책임을 지는지, 또한 (iii) 점유 중에 그 물건에 관하여 지출한 비용을 소유자에게 그 상환을 청구할 수 있는지 문제될 수 있다. 민 법은 이에 관하여 제201조에서 제203조까지 세 조문에서 규정하고 있다. 이 규정 들이 적용되는 것은 소유물반환관계가 있는 경우에 적용되는 것으로, 이 규정들에 기한 청구권은 소유물반환청구권에 부수하여 발생하는 것이기 때문에 부수적 청구 권이라고 한다(민법주해(Ⅳ) 351면 참조).

[73] Ⅱ. 선의점유자의 과실취득권

1. 선의의 점유자는 점유물의 과실을 취득할 권리가 있다(201조 1항). 그 입법 이유는 다음과 같다. 과실을 거두어들일 수 있는 권리를 가지는 것으로 그릇 믿고 서 점유하는 자는 과실을 거두어들여서 소비하는 것이 보통이다. 나중에 소유자 등 본권(本權)을 가진 사람이 원물의 반환을 청구한 경우에, 이와 같은 선의의 점유자 가 과실까지도 전부 반환해야 한다는 것은 너무 가혹하다는 것이다. 그렇다면 제 201조 1항은 적극적으로 과실수취권을 인정한 것인지 또는 소극적으로 선의점유자 의 반환의무를 면제한 것에 지나지 않는 것인지라는 의문이 있게 된다. 논리적으로 는 뒤의 견해가 타당하다고 볼 수도 있으나, 문언상 선의의 점유자에게 과실취득권 을 부여하고 있으므로 앞의 견해가 타당하다(아래 3 참조).

2. 요　건

(1) 「선의」의 점유자라는 것은, 위에서 적은 바와 같은 입법이유에 비추어, 과실수취권을 포함하는 본권(소유권·전세권·임차권 등)을 가지고 있다고 오신(誤信)한, 즉 그릇 믿고 있는 점유자를 가리키며, 이를 포함하지 않는 본권(질권·유치권 등)을 가지는 것으로 그릇 믿고 있는 자는 이에 해당하지 않는다(대판 1969. 9. 30, 69다1234; 대판 1981. 8. 20, 80다2587 참조). 나아가 판례는 그와 같이 오신을 한 데 오신할 만한 근거가 있어야 한다고 한다(대판 1992. 12. 24, 92다22114; 대판 1995. 8. 25, 94다27069. 찬성하는 견해로는 김상용 277면, 김증한·김학동 228면, 민법주해(Ⅳ) 381면, 김재형, 민법론Ⅰ, 188면이 있고, 반대하는 견해로는 김용한 201면, 이영준 378면이 있다). 제201조의 규정에서 과실의 유무를 묻지 않고 있으나, 판례는 선의의 의미를 이 규정에 한하여 제한적으로 해석하고 있다. 이는 선의점유자에게 과실취득권을 부여한 특혜를 제한하기 위한 것이라고 볼 수 있다.

(2) 선의인지 아닌지를 정하는 시기는 과실에 관하여 독립한 소유권이 성립하는 시기이다. 즉, 천연과실에 관해서는 원물로부터 분리할 때(102조 1항)이지만, 법정과실에 관해서는 선의가 존속한 일수의 비율에 따라 취득한다(102조 2항).

(3) 선의의 점유자가 본권에 관한 소에 패소한 때에는 그 소를 제기한 때부터 악의의 점유자로 보게 되므로(197조 2항), 소가 제기된 후에는 선의자로 다루어지지 않는다. 점유자의 확신이 비록 움직이지 않는 확고한 것이었더라도 마찬가지이다.

(4) 비록 선의이더라도 폭력 또는 은비에 의한 점유자는, 과실의 취득에 관해서는, 악의의 점유자와 마찬가지로 다루어진다(201조 3항).

3. 효　과

(1) 선의의 점유자가 취득하는 과실에는 천연과실과 법정과실이 모두 포함된다. 그 밖에 물건의 이용도 포함된다고 하는 것이 타당하다(김증한·김학동 230면, 김현태(상) 208면, 최식 202면. 타인의 건물을 자기의 것으로 그릇 믿고 거주하는 때). 판례는 사용이익을 과실에 준한다고 하거나 과실과 동시할 것이라고 한다(대판 1981. 9. 22, 81다233; 대판 1987. 9. 22, 86다카1996·1997 참조).

(2) 선의점유자가 취득할 수 있는 것은 거두어들인 과실의 전부(거두어들여 소비한 것은 물론이며, 소비하지 않고 그대로 가지고 있는 것까지)인지 또는 그중에서 소비한

것에 한하는지 문제된다. 앞에서 지적한 바와 같이, 만일 제201조의 규정을 선의
점유자의 반환의무를 면제하는 것이라고 본다면, 뒤의 견해에 따라야 할 것이며,
적극적으로 과실수취권을 인정한 것이라고 본다면, 앞의 견해에 따르게 될 것이다.
다수설은 거두어들인 과실의 전부를 취득할 수 있다고 해석함으로써, 앞의 견해를
취하고 있다(김증한·김학동 230면, 방순원 77면, 장경학 327면 등 참조).

　　(3)　과실을 취득할 수 있는 범위에서 부당이득은 성립하지 않는다(대판 1967.
11. 28, 67다2272; 대판 1978. 5. 23, 77다2169; 대판 1996. 1. 26, 95다44290 참조).

　　(4)　제201조 1항과 불법행위에 의한 손해배상책임의 관계를 어떻게 볼 것인
지 문제된다. 대법원은 제201조 1항을 주장함으로써 불법행위를 이유로 하는 손해
배상책임을 벗어나지는 못한다고 하였다(대판 1966. 7. 19, 66다994 참조). 그러나 제201
조 1항에 따른 선의의 점유자에 해당하는 경우에는 본권이 있다고 믿고 이와 같이
믿은 데 근거가 있는 것으로 볼 수 있으므로, 과실에 의한 불법행위가 성립할 수
없다고 보아야 한다(민법주해(Ⅳ) 394면 이하 참조).

[74]　Ⅲ.　악의점유자의 과실반환의무

　　1.　악의의 점유자는 "수취한 과실(果實)을 반환해야 하며, 소비하였거나 과실
(過失)로 인하여 훼손 또는 수취하지 못한 경우에는 그 과실의 대가를 보상해야 한
다"(201조 2항). 이 규정에서도 과실에는 사용이익이 포함된다. 과실을 거두어들였으
면 이를 반환해야 하고 점유자가 이를 소비했는지 여부와는 상관없다. 거두어들이
지 못한 과실의 대가를 반환하도록 한 것은, 진정한 권리자로 하여금 적당한 시기
에 거두어들일 수 없게 하였기 때문에 생긴 손해를 배상시키려는 것이며, 악의의
점유자에게 과실수취권을 인정한 것이 아니다.

　　한편 과실에 대하여 이자를 붙여서 반환해야 하는지 문제된다. 부당이익에 관
한 제748조 2항에서는 악의의 수익자는 수익에 이자를 붙여 반환하도록 규정하고
있으나, 악의의 점유자에 관한 제201조 2항에서는 이자에 관한 언급이 없기 때문이
다. 악의의 점유자는 과실에 대한 이자를 붙여서 반환해야 한다는 것이 판례이다
(대판 2003. 11. 14, 2001다61869. 김재형, 민법론 Ⅰ, 192-198면도 참조).

　　2.　폭력 또는 은비(隱秘)에 의한 점유자는 악의의 점유자와 마찬가지로 다루

어진다(201조 3항). 그리고 선의의 점유자도 제소한 때에 소급하여 악의점유자와 같이 다루어진다는 점(197조 2항)과 과실수취권이 없는 본권에 관하여 그릇 믿었던 자는 처음부터 악의점유자가 된다는 점은 이미 적었다.

3. 효과에 관하여 특히 문제가 되는 것은 제201조 2항과 불법행위의 관계이다. 제201조 2항의 규정은 악의점유자의 과실반환 및 대가상환에 관한 것이며, 일반불법행위의 규정의 적용을 배제한다는 취지를 정한 것은 아니라고 해석하는 것이 통설이며, 판례도 마찬가지로 새기고 있다(대판 1961. 6. 29, 4293민상704 참조).

[75] Ⅳ. 점유물의 멸실·훼손에 대한 책임

1. 점유물이 점유자의 책임(고의 또는 과실) 있는 사유로 인하여 멸실 또는 훼손한 경우에는 본권이 없는 점유자는 점유물의 회복자에 대하여 그 손해를 배상할 의무가 있게 되는데(750조 참조), 그 배상의 범위에 관하여 점유자가 선의인지 악의인지에 따라서 다음과 같은 차이가 있다(202조). 여기서 말하는 멸실은, 물건의 물리적 멸실뿐만 아니라, 제 3 자에게 양도하여 그 반환이 불가능하게 된 경우도 포함된다.

2. **선의점유자의 책임**   이때에는 점유자가 자주점유를 하였는가 또는 타주점유를 하였는가, 즉 소유의 의사의 유무에 따라서 책임의 범위에 차이가 생긴다.

(1) 소유의 의사가 있는 점유자(자주점유자)가 선의인 경우, 즉 본권이 있다고 그릇 믿었던 경우에는, 회복자에 대하여, 점유물의 멸실·훼손으로 생긴 「이익이 현존하는 한도」에서 배상의 책임을 진다(202조 전단).

(2) 소유의 의사가 없는 점유자(타주점유자), 예컨대 임차인·수치인·질권자 등은, 비록 선의이더라도 악의점유자의 경우와 마찬가지로, 점유물의 멸실·훼손에 의한 모든 손해를 배상해야 한다(202조 후단). 이들은 처음부터 타인의 물건으로서 점유하기 때문에 책임이 무거워지는 것이다.

3. **악의점유자의 책임**   악의의 점유자는, 자주점유자이든 또는 타주점유자이든, 점유물의 멸실·훼손으로 생긴 손해의 전부를 배상할 의무를 부담한다(202조 전단).

[76] Ⅴ. **점유자의 비용상환청구권**

1. 점유자가 점유물에 관하여 비용을 지출한 경우에, 본권이 있으면 그 본권에 관한 법률관계에 따라, 또한 본권이 없더라도 사무관리(734조 이하) 등의 특별규정이 있으면 그것에 따라, 각각 상환청구권의 유무나 범위 등이 결정된다. 그러나 본권이 없고 또한 특별규정도 없는 경우에는, 부당이득의 일반규정(741조 이하)에 따르는 수밖에 없는데, 민법은 이러한 경우에 관하여 특칙을 두어서 필요비와 유익비의 상환청구를 인정하고 있다(203조 이하).

필요비와 유익비의 상환청구에 공통적인 사항은 다음과 같다. 첫째, 사치비(물건의 가치를 증가케 하는 데 아무런 소용이 없는 비용)의 상환청구는 인정되지 않는다. 둘째, 점유자의 필요비 또는 유익비상환청구권은 점유자가 회복자로부터 점유물의 반환을 청구받거나 회복자에게 점유물을 반환한 때에 비로소 회복자에 대하여 행사할 수 있다(대판 1994. 9. 9, 94다4592. 대판 2022. 6. 30, 2020다209815는 점유자가 점유물 반환 이외의 원인으로 물건의 점유자 지위를 잃어 소유자가 그를 상대로 물권적 청구권을 행사할 수 없게 된 경우 점유자가 제203조를 근거로 비용상환청구권을 행사할 수 없다고 한다). 셋째, 비용상환청구권은, 필요비·유익비의 그 어느 것이든, 제320조의 「물건에 관하여 생긴 채권」이므로, 유치권에 의한 보호를 받을 수 있다. 다만 유익비의 상환청구를 하는 경우에, 회복자는 법원으로부터 유예기간을 허락받음으로써 유치권의 성립을 방해할 수 있다(203조 3항·320조 1항).

2. 필 요 비

(1) 점유자는, 그의 선의·악의 또는 소유의 의사의 유무를 묻지 않고, 점유물을 반환할 때에 회복자에 대하여, 필요비의 상환을 청구할 수 있다(203조 1항 본문). 필요비에는 보존비·수리비·사육비·공조공과(公租公課) 등이 포함된다.

(2) 필요비 가운데서 통상의 필요비는, 점유자가 과실을 취득한 경우에는 상환을 청구하지 못한다(203조 1항 단서. 판례는 과실취득이 아니라 「목적물을 이용한 경우」에도 통상의 필요비는 상환을 청구하지 못한다고 한다 — 대판 1964. 7. 14, 63다1119 참조). 이때에는 임시 또는 특별의 필요비만을 상환청구할 수 있다. 이 조항 단서에서 말하는 '점유자가 과실을 취득한 경우'란 점유자가 선의의 점유자로서 제201조 1항에 따라 과실수취권을 보유하고 있는 경우를 뜻한다. 선의의 점유자는 과실을 수취하므로

물건의 용익과 밀접한 관련을 가지는 비용인 통상의 필요비를 스스로 부담하는 것이 타당하기 때문이다. 따라서 과실수취권이 없는 악의의 점유자에 대해서는 위 단서 규정이 적용되지 않는다(대판 2021. 4. 29, 2018다261889 참조).

3. 유 익 비

(1) 점유자는, 그의 선의·악의를 묻지 않고서, 「점유물을 개량하기 위하여 지출한 금액 기타 유익비」에 관하여, 「그 가액의 증가가 현존한 경우」에 한하여, 「회복자의 선택에 좇아, 그 지출금액이나 증가액의 상환을 청구」할 수 있다(203조 2항). 회복자가 선택권을 행사할 수 있도록 실제로 지출한 비용과 현존하는 증가액을 모두 산정해야 한다(대판 1987. 4. 14, 86다카2342; 대판 2018. 3. 27, 2015다3914·3921·3938도 참조).

(2) 점유자가 유익비의 상환을 청구하는 경우에, 회복자는 법원에 대하여 상당한 상환기간을 허락해 줄 것을 청구할 수 있고(203조 3항), 그러한 유예기간이 허락되면 점유자의 유치권이 성립하지 않는다(위 1 참조).

(3) 점유자가 유익비를 지출할 당시 계약관계 등 적법한 점유의 권원을 가진 경우에 점유회복 당시의 소유자에게 지출비용의 상환을 청구할 수 있는지 문제된다. 이러한 경우 지출비용의 상환에 관해서는 그 계약관계를 규율하는 법조항이나 법리 등이 적용된다. 따라서 점유자는 그 계약관계 등의 상대방에게 해당 법조항이나 법리에 따른 비용상환청구권을 행사할 수 있을 뿐이고, 계약관계 등의 상대방이 아닌 점유회복 당시의 소유자에게는 제203조 2항에 따른 지출비용의 상환을 구할 수 없다(대판 2003. 7. 25, 2001다64752 참조).

한편 점유자가 점유물반환 이외의 원인으로 물건의 점유자 지위를 잃어 소유자가 그를 상대로 물권적 청구권을 행사할 수 없게 된 때에도 제203조를 근거로 비용상환청구권을 행사할 수 없다. 이때에는 점유자와 회복자의 관계에 있지 않기 때문이다. 다만 비용지출이 사무관리나 부당이득에 해당한다면 사무관리 규정(제739조)이나 부당이득 규정(제741조)을 근거로 권리를 행사할 수 있다(대판 2022. 6. 30, 2020나2047176 참조).

제 4 관   점유보호청구권

[77] Ⅰ. 서   설

1. 의   의

(1)   점유보호청구권(「점유청구권」이라고도 일컫는다)은 점유를 보호하기 위한 물권적 청구권이다. 이 권리는 본권의 유무와는 관계없이 점유 그 자체를 보호하기 위하여 인정된다. 민법이 정하는 점유보호청구권에는 (ⅰ) 점유침탈에 의한 청구권 (점유물반환청구권), (ⅱ) 점유방해에 의한 청구권(점유물방해제거청구권), 그리고 (ⅲ) 점유방해의 우려에 의한 청구권(점유물방해예방청구권)의 세 가지가 있다.

(2)   이러한 점유보호청구권을 인정하는 이유는 점유의 본질에 관한 견해에 따라 달리 설명한다. 평화설에 따르면, 본래 점유는 물건에 대한 사실상의 지배이 지만 사회질서와 평화를 유지하기 위하여 이를 권리로서 보호하고 있는 만큼, 점유 가 불법하게 침해되는 경우 이를 보호해야만 점유제도의 목적을 달성할 수 있기 때 문이라고 한다. 또한 그것은 정당한 권리자라 하더라도 자력구제를 금지하여 일응 있는 상태를 그대로 보호하기 위하여 인정되는 것이므로, 원칙적으로 자력구제가 금지된다는 전제에 서는 것이라고 한다(김증한·김학동 215면 참조). 그러나 이미 밝힌 바와 같이, 점유제도를 점유자의 점유물에 대한 현실적 이용이라는 이익을 보호하 는 데 있다고 한다면([51] 참조), 점유보호청구권도 그러한 점유자의 이익을 보호하 기 위하여 인정되는 제도라고 해야 한다.

2. 점유보호청구권의 성질

(1)   점유보호청구권은 일종의 물권적 청구권이라고 설명하는 것이 통설이다. 그러나 점유권이 다른 일반의 물권과는 다른 것과 같이, 점유보호청구권도 보통의 물권적 청구권과는 다르다. 일반적인 물권적 청구권에서는 물권의 내용인 「있어야 할」 상태의 실현이 그것에 반하는 「현재 있는」 상태에 따라 방해되고 있기 때문에, 권리의 내용인 있어야 할 상태로 회복하는 것이 그 목적이다. 이에 대하여 점유보 호청구권에서는 「현재 있는」 물적 지배상태를, 그것이 「있어야 할」 상태에 합치하 고 있느냐를 묻지 않고서, 그대로 보호하는 것을 목적으로 하며, 권리 내용의 실현 이라는 것은 문제되지 않는다(대판 1970. 6. 30, 68다1416 참조). 이러한 차이가 있기는

하지만, 점유권도 일종의 특수한 물권으로 하고 있는 우리의 법제에서는 점유보호
청구권도 역시 일종의 물권적 청구권이라고 해야 한다.

　　(2)　민법은 점유의 침해에 의한 손해배상청구권도 이를 점유보호청구권의 내
용으로 하고 있다(204조 이하 참조). 그러나 이 손해배상청구권은 불법행위로 발생하
는 손해배상청구권(750조 이하)의 성질, 따라서 순수한 채권의 성질을 가지는 것이다
(통설). 민법이 이 손해배상청구권을 점유보호청구권의 내용에 포함시킨 것은 순전
히 편의적인 것이다. 소송상의 취급에서는 두 가지를 같게 다루어야 하겠지만, 그
성립요건이나 효과에 관해서는 구별해야 하며, 손해배상청구권에 관해서는 점유에
관한 특칙 외에 일반불법행위에 관한 규정에 따라야 한다.

　　3.　점유보호청구권의 당사자

　　(1)　점유보호청구권의 주체는 점유자이다(204조·205조·206조 참조). 직접점유
자는 물론이며, 간접점유자도 점유보호청구권이 인정된다(207조 1항). 그러나 점유
보조자([55] 참조)는 점유보호청구권이 없다. 그는 점유자가 아니기 때문이다(195조
참조).

　　(2)　점유보호청구권의 상대방은 점유의 침해자이다. 누가 침해자인지는 물권
적 청구권과 손해배상청구권에서 각각 다를 수 있다.

　　㈎　방해배제를 청구하는 경우 상대방은 현재 방해를 하고 있거나 또는 방해
할 염려가 있는 자이다. 즉, 점유물의 반환청구(204조)에서는 현재 물건을 점유하고
있는 자이고, 방해제거의 청구(205조)에서는 현재 방해를 하고 있는 자이며, 방해예
방의 청구(206조)에서는 방해할 염려가 있는 자이다. 다만 점유물의 반환청구를 하
는 경우에, 침탈자의 특정승계인에 대해서는, 그가 악의인 때에 한하여 반환청구를
할 수 있다는 제한이 있다(204조 2항 참조).

　　㈏　손해배상청구의 상대방은 스스로 손해를 발생시킨 사람이다. 그의 특정승
계인은 상대방이 되지 않는다. 따라서 빼앗은 물건의 점유가 양도된 경우에는 반환
청구의 상대방과 손해배상청구의 상대방이 동일하지 않게 된다.

[78]　Ⅱ.　각종의 점유보호청구권

　　1.　점유물반환청구권　　　　"점유자가 점유의 침탈을 당한 때에는 그 물건의

반환 및 손해의 배상을 청구할 수 있다"(204조 1항).

(1) 종래의 점유자가 그 점유를 잃고 다른 자가 새로운 점유를 하고 있다면, 현실의 지배관계를 보호하는 것이 점유제도이므로, 새로운 점유자를 보호하는 것이 당연하다. 그러나 현재의 점유자가 종전 점유자의 점유를 빼앗아 점유를 한 경우에도 위의 이론을 관철한다면, 그것은 침탈이라는 반사회적 행위를 법이 시인하고 조장하는 것이 되어 부당하다. 이러한 생각에서 민법은 점유를 빼앗긴 경우에 그 반환청구를 인정하여 종전 점유자를 보호하고 있다. 따라서 구점유자 이외의 제3자에 대한 관계에서는 침탈자인 현점유자는 그대로 점유자로서의 보호를 받게 된다.

(2) 요   건   점유를 침탈, 즉 빼앗겼어야 한다. 침탈은 점유자가 그의 의사에 의하지 않고서 사실적 지배를 빼앗기는 것이다. 따라서 사기 즉 속아서 빼앗긴 경우에는 의사에 의한 것이어서 침탈이 되지 않는다. 즉, 사기의 의사표시에 의해 건물을 명도해 준 경우에는 건물의 점유를 침탈당한 것이 아니므로 피해자는 점유회수청구를 하지 못한다(대판 1992. 2. 28, 91다17443 참조). 그러나 위법한 강제집행으로 목적물의 인도를 받은 채권자는 공권력을 빌려서 채무자의 점유를 침탈 즉 빼앗았다고 새길 수 있을 것이다(대판 1963. 2. 21, 62다919 참조).

(3) 당 사 자

(가) 청구권자는 점유를 빼앗긴 자이며, 직접점유자나 간접점유자나 모두 청구권자가 될 수 있다는 점은 이미 밝혔다([77] 3 참조). 그리고 본권이 있든 없든, 반환을 청구할 수 있음은 물론이다(대판 1962. 1. 15, 4294민상793 참조). 직접점유자가 임의로 점유를 다른 사람에게 양도한 경우에는 점유이전이 간접점유자의 의사에 반한다 하더라도 간접점유자의 점유가 침탈된 경우에 해당하지 않는다(대판 1993. 3. 9, 92다5300 참조).

(나) 상대방은 점유의 침탈자와 그의 포괄승계인이다. 이들이 소유권 그 밖의 본권에 기한 반환청구권을 가지는 경우에도 제204조의 점유물반환청구권을 행사할 수 있음은 물론이다. 그러나 점유의 침탈자가 이미 점유를 상실한 경우에는 점유회수청구권의 상대방이 될 수 없다(대판 1995. 6. 30, 95다12927 참조).

문제되는 것은, 점유를 빼앗겨서 점유물반환을 청구할 수 있는 자가 점유를 탈

환, 즉 다시 **빼앗은** 경우, 즉 상호침탈(相互侵奪)의 경우에 피탈환자에게도 반환청구
권이 성립하는지이다. 예컨대, 甲이 그의 소유물을 도둑맞은 지 몇 개월 후에, 도둑
으로부터 그 사실을 알고서 양수한 乙에게 그 물건이 있음을 알고서, 甲이 乙로부
터 도로 **빼앗은** 경우에, 乙은 甲에 대하여 점유물반환청구권을 행사할 수 있는지
문제된다. 부정하는 견해가 통설이다(김기선 160면, 김상용 287면, 김증한·김학동 217면,
방순원 91면, 이은영 366면, 장경학 339면, 최식 213면. 그러나 송덕수 270면, 이영준 400면은 긍
정한다). 만일 피탈환자, 즉 위 사례에서 乙에게 반환청구를 인정하더라도, 다시 甲
(탈환자)이 반환을 청구할 수 있게 되어 소송상 경제적이지 못하므로, 통설과 같이
부정적으로 해석해야 한다. 판례도 이와 마찬가지로 점유의 상호침탈 사안에서 점
유자의 점유탈환행위가 민법 제209조 2항의 자력구제에 해당하지 않더라도 상대방
은 자신의 점유가 침탈당하였음을 이유로 점유자를 상대로 점유의 회수를 청구할
수 없다고 한다(대판 2023. 8. 18, 2022다269675 참조). 다만 甲이 반환청구권을 행사할
수 있는 기간, 즉 도둑맞은 때부터 1년 내에, 도로 **빼앗은** 경우에 한한다고 해야 한
다(204조 3항 참조).

　　㈐ 「침탈자의 특별승계인」은 그가 악의인 경우에 한하여, 점유물반환청구권
의 상대방이 될 수 있다(204조 2항). 이와 같이 선의의 특정승계인에 대하여 반환청
구를 할 수 없도록 한 이유는, 본래 이 청구권은 남의 것을 빼앗는 침탈이라는 반
사회적 행위에 대하여 인정되는 것이므로, 그러한 반사회성이 희박하게 된 선의의
특정승계인에게까지 미치는 것은 타당하지 않다는 데 있는 것으로 생각된다. 따라
서 (i) 빼앗긴 목적물이 일단 선의의 특정승계인의 점유로 되어 버린 후에는, 다
시 악의의 특정승계인에게 점유가 이전하여도, 그 악의자에 대하여 반환을 청구하
지는 못한다. 또한, (ii) 침탈자가 목적물을 제 3 자에게 대차하는 경우와 같이 간
접점유를 가지는 경우에는, 그 직접점유자는 점유의 특정승계인이다. 그러나 이때
침탈자는 간접점유자로서 여전히 점유를 가지므로, 반환청구의 상대방이 될 수 있
다. 그러나 이때의 직접점유자는, 특정승계인으로서 제204조 2항의 적용을 받아,
그가 악의인 때에만 반환청구의 상대방이 될 수 있다.

　　(4) 내　　용　　　　「물건의 반환 및 손해의 배상」을 청구하는 것이다.

　　㈎ 목적물의 반환에 관하여 문제가 되는 것은, 그 물건이 환가처분으로 금전

으로 변한 경우에, 그 환가금의 반환을 청구할 수 있는지이다. 이를 긍정하는 것이 다수설(김기선 160면, 방순원 91면, 장경학 340면, 최식 215면 참조)이나, 부정하는 것이 옳다(김증한·김학동 218면, 이영준 402면 참조).

(내) 간접점유자가 반환청구권을 행사하는 경우에는 그의 직접점유자에게 반환할 것을 청구하는 것이 원칙이지만, 직접점유자가 반환을 받을 수 없거나 또는 받기를 원하지 않으면 자기에게 반환할 것을 청구할 수 있다(207조 2항. 위 [58] Ⅲ. (2) 참조).

(다) 손해배상은 점유를 빼앗긴 데 대한 손해의 배상이므로, 물건의 가격 그 밖의 본권적 이익에 의할 것이 아니라, 물건의 점유를 계속함으로써 얻은 이익을 기준으로 해야 한다. 그리고 그 점유의 가격은 일반적으로 물건의 사용가격에 따라 산정된다.

(5) **제척기간**   점유물반환청구권은 침탈을 당한 날부터 1년 내에 행사해야 한다(204조 3항). 손해배상의 청구에서도 같음은 물론이다. 이는 제척기간에 해당하는데, 판례는 점유보호청구권에서 정하고 있는 제척기간을 재판 외에서 권리행사하는 것으로 족한 기간이 아니라 반드시 그 기간 내에 소를 제기해야 하는 이른바 출소기간으로 보고 있다(대판 2002. 4. 26, 2001다8097·8103 참조).

2. 점유물방해제거청구권   "점유자가 점유의 방해를 받은 때에는 그 방해의 제거 및 손해의 배상을 청구할 수 있다"(205조 1항).

(1) **요 건**   주의할 점은 다음과 같다.

(가) 점유의 방해는 점유의 침탈 이외의 방법으로 점유를 방해하는 것이다(대판 1987. 6. 9, 86다카2942 참조). 말하자면, 그것은 기존의 상태에 대한 부분적인 침해를 뜻한다. 따라서 점유자가 계속 점유를 가지는 경우이다.

(내) 방해에는 방해자의 고의·과실 등의 유책사유를 필요로 하지 않는다. 다만 점유의 방해를 이유로 하는 손해배상의 청구에서는 일반불법행위의 경우와 구별해서 생각할 이유가 없으므로, 고의·과실이 있어야 한다.

(2) **내 용**   「방해의 제거 및 손해의 배상」이다. 그러나 방해는 있어도 손해가 없거나 또는 손해가 있어도 방해상태는 끝난 경우에는 한쪽만을 청구할 수 있을 뿐이다.

(3) 제척기간　　　점유물방해제거청구권은 "방해가 종료한 날로부터 1년 내에 행사해야 한다"(205조 2항). 그러나 방해가 끝난 후에는 방해제거라는 문제는 생기지 않으므로, 위의 「1년 내에 행사해야 한다」는 기간은 손해배상의 청구에만 관한 것이 된다. 그리고 공사로 인하여 점유의 방해를 받은 경우에, 공사착수 후 1년을 경과하거나 그 공사가 완성한 때에는, 방해의 제거를 청구하지 못한다(205조 3항).

3. 점유물방해예방청구권　　　"점유자가 점유의 방해를 받을 염려가 있는 때에는, 그 방해의 예방 또는 손해배상의 담보를 청구할 수 있다"(206조 1항).

(1) 요　　건　　　「점유의 방해를 받을 염려」가 있어야 한다. 그러한 염려가 있는지 여부는 점유자의 주관에 따라 결정할 것은 아니며, 구체적 사정에서 일반사회통념 또는 일반경험법칙에 따라 객관적으로 판정되어야 한다(대판 1987. 6. 9, 86다카2942 참조). 그러므로 예컨대, 과거에 방해행위가 한 번 있었던 경우에는, 반대의 사정이 없는 한, 장래에도 방해할 염려가 있는 것이 될 것이다.

(2) 내　　용　　　「방해의 예방 또는 손해배상의 담보」를 청구하는 것이다. 방해예방의 청구는 방해의 염려가 생기는 원인을 배제해서 방해를 미연에 방지하는 조치를 청구하는 것을 뜻한다. 손해배상의 담보는 장래의 손해발생에 대비하여 미리 제공케 하는 것이므로, 손해발생의 염려가 있는 사정을 생기게 한 데 관한 상대방의 고의·과실은 필요로 하지 않는다. 그러나 장래에 손해가 현실화한 때에 배상청구권이 있는지 없는지에 관해서는 상대방의 고의·과실을 필요로 한다. 청구할 수 있는 것은 방해의 예방 「또는」 손해배상의 담보의 어느 한쪽뿐이다.

(3) 제척기간　　　이 청구권은 방해의 염려가 있는 동안은 언제든지 행사할 수 있으나, 다만 공사로 인하여 점유의 방해를 받을 염려가 있는 경우에, 공사착수 후 1년을 경과하거나 또는 그 공사가 완성한 때에는, 청구하지 못한다(206조 2항·205조 3항).

[79]　Ⅲ. 점유의 소와 본권의 소의 관계

1. 본권의 소　　　점유보호청구권에 기한 소를 「점유의 소」라고 하는 데 대하여, 소유권·전세권·임차권 등의 「점유할 수 있는 권리」에 기한 소를 본권의 소라고 한다. 예컨대, 甲이 점유하고 있던 그의 소유물을 乙이 빼앗은 경우에, 甲은

점유에 의한 반환청구의 소를 제기할 수 있고, 또한 본권인 소유권에 의거한 반환청구의 소를 제기할 수도 있다. 앞의 것이 점유의 소이고, 뒤의 것은 본권의 소이다.

2. 점유의 소와 본권의 소의 관계

(1) "점유권에 기인한 소와 본권에 기인한 소는 서로 영향을 미치지 아니한다"(208조 1항). 즉, 이들 두 가지의 소는 그 기초가 완전히 다르므로, 서로 아무런 관계가 없는 것으로 다루어지며, 한쪽이 다른 쪽에 영향을 주지 않는다. 따라서 두 소를 동시에 제기할 수도 있고, 따로따로 제기할 수도 있으며, 한쪽에서 패소하더라도 다른 쪽의 소를 제기할 수 있다. 또한 한쪽의 소권이 소멸해도 다른 쪽의 소권에는 아무런 영향이 없다.

(2) "점유권에 기인한 소는 본권에 관한 이유로 재판하지 못한다"(208조 2항). 두 가지의 소는 전혀 별개의 것으로서 다루어야 하기 때문에, 점유의 소의 옳고 그름을 판단하는 데는 본권에 기한 이유를 내놓지 못하도록 한 것이다. 예컨대, 점유물반환청구의 소에서 상대방이 소유권 그 밖의 본권을 가지고 있다고 하더라도, 이것을 이유로 점유물반환의 청구를 부인하지 못한다(대판 1962. 8. 2, 62다259; 대판 1964. 10. 20, 64다802; 대판 1967. 6. 20, 67다479 참조).

점유권에 기한 본소와 본권에 기한 반소가 이유 있는 경우 법원은 어떻게 판단해야 하는가? 점유권에 기한 본소에 대하여 본권자가 본소청구 인용에 대비하여 본권에 기한 예비적 반소를 제기하고 두 청구가 모두 이유 있다면, 법원은 점유권에 기한 본소와 본권에 기한 예비적 반소를 모두 인용해야 하고, 점유권에 기한 본소를 본권에 관한 이유로 배척할 수 없다. 이것은 제208조를 그대로 적용한 것이다. 이러한 법리는 점유를 침탈당한 자가 점유권에 기한 점유회수의 소를 제기하고, 본권자가 그 점유회수의 소가 인용될 것에 대비하여 본권에 기초한 장래이행의 소로서 별소를 제기한 경우에도 마찬가지로 적용된다(대판 2021. 3. 25, 2019다208441 참조). 그렇다면 이러한 판결을 어떻게 집행할 것인지 문제된다. 판례는 다음과 같다. 점유회수의 본소에 대하여 본권자가 소유권에 기한 인도를 구하는 반소를 제기하여 본소청구와 예비적 반소청구가 모두 인용되어 확정되면, 점유자가 본소 확정판결에 따라 집행문을 부여받아 강제집행으로 물건의 점유를 회복할 수 있다. 본권자의 소유권에 기한 반소청구는 본소의 의무 실현을 정지조건으로 하므로, 본권자는 위 본소 집행 후 집행문을 부여받아 비로소 반소 확정판결에 따른 강제집행으로 물건의 점유를 회복할 수 있다. 다만 점유권에 기한 점유회수에 대해서는 다음과 같이 권리남용이라고 볼 만한 사정이 있으면 본권자는 점유자가 제기하여 승소한 본소 확정판결에 대한 청구이의의 소를 통해서 점유권에 기한 강제집행을 저지할 수 있다고 한다. 즉, 점유자의 점유회수의 집행이 무의미한 점유상태의 변경을 반복하는 것에 지나지 않고 아무런 실익이 없거나 본권자로 하여금 점유회수의 집행을 수인하도록 하는 것이 명백히 정의에 반하여 사회생활상 용인할 수 없다고 인정되거나, 점유자가 점유권에 기한 본소 승소 확정판결을 장기간 강제집행하지 않음으로써 본권자의 예비적 반소 승소 확정판결까지 조건 불성취로 강제집행에 나아갈 수 없게 되는 등 특별한 사정이 이에 해당한다(대판 2021. 2. 4, 2019다202795·202801 참조).

제 5 관　자력구제

[80]　Ⅰ. 점유자의 자력구제권

　　(1)　일반적으로, 자기의 권리를 잃지 않고 유지하거나 또는 만족을 얻기 위하여, 사력(私力) 즉 실력을 행사하는 것을 가리켜, 자력구제(自力救濟) 또는 자조(自助)라고 한다. 사법절차가 확립되지 않은 고대사회에서는 이러한 자력구제가 원칙적으로 인정되었으나, 오늘날의 문명사회에서는 원칙적으로 이를 인정하지 않는다. 그러나 입법례에 따라서는 긴급한 사정이 있어서 나중에 국가(법원)의 보호를 받는 것이 불가능하거나 또는 대단히 곤란하게 될 경우에 예외적으로 자력구제 내지 자조행위를 허용한다. 민법도 그러한 입법례에 따라 점유자에게 일정한 경우에 자력구제를 허용하고 있다(209조 참조).

　　(2)　직접점유자에게 자력구제권이 있음은 의문의 여지가 없다. 또한 점유보조자도 자력구제권을 가진다고 해야 함은 이미 적은 바와 같다([55] 3 (3) 참조). 문제되는 것은 간접점유자이다. 부정하는 것이 타당하다. 민법은 간접점유자에게는 점유보호청구만을 인정하고 있을 뿐이고 자력구제권에 관해서는 규정을 두고 있지 않다. 또한 간접점유자는 직접 물건을 지배하고 있지 않으므로, 특별히 자력구제권을 인정할 필요가 없다. 그리고 자력구제는 어디까지나 예외적인 것이므로, 이를 인정하는 범위를 되도록 좁게 새겨야 한다.

　　(3)　민법이 인정하는 점유자의 자력구제권에는「자력방위권」과「자력탈환권」

의 두 가지가 있다.

[81] Ⅱ. 자력방위권

"점유자는 그 점유를 부정히 침탈 또는 방해하는 행위에 대하여 자력으로써 이를 방위할 수 있다"(209조 1항). 따라서 점유를 빼앗으려 하거나 또는 방해하려는 불법한 사력에 의한 침해가 아직 끝나지 않고, 또한 침탈로 점유를 빼앗기지 않은 한, 직접점유자나 그의 점유보조자는 그러한 불법한 사력을 실력으로써 방위할 수 있다. 그리고 방해행위는 끝났으나 방해상태가 계속하는 경우에도 방위를 할 수 있다고 해야 한다. 그러나 점유의 침탈 또는 방해로 상대방의 점유가 확립되면, 그 후의 자력방위는 위법이다. 그렇지 않은 적법한 자력방위는 위법이 아니다. 그러나 위법성의 조각에 필요한 요건을 갖추지 못했는데도, 이를 있다고 그릇 믿고 자조행위를 한 자의 책임이 어떻게 되는지 문제이다. 민법은 이에 관하여 아무런 규정도 두고 있지 않으나, 그 착오가 과실에 의한 것이 아니라고 하더라도, 상대방에게 손해배상의무(일종의 무과실책임이다)를 지는 것으로 해석하는 것이 타당하다.

[82] Ⅲ. 자력탈환권

불법한 사력으로 점유자의 점유를 빼앗긴 경우에는 실력으로써 이를 도로 빼앗을 수 있다. 그러나 이 자력탈환권의 행사에는 시간적 한계가 있다. 즉, 동산을 빼앗긴 경우에는 가해자가 현장에 있거나 또는 이를 추적한 때에만 실력으로 도로 빼앗을 수 있고, 부동산의 점유침탈에 대해서는 침탈 후「곧」가해자를 배제해서 점유를 회복해야 한다(209조 2항). 점유자가 침탈사실을 알았는지와는 관계없이 침탈을 당한 후 상당한 시간이 흘렀다면 자력탈환권을 행사할 수 없다(대판 1993. 3. 26, 91다14116 참조). 그리고 오상자력탈환에 관해서도 자력방위에서와 같은 손해배상의무가 인정된다고 해야 한다.

제 5 절 준 점 유

[83] Ⅰ. 준점유의 의의

민법은, 위에서 본 바와 같이, 「물건」에 대한 사실상의 지배를 점유로서 보호하고 있다. 그런데 「재산권」에 관해서도, 어떤 사람이 권리자가 아니면서도 권리자와 같이 행동하고, 일반 제 3 자도 그를 권리자로 생각하는 일이 있다. 여기서 물건 이외의 이익을 사실상 지배하고 있는 경우에는 점유에서와 마찬가지의 보호를 줄 필요가 있다. 이러한 보호를 목적으로 하는 제도가 준점유(準占有)이다. 민법은 「재산권을 사실상 행사」하는 것을 준점유라 하여, 점유에 관한 규정을 이것에 준용하고 있다(210조).

[84] Ⅱ. 준점유의 요건과 효력

1. 요 건   준점유의 요건은 재산권을 사실상 행사하는 것이다(210조). 첫째, 준점유의 객체는 재산권이다. 그러나 물건에 대한 사실상의 지배 즉 점유를 수반하는 재산권(소유권·지상권·전세권·질권·임차권 등)에 관해서는 준점유가 성립할 여지가 없으므로(이들 재산권을 가진 사람은 점유의 보호를 받을 수 있다), 결국 준점유의 객체는 점유를 수반하지 않는 권리(채권·지식재산권 등)에 한하게 된다. 그리고 재산권에 한하므로, 가족권에는 준점유가 인정되지 않는다. 둘째, 이들 재산권을 「사실상 행사」해야 한다. 점유제도는 물건의 사실적 지배의 외형을 보호하는 제도인데, 준점유는 재산권의 사실적 지배의 외형을 보호하려는 것이다. 준점유에서 사실상 행사한다는 것은 점유를 수반하지 않는 재산권이 사실상 어떤 사람에게 귀속하는 것과 같이 보이는 외관을 가지는 것을 뜻한다고 보아야 한다. 그러므로 재산권이 어떤 사람의 사실적 지배를 받고 있다고 인정할 수 있는 객관적 사정이 있으면 준점유가 성립한다. 채권의 준점유자라고 하려면 채권의 사실상 귀속자와 같은 외형을 갖추어야 한다. 가령 채권증서를 갖고 있거나, 예금통장과 인장을 갖고 있으면 채권의 준점유가 된다(대판 1985. 12. 24, 85다카880 참조).

취소권·해제권 등에 관해서는, 어떤 사람이 이러한 권리를 포함하는 법률적 지위의 승계자라고 사실상 인정되는 경우에, 이들 권리의 준점유가 있다고 할 것이다.

   2. 효   력   준점유의 효력은 점유의 효력과 같다. 즉, 준점유에는 점유의 규정이 준용된다(210조). 따라서 권리의 추정, 과실의 취득, 비용상환청구권, 점유보호청구권 등의 효력은 준점유에 관해서도 발생한다. 채권의 준점유에 관해서는 변제자보호를 위한 제470조의 규정이 실제로는 매우 중요한 의의가 있다.

제 2 장 소 유 권

제 1 절 총   설

[85] Ⅰ. 소유권의 사회적 작용

1. **사유재산제도**   재산의 사적 소유를 인정하는 사회제도가 사유재산제도(私有財産制度)이다. 헌법 제23조는 1항에서 "모든 국민의 재산권은 보장된다. 그 내용과 한계는 법률로 정한다."라고 정함으로써, 재산권의 보장을 선언하고 있는데, 이는 동시에 사유재산제도가 보장된다는 것을 뜻한다. 우리나라의 경제적 기반은 자유경제이자 시장경제이며(헌법 119조 1항 참조), 자유시장 경제는 자본주의 경제이다. 자본주의 경제체제는 사유재산과 분업을 기초로 하는 상품교환을 통하여 작동한다. 이와 같이 사유재산과 분업을 그 기초로 하고 있는 사회에서는 생산수단과 그 생산물의 사적 소유가 인정되며, 생산자는 자유로이 생산활동을 하고, 생산된 재화는 화폐를 매개로 하여 타인이 생산한 재화와 교환하게 된다. 이와 같이 해서 생산은 계속되고, 또한 사회의 구성원은 그 생존을 유지할 수 있게 된다. 이러한 운동을 반복하면서 유지되고 또한 움직이고 있는 사회는 전적으로 사유재산제도에 의지하고 있다. 재산의 사적 소유는 우리 사회의 기본을 이루는 것이며, 헌법이 이를 보장하고 있는 것은 바로 이러한 이유에서이다.

2. **사적 소유의 법적 표현인 소유권**   앞에서 본 바와 같이, 우리 사회는 사유재산제도와 분업을 그 기초로 하고 있기 때문에, 사회가 계속 유지되기 위해서는 사적 소유에 기초를 두는 생산 및 교환의 과정이 원활하게 작동하도록 보장한다는 것이 절대적으로 요청된다. 사적 소유를 보호하기 위한 기준으로서 정형화된 것이 소유권(所有權)이다. 바꾸어 말하면, 소유권은 사유재산 또는 재산의 사적 소유의 법적 표현이다. 한편 교환의 법적 표현은 「계약」이다. 계약에 관한 법이 채권법이라면, 소유권에 관한 법은 물권법이다. 물권법은 소유권을 기초로 구성되어 있다.

[86] Ⅱ. 소유권의 법적 성질

근대법에서 소유권은 물건을 배타적·전면적으로 지배할 수 있는 권리이며, 다음과 같은 특성을 가지고 있다고 설명하는 것이 일반이다.

(1) 권리의 성격을 본다면, 소유권은「관념성」을 가진다. 즉, 그의 객체인 물건에 대한 현실적 지배와 결합되어 있지 않으며, 현실적 지배(즉 점유)와는 분리되어서 물건을「지배할 수 있는」관념적인 물적 지배로서 구성되어 있다. 소유권은 외계(外界) 물자의 배타적 지배를 규율하는 기본적 법질서에서 그 기초를 이루는 권리로서 대세적 효력이 있다. 그에 관한 법률관계는 이해당사자들이 이를 쉽사리 인식할 수 있도록 명확하게 정해져야 한다. 그런데 소유자가 소유권의 핵심적 권능에 속하는 사용·수익의 권능을 대세적으로 유효하게 포기할 수 있다고 하면, 이는 결국 처분권능만이 남는 민법이 알지 못하는 새로운 유형의 소유권을 창출하는 것으로서, 객체에 대한 전면적 지배권인 소유권을 핵심으로 하여 구축된 물권법의 체계를 현저히 교란하게 된다(대판 2009. 3. 26, 2009다228·235 참조).

(2) 권리의 내용에서는 다음과 같은 특성을 가진다.

(개) 전 면 성   소유권의 내용이 되는 물적 지배의 권능은 물건이 가지는 사용가치와 교환가치의 전부에「전면적」으로 미친다. 이 점에서 일부의 권능을 가지는 데 지나지 않는 제한물권과 다르다.

(내) 혼일성(渾一性)   소유권은 그가 가지는 여러 가지의 권능(사용·수익·처분 등)의 집합이 아니며, 그러한 권능은 원천인 혼일한 지배권능에서 흘러 나오는 것이다. 소유권과 제한물권이 같은 사람에게 귀속하면, 제한물권이 혼동으로 소멸하는 것은 이 때문이다.

(대) 탄 력 성   소유권은 제한물권에 의한 제한을 받으면, 그 권능의 행사는 중지되고 이른바 허유권(虛有權) 또는「공허한 소유권」이 되지만, 그러한 제한은 유한하다. 그것이 해소되면 곧 본래의 원만한 상태로 되돌아간다. 이것을 소유권의「탄력성」이라고 한다.

(래) 항 구 성   소유권에는 존속기간의 제한이 없으며, 또한 소멸시효에도 걸리지 않는다(162조 2항). 이것을 소유권의「항구성」이라고 한다.

(3) 권리의 객체를 본다면, 소유권의 객체는 물건에 한한다. 따라서 권리에

관해서는 소유권이 성립하지 않는다.

제 2 절   소유권의 내용과 제한

[87] Ⅰ. 소유권의 내용

민법은 소유권의 내용에 관하여 "소유자는 법률의 범위 내에서 그 소유물을 사용·수익·처분할 권리가 있다."라고 규정하고 있다(211조).

(1) 사용·수익은 목적물을 물질적으로 사용하거나, 또는 목적물로부터 생기는 과실을 거두어들이는 것이다. 다시 말하면 그것은 물건이 가지는 사용가치를 실현하는 것이다. 소유자 자신이 사용·수익할 수 있음은 물론이고, 대차관계를 설정해서 타인에게 그 권한을 맡겨도 좋다.

(2) 처분은 물건이 가지는 교환가치를 실현하는 것이다. 처분에는 물건의 소비·변형·개조·파괴 등의 사실적 처분과 양도·담보설정 그 밖의 법률적 처분이 있으나, 소유자는 이들 어느 것이나 할 수 있다.

(3) 위와 같은 소유자의 권리는 「법률의 범위 내」에서 존재한다. 이에 관해서는 소유권의 제한 문제로서 다음 항에서 보기로 한다.

[88] Ⅱ. 소유권의 제한

1. 문제의 소재

(1) **소유권 절대의 원칙**   소유권은 법 이전에 존재하는 신성 불가침의 것이며, 국가에 의해서도 아무런 제한을 받지 않는다는 「소유권 절대의 원칙」 또는 「사유재산 절대의 원칙」은, 사적 자치의 원칙과 더불어, 근대사법의 기본원칙을 이루고 있다. 18·19세기에 발달한 이 원칙이 명확하게 선명된 것은 1789년의 프랑스의 「인권선언」과 그 뒤를 이은 프랑스헌법에서이다. 인권선언 제17조는 "소유권은 불가침이고 또한 신성한 권리이며, 공공의 필요가 그것을 요구하고 있다는 것이 법률에 의하여 명백히 인정되고 또한 정당한 보상이 지급된다는 조건 아래에서만 이를 박탈할 수 있다."라고 하였다. 프랑스헌법이 이 문언을 채용하였고, 그 후 근대의 여러 나라 헌법에 다소 표현상의 차이는 있어도 채용·규정되어 있다. 그러나

위 인권선언의 규정에서도 볼 수 있는 바와 같이, 전혀 제한이 없는 자유소유권이 란 생각할 수 없는 것이며, 실질적으로는 다수의 행정법규로 제한되어 있었다. 그 러나 그러한 제한은 소유권의 절대성을 손상하는 것은 아니었으며, 또한 소유권이 법령의 제한 내에서만 존재할 수 있다는 것을 표시하는 것도 아니었다. 요컨대, 근 대의 사적 소유권이 확립된 초기에는 그의 자유로운 행사를 간섭하지 않고서 내버 려 두는 것이 공공의 복리에도 적합한 것으로 생각되었으며, 그 당시에는 공공의 복리와 소유권의 자유는 서로 대립하는 것이 아니었다.

(2) 소유권 절대의 원칙의 수정   위에서 적은 바와 같은 초기의 소유권 절 대의 원칙은 20세기 전후를 통하여 자본주의의 발전으로 드러난 모순이 심해지면 서 수정되었다. 이미 적은 바와 같이, 사적 소유는 화폐를 매개로 하는 교환을 통하 지 않고서는 그 기능을 발휘할 수 없다. 바꾸어 말하면, 근대사법에서 소유권이 그 의 사회적 기능을 다하기 위해서는 필연적으로 교환관계, 따라서 그의 법적 표현인 계약관계와 결합해야만 한다. 예컨대, 생산수단의 소유권은 원료를 구입하고 근로 자를 고용하는 등의 계약관계나 그의 생산물을 매각하는 계약관계와 결합함으로써 그 기능이 제대로 발휘될 수 있다. 또한 토지소유권은 토지를 대차해서 차임(지대) 을 거두어들이는 계약관계와 결합함으로써, 화폐 즉 금전의 소유권은 이자를 흡수 하는 계약관계와 결합함으로써, 각각 그 기능을 발휘할 수 있다. 여기서 본래는 물 건을 지배하는 것이어야 하는 소유권이 계약과 결합함으로써, 사람을 지배하는 결 과를 가져오게 된다. 그리하여 재산의 개인주의적 성질은 생산이 가지는 사회적 성 질과의 모순을 깊게 하여, 재산의 사회적·공공적 측면이 강조되었다. 특히, 자본이 나 기업이 대규모화함에 따라 독점자본이 주는 사회적 영향이 현저하게 커져감에 따라, 재산을 개인의 사적 지배에 맡김으로써 초래되는 폐단이 지적되고, 개인재산 을 사회공공적 관점에서 조절할 필요성이 생긴다. 여기서 소유권의 제한이라는 현 대적인 과제가 나타나게 되었고, 사유재산권의 행사는 공공의 복리에 따라야 한다 든가, 권리를 남용해서는 안 된다는 법사상이 생겼다(헌법 23조, 민법 2조 참조).

2. 현행법상의 소유권 제한   소유권에 관한 사상의 흐름이, 앞에서 본 바와 같이, 근대 초에는 절대적인 것으로 보아 그 제한을 마치 피할 수 없는 사회 악과 같이 생각하였으나, 20세기에 들어와서는 소유권도 사회적 제한을 받는 것이

어서 공공복리를 위하여 필요한 경우에는 제한할 수 있는 것으로 인식하게 되었다. 그리하여 오늘날에는 공공복리라는 명분 아래 떳떳하게 소유권을 제한하고 있는 것이다. 우리나라도 이러한 경향에 따르고 있다. 구체적으로 현행법상 소유권이 어떻게 제한되고 있는지를 살피기로 한다.

　　먼저 헌법에서 재산권의 제한에 관한 여러 규정을 두고 있다. 즉, "재산권의 행사는 공공복리에 적합하도록 하여야" 하며(헌법 23조 2항), 공공복리를 위하여 필요한 경우에는 권리의 본질적 내용을 침해하지 않는 한도에서 법률로써 제한할 수 있음을 분명히 밝히고(헌법 37조 2항), 또한 법률로써 "공공필요에 의한 재산권의 수용·사용 또는 제한"을 할 수 있는 것으로 하고 있다(헌법 23조 3항). 그 밖에도 천연자원은 국유를 원칙으로 하고(헌법 120조), 농지의 소작을 금지하며, 그의 임대차나 위탁경영은 법률로 정하는 바에 의해서만 인정된다(헌법 121조 1항·2항). 나아가 국방상 또는 국민경제상 긴절한 필요가 있는 때에는, 법률에 의하여 사기업을 국유 또는 공유로 이전하거나, 그 경영을 통제·관리할 수 있다고까지 하고 있다(헌법 126조). 이들 규정에 따라 사유재산제도, 특히 토지소유권이 제한될 가능성이 큰 폭으로 인정되어 있다.

　　한편 민법도 위와 같은 헌법의 정신을 이어받아 제2조에서 "권리의 행사와 의무의 이행은 신의에 좇아 성실히 하여야 한다. 권리는 남용하지 못한다."라고 하고, 다시 제211조에서 소유권은 "법률의 범위 내에서 그 소유물을 사용·수익·처분할 권리"라고 규정하고 있다.

　　이상 본 바와 같이, 헌법과 민법은 「법률」로써 소유권을 제한할 수 있는 것으로 하고 있다. 따라서 「명령」으로는 소유권을 제한할 수 없다. 그리고 소유권을 법률로써 제한한다고 하더라도, 거기에는 한계와 조건이 있음을 잊어서는 안 된다. 즉, 사유재산제도를 부정하거나, 소유권의 본질적 내용을 침해하는 제한은 허용되지 않으며(헌법 37조 2항 참조), 또한 제한에 따라 소유권을 침해하게 되는 때에는 반드시 손실보상을 해야 한다(헌법 23조 3항). 헌법에 근거하여 제정된 소유권을 제한하는 법률은 열거하기 어려울 정도로 매우 많으며, 그 대무문은 토지소유권의 제한에 관한 것이다. 그 제한의 모습은 다음에서 보는 바와 같은 다섯 가지로 나누어 볼 수 있다. 주요한 제한법률을 중심으로 하여 개관하기로 한다.

(가) 종래 주로 논의된 소유권의 제한은 그의 행사에 관해서였다. 그러나 소유 자체를 제한하는 특수한 경우가 있으며, 이는 소유권에 대한 제한으로서는 가장 엄격한 것이다. 그러한 법률로는 농지법(1994년 법 4817호)을 들 수 있다. 농지법은 농업인(농업에 종사하는 개인. 동법 2조 및 동법 시행령 3조 참조)에 의한 농지의 소유한도를 법정하고 있다. 즉, 원칙적으로 「자기의 농업경영에 이용하거나 이용할 자」만이 농지를 소유할 수 있으며(동법 6조), 한편 농업경영을 하지 아니한 자의 소유상한을 1만㎡로 법정하고 있다(동법 7조).

(나) 일정한 재화에 관해서는 그 유통이 제한되거나 또는 국가의 특별한 감독·통제를 받는다. 즉, 일정재화의 거래에서 당사자는 계약의 체결 여부나 계약내용의 결정에 관한 자유가 인정되나, 그 계약이 유효하려면 일정한 관청의 허가나 증명 또는 관청에의 신고 등을 필요로 하는 경우가 있다. 열거하면, (i) 농지의 취득에는 소재지관서(시·구·읍·면)의 장이 발급하는 농지취득자격증명이 있어야 하고(농지법 8조 참조), (ii) 특정지역 내의 토지에 관한 거래계약을 체결하려면 당사자는 사전에 시장·군수 또는 구청장의 허가를 받아야 한다(부동산 거래신고 등에 관한 법률 11조). 그 밖에도 (iii) 학교법인의 기본재산을 처분할 경우에는 관할청의 허가를, 그리고 전통사찰의 재산을 양도할 경우에는 문화체육관광부장관의 허가를, 향교재산을 처분할 경우에는 시·도지사 등의 허가를 받아야 한다는 등의 제한이 있다(사립학교법 28조·4조, 전통사찰의 보존 및 지원에 관한 법률 9조, 향교재산법 4조·8조 등 참조).

(다) 타인의 침해를 인용 즉 참고 용납해야 할 의무를 수반하는 경우가 매우 많다. 바꾸어 말하면, 일정한 경우에는, 비록 형식적으로는 소유권의 침해인 것과 같은 외관을 보여 주지만, 소유권이 이를 물리칠 힘이 없는 경우가 있다. 그러한 것은 민법의 상린관계에도 많이 있으나(216조·217조·218조·219조·226조·227조·230조 등), 특히 특별법에 의한 이 종류의 소유권의 제한이 매우 많다. 몇 개를 예시하면(극히 일부분만을 든다), 공익사업을 위한 토지 등의 취득 및 보상에 관한 법률(3조 참조)·국토의 계획 및 이용에 관한 법률(130조 참조)·도로법(81조·82조 참조)·「공간정보의 구축 및 관리 등에 관한 법률」(101조 내지 103조 참조)·하천법(75조·78조 참조)·광업법(67조 내지 72조 참조) 등을 들 수 있다.

(라) 권능을 자유로이 행사하지 않을 의무를 수반하는 경우도 적지 않다. 즉,

형식적으로는 소유권의 내용이 되는 것이지만, 일정한 경우에는 소유권자가 이를 할 수 있는 힘을 가지지 못하게 된다. 민법에도 이에 관한 규정이 있으나(212조·241조·242조·243조·244조 등), 특별법에도 적지 않게 있다. 국토의 계획 및 이용에 관한 법률(7조 참조)·도시 및 주거환경 정비법(5조 참조)·산림자원의 조성 및 관리에 관한 법률(36조 참조)·문화재보호법(35조 등)·의료법(63조 참조)·건축법(40조 내지 61조 참조) 등이 그 예이다.

　(마)　적극적인 행위를 해야 할 의무를 수반하는 경우가 있다. 그러나 이에 속하는 예가 비교적 적음은 그 제한의 성질상 당연하다. 민법에는 역시 상린관계에서 상당수 찾아볼 수 있으며(227조·229조·230조·237조 등), 특별법으로는 일정한 설비를 명하는 건축법·조림 등을 명하는 산림자원의 조성 및 관리에 관한 법률은 그 예이다.

제 3 절　부동산소유권의 범위

[89]　Ⅰ．토지소유권의 상하의 범위

　어떤 토지가 공간정보의 구축 및 관리 등에 관한 법률이 정하는 것에 따라 지적공부에 1필의 토지로서 등록되면, 이 등록으로써 그 토지의 소재·지번·지목·면적과 경계는 특정된다. 바꾸어 말해서, 토지소유권의 범위는, 현실의 경계와는 관계없이, 지적공부상 경계에 따라 확정된다. 다만 지적도를 작성할 때 기점을 잘못 선택하는 등의 기술적인 착오로 지적도상의 경계선이 진실한 경계선과 다르게 작성되었다는 특별한 사정이 있는 경우에는, 그 토지의 경계는 실제의 경계에 따라야 한다(대판 1990. 12. 26, 88다카19712; 대판 1993. 10. 8, 92다44503; 대판 1995. 4. 14, 94다57879; 대판 1996. 4. 23, 95다54761 등 참조). 지표에 관한 토지소유권의 범위는 위와 같으나, 본래 토지소유권은 토지의 효용을 완전하게 누리는 것을 보장하는 것이며, 토지를 완전히 이용하기 위해서는 지표뿐만 아니라 지상의 공간(건물을 짓는 경우)이나 지하의 지각(샘을 파는 경우)에도 소유권의 효력을 미치게 해야 한다. 여기서 민법 제212조는 "토지의 소유권은 정당한 이익 있는 범위 내에서 토지의 상하에 미친다."라고 규정하고 있다.

과학이 발전하면서 토지의 상공과 지중만을 이용할 필요성이 증가하고 있다 (항공기·지하시설 등). 그에 따라 그러한 이용관계를 규율하는 법률도 늘어 가고 있다. 이러한 특별법이 있는 경우는 물론이며, 그러한 특별법이 제정되어 있지 않더라도, 소유자의 이익을 침해하지 않는 상공과 지중에서 타인이 토지를 이용하는 것이 금지되어서는 안 된다는 것이 제212조의 의미이다. 그러나 상공·지중의 이용으로 토지소유자에게 손해를 주는 때에는 불법행위로서 손해배상책임이 발생함은 물론이다(그러한 불법행위가 있을 때에는 무과실책임을 인정해야 할 경우가 많을 것이다).

지중의 광물 가운데에는 광업권의 객체인 것이 있다. 그러한 광물에 대해서는 토지소유권의 효력이 미치지 못한다(광업법 2조·3조 참조).

〈토지의 포락(浦落)과 소유권〉

바다 또는 하천에 인접한 토지가, 태풍·해일·홍수 등에 의한 제방의 유실·하천의 범람·지표의 유실 또는 지반의 침하 등으로 침수되어, 바다의 일부가 되거나 만조 때에 해면 아래로 들어가는 경우도 있고, 하천의 바닥(하상)이 되는 경우도 있다. 이와 같이 지적공부에 등록된 토지가 물에 침식되어 수면 밑으로 잠기는 것을 토지의 포락이라고 하였다(구 공유수면관리법 2조 3호 참조). 이와 같이 "지적공부에 등록된 토지가 지형의 변화 등으로 바다로 된 경우로서 원상(原狀)으로 회복될 수 없거나 다른 지목의 토지로 될 가능성이 없는 경우"에는 그 토지에 대한 소유권은 영구적으로 소멸한다(공간정보 82조).

그러나 때로는 그것이 다시 성토화되거나 토지화하는 경우도 있는데, 이때에 그 토지에 대한 일시 소멸하였던 소유권은 되살아서 원소유자에게 귀속하는가? 판례는 상당한 변천을 보여 준다.

의용민법시대에는, 관습을 근거로, 포락한 토지가 재성토되거나 원상복귀하면, 종전의 소유자가 당연히 소유권을 취득하는 것으로 하고 있었으며, 이러한 판례는 현행 민법의 시행 후에도 잠시 유지되었다(대판 1957. 6. 13, 4290민상1273; 대판 1965. 2. 23, 64다677 참조). 그러나 1960년대 중반부터는 「포락한 강변의 토지가 다시 성토화하였을 때 종전의 소유자가 당연히 소유권을 취득한다는 관습이 토지사정 전에는 있었으나, 토지사정이 끝난 때부터 이러한 관습은 사라졌다」고 하여, 종전의 소유자에 의한 소유권취득을 부정하였다(대판 1965. 3. 30, 64다1951; 대판 1965. 6. 22, 65다349; 대판 1967. 4. 4, 67다213 등 참조). 그러나 1970년대에 들어와서는, 이러한 태도에 약간의 변화가 생겼다. 즉, 포락을 두 경우로 나누어서, 과다한(바꾸어 말해서, 너무 많은) 비용을 들이지 않고서 원상복구가 가능하고 또한 그러한 원상복구를 할 경제적 가치가 있는 경우와 그러한 원상복구가 불가능하거나 또는 과다한 비용 등으로 매우 곤란해서 토지로서의 효용을 잃었다고 해야 할 경우가 있다고 하고, 이들 중 앞의 경우에는 종전 소유자에 의한 소유권취득을 인정하나, 뒤의 경우에는 그의 소유권은 영구적으로 소멸한다고 하고 있다(대판 1972. 9. 26, 71다2488; 대판 1978. 12. 26, 78다1296; 대판 1980. 2. 26, 79다2094; 대판 1985. 6. 25, 84다카178 등 참조).

[90] Ⅱ. 지 하 수

1. 지표를 흐르는 물에 관해서는 이를 규율하는 상린관계에 관한 규정들이 있으나, 지하수에 관해서는 특별규정이 없다. 다만, 지하수의 사용을 보호하는 규정이 상린관계에 관한 규정 속에 끼워 넣어져 있을 뿐이다. 의용민법시대의 판례는 지하수를 토지의 구성부분으로 보고, 다음과 같이 규율하고 있었으며, 이 이론은 현재도 타당한 것이라고 생각한다.

(1) **자연적으로 솟아 나온 지하수**   토지에서 자연스럽게 지하수가 솟아 나온(용출, 湧出) 경우 그 토지의 소유자가 이를 자유로이 사용할 수 있으며, 아무런 제한도 받지 않는다. 그러나 계속해서 타인의 토지에 흘러 내려가는 경우에는 그 타인은 관습법상의 유수(流水)사용권을 취득하는 경우가 있으며, 이 경우에는 그 토지의 소유자도 이를 침해하지 못한다.

(2) **인공적으로 솟아 나오게 한 지하수**   예컨대, 자기의 토지에 우물을 파서 지하수를 이용하는 경우에 토지소유자는 타인의 이용권을 침해하지 않는 한도에서 할 수 있을 뿐이다. 본래 지하수는 지하에서 서로 연결되어 맥을 이루고 있기 때문에, 한 곳에서 우물을 파 가지고 이용하면 다른 곳에서 수량이 줄어서 적어지거나 또는 물이 말라 없어지는 경우가 있게 된다. 그러므로 토지소유자가 함부로 토지를 파서 이용함으로써 다른 토지의 소유자가 지하수를 이용하지 못하게 되는 때에는 권리의 남용, 따라서 불법행위가 된다(대판 1998. 4. 28, 97다48913 참조).

2. **지하수 이용의 보호**

(1) 필요한 용도나 수익이 있는 「원천」(자연히 솟아 나온 지하수)이나 「수도」(인공적으로 솟아 나오게 한 지하수를 인도하는 시설)가 타인의 건축 기타의 공사로 인하여 단수·감수(減水) 기타 용도에 장해가 생긴 때에는 용수권자는 손해배상을 청구할

수 있다(236조 1항).

(2) 위에서 적은 공사로 인하여 음료수 기타 생활상 필요한 용수에 장해가 있을 때에는 원상회복을 청구할 수 있다(236조 2항). 손해가 있으면 손해배상도 청구할 수 있음은 물론이다. 또한 위와 같은 용수에 장해가 발생할 염려가 있는 경우에는 방해의 예방을 청구할 수도 있다(김재형, 민법론 Ⅲ, 117면 이하). 판례에 따르면, 토지소유자가 지하수 개발공사를 시행하여 지하수를 취수함으로 말미암아 그 이전부터 인근 토지 내의 원천에서 나오는 지하수를 이용하고 있는 인근 토지 소유자의 음료수 그 밖에 생활상 필요한 용수에 장해가 생기거나 장해의 염려가 있는 경우에는 생활용수 방해를 정당화하는 사유가 없는 한 인근 토지 소유자는 그 생활용수 방해의 제거나 예방을 청구할 수 있다(대판 1998. 4. 28, 97다48913 참조).

(3) 지하수를 토지소유자뿐만 아니라 이웃 사람들도 이용하고 있는 경우에, 그 지하수를 이용하는 상린자들은, 각자의 수요의 정도에 따라, 타인의 용수(用水)를 방해하지 않는 범위 내에서, 각각 용수할 수 있다(235조). 이웃 사람들이 지하수를 이용하게 되는 것은 토지소유자와의 계약에 의하는 경우도 있겠고, 또는 관행적으로 이용권이 성립하는 경우도 있을 것이다. 그러나 온천수는 제235조 · 제236조에 정한 공용수 또는 생활상 필요한 용수에 해당하지 않는다(대판 1970. 5. 26, 69다1239 참조).

3. 지하수이용권의 성질   지하수는 토지의 구성부분을 이루는 것으로서, 그 이용은 토지소유권의 한 권능에 지나지 않는다(1 (2)에서 인용한 대판 1998. 4. 28, 97다48913도 이러한 견지에 서는 것으로 이해된다). 다만 제235조에 따라 인정되는 상린자의 지하수이용권은 일종의 인역권(人役權), 즉 특정인의 편익을 위하여 타인의 물건을 이용하는 권리라는 성질을 가진다.

제 4 절 소유권에 기한 물권적 청구권

[91] Ⅰ. 서 설

물권의 내용의 완전한 실현이 방해되는 경우에는, 물권의 일반적 효력으로서, 그 방해의 제거를 요구하는 물권적 청구권이 발생하게 된다는 점은, 이미 설명하였다([13] 참조). 가장 전형적인 완전한 물권인 소유권에서는 그 물권적 청구권도 가장 완전하게 인정된다. 그리하여 민법은 소유권에 관하여 소유물반환청구권, 소유물방해제거청구권, 소유물방해예방청구권의 세 가지를 모두 인정하고 이를 각종의 물권에 관하여 준용하고 있다(290조·301조·319조·370조 참조). 판례는 인격권 침해에 대한 사전 구제수단으로서 금지청구권을 인정하고 있다. 즉, 인격권은 그 성질상 일단 침해된 후의 구제수단만으로는 피해의 완전한 회복이 어렵고 손해전보의 실효성을 기대하기 어려우므로, 인격권 침해에 대해서는 사전 예방적 구제수단으로 침해행위 정지·방지 등의 금지청구권도 인정된다(대판 1996. 4. 12, 93다40614·40621; 대결 2005. 1. 17, 2003마1477; 대판 2013. 3. 28, 2010다60950 참조). 이는 소유권에 기한 방해제거 및 예방청구권이 인격권에 유추 적용된 것으로 볼 수 있다(인격권에 기한 금지청구권의 경우에도 물권적 청구권과 마찬가지로 고의 또는 과실은 요건이 아니다).

[92]　Ⅱ.　소유물반환청구권

"소유자는 그 소유에 속한 물건을 점유한 자에 대하여 반환을 청구할 수 있다"(213조). 이것이 소유물반환청구권(所有物返還請求權)이다.

1. 요　건

소유물반환청구권의 요건은 청구권자가 소유자일 것과 상대방이 점유하고 있을 것이다. 소유물반환청구권은 그 요건이 이처럼 매우 단순하다는 점에 특징이 있다.

(1) **청구권자의 소유**　　　이 청구권의 주체(원고)는 점유를 잃은 소유자이다. 점유를 잃고 있는지 여부는 사실심의 변론종결 시를 표준으로 하여 결정한다. 소유자는 그가 간접점유를 하고 있는 경우에 직접점유자에 대하여 반환을 청구할 수 있음은 물론이며, 직접점유자가 점유를 제 3 자에게 빼앗긴 경우에도 그 제 3 자에 대해 반환을 청구할 수 있다.

(2) **상대방의 점유**　　　청구권의 상대방(피고)은 현재 그 물건을 점유함으로써 소유자의 점유를 방해하고 있는 자이다.

(가)　현재 점유를 방해하고 있는지 여부를 결정하는 기준이 되는 시기는 사실심의 변론종결 시이다. 타인의 점유를 빼앗았더라도 이 시기에 점유하고 있지 않은 경우에는 이 청구권의 상대방이 되지 못하며, 따라서 그에게는 반환청구권이 성립

하지 않는다(대판 1970. 9. 29, 70다1508 참조). 그러한 경우에는 현재 점유하고 있는 자를 상대방으로 해야 한다.

건물의 소유자가 건물의 소유를 통하여 타인 소유의 토지를 점유하고 있다고 하더라도 토지 소유자로서는 건물의 철거와 그 대지 부분의 인도를 청구할 수 있을 뿐이고, 자기 소유의 건물을 점유하고 있는 자에 대하여 건물에서 퇴거할 것을 청구할 수는 없다(대판 1999. 7. 9, 98다57457·57464. 공유물에 관해서는 대판 2022. 6. 30, 2021다276256 참조). 이와 달리 건물소유자가 아닌 사람이 건물을 점유하고 있다면 토지 소유자는 소유권에 기한 방해배제로서 건물점유자에 대해 건물로부터 퇴거할 것을 청구할 수 있다(대판 2010. 8. 19, 2010다43801 참조).

(ㄴ) 상대방이 점유를 하는 데 고의·과실 등의 유책사유가 있어야 하는 것은 아니다. 따라서 상대방의 점유가 타인의 행위로 인한 경우(예컨대, 제3자가 훔친 물건을 상대방의 집에 놓고 간 경우), 또는 자연력으로 인한 경우(예컨대, 빨래가 바람에 날리어서 상대방의 집 뜰로 날아간 경우)라도 좋다.

(ㄷ) 상대방이 간접점유를 하고 있는 경우에는 그의 직접점유자가 현재 목적물을 점유함으로써 소유권을 방해하고 있는 것이다. 소유자는 그 직접점유자에게 직접 자기에게 반환할 것을 청구할 수 있을 뿐만 아니라, 간접점유자도 상대방이 된다. 예컨대, 甲의 소유물을 乙이 빼앗아서 丙에게 임치하고 있다면, 직접점유자인 丙뿐만 아니라 간접점유자 乙도 상대방이 된다(다만 丙에 대해서는 현실의 인도를 청구할 수 있을 것이나, 乙에 대해서는 그가 丙에 대해 가지는 반환청구권의 이전을 청구할 수 있을 뿐이다).

(ㄹ) 상대방이 점유보조자를 통해서 점유하고 있는 경우에는, 당연히 본인인 상대방에 대해서만 반환을 청구할 수 있다.

(3) **점유할 권리**   점유자가 물건을 점유할 권리가 있는 경우에는 반환을 거부할 수 있다(213조 단서). 상대방이 자기의 점유를 정당하게 하는 권리를 가지고 있으면 반환청구가 허용되지 않는다. 점유할 권리는 예컨대 상대방이 지상권·전세권·임차권·질권·유치권 또는 동시이행의 항변권 등을 가지는 경우이다. 이러한 권리를 상대방이 가지고 있으면, 이 청구권은 성립하지 않는다(다만 동시이행의 항변권이 있는 경우에는 청구권은 성립하나, 상대방은 항변권을 가지게 된다). 매매계약을 체결할 매수인도 점유할 권리가 있다고 볼 수 있다. 즉, 토지의 매수인이 아직 소유권이전

등기를 받지 못했어도 매매계약의 이행으로 그 토지를 인도받은 때에는 매매계약의 효력으로서 이를 점유·사용할 권리가 생긴다. 또한 매수인이 그 토지 위에 건축한 건물을 취득한 자는 그 토지에 대한 매수인의 위와 같은 점유사용권까지 아울러 취득한 것으로 볼 수 있다. 따라서 매도인은 매매계약의 이행으로서 인도한 토지 위에 매수인이 건축한 건물을 취득한 자에 대하여 토지소유권에 기한 물권적 청구권을 행사할 수 없다(대판 1988. 4. 25, 87다카1682 참조).

소유자가 토지에 관한 사용수익권을 포기했다는 이유로 그 토지의 반환청구를 배척할 수 있는지 문제된다. 물권법정주의에 비추어 소유자가 소유권의 핵심적 권능에 속하는 사용·수익의 권능을 대세적으로 포기하는 것은 허용되지 않는다고 보아야 한다. 토지의 소유자가 토지에 관한 사용수익권을 점유자에 대한 관계에서 채권적으로 포기할 수는 있지만, 그 포기는 원칙적으로 일시적인 것으로 볼 수 있다. 그러나 대법원은 이와 달리 다음과 같은 법리를 채택하고 있다. 소유자 스스로 그 소유의 토지를 일반 공중을 위한 용도로 제공한 경우에 토지에 대한 소유자의 독점적·배타적 사용·수익권의 행사가 제한된다. 이를 판단하기 위해서는 토지 소유자의 소유권 보장과 공공의 이익 사이의 비교형량을 해야 하고, 원소유자의 사용·수익권 행사가 제한되더라도 특별한 사정이 있다면 특정승계인의 독점적·배타적인 사용·수익권 행사가 허용될 수 있다. 또한 토지 소유자의 독점적·배타적인 사용·수익권 행사가 제한되는 경우에도 일정한 요건을 갖춘 때에는 사정변경의 원칙이 적용되어 소유자가 다시 독점적·배타적인 사용·수익권을 행사할 수 있다(대판(전) 2019. 1. 24, 2016다264556 참조). 이 판례에 찬성할 수 없다. 토지 소유자가 자발적으로 자신의 토지를 무상 사용하도록 하였더라도 토지의 사용·수익권 자체를 포기하였다고 볼 수 없고, 인근 주민 등에 대한 관계에서 소유권을 행사하지 않겠다는 의사표시를 하였다고 보는 것이 합리적이다. 배타적 사용·수익권 포기를 이유로 토지 소유자의 권리를 제한하는 이론은 법적 근거가 없다. 소유자가 소유권의 핵심적 권능에 속하는 사용·수익의 권능만을 영구적·대세적으로 포기하는 것은 허용되지 않는다. 이를 허용하면 결국 처분권능만이 남는 새로운 유형의 소유권을 창출하는 것으로서 공시의 원칙이나 물권법정주의에 반한다(위 전원합의체 판결의 반대의견 참조).

소유자는 제 3 자에게 그 물건을 제 3 자의 소유물로 처분할 수 있는 권한을 유효하게 수여할 수 있다. 그러나 이러한 처분수권에 따라 제 3 자가 처분행위를 하지 않고 있는 동안에는 소유자는 그가 원래 가지는 처분권능에 제한을 받지 않는다. 따라서 소유자는 그가 제 3 자에 대한 관계에서 채권적 책임을 지는 것은 별론으로 하고, 자신의 소유물을 여전히 유효하게 처분할 수 있고 또한 소유물반환청구권 등 물권적 청구권을 가진다(대판 2014. 3. 13, 2009다105215 참조).

(4) **증명책임**   소유권에 기한 반환청구의 소에서 청구자(원고)는 그가 목적물을 소유하고 있다는 사실과 상대방(피고)이 그 물건을 점유하고 있는 사실만을 주장·증명하면 된다. 상대방이 청구를 배척하려면 점유할 권리가 있다는 점을 주장·증명해야 한다(대판 1962. 5. 17, 62다76 참조).

2. 내   용

(1) 소유물반환청구권의 내용은 소유물의 반환, 즉 점유의 이전을 청구하는 것이다.

(2) 이 청구권의 내용은 피침탈자인 소유자 자신에게 다시 점유를 이전할 것을 청구하는 것이다. 소유자가 간접점유를 하고 있는 경우에도 마찬가지다. 목적물 자체의 인도를 청구할 수 있는 것이 원칙이지만, 상대방이 간접점유를 하고 있는 경우에는 상대방의 직접점유자에 대한 반환청구권의 이전을 청구해야 함은 이미 설명하였다.

(3) 반환청구의 내용인 점유의 이전은, 상대방의 적극적인 작위에 따라야 하는가, 또는 소극적인 부작위 즉 소유자가 수거하는 것을 인용하는 것으로 충분한가? 바꾸어 말하면, 점유이전의 비용은 어느 쪽에서 부담하는지가 문제되나, 이 문제는 이미 다루었으므로, 되풀이하지 않는다([13] 4 참조).

(4) 소유물반환청구권에 기하여 소유물을 반환할 때 점유침탈자인 상대방은 점유 중에 생긴 과실을 취득할 수 있는가, 목적물을 멸실·훼손한 경우의 손해배상 책임은 어떻게 되는가, 또한 그 동안에 비용을 지출하고 있으면 그 상환은 어느 정도로 청구할 수 있는가 문제된다. 이러한 문제들에 관하여 민법은 소유권 부분에서 규정을 두고 있지 않다. 결국 점유자와 회복자의 관계에 관한 규정(201조·202조·203조 참조)과 불법행위·부당이득에 관한 규정들에 따라 해결해야 한다.

[93] Ⅲ. 소유물방해제거청구권

"소유자는 소유권을 방해하는 자에 대하여 방해의 제거를 청구할 수 있다"(214조 전단). 이것이 소유물방해제거청구권(所有物妨害除去請求權)이다.

1. 요   건   소유물반환청구권에서와 대체로 같으나, 주의할 점은 다음과 같다.

(1) **청구권자**   청구권의 주체(원고)는 소유권의 내용의 실현이 점유의 상실 이외의 방법으로 방해되고 있는 자이다. 방해를 당하고 있는지 여부는 사실심의 변론종결 시를 표준으로 하여 결정한다. 현재 소유권을 방해받고 있어야 하므로, 방해받고 있는 소유권을 타인에게 양도한 경우에는 그 양수인만이 이 청구권을 가진다(대판(전) 1969. 5. 27, 68다725; 대판 1980. 9. 9, 80다7 참조).

(2) **상대방의 방해**   청구권의 상대방(피고)은 현재 방해상태를 일으켜 놓고 있는 자이다. 바꾸어 말하면, 방해하는 사정을 지배하는 지위에 있는 자이다(대판 1966. 1. 31, 65다218. 따라서 방해를 발생시킨 자가 언제나 상대방이 되는 것은 아니다). 과거에 방해를 발생시킨 사람이라고 하더라도 현재 그 방해상태를 지배하는 지위에 있지 않을 경우(예컨대, 토지소유권을 방해하는 건물을 타인에게 양도하고 있는 경우)에는 이 청구권의 상대방이 되지 않는다.

상대방이 객관적으로 방해하는 사정을 지배하는 지위에 있으면 된다. 건물철거는 그 소유권의 종국적 처분에 해당하는 사실행위이므로 원칙적으로 그 소유자에게만 그 철거처분권이 있다. 그러나 그 건물을 매수하여 점유하고 있는 자는 등기부상 아직 소유자로서 등기명의가 없다 하더라도 그 권리의 범위 내에서 그 점유 중인 건물에 대하여 법률상 또는 사실상 처분을 할 수 있는 지위에 있고 그 건물이 건립되어 있어 불법으로 점유를 당하고 있는 토지소유자는 위와 같은 지위에 있는 건물점유자에게 그 철거를 구할 수 있다(대판 1986. 12. 23, 86다카1751 참조).

고의·과실과 같은 유책사유가 있어야 하는 것은 아니다. 따라서 방해가 타인의 행위로 생긴 경우(예컨대, 타인의 토지에 허락 없이 건물을 지은 사람으로부터 그 건물을 양수한 경우)이든 또는 자연력으로 생긴 경우(예컨대, 폭풍으로 상대방이 소유하는 나무가 이웃 토지에 쓰러진 경우)이든, 현재 방해물을 소유하는 등으로 방해상태를 발생시키고 있으면, 이 청구권의 상대방이 된다.

(3) **방해의 방법**   상대방이 목적물의 점유침탈 이외의 방법으로 소유권을 방해하고 있어야 한다(예컨대, 대지를 점유할 권원 없이 건축된 건물의 점유자는 대지소유권의 행사를 방해하는 것이 된다). 이 경우에는 방해를 받는 소유자는 반환청구의 경우와는 달리 점유를 그대로 가지고 있다. 이러한 방해는 성질상 대부분 부동산에 관하여 생긴다.

  2. 내   용   방해의 제거를 청구하는 것이다. 이때 상대방의 적극적 행위 또는 비용부담을 청구할 수 있는지에 관해서는 이미 설명하였다([13] 4 참조).

[94] Ⅳ. 소유물방해예방청구권

  "소유자는 소유권을 방해할 염려가 있는 행위를 하는 자에 대하여 그 예방이나 손해배상의 담보를 청구할 수 있다"(214조 후단). 이것이 소유물방해예방청구권(所有物妨害豫防請求權)이다.

  1. 요   건

  (1) **청구권자**   청구권의 주체(원고)는 방해될 염려가 있는 소유권을 가지고 있는 자이다.

  (2) **방해의 염려**   청구권의 상대방(피고)은 장차 소유권을 방해하는 행위를 할 염려가 있는 자이다. 상대방이 소유권을 방해할 염려가 있어야 한다. 현재 방해상태가 발생하고 있지는 않지만 장래 생길 개연성이 큰 경우에, 현실적으로 방해가 생길 때까지는 구제받지 못한다면 소유권의 보호에 충분하다고 할 수 없다. 따라서 이 예방청구권을 인정하는 것은 당연하다고 할 수 있다. 방해의 염려가 있다고 하더라도 방해의 발생을 기다리지 않고서 현재 곧 예방수단을 취할 것을 인정하는 것이므로, 그 염려나 개연성은 객관적으로 매우 크고 또한 강한 것이어야 한다.

  소유물방해예방청구권은 방해의 발생을 기다리지 않고 현재 예방수단을 취할 것을 인정하는 것이다. 그 방해의 염려가 있다고 하기 위해서는 방해예방의 소에 따라 미리 보호받을 만한 가치가 있는 것으로서 객관적으로 근거 있는 상당한 개연성을 가져야 할 것이고 관념적인 가능성만으로는 이를 인정할 수 없다(대판 1995. 7. 14, 94다50533 참조). 건물의 건축을 위한 심굴굴착공사를 한 경우에 남은 공사가 대부분 지상건물의 축조이어서 더 이상의 심굴굴착공사의 필요성이 없는 경우에는 소유물방해예방청구권에 기한 공사중지 가처분을 할 수 없다(대판 1981. 3. 10, 80다 2832. 위 [104] 참조).

2. 내　　용　　　방해의 염려를 생기게 하는 원인을 제거해서 방해를 미리 방지하는 조치를 청구하거나 또는 손해배상의 담보를 청구하는 것이다. 따라서 소유자는 두 가지를 모두 청구하지는 못하고, 어느 한 가지만을 선택하여 청구할 수 있을 뿐이다.

예방청구는 상대방의 부작위를 청구하는 경우가 많으나, 작위를 청구하는 경우도 있다. 작위를 청구하는 경우에는 비용의 부담이 문제되나, 이 점에 관해서도 이미 설명한 이론이 그대로 적용된다([13] 4 참조).

그리고 손해배상의 담보를 청구하는 것은 점유물방해예방청구권에서 설명한 것과 같다([78] 3 (2) 참조).

제 5 절 상린관계

[95] I. 총　　설

(1) 인접하고 있는 부동산의 소유자 상호간의 이용을 조절하기 위하여, 민법은 그들 사이의 권리관계를 규정하고 있다(215조 내지 244조 참조). 이것을 상린관계(相隣關係)라고 한다. 인접한 부동산의 소유자가 각자의 소유권을 무제한으로 주장한다면, 그들의 부동산의 완전한 이용은 도저히 바랄 수 없게 된다. 여기서 각 소유자가 가지는 권리를 어느 정도까지 제한하고, 각 소유자에게 협력의 의무를 부담케 함으로써, 인접하는 부동산 상호간의 이용의 조절을 꾀하려는 것이다. 이러한 의미에서 말한다면, 상린관계의 규정은 소유권의 제한이라고 할 수 있다. 그러나 이를 뒤집어서 본다면, 각 소유자는 각자의 소유권의 행사를 그 범위 밖에까지 미칠 수 있고, 또한 타인의 협력도 요구할 수 있으므로, 이러한 의미에서는 소유권의 확장 또는 확대가 된다. 그러므로 소유권의 내용의 확장과 제한이 상린관계의 내용이라고 말할 수 있다.

(2) 상린관계의 내용은 지역권의 내용과 매우 비슷하다. 그러나 상린관계는 법률에 따라 정해진 소유권의 내용을 법률로 확장·제한하는 것인 데 대하여, 지역

권은 계약에 따라 소유권을 확장·제한하는 것이며, 소유권이 다른 물권인 지역권에 따라 일시적으로 제한되는 것이다.

(3) 제216조 이하의 규정은 소유권에 관하여 정하는 것이지만, 이미 밝힌 바와 같이 본래 상린관계는 인접하는 부동산 상호간의 「이용」을 조절하는 것이므로, 지상권과 전세권에도 준용된다(290조·319조). 토지의 임대차에 관해서는 특별히 준용한다는 규정을 두고 있지 않으나, 「이용의 조절」이라는 위와 같은 성질상 이것에 관해서도 유추 적용된다고 보아야 한다.

(4) 민법의 상린관계에 관한 규정은 원칙적으로 임의규정이라고 새기는 견해가 다수설이나(방순원 112면, 이영준 445면, 장경학 373면 참조), 그 성질상 원칙적으로 강행규정이라고 해야 한다. 판례의 태도는 아직 밝혀져 있지 않다. 다만 제242조와 제244조에 관하여 이들 규정은 강행규정이 아니라고 하면서, 그와 다른 내용의 당사자 사이의 특약은 유효하다고 하고 있다(대판 1962. 11. 1, 62다567; 대판 1982. 10. 26, 80다1634 참조).

[96] Ⅱ. 건물의 구분소유자 사이의 상린관계

1. 민법의 규정 　　제215조는 1동의 건물을 여러 사람이 구분하여 각각 그 일부를 소유하는 경우에, 그들 소유자 상호간의 관계를 규정하고 있다. 그것은 건물의 일부가 경제적으로 독립한 건물과 동일한 효용을 가지고 있고, 또한 사회관념상 독립한 건물로 다루어지는 경우에, 그 위에 독립한 소유권을 인정하는 것이며, 이때에 성립하는 소유권을 구분소유권(區分所有權)이라고 일컫는다.

건물의 일부분이 구분소유권의 객체로 될 수 있으려면 그 부분이 구조상으로나 이용상으로 다른 부분과 구분되는 독립성이 있어야 한다(대판 1995. 9. 29, 94다53587·53594 참조). 이와 같이 1동의 건물 중 구분된 각 부분이 구조상, 이용상 독립성을 가지고 있는 경우에 그 각 부분을 1개의 구분건물로 하는 것도 가능하고 그 1동 전체를 1개의 건물로 하는 것도 가능하다. 따라서 이를 구분건물로 할 것인지 여부는 특별한 사정이 없는 한 소유자의 의사에 따라 결정된다. 구분건물이 되기 위해서는 객관적, 물리적인 측면에서 구분건물이 구조상·이용상의 독립성을 갖추어야 하고, 그 건물을 구분소유권의 객체로 하려는 의사표시 즉 구분행위가 있어야 한다. 소유자가 기존 건물에 증축을 한 경우에도 증축 부분이 구조상·이용상의 독립성을 갖추었다는 사유만으로 당연히 구분소유권이 성립된다고 할 수는 없고, 소유자의 구분행위가 있어야 비로소 구분소유권이 성립된다(대판 1999. 7. 27, 98다35020 참조). 구분행위는 건물의 물리적 형질을 변경하지 않고 건물의 특정 부분을 구분하여 소유권의 객체로 하려는 법률행위이다. 그 시기나 방식에 제한이 없고 처분권자의 구분의사가 객관적으로 외부에 표시되면 충분하다. 따라서 건축허가신청이나 분양계약 등에서 구분행위를 할 수 있다. 건축물대장에 등록을 하거나 소유권보존등기를 하는 것은 구분행위의 성립에 필요한 요건이 아니다(대판(전) 2013. 1. 17, 2010다71578 참조). 구분건물이 물리적으로 완성되기 전에도 구분의사가 객관적으로 표시되면 구분행위의 존재를 인정할 수 있다. 그러나 구조와 형태 등이 1동의 건물로서 완성되고 구분행위에 상응하는 구분건물이 객관적·물리적으로 완성되어야 그 시점에 구분소유가 성립한다(대판 2018. 6. 28, 2016다219419·219426 참조).

이러한 구분소유권에서 건물의 구분은 세로(종)의 구분에 한하지 않고, 가로(횡)의 구분, 즉 계층 구분도 포함함은 물론이다. 구분소유권이 성립한 후 그 득실변경에 관해서도 당연히 부동산물권변동의 일반원칙이 적용되며, 부동산등기법은 1동의 건물을 여러 사람이 구분하여 소유하는 경우 각 부분의 등기방법을 규정하고 있다(부등 15조 1항 단서, 40조 1항 6호·2항·3항, 46조, 47조, 60조 등).

구분소유자 사이의 상린관계로서 제215조가 규정하는 내용은 다음과 같다. 건물의 구분소유권이 생긴 경우에, 건물의 공용부분(예컨대, 공통의 벽·계단 등) 및 건물 부속물의 공용부분(예컨대, 공동의 출입문·우물 등)은 각 구분소유자 전원의 공유에 속하는 것으로 추정된다(215조 1항). 그 효과는 원칙적으로 공유의 규정에 따라 정해지나, 다음과 같은 두 개의 예외가 있다. (ⅰ) 각 공유자는 단독으로 분할을 청구할 수 없고(268조 3항), 분할하려면 공유자 전원의 합의가 있어야 한다. (ⅱ) 공용부분의 보존에 관한 비용(수선비 등) 기타의 부담은, 각자의 소유부분의 가액에 비례하여 분담한다(215조 2항).

2. 집합건물의 소유 및 관리에 관한 법률에 의한 규율

(1) 의　　의　　　구분소유권에 관한 민법 제215조는, 앞에서 본 바와 같이, 매우 간단한 것이어서 불충분하다. 본래 이 조항은 고층 건물이 거의 없던 때에, 규

모가 작은 건물을 세로(종)로 구분하는 경우를 염두에 두고 규정한 것이다. 그런데 1960년대 후반 이후에 경제발전에 따른 인구의 도시집중현상이 일어나자, 주택문제를 해결하기 위한 방책으로 중·고층의 분양아파트나 연립주택·다세대주택 등의 공동주택이 급속하게 늘어났다. 그리고 그러한 공동주택에서는 수십 또는 수백에 이르는 많은 구분소유관계가 흔해졌다. 이런 상황에서 종래의 민법 제215조의 규정만으로는 도저히 그들 구분소유관계를 합리적으로 규율할 수 없게 되었다. 그리하여「집합건물의 소유 및 관리에 관한 법률」이 제정되었고, 2010년 이 법률이 개정되었다. 동법이 규율하는 주요내용을 간단히 적으면 다음과 같다.

　　(2)　**구분소유와 구분소유권**　　　동법 제 1 조는 건물의 구분소유에 관하여 "1동의 건물 중 구조상 구분된 여러 개의 부분이 독립한 건물로서 사용될 수 있을 때에는 그 각 부분은 이 법이 정하는 바에 따라 각각 소유권의 목적으로 할 수 있다."라고 정하고 있다. 따라서 건물의 구분소유가 성립하려면 건물이 구조상 구분되고 구분된 부분이 독립된 건물로서 사용될 수 있어야 한다. 한편 제 1 조의 2 제 1 항은 일정한 상가건물의 구분소유에 관하여 구조상 독립성 요건을 완화하고 있다. 즉, 1동의 건물이 각 호에서 정한 방식으로 여러 개의 건물부분으로 이용상 구분된 경우에 그 건물부분(이하 "구분점포"라 한다)을 각각 소유권의 목적으로 할 수 있다고 정하고 있다. 동법 제 2 조 1호는 제 1 조 또는 제 1 조의2에 규정된 건물부분(3조 2항 및 3항에 따라 공용부분(共用部分)으로 된 것은 제외한다)을 목적으로 하는 소유권을「구분소유권」이라고 한다(구분소유권을 가지는 자를 구분소유자라 한다).

　　건물이 겉에서 보기에 1동의 모습을 이루고 있더라도, 그것을 구분된 여러 개의 부분으로 나누어 각각의 부분을 1개의 건물로서 소유권(즉 구분소유권)의 객체로 할 수 있다. 그렇게 한 때에는 1동의 건물은 이제 1개의 건물로서 소유권의 객체가 될 수 없음은 물론이다. 그렇다고 구분소유권이 성립할 수 있는 1동의 건물이라고 해서, 모두가 당연히 구분소유로 나누어지는 것은 아니다. 건물 전부를 1인이 건축해서 소유하는 때에는, 1개의 건물로서 1개의 소유권의 객체로 하는 것은 상관없다. 위 1.에서 보았듯이 1동의 건물에 대하여 구분소유가 성립하기 위해서는 객관적·물리적인 측면에서 1동의 건물이 존재하고, 구분된 건물부분이 구조상·이용상 독립성을 갖추어야 할 뿐 아니라, 1동의 건물 중 물리적으로 구획된 건물부분을 각각 구분소유권의 객체로 하려는 구분행위가 있어야 한다. 판례는 집합건축물대장의 신규 또는 변경등록이 이루어지고 그에 따라 구분등기가 마쳐진 구분점포에 대해서는 특별한 사정이 없는 한 집합건물법의 절차에 따라 적법하게 대장이 등록되고 이에 기하여 구분등기가 마쳐진 것으로서 그 등록과 등기가 마쳐질 당시 집합건물법 제 1 조의2에서 정한 구분소유권의 요건을 갖추고 있었다고 추정한다(대결 2022. 12. 29, 2019마5500 참조).

(3) **전유부분과 공용부분**　　구분소유건물에서 소유관계의 대상이 되는 것은 「전유부분」과 「공용부분」의 두 가지이다(동법 2조 3호·4호 참조).

㈎ **전유부분**(專有部分)　　구분소유권의 목적인 건물부분이 전유부분이다(동법 2조 3호). 바꾸어 말해서, 1동의 건물 일부이지만 구분에 따라 소유권의 목적으로 된 부분이 전유부분이다.

일반적으로 건물의 전유부분으로 인정되려면, 동법 제 1 조가 명백히 하고 있는 바와 같이, 첫째로 구조상 구분되어서 독립성이 있어야 하고(바꾸어 말해서, 건물의 구성부분인 벽·천정·바닥·문짝 등으로 다른 부분과 완전히 차단되어 있어야 한다), 둘째로 독립한 건물로서 사용될 수 있어야 한다(예컨대, 주거·점포·사무소·창고·강당·식당 등으로 사용될 수 있는 것이어야 한다는 뜻이다). 한편 상가의 경우에는 건물부분이 구조상 구분되지 않더라도 제 1 조의 2에 따라 이용상 구분된 경우에 구분점포로서 전유부분으로 인정될 수 있다. 즉, 1동의 건물이 ① 구분점포의 용도가 「건축법」 제 2 조 2항 7호의 판매시설 및 같은 항 8호의 운수시설이고, ② 경계를 명확하게 알아볼 수 있는 표지를 바닥에 견고하게 설치하고, ③ 구분점포별로 부여된 건물번호표지를 견고하게 붙이는 방식으로 여러 개의 건물부분으로 이용상 구분된 경우에 전유부분이 될 수 있다.

이러한 건물 중의 전유부분에 성립하는 소유권이 곧 구분소유권이다(동법 2조 1호). 그 성질은 보통의 소유권과 본질적으로 같다.

㈏ **공용부분**(供用部分)　　"공용부분"이란 전유부분 외의 건물부분, 전유부분에 속하지 아니하는 건물의 부속물 및 제 3 조 2항 및 3항에 따라 공용부분으로 된 부속의 건물을 말한다.

1동의 건물 중 구분소유권의 객체로 되어 있는 전유부분 외의 건물부분(지붕·

계단·복도·승강기실·외벽 등), 전유부분에 속하지 않는 건물의 부속물(전기배선·수도나 가스의 배관·냉난방설비·소화설비·저수탱크 등)과 전유부분이지만 규약으로 공용부분으로 된 부속건물(창고·차고 등)이 「공용부분」이다(동법 2조 4호). 이 공용부분은 원칙적으로 구분소유자 전원의 공유에 속하나, 일부공용부분(일부의 구분소유자만이 공용하도록 제공되는 것임이 명백한 공용부분)은 그들 구분소유자의 공유에 속한다(동법 10조 1항). 이때 각 공유자의 지분은 그가 가지는 전유부분의 면적 비율에 따른다(동법 12조 1항). 위와 같은 공용부분 공유의 원칙은 규약으로써 달리 정할 수 있다(동법 10조 2항). 공용부분에 대한 공유자의 지분은 그가 가지는 전유부분의 처분에 따른다. 공유자는 그가 가지는 전유부분과 분리하여 공용부분에 대한 지분을 처분할 수 없다(동법 13조). 이를 전유부분과 공용부분에 대한 지분의 일체성이라고 한다.

(4) 대지사용권   일반적으로 건물을 소유하려면, 대지의 이용이 필연적이다. 건물의 일부를 소유하는 자도 대지 전체를 이용한다고 해야 한다. 그러므로 구분소유자는 누구나(상층을 소유하는 자도) 대지 전체에 관하여 이를 이용할 권리(토지소유권의 공유나 또는 지상권·임차권 등의 준공유)를 가지고 있어야만 한다. 구분소유자가 전유부분을 소유하기 위하여 건물의 대지에 대하여 가지는 권리를 대지사용권(垈地使用權)이라고 일컫는다(동법 2조 6호).

건물과 대지 사이에는 위와 같은 관계가 있기 때문에, 동법은 구분소유권과 대지사용권을 나누어서 처분하는 것을 금지하여 그 일체화를 꾀하고 있다. 즉, 제20조는 전유부분과 대지사용권의 일체성에 관하여 구분소유자의 대지사용권은 그가 가지는 전유부분의 처분에 따르고, 원칙적으로 구분소유자는 그가 가지는 전유부분과 분리하여 대지사용권을 처분할 수 없도록 하였다(이에 관한 등기에 관해서는 부등 40조 3항·60조 참조). 만일 대지사용권이 없는 구분소유자가 있을 때에는, 그 전유부분의 철거를 주장할 수 있는 권리를 가지는 자는 그 구분소유자에 대하여, 구분소유권을 시가로 매도할 것을 청구할 수 있다(동법 7조). 한편 구분소유권과 대지사용권을 일체화하려면, 그 전제로서 대지의 범위를 확정한다는 것이 필요하다. 여기서 동법은 대지의 범위를 명확하게 정하는 규정도 두고 있다(동법 4조 참조).

이상과 같은 건물의 구분소유제도에 대응하여, 부동산등기법은 전유부분과 그것이 속하고 있는 1동의 건물의 공시·구분소유권과 대지사용권의 일체성을 등기부상 표시하는 방법·등기용지의 구성·등기기재 등에 관하여, 특별규정을 두고 있음은 관계되는 곳에서 이미 설명하였다([23] 1 (2)·(3), 2 (5) 등 참조).

(5) 구분소유건물의 관리　　구분소유건물의 관리에 관하여 동법은 많은 규정을 두고 있으나, 주요사항만을 간단히 본다면 다음과 같다.

㈎　구분소유자들의 상호관계는 보통의 상린자 사이나 공유자 사이의 상호관계보다는 훨씬 밀접·복잡하고, 또한 인원수도 다수인 경우가 많기 때문에, 단체적 규제가 불가피하다. 여기서 동법은 건물에 대하여 구분소유 관계가 성립되면, 구분소유자 전원으로 하여 건물·대지·부속시설을 관리하는 단체를 당연히 구성하는 것으로 하고, 이 단체를 「관리단」이라고 일컫고 있다(동법 23조 1항). 관리단은 일종의 조합(즉 관리조합)이라고 말할 수 있다.

일부공용부분이 있는 경우 그 일부의 구분소유자는 규약에 따라 그 공용부분의 관리에 관한 사업의 시행을 목적으로 하는 관리단을 구성할 수 있는데(동법 23조 2항), 이를 「일부관리단」이라고 한다. 또한, 한 단지에 여러 동의 건물이 있고 그 단지 내의 토지 또는 부속시설(이들에 관한 권리를 포함한다)이 그 건물 소유자(전유부분이 있는 건물에서는 구분소유자를 말한다)의 공동소유에 속하는 경우에는 이들 소유자는 그 단지 내의 토지 또는 부속시설을 관리하기 위한 단체를 구성하여 집회를 개최하고 규약을 정하며 관리인을 둘 수 있다(동법 51조). 이를 「단지관리단」이라고 한다.

관리단은 건물의 관리 및 사용에 관한 공동이익을 위하여 필요한 구분소유자의 권리와 의무를 선량한 관리자의 주의로 행사하거나 이행해야 한다(동법 23조의2). 관리단은 관리인을 대표자로 하여 관리단집회의 결의 또는 규약에서 정하는 바에 따라 공용부분의 관리에 관한 사항에 관련된 재판상 또는 재판 외의 행위를 할 수 있다(동법 25조 1항 호). 따라서 관리단은 관리단집회의 결의나 규약에서 정한 바에 따라 집합건물의 공용부분이나 대지를 정당한 권원 없이 점유하는 사람에 대하여 부당이득반환소송을 할 수 있다(대판 2022. 6. 30, 2021다239301; 대판 2022. 9. 29, 2021다292425 참조).

㈏　관리단의 조직으로는 집회·규약과 관리인이 있다. 관리단집회는 조합에서의 조합원총회에 해당하는 것으로서, 관리단의 최고의사결정기관이다(그 소집·결의방법 등에 관해서는 동법 32조 이하 참조). 집회는 규약의 설정·변경·폐지, 관리인의

선임·해임 등을 의결한다(동법 24조·29조·38조 등 참조). 규약은 「관리단에 의한 관리에 관한 규칙」을 정한 것이며, 원칙적으로 구분소유자 및 의결권(전유부분의 면적의 비율로 각 구분소유자의 의결권의 크기가 정해진다. 동법 37조·12조 참조)의 각 4분의 3 이상의 찬성으로 집회에서 설정·변경·폐지되고, 동법에서 정하고 있는 것 이외의 사항은 모두 이 규약으로 정하는 것으로 하고 있다(동법 28조·29조 참조). 관리인은 관리단집회에서 다수결로 선임되고(동법 24조 1항·2항), 공용부분의 관리·관리단의 사무집행·규약에 정해진 행위 등을 하고, 관리단을 대표한다(동법 25조). 이러한 관리인은 구분소유자가 10인 미만일 때에는 그 선임이 강제되지 않으나, 구분소유자가 10인 이상이면 반드시 선임해야 한다(동법 24조 1항).

⒟ 각 구분소유자는 그의 전유부분의 단독소유자이므로, 민법 제211조에 따라 이를 사용·수익·처분할 수 있음은 물론이다. 그러나 전유부분의 소유권, 즉 구분소유권에는 일종의 상린관계라고 할 수 있는 일정한 권리·의무가 따른다. 즉, 구분소유자 또는 점유자(전유부분을 점유하는 자로서 구분소유자가 아닌 자)는 건물의 보존에 해로운 행위 또는 건물의 관리·사용에 관하여 공동의 이익에 어긋나는 행위를 하여서는 안 될 의무가 있으며(동법 5조 1항·2항·4항), 이를 위반한 때에는 그 행위의 정지·사용금지·구분소유권의 경매를 청구할 수 있게 하였다(동법 43조 내지 45조 참조). 한편 구분소유자에게는 필요한 범위에서 다른 구분소유자의 전유부분 등의 사용을 청구할 권리가 인정된다(동법 5조 3항).

⒠ 구분소유자의 공유에 속하는 공용부분의 사용·관리에 관해서는, 민법의 공유에 관한 규정이 여러 점에서 수정되어 있다. (ⅰ) 각 공유자는 공용부분을 그 용도에 따라 사용할 수 있다(동법 11조). (ⅱ) 보존행위는 각 공유자가 할 수 있으나 (동법 16조 1항 단서), 공용부분의 변경은 구분소유자 및 의결권의 각 4분의 3 이상의 다수에 의한 집회결의로 해야 한다(동법 15조 1항). 이때 그 변경이 다른 구분소유자의 권리에 특별한 영향을 미칠 때에는, 그 구분소유자의 승낙을 받아야 한다(동법 15조 2항). 그 밖의 공용부분의 관리에 관한 사항은, 통상의 집회결의에 의한다(동법 16조 1항·37조 참조). (ⅲ) 각 공유자는, 규약에 달리 정함이 없는 한, 그 지분의 비율에 따라 공용부분의 관리비용과 그 밖의 의무를 부담하고 또한 공용부분에서 생기는 이익을 취득한다(동법 17조). 공유자가 공용부분에 관하여 다른 공유자에 대하

여 가지는 채권은 그의 특별승계인에 대하여도 행사할 수 있다(동법 18조).

(6) 기   타   그 밖에 이 법률은 노후건물의 재건축과 멸실·훼손된 건물의 복구(동법 47조 내지 50조), 집합건물분쟁조정위원회(동법 52조의 2 내지 9), 구분건물의 건축물대장(동법 53조 내지 60조), 그리고 벌칙(동법 65조 및 66조) 등에 관해서도 규정하고 있다. 집합건물분쟁조정위원회는 2012년 법률 개정으로 도입되었다. 여기서는 그 설명을 생략한다(건축물대장에 관해서는 [23] 2 (1) 참조).

[97] Ⅲ. 인지(隣地) 사용청구권

(1) 토지소유자는 경계나 그 근방에서 담 또는 건물을 축조하거나 또는 이를 수선하기 위하여 필요한 범위 내에서 이웃 토지의 사용을 청구할 수 있다(216조 1항 본문). 만일 이웃 사람이 승낙하지 않으면, 승낙을 갈음하는 판결(389조 2항 참조)을 구할 수 있다. 그 상대방은 이웃 토지를 이용하고 있는 자(토지소유자·지상권자·전세권자·임차인 등)이다.

(2) 이웃 토지의 주거에 들어가려면, 이웃 사람의 승낙이 있어야 한다(216조 1항 단서). 이때에는 판결로써 승낙을 갈음하지 못한다고 새겨야 한다. 여기서 말하는 이웃 사람은 그 건물의 소유자가 아니라, 현재 그 주거에서 거주하고 있는 사람(소유자·전세권자·임차인 등)을 가리키는 것으로 새겨야 한다.

(3) 이상의 두 경우에 이웃 사람이 손해를 받은 때에는 보상을 청구할 수 있다(216조 2항).

[98] Ⅳ. 생활방해의 금지

1. 의   의   어떤 토지나 그 위의 시설물(공장·건물 기타의 공작물)로부터 밖으로 나와 흩어진 매연, 증기, 액체, 소음, 진동 등의 간섭이 이웃의 다른 토지에 흘러 들어감으로써, 그 이웃 토지의 소유자나 이용자에게 피해를 주는 일이 있다. 이웃하고 있는 토지 사이의 위와 같은 간섭은 산업 특히 중화학공업의 발전이나 인구의 도시집중으로 말미암아 오늘날 더욱 빈번해졌다. 이러한 해로운 간섭으로 이웃 토지의 이용을 방해하거나 또는 그 거주자에게 피해를 주는 것을 가리켜 생활방해(生活妨害)라고 한다. 즉, 생활방해는 매연, 증기, 액체, 소음, 진동 그 밖에 이와

유사한 것(가스, 냄새, 먼지, 빛 등)으로 토지의 사용을 방해하거나 또는 거주자의 생활에 고통을 주는 것을 말한다. 이를 영미법에서는 「생활방해」(nuisance)라고 부르고, 프랑스법에서는 「근린폐해」(troubles de voisinage)라 일컫고, 독일법에서는 「임밋시온」(Immission)이라고 한다. 한편 일본에서는 「공해」라는 말을 많이 사용하고 있다. 이곳에서는 이들 여러 용어 중 「생활방해」라는 말을 쓰기로 한다.

산업혁명과 그 후의 과학의 끝없는 발전에 따라 위에서 본 바와 같은 해로운 간섭을 외부에 함부로 내보내는 공장이 많이 출현하였으며, 공장과 가정 사이에 또는 공업과 농업 사이에 다툼이 발생하고 있다. 생활방해가 타인의 토지의 이용을 침해하는 것이라면, 형식상 그것은 소유권의 침해라고 해야 한다. 그러나 과학과 산업이 발전하면서 여러 가지 시설을 설치하여 매우 기술적으로 토지를 이용하는 것이 성행하는 현대생활에서 생활방해는 피할 수 없는 것이기도 하다. 따라서 생활방해를 토지소유권의 침해로 보고, 토지소유자의 물권적 청구권의 행사를 무조건 인정한다는 것은 현재의 사회에서는 불가능하다.

생활방해가 일정한 정도를 넘으면, 그것은 건강한 시민생활을 위협하는 데에 문제의 심각성이 있다. 여기서 법은 생활방해가 공동생활에서 보통 생기는 정도의 것이면 소유자가 이를 인용(忍容) 즉 참고 받아들여야 하는 것으로 하고, 생활방해를 하는 토지이용자는 그 정도를 넘지 않아야 한다는 규정을 두었다. 민법 제217조가 바로 그러한 규정이다.

2. 생활방해의 요건

(1) **청구권자**   토지소유자가 토지의 이용을 방해받거나 생활에 고통을 받는 경우에 제217조가 적용된다. 건물소유자에 관해서는 명시하고 있지 않지만, 이 규정이 유추 적용될 수 있다. 이 규정은 지상권자(290조), 전세권자(319조)에게도 준용되고 있다. 그런데 부동산의 점유자, 특히 임차인에게도 이 규정이 적용되는지 문제된다. 이를 긍정해야 한다. 나아가 거주자에게도 이 규정을 적용해야 한다. 판례는 일조권 침해에서 일조이익을 향유하는 사람은 토지소유자, 건물소유자, 지상권자, 전세권자 또는 임차인 등의 거주자를 말하는 것으로서, 당해 토지·건물을 일시적으로 이용하는 것에 불과한 사람은 이러한 일조이익을 향유하는 주체가 될 수 없다고 한다(대판 2008. 12. 24, 2008다41499 참조).

(2) 금지되는 행위　　　금지의 대상으로서 민법은 매연·열기체·액체·음향·진동을 예시하고, "기타 이에 유사한 것"을 부가하고 있다(217조 1항). "기타 이에 유사한 것"이 무엇을 뜻하는지에 관하여 불가량물(不可量物)을 뜻한다고 일반적으로 설명하고 있다(김기선 203면, 김증한·김학동 268면, 김현태(상) 247면, 이영준 451면, 장경학 405면, 최식 133면 참조). 그러나 이는 정확한 표현이 아니어서 찬성하기 어려우며, 「일정한 토지이용과 불가피하게 결합되어 있는 간섭」이라고 하는 것이 적당하다.

원래 불가량물이라는 말은 독일민법 제 1 초안의 이유서에서 사용한 것이다(동서 3권, 264면 참조). 그러나 민법 제217조가 예시하는 것에는 물질이 아닌 것이 있는가 하면(음향과 진동), 완전히 측량할 수 있는 것도 있다(예컨대, 매연). 따라서 불가량물이라는 말은 정확하지 않다. 또한 생활방해를 다수설과 같이 불가량물에 한정한다면, 민법 제217조에 따라 금지되는 생활방해의 범위가 좁아지게 된다. 이에 반하여, 토지이용에서 생기는 간섭이라고 하면, 금지되는 생활방해의 범위를 좀 더 넓게 인정할 수 있다.

민법이 예시하는 것 이외의 간섭으로서는 가스·증기·냄새·소음·먼지·재·강렬한 광선의 반사·전류·불꽃·연기 등을 들 수 있을 것이다. 이러한 간섭으로서 금지되는 것은 원칙적으로 이웃 토지(반드시 인접하고 있어야 하는 것은 아니다)로부터 공중 또는 대기 속에 풀어 헤쳐지는 것이다. 따라서 공중에 풀어 헤쳐지지 않는(바꾸어 말하면 대기 속에서 떠다니지 않는) 고체·액체의 침입(예컨대, 채석장에서 돌이 날아오는 것, 닭·토끼 등 동물의 침입, 사격장에서 탄환이 날아오는 것, 물이나 폐수의 유입 등)은 「기타의 유사한 것」에 포함되지 않는다. 민법은 액체를 들고 있는데, 지표 위를 흐르는 액체는 포함되지 않는다. 액체가 흘러 들어오는 경우에는 토지소유자가 물권적 청구권에 따라 보호받을 수 있고, 이러한 경우에 제217조가 적용되는 것은 아니다.

이러한 간섭이 어떤 토지에서 「적극적」으로 풀어 헤쳐진 경우에 제217조에서 정하는 생활방해에 해당함은 분명하다. 그런데 이른바 「소극적」인 간섭(예컨대, 햇빛·공기·물 등의 유입을 벽 기타의 장애물로 막는 때)은 제217조에서 정하는 생활방해가 되는지 문제된다. 이를 부정하는 견해도 있으나(김상용 344면, 김증한·김학동 268면 참조), 우리 민법의 규정상 부정할 이유가 없다(이영준 453면, 김재형, 민법론 Ⅰ, 144면 참조). 따라서 최근에 문제가 많이 되는 일조방해나 조망침해에 대해서도 제217조에서 정하는 기타 유사한 것에 포함시키는 것이 바람직하다(그러한 경우에 불법행위가 성립할 수 있음은 물론이다).

(3) **인용의무**(忍容義務)　　　위와 같은 간섭으로서 금지되는 것은 이웃 토지의 사용을 방해하거나 또는 이웃 거주자의 생활에 고통을 주는 해로운 것이다(217조 1항). 토지사용 방해의 유무나 생활고통의 유무는 구체적인 사안에서 그 토지의 객관적 상태와 평균인의 통상의 감각을 기준으로 해서 판단·결정해야 한다.

금지되는 것은 토지의 통상 용도에 적당한 정도를 넘어서 사회통념상 용납되지 않을 정도로 위와 같은 해로운 간섭이 있는 경우이다. 따라서 그 토지를 이용하는 데 보통 생기는 해로운 간섭이 있더라도, 이웃 거주자는 이를 인용 즉 참고 받아들여야 한다(217조 2항). 적당한 정도를 넘고 있는지 아닌지는 토지 주위의 상황(예컨대, 공업지역인지 또는 주택지역인지 등)과 평균인을 표준으로 한 사회통념에 따라서 결정해야 한다. 예컨대, 이웃집에서 빨래하는 소리나 진공청소기의 소음과 같이 가정에서 통상적인 일을 하는 데서 생기는 소음이나, 건물을 신축할 때의 일시적 소음과 같은 것은 인용해야 한다. 또한 공업지역에서는 주택지역이나 별장지에서보다도 큰 소음이나 다량의 매연 등을 인용해야 한다.

인접대지에 건물이 건축됨으로써 입는 환경 등 생활이익의 침해를 이유로 건축공사의 금지를 청구하는 경우, 그 침해가 사회통념상 일반적으로 수인할 정도를 넘어서는지 여부는 피해의 성질 및 정도, 피해의 공공성, 가해행위의 태양, 가해행위의 공공성, 가해자의 방지조치 또는 손해회피의 가능성, 인과관계 등 공법상 기준의 적합여부, 지역성, 토지이용의 선후관계 등 모든 사정을 종합적으로 고려하여 판단해야 한다(대판 1995. 9. 15, 95다23378; 대판 1997. 7. 22, 96다56153 등 참조). 도로소음을 규제하는 행정법규는 인근 주민을 소음으로부터 보호하는 데 주요한 목적이 있기 때문에 도로소음이 이 기준을 넘는지 여부는 참을 한도를 정하는 데 중요하게 고려해야 한다. 그러나 도로변 지역의 소음에 관한 환경정책기본법의 소음환경기준을 넘는 도로소음이 있다고 해서 바로 참을 한도를 넘는 위법한 침해행위가 있어 민사책임이 성립한다고 단정할 수 없다(대판 2015. 9. 24, 2011다91784; 대판 2016. 11. 25, 2014다57846 참조).

(4) 인과관계의 증명　　　생활방해에 의한 피해라는 인과관계의 증명은 어떻게 되는가? 매우 어려운 문제이다. 생활방해의 간섭 중 소음·진동 등과 같이 직접적인 것은 인과관계의 증명이 어렵지 않다. 그러나 대기·물과 같은 자연의 매개물을 통한 간접적인 것 또는 여러 원인이 집적·경합해서 피해를 생기게 하는 것에 관해서는 인과관계의 증명이 어렵다. 피해자의 구제라는 견지에서 어느 정도 인과관계가 있다고 판단되는 사정이 드러나면 충분하다고 볼 수 있다. 말하자면 인과관계의 사실상 추정 또는 증명책임의 사실상 전환이 필요하다. 판례는 처음에는 「개연성」만으로는 부족하다고 하였으나(대판 1973. 11. 27, 73다919 참조), 나중에 태도를 바꾸어 「개연성」의 증명으로 충분하다는 견해를 취하였다(대판 1974. 12. 10, 72다1774 참조).

그 후 공해소송에서 일정한 요건을 충족하는 경우에 인과관계에 관한 증명책임을 전환하고 있다. 대기오염이나 수질오염에 의한 공해로 인한 손해배상을 청구하는 소송에서 기업이 배출한 원인물질이 대기나 물을 매체로 하여 간접적으로 손해를 끼치는 수가 많고 공해문제에 관해서는 현재 과학수준으로도 해명할 수 없는 분야가 있다. 따라서 가해행위와 손해발생 사이의 인과관계를 구성하는 하나하나의 고리를 자연과학적으로 증명한다는 것이 매우 곤란하거나 불가능한 경우가 많다. 그러므로 이러한 공해소송에서 피해자에게 사실적인 인과관계의 존재에 관하여 과학적으로 엄밀한 증명을 요구한다는 것은 공해로 인한 사법적 구제를 사실상 거부하는 결과가 될 수 있는 반면에, 가해기업은 기술적·경제적으로 피해자보다 훨씬 원인조사가 용이한 경우가 많을 뿐만 아니라 원인을 은폐할 염려가 있다. 그렇기 때문에 가해기업이 어떠한 유해한 원인물질을 배출하고 그것이 피해물건에 도달하여 손해가 발생하였다면 가해자 측에서 그것이 무해하다는 것을 증명하지 못하는 한 책임을 면할 수 없다고 보는 것이 사회형평의 관념에 적합하다(대판 1984. 6. 12, 81다558; 대판 1997. 6. 27, 95다2692; 대판 2009. 10. 29, 2009다42666; 대판 2012. 1. 12, 2009다84608·84615·84622·84639 참조).

3. 생활방해의 효과

(1) 적당한 조치 또는 방해의 금지청구(禁止請求)　　　토지를 이용하면서 해로운 간섭을 하는 자, 즉 소유자는 물론이고, 소유자는 아니더라도 그 토지를 점유하

여 이용하고 있는 자는, 이웃 토지의 이용자나 거주자가 참고 견디어야 할 정도를 넘어서 방해를 하지 않도록 적당한 조치를 해야 한다(217조 1항). 만일 그 정도를 넘는 경우에는, 피해자인 이웃 토지의 이용자나 거주자는 소유권 그 밖의 물권에 의한 물권적 청구권을 행사하여 적당한 조치를 청구하거나 또는 방해의 중지 또는 금지를 청구할 수 있다. 금지청구를 유지청구(留止請求)라고도 한다.

　　판례는 종합병원에 시체실을 설치함으로써 인접지 거주자가 사회관념상 일반적으로 수인해야 할 정도를 초과하는 고통을 입은 때에는 수인의무가 없고 오히려 그 방해사유의 제거 또는 예방을 청구할 수 있으며, 따라서 종합병원 측은 그 방해사유의 제거 또는 예방을 위하여 적당한 조치를 할 의무가 있다고 한다(대판 1974. 12. 24, 68다1489 참조). 또한 고속도로로부터 발생하는 소음에 대하여 인근 주민들이 그들의 주택을 기준으로 일정 한도를 초과하여 소음이 유입되지 않도록 하라는 청구를 할 수 있다(대판 2007. 6. 15, 2004다37904 · 37911 참조). 즉 건물의 소유자 또는 점유자가 인근의 소음으로 인하여 정온하고 쾌적한 일상생활을 영유할 수 있는 생활이익이 침해되고 그 침해가 사회통념상 수인한도를 넘어서는 경우에 건물의 소유자 또는 점유자는 그 소유권 또는 점유권에 기하여 소음피해의 제거나 예방을 위한 청구를 할 수 있다.

　　(2)　**불법행위에 기한 손해배상**　　위와 같은 생활방해로 인하여 손해가 생긴 때에는 불법행위에 의한 손해배상청구권이 생긴다. 이때 가해자는 피해자가 인용해야 할 정도를 넘어서 방해하지 않도록 적당한 조치를 해야 할 의무를 위반한 것이기 때문에, 과실에 의한 불법행위를 인정할 수 있다(대판 1974. 6. 11, 73다1691; 대판 1997. 10. 28, 95다15599; 대판 2010. 11. 11, 2008다57975 참조).

[99]　Ⅴ. 수도 등의 시설권

　　(1)　토지소유자는, 타인의 토지를 통과하지 않으면, 필요한 수도 · 소수관(疏水管. 배수관 또는 송수관을 뜻함) · 가스관 · 전선 등을 시설할 수 없거나 또는 비용이 많이 드는 경우에는, 타인의 토지를 통과하여 이를 시설할 수 있다(218조 1항 본문). 이러한 시설들은 특히 도시생활에서 필수불가결한 것이며, 또한 그 시설을 위하여 타인의 토지를 통과해야만 하는 경우가 있음은 일상생활에서 볼 수 있는 현상이다.

그러한 목적을 위하여 타인의 토지를 이용하는 것은 당사자 사이의 계약으로 얼마든지 할 수 있음은 물론이나, 이들 시설은 본래 공공시설의 성질을 띠고 있는 데서 내버려 둘 수 없어 이 규정을 둔 것이다. 그러나 실제로는 이러한 시설을 개인이 할 수 있는 경우는 상당히 제한되어 있어서, 민법 규정이 적용되는 경우가 적다(수도법·전기사업법·도시가스사업법 등 참조).

(2) 수도 등의 시설을 위하여 타인의 토지를 사용하는 경우에 가급적 토지소유자에게 손해가 적은 장소와 방법을 선택해서 시설해야 하며, 또한 손해를 준 경우에는 이를 보상해야 한다(218조 1항 단서).

(3) 시설을 한 후 사정의 변경이 있는 때에는, 시설이 통과하는 토지의 소유자는 시설자에 대하여 그 시설의 변경을 청구할 수 있다(218조 2항 전단). 위 시설변경청구는 당초에는 적법한 권원에 따라 시설된 배수관 등을 사후에 발생한 시설통과지 소유자의 사정변경 때문에 시설통과권자의 비용으로 변경하여 시설을 하도록 하는 것이다. 따라서 이 경우 사정변경은 시설통과지 소유자의 주관적인 의사에 따라 결정할 것이 아니고 객관적으로 시설을 변경하는 것이 타당한지 여부에 따라 결정해야 한다(대판 1982. 5. 25, 81다1·2·3 참조). 시설변경의 비용은 시설통과권자가 부담해야 한다(218조 2항 후단).

[100] Ⅵ. 주위토지통행권

(1) 주위토지통행권의 의의와 요건　　어느 토지와 공로 사이에 그 토지의 용도에 필요한 통로가 없어서, 주위의 토지를 통행하거나 또는 통로를 개설하지 않고서는 공로에 출입할 수 없는 경우, 또는 공로에 통하려면 너무 많은 비용을 필요로 하는 경우에는, 그 토지소유자는 주위의 토지를 통행할 수 있고, 필요한 경우에는 통로를 개설할 수 있다(219조 1항 본문). 예컨대, 어느 토지가 다른 토지로 둘러싸여 있거나, 못·늪·시내·강·바다 등을 통과하지 않고서는 외부에 나갈 수 없는 경우, 또는 험한 낭떠러지가 있어서 그 토지와 공로가 심하게 높낮이를 이루고 있는 경우에는 토지소유자는 공로에 이르기 위하여 이웃 토지를 사용하거나 필요한 통로를 둘 수 있다는 것이다.

주위토지통행권은 공로와의 사이에 그 용도에 필요한 통로가 없는 토지의 이

용이라는 공익목적을 위하여 피통행지 소유자의 손해를 무릅쓰고 특별히 인정되는
권리이다(대판 2009. 6. 11, 2008다75300·75317·75324 참조). 이것은 토지의 소유자 또는
지상권자, 전세권자 등 토지사용권을 가진 자에게 인정된다(대판 2008. 2. 5, 2007다
22767 참조). 주위토지통행권은 법률에 정해진 요건을 충족하면 당연히 성립하고 요
건이 없어지면 당연히 소멸한다. 따라서 포위된 토지가 사정변경으로 공로에 접하
게 되거나 포위된 토지의 소유자가 주위의 토지를 취득함으로써 주위토지통행권을
인정할 필요성이 없어지면 통행권은 소멸한다(대판 2014. 12. 24, 2013다11669 참조).

  (2) 주위토지통행권의 내용과 범위   민법은 「토지의 용도에 필요한 통로」
를 개설할 수 있다고 하였으므로, 토지의 이용방법에 따라서는 걸어서 가는데 필요
한 통로로서 충분한 경우도 있겠지만, 경우에 따라서는 자동차 또는 대형트럭 등을
사용할 수 있는 통로를 개설할 수도 있다.

  위와 같은 경우에 다른 토지를 통행하거나 또는 통로를 개설할 때에 통행지
또는 통로개설지에 가장 손해가 적은 장소와 방법을 선택해야 한다(219조 1항 단서).
따라서 주위토지통행권의 범위는 결국 사회통념에 비추어 쌍방 토지의 지형적, 위
치적 형상 및 이용관계, 부근의 지리상황, 상린지 이용자의 이해득실 기타 제반 사
정을 참작한 뒤 구체적 사례에 응하여 판단해야 한다. 통상적으로는 사람이 주택에
출입하여 다소의 물건을 공로로 운반하는 등의 일상생활을 영위하는 데 필요한 범
위의 노폭까지 인정된다. 또한 현재의 토지의 용법에 따른 이용의 범위에서 인정되
는 것이지 더 나아가 장차의 이용상황까지 미리 대비하여 통행로를 정할 것은 아니
다(대판 1996. 11. 29, 96다33433·33440 참조).

  다른 사람의 소유토지에 대하여 상린관계로 인한 통행권을 가지고 있는 사람은
그 통행권의 범위 내에서 그 토지를 사용할 수 있을 뿐이고 그 통행지에 대한 통행
지 소유자의 점유를 배제할 권능까지 있는 것은 아니다(대판 1977. 4. 26, 76다2823 참조).

  (3) 통행권자의 손실보상의무   통행권자는 통행지소유자의 손해를 보상해
야 한다(219조 2항). 그 지급방법은 당사자 사이의 약정으로 정할 수 있으며, 일시에
(즉, 한꺼번에) 지급하든 또는 정기적으로 지급하든, 어느 것이나 좋다. 그러나 그 지
급을 게을리하더라도 통행권은 소멸하지 않고, 다만 채무불이행책임이 생길 뿐이
라고 보아야 한다. 왜냐하면, 통행권 또는 통로개설권은 공익상의 필요에 따라 법

률상 당연히 인정되는 것이기 때문이다.

(4) **무상의 주위토지통행권**   원래는 공로에 통하고 있었던 토지가 분할 또는 일부의 양도로 공로에 통하지 못하는 토지로 된 경우에는, 그 토지소유자는 다른 분할자 또는 양수인의 토지를 통행할 수 있고, 제 3 자의 토지를 통행하지는 못한다. 그리고 이때에는 보상의 의무가 없다(220조 1항·2항). 여기에서 일부 양도는 1 필의 토지의 일부가 양도된 경우뿐만 아니라 일단으로 되어 있던 동일인 소유의 수 필의 토지 중 일부가 양도된 경우도 포함된다(대판 2005. 3. 10, 2004다65589·65596 참조).

이 규정은 직접분할자 또는 일부 양도의 당사자 사이에만 적용되고 포위된 토지 또는 피통행지의 특정승계인에게는 적용되지 않는다(대판 1994. 12. 2, 93다45268 참조). 이러한 법리는 분할자 또는 일부 양도의 당사자가 무상주위통행권에 기하여 이미 통로를 개설해 놓은 다음 특정승계가 이루어진 경우라 하더라도 마찬가지이다(대판 2002. 5. 31, 2002다9202 참조).

한편 토지소유자가 일단의 택지를 조성·분양하면서 개설한 도로는 특별한 사정이 없는 한 그 토지의 매수인을 비롯하여 그 택지를 내왕하는 모든 사람에 대하여 그 도로를 통행할 수 있는 권한을 부여한 것이라고 볼 수 있다. 이 경우 토지소유자는 토지에 대한 독점적이고 배타적인 사용수익권을 행사할 수 없다. 토지의 소유자가 토지에 대한 독점적이고 배타적인 사용수익권을 포기하였는지는 그가 당해 토지를 소유하게 된 경위나 보유 기간, 나머지 토지들을 분할하여 매도한 경위와 그 규모, 도로로 사용되는 당해 토지의 위치나 성상, 인근의 다른 토지들과의 관계, 주위 환경 등 여러 가지 사정과 아울러 분할 매도된 나머지 토지들의 효과적인 사용·수익을 위하여 당해 토지가 기여하고 있는 정도 등을 종합적으로 고찰하여 판단해야 한다(대판 2009. 6. 11, 2009다8802 참조). 이러한 경우에도 소유권자는 원칙적으로 그와 같은 포기약정의 해지 그 밖의 종료를 내세워 토지의 반환이나 건물의 철거를 청구할 수 있다(대판 2009. 3. 26, 2009다228·235 참조).

[101] Ⅶ. 물에 관한 상린관계

1. 배수(排水)에 관한 상린관계

(1) 자연적 배수

(개) 토지소유자는 이웃 토지로부터 자연히 흘러오는 물을 막아서는 안 된다 (221조 1항). 자연히 흘러오는 물(빗물도 이에 포함된다는 것이 판례이다. 대판 1995. 10. 13, 94다31488 참조)에 관해서만 참아야 할 의무 즉 승수의무(承水義務)가 생길 뿐이고, 이웃 토지에서 땅을 높였기 때문에 물이 흘러 내려오는 경우에는 승수의무가 없다. 이러한 경우에는 이웃 토지의 소유자에 대하여 손해의 배상 또는 그 원인의 제거나 배수시설의 설치 등을 청구할 수 있다. 그리고 이 규정은 적극적으로 자연유수의 소통을 유지할 의무까지 토지소유자로 하여금 부담하게 하려는 것은 아니다(대판 1977. 11. 22, 77다1588 참조).

(내) 고지(高地) 소유자는 이웃 저지(低地)에 자연히 흘러내리는 이웃 저지에서 필요한 물을, 자기의 정당한 사용범위를 넘어서 이를 막지 못한다(221조 2항).

(대) 흐르는 물이 저지에서 막힌 때에는, 고지 소유자는 자기 비용으로 소통에 필요한 공사를 할 수 있다(222조). 그러나 비용부담에 관하여 특별한 관습이 있으면 그 관습에 따른다(224조).

(2) 인공적 배수

(개) 인공적 배수를 위하여 타인의 토지를 사용하는 것은, 원칙적으로 금지된다. 즉, (ⅰ) 토지소유자는 처마물이 이웃에 직접 떨어지지 않도록 적당한 시설을 해야 한다(225조). 지붕 또는 처마가 경계선을 넘을 수 없음은 물론이며, 일정한 거리를 두도록 정해져 있으나([105] 참조), 그 밖에 빗물이 이웃 토지에 직접 떨어져서는 안 된다는 것이다. (ⅱ) 甲지에서 저수·배수 또는 인수하기 위하여 설치한 공작물이 파손 또는 막혀서 乙지에 손해를 주거나 또는 줄 염려가 있는 때에는, 乙지의 소유자는 甲지 소유자에 대하여 그 공작물의 보수 또는 막힌 것을 뚫거나 예방에 필요한 청구를 할 수 있다(223조). 이때의 비용은 甲지 소유자가 부담하나, 비용부담에 관한 특별한 관습이 있으면 그 관습에 따른다(224조).

(내) 예외적으로 다음의 경우에는 인공적 배수가 인정된다. 즉, 고지 소유자는 침수지를 건조하기 위하여, 또는 가정용이나 농·공업용의 여수(餘水. 쓰고 남은 물을

뜻함)를 소통하기 위하여, 공로(公路)·공류(公流. 공공 유수를 뜻함) 또는 하수도에 이르기까지 저지에 물을 통과하게 할 수 있다(226조 1항). 그 장소와 방법은 저지를 위하여 가장 손해가 적은 것을 선택해야 하고, 손해가 있으면 이를 보상해야 한다(226조 2항).

다시 토지소유자는 그 소유지의 물을 소통하기 위하여 고지 또는 저지의 소유자가 시설한 공작물을 사용할 수 있다(227조 1항). 그러나 그와 같이 타인의 공작물을 사용하는 때에는, 이익을 받는 비율로 공작물의 설치와 보존의 비용을 나누어서 부담해야 한다(227조 2항). 이 규정에서 말하는 공작물의 시설자는 이웃 토지소유자로 한정되지는 않지만, 단순히 공작물을 시설한 것만으로는 부족하고 이에 대한 정당한 권리를 갖는 자를 뜻한다(대판 2003. 4. 11, 2000다11645 참조).

2. 여수(餘水) 급여청구권　토지소유자는 과다한 비용이나 노력을 요하지 않고서는 가용이나 토지이용에 필요한 물을 얻기 곤란한 때에는 이웃 토지소유자에게 보상하고 여수의 공급을 청구할 수 있다(228조). 물이 남아돌아가는 자가 물이 부족해서 곤란을 받고 있는 자에게 나누어 주지 않는 것은 사회공동생활에서 협동정신에 어긋나는 것이므로 이 규정을 둔 것이다. 따라서 남은 물을 주지 않는 것은 권리의 남용이 된다. 그리고 남은 물을 공급하는 것이므로, 자기의 사용에 부족한 경우는 물론이고, 자기의 사용에 필요한 양만을 가지고 있는 데 지나지 않는 때에는 공급의무가 없다. 남은 물이 있는지 유무는 사회통념에 따라 객관적으로 결정해야 한다.

3. 유수(流水)에 관한 상린관계

(1)　유수, 즉 흐르는 물은 우리의 생활과 매우 밀접한 관계를 가지고 있기 때문에, 그것을 중심으로 하는 법률문제는 중요한 의미를 가진다. 특히 수전농업(水田農業)을 주로 하는 우리의 농촌사회에서 유수이용 문제는 극히 중요하다.

민법의 상린관계 규정 중의 유수이용에 관한 것은 이를 두 무리로 나누어 볼 수 있다. 그 하나는 수류지(水流地. 물이 흐르는 토지를 뜻하는데, 하천의 바닥을 포함한다)의 소유권이 사인에게 속하는 경우에 관한 것이고, 다른 하나는 공유하천의 유수를 끌어다가 이용하는 경우에 관한 것이다.

(2) 수류지가 사유인 유수의 이용관계

(가) 수류 변경권   구거(溝渠) 즉 개골창으로 된 도랑 그 밖의 수류지의 소유자는, 대안의 토지가 타인의 소유에 속하는 경우에는, 그 수로나 수류의 폭을 변경하지 못한다(229조 1항). 대안(對岸. 건너편 기슭을 뜻함)의 토지소유자의 유수이용권을 침해하거나, 대안에 영향을 주는 것을 막기 위한 것이다. 그러나 양안(兩岸. 양쪽 기슭을 뜻함)의 토지가 수류지 소유자의 소유인 경우에는 소유자는 수로와 수로의 폭을 변경할 수 있다. 그러나 이때 그 하류는 자연의 수류에 일치하도록 해야 한다(229조 2항). 이는 수류지 소유자가 수로와 수류의 폭을 변경하여 물을 가용 또는 농·공업용 등에 이용할 권리가 있다는 의미에 그치고, 더 나아가 수로와 수류의 폭을 임의로 변경하여 범람을 일으킴으로써 이웃토지 소유자에게 손해를 발생시킨 경우에도 면책된다는 것은 아니다(대판 2012. 4. 13, 2010다9320 참조).

이상의 어느 경우에나 다른 관습이 있으면 그것에 따른다(229조 3항).

(나) 둑의 설치와 이용   수류지의 소유자가 언(堰) 즉 둑을 설치할 필요가 있는 때에는, 그 둑을 건너편 기슭에 접촉하게 할 수 있다. 그러나 이로 인하여 생긴 손해는 보상해야 한다(230조 1항). 건너편 기슭의 소유자는 수류지의 일부가 그의 소유에 속하는 때에는, 그 둑을 사용할 수 있다. 그러나 이익을 받는 비율로, 둑의 설치·보존의 비용을 분담해야 한다(230조 2항). 따라서 건너편 기슭의 토지만을 소유하고 수류지의 일부를 소유하지 않는 자는 건너편 기슭을 접촉케 하고, 그로 인한 손해를 보상받을 뿐이다. 그러나 그러한 자도 유수이용권을 가지는 것이 보통이므로, 수류지 소유자의 사용을 방해하지 않는 한도에서 둑을 사용할 수도 있다고 해석하는 것이 좋을 것이다.

(3) 공유하천 용수권

(가) 공유하천의 연안에서 농·공업을 경영하는 자는 이에 이용하기 위하여 타인의 용수(用水. 물 사용을 뜻함)를 방해하지 않는 범위 안에서, 필요한 인수(引水)를 할 수 있고(231조 1항), 또한 그와 같이 물을 끌어오기 위하여 필요한 공작물을 설치할 수 있다(231조 2항). 이것을 공유하천 용수권이라고 한다. (i) 공유하천은 사유하천에 대비되는 용어이다. 공유하천과 사유하천의 구별표준에 관해서는 특정의 사인(私人)에게 그 유수의 배타적 지배를 허용하여도 공공의 이해에 영향이 없는 것

이 사유하천이고, 그 밖의 것은 공유하천이라고 일반적으로 설명된다. 따라서 물이 흐르는 토지의 소유권이 개인에게 속하는지 않는지, 또는 하천법의 적용을 받는 하천인지 아닌지에 따라 공유하천과 사유하천을 구별하는 것이 아니다. (ⅱ) 공유하천의 이용에는 일반사용과 특별사용이 있다. 특별사용에는 다시 하천법의 규정에 의한 이용(하천법 33조 내지 37조 참조)과 민법의 규정에 의한 이용이 있다. 여기서 문제삼는 것은 물론 민법이 규정하는 특별사용에 관한 것이다. (ⅲ) 공유하천 용수권의 내용은 농·공업의 경영에 필요한 한도에서 물을 끌어오는 것과 물을 끌어오기 위한 공작물을 설치하는 것이다. (ⅳ) 물을 끌어오는 것은 타인의 용수를 방해하지 않는 범위 안에서만 할 수 있다.

(나) 공유하천 용수권은 어느 특정인에게만 인정되는 것이 아니라, 공유하천의 연안(沿岸)에서 농·공업을 경영하는 사람이면 누구에게나 인정되는 권리이다. 따라서 상류에서의 용수로 하류에서의 용수를 방해하지는 못한다. 만일 상류의 용수권자가 물을 끌어오거나 공작물을 설치함으로써 하류연안의 용수권이 방해되는 경우에는 그 하류연안의 용수권자는 방해의 제거 및 손해의 배상을 청구할 수 있다(232조). 공유하천의 용수는 타인의 용수를 방해하지 않는 범위 내에서 인정되는 것이므로(231조 1항 참조) 당연한 규정이다.

(다) 공유하천 용수권자가 수로 그 밖의 공작물이나 기업을 양도하면, 그 특별승계인은 종전 소유자나 이용자의 용수에 관한 권리·의무를 승계한다(233조).

(라) 공유하천 용수권에 관하여 위에서 적은 것과 다른 관습이 있으면, 그 관습에 의한다(234조).

(마) 공유하천 용수권의 법률적 성질에 관해서는 이를 종래의 판례가 관습법상 성립한 독립의 물권이라고 하고 있었던 것과 같이 대체로 일종의 물권이라고 보고 있다(김증한·김학동 339면, 방순원 119면, 이영준 470면, 최식 129면 참조). 그러나 이것은 공유하천 연안지의 특정소유자에게만 인정되는 것이 아니라, 그 연안에서 용수를 필요로 하는 일정한 기업을 경영하는 자에게는 모두 인정된다. 민법의 규정은 그들 상호간의 용수관계를 조절하는 것이므로, 이 권리를 특별한 물권으로 볼 필요는 없고, 일종의 상린권이라고 하는 것이 옳다(김용한 260면 참조).

[102] Ⅷ. **경계에 관한 상린관계**

(1) 서로 인접하고 있는 토지의 소유자는 공동 비용으로 통상의 경계표나 담을 설치할 수 있다(237조 1항).

(가) 경계는 이미 확정되어 있어야 하며, 경계표나 담의 설치로 경계가 정해지는 것은 아니다. 경계에 관하여 다툼이 있으면, 경계확인의 소로 결정해야 한다.

(나) 경계표의 종류는 협의로 정하게 되나, 협의로 정해지지 않는 경우에는 그 지방의 관습상 적당한 것으로 정하며(237조 3항), 그러한 관습도 없으면 「통상」의 것을 설치해야 한다(237조 1항). 담의 설치에 관해서도 그 종류는 경계표에 관하여 설명한 것과 같다. 다만, 상린자 중의 한 사람이 늘어나는 비용을 부담한다면, 통상보다 좋은 재료를 쓰거나, 높이를 좀 더 높게 하거나, 또는 방화벽 그 밖의 특수시설을 할 수 있다(238조).

토지의 경계에 경계표나 담이 설치되어 있지 않다면 특별한 사정이 없는 한 어느 한쪽 토지의 소유자는 인접한 토지의 소유자에 대하여 공동비용으로 통상의 경계표나 담을 설치하는 데에 협력할 것을 요구할 수 있고, 인접 토지 소유자는 그에 협력할 의무가 있다(대판 1997. 8. 26, 97다6063; 대판 2023. 4. 13, 2021다271725 참조).

(다) 경계표나 담의 설치에 관한 비용은, 위에서 적은 경우를 제외하고는, 쌍방이 절반씩 부담한다. 그러나 측량비용은 토지면적에 비례하여 부담한다(237조 2항). 비용에 관한 특별한 관습이 있으면 그에 따른다(237조 3항).

(2) 경계에 설치된 경계표·담·둑 등은, 상린자의 공유로 추정된다(239조 본문). 그 소유관계는 계약이나 관습으로 정해지는 경우도 있겠지만, 공유에 속하는 것이 보통이므로, 민법은 그렇게 추정한 것이다. 그러나 이 원칙에는 다음과 같은 예외가 있다. 즉, (ⅰ) 경계표·담·둑 등이 상린자 중의 한 사람의 단독비용으로 설치된 때에는, 그 비용부담자의 소유이다(239조 단서). (ⅱ) 담이 한쪽 건물의 일부를 이루는 경우에는 그 담은 건물의 일부로서 건물소유자의 소유에 속한다(239조 단서).

공유가 되는 경계선상의 공작물에 관해서는 공유에 관한 규정이 적용된다. 그러나 각 공유자는 분할을 청구하지 못한다(268조 3항).

[103]　IX.　경계를 넘는 나뭇가지('樹枝')·나무뿌리('木根')에 관한 상린관계

(1)　인접지의 수목의 가지가 경계를 넘은 때에는, 그 수목의 소유자에 대하여 그 가지의 제거를 청구할 수 있다(240조 1항). 제거할 것을 청구하여도 상대방이 이에 응하지 않는 경우에는, 상린자가 스스로 제거할 수 있다(240조 2항). 그러나 나뭇가지가 경계를 넘고 있더라도, 상린자에게 아무런 해를 주고 있지 않는데도, 제거를 청구하거나 제거해 버리는 것은 권리의 남용이 될 수 있다. 제거한 가지는 이를 제거한 상린자에게 속한다고 해야 한다.

(2)　인접지의 수목의 뿌리가 경계를 넘은 때에는, 그 제거를 청구할 필요도 없이, 처음부터 상린자가 이를 제거할 수 있다(240조 3항). 제거한 뿌리는 역시 제거한 자에게 속한다고 해야 하며, 또한 아무런 특별한 이익 없이 제거하는 것은 권리의 남용이 될 것이다.

[104]　X.　토지의 심굴(深掘)에 관한 상린관계

토지소유자는, 인접지의 지반이 붕괴할 정도로 자기의 토지를 깊이 파지 못한다. 그러나 충분한 방어공사를 한 때에는 토지를 깊이 파는 것도 무방하다(241조). 특별한 의의가 없는 규정이다. 만일 상린자가 토지를 깊이 파서 지반이 붕괴하면, 토지소유자는 물권적 청구권과 손해배상청구권을 행사할 것이고, 또한 토지를 깊이 파서 지반이 붕괴할 염려가 있으면, 역시 예방청구권과 손해배상의 담보를 청구할 수 있다.

그러나 건물의 건축을 위한 심굴굴착공사를 함으로써 인접대지의 일부 침하와 건물 균열 등의 위험이 발생하였다고 하더라도 나머지 공사의 대부분이 지상건물의 축조이어서 더 이상의 심굴굴착공사의 필요성이 없는 경우에는 토지심굴굴착금지청구권과 소유물방해예방 또는 방해제거청구권에 기한 공사중지 가처분이 허용되지 않는다(대판 1981. 3. 10, 80다2832 참조).

[105]   XI. 경계선 부근의 공작물설치에 관한 상린관계

1. 경계선으로부터 일정한 거리를 두어야 할 의무

(1) 건   물

(가) 건물을 축조하려면, 경계로부터 「반미터」 이상의 거리를 두어야 한다. 그러나 특별한 관습이 있으면 그에 따른다(242조 1항). 이 규정은 서로 인접한 대지에 건물을 축조하는 경우에 각 건물의 통풍, 채광, 재해방지 등을 위한 것이므로, '경계로부터 반 미터'는 경계로부터 건물의 가장 돌출된 부분까지의 거리를 말한다(대판 2011. 7. 28, 2010다108883 참조).

(나) 0.5미터의 거리를 두지 않고서 건축을 하려고 하는 자가 있으면, 이웃 토지의 소유자는 그 건물의 변경이나 철거를 청구할 수 있다(242조 2항). 그러나 건축에 착수한 후 1년을 경과하거나 건물이 완성된 후에는, 손해배상만을 청구할 수 있을 뿐이다(242조 2항 단서). 무제한으로 건물의 철거와 변경을 청구하는 것을 인정하여 완성된 건물을 부수도록 하는 것은 건축자를 위해서나 또는 사회경제적으로도 불이익하므로, 이와 같은 제한을 둔 것이다.

(다) 건물이 경계를 넘어서 축조된 경우에 관해서는 민법에 규정이 없다. 그러나 곧 이의를 제출하지 않으면 보상을 청구할 수 있을 뿐이라고 해석하는 것이 다수설이다(김증한·김학동 285면, 김현태(상) 260면, 방순원 124면, 최식 140면 참조). 민법초안(205조)은 "토지소유자가 고의나 중대한 과실 없이 경계를 넘어 공작물을 축조한 경우에 인지(隣地) 소유자가 이를 알고 지체없이 이의하지 아니한 때에는 공작물의 제거나 변경을 청구하지 못한다. 전항의 경우에 인지 소유자는 공작물소유자에 대하여 경계를 넘은 부분의 토지매수를 청구할 수 있고 손해배상을 청구할 수 있다."라고 하였으나, 남용될 염려가 있고 또한 상린관계를 악화시키고 분쟁을 격화할 염려가 있다 하여 삭제되었다(민법안심의록 상권 137면 참조). 그 삭제가 타당한 것인지 의심스러우며, 초안의 규정과 같이 해석하는 것이 적당하다고 생각한다.

(2) 건물 이외의 공작물

(가) 우물을 파거나 용수·하수 또는 오물 등을 저치(貯置. 모아둔다는 뜻임)할 지하시설을 하는 때에는, 경계로부터 「2미터」 이상의 거리를 두어야 하며, 저수지·구거(溝渠. 도랑이라는 뜻임) 또는 지하실의 공사에는, 경계로부터 그 깊이의 반 이상

의 거리를 두어야 한다(244조 1항). 그러나 제244조 1항의 규정은 건축법에 따라 그 적용이 배제되어 있다(건축법 9조 1항 참조).

(ㄴ) 위와 같은 공사를 함에는 토사가 붕괴하거나, 하수 또는 오액(汚液. 더러운 액체를 뜻함)이 이웃에 흐르지 않도록 적당한 조치를 해야 한다(244조 2항).

2. 차면(遮面)시설 의무   경계로부터 「2미터」 이내의 거리에서 이웃 주택의 내부를 관망 즉 바라볼 수 있는 창이나 마루를 설치하는 경우에는, 적당한 차면시설을 해야 한다(243조). 위의 「2미터」의 거리는 창이나 마루 중에서 이웃토지에 가장 가까운 곳에서부터 직선으로 경계선에 이르기까지를 측정한다.

제 6 절 소유권의 취득

제 1 관 총   설

[106] 개   관

소유권의 취득원인으로 가장 중요한 것은 법률행위이며, 이 점에 관해서는 여러 말이 필요하지 않다. 그 밖에 상속·토지수용 등에 의해서도 소유권을 취득할 수 있다. 법률행위에 의한 소유권취득에 관해서는 이미 설명한 법률행위에 의한 물권변동의 원칙이 그대로 적용되며, 상속에 관해서는 상속법에서, 그리고 토지수용은 행정법에서 각각 설명된다.

그런데 민법은 제245조 이하에서 취득시효·선의취득·선점·습득·발견·부합·혼화·가공 등의 특수한 소유권의 취득원인에 관하여 규정하고 있다. 그 중 선의취득은 동산물권변동에 관한 설명에서 이미 보았다([38] 이하). 그러므로 여기서 소유권의 취득으로서 설명하는 것은 그 밖의 취득원인에 관한 것이다. 이들은 모두 법률의 규정에 의한 원시취득이다.

제 2 관   취득시효

[107] Ⅰ. 취득시효의 의의와 존재이유

1. 의   의   일정한 사실상태가 오랫동안 계속한 경우에, 그 상태가 진실한 권리관계에 부합하는지 않는지를 묻지 않고서 그 사실상태를 그대로 존중하여 권리관계로 인정하는 제도를 「시효」라고 한다. 시효에는 「취득시효」와 「소멸시효」가 있다. 그중 취득시효는 권리를 행사하고 있는 것과 같은 외관이 일정한 기간 동안 계속하는 경우에, 권리취득의 효과가 생기는 것으로 하는 시효제도이다. 민법은 소멸시효는 이를 총칙편에서 규율하고, 취득시효는 물권편에서 규정하고 있다.

2. 존재이유   취득시효의 존재이유는 소멸시효의 그것과 같다. 따라서 다음과 같은 두 가지의 이유를 들 수 있다.

(1) 오래 계속된 사실상태가 진실한 권리관계에 부합하지 않더라도, 오랜 기간이 지난 후에 새삼스럽게 그 사실상태를 뒤집어 놓는 것이 혼란을 초래하는 경우가 있다. 왜냐하면, 사회는 그러한 사실상태를 정당한 권리관계에 따른 것이라고 믿고, 그것을 기초로 해서 여러 가지 법률관계를 쌓아 올라가므로, 나중에 이를 뒤집어 놓는다면, 이른바 「권리 위에 잠자고 있는 자」의 이익을 위하여 사회의 법률관계의 안정을 해치는 결과가 되기 때문이다. 그리하여 이와 같은 혼란을 막기 위하여 법적 평화와 법적 안정성을 도모할 필요가 있다.

(2) 사실상태가 오래 계속되면, 그 동안 정당한 권리관계에 관한 증거가 없어지기 쉽다. 그러므로 나중에 법원이 진실한 권리관계를 확정한다는 것은 거의 불가능에 가깝다. 여기서 증거보전의 곤란을 구제하고, 민사소송제도의 적정과 소송경제의 이념에 비추어 사실상태를 그대로 정당한 권리관계로 볼 필요가 있다.

[108] Ⅱ. 시효로 취득하는 권리

민법이 인정하는 시효로 취득하는 권리는 소유권(245조·246조)과 그 밖의 재산권(248조)이다. 그러나 소유권 이외의 재산권 중에는, 성질상 또는 법률상 취득시효가 인정되지 않는 것이 있다. 즉, 점유를 수반하지 않는 물권(저당권), 가족관계를 전제로 하는 부양을 받을 권리(974조 이하), 법률 규정으로 성립하는 권리(점유권·유치권), 한번 행사하면 소멸하는 권리(취소권·환매권·해제권 등), 그리고 계속적이 아니고 표현되지 않는 지역권(294조) 등은 그 예이다. 그러므로 결국 시효취득을 할 수 있는 주요한 재산권은 일정한 물권(소유권·지상권·계속되고 표현된 지역권·전세권·질권)과 이와 유사한 성질을 가지는 것(광업권·어업권·지식재산권 등)에 한정된다.

　　민법은 부동산소유권의 시효취득(245조)·동산소유권의 시효취득(246조)·소유권 이외의 재산권의 시효취득(248조)을 각각 규정하고 있다. 그 요건과 효과 등을 차례로 설명한다.

[109]　Ⅲ. 부동산소유권의 취득시효

1. 점유취득시효와 등기부취득시효

　　(1)　민법은 부동산소유권의 취득시효제도로서 「점유취득시효」와 「등기부취득시효」 두 가지를 인정하고 있다. 점유취득시효는 일정한 기간 동안 점유만 하면 취득시효가 완성되어 물권을 취득하게 되는 제도이고, 등기부취득시효는 진정한 권리 상태에 부합하지 않는 등기가 있을 때에 일정한 요건이 갖추어지면 물권을 취득하는 것으로 하는 제도이다. 점유취득시효를 「장기취득시효」, 그리고 등기부취득시효를 「단기취득시효」라고 부르는 견해도 있었고(장경학 구저(총론) 529면·531면. 그러나 현재는 점유취득시효와 등기부취득시효라고 한다. 장경학 435면 참조), 「일반취득시효」와 「등기부취득시효」라고 부르는 견해도 있다(김용한 272면, 김증한·김학동 146면, 이영준 477면 참조). 그러나 「점유취득시효」와 「등기부취득시효」로 구별해서 부르는 것이 적절하다.

　　(2)　민법은 이들 두 제도를 인정하고 있으므로, 그들의 요건과 효과에 관하여 설명한다. 요건의 설명에 관해서는 둘 모두에 공통해서 요구되는 요건과 각자에 특수한 요건으로 나누어서 적기로 한다.

2. 요　　건(245조 1항·2항)

　　(1) 점　　유　　　모든 취득시효에 공통적으로 요구되는 첫 번째 요건은 일정한 요건을 갖춘 「점유」이다.

　　㈎　점유는 소유의 의사를 가지고 하는 자주점유(自主占有)이어야 하고, 또한 「평온·공연한 점유」이어야 한다([61] 참조). 점유자는 소유의 의사로 평온·공연하

게 점유한 것으로 추정됨은 이미 설명하였다(197조 1항. [59] 참조).

소유의 의사는 타인의 소유권을 배제하여 자기의 소유물처럼 배타적 지배를 행사하는 의사를 말하는 것으로(대판 1990. 11. 13, 90다카21381·21398 참조), 자주점유는 소유자와 동일한 지배를 하려는 의사를 가지고 하는 점유를 뜻한다. 자주점유가 법률상 그러한 지배를 할 수 있는 권원, 즉 소유권을 가지고 있거나 소유권이 있다고 믿고서 하는 점유를 뜻하는 것은 아니다(대판 1994. 11. 8, 94다36438·36445 참조). 점유자의 점유가 소유의 의사 있는 자주점유인지 아니면 소유의 의사 없는 타주점유인지는 점유자의 내심의 의사에 따라 결정되는 것이 아니라 점유 취득의 원인이 된 권원의 성질이나 점유와 관계가 있는 모든 사정에 비추어 외형적·객관적으로 결정되어야 한다. 점유는 자주점유로 추정되므로, 이와 같이 자주점유로 추정되는 경우에 자주점유가 아니라고 주장하는 사람은 상대방의 점유가 타주점유임을 증명할 책임이 있다. 매매가 무효인 경우에도 그것만으로는 매수인의 점유가 타주점유로 되지 않는다. 점유자가 스스로 매매 또는 증여와 같은 자주점유의 권원을 주장하였으나 이것이 인정되지 않는 경우에도 자주점유의 추정이 깨어지지 않는다(대판(전) 1983. 7. 12, 82다708·709, 82다카1792·1793 참조).

그러나 점유자가 성질상 소유의 의사가 없는 것으로 보이는 권원에 바탕을 두고 점유를 취득한 사실이 증명된 경우, 즉 지상권, 전세권, 임차권 등과 같은 전형적인 타주점유의 권원에 따라 점유함이 증명된 경우에 그 추정이 깨어진다. 타인의 소유권을 배제하여 자기의 소유물처럼 배타적 지배를 행사하는 의사를 가지고 점유하는 것으로 볼 수 없는 객관적 사정이 인정되는 때에도 마찬가지이다(대판 1990. 11. 13, 90다카21381·21398 참조). 특히 판례는 악의의 무단점유(無斷占有)에 해당하는 경우에도 자주점유의 추정이 깨어진다고 보았다. 즉, 소유권취득의 권원이 없음을 알면서 타인의 부동산을 점유한 자는 원칙적으로 자주점유로 추정되지 않는다는 것이다(대판(전) 1997. 8. 21, 95다28625. 동지: 대판 1998. 3. 13, 97다55447; 대판 1999. 3. 12, 98다29834 등 참조). 종전에는 자주점유가 쉽게 인정되었으나, 이와 같은 판례의 변경으로 인하여 자주점유의 추정이 깨어지는 경우가 대폭 증가하였다. 따라서 이 판례는 취득시효에 관한 실무를 중대하게 변화시켰다고 볼 수 있다. 다만 부동산 소유자가 아닌 사람으로부터 부동산을 매수하여 점유한 경우에는 자주점유의 추정이 깨어지지 않는다고 한다(대판(전) 2000. 3. 16, 97다37661 참조).

(나) 위와 같은 「점유」는 「타인의 물건」에 대한 것이어야 하는가? 바꾸어 말하면, 자기의 소유물에 관하여 시효로 소유권을 취득하는 것은 인정되지 않는가? 민법은 이를 밝히고 있지 않다. 시효취득은 원시취득으로서 타인의 소유권을 승계하는 것이 아니다. 따라서 취득시효는 누구의 소유인지를 묻지 않고서 사실상태를 권리관계로 높이려는 제도이므로, 취득시효의 객체가 되는 물건은 타인의 물건이어야 할 필요는 없다고 생각할 수 있다. 대법원은 초기에 자기의 물건에 대한 취득시효를 인정하였다(대판 1973. 7. 24, 73다559·560; 대판 1973. 8. 31, 73다387·388; 대판 2001. 7. 13, 2001다17572 참조). 그러나 최근에는 자기 소유 부동산에 대한 점유는 원칙적으로 취득시효를 인정하기 위해 기초가 되는 점유로 볼 수 없다는 것을 원칙으로 하고 있다. 다만 소유권에 기초하여 부동산을 점유하는 사람이더라도 그 등기를 하고 있지 않아 자신의 소유권을 증명하기 어렵거나 소유권을 제3자에게 대항할 수 없는 등으로 점유의 사실 상태를 권리관계로 높여 보호하고 증명곤란을 구제할 필요가 있는 예외적인 경우에 한하여 자기 소유 부동산에 대한 점유도 취득시효를 인정하기 위해 기초가 되는 점유로 볼 수 있다고 한다(대판 2022. 7. 28, 2017다204629 참조). 자기의 소유임을 증명하기 어려운 때에는 자기의 물건에 대한 취득시효를 주장할 필요가 있다. 그러나 자기의 물건이라는 것이 확정된 경우에는 취득시효를 인정할 필요가 없다. 따라서 취득시효를 주장하는 경우에 상대방이 취득시효를 주장하는 사람의 물건이라는 점을 항변으로 주장할 수 없다는 것으로 충분하고 자기의 물건에 대한 취득시효를 인정하는 것은 적절하지 않다.

(다) 점유는 반드시 독립한 물건, 즉 1필의 토지 또는 1동의 건물에 관하여 해야 하는가? 바꾸어 말하면, 부동산의 일부에 대한 취득시효도 인정되는가? 토지에 대한 점유취득시효에 관하여 이를 인정하는 것이 판례이다(대판 1965. 1. 19, 64다1254 참조). 1필의 토지의 일부에 대한 취득시효를 인정하기 위해서는 그 부분이 다른 부분과 구분되어 시효취득자의 점유에 속한다는 것을 인식하기에 충분한 객관적인 징표가 계속하여 존재하는 것이 필요하다(대판 1989. 4. 25, 88다카9494; 대판 1993. 12. 14, 93다5581; 대판 1997. 3. 11, 96다37428 참조). 그러나 그 등기에 관해서는 주의해야 한다. 즉, 먼저 점유취득시효가 완성된 토지부분의 분필절차를 밟은 후에, 시효취득의 등

기를 해야 한다. 건물의 일부에 대한 점유취득시효도 이론상으로는 생각할 수 있으나, 실제로는 문제가 되지 않는다. 이때에도 분할등기를 한 후에 시효취득의 등기를 해야 한다. 한편 부동산의 일부 지분만을 사실상 지배하여 점유할 수는 없기 때문에 공유지분 자체를 점유하였다는 이유로 취득시효를 주장할 수는 없다. 다만 부동산을 공동으로 점유함으로써 공유지분에 대한 취득시효가 인정될 수는 있다(대판 2003. 11. 13, 2002다57935 참조). 그리고 등기부취득시효에서는 등기와 점유가 부합하는 부분에 한하여 취득시효가 인정된다.

〈국유재산의 취득시효〉
　구 국유재산법 제 5 조 2항은 국유재산은 시효취득의 대상이 되지 않는다고 규정하고 있었다. 이에 대하여 헌재 1991. 5. 13, 89헌가97은 국유잡종재산은 사경제적 거래의 대상으로서 사적 자치의 원칙이 지배되고 있으므로 시효제도의 적용에 있어서도 동일하게 보아야 하고, 국유잡종재산에 대한 시효취득을 부인하는 위 규정을 위헌이라고 결정하였다. 현행 국유재산법은 국유재산을 행정재산과 일반재산으로 구분하는데, 법 제 7 조 2항에서 행정재산이 시효취득의 대상이 되지 않는다고 정하고 있다. 따라서 행정재산이 아닌 일반재산은 시효취득의 대상이 된다.

(2) **시효기간**　　또 하나의 공통적인 요건은 위와 같은 점유가 일정기간(시효기간) 동안 계속해야 한다. 그러나 이 시효기간은 점유취득시효와 등기부취득시효에서 각각 다르다.

㈎ **점유취득시효의 경우**　　점유취득시효의 경우 소유자로 등기되어 있지 않은 자가 「20년간」 계속 점유하고 있어야 한다. 점유개시의 기산점은 실제로 점유를 시작한 때라고 해야 한다. 판례도 마찬가지로 새기고 있다. 즉 점유개시의 기산점은 시효의 기초가 되는 점유가 시작된 때이며, 시효취득을 주장하는 자가 임의로 기산점을 선택하지 못한다고 한다(대판 1966. 2. 28, 66다108; 대판 1971. 9. 28, 71다1446 · 1447 참조). 현재시점부터 거꾸로 20년 동안 점유하기만 했으면 취득시효가 완성된다는 이른바 역산설(逆算說)은 판례에서 받아들여지지 않았다.

　그 후 판례는 태도를 조금 바꾸어 다음과 같이 두 경우로 구분하고 있다. 시효기간 중 계속해서 등기명의인이 동일하고 취득자의 변동이 없는 경우에, 취득시효를 그 명의인에 대하여 주장하는 때에는 시효기간의 기산점을 어디에 두든지 상관없다.

그러나 시효기간 만료 후 이해관계 있는 제3자가 있는 경우에는 시효이익을 주장하는 자가 시효기산점을 임의로 선택할 수 없다(대판 1976. 6. 22, 76다488; 대판 1977. 6. 28, 77다47; 대판 1979. 10. 16, 78다2117; 대판 1982. 1. 26, 81다826; 대판 1993. 11. 26, 93다30013 참조).

　　이 판례는 취득시효가 완성되었으나 점유자가 아직 등기를 하지 않고 있는 동안에, 그 부동산이 양도되어 등기를 갖춘 제3자가 있게 된 경우에, 그 제3자에 대해서도 점유자가 시효의 완성을 주장할 수 있는지라는 문제와 관련이 있다. 제3자가 시효완성 전에 부동산을 취득한 때에는, 점유자는 시효의 완성을 그 제3자에게 주장할 수 있으나, 시효완성 후에 취득한 제3자에게는 주장하지 못한다는 것이 판례이다([31] 3 참조). 그리하여 취득시효가 완성된 후 소유자가 변동된 경우에는, 그 소유자가 변경된 시점을 새로운 기산점으로 삼아도 시효기간이 완성되는 때에는, 2차의 취득시효 완성을 주장할 수 있다는 것이 판례이다(대판(전) 1994. 3. 22, 93다46360 참조).

　　(나) **등기부취득시효의 경우**　　등기부취득시효의 경우 점유자가 소유자는 아니지만 소유자로서「10년간」등기를 계속하고 있어야 한다. 이때 소유자로 등기된 기간과 점유기간이 때를 같이하여 다 같이 10년이어야 하는지에 관해서는 판례가 변하고 있다. 처음에는 두 기간은 다 같이 10년이어야 한다고 하고 있었다(대판 1969. 6. 24, 69다436; 대판 1970. 7. 28, 70다648; 대판 1971. 7. 29, 71다1132; 대판 1980. 7. 22, 80다780; 대판(전) 1985. 1. 29, 83다카1730. 따라서 점유기간은 10년이 되나, 그 10년 중 소유자로 등기된 기간이 10년에 미달하면 시효취득은 인정되지 않는 것으로 된다). 그러나 판례는 태도를 바꾸어 시효취득자의 명의로 반드시 10년간 등기되어 있어야 하는 것은 아니며, 종전 점유자 명의의 등기기간까지 포함해서 10년이 되면, 등기부취득시효는 완성된다고 하고 있다(대판(전) 1989. 12. 26, 87다카2176; 대판 1989. 12. 26, 89다카6140 등 참조). 현재의 판례이론이 정당하며, 판례의 변경은 타당한 것이다.

　　제245조 2항의 등기는 부동산등기법에서 정한 1부동산 1용지주의에 위배되지 않는 등기를 말한다. 따라서 어느 부동산에 관하여 등기명의인을 달리하여 소유권보존등기가 2중으로 된 경우 먼저 이루어진 소유권보존등기가 원인무효가 아니어서 뒤에 된 소유권보존등기가 무효로 되는 때에는 뒤에 된 소유권보존등기나 이에 터잡은 소유권이전등기를 근거로 해서는 등기부취득시효의 완성을 주장할 수 없다

(대판(전) 1996. 10. 17, 96다12511 참조).

　　(다) **점유의 계속**　　시효기간 동안 점유가 계속되어야 한다. 점유의 계속은 추정되며(198조·199조. [61] 참조), 일정한 경우에는 일시 점유를 잃더라도 점유는 계속된 것으로 보게 됨은 이미 설명하였다(192조 2항. [67] 참조).

　　(3) **선의·무과실**　　점유취득시효의 요건으로서 요구되는 20년간의 점유는, 이미 설명한 바와 같이 소유의 의사로 평온·공연하게 하는 것으로 충분하고, 점유자의 선의·무과실은 그 요건이 아니다(245조 1항. 대판 1966. 9. 27, 66다977; 대판 1972. 6. 27, 69다560; 대판 1980. 7. 8, 80다953 참조). 그러나 등기부취득시효에서는 그 밖에 점유자의 선의·무과실도 요구된다(245조 2항). 이때 점유자의 선의는 추정되나(197조. [60] 참조), 무과실은 추정되지 않는다. 따라서 시효취득을 주장하는 자가 자신이 선의인 데 과실이 없었음을 증명해야 한다(대판 1981. 6. 23, 80다1642; 대판 1983. 10. 11, 83다카531 참조. 그 밖에 [61] 참조).

〈취득시효의 요건에 관한 민법개정안〉

　　2013년 법무부 민법개정위원회에서는 점유취득시효의 경우에도 그 요건에 점유자의 선의·무과실을 추가하였다. 즉, 제245조 1항을 "20년 동안 소유의 의사로 평온하고 공연하게 선의로 과실(過失) 없이 그 부동산을 점유하여 온 자는 등기함으로써 그 소유권을 취득한다."라고 개정하기로 하였다. 이와 같이 개정되면 점유취득시효가 인정되는 경우가 대폭 줄어들 것이다.

　　문제가 되는 것은 선의·무과실은 시효기간 동안 계속되어야 하는지 또는 점유를 개시한 때에만 요구되는지이다. 민법은 동산소유권의 취득시효에 관해서는 「점유가 선의이며, 과실 없이 개시된 경우」라고 함으로써, 선의·무과실은 점유를 개시한 때에만 요구된다는 것을 분명히 하고 있으나(246조 2항 참조), 등기부취득시효에 관한 제245조 2항에는 그러한 것이 밝혀져 있지 않다. 그러나 등기부취득시효에서도 그 선의·무과실은 점유를 개시한 때에 있으면 되는 것으로 해석하는 것이 통설이다(김기선 218면, 김상용 369면, 김증한·김학동 157면, 방순원 129면, 이영준 512면, 장경학 440면 참조). 시효기간 동안 계속해서 선의·무과실을 요구한다면, 그것은 요건이 너무 엄격하게 될 것이다. 점유취득시효보다도 등기부취득시효의 요건을 무겁게 할 이유는 없다. 따라서 점유를 개시한 때에 선의·무과실이면 되고, 그 후에는 악의로 되어도 상관없다고 해야 한다. 판례도 마찬가지이다(대판 1983. 10. 11, 83다카 531; 대판 1987. 8. 18, 87다카191 참조).

(4) 이전등기　　등기부취득시효에서는 시효취득자가 이미 등기부상 명의 인으로 되어 있으므로, 등기는 그 요건이 아니다. 그러나 점유취득시효에서는 등기 부상의 권리자와 시효취득자는 부합하지 않으므로, 등기가 필요하다.

그런데 등기부취득시효는 법률행위에 의하지 않는 물권변동이므로, 제187조의 원칙을 그대로 여기에도 적용한다면, 등기 없이 취득시효의 효력이 생기는 것이 된 다. 그러나 민법은 제187조의 원칙에 대한 유일한 예외로서, 점유취득시효는 등기 해야 그 효력이 생기는 것으로 하고 있다. 이때 등기는 어떤 등기이어야 하는가? 점유취득시효에 의한 소유권취득은 원시취득이다(통설이다. 김증한 119면, 장경학 443면 참조. 그러나 승계취득으로 새기는 소수설도 있다. 이영준 526면 참조). 따라서 그 등기는 성 질상 보존등기이어야 하나, 형식상 이전등기를 하게 된다. 그리고 점유취득시효에 서 시효취득자의 등기청구권, 시효취득자와 제 3 취득자의 관계에 관해서는 이미 설명하였으므로, 되풀이하지 않는다([31] 3 참조).

〈취득시효의 경우 이전등기를 해야 하는 이유〉

　　권리취득의 등기를 하는 경우에, 그 등기의 종류는 원칙적으로 실체법상의 변동의 종류에 대응하는 것이어야 한다. 그런데 이 원칙을 시효취득의 경우에도 적용한다면, 곤란한 문제가 생긴다. 앞에서도 밝힌 바와 같이, 시효취득은 「원시취득」이다. 따라서 종전 소유자를 위하여 존재하는 소유권등기를 말소하고, 그 부동산에 관하여 개설된 등기기록을 일단 폐쇄한 후에, 다시 새로 등기기록을 두어 신소유자(원시취득자)를 위 한 소유권보존등기를 해야 한다는 결과가 된다. 그러나 이러한 등기절차는 그 부동산 에 관한 권리의 변동과정의 공시를 도중에서 끊기게 하여, 등기제도 본래의 목적에 반 한다. 뿐만 아니라, 그 부동산에 관하여 등기된 제한물권이 있고, 그것이 시효에 의한 소유권취득자에게 대항할 수 있는 것일 때에는, 그 제한물권자의 권리를 침해하게 될 염려가 있다. 이런 사정으로 시효취득의 경우에는 이전등기를 하고 있다.

3. 효　　과

(1) 이상과 같은 요건을 갖추면, 등기부취득시효에서는 점유자가 곧 소유권을 취득한다. 점유취득시효에서는 등기청구권이 발생하며, 이를 행사하여 등기함으로 써 그 소유권을 취득하게 된다(245조 1항·2항).

점유취득시효가 완성된 경우에 그 효력으로 시효완성점유자는 당해 부동산의 시효완성 당시의 소유자에 대하여 소유권이전등기청구권을 취득한다(대판 2009. 12. 24, 2008다71858 참조). 판례는 점유취득시효 완성을 원인으로 하는 소유권이전등기청구권은 채권적 청구권이라고 한다. 따라서 취득시효가 완성된 점유자가 그 부동산에 대한 점유를 상실한 때부터 10년간 이를 행사하지 아니하면 소멸시효가 완성한다(대판 1995. 12. 5, 95다24241 참조). 점유자가 취득시효기간의 만료로 일단 소유권이전등기청구권을 취득한 경우에, 그 후 점유를 상실하였다고 하더라도 점유의 상실이 시효이익을 포기한 것이라고 인정되지 아니하는 한 이미 취득한 소유권이전등기청구권은 소멸되지 않는다(대판 1992. 11. 13, 92다14083 참조). 부동산을 취득시효기간 만료 당시의 점유자로부터 양수하여 점유를 승계한 현 점유자는 자신의 종전 점유자에 대한 소유권이전등기청구권을 보전하기 위하여 종전 점유자의 소유자에 대한 소유권이전등기청구권을 대위행사할 수 있을 뿐이고, 종전 점유자의 취득시효 완성의 효과를 주장하여 직접 자기에게 소유권이전등기를 청구할 권원은 없다(대판(전) 1995. 3. 28, 93다47745 참조).

한편 종전 소유자가 취득시효의 완성을 주장하는 권리자를 알고 있는 경우에 그 부동산을 제 3 자에게 처분한 때에는 불법행위책임이 성립할 수 있다(대판 1989. 4. 11, 88다카8217 참조). 판례에 따르면, 이러한 경우에 대상청구권이 인정될 수도 있는데, 점유로 인한 부동산 소유권 취득기간 만료를 원인으로 한 등기청구권이 이행불능으로 되었다고 하여 대상청구권을 행사하기 위해서는 그 이행불능 전에 등기명의자에 대하여 점유로 인한 부동산 소유권 취득기간이 만료되었음을 이유로 그 권리를 주장하였거나 그 취득기간 만료를 원인으로 한 등기청구권을 행사하였어야 하고, 그 이행불능 전에 위와 같은 권리의 주장이나 행사에 이르지 않았다면 대상청구권을 행사할 수 없다고 봄이 공평의 관념에 부합한다고 한다(대판 1996. 12. 10, 94다43825 참조).

(2) 취득시효에 의한 소유권취득의 효과는 점유를 개시한 때에 소급한다(247조 1항).

(3) 민법 제184조 1항은 "소멸시효의 이익은 미리 포기하지 못한다."라고 정함으로써, 시효완성 후의 소멸시효이익의 포기를 인정하고 있다. 그러나 취득시효

에 관해서는 그러한 규정이 없을 뿐만 아니라, 제184조 1항을 준용하고 있지도 않다. 그러나 취득시효에서도 시효완성 후에는 시효이익을 포기할 수 있다고 해야 한다(유추 해석). 판례도 이런 견지에 서 있다(대판 1973. 3. 29, 73다762; 대판 1986. 2. 25, 85다카771; 대판 1988. 4. 25, 87다카2003 등 참조).

　　(4)　취득시효에 의한 소유권의 취득은 원시취득이다. 따라서 종전 소유자의 권리에 존재하였던 모든 제한은 취득시효의 완성과 더불어 소멸한다. 그러나 취득시효의 기초가 된 점유가 이미 타인의 지역권을 인용하고 있는 경우에는 지역권의 제한이 있는 소유권을 취득하는 것이 된다.

[110]　Ⅳ. 동산소유권의 취득시효

　　일정한 요건을 갖춘 점유가 일정기간(시효기간) 동안 계속되어야 하는 점은, 부동산소유권의 취득시효에서와 마찬가지이다(동산소유권의 취득시효에는 점유취득시효만이 있고, 등기부취득시효에 해당하는 것은 있을 수 없다). 즉, 소유의 의사로 평온·공연하게 점유해야 한다(246조 1항). 부동산의 경우와 다른 점은 점유자가 악의인 때에는 시효기간은 「10년」이고(246조 1항), 선의·무과실인 때에는 「5년」이다(246조 2항). 뒤의 경우에 선의·무과실은 점유를 개시한 때에 있으면 충분하다는 것이 분명하게 규정되어 있음은 앞서 설명하였다(246조 2항 참조). 그 효과도 부동산소유권에 관하여 설명한 것과 같다. 즉, 점유를 개시한 때에 소급하여 원시적으로 소유권을 취득한다(247조 1항).

[111]　Ⅴ. 소유권 이외의 재산권의 취득시효

　　소유권 이외의 재산권의 취득시효에는 이미 설명한 소유권의 취득시효에 관한 규정(245조 내지 247조)이 준용된다(248조). 따라서 점유를 수반하는 권리에서는 점유가 요건이나, 점유를 수반하지 않는 권리(지식재산권 등)에서는 준점유가 요건이고, 재산권의 목적물이 부동산인지 동산인지 또한 등기·등록과 같은 공시방법의 유무에 따라서 시효기간은 각각 20년·10년·5년이 된다. 이들 기간을 정하는 데 선의·무과실이 작용하게 됨은 물론이다.

　　판례는 타인의 토지에 관하여 그 지상 건물의 소유를 위한 지상권의 점유취득시효가 인정되려면, 그 토지의 점유사실 외에도 그것이 임대차나 사용대차관계에 기한 것이 아니고 지상권자로서의 점유에 해당함이 객관적으로 표시되고 계속되어야 한다고 한다(대판 1993. 9. 28, 92다50904 참조). 또한 타인 소유의 토지에 소유자의 승낙 없이 분묘를 설치한 경우에는 20년간 평온·공연하게 그 분묘의 기지를 점유함으로써 분묘기지권을 시효로 취득한다고 한다(대판 1995. 2. 28, 94다37912; 대판(전) 2017. 1. 19, 2013다17292. 상세한 것은 [144] 참조).

[112] Ⅵ. 취득시효의 중단·정지

1. 취득시효의 중단   소멸시효의 중단에 관한 규정은 취득시효에도 준용된다(247조). 따라서 시효중단의 사유와 효력은 소멸시효에서와 같다(「민법총칙」 [204] 이하). 부동산의 소유자는 소유권을 주장하거나 다른 사람이 소유권을 주장하는 것을 방어하는 것만으로는 권리행사를 다하였다고 할 수 없고, 점유자의 점유를 배제하거나 그 점유의 양태를 변경시킴으로써 취득시효기간의 진행을 막아야 하며, 그렇지 않으면 시효의 진행을 중단시켜야 한다(대판 1992. 6. 23, 92다12698·12704 참조).

점유취득시효에서 그 중단사유는 점유상태의 계속을 파괴하는 것으로 인정될 수 있는 사유이어야 한다. 점유자가 시효완성 후에 매수의사를 표시하였더라도 달리 적극적인 의사표시가 없다면 이로써 승인에 의한 취득시효의 중단 또는 취득시효의 이익을 포기하였다고 볼 수 없다(대판 1980. 8. 26, 79다1 참조). 판례에 따르면, 취득시효기간이 경과하기 전에 등기부상의 소유명의자가 변경된다고 하더라도 그 사유만으로는 점유자의 종래의 사실상태의 계속을 파괴한 것이라고 볼 수 없어 취득시효를 중단할 사유가 되지 못한다. 새로운 소유명의자는 취득시효 완성 당시 권리의무 변동의 당사자로서 취득시효 완성으로 인한 불이익을 받게 되므로, 시효완성자는 그 소유명의자에게 시효취득을 주장할 수 있다. 이러한 법리는 새로이 2차의 취득시효가 개시되어 그 취득시효기간이 경과하기 전에 등기부상의 소유명의자가 다시 변경된 경우에도 마찬가지로 적용된다(대판(전) 2009. 7. 16, 2007다15172 참조). 민법 제168조 2호에서 정하는 '압류 또는 가압류'는 금전채권의 강제집행을 위한 수단이거나 그 보전수단에 지나지 않아 취득시효기간 완성 전에 부동산에 압류 또는 가압류가 되었더라도 이로써 점유상태의 계속이 파괴되었다고 할 수 없으므로 취득시효의 중단사유가 될 수 없다(대판 2019. 4. 3, 2018다296878 참조).

2. 취득시효의 정지　　위와 같이, 민법은 소멸시효의 「중단」에 관한 규정을 취득시효에 준용하고 있으나, 소멸시효의 「정지」에 관한 규정은 이를 준용한다는 규정을 두고 있지 않다. 그러나 시효정지제도의 취지에 비추어 볼 때, 취득시효에서 이를 배척할 이유가 없으므로, 소멸시효의 정지에 관한 규정(179조 내지 182조 참조)은 취득시효에도 유추 적용해야 한다.

제3관　선점·습득·발견

[113]　I. 무주물(無主物)**의 선점**(先占)

무주의 동산을 소유의 의사로 점유한 자는 그 소유권을 취득한다(252조).

1. 요　　건

(1) 무주물이어야 한다. 현재 소유자가 없는 물건이 무주물이다. 과거에 소유자가 있었는지는 상관없다. 그리고 어떤 사람이 소유하고 있었더라도 그가 소유권을 포기하면 무주물이 된다. 야생동물은 무주물이며, 사육하는 야생동물이 다시 야생상태로 돌아가면 무주물이 된다(252조 3항). 미채굴의 광물은 광업권에 의하지 않고서는 채굴하지 못하므로, 선점의 목적이 되지 않는다(광업법 2조·4조).

(2) 동산이어야 한다. 무주의 부동산은 국유가 되므로, 선점의 목적이 되지 않는다(252조 2항).

(3) 소유의 의사로 점유해야 한다. 점유는 점유보조자 또는 점유매개자(직접점유자)에 의해서도 할 수 있다(예컨대, 어부를 고용해서 어류를 잡게 하는 것은 점유보조자에 의한 선점이다). 점유를 하고 있다고 할 수 있는지는 구체적인 경우에 개별적으로 판단하는 수밖에 없다.

2. 효　　과

(1) 위와 같은 요건을 갖추게 되면, 당연히 그 소유권을 취득한다(252조 1항).

(2) 학술·기예 또는 고고(考古)의 중요한 자료가 되는 동산에 관해서는, 사인의 선점에 의한 소유권의 취득을 인정하지 않으며, 언제나 국유가 된다(255조 1항).

이때 국가에 대한 보상청구에 관하여, 제255조 2항은 습득자와 발견자가 그러한 보상청구권을 가짐을 규정할 뿐이고, 선점자에 관해서는 아무런 언급이 없다. 그러나 선점자에게도 제255조 2항을 유추 적용하여 보상청구권이 인정된다고 새겨야 한다.

(3) 「야생생물 보호 및 관리에 관한 법률」, 수산업법 등으로 그 포획이나 어획이 금지되어 있거나 제한되어 있는 경우에, 이를 포획·어획하면 선점은 성립한다. 즉, 금지 규정을 위반한 제재는 받더라도 사법상의 효과에는 영향이 없다.

[114] Ⅱ. 유실물(遺失物)의 습득

유실물은 법률에 정한 바에 의하여 공고한 후 6개월 내에 그 소유자가 권리를 주장하지 않으면, 습득자가 그 소유권을 취득한다(253조). 민법 제정당시에는 위 기간이 1년으로 되어 있었으나, 2013. 4. 5. 6개월로 개정하였다. 여기서 말하는 법률은 유실물법이다.

1. 요   건

(1) 유실물 또는 이에 준하는 물건이어야 한다. 유실물은 점유자의 의사에 의하지 않고서 그의 점유를 떠난 물건으로서 도품이 아닌 것이다. 유실물법은 「범죄자가 놓고 간 것으로 인정되는 물건」(동법 11조), 「착오로 점유한 물건」, 「타인이 놓고 간 물건」이나 「일실한 가축」을 준유실물, 즉 유실물에 준하는 것으로 위 규정을 준용하고 있다(동법 12조). 표류물과 침몰품도 성질상은 유실물이지만, 그 습득에 관해서는 「수상에서의 수색·구조 등에 관한 법률」(2015년 제13440호) 적용된다(동법 35조 이하 참조).

(2) 습득하였어야 한다. 유실물의 점유를 취득하는 것이 「습득」이다. 따라서 점유를 취득하지 않은 단순한 발견은 습득이 아니다. 소유의 의사는 필요하지 않으며, 또한 습득자가 유실물임을 알고 있을 필요도 없다. 즉, 객관적으로 유실물이면 된다.

(3) 법률에 정한 바에 따라 공고한 후 6개월 내에 그 소유자가 권리를 주장하지 않아야 한다. 이 요건을 설명하면, (ⅰ) 습득자는 그가 습득한 물건을 신속하게 유실자 또는 소유자, 그 밖에 물건회복의 청구권을 가진 자에게 반환하거나 경찰서(지구대·파출소 등 소속 경찰관서를 포함한다) 또는 제주특별자치도의 자치경찰단 사무

소에 제출해야 한다(유실물법 1조 1항·11조 1항 참조). 그러나 관리자가 있는 선박, 차량, 건축물, 그 밖에 일반인의 통행을 금지한 구내에서 타인의 물건을 습득한 자는 그 물건을 관리자에게 인계해야 한다(동법 10조 1항). 이때에는 선박, 차량, 건축물 등의 점유자를 습득자로 한다. 자기가 관리하는 장소에서 타인의 물건을 습득한 경우에도 또한 같다(동법 10조 2항). (ii) 물건을 경찰서에 제출한 경우에는 경찰서장이, 자치경찰단에 제출한 경우에는 제주특별자치도지사가 물건을 반환받을 자에게 반환해야 한다. 이 경우에 반환을 받을 자의 성명이나 주거를 알 수 없을 때에는 유실물법 시행령으로 정하는 바에 따라 공고해야 한다(동법 1조 2항). (iii) 습득자가 유실물의 소유권을 취득하려면, 이 공고가 있은 후 6개월 내에 그 소유자가 권리를 주장하지 않아야 한다(253조).

한편 수상구조법은 표류물(점유를 이탈하여 수상에 떠 있거나 떠내려가고 있는 물건. 동법 2조 12호) 또는 침몰품(점유를 이탈하여 수상에 가라앉은 물건. 동법 2조 13호)에 관해서 별도의 규정을 두고 있다. 표류물 등을 습득한 자는 지체 없이 이를 특별자치도지사 또는 시장·군수·구청장에게 인도해야 한다. 다만, 그 표류물 등의 소유자가 분명하고 그 표류물 등이 법률에 따라 소유 또는 소지가 금지된 물건이 아닌 경우에는 습득한 날부터 7일 이내에 직접 그 소유자에게 인도할 수 있다(동법 35조 3항). 위와 같은 표류물 등의 처리에 관해서도 상세한 규정이 있는데, 표류물 등을 인도받은 특별자치도지사 또는 시장·군수·구청장은 이를 안전하게 보관해야 하고(동법 37조 1항), 표류물 등이 보관이 부적당하다고 인정될 경우에는 일정한 절차에 따라 이를 공매하여 그 대금을 보관할 수 있다(동법 37조 3항)는 등의 규정이 있다.

2. 효   과

(1) 위에서 적은 요건을 갖추게 되면, 습득자는 당연히 그 소유권을 취득한다(253조). 그러나 습득물을 횡령함으로써 처벌을 받은 자 및 습득일부터 7일 이내에 유실물법 제 1 조 1항 또는 제11조 1항에 따라 유실자 등에게 반환하거나 경찰서 등에 제출하지 않은 자는 습득물의 소유권을 취득할 권리를 상실한다(유실물법 9조 참조). 또한, 물건의 소유권을 취득한 자가 그 취득한 날부터 3개월 이내에 물건을 경찰서 또는 자치경찰단으로부터 받아가지 아니할 때에는 그 소유권을 상실한다(동법 14조). 이 법의 규정에 따라 경찰서 또는 자치경찰단이 보관한 물건으로서 교부

받을 자가 없는 경우에는 그 소유권은 국고 또는 제주특별자치도의 금고에 귀속한
다(동법 15조). 표류물 등에 관해서는 수상구조법에 별도의 규정을 두고 있다(수상구
조법 37조).

(2) 유실자 또는 소유자 그 밖의 유실물의 회복청구권자가 알려지면, 그에게
반환하게 되어 유실물습득에 의한 소유권취득은 성립하지 않는다. 이들 회복청구
권자와 습득자의 관계는 보통은 사무관리가 된다(734조 이하). 사무관리에서는 보수
청구권이 인정되어 있지 않으나, 특히 유실물습득의 경우에는 유실물법에서 특례
가 인정되어 있으며, 물건을 반환받는 자는 물건가액의 100분의 5 이상 100분의
20 이하의 범위에서 보상금을 습득자에게 지급해야 한다(유실물법 4조 본문). 그리고
선박·건축물·차량 등에서 습득한 경우에 보상금은 점유자와 실제로 물건을 습득
한 자가 반씩 나누어야 한다(동법 10조 3항). 이 보상금을 받을 권리는 습득한 날로
부터 7일 이내에 유실자·소유자 등에게 습득물을 반환하거나 또는 경찰서 등에 제
출하지 않으면 소멸한다(동법 9조).

위의 보상금액을 정하는 방법에 관하여 유실자가 이를 자유로이 결정할 수 있
으나, 당사자 사이에 다툼이 있으면 법원이 결정하게 된다. 보상금의 기준이 되는
유실물의 가격은 반환을 받을 당시의 가격이라고 하는 것이 타당하다. 유실물이 현
금인 경우에는 문제가 없으나, 수표·어음 등의 경우에는 문제가 많다. 액면 그대로
의 가격이 아니라, 그것이 선의의 제 3 자의 손안에 들어감으로써 유실자가 받는 불
이익을 기준으로 하여 가격을 결정해야 한다.

(3) 습득물의 보관비, 공고비, 그 밖에 필요한 비용에 관해서는 (1)의 경우에
는 물건의 소유권을 취득하여 이를 인도받는 자가 부담하고, (2)의 경우에는 물건
을 반환받는 자가 부담한다. 이 경우 그 지급을 확보하기 위하여 유치권의 규정을
적용한다(유실물법 3조 참조).

(4) 습득한 유실물이 학술·기예·고고의 중요한 자료가 되는 물건인 때에는,
습득자가 소유권을 취득하지 못하며, 국유가 된다(255조 1항). 그러나 습득자는 국가
에 대하여 적당한 보상을 청구할 수 있다(255조 2항).

[115]　Ⅲ.　매장물(埋藏物)의 발견

매장물은 법률에 정한 바에 의하여 공고한 후 1년 내에 그 소유자가 권리를 주장하지 않으면, 발견자가 그 소유권을 취득한다(254조).

1.　요　　건

(1)　매장물이어야 한다. 토지 그 밖의 물건 속에 매장 즉 겉으로 드러나지 않게 간직되어 있어서, 그 소유권이 누구에게 속하는지를 판별할 수 없는 물건이 매장물이다. 이때 매장물을 둘러싸고 있는 물건을 포장물(包裝物)이라 한다. 매장의 원인이 인위적이든 또는 자연적이든 상관없다. 또한 매장은 반드시 오랜 세월 동안 계속하였을 필요는 없다. 매장물은 과거에 어느 누군가의 소유에 속하고 있었고 현재에도 그 소유가 상속인을 통하는 등의 방법으로 계속하고 있을 가능성은 있어도, 현재 그 소유권이 누구에게 속하고 있는지가 판별되지 않는 점에서, 무주물과 구별된다([113] 1 (1) 참조). 매장물은 보통 동산이다. 그러나 동산에 한정할 필요는 없다 (옛날의 건물이 발굴되는 경우도 있을 수 있다). 그리고 포장물은 토지인 경우가 많으나, 건물이나 동산이더라도 상관없다(예컨대, 옛날 옷장 속에 포장되어 있는 물건은 매장물이다).

(2)　발견하였어야 한다. 매장물의 존재를 인식하는 것이 발견이며, 점유를 취득할 필요는 없다. 우연히 발견하였든 또는 계획적으로 발견하였든, 어느 것이나 상관없다.

토지를 파기 위하여 타인을 사용하던 중 그 타인이 매장물을 발견한 경우에는, 그 타인이 매장물의 발굴작업을 위하여 고용된 근로자라면, 발견자는 사용자(고용주)이다(즉 근로자는 사용자의 기관으로서 발견한 것이 된다). 그러나 다른 목적, 즉 매장물을 발굴하기 위한 것이 아니라, 가령 건물을 신축하기 위하여 고용된 근로자가 우연히 공사 중에 매장물을 발견할 때에는, 그 근로자가 발견자라고 해야 한다. 수급인이 발견한 경우에도 마찬가지로 새기면 될 것이다. 즉, 매장물의 발굴을 맡은 수급인은 발견인이 되지 못하나, 다른 일을 맡은 수급인이 매장물을 발견하면 발견자로서 소유권을 취득한다고 해석해야 한다.

(3)　법률에 정한 바에 따라 공고한 후, 1년 내에 그 소유자가 권리를 주장하지 않아야 한다. 여기서 법률이라고 하는 것도 유실물법이다(동법 13조에 따라 일반적

으로 매장물에 관해서도 준용된다). 따라서 그 절차 등은 유실물의 습득에 관하여 설명한 것과 같다. 다만 매장문화재에 관해서는 특칙이 있음을 주의해야 한다(문화재보호법 5조 2항, 매장문화재 보호 및 조사에 관한 법률 참조).

2. 효　과

(1) 발견자는 당연히 매장물의 소유권을 취득한다(254조 본문). 그러나 유실물을 습득한 경우와는 달라서, 포장물이 발견자의 소유물인 때에는 발견자가 매장물의 전부를 취득하나, 포장물이 타인의 소유물인 때에는 발견자와 포장물의 소유자가 절반하여 소유권을 취득한다(254조 단서). 그리고 발견자가 취득하는 보상금에 관해서는 유실물을 습득한 경우와 같다.

(2) 발견한 매장물이 학술·기예 또는 고고의 중요한 자료가 되는 것인 때에는 국유가 되며(255조 1항), 발견자와 포장물의 소유자는 국가에 대하여 적당한 보상을 청구할 수 있다(255조 2항). 그 자세한 것은 매장문화재 보호 및 조사에 관한 법률(2010년 법 10001호)에 규정이 있다(동법 17조 내지 23조).

제 4 관　첨　　부

[116] I. 총　설

1. 의　의　　부합·혼화·가공을 통틀어서 첨부(添附)라고 한다. 소유자가 다른 두 개 이상의 물건이 결합하여 사회관념상 분리하는 것이 불가능하게 된 경우(부합·혼화가 이에 해당한다), 또는 물건과 이에 더하여진 노력이 결합하여 사회관념상 분리하는 것이 불가능하게 된 경우(가공이 이에 해당한다. 노력(사람의 노동)이 결합하고 또한 그것이 평가되는 점에서 부합·혼화와 다르다)에, 이를 원상으로 회복하는 것은 사회경제상 매우 불리하다. 이러한 경우에 복구를 허용하지 않고 그것을 하나의 물건으로 어느 누구의 소유에 귀속시킬 필요가 있다. 이것이 첨부를 소유권취득의 원인으로서 인정하는 근거이다. 여기서 누구에게 소유권을 귀속시킬 것인지, 그 반면에 이로 인하여 소유권을 잃은 자의 손실은 어떻게 되는지, 종전 물건 위에 존재하였던 제3자의 권리는 어떻게 되는지 등의 문제가 생긴다. 첨부에 관한 규정들은 이들 여러 문제를 해결하는 것도 그 목적으로 한다.

2. **첨부의 중심적 효과**   위와 같은 여러 문제의 해결을 위하여 민법은
다음과 같이 정하고 있다.

(1)   첨부에 의하여 생긴 물건은 1개의 물건으로서 존속하고, 복구는 이를 인
정하지 않는다. 이것이 첨부의 중심적 효과이며, 이 효과가 발생하는 요건 등에 관
해서는 각종의 첨부에 관하여 설명한다. 그리고 이 점에 관한 첨부의 규정은 강행
규정이다.

(2)   첨부에 의하여 생긴 새 물건에 관해서는 새로이 소유자가 결정된다. 이에
관해서도 각종의 첨부에서 설명한다. 주의할 것은 이 점에 관한 첨부의 규정은 임
의규정이라는 점이다.

(3)   첨부의 결과 소멸하게 된 종전 물건의 소유자는 손실을 보상받는다. 즉,
첨부의 규정에 따라 "손해를 받은 자는 부당이득에 관한 규정에 의하여 보상을 청
구할 수 있다"(261조). 첨부는 한편으로는 신물건의 소유권 취득에 의한 이득을 생
기게 하는 동시에, 다른 한편으로는 종전 물건에 대한 소유권의 소멸에 의한 손실
을 생기게 하기 때문이다. 따라서 제261조가 정하는 보상청구권은 부당이득반환청
구권의 성질을 가진다. 이 보상청구가 인정되려면 제261조 자체의 요건만이 아니
라 부당이득의 요건도 충족되어야 한다(대판 2009. 9. 24, 2009다15602; 대판 2023. 4. 27,
2022다304189 참조). 그리고 이 점에 관한 규정도 임의규정으로 해석해야 한다.

(4)   첨부의 결과 소멸한 종전 물건 위에 존재하였던 제 3 자의 권리도 보호된
다. 이에 관한 규정은 강행규정이라고 해야 한다. 첨부에 의하여 "동산의 소유권이
소멸한 때에는, 그 동산을 목적으로 한 다른 권리도 소멸한다"(260조 1항). 그러나
(ⅰ) 이때 종전 물건의 소유자가 새로운 물건의 단독소유권을 취득한 경우에는 종
전 물건 위에 있었던 제 3 자의 권리는 법률상 당연히 새로운 물건 위에 존속한다
(260조 2항 전단). 그리고 (ⅱ) 종전 물건의 소유자가 새로운 물건의 공유자가 된 경
우에는 제 3 자의 권리는 그 공유지분 위에 존속하게 된다(260조 2항 후단). 이에 반
하여, (ⅲ) 종전 물건의 소유자가 새로운 물건의 소유권을 취득하지 못한 경우에는
종전 물건 위에 제 3 자가 가지는 권리 가운데에서 담보물권은, 물상대위 규정(342
조)에 따라, 종전 물건의 소유자가 받는 보상금 위에 이를 행사할 수 있다. 그리고
용익물권은 소멸하지만, 종전 물건 위의 용익물권자는 새로운 물건의 소유자에 대

하여 부당이득의 규정(741조 이하)에 따라 보상을 청구할 수 있다(261조). 만일 종전
물건의 소유자가, 용익물권의 부담이 없어졌다는 이유로, 새로운 물건의 소유자로
부터 보상금을 지급받고 있는 경우에는, 종전 물건의 소유자에 대하여 부당이득의
반환을 청구할 수 있다.

[117] Ⅱ. 부   합

1. 의   의   소유자를 달리하는 여러 개의 물건이 결합하여 1개의 물건
으로 되는 것이 부합(附合)이다. 이는 소유자를 변동하게 하는 첨부의 한 경우이다.

민법은 부동산의 부합(256조)과 동산의 부합(257조)에 관하여 각각 규정하고 있
다. 이곳에서도 경우를 나누어 설명한다.

2. 부동산의 부합   부동산의 소유자가 그의 부동산에 부합한 물건의 소
유권을 취득하는 경우이다.

(1) 요   건

㈎ 부합되는 물건, 즉 부합의 주물(主物)은 부동산이어야 한다. 토지·건물의
어느 것이라도 좋다. 부동산에 부합하는 물건은 동산에 한정된다는 것이 통설이나
(반대의 소수설로는 김기선 242면, 김현태 164면이 있음), 판례는 동산에 한하지 않고 부동
산도 포함된다고 해석한다(대판 1962. 1. 31, 4294민상445; 대판 1994. 6. 10, 94다11606 참조).

㈏ 부착·합체가 일정한 정도에 이르러야 한다. 그 정도는, 동산의 부합에 관
하여 제257조가 규정하는 바와 같이, 주물인 부동산 또는 부합한 동산을 훼손하거
나 또는 많은 비용을 지출하지 않고서는 분리할 수 없을 정도로 부착·합체되어 있
는 것을 말한다(257조 참조). 따라서 동산을 토지로부터 분리하는 데 과다한 비용이
들고 이를 분리할 경우 그 경제적 가치가 현저히 감소할 것이 분명한 경우에는 부
합을 인정해야 한다(대판 1995. 6. 29, 94다6345 참조).

부합의 원인은 인공적이든 자연적이든 어느 것이나 상관없다.

(2) 효   과

㈎ 부동산의 소유자는 원칙적으로 그의 부동산에 부합한 동산의 소유권을 취
득한다(256조 본문). 부합하는 동산의 가격이 주물인 부동산의 가격을 초과하고 있더
라도, 동산소유자가 부동산소유권을 취득하지는 못하며, 그러한 경우에도 역시 주

물인 부동산의 소유자가 부합하는 동산의 소유권을 취득하게 된다(대판 1957. 2. 8, 4289행상117·118 참조).

　(내)　예외적으로, 부합한 물건이 권원(權原)에 의하여 부속된 것인 경우에는 그 부합물은 부동산소유자의 소유가 되지 않고, 그것을 부속시킨 자의 소유로 남는다 (256조 단서). 여기서 말하는 권원은, 지상권·전세권·임차권 등과 같이, 타인의 부동산에 자기의 동산을 부속시켜서 그 부동산을 이용할 수 있는 권리를 뜻한다. 타인 소유의 토지에 수목을 식재할 당시 토지의 소유권자로부터 그에 관한 승낙을 받았다면, 해당 수목은 토지에 부합하지 않고 식재한 자에게 그 소유권이 귀속된다 (대판 2023. 11. 16, 2023도11885 참조). 그러나 부속된 물건이 부동산의 구성부분으로 되는 경우에는 부합이 성립하고, 예외는 인정되지 않는다. 즉, 부동산에 부합된 물건이 사실상 분리복구가 불가능하여 거래상 독립한 권리의 객체성을 상실하고 그 부동산과 일체를 이루는 부동산의 구성부분이 된 경우에는 타인이 권원에 의하여 이를 부합시킨 경우에도 그 물건의 소유권은 부동산의 소유자에게 귀속된다(대판 1985. 12. 24, 84다카2428 참조).

　(대)　부합한 동산을 취득한 부동산소유자는 부합한 동산의 소유자에게 보상할 의무가 있음은 이미 설명하였다.

　(3)　**특수문제**　　부동산의 부합에서는 특히 문제되는 경우가 둘 있다. 하나는 건물에의 증축·개축부분의 부합에 관한 것이고, 다른 하나는 농작물·수목 등의 부합에 관한 것이다.

　(개)　**건물의 부합**　　토지와 건물은 별개의 부동산이므로, 건물이 토지에 부합하는 일은 없다. 그러나 타인 소유의 건물을 증축 또는 개축한 경우에, 그 증·개축부분이 누구에게 귀속하는지 문제된다. 다음과 같이 새겨야 한다.

　건물을 증축하거나 개축한 경우에, 그 증·개축부분은 제256조 본문에 따라 건물소유자에게 귀속한다. 기존건물에 붙여서 증축된 건물부분이 물리적 구조나 용도, 기능 및 거래의 관점에서 사회적, 경제적으로 볼 때 그 자체로서는 구조상 건물로서의 독립성이 없고 종전의 건물과 일체로서만 거래의 대상이 되는 상태에 있으면 부합이 성립한다(대판 1981. 12. 8, 80다2821; 대판 1985. 11. 12, 85다카246 참조).

　그러나 건물의 임차인 등이 건물소유자의 승낙을 얻어서 증·개축을 한 때에는, 제256조 단서에서 말하는 「권원에 의하여 부속된」 경우에 해당하고, 그 증·개축 부분은 임차인 등의 소유가 된다. 이 경우 건물의 구분소유관계가 성립하게 될 것이다(대판 1977. 5. 24, 76다464 참조). 물권의 목적물은 독립성을 가질 것이 요구된다. 따라서 증·개축 부분이 경제적으로 보아서 독립성이 없는 경우에는 제256조 단서가 적용될 여지가 없다. 이러한 경우에는 동조 본문만이 적용되어 증·개축 부분은 건물소유자의 소유로 된다(대판 1975. 4. 8, 74다1743 참조). 증·개축 부분이 독립성을 가지는 경우에만 제256조 단서가 적용될 수 있다. 증·개축 부분이 독립성을 갖는지 여부에 대한 판단은 사회통념이나 거래관념에 따라 해야 한다.

    (내) 농작물·수목 등의 부합   농작물이나 수목 등이 토지에 부합하는 것에 관해서도 앞에서 설명한 건물의 증축·개축의 경우와 거의 유사하게 처리된다. 즉, 농작물이나 수목이 타인 소유의 토지에 부합하면, 이들 물건은 제256조 본문에 따라서 원칙적으로 토지소유자의 소유가 된다. 다만 예외적으로 임차권 등의 권원에 의하여 부속시킨 경우에는 제256조 단서에 따라 임차인 등이 식재한 것의 소유권을 가지게 된다. 요컨대, 권한 없이 타인이 소유하는 토지에 농작물이나 수목 등을 식재한 자는 그 농작물이나 수목 등에 대한 권리를 그에게 머물러 있게 하지는 못한다고 해야 한다.

    판례는 수목에 관해서는 위와 같은 법리에 따르고 있다(임목(林木)에 관한 것으로는 대판 1970. 11. 30, 68다1995이 있고, 과목(果木)에 관한 것으로는 대판 1971. 12. 28, 71다2313이 있다). 그러나 농작물에 관해서만은 위에 적은 것과는 다른 특수한 해석을 펴오고 있다. 즉, 아무런 권원 없이 타인의 토지에서 경작하거나 재배한 농작물의 소유권은 언제나 그 경작자에게 있다는 것이 대법원의 매우 굳은 판례이다. 심지어는 그 경작자가 위법하게 토지소유자나 점유자를 배제해서 경작한 경우에도 마찬가지이다(「민법총칙」 [106] 3 (4) 참조).

    판례가 그 근거로 내세우는 것은 경작자의 권원의 유무를 묻지 않고 농작물은 토지에 부합하지 않는다고 하는 데에 있다. 그러나 이러한 판례이론은 부당하며 찬성할 수 없다. 이 경우에도 역시 부합을 인정하고, 다만 권원에 의한 경우에만 독립한 소유권을 인정하는 것이 타당하다.

    (4) 증명책임   부합에 의한 소유권변동을 주장하는 자는 그 요건이 되는

사실을 주장하고 증명할 책임이 있다(대판 1970. 9. 22, 69다446 참조).

3. 동산의 부합

(1) 요   건   각각 다른 소유자에게 속하는 여러 개의 동산이 부합해서 훼손하지 아니하면 이를 분리할 수 없거나, 그 분리에 과다한 비용이 들어야 한다 (257조 전단).

(2) 효   과

㈎ 부합한 동산에 관하여 주종을 구별할 수 있는 경우에는 주된 동산의 소유자가 합성물의 소유권을 취득한다(257조 전단).

㈏ 주종을 구별할 수 없는 경우에는 각 동산의 소유자는 부합 당시의 가액의 비율로 합성물을 공유한다(257조 후단).

㈐ 부합으로 손실을 받은 자에 대한 보상의무 등은 부동산의 부합에서와 같다.

[118] Ⅲ. 혼   화

(1) 혼화(混和)는 혼합과 융합으로 구분할 수 있다. 혼합은 곡물·금전과 같은 고형(固形) 종류물이 뒤섞여서 한데 합하는 것이고, 융합은 술·기름과 같은 유동(流動) 종류물이 녹아서 하나로 합치게 되는 것이다. 어느 것이든 객체인 물건이 다른 동종(고형종류 또는 유동종류)의 물건과 쉽게 섞여 원물을 식별할 수 없게 된다는 특성이 있다. 그러나 이것은 부착·합체가 쉽게 일어난다는 것을 뜻할 뿐이며, 그 성질은 일종의 동산의 부합이라고 할 수 있다. 따라서 일반적으로 동산의 부합에 관한 규정이 준용된다(258조).

(2) 요   건   동산과 동산이 서로 섞여 원물을 식별할 수 없게 되거나, 또는 분리를 위하여 너무 많은 비용이 들어야 한다.

(3) 효   과   동산의 부합에서와 마찬가지로 볼 수 있다.

[119] Ⅳ. 가   공

(1) 가공은 타인의 동산에 노력을 더하여 새로운 물건을 만들어 내는 것이다. 말하자면 물건과 사람의 노동이 합체 즉 한 덩어리가 되는 것이다.

(2) 효   과

⑺ 가공물의 소유권은 원칙적으로 원재료의 소유자에게 속한다(259조 1항 본문).

⑷ 예외적으로 가공으로 인한 가액의 증가가 원재료의 가액보다 많은 액수인 경우에는 가공자의 소유로 된다(259조 1항 단서). 이때 가공자가 재료의 일부를 제공하였을 때에는 그 재료의 가액은 증가액에 보태서 소유권의 귀속을 결정해야 한다(259조 2항).

⑸ 이미 밝힌 바와 같이, 제259조 1항의 가공물의 귀속에 관한 규정은 임의규정이다. 따라서 당사자의 특약으로 다른 약정을 할 수 있다.

공장생산물에 관하여 근로자가 아닌 고용주 또는 사용자가 그 소유권을 취득하는데, 이는 제259조가 임의규정이고, 또한 고용계약 또는 근로계약에 따라 묵시적으로 소유권을 사용자에게 귀속시키기로 하는 약정이 있기 때문이라고 설명하는 것이 보통이다(김증한 125면 참조). 그러나 근로자는 사용자의 단순한 기관에 지나지 않으며, 가공자는 사용자 자신이라고 보아야 한다.

제 7 절 공동소유

제 1 관 총   설

[120] 공동소유의 의의와 모습

1. 공동소유의 의의   하나의 물건을 2인 이상의 여러 사람이 공동으로 소유하는 것을 공동소유(共同所有)라고 한다. 공동소유의 모습은 다양하며, 일반적으로 공유·합유·총유의 3가지를 든다. 그중 공유는 모든 입법례가 규율하고 있고, 합유에 관해서도 규정을 두고 있는 예는 있으나(독일민법과 스위스민법 등), 총유에 관하여 규정하는 입법례는 없다. 그러나 민법은 위의 세 가지의 공동소유 모두에 관한 규정을 두고 있으며, 하나의 특색을 이루고 있다.

2. 공동소유의 세 유형   민법이 규정하는 공유·합유·총유라는 세 가지 공동소유의 모습은 하나의 물건을 여러 사람이 공동으로 소유하는 경우에 여러 주체 사이의 법률관계에 따른 분류이다. 바꾸어 말해서, 소유하는 주체의 인적 결합

관계가 물권법에 반영된 것이 공동소유이다. 이들 공동소유가 각각 어떠한 것인가
를 간단히 보기로 한다.

(1) **공유**(共有)   공동소유자 사이에 아무런 인적 결합관계나 단체적 통제
가 없고, 목적물에 대한 각 공유자의 지배권한은 서로 완전히 자유·독립적이며, 다
만 목적물이 동일하기 때문에 그 행사에 제한을 받고 있는 데 지나지 않는 것이 공
유이다. 각자가 가지는 지배권능은 지분(持分)이라고 하는데, 그 처분은 자유이다.
또한 원칙적으로 공유자들은 언제든지 공동소유관계를 소멸시킴으로써 각자의 단
독소유로 바꿀 수 있다. 말하자면 그것은 개인주의적인 공동소유의 모습이다.

(2) **총유**(總有)   여러 사람이 하나의 단체로서 결합하고 있고, 목적물의
관리·처분은 단체 자체의 권한으로 하지만, 단체의 구성원들은 일정한 범위 내에
서 각자 사용·수익하는 권능이 인정되는 공동소유의 모습이다. 바꾸어 말하면, 공
동소유의 권한이 단체의 구성원인 개인과 그 단체에 나누어져 있는 것이다. 이 점
에서 근대적 소유권이 전면적·포괄적 지배를 내용으로 하는 것과 크게 다르다. 총
유에서는 공유의 지분에 해당하는 것이 없고, 단체의 구성원이 가지는 수익권은 단
체의 구성원이라는 자격을 가지고 있는 한 인정되는 것으로, 이를 타인에게 양도하
거나 또는 이를 상속의 목적으로 하지 못한다. 따라서 총유는 앞에서 설명한 공유
와는 아주 대조적인 단체주의적 공동소유의 모습이다. 이와 같이 총유는 단체의 소
유형태이지만, 그 단체의 성질이 법인과는 다르다. 법인은 그 자체가 구성원으로부
터 독립한 존재이고, 권리의무의 주체가 되며, 그의 소유형태는 단독소유이다. 이
에 반하여 총유를 하는 단체는 구성원으로부터 완전히 독립하고 있지 않은 것으로
서, 구성원을 떠나 그 자체가 인격을 가지는 것은 아니다.

(3) **합유**(合有)   합유는 조합의 소유형태이다. 조합은 공동의 사업을 경영
하기 위하여 조직되는 것이나(703조 참조), 그 단체성이 약하고 각 구성원의 개성이
단체 속에 전면적으로 흡수되는 정도까지는 이르지 않는 것이다. 조합의 구성원은
조합재산에 대하여 각각 지분을 가지고 있기는 하나, 그들 구성원은 서로 인적인
결합관계를 가지고 있어서 약하기는 하지만 단체를 이루고 있다. 따라서 조합재산
에 대한 지분의 양도는 제한되고, 일정한 사유에 따라 조합관계가 끝날 때까지는
분할을 청구하지도 못한다(704조·272조 내지 274조 참조). 그것은 공유와 비교할 때

단체적 색채가 매우 짙으나, 총유의 경우보다는 구성원의 개성이 뚜렷하다는 차이
가 있다.

〈공동소유형태의 역사적 배경〉

　　앞에서 본 바와 같은 공유·합유·총유라는 공동소유의 세 모습은 각각 일정한 역
사적 배경을 가지고 있다. 공유는 개인 본위의 법률원리를 토대로 하는 로마법에서 유
일한 공동소유의 모습인 데 대하여, 총유와 합유는 단체주의적인 게르만법에서 생긴
공동소유형태이다.

　　(ㄱ) 공 유　　로마법에서 법률의 규정 또는 당사자의 의사에 따라 공유가 발
생하는 것을 막지 않았다. 그러나 공유를 「다툼의 원인」이라 하여 공유자 사이의 유대
와 공동목적에 의한 구속을 아주 약하게 하였으며, 공유자는 그의 지분을 다른 공유자
의 동의 없이 얼마든지 양도할 수 있었다. 말하자면, 공유관계를 공유자 사이에 아무런
질서가 없이 마치 무정부상태(anarchisch)인 것처럼 내버려 두었다. 이것이 부당하다고
할 때에는 언제든지 공유자들이 분할청구를 할 수 있도록 인정하였으며, 영구적으로
분할하지 않겠다는 특약은 무효이었다. 이러한 로마법의 공유는 로마법의 계수로 지배
적인 공동소유형태가 되었고, 각 나라의 민법은 예외 없이 이 제도를 인정하고 있을 뿐
만 아니라, 그것이 또한 가장 주된 공동소유의 모습으로 되어 있다.

　　(ㄴ) 총 유　　단체적 소유의 한 모습으로서의 총유라는 개념은 합유의 개념과
함께 게르만법학자들이 만들어 낸 것이다. 학자들은 그 원형을 게르만의 「촌락공동체」
에서 찾고 있다. 게르만의 촌락공동체는 촌락 자체와 촌락의 주민이 통일·종합되어서
하나의 실재적 종합인으로서 존재하고 있었다. 이 촌락공동체의 재산소유관계에는 그
의 단체적 결합관계가 그대로 반영되어 있었다. 즉, 촌락이 토지에 대한 관리·처분 등
의 지배적 권리를 가지고 있었고, 그 사용·수익이라는 이용을 주된 내용으로 하는 경
제적인 권리는 촌락의 주민에게 속하였다. 촌락의 주민이 갖는 개별적 권리는 사용수
익권에 한하며, 따라서 근대법에서 말하는 소유권의 실질을 가지는 것이 아니었다. 뿐
만 아니라, 주민의 이용권에 대한 촌락의 통제는 매우 강한 것이었으며, 또한 주민의
신분을 취득함으로써 당연히 그러한 이용권을 가지게 되는 반면에, 주민의 신분을 잃
음으로써 당연히 이용의 권능도 잃었다. 따라서 촌락의 주민이 가지는 권리는 주민이
라는 자격을 떠나서 독립한 재산권으로서의 성질을 가지지 않는다. 요컨대, 총유에서는
소유권의 내용이 관리·처분의 권능과 사용·수익의 권능으로 질적으로 분리되어 각
공동소유자는 개인주의적인 공유에서와 같은 지분권을 갖지 않으며, 또한 분할을 청구
할 수도 없다. 따라서 공동소유자의 권리는 소유권이라고 부르기에 적당하지 않다. 이
러한 공동소유의 모습은 근대적 소유권이 성립하기 이전에는 비단 게르만의 사회뿐만

아니라 널리 다른 민족들의 농촌사회에서도 일반적인 것이었으리라고 학자들은 상상한다.

(ㄷ) **합 유** 예로부터 게르만의 사회에서는 여러 명의 상속인은 합수적 공동체 또는 공동상속인단체를 형성하고 있었으며, 이것이 합유관계의 원형이라고 한다. 가장의 사망으로 그의 자녀들이 상속하는 경우에는 상속재산을 분할하지 않고서, 같은 집에서 공동의 가계로 생활을 계속하였다. 이때 상속재산은 상속인의 전체에 귀속하며, 상속인들이 하나의 단체로서 상속재산을 소유하고 있었다. 각 상속인은 그의 신분에 따라 상속재산의 전체 위에 지분권을 가지고 있었으나, 그 지분권은 잠재적으로만 존재할 뿐이었다. 합유관계가 계속하는 동안에 상속재산은 공동으로 관리되고, 상속재산에 속하는 물건의 처분은 합수적(合手的)으로만 할 수 있었다. 즉, 상속재산의 관리·처분은 합수성의 원리(전원 일치의 원리)에 따라서 행해졌다. 이와 같이 합유는 합유관계가 소멸할 때까지 지분이 잠재적으로만 존재하는 공동소유였는데, 로마법의 계수 후에는 그의 영향으로, 각 합유자는 지분을 가지고 있으나, 그 지분을 자유로이 처분하지 못하는 공유의 일종으로 구성되어 있다.

제 2 관 공 유

[121] I. 서 설

1. 공유와 그 지분의 법률적 성질

(1) **공유(共有)의 성질** 민법에 따르면, "물건이 지분에 의하여 수인의 소유로 된 때"에 이를 공유라고 한다(262조 1항). 공유의 법률적 성질에 관해서는 1개의 소유권이 분량적으로 나누어 쪼개져서 여러 사람에게 속하는 것이라고(따라서 소유권은 어디까지나 하나가 있을 뿐이며, 그것이 양적으로 각 공유자에게 나누어서 속할 뿐이다) 설명하는 것이 일반적이다(고상룡 364면, 김기선 249면, 김상용 401면, 김증한 222면, 방순원 152면, 송덕수 375면, 이영준 582면, 이은영 508면, 장경학 504면, 최식 159면. 반대: 김증한·김학동 307면 참조). 이를 양적 분할설이라고 한다. 판례도 공유를 이와 같이 이해하고 있다(대판 1964. 12. 15, 64다824 참조).

(2) **지분의 성질** 하나의 소유권이 분량적으로 나누어 쪼개져서 여러 사람에게 속하는 것이 공유라면, 지분(持分)은 1개의 소유권의 분량적 일부분이라는 것이 된다. 즉, 지분은 1개의 소유권을 여러 명의 소유자에게 분할하는 비율이며,

그 비율에 따라서 분할된 소유권의 일부가 「공유권」 또는 공유자의 「지분」이다. 이를 알기 쉽게 표현한다면, 각 공유자가 목적물에 대하여 가지는 소유의 비율이 곧 지분이다.

위와 같은 「지분」과 「지분권」은 구별해야 한다. 지분은 각 공유자가 목적물에 대하여 가지는 소유의 비율이고, 이 지분에 의거하여 각 공유자가 공유물에 대하여 가지는 권리를 「지분권」이라고 한다. 이와 같이 지분과 지분권은 구별되나, 민법의 규정에서 지분은 이들 두 의미를 모두 포함하고 있어서, 두 가지를 엄격하게 구별해서 사용하고 있지 않다.

2. 공유관계의 성립   공유는 법률행위 즉 당사자의 의사에 따라 성립하는 경우가 많지만, 법률의 규정에 따라 성립하기도 한다.

(1) 당사자의 의사에 의한 성립   하나의 물건을 여러 명이 공동의 소유로 한다는 의사가 합치된 경우에 공유가 성립할 수 있다. 예컨대, 甲 · 乙이 물건을 공유하려는 합의를 한 경우 또는 하나의 물건을 여러 명이 양수하기로 계약하는 경우에 공유가 성립할 수 있다. 이때 그 물건이 부동산인 때에는 등기를 해야 한다(부등 48조 4항 · 67조 참조). 부동산은 아니더라도 등기나 등록이 있어야 물권이 성립하는 물건은 당연히 필요한 등기나 등록을 갖추어야 한다. 이러한 등기(또는 등록)에는 다음과 같은 두 가지가 있다.

(가) **공유의 등기**   공유자는 공유의 등기를 해야 한다. 이 등기가 없으면 공유자가 되지 못하고, 따라서 지분권을 주장하지도 못한다.

(나) **지분의 등기**   공유의 등기 이외에 지분의 등기도 해야 한다. 공유자가 공유의 등기를 하고 있더라도 지분의 등기를 하고 있지 않으면, 제262조 2항에 따라 지분은 같은 것으로 다루어지고, 실제 지분의 비율을 가지고 제 3 자에게 대항하지 못한다.

(2) 법률의 규정에 의한 성립   그 주요한 경우는 다음과 같다.

(가) 여러 명이 공동으로 하는 무주물 선점(252조) · 유실물 습득(253조) · 매장물 발견(254조 본문), 타인의 물건 속에서의 매장물 발견(254조 단서).

(나) 주종을 구별할 수 없는 동산의 부합(257조 후단) 또는 혼화(258조).

(다) 공유물의 과실(102조).

(라) 건물의 구분소유에서 공용부분(215조 1항. 집합건물 10조 1항·3조 1항 참조) 및 경계에 설치된 경계표·담·도랑 등(239조). 이들은 분할청구가 금지되나(268조 3항), 역시 공유의 성질을 가진다.

(마) 공동상속재산(1006조)과 공동포괄수증재산(1078조). 그러나 이에 관해서는 학설이 대립하고 있다. 합유로 보아야 한다는 견해도 있으나, 다수설은 공동상속인·공동수증자의 공유에 속한다고 해석한다(김증한 223면, 김현태(상) 274면, 장경학 506면, 최식 160면 참조). 현행 민법의 해석으로서는 공유설이 옳다(대판 1970. 4. 14, 70다171; 대판 1996. 2. 9, 94다61649. 상세한 것은 「상속법」 [30]·[78] 참조).

〈구분소유적 공유〉

부동산의 위치와 면적을 특정하여 2인 이상이 구분소유하기로 약정하고 구분소유자의 공유로 등기를 하는 경우가 있다. 이때 공유등기를 하지만 부동산의 특정부분을 구분소유하는 것이기 때문에 구분소유적 공유라고 한다(부동산실명 2조 1호 나목). 당사자들이 내부관계에서는 각각 특정부분을 소유하고 공유지분등기는 각자 특정 매수한 부분에 관하여 서로 명의신탁을 하고 있다고 볼 수 있으므로 상호명의신탁이라고도 한다(대판(전) 1980. 12. 9, 79다634 참조). 구분소유적 공유관계는 어떤 부동산에 관하여 위치와 면적을 특정하여 여러 사람이 구분소유하기로 하는 약정이 있어야만 적법하게 성립할 수 있다. 공유자들 사이에 공유물을 분할하기로 약정하고 그때부터 각자의 소유로 분할된 부분을 특정하여 각자 점유·사용하여 온 경우에도 구분소유적 공유관계가 성립할 수 있다. 그러나 공유자들 사이에서 특정부분을 각각의 공유자들에게 배타적으로 귀속시키려는 의사의 합치가 이루어지지 않으면 이러한 관계가 성립할 여지가 없다(대판 2009. 3. 26, 2008다44313 참조).

[122] Ⅱ. 공유의 지분

1. 지분의 비율

(1) 지분의 비율은 법률의 규정(254조 단서·257조·258조·1009조 이하. 집합건물 12조 참조) 또는 공유자의 의사표시에 따라 정해진다. 그러나 그것이 분명하지 않은 경우에 관하여 민법은 각 공유자의 지분은 균등 즉 같은 것으로 추정한다(262조 2항).

(2) 부동산 공유지분의 비율에 관한 약정이 있는 경우에는 이를 등기해야 한다(부등 48조 4항). 지분에 관하여 각 공유자 사이에 약정이 있더라도 그 비율에 관

한 등기를 하지 않고서 단순히 공유의 등기만을 한 경우에, 제 3 자는 각 공유자의 지분은 균등하다는 추정을 받게 되며, 공유자는 그 다른 비율을 가지고 제 3 자에게 대항하지 못한다.

2. 지분의 내용

(1) 지분은 소유권의 수량적 일부분이지만, 하나의 소유권과 같은 성질을 가지고 있으므로, 목적물을 사용·수익·처분하는 권능을 가지게 된다(263조 참조). 공유물의 사용·수익의 권능과 처분의 권능에 관하여 설명하면, 다음과 같다.

(2) **공유물의 사용·수익**   각 공유자는 "공유물 전부를 지분의 비율로 사용·수익할 수 있다"(263조). 공유자가 다른 공유자와 협의하지 않고 이를 배타적으로 독점 사용할 수 없다(대판 1991. 1. 15, 88다카19002·19019 참조). 사용·수익의 내용은 공유물의 기존의 모습에 본질적 변화를 일으켜 '관리' 아닌 '처분'이나 '변경'의 정도에 이르는 것이어서는 안 된다. 예컨대 나대지에 새로이 건물을 건축하는 것은 관리의 범위를 넘는 것이 된다(대판 2001. 11. 27, 2000다33638·33645 참조).

공유물의 사용·수익에 관하여 지분의 비율에 따른다는 추상적인 기준만으로는 구체적으로 어떻게 할지에 관하여 다툼이 생기기 쉬우므로, 공유자 상호간에 구체적인 사용·수익의 방법에 관하여 협정하는 것이 보통이다. 만일 그러한 협정이 성립하지 못하여 공유물의 공동의 사용·수익이 사실상 불가능한 경우에는 공유관계를 소멸시키는 수밖에 없다.

(3) **공유물의 처분**   공유물은 동시에 다른 공유자의 지분의 객체가 되어 있으므로, 보통의 단독소유권의 경우와 달라서, 한 사람의 공유자가 그 목적물을 자유로이 처분한다는 것은 허용되지 않는다. 민법은 공유물을 처분하기 위해서는 공유자 전원의 동의가 필요하다고 규정하고 있다(264조).

3. 지분의 처분

(1) 공유자는 그 지분을 처분할 수 있다(263조). 즉, 지분을 양도하거나, 담보에 제공하거나, 또는 포기하는 등 자유로이 처분할 수 있다. 따라서 다른 공유자의 동의는 필요하지 않다(대판 1972. 5. 23, 71다2760 참조). 다만 구분건물 소유자는 그가 소유하는 전유부분과 분리하여 공유부분에 대한 지분이나 대지사용권에 대한 지분을 처분할 수 없다([96] 2 (3) 참조).

(2)　지분이 양도된 경우에, 그 양수인은 양도인이 받고 있었던 것과 같은 제한을 받는 지분을 취득한다. 따라서 종래 다른 공유자와의 사이에 있었던 공유관계는 그대로 양수인에게 이전한다.

(개)　공유관계에 관한 결정은, 그것이 법률의 규정에 의한 것이든 또는 공유자 상호간의 특약에 의한 것이든, 모두 지분의 양수인에게 승계된다. 공유자 간의 공유물에 대한 사용수익 관리에 관한 특약은 공유자의 특정승계인에 대하여도 당연히 승계된다(대판 2007. 11. 29, 2007다64167 참조). 그러나 부동산의 공유에 관한 불분할의 특약은 등기되어 있는 때에만 지분의 양수인에게도 효력이 있다(부등 67조 1항).

(내)　그러나 공유관계에 관한 약정에 따라 공유자 상호간에 생긴 개개의 채권·채무(관리비용상환청구권 등)는 각 공유자에게만 속하며, 양수인에게 이전하지 않는 것이 원칙이다. 다만 이 원칙에 대해서는「집합건물의 소유 및 관리에 관한 법률」에 하나의 예외가 인정되어 있다(동법 18조). 즉, 공유자인 구분건물 소유자가 공용부분에 관하여 다른 공유자에 대하여 가지는 채권은 그 특별승계인에 대해서도 행사할 수 있다([96] 2 (5) (래) 참조).

(3)　지분양도를 금지하는 특약은 유효하나, 그것은 채권적 효력을 가질 뿐이다. 또한 부동산의 공유에서도 이 특약을 등기하는 것이 인정되어 있지 않다. 판례는 공유자 중 1인이 자신의 지분 중 일부를 다른 공유자에게 양도하기로 하는 공유자 간의 지분의 처분에 관한 약정까지 공유자의 특정승계인에게 당연히 승계되는 것이 아니라고 한다(대판 2007. 11. 29, 2007다64167 참조).

4.　지분의 주장　　　지분은, 이미 밝힌 바와 같이, 다른 공유자의 지분에 따라 일정한 비율로 제한을 받는 점을 제외하고, 하나의 독립한 소유권과 같은 것이다. 각 공유자는 그의 지분을, 단독으로, 다른 공유자와 제 3 자에 대하여 주장할 수 있다. 문제되는 주요한 경우는 다음과 같다.

(1)　다른 공유자에 대하여 지분의 확인을 구하는 경우에는, 자기의 지분을 부인하거나 또는 다투는 자만을 상대방으로 하여 단독으로 소를 제기할 수 있다. 또한, 공유자가 아닌 제 3 자에 대하여 지분의 확인을 구하는 경우에도 단독으로 소를 제기할 수 있다. 어느 경우든지 다른 공유자 전원이 소송에 참가할 필요가 없다. 즉, 필수적 공동소송(민소 67조)이 아니며, 기판력은 소의 당사자 사이에서만

생긴다.

(2) 공유자의 한 사람이, 다른 공유자에 대하여, 그의 지분의 등기를 청구하는 경우에는, 지분의 확인을 청구하는 경우와 마찬가지로, 자기의 지분권을 다투는 자만을 상대방으로 하여 단독으로 소를 제기할 수 있다(대판 1970. 7. 28, 70다853·854 참조). 그리고 다른 공유자의 단독 명의로 등기가 되어 있는 경우에, 그것을 공유 명의로 고쳐서 자기의 지분권을 표시하는 등기를 청구하는 데는 단독으로 다른 공유자의 의사를 묻지 않고서 청구할 수 있다. 한편 공유자의 한 사람이 제3자에 대하여 지분의 등기를 청구하는 경우에도 단독으로 소를 제기할 수 있다.

(3) 각 공유자는 각자의 지분에 관하여 단독으로 제3자의 취득시효를 중단할 수 있다.

5. 지분의 침해에 대한 구제수단

(1) **반환청구**   제3자가 공유물의 점유를 빼앗고 있는 경우에, 각 공유자가 지분의 비율에 따른 점유의 반환을 청구할 수 있음은 명백하나, 여기에서 나아가 지분에 기하여 단독으로 자기에게 전부의 인도를 청구할 수 있는지는 문제이다. 통설과 판례는 이를 긍정하고 있다.

그러나 그 근거에 관해서는 견해가 나누어져 있다. 판례는 이를 제265조 단서에서 정하는 보존행위에 해당한다고 본다(대판 1966. 6. 7, 66다628; 대판 1969. 3. 4, 68다21 참조). 학설에서는 불가분채권의 규정(409조)을 유추하는 견해가 다수설이다(김상용, 458면, 김용한, 330면, 김증한·김학동 318면, 김현태(상) 278면, 방순원 157면, 이영준 590면, 이은영 517면, 장경학 511면 참조). 즉, 불가분채권의 규정을 유추하여 단독으로 전부의 인도를 청구할 수 있다고 한다. 이 견해는 불가분채권의 규정을 유추 적용하는 근거를 제시하지 못하는 단점이 있다. 이에 대하여 지분권에서 그 근거를 찾는 견해가 있다(김재형, 민법론 I, 231면 참조). 지분은 각각 하나의 소유권과 같은 성질을 가진다. 공유자는 지분권에 따라 공유물 전부를 사용·수익할 권능이 있다. 따라서 지분권의 객체인 공유물이 침해된 경우에, 공유자 각자가 방해의 배제를 청구할 수 있다고 보아야 한다. 이와 같이 각 공유자의 반환청구권은 그들의 지분에 의거하여 당연히 생기는 것이라고 해야 한다.

한편 공유자 중 1인이 다른 공유자와 협의하지 않고 배타적·독점적으로 공유물을 점유하는 경우에 다른 공유자는 보존행위에 기하여 공유물 전부에 관하여 공유물의 반환을 청구할 수 있다는 것이 종전 판례였다(대판(전) 1994. 3. 22, 93다9392·9408 참조). 그러나 이는 보존행위의 개념을 지나치게 확장한 것이다. 공유자 중 1인이 보존행위를 단독으로 할 수 있도록 한 것은 공유자 모두에게 이익이 되기 때문인데, 공유자 사이에 명도청구를 인정하는 것은 공유자들 사이에 이익이 충돌되는 것에 해당하여 허용되어서는 안 된다. 대법원은 판례를 변경하여 공유물 보존행위로 소수지분권자가 다른 소수지분권자에 대해 인도청구를 할 수 없다고 하고, 다만 지분권에 기초하여 지분권 행사를 방해하는 행위에 대해 민법 제214조에 따른 소유물에 대한 방해제거 및 예방 등을 청구할 수 있을 뿐이라고 하였다(대판(전) 2020. 5. 21, 2018다287522 참조).

(2) **방해제거청구**   다른 공유자 또는 제3자가 공유물을 침해하는 때에는, 각 공유자는 단독으로 공유물 전부에 대한 방해의 제거를 청구할 수 있다. 가령 공유자는 원인무효인 등기의 말소를 청구할 수 있다. 학설·판례 모두 이 이치를 인정한다(대판 1968. 9. 17, 68다1142·1143; 대판 1970. 3. 24, 70다133 참조). 공유부동산에 관하여 제3자가 원인무효의 등기를 하고 있는 경우에 공유자 중 1인이 그 등기의 전부 말소를 청구할 수 있다. 그러나 공유부동산에 관하여 공유자 1인의 단독 명의로 등기되어 있는 경우 다른 공유자가 원인무효임을 이유로 그 등기 전체의 말소등기를 청구할 수는 없다(대판(전) 1965. 4. 22, 65다286; 대판 1988. 2. 23, 87다카961; 대판 1995. 4. 7, 93다54736 참조). 그 근거에 관해서는 위 (1)에서 본 바와 같이 논란이 있는데, 지분은 공유물 전부에 미치는 소유권과 같은 성질을 가진다는 점에서 그 근거를 찾을 수 있다.

(3) **부당이득반환청구와 불법행위에 기한 손해배상청구**   공유물을 제3자가 무단으로 점유하고 있는 경우 공유자는 위와 같이 제3자에 대하여 공유물의 반환이나 방해배제를 청구할 수 있을 뿐만 아니라, 그 지분비율에 따라 부당이득반환 또는 불법행위에 기한 손해배상을 청구할 수 있다(대판 1970. 4. 14, 70다171 참조). 이와 마찬가지로 공유자 가운데 일부가 공유물 전부를 배타적으로 점유·사용하고 있다면, 다른 공유자들에게 그 지분에 상응하여 부당이득을 반환하거나 불법행위에 기한 손해배상을 해야 한다(대판 2002. 10. 11, 2000다17803 참조). 공유자가 다른 공유

자의 동의 없이 부동산을 다른 사람에게 임대한 경우에도 마찬가지이다(대판 2021. 4. 29, 2018다261889 참조). 집합건물 대지의 공유관계에서도 원칙적으로 민법상 공유에 관한 법리가 적용되지만, 다음과 같은 예외가 인정된다. 집합건물에서 전유부분 면적 비율에 상응하는 '적정 대지지분'을 가진 구분소유자는 대지 전부를 용도에 따라 사용·수익할 수 있는 적법한 권원을 가진다. 따라서 구분소유자 아닌 대지 공유자는 그 대지 공유지분권에 기초하여 적정 대지지분을 가진 구분소유자를 상대로 해서는 대지의 사용·수익에 따른 부당이득반환을 청구할 수 없다(대판(전) 2022. 8. 25, 2017다257067 참조).

    6. 지분의 탄력성   공유는 동일물 위에 독립한 소유권과 같은 성질을 가지는 지분이 서로 제한을 받으면서 존재하는 상태이다. 서로 제한하는 지분의 하나가 소멸하면, 다른 지분은 그 범위에서 그가 받고 있었던 제한으로부터 풀려서 점차로 본래의 단독소유권의 모습에 접근하게 된다. 이것을 「지분의 탄력성」이라고 한다. 이 이치에 따라서 민법은 공유자의 한 사람이 그의 지분을 포기하거나 상속인 없이 사망한 때에는, 그 지분은 다른 공유자에게 그들의 지분의 비율로 귀속하는 것으로 정하고 있다(267조). 그러나 구분건물 소유자가 갖는 대지사용권에 대한 지분에 관해서는 제267조의 적용이 배제된다(집합건물 22조). 이는 전유부분과 대지사용권과의 일체성을 관철하기 위한 것이다.

[123] Ⅲ. 공유자 사이의 공유관계

    공유물 위에는 각 공유자의 지분이 경합하여 성립하고 있으므로, 공유물의 관리·처분 등은 공유자 전원의 이해에 관계된다. 여기서 민법은 공유물에 대하여 각 공유자가 가지는 지분 상호간의 이해를 조절하고 공유물의 가치를 유지·증진하기 위하여 다음과 같이 정하고 있다.

    1. 공유물의 관리   보통 관리라고 하면, 그것은 목적물의 보존·이용·개량을 통틀어 일컫는 것으로서, 처분에 대응하는 관념이다. 그러므로 공유물의 관리라 함은 전 공유자를 위하여 공유물의 사용가치를 보존하고 실현하며, 또한 증대시키는 것이다.

    (1) 공유물의 보존   각 공유자가 단독으로 보존행위를 할 수 있다(265조 단

서). 본래 보존행위는 공유물의 멸실·훼손을 방지하고 공유물의 현상을 유지하는 것으로서, 사실적·법률적 행위를 포함한다. 가령 공유 건물의 손괴를 방지하기 위하여 수리를 하거나 제 3 자와 수선계약을 체결하는 것을 들 수 있다. 공유자가 단독으로 보존행위를 할 수 있도록 한 이유는 공유자 전원의 이익이 되기 때문이다. 보존행위를 할 수 있는 권한을 보존권이라고 할 수 있다. 그런데 어느 공유자가 보존권을 행사하는 경우에 그 행사의 결과가 다른 공유자의 이해와 충돌할 때에는 그 행사는 보존행위가 될 수 없다(대판 1995. 4. 7, 93다54736 참조). 판례는 공유물의 반환이나 방해배제를 청구하는 경우에도 공유물의 보존행위에 해당한다고 하여 보존행위의 개념을 확대적용하였는데, 그 문제점에 관해서는 이미 살펴보았다(위 [122] 5 참조).

　　(2)　**공유물의 이용과 개량**　　공유물의 이용은 공유물을 그의 경제적인 사용방법에 따라서 활용하는 것이다. 따라서 이미 설명한 바와 같은 각 공유자의 개인적 수요를 충족하기 위한 사용·수익과는 다르며, 여기서는 공유물을 전체로서 어떻게 이용하는지가 문제인 것이다. 따라서 예컨대, 공유건물에 관하여 각 공유자의 지분에 따른 사용에 맡기는 것(263조 참조)도 하나의 이용방법이 되겠지만, 이를 타인에게 임대한다든가 또는 공유자 중의 한 사람에게 사용케 한다든가 하는 것도 공유건물의 이용에 해당한다. 한편 공유물의 개량은 그의 사용가치, 따라서 교환가치를 더하여 크게 하는 것으로서, 「변경」의 정도까지는 이르지 않는 것이다. 위와 같은 공유물의 이용과 개량에 관한 사항은 각 공유자의 지분의 과반수로써 결정한다(265조 본문).

　　2.　공유물의 처분·변경　　공유물을 처분하거나 변경하는 데는 공유자 전원의 동의가 있어야 한다(264조). 여기서 처분이라는 것은 법률상 및 사실상의 처분을 모두 포함하는 것이다.

　　3.　공유물에 관한 부담　　공유물의 관리비용 그 밖의 의무는 각 공유자가 그 지분의 비율로 이를 부담한다(266조 1항). 공유자가 이러한 의무의 이행을 1년 이상 지체한 경우에는 다른 공유자는 상당한 가액으로 그 자의 지분을 매수할 수 있다(266조 2항).

[124] Ⅳ. 공유관계의 대외적 주장

각 공유자가 그의 지분을 다른 공유자에 대하여 주장하는 지분의 대내적 주장과 제 3 자에 대하여 주장하는 지분의 대외적 주장에 관해서는 이미 설명하였다([122] 4 참조). 여기서는 「공유관계」, 즉 공유자 전원에게 속하는 전체로서의 소유관계를 주장하는 것에 관해서만 설명한다. 그리고 공유자의 다른 공유자에 대한 대내적 주장은 모두 지분의 주장이므로, 여기에서 공유관계의 주장은 주로 공유자 이외의 제 3 자에 대한 대외적 주장의 경우에 관한 것이다.

1. 공유관계의 확인청구·등기청구 등   전체로서의 공유관계를 주장해서 그의 확인을 구하거나, 등기를 청구하거나, 또는 시효를 중단하는 경우에, 공유자 전원이 공동으로 해야 하는가, 아니면 각 공유자가 단독으로 이를 할 수 있는가? 여러 사람이 공유하고 있는 경우에, 한두 사람의 공유자가 공동행위를 하려고 하지 않든지 또는 할 수 없는 경우(행방불명이 된 경우 등)에, 공유자 중 일부가 전원을 위하여 공유관계를 주장할 수 있다고 한다면, 실제에서는 매우 편리한 경우가 많을 것이다. 그러나 이러한 견해를 취하는 학자는 없다. 즉, 학설은 공유자 전원이 공동으로 해야 한다는 데 일치하고 있다(방순원 157면, 장경학 514면, 최식 164면 참조). 그 이유로는 (ⅰ) 공유자들의 사이가 좋지 않아서 공동의 소송을 할 수 없는 경우에는 오히려 공유관계를 끝내는 것이 바람직할 것이고, (ⅱ) 각 공유자에게 그러한 주장을 인정하더라도 그 판결의 기판력이 전원에게 미치지 않으므로, 실익이 없다는 것을 든다. 통설이 타당하다. 판례도 마찬가지이다(대판 1994. 11. 11, 94다35008 참조).

2. 공유관계에 의한 방해배제청구   이미 설명한 바와 같이, 공유물의 점유를 빼앗긴 경우 또는 방해를 받는 경우에, 각 공유자는 그의 지분에 기하여 단독으로 그 반환청구 또는 방해제거청구를 할 수 있다([122] 5 참조). 그러나 공유자가 전체로서 가지는 공유관계에 기하여 반환이나 방해제거를 청구할 수도 있다고 해야 한다. 다만 이때에는 언제나 공유자 전원이 공동으로 해야 한다고 해석해야 한다(대판 1961. 12. 7, 4293민상306·307 참조). 반환청구에 관해서 본다면, 각 공유자의 지분에 기한 반환청구의 경우와는 달라서, 이때에는 하나의 반환청구권이 있을 뿐이므로, 각 공유자가 단독으로 행사할 수 있다는 것은 적당하지 않다. 방해제거청구의 경우에도 역시 기판력과의 관계에서 공동으로 해야 한다는 것이 정당하다.

　이와 같이 공유관계에 기한 방해배제청구는 언제나 공동으로 해야 하나, 지분에 기한 그러한 청구는 반대로 언제나 단독으로 할 수 있으므로, 보통은 지분에 기한 방해배제청구를 하는 것이 좋을 것이다. 실제 소송에서 공유자 중 일부가 청구하는 경우에는 법원으로서는 원칙적으로 지분에 기한 청구를 한 것으로 보고 판단을 해야 한다.

[125]　V.　공유물의 분할

　공유관계는 여러 원인으로 소멸한다. 그 주요한 것은 (i) 공유물의 멸실, (ii) 제 3 자에의 양도, (iii) 수용(收用), (iv) 지분의 집중(공유자의 한 사람이 다른 공유자의 지분을 전부 양수한 때, 266조 2항의 규정에 따라 한 사람의 공유자가 다른 공유자들의 지분을 전부 매수한 때, 그리고 공유자 중의 한 사람을 제외한 전원이 그 지분을 포기하거나 상속인이 없이 사망한 때에 지분의 집중이 있게 된다)과 (v) 공유물을 분할하는 때이다. 그중 공유물의 분할에 관해서만 여기서 설명하기로 한다.

1.　공유물 분할의 자유

　(1)　"공유자는 공유물의 분할을 청구할 수 있다"(268조 1항 본문). 공유는, 합유나 총유와는 달라서, 공유자 사이에 아무런 인적 결합관계가 없고, 다만 어떤 사정으로 목적물을 개별적으로 소유할 수 없기 때문에 부득이 공동으로 소유하고 있는 상태이다. 따라서 공유자 중의 누군가가 공유관계를 그만둘 것을 희망하는 경우에는 언제든지 자유로이 분할할 수 있는 것으로 하고 있다. 이러한 분할의 자유는 공유가 다른 공동소유의 모습과 구별되는 본질적 특징의 하나이다.

　(2)　그러나 민법은 공유자가 계약(분할금지계약)으로 일정한 한도에서 분할의 자유를 제한하는 것을 인정한다. 즉, 5년을 넘지 않는 기간 내에서만 분할하지 않을 것을 약정할 수 있다(268조 1항 단서). 이 불분할계약은 갱신할 수 있으나, 그 기간은 갱신한 날부터 5년을 넘지 못한다(268조 2항). 공유자 사이의 분할금지계약은 지분의 양수인에게도 승계되나, 부동산에 관해서는 그에 관한 등기를 해야 한다는 점은 이미 밝혔다([122] 3 (2) 참조). 또한 법률상 당연히 분할이 제한되는 경우가 있으며, (i) 건물을 구분소유하는 경우의 공용부분(215조), (ii) 경계선상의 경계표(239조) 등에 관해서는 각 공유자의 일방적 청구에 의한 분할이 인정되지 않는다

(268조 3항). 그 밖에 「집합건물의 소유 및 관리에 관한 법률」도 구분소유권의 목적인 건물이 속하는 1동의 건물의 대지의 공유자는 그 건물의 사용에 필요한 범위 내의 대지에 대한 분할청구를 금지하고 있다(동법 8조). 또한 구분소유적 공유, 즉 상호명의신탁의 경우에는 명의신탁 해지를 원인으로 한 지분이전등기절차의 이행을 구하면 되고, 이를 갈음하여 공유물분할청구를 할 수는 없다(대판 2011. 10. 13, 2010다 52362 참조).

채권자가 공유물분할청구를 대위행사할 수 있는지 문제되는데, 판례는 원칙적으로 이를 부정한다(대판(전) 2020. 5. 21, 2018다879. 상세한 것은 채권총론 [49] 참조).

2. 분할의 방법

(1) **분할청구**　　　위에서 본 바와 같이, 각 공유자는 언제든지 공유물의 분할을 청구할 수 있다. 공유자의 분할청구권의 성질에 관하여, 통설은 일종의 형성권이라고 한다. 즉, 분할청구라는 일방적 의사표시에 따라 각 공유자 사이에는 구체적으로 분할을 실현할 법률관계가 생기며, 분할청구권은 이러한 법률관계를 일방적 의사표시로 발생시키므로, 그것은 일종의 형성권이라는 것이다. 그리고 이러한 법률관계의 효과로서 각 공유자는 분할에 관하여 협의할 의무를 부담하며, 협의가 이루어지지 않을 경우에는 분할청구자는 법원에 그 분할의 실현을 청구하는 소를 제기할 수 있다. 따라서 법원에 대한 분할청구의 소는 분할청구권을 행사해서 성립한 법률관계의 한 효과이며, 분할청구권 그 자체의 행사는 아니다(김상용 411면, 김증한·김학동 323면, 김현태(상) 285면, 방순원 159면, 이은영 519면, 장경학 516면, 최식 165면 참조).

공유물의 분할은 공유자 중의 일부만으로는 절대로 할 수 없고, 언제나 공유자 전원이 분할절차에 참여해야 한다. 각 공유자는 공유물의 분할에 관해서는 모두가 당사자로서 직접 이해관계를 갖기 때문이다. 그러므로 공유자 중 일부를 제외하고 분할절차를 진행해도 그것은 무효가 된다. 이는 협의상의 분할이든 또는 재판상의 분할이든 어느 경우에나 마찬가지다(대판 1968. 5. 21, 68다414·415; 대판 1968. 6. 25, 68다 647 참조).

(2) **협의에 의한 분할**　　　공유물의 분할은 협의로 하는 것이 원칙적인 모습이다(268조 1항·269조 1항). 공유자 전원이 참여해야 한다는 점은 이미 설명하였다.

협의에 의한 분할은 반드시 지분에 따라서 해야 하는 것은 아니다. 분할의 방법에는 다음과 같은 것이 있는데, 협의분할의 경우에는 그 방법을 임의로 선택할 수 있다.

　(가)　**현물분할**　　　공유물을 그대로 분량적으로 나누는 방법이며, 이것이 분할방법의 원칙이다.

　(나)　**대금분할**　　　공유물을 팔아서 그 대금을 나누는 방법이다(이 경우에 각 공유자는 대금채권을 나누어서 취득하는 것이 원칙이다. 408조 참조).

　(다)　**가액보상**　　　공유자의 한 사람이 다른 공유자들의 지분을 양도받아서 그 가격을 지급하고, 단독소유자가 되는 방법이다. 가액상환 또는 가격배상이라고도 한다.

　(3)　**재판에 의한 분할**　　　"분할의 방법에 관하여 협의가 성립하지 아니한 때에는, 공유자는 법원에 그 분할을 청구할 수 있다"(269조 1항).

　(가)　공유물 분할의 소를 제기하려면, 공유자 사이에서 협의가 성립하지 않아야 한다. 따라서 모든 공유자의 합의에 의한 분할의 약정이 있는 경우에는 재판상의 분할청구가 인정되지 않는다(대판 1967. 11. 14, 67다1105 참조). 협의가 성립하지 않는다는 것은 실제로 협의를 하였으나 분할방법에 관하여 합의가 되지 못한 경우뿐만 아니라, 처음부터 협의를 할 수 없는 경우도 포함한다.

　(나)　**소의 성질**　　　이 소는 법원의 자유재량에 의한 분할(즉 기존의 공유관계를 폐기하고서 각자에게 단독소유권을 취득시키는)이라는 법률관계의 형성을 내용으로 하는 것이므로, 「형성의 소」라고 해야 한다(대판 1969. 12. 29, 68다2425 참조).

　(다)　**소의 당사자**　　　이 소는 필수적 공동소송이며, 공유자 전원이 소송의 당사자로 되어야 한다. 따라서 피고가 되는 자는 원고를 제외한 그 밖의 다른 공유자 전원이다(대판 2003. 12. 12, 2003다44615·44622 참조).

　(라)　**판결의 내용**(분할방법)　　　분할방법은 현물분할을 원칙으로 한다(현물분할은 위치·면적·토질·수리·이용상황·환경 등을 종합적으로 고려하여 합리적으로 결정해야 한다. 대판 1973. 5. 22, 72다701·702 참조). 현물분할의 방법은 법원의 자유재량에 따라 공유판세나 그 객체인 물건의 제반 상황에 비추어 공유자의 지분비율에 따라 합리적으로 분할하면 된다. 여기에서 공유지분비율에 따른다 함은 지분에 따른 가액비율에 따름을 뜻하는 것이므로 토지를 분할하는 경우에는 원칙적으로는 각 공유자가

취득하는 토지의 면적이 그 공유지분의 비율과 같아야 하나, 반드시 그렇게 해야만 하는 것은 아니다. 토지의 형상이나 위치, 그 이용상황이나 경제적 가치가 균등하지 않을 때에는 이와 같은 제반 사정을 고려하여 경제적 가치가 지분비율에 상응하도록 분할하는 것도 허용된다(대판 1991. 11. 12, 91다27228 참조).

　　현물분할이 불가능하거나 또는 현물분할을 하게 되면 현저하게 그 가격을 손상할 염려가 있는 때에는, 법원은 목적물의 경매를 명하고, 그 대금을 분할해야 한다(269조 2항 참조. 대판 1973. 1. 30, 72다1800; 대판 1980. 9. 9, 79다1131·1132; 대판 1991. 11. 12, 91다27228 참조). 분할로 인하여 현저히 그 가액이 감손될 염려가 있는 때란 공유물 전체의 교환가치가 현물분할로 인하여 현저하게 감손될 경우뿐만 아니라 공유자들에게 공정한 분할이 이루어지지 않아 그중 한사람이라도 현물분할에 따라 단독으로 소유하게 될 부분의 가액이 공유물 분할전의 소유지분가액보다 현저하게 감손될 경우도 포함된다. 비록 형식적으로는 현물분할이 가능하더라도 공유물의 위치, 면적과 주변도로상황, 사용가치, 가격, 각 공유자의 소유지분 비율에 따른 공평한 분할이 이루어질 수 없는 경우에는 현물 분할방법에 의할 것이 아니라 대금분할방법으로 공유물을 분할해야 한다(대판 1985. 2. 26, 84다카1194 참조). 다만 현물분할이 원칙이므로, 경매분할을 해야 하는 요건을 객관적·구체적으로 심리하지 않고 단순히 공유자들 사이에 분할방법에 관하여 의사가 합치하고 있지 않다는 등 주관적·추상적 사정을 들어 함부로 경매분할을 명해서는 안 된다(대판 2009. 9. 10, 2009다40219·40226; 대판 2023. 6. 29, 2020다260025; 대판 2023. 6. 29, 2023다217916 참조).

　　일정한 요건이 갖추어진 경우에는 공유자 상호간에 금전으로 경제적 가치의 과부족을 조정하게 하여 분할을 하는 것도 현물분할의 한 방법으로 허용된다. 여러 사람이 공유하는 물건을 현물분할하는 경우에는 분할청구자의 지분한도 안에서 현물분할을 하고 분할을 원하지 않는 나머지 공유자는 공유자로 남는 방법도 허용될 수 있다(대판 1991. 11. 12, 91다27228 참조). 나아가 특별한 사정이 있는 때에는 공유물을 공유자 중의 1인의 단독소유 또는 여러 사람의 공유로 하되 현물을 소유하게 되는 공유자로 하여금 다른 공유자에 대하여 그 지분의 적정하고도 합리적인 가격을 배상시키는 방법에 의한 분할도 현물분할의 하나로 허용된다(대판 2004. 10. 14, 2004다30583 참조). 이는 이른바 전면적 가액보상에 의한 공유물분할을 인정한 것이다(양창수, 민법연구 9권, 127면 참조).

3. 분할의 효과

(1) **지분의 교환과 매매**　　　분할에 따라 공유관계는 끝나게 된다. 현물분할의 경우에는, 공유자 각자가 종래 가지고 있었던 지분권의 교환이 있게 된다. 그 과정을 분석해 보면 다음과 같다. 각 공유자는 공유물의 전부에 관하여 지분을 가지고 있었다. 분할에 따라 자기에게 귀속하게 된 부분에 관해서는 다른 공유자로부터 그 위에 가지고 있었던 지분을 양도받은 셈이다. 한편 다른 공유자에게 귀속하게 된 부분에 관해서는 그 위에 가지고 있었던 자기의 지분을 양도한 셈이다. 이로써 각자가 분할에 따라 취득한 부분에 관하여 완전한 단독소유권을 가지게 된다. 공유토지의 분할로 단독소유권을 취득한 경우에는 분필등기를 한 다음에 이전등기를 해야 한다. 한편 가액보상의 경우에는 지분권의 매매가 있게 된다.

이와 같이 분할은 각 공유자의 지분의 교환 또는 매매에 의한 이전이라는 실질을 가지는 것이므로, 다음과 같이 된다.

(개) 위와 같이 분할은 지분의 교환 또는 매매의 실질을 가지는 것이므로, 분할의 효과는 소급하지 않는다. 다만 공동상속재산의 공유에서는 분할의 소급효가 인정되어 있다(1015조 참조). 상속에 의한 권리·의무의 승계는 상속이 개시된 때에 그 효과가 생긴다고 하는 상속법의 원칙상 당연한 것이다.

(내) 각 공유자는 다른 공유자가 분할에 따라 취득한 물건 또는 그 부분에 관하여 그 지분의 비율로 매도인과 동일한 담보책임이 있다(270조). 위에서 설명한 바와 같이 분할은 지분권의 교환·매매를 뜻하므로, 제570조 이하의 규정에 따라 손해배상·대금감액(예컨대, 분할로 취득한 부분의 수량이 적은 경우에 가액보상으로서 지급한 금액의 일부를 반환하는 것이 이에 해당한다)·해제(재분할이 이에 해당한다) 등을 청구할 수 있게 된다. 그러나 법원에 의한 재판상의 분할의 경우에는 해제, 즉 분할을 다시 하는 재분할은 인정되지 않는다고 새겨야 한다(고상룡 380면, 김상용 413면, 김증한·김학동 325면, 김현태(상) 288면, 송덕수 391면, 이영준 618면, 장경학 519면 참조). 해제에 따라 재판의 결과를 뒤집는 것은 인정할 수 없기 때문이다.

(2) **지분상의 담보물권**　　　공유자의 한 사람의 지분 위에 성립하고 있는 담보물권이 분할에 따라 어떠한 영향을 받는지에 관하여 민법은 아무런 규정도 두고

있지 않다. 그러나 다음과 같이 새겨야 한다.

(가) 그 지분을 가지는 자가 공유물의 전부를 취득한 경우에는, 담보물권의 목적으로 되어 있는 범위에서는 지분은 그 물건 위에 그대로 존속하고, 담보물권은 그 지분 위에 존속한다.

(나) 그 지분을 가지는 자가 공유물의 일부를 취득한 경우에는, 이 부분이든 또는 다른 자가 취득한 부분이든, 바꾸어 말하면 공유물의 전부에 담보물권의 목적으로 되어 있는 범위에서 지분이 그대로 존속하고, 담보물권은 이 지분 위에 존속한다.

(다) 공유물이 전부 제 3 자(대금분할의 경우) 또는 다른 공유자(가액보상에 의한 분할의 경우)에게 귀속하고, 그 지분을 가지는 자가 대금 또는 가액을 취득하는 경우에는, 담보물권은 그 타인에게 귀속한 물건의 지분 위에 존속하며, 그 밖에 담보물권자는 물상대위의 규정(342조·370조)에 따라서 이 대금이나 또는 가액에 대하여 권리를 행사할 수 있다.

제 3 관   합유와 총유

[126]   I. 합   유

1. 합유의 법률적 성질   민법은 "법률의 규정 또는 계약에 의하여 수인이 조합체로서 물건을 소유하는 때"에 그 공동소유를 「합유(合有)」라고 한다(271조 1항 전단). 여기서 조합체라는 것은 합수적 조합을 말하며, 공동의 목적을 가지고 뭉친 결합체이지만, 단체적 단일성은 약하고 구성원의 개별성이 강한 점에서, 법인이나 총유를 하는 단체(즉 권리능력 없는 사단)와 다르다. 이러한 조합의 재산(조합재산)을 소유하는 모습이 합유이다. 합유에서도, 공유에서와 같이, 합유자는 지분을 가진다. 따라서 소유권이 양적으로 다수인에게 나누어서 속하게 되는 점은 공유와 같다. 그러나 합유자의 지분은 공동목적을 위하여 구속되어 있으며, 자유로이 처분하지 못하는 점에서 공유지분과 다르다.

2. 합유의 성립   합유관계는 계약 또는 법률 규정에 따라 성립한다(271조 2항). 그러나 합유는 합수적 조합을 전제로 하는 까닭에, 결국 계약 또는 법률의

규정으로 조합이 성립하는 경우에, 그 조합재산에 관하여 합유가 성립하게 된다. 민법상 법률 규정으로 합유관계가 성립하는 것은 민법의 조합재산(704조 참조)이다. 그리고 부동산을 합유하는 경우에는 등기해야 한다(부등 48조 4항).

3. 합유관계   합유자의 권리, 즉 지분은 합유물 전부에 미친다(271조 1항 전단). 그 밖의 합유관계의 자세한 내용은 합유자 사이의 계약으로 정해지나, 그러한 특별한 계약이 없으면 제272조부터 제274조까지의 규정에 따라 규율된다(271조 2항). 따라서 이 규정은 임의규정이다.

(1) 합유물의 보존행위는 각 합유자가 단독으로 할 수 있으나, 합유물을 처분하거나 변경하는 데는 합유자 전원의 동의가 있어야 한다(272조). 합유물에 관한 소송은 원칙적으로 고유필수적 공동소송이다(대판 1983. 10. 25, 83다카850; 대판 1994. 10. 25, 93다54064 참조). 그러나 합유물에 관한 원인 무효의 소유권이전등기에 대해 말소를 구하는 소송은 합유물에 관한 보존행위로서 합유자 각자가 할 수 있다(대판 1997. 9. 9, 96다16896 참조).

(2) 합유물에 대한 지분을 처분하는 데도 합유자 전원의 동의가 필요하다(273조 1항). 합유의 성질상 지분 처분이 제한됨은 당연하다. 다만 조합계약에서 다른 조합원의 동의 없이 각자 지분을 자유로이 양도할 수 있도록 약정하거나 사후적으로 지분 양도를 인정하는 합의를 하는 것은 유효하다(대판 2016. 8. 30, 2014다19790 참조).

합유지분에는 두 가지가 있다. 즉, 각 합유자는 전체로서의 조합재산에 대하여 지분을 가질 뿐만 아니라, 조합재산을 구성하는 개개의 물건에 대해서도 지분을 가진다. 또한 조합재산 전체가 합유물일 뿐만 아니라, 조합재산을 구성하는 개개의 물건도 합유물이다.

(3) 합유자는 합유물의 분할을 청구하지 못한다(273조 2항). 따라서 합유재산의 분할은 물론이고, 개개의 합유물을 분할해서 합유관계를 끝나게 하지 못한다. 그러나 이는 임의규정이며, 특약으로 분할을 허용할 수 있다.

(4) 위와 같이 합유물의 분할은 원칙적으로 금지되어 있기 때문에, 합유관계가 끝나는 것은 합유물의 양도로 조합재산이 없게 되는 때와, 조합체의 해산이 있게 되는 때이다(274조 1항). 조합체의 해산으로 합유관계를 종료하게 되면, 합유재산은 이를 분할하게 되는데, 그 분할에는 공유물의 분할에 관한 규정이 준용된다(274

조 2항).

[127] Ⅱ. 총　　유

1. 총유의 법률적 성질　　이미 밝힌 바와 같이, 총유(總有)는 법인이 아닌 사단의 소유의 모습이다(275조 1항). 총유에서는 소유권의 내용이 관리·처분 등의 권능과 사용·수익 등의 권능이라는 두 무리로 나누어지며, 그중 앞의 것은 구성원의 총체에 속하고, 뒤의 것은 각 구성원에게 속하게 되는 점에서, 다른 공동소유의 모습과 구별된다. 따라서 총유에는 공유나 합유에서 인정되는 지분이라는 것이 있을 수 없다.

2. 총유의 주체　　법인 아닌 사단, 즉 법인격 없는 인적 결합체가 그 주체이다. 권리능력 없는 사단이라고도 한다. 이에 속하는 대표적인 경우는 종중(宗中)이다. 부동산의 총유는 이를 등기해야 하며, 등기신청은 사단의 명의로 그 대표자 또는 관리인이 이를 한다(부등 26조).

〈문제가 되는 총유재산〉

총유재산으로서 빈번하게 재판상 문제가 되는 것이 둘 있다. 종중재산과 교회재산이 그것이다(여기서 말하는 교회는 이른바 개신교의 교회를 가리킨다). 그 밖에 동·리의 재산도 간혹 문제가 된다. 차례로 보기로 한다.

　(ㄱ)　**종중재산**　　종중의 의의·조직·운영 등에 관해서는 민법총칙강의에서 다루었다(「민법총칙」 [76] 2 (1) 참조). 여기서는 종중재산에 관해서만 설명한다. 종중이 그의 본래의 목적인 선조의 제사와 분묘의 수호·관리 등을 위하여 소유하는 재산을 통틀어서 종중재산이라고 한다. 종중재산을 구성하는 것은 동산·부동산·채권 등 다양하나, 종래 주로 문제가 된 것은 부동산이다. 아래에서도 이에 관해서만 보기로 한다. 종중이 소유하는 부동산의 주가 되는 것은 매장과 제사에 제공되는 토지·건물과 제사비용을 마련하기 위한 논밭 또는 임야이다. 선조의 분묘가 있는 임야는 묘산(墓山)·종산(宗山)이라 일컫고, 제사비용을 마련하는 토지는 이를 위토(位土)·종토(宗土)·제전(祭田)·묘전(墓田) 등으로 불린다. 위토에서 나오는 수익으로 그의 사업(제사·분묘의 수축(修築)이나 개장, 석물(石物)의 시설, 제당의 건축이나 보수, 종산의 식림, 종원의 구조, 족보나 선조의 문집간행, 종회개최 등)의 비용에 충당한다. 이러한 종중재산은 일족의 시조나 공동선조 중의 누군가가 내놓거나, 종손이나 종원의 출연으로, 또는 일족에 속하는 자들이 조금씩 출연해서 마련하기도 한다. 위토는 어떻게 사용·수

익·처분되는가? 본래 위토는 제사비용을 마련하기 위한 것이고, 종원의 편익을 위하여
보유하는 것이 아니기 때문에, 종원에 의한 사용·수익은 문제되지 않고, 관리·처분만
있을 뿐이다. 전해 내려온 관리에 관한 관행은 일정하지 않으나, 관리인을 선임하는 것
이 통례이다. 즉, 종가(적장자)에 맡기거나, 또는 유사(有司)·도유사(都有司) 등으로
불리는 특별관리인을 종회에서 선임하여 관리케 하는 것이 일반적이다. 그러나 보통은
묘지기나 산지기 등으로 하여금 관리케 하고 그 수익을 분배해서 종중의 비용에 충당
한다. 종중재산을 처분한다는 것은 원칙적으로 있을 수 없으나, 처분이 불가피한 때에
는, 종회의 결의에 의거하여 선임된 자가 종중을 대표해서 처분행위를 한다(대판 1983.
12. 13, 83다카1463 참조). 처분의 대가는 물론 종원에게 분배되지 않고, 새 위토를 취
득하거나 이장(移葬) 그 밖의 사업에 사용된다.

　　이상과 같은 종중재산은 현행법상 어떻게 다루어지고 있는가? 종중재산의 법률적
성질에 관하여 학설은 이를 총유로 새기는 데 일치되어 있고, 판례도 여러 변천이 있었
으나 역시 총유로 새기고 있다(대판 1972. 2. 22, 71다2476; 대판 1974. 4. 9, 73다1393;
대판 1977. 1. 25, 76다2199 등 참조). 이는 종중을 권리능력 없는 사단으로 본 당연한
결과이다. 다음에는 종중의 부동산이 어떻게 공시되는지를 보기로 한다. 부동산등기법
은 종중에게 등기신청적격을 인정하고 있다(동법 26조). 그러나 총유로 등기된 종중부
동산은 비교적 적으며(그러나 점차 늘어가고 있다), 여전히 종가의 자손이나 아니면 종
원 중의 유력인사의 단독소유로 등기하고 있는 실정이다. 여기서 종래 여러 가지의 분
규나 법률문제가 생기고 있으며, 이에 관한 소송사건도 꽤 많다. 이러한 문제의 해결을
위한 한 방편으로서 대법원은 이른바 명의신탁을 인정하고, 이 이론으로 많은 경우를
처리해 왔다. 그러던 중 1995년에 제정된「부동산 실권리자명의 등기에 관한 법률」은
명의신탁을 원칙적으로 무효화하였으나, 종중재산에 관한 물권을 종중 외의 자의 명의
로 등기하는 것, 즉 명의신탁등기하는 것을 허용하고 있다(동법 8조 참조).

　　비법인사단인 종중의 토지 매각대금은 종원의 총유에 속한다, 그 매각대금의 분배
는 총유물의 처분에 해당하므로, 정관 기타 규약에 달리 정함이 없는 한 종중총회의 결
의로 그 매각대금을 분배할 수 있고, 그 분배 비율, 방법, 내용 역시 결의로 자율적으로
결정할 수 있다. 그러나 종중재산의 분배에 관한 종중총회의 결의 내용이 현저하게 불
공정하거나 선량한 풍속 기타 사회질서에 반하는 경우 또는 종원의 고유하고 기본적인
권리의 본질적인 내용을 침해하는 경우 그 결의는 무효이다. 여기서 종중재산의 분배
에 관한 종중총회의 결의 내용이 현저하게 불공정한 것인지 여부는 종중재산의 조성
경위, 종중재산의 유지·관리에 대한 기여도, 종중행사 참여도를 포함한 종중에 대한
기여도, 종중재산의 분배 경위, 전체 종원의 수와 구성, 분배 비율과 그 차등의 정도,

과거의 재산분배 선례 등 제반 사정을 고려하여 판단해야 한다. 종중 토지 매각대금의 분배에 관한 종중총회의 결의가 무효인 경우, 종원은 그 결의의 무효확인 등을 소구하여 승소판결을 받은 후 새로운 종중총회에서 공정한 내용으로 다시 결의하도록 함으로써 그 권리를 구제받을 수 있을 뿐이고 곧바로 종중을 상대로 하여 스스로 공정하다고 주장하는 분배금의 지급을 구할 수는 없다(대판 2010. 9. 9, 2007다 42310·42327 참조). 종중재산을 분배하면서 단순히 남녀 성별의 구분에 따라 그 분배 비율, 방법, 내용에 차이를 두는 것은 무효이다. 이는 개인의 존엄과 양성의 평등을 기초로 한 가족생활을 보장하고, 가족 내의 실질적인 권리와 의무에 있어서 남녀의 차별을 두지 아니하며, 정치·경제·사회·문화 등 모든 영역에서 여성에 대한 차별을 철폐하고 남녀평등을 실현할 것을 요구하는 우리의 전체 법질서에 부합하지 않아 정당성과 합리성이 없기 때문이다(대판 2010. 9. 30, 2007다74775 참조).

(ㄴ) **교회재산**   교회는 그 교도들의 연보(捐補)·성금 기타의 수입으로 이루어지는 교회재산을 가지고 있다. 교회재산의 귀속형태에 관해서도 학자들은 대체로 총유로 보고 있으나, 대법원의 태도는 오랫동안 일정하지 않았다. 최근의 판결에 비추어 볼 때, 총유라고 새기는 것이 현재의 대법원의 태도라고 할 수 있다(대판 1990. 12. 7, 90다카23561; 대판(전) 1993. 1. 19, 91다1226; 대판 1995. 2. 24, 94다21733 등 참조).

교회재산을 둘러싸고 일어나는 법률문제는 한 교회가 분열해서 두 교회로 나누어진 경우에, 분열 당시의 교회재산의 귀속이 어떻게 되는지에 관한 것이다. 이에 관한 대법원의 기본견해는 교회장정·회칙 기타 일반적으로 승인된 회칙이 있으면 그에 의하고, 그것이 없는 경우에는 교도총회의 의결에 의한다고 하고 있다(대판 1973. 1. 16, 72다2070 참조). 그 후 교회재산의 분열에 관한 판례가 변천을 겪었다. 판례는 교회의 분열을 인정하지 않는다. 즉, 법인 아닌 사단의 구성원들의 집단적 탈퇴로써 사단이 2개로 분열되고 분열되기 전 사단의 재산이 분열된 각 사단들의 구성원들에게 각각 총유적으로 귀속되는 결과를 초래하는 형태의 법인 아닌 사단의 분열은 허용되지 않는다. 교인들은 교회 재산을 총유의 형태로 소유하면서 사용·수익할 것인데, 일부 교인들이 교회를 탈퇴하여 그 교회 교인으로서의 지위를 상실하게 되면 탈퇴가 개별적인 것이든 집단적인 것이든 이와 더불어 종전 교회의 총유 재산의 관리처분에 관한 의결에 참가할 수 있는 지위나 그 재산에 대한 사용·수익권을 상실한다. 종전 교회는 잔존 교인들을 구성원으로 하여 실체의 동일성을 유지하면서 존속하며 종전 교회의 재산은 그 교회에 소속된 잔존 교인들의 총유로 귀속됨이 원칙이다(대판(전) 2006. 4. 20, 2004다37775 참조).

(ㄷ) **동·리의 재산**   동(洞)이나 리(里)는 하나의 행정구역에 지나지 않으며,

그 자체가 법률상 독립한 인격을 갖는 것은 아니다. 그러므로 그 재산은 주민 전체의
총유에 속한다는 것이 판례이다(대판 1953. 4. 21, 4285민상162; 대판 1965. 2. 9, 64다
1768 등 참조). 특정한 리(里)의 행정구역 내에 거주하는 주민들이 그들의 공동편익과
복지를 위하여 주민 전부를 구성원으로 한 공동체로서 이태원동(洞)을 구성하고 행정
구역과 동일한 명칭을 사용하면서 일정한 재산을 공부상 그 이름으로 소유한 경우에
그 재산은 법인 아닌 사단을 구성하는 주민들의 총유에 속한다고 볼 수 있다(대판
2004. 1. 29, 2001다1775 참조).

3. 총유관계   총유관계는 사단의 정관 그 밖의 규약으로 규율되나, 이들
정관이나 규약으로 정한 바가 없는 경우에는 제276조와 제277조의 규정에 의한다
(275조 2항). 따라서 이들 민법의 규정은 임의규정이다.

(1) 총유물의 관리 및 처분은 사원총회의 결의로써 한다(276조 1항). 여기에서
말하는 총유물의 관리 및 처분은 총유물 그 자체에 관한 이용·개량행위나 법률적·
사실적 처분행위를 한다. 판례는 타인 간의 금전채무를 보증하는 행위는 총유물 그
자체의 관리·처분이 따르지 아니하는 단순한 채무부담행위에 불과하다고 한다
(대판(전) 2007. 4. 19, 2004다60072·60089. 이 판결에 대한 비판으로는 김재형, 민법론 Ⅳ, 435면
참조).

한편 총유의 경우에는 공유나 합유의 경우와는 달리 그 구성원 각자가 보존행
위를 할 수 있다는 규정이 없다. 이는 법인 아닌 사단의 소유형태인 총유가 공유나
합유에 비하여 단체성이 강하고 구성원 개인들의 총유재산에 대한 지분권이 인정
되지 않는 데에서 나온 당연한 귀결이라고 한다. 따라서 총유재산에 관한 소송은
법인 아닌 사단이 그 명의로 사원총회의 결의를 거쳐 하거나 또는 그 구성원 전원
이 당사자가 되어 필수적 공동소송의 형태로 할 수 있을 뿐 그 사단의 구성원이
보존행위로서 소를 제기할 수 없다는 것이 판례이다(대판(전) 2005. 9. 15, 2004다44971
참조).

(2) 총유물의 사용·수익은, 정관 기타의 규약에 좇아 각 사원이 할 수 있다
(276조 2항).

(3) 총유물에 관한 사원의 권리·의무는, 사원의 지위를 취득·상실함으로써
당연히 취득·상실된다(277조). 사원의 권리의 주요한 것은, 총유물의 관리·처분에

참여할 수 있는 것과 총유물의 사용·수익이다.

제 4 관   준공동소유

[128] 준공동소유

1.   여러 사람이 공동으로 소유권 이외의 재산권을 소유하는 것을 준공동소유 (準共同所有)라고 한다. 공동소유에 공유·합유·총유의 3가지가 있는 것과 같이, 준 공동소유에도 준공유·준합유·준총유의 세 가지가 있다.

2.   준공동소유가 인정되는 소유권 이외의 재산권의 주요한 것은 지상권·전 세권·지역권·저당권 등의 민법상의 물권과 주식·광업권·저작권·특허권·어업 권 등이다. 채권에 관해서도 준공동소유는 성립하나, 주의할 것은 채권의 내용이나 효력에 관해서는 불가분채권의 규정에 따라야 하며, 채권에 대한 지배(채권에서 생기 는 과실 기타의 수익의 분배, 채권의 보존·이용방법의 결정, 비용의 부담, 처분 등)에 관해서만 준공동소유로서 각각 관계되는 규정에 따르게 된다.

3.   준공동소유에는 각각 공유·합유·총유에 관한 민법의 규정이 준용된다. 그러나 다른 법률에 특별한 규정이 있으면 그에 의한다(278조).

제 3 편 용익물권

제 1 장 지 상 권

제 1 절 총   설

[129] Ⅰ. 지상권의 의의와 성질

지상권(地上權)은 타인의 토지에서 건물 그 밖의 공작물이나 수목을 소유하기 위하여, 그 토지를 사용할 수 있는 물권이다(279조).

(1) 지상권은「타인의 토지」에 대한 권리이다. 따라서 타물권(他物權)의 일종이다. 지상권의 객체는 타인의 토지이므로, 지상권과 토지소유권이 동일인에게 귀속하는 때에는, 그 지상권은 혼동으로 소멸한다([49] 참조). 지상권의 객체인 토지는 1필의 토지임을 원칙으로 하지만, 1필의 토지 일부라도 상관없다(부등 69조 6호 참조). 그리고「지상」권이라고 하지만, 지표나 지상에 한하지 않고, 지하의 사용을 그 내용으로 해도 좋다. 지상권이 미치는 범위는 일반적으로 계약 또는 법률 규정에 따라 결정되는데, 지상권이 설정된 토지의 경제적 이용 방법이나 모습에 따라 결정될 수도 있다.

위와 같이 지상권은 타인의 토지에 대한 권리이며, 공작물이나 수목을 소유한다는 목적의 범위 내에서 토지의 상하를 배타적으로 사용하는 것을 내용으로 한다. 그런데 위와 같은 지상권 외에 구분지상권(區分地上權)이라는 특수한 지상권도 인정되고 있다(289조의 2 참조). 구분지상권은 토지의 지하 또는 지상의 공간을 상하의 범위를 정해서 건물 그 밖의 공작물을 소유하기 위한 지상권이다. 구분지상권에 관해서는 지상권에 관한 규정이 모두 준용되나, 몇 가지 특칙도 있으므로, 본장 제 6 절에서 따로 설명하기로 한다([143] 참조).

그 밖에 관습법상 성립하는 지상권이 두 가지 있다.「분묘기지권」과「관습상 법정지상권」이 그것이다. 이들에 관해서도 제 6 절에서 살피기로 한다([144]·[145] 참조).

(2) 지상권은 「건물 그 밖의 공작물이나 수목」을 소유하기 위한 권리이다. 공작물은 건물을 비롯하여 도로·연못·교량·각종의 탑(광고탑·텔레비전탑 등)·전봇대·기념비·담 등의 지상공작물뿐만 아니라, 지하철·터널·우물·지하호 등의 지하공작물도 포함한다. 요컨대 지상 및 지하에 인공적으로 설치되는 모든 건설물 또는 설비를 말한다. 다음에 수목은 식림(植林)의 대상이 되는 식물을 말하며, 경작의 대상이 되는 식물(벼·보리·야채·과수·뽕나무 등)은 포함되지 않는다는 견해가 있다. 그러나 이러한 견해에는 찬성할 수 없다. 민법과 농지법은 물론이고 그 밖의 현행법에서 지상권의 대상이 되는 식물의 종류를 제한하는 규정은 없다. 그러므로 수목의 종류에는 아무런 제한이 없다(송덕수 359면 참조). 식림 또는 경작의 목적이 되는 모든 식물이 포함된다.

(3) 지상권은 위와 같은 목적을 위하여 타인의 「토지를 사용」하는 권리이다. 따라서 그것은 용익물권(用益物權)이다. 토지를 「사용」할 수 있는 것을 본질적 내용으로 하는 권리이며, 외국의 입법에서와 같이 타인의 토지에서 공작물, 특히 건물을 「소유」하는 것을 본질적 내용으로 하는 것이 아니다. 유럽 각 나라의 법제에서 지상권은 타인의 토지에서 지상물 특히 건물을 소유할 수 있다는 데 중점을 두고 있다. 그리하여 지상권자가 설치한 공작물은 지상권의 구성부분이 되고, 우리나라 지상권에서와 같이 독립한 소유권의 객체가 되지 않는다. 이러한 법제에서는 지상권은 타인의 토지에서 공작물을 「소유」하는 것을 본체로 한다. 그러나 우리나라에서는 건물이 토지와는 별개의 독립한 부동산이고, 또한 수목의 집단도 토지로부터 독립한 권리의 객체로 다루어질 수 있기 때문에([42] 이하 참조), 지상권을 규정할 때 지상물의 권리관계를 문제삼을 필요가 없고, 다만 토지의 사용권이라는 측면만을 다루면 되었던 것이다. 민법이 지상권을 「토지를 사용하는 권리」라고 하고 있는 것은 이 때문이며, 이 점은 우리 민법의 지상권이 가지고 있는 하나의 특질이다. 이와 같이 민법의 지상권은 토지의 「사용」이 그 본래의 모습이기 때문에, 현재 공작물이나 수목이 없더라도 설정계약에 따라 지상권은 유효하게 성립하며, 또한 이미 존재하고 있는 공작물이나 수목이 멸실하더라도 지상권은 존속할 수 있다(대판 1990. 4.

27, 89다카6638; 대판 1991. 11. 8, 90다15716 참조). 그리고 지상권이 미치는 토지의 범위는 공작물 또는 수목의 부지뿐만 아니라, 그들을 소유하는 목적을 달성하는 데 필요한 범위에서 주위의 빈 땅도 포함하는 것이 원칙이다. 또한 지상권은 토지사용권이므로 토지를 점유할 수 있는 권리를 포함하며, 지상권자가 토지를 사용하는 점에서는 소유자가 스스로 사용하는 경우와 같은 관계가 생기므로, 상린관계의 규정이 준용된다(290조).

(4) 지상권은 물권이다. 즉, 토지소유자에 대한 권리가 아니라, 그 객체인 토지를 직접 지배하는 권리이다. 따라서 토지소유자의 변경은 지상권의 운명에 영향을 주지 않는다. 또한 지상권을 양도하거나 전대하는 데도 토지소유자의 동의는 필요없다. 바꾸어 말하면, 지상권은 물권으로서 당연히 양도성과 상속성을 가지고 있다.

(5) 토지사용의 대가인 지료의 지급은 지상권의 요소가 아니다(279조·286조·287조 참조). 대부분의 경우에는 지료를 지급하겠지만, 임차권과는 달라서 무상의 지상권도 있을 수 있다.

[130] Ⅱ. 지상권의 사회적 작용

부동산은 우리 생활과 경제의 토대를 이루는 대단히 중요한 재산이다. 그런데 부동산을 소유하는 자보다는 타인의 부동산을 이용해야 하는 자가 훨씬 많은 것이 실정이다. 타인의 부동산을 이용하는 법률관계에는 서로 대비되는 두 가지가 있다. 하나는 채권관계이고, 다른 하나는 물권관계이다. 임대차가 앞의 것이고, 각종의 용익물권은 뒤의 것이다. 민법은 물권편에 지상권·지역권·전세권이라는 제도를 두고, 채권편에는 임대차에 관한 자세한 규정을 두고 있다. 따라서 공작물 또는 수목을 소유하기 위하여 타인의 토지를 이용하는 법률적 방법으로서, 물권인 지상권을 설정할 수 있으나, 채권관계인 임대차를 이용할 수도 있다. 당사자는 두 제도 중 하나를 선택할 자유가 있으나, 사적 소유권과 계약자유의 원칙이 지배하는 곳에서는 임대차라는 채권적 구성에 의한 토지이용관계가 압도적으로 이용된다. 지상권은 물권으로서 채권인 임차권에 비하여 그 효력이 강하기 때문이다. 토지소유자가 임대를 하지 않고 지상권을 설정한다는 것은, 강력한 소유자의 지위를 버리고 지료징수권만을 가지는 약한 지위로 스스로 떨어져 간다는 것을 뜻한다. 또한 토지를 빌리는 사람은 토지소유자로 하여금 지상권을 설정하게 할 만큼 강하지 못하다. 이러한 이유로 지상권이 설정되는 예는 임차권을 이용하는 경우보다 드물다. 특히 우리나라에서는 임차권을 이용하는 것이 보통이고, 지상권은 거의 이용되지 않았다. 종래 민법의 지상권은 마치 하나의 장식과 같은 존재로 되어 있었다. 그러나 지상권을 설정하는 경우가 점차 증가하고 있다.

지상권이 담보 목적으로 설정되는 특수한 경우가 있는데, 이를 담보지상권(擔保地上權)이라고 한다. 이는 저당권자가 목적 토지의 담보가치를 유지할 목적으로, 저당권설정자에 의한 토지이용을 제한하기 위하여 지상권을 설정하는 것이다. 담보지상권은 지상권을 본래의 목적에 따라 설정하는 것이 아니라 지상권을 변칙적으로 이용하는 것이기 때문에, 물권법정주의에 위반된다는 비판이 있다. 그러나 판례는 그 유효성을 인정하고 있다(대판 2004. 3. 29, 2003마1753; 대판 2008. 2. 15, 2005다 47205 참조).

제 2 절 지상권의 취득

[131] Ⅰ. 법률행위에 의한 취득

지상권은 지상권설정계약과 등기에 의하여 취득하는 것이 원칙이다. 지상권설정계약은 토지에 지상권을 설정해서 토지를 이용하고자 하는 자가 토지소유자와 지상권을 설정하기로 하는 계약으로서, 지상권의 설정에 관한 채권·채무를 발생시킨다. 이 계약에는 물권적 합의도 포함되는 것이 보통이다. 바꾸어 말하면, 당사자가 특히 물권적 합의를 따로 하기로 약정하고 있지 않는 한, 그것은 채권계약으로서의 설정계약 속에 포함되어 하나의 행위로 행해지는 것이 보통이다. 구분지상권에 관해서는 제289조의 2에서 특칙을 정하고 있다(이에 관해서는 아래 [143] 참조).

설정계약 이외의 법률행위에 의한 취득이 있게 되는 사유로는 유언과 지상권의 양도를 들 수 있다. 이들은 모두 법률행위이므로, 부동산물권변동의 일반원칙에 따라서 등기를 하는 때에 지상권이 취득되고 양도된다(186조 참조).

[132]　Ⅱ. 법률행위에 의하지 않는 취득

1. 상속·판결·경매·수용(공용징수)·취득시효 그 밖의 법률 규정에 따라 지상권을 취득할 수 있음은 의문이 없다. 이때에는 등기를 필요로 하지 않고, 지상권은 당연히 취득된다(187조. [28] 참조). 다만 점유취득시효로 지상권을 취득하고자 하는 경우에는 이미 밝힌 바와 같이 등기를 해야 한다(248조. [29] 참조).

2. 법정지상권　　　법률상 당연히 지상권의 성립이 인정되는 경우가 있다. 우리의 법제에서는 토지와 건물을 각각 별개의 부동산으로 다루고 있다. 그런데 건물은 그 성질상 토지의 이용관계를 수반하지 않고서는 존립할 수 없으며, 건물을 독립한 부동산으로 인정하고 그의 유통을 인정하려면, 그 전제로서 건물과 토지이용권이 불가분의 관계에 있어야 한다. 따라서 토지소유자가 건물을 신축하는 경우에 토지소유권의 내용은 잠재적으로는 건물이용을 위한 법익과 그 밖의 것으로 분리되어 있는 것으로 생각해볼 수 있다. 토지와 건물이 동일인에게 귀속하고 있는 경우에는 이 관계를 현실화할 필요가 없다. 또한 당사자의 의사에 따라 어느 하나만이 양도되는 경우에도 당사자가 스스로 이용권을 설정함으로써 이를 현실화할 수 있으므로, 특별한 문제가 생기지 않는다.

그러나 일정한 경우에 토지와 건물이 각각 다른 사람에게 귀속하고, 위에서 적은 이용관계를 현실화할 기회가 없는 경우에는 건물소유자가 아무런 권리도 없이 타인의 토지를 사용하는 결과가 될 수 있다. 이러한 경우에 그 건물소유자를 위하여 지상권이 설정된 것으로 하거나 임대차가 성립한 것으로 할 필요가 있다. 이와 같이 건물소유자가 미리 지상권을 설정하거나 임대차계약을 체결할 수 없는 경우에, 잠재적인 토지이용권을 법률상 당연히 현실화하기 위하여 생긴 제도가 법정지상권이다. 즉 건물을 독립한 부동산으로 하는 우리 법제의 특수성에서 생기는 결함을 바로잡으려는 제도가 법정지상권이다. 법정지상권이 성립하는 경우로서 민법이 규정하고 있는 것은 제305조 1항·제366조 두 경우이다(민법 이외의 특별법에도 법정지상권을 규정하는 것이 있다. 가담 10조, 입목 6조 등 참조). 그 밖에 일정한 경우에는 「분묘기지권」이라는 관습법상의 지상권이 성립함을 인정하는 판례가 확립되어 있다. 어느 경우나, 법률 규정에 의한 지상권의 취득이므로, 등기를 필요로 하지 않는다(187조 참조).

제 3 절   지상권의 존속기간

[133]   I. 계약으로 기간을 정하는 경우

당사자들은 계약으로 지상권의 존속기간을 자유롭게 정할 수 있는 것이 원칙이다. 그러나 최단기간에 관해서는 일정한 제한이 있다. 최장기간에 관해서는 아무런 규정이 없으나, 해석상 문제가 있다.

1. 최단기간(280조)

(1) 지상권의 존속기간을 약정하는 경우에, 그 기간은 다음의 연한(年限)보다 단축하지 못한다(280조 1항).

⑺ 석조·석회조·연와조 또는 이와 비슷한 견고한 건물이나 수목의 소유를 목적으로 하는 때에는 30년. 이 경우 견고한 건물인지 여부는 그 건물이 갖는 물리적 화학적 외력, 화재에 대한 저항력, 해체의 난이도 등으로 판단되어야 한다는 것이 판례이다(대판 1988. 4. 12, 87다카2404 참조).

⑼ 그 밖의 건물의 소유를 목적으로 하는 때에는 15년.

⑽ 건물 이외의 공작물의 소유를 목적으로 하는 때에는 5년.

위와 같이 지상권의 최단기간을 정한 것이 적절한 것인지는 의문이다. 석조·석회조·연와조 또는 이와 비슷한 견고한 건물이나 수목의 소유를 목적으로 하는 경우에도 30년보다 짧은 기간으로 정할 필요가 있을 수 있다. 제280조 1항에서 석조·석회조·연와조를 열거하고 있고, 철골조 등 현대의 건축에서 많이 이용되는 건축양식을 열거하지 않고 있다. 철골조 등도 견고한 건물로서 위 조항에 포섭되지만, 건축기술의 발달에 따라 이 조항의 규정방식이 적절하지 않게 되었다고 볼 수 있다. 또한 건물 이외의 공작물이 더욱 견고한 경우도 있다. 따라서 이 규정은 입법적으로 개선할 필요가 있다.

(2) 만일 계약에서 위와 같은 기간보다 짧은 기간을 정한 경우에는 그 존속기간을 위의 최단기간까지 연장한다(280조 2항).

2. 최장기간

민법은 위와 같이 지상권의 존속기간에 관하여 최단기간만을 정하고, 최장기간에 관해서는 아무런 언급이 없다. 이것은 결국 민법이 지상권은 되도록 장기간 존속하기를 바라는 태도를 취하고 있음을 의미한다. 그러면 극단적으로 말해서 지상권의 존속기간을 영구무한으로 정할 수 있는가? 이 점에 관하여 학설은 나누어져 있다. 종전에는 긍정설이 다수설이었으나(김상용 452면, 방순원 173면, 장경학 548면, 최식 229면 참조), 최근에는 부정설이 다수설이 되었다(고상룡 430면, 김기선 276면, 김증한·김학동 370면, 송덕수 406면, 이영준 671면 참조). 판례는 이를 긍정하고 있다(대판 2001. 5. 29, 99다66410 참조). 긍정설은 소유권이 전면적 지배권으로서 탄력성을 가지고 있으며, 제한물권은 일면적 지배권으로서 그 내용과 기간이 한정된 것이어야 한다는 이론에 어긋나는 것이며, 부당하다. 영구무한으로 정한 존속기간은 무효라고 해야 한다. 이때 지상권의 존속기간은 계약으로 기간을 정하지 않은 것으로 새겨야 한다.

[134] Ⅱ. 계약으로 기간을 정하지 않은 경우

계약으로 존속기간을 정하지 않은 경우에 그 기간은 다음과 같다.

(1) 지상물의 종류와 구조에 따라 제280조가 정하는 최단존속기간을 그 지상권의 존속기간으로 한다(281조 1항).

(2) 지상권설정 당시에 공작물(수목은 제외된다. 지상물이 수목인 경우에는 그 지상권의 존속기간은 언제나 30년이다)의 종류와 구조를 정하지 않은 경우에는 그 지상권의 존속기간은 15년이다(281조 2항).

[135] Ⅲ. 계약의 갱신과 존속기간

1. 계약의 갱신   지상권의 존속기간이 만료한 경우에, 당사자가 계약으로 종전의 계약을 갱신할 수 있다. 이는 법률에 특별한 규정이 없더라도 계약 자유의 원칙상 당연하다.

2. 지상권자의 갱신청구권   당사자가 위와 같은 갱신계약을 체결하지 않은 경우에도, 일정한 요건을 갖추면 지상권자는 일방적으로 계약의 갱신을 청구할 수 있다(283조).

(1) 지상권이 존속기간의 만료로 소멸한 경우에, 건물 기타의 공작물이나 수목이 현존하고 있어야 한다(283조 1항). 제283조 1항은 단순히 「지상권이 소멸한 경우」라고 하고 있으나, 해석상 존속기간의 만료로 소멸한 경우라고 보아야 한다. 왜

냐하면, 존속기간의 만료 이외의 사유로 지상권이 소멸하는 경우에는 성질상 갱신이라는 문제가 일어나지 않기 때문이다. 즉 (i) 토지가 멸실한 경우, (ii) 혼동으로 지상권이 소멸하는 때, (iii) 지상권이 시효로 소멸한 경우, (iv) 지상권에 우선하는 저당권의 실행 또는 토지수용으로, 지상권이 소멸하는 경우, (v) 지상권설정자가 지상권의 소멸을 청구하는 때(287조), (vi) 지상권의 포기, (vii) 약정한 소멸사유의 발생 등으로 지상권이 소멸하는 경우에는 갱신이 문제되지 않는다. 다만 제 3 자가 지상권을 시효취득한 경우에, 그 지상권이 기간의 만료로 소멸하고 지상물이 현존하면, 갱신청구권을 가지게 된다.

　　(2)　지상권자의 갱신청구로 곧 계약갱신의 효과가 발생하지 않으며, 갱신청구가 있을 때에 지상권설정자가 그에 응하여 갱신계약을 맺음으로써 갱신의 효과는 생긴다. 그러면 지상권설정자는 언제나 갱신청구를 받아들여야 하는가? 이를 거절할 수 있다. 그러나 지상권설정자가 지상권자의 갱신청구를 거절하는 경우에는, 지상권자는 상당한 값으로 지상물을 매수할 것을 청구할 수 있다(283조 2항). 지상물매수청구권은 지상권이 존속기간 만료로 소멸하는 때에 지상권자가 갱신청구를 하였으나 지상권설정자가 계약갱신을 원하지 않을 때 비로소 행사할 수 있다. 결국 갱신청구가 있는 경우에, 지상권설정자는 이를 받아들이든지, 그렇지 않으면 지상물을 매수해야 한다. 둘 중 어느 하나를 선택해야 하므로, 지상권설정자는 갱신청구에 응할 것이 간접적으로 강제되어 있다. 그러나 지상권자의 지료 연체를 이유로 토지소유자가 지상권소멸청구를 하여 이에 터 잡아 지상권이 소멸된 때에는 매수청구권이 인정되지 않는다(대판 1993. 6. 29, 93다10781 참조).

　　(3)　지상권자의 갱신청구권이 생기는 것은 지상권이 소멸한 때이다. 여기서 지상권이 소멸한 후 갱신청구권을 행사할 수 있는 기간, 바꾸어 말하면 갱신청구권의 존속기간이 문제되나, 민법은 이에 관하여 아무런 규정도 두고 있지 않다. 지상권의 존속기간 만료 후 지체없이 행사해야 한다고 해석하는 것이 타당하다(동지: 김증한 263면, 장경학 550면 참조). 따라서 지체 없이 행사하지 않으면, 갱신청구권은 불행사로 소멸하고, 동시에 매수청구권도 소멸한다. 판례도 마찬가지이다. 지상권의 존속기간 만료 후 지체없이 행사하지 않아 지상권갱신청구권이 소멸하면, 지상권자의 적법한 갱신청구권의 행사와 지상권설정자의 갱신 거절을 요건으로 하는 지

상물매수청구권은 발생하지 않는다(대판 2023. 4. 27, 2022다306642 참조).

(4) 존속기간의 만료로 지상권은 일단 소멸한다. 그러므로 그 후에 갱신청구권을 행사하여 갱신되거나, 또는 매수청구권의 행사로 지상물의 매매가 성립할 때까지 사이에 시간적 간격이 있게 된다. 그 동안 지상권자는 계속 토지를 사용할 수 있는가? 긍정해야 한다.

3. 계약갱신과 존속기간　당사자가 계약을 갱신하는 경우 지상권의 존속기간은 제280조의 최단존속기간보다 짧은 기간을 약정하지는 못하나, 그보다 장기의 기간을 약정하는 것은 상관없다(284조). 계약을 갱신할 때에 존속기간 그 밖의 사항에 관하여 특별한 약정이 없으면, 갱신된 계약의 내용은 종전 계약의 그것과 동일한 것으로 추정해야 한다.

[136]　Ⅳ. 강행규정

위에서 설명한 지상권의 존속기간과 갱신에 관한 제280조·제281조·제283조·제284조의 규정은 모두 강행규정이다. 이들 규정을 위반하여 지상권자에게 불리한 약정을 해도 그것은 무효이다(289조). 따라서 이들 규정보다 지상권자에게 유리한 약정을 하는 것은 상관없다.

제 4 절　지상권의 효력

[137]　Ⅰ. 지상권자의 토지사용권

1. 토지사용권의 내용

(1) 지상권자는, 설정행위에서 정한 목적의 범위 내에서, 토지를 사용할 권리가 있다. 이와 같이 지상권자의 토지사용권은 지상권의 목적에 의하여 제한을 받으므로(지상권의 목적은 등기해야 한다. 부등 69조 1호), 그 범위를 넘어서 사용할 수 없다. 또한 규정은 없지만 토지에 영구적인 손해를 일으키게 하는 변경을 할 수 없다고 해야 한다.

(2) 위와 같은 지상권자의 토지사용권이 인정되는 반면에, 토지소유자는 소유권이 그 한도에서 제한되므로 스스로 사용할 수 없음은 물론이다(구분지상권에서는

크게 다르나, 이에 관해서는 나중에 설명한다. [143] 1 (1) ㈐ 참조). 그러나 토지소유권은 토지에 지상권이 설정되더라도 권리의 전부 또는 일부가 소멸하는 것은 아니고 단지 지상권의 범위에서 그 권리행사가 제한될 뿐이다. 지상권이 소멸되면 토지소유권은 다시 자동적으로 완전한 제한 없는 권리로 회복된다. 따라서 소유자가 그 소유 토지에 지상권을 설정하더라도 토지에 대한 불법 점유자에게 방해배제를 구할 수 있는 물권적 청구권이 있다(대판 1974. 11. 12, 74다1150 참조).

지상권설정자는 지상권자의 토지사용을 방해해서는 안 되는 소극적인 인용의무가 있다. 그러나 특약이 없는 한, 임대인과 같이 토지를 사용에 적합한 상태에 둔다는 적극적인 의무는 없다.

2. 상린관계 규정의 준용   상린관계 규정(216조 내지 244조 참조)은 지상권자와 다른 지상권자 사이에, 또는 지상권자와 인지소유자 사이에 준용된다(290조). 상린관계에 관한 규정은 인접하는 토지 사이의 이용을 조절하기 위한 것인데, 지상권은 토지를 이용하는 권리이므로, 상린관계에서 발생하는 상황과 매우 유사하게 토지의 이용을 조절하는 문제가 발생하기 때문이다.

3. 지상권자의 점유권과 물권적 청구권

(1) 지상권은 토지를 사용하는 물권이다. 따라서 토지를 점유할 권리를 포함한다.

(2) 또한 지상권의 내용을 실현하는 것이 방해된 때에는 물권적 청구권이 생긴다(290조). 반환청구권·방해제거청구권·방해예방청구권의 세 가지가 모두 인정됨은 소유권에서와 같다(290조·213조·214조 참조). 그 요건·내용 등에 관해서는 이미 설명한 소유권에 의한 각종의 물권적 청구권에 준하여 생각하면 된다([91]부터 [94] 참조).

[138] Ⅱ. 지상권의 처분(투하자본의 회수)

지상권자는 타인의 토지 위에 건물 그 밖의 공작물을 축조하거나 또는 수목을 심는 등 많은 자본을 투하한다. 여기서 지상권자로 하여금 투하자본을 회수할 수 있도록 보장하는 것이 필요하다. 그 회수의 가장 효과적인 방법은 지상물을 지상권과 함께 처분(양도·임대·담보제공 등)하는 것이다. 민법은 이러한 처분의 자유를 인정하고 있을 뿐만 아니라, 나중에 설명하는 바와 같이, 지상권이 소멸하는 경우에 그 지상물의 수거권을 인정하고, 또한 이미 설명한 바와 같이 일정한 요건 아래에 지상물매수청구권을 인정함으로써([135] 2 참조), 지상권자의 투하자본의 회수를 확보하려고 꾀하고 있다. 여기서는 지상권의 처분에 관하여서만 설명하기로 한다.

(1) 지상권자는 지상권을 양도하거나, 지상권의 존속기간 내에서 그 토지를 임대할 수 있다(282조). 제282조의 규정은 강행규정이며, 이를 위반하는 지상권자에게 불리한 약정은 효력이 없다(289조). 지상권의 양도성은 위와 같이 보장되어 있으므로 소유자의 의사에 반해서도 자유롭게 타인에게 양도할 수 있다(대판 1991. 11. 8, 90다15716 참조). 지상권의 존속기간은 제280조에서 지상목적물에 따라 최단기만을 제한할 뿐 최장기에 관해서는 아무런 제한이 없으므로, 지상권의 존속기간을 영구로 약정하는 것도 허용된다(대판 2001. 5. 29, 99다66410 참조).

(2) 지상권 위에 저당권을 설정할 수 있다(371조 1항). 즉, 지상권을 담보로 제공할 수도 있다. 이때에도 담보제공 금지의 특약은 무효라고 해석하는 견해가 있다(김상용 458면, 김용한 370면, 김증한·김학동 375면, 송덕수 410면, 이영준 678면, 장경학 554면 참조). 그러나 지상권의 담보제공을 인정하는 제371조에는 제289조가 적용된다고 할 수 없으며, 부정적으로 새겨야 한다. 즉, 지상권 위에 저당권을 설정하는 것을 금지하는 특약은 유효하다. 다만 그 특약은 당사자 사이에서 채권적 효력을 가질 뿐이며, 제3자에게 대항하지 못한다.

[139] Ⅲ. 지료지급의무

(1) 이미 밝힌 바와 같이([129] (5) 참조), 지료(地料)의 지급은 지상권의 요소가 아니다. 따라서 계약으로 지상권을 설정하는 경우에, 지료에 관한 약정을 특히 하고 있지 않으면, 무상으로 지상권을 설정한 것으로 인정된다(대판 1999. 9. 3, 99다24874 참조). 당사자가 계약으로 지료를 지급하는 것으로 약정한 때에만, 지료지급의무가 생긴다. 지료는 정기급이든 일시급이든 어느 것이나 좋다. 지료는 반드시 금전으로 지급해야 하는 것도 아니다.

(2) 지료를 정기적으로 지급하기로 하는 지상권에서는 지료채권과 지료채무는 각각 토지소유권과 지상권의 내용을 이룬다. 따라서 다음과 같은 결과로 된다.

㈎ 지료와 지급시기 등의 지료에 관한 약정은, 이를 등기해야만 제3자에게

대항할 수 있다(부등 69조).

　　㈏ 지상권의 이전이 있으면, 그에 따라서 장래의 지료채무도 이전하나, 지료의 등기가 없으면 토지소유자는 새로운 지상권자에 대하여 지료채권을 가지고 대항하지 못한다. 또한 종전 지상권자의 지료체납의 효과도, 지료의 등기가 없으면, 새로운 지상권자에게 대항하지 못한다. 등기가 있으면 그 효과는 새로운 지상권자에게 승계된다(2년 이상의 지료를 지급하지 않으면 지상권설정자인 토지소유자는 지상권의 소멸을 청구할 수 있는데(287조), 신·구지상권자의 체납의 기간은 통산한다). 지상권의 양도는 등기해야 그 효력이 생기므로, 종전 지상권자가 지상권의 이전을 가지고 토지소유자에게 대항하려면 이전등기가 있어야 하며, 이전등기를 한 후에만 종전 지상권자는 지료채무를 벗어날 수 있다.

　　㈐ 토지소유권이전의 등기가 있으면, 지료의 등기가 없더라도, 새로운 소유자는 종전 소유자가 지상권자로부터 징수하고 있었던 지료를 지상권자에게 청구할 수 있다. 지상권자가 종전 소유자와 맺은 지료를 늘리지 않는다는 특약을 가지고 새로운 소유자에게 대항하기 위해서는, 그 등기를 하고 있어야만 한다.

　　(3)　**지료증감청구권**　　지료는 원칙적으로 당사자의 약정으로 정해진다. 그런데 지상권의 존속기간은 상당히 장기이기 때문에, 그 동안 조세 그 밖의 부담의 증감이나 지가의 변동으로 지료가 적당하지 않게 되는 경우가 있을 수 있다. 이러한 경우를 위하여 민법은 두 당사자에게 지료의 증감청구권을 인정하고 있다(286조). 이 지료증감청구권은 형성권이라고 새기는 데 학설은 일치하고 있다. 따라서 토지소유자가 증액청구를 하거나 또는 지상권자가 감액청구를 하면, 곧 지료는 증액 또는 감액되고, 지상권자는 그 증감된 지료를 지급할 의무를 부담하게 된다. 이러한 증감청구에 대하여 상대방이 다투는 경우에는 결국 법원이 결정하게 될 것이다. 이때에 법원이 결정해 주는 지료의 증감은 증감청구를 한 때에 소급하여 효력이 생긴다. 그러나 결정될 때까지는 종래의 지료 또는 감액된 지료를 지급해도 지료의 체납이 되지 않는다고 해석하는 것이 타당하다.

　　(4)　**지료체납의 효과**　　지상권자가 2년 이상의 지료를 지급하지 않은 때에는 지상권설정자는 지상권의 소멸을 청구할 수 있다(287조). 이에 관해서는 지상권의 소멸사유로서 다음 항에서 설명하기로 한다.

(5) 지료증감청구권에 관한 제286조는 강행규정이며, 이를 위반하는 지상권자에게 불리한 약정은 무효이다(289조). 제287조도 또한 같다(289조).

제 5 절　지상권의 소멸

[140]　Ⅰ. 지상권의 소멸사유

지상권에도 물권 일반의 소멸원인이 적용되므로, 토지의 멸실, 존속기간의 만료, 혼동, 소멸시효, 지상권에 우선하는 저당권의 실행, 토지수용 등으로 소멸한다. 그 밖에 다음과 같은 원인이 있어도 지상권이 소멸한다.

(1) 지상권설정자의 소멸청구

(가) 정기적인 지료를 지급해야 하는 지상권자가 2년 이상의 지료를 지급하지 않은 때에는, 지상권설정자는 지상권의 소멸을 청구할 수 있다(287조). (ⅰ)「2년 이상의 지료를 지급하지 아니한 때」라는 것은 체납된 지료액이 2년분 이상이 되는 것을 말한다. 따라서 계속해서 2년분의 지료를 체납한 경우는 물론이며, 1년분의 지료를 체납하고, 몇 년 후에 다시 1년분의 지료를 체납하여 합해서 2년분의 지료가 체납된 경우도 이에 해당한다. (ⅱ)「지급하지 아니한 때」라는 것은 지료의 지급을 지체한 것을 의미하며, 지상권자에게 책임 있는 사유가 있어야 한다. (ⅲ) 토지소유자의 소멸청구권의 성질에 관하여, 이를 형성권으로 새기는 것이 다수설이다(김기선 285면·318면, 김상용 154면, 김증한·김학동 74면·378면·418면, 김현태(상) 322면, 방순원 180면·203면, 이영준 100면, 이은영 168면, 장경학 561면, 최식 237면·263면 등 참조). 그러나 이를 채권적 청구권으로 보는 견해도 있다(송덕수 135면 참조). 대법원은 지상권소멸청구의 의사표시에 따라 지상권이 소멸한다고 보고 있다(대판 1993. 6. 29, 93다 10781 참조). 지상권소멸청구를 함으로써 지상권이 소멸하는 것으로 보아야 하는 것에 대해서는 이미 설명하였다([26] 2 (4) (가) 참조). (ⅳ) 이 소멸청구권의 행사에 의한 지상권소멸의 효력은 당연히 장래에 향해서만 생긴다.

(나) 지상권이 저당권의 목적인 때 또는 그 토지에 있는 건물이 저당권의 목적이 된 경우에는, 위에서 적은 바와 같은 지상권설정자의 지상권소멸청구를 저당권자에게 통지한 후 상당한 기간이 경과해야 지상권소멸의 효력이 생긴다(288조). 그

리고 제288조는 「그 효력이 생긴다」고 하고 있으므로, 등기를 하지 않더라도 지상권소멸의 효과가 발생한다.

　　(다)　지상권소멸청구에 관한 제287조는 강행규정이며, 이를 위반하여 지상권자에게 불리한 약정을 해도 무효이다(289조).

　　(라)　지상권자가 토지에 영구적인 손해를 입히는 변경을 하거나, 그 밖의 토지사용에 관한 약정을 위반한 경우에 관해서는 따로 규정이 없다. 이때에도 본래 지상권자는 일정한 목적을 위하여 타인의 토지를 사용할 수 있는 자이므로, 토지소유자는 제544조에 따라 변경의 정지·원상회복을 최고하고, 상대방이 이에 응하지 않을 때에 해지할 수 있다고 해석하는 것이 타당하다(동지: 김증한·김학동 379면, 장경학 562면 참조).

　　(2)　**지상권의 포기**　　지료를 지급하지 않는 무상의 지상권을 설정한 경우에 지상권자가 언제든지 자유로이 지상권을 포기할 수 있다. 기간에 관한 약정을 했는지 여부는 상관없다. 그러나 정기적으로 지료를 지급하는 경우에는 다음과 같은 제한을 받는다. (ⅰ) 포기에 의하여 토지소유권자에게 손해가 생길 경우에는 그 손해를 배상해야 한다(153조 2항 참조). (ⅱ) 지상권이 저당권의 목적인 때에는 저당권자의 동의 없이 포기하지 못한다(371조 2항). 포기는 단독적 물권행위이므로, 포기에 의한 지상권의 소멸은 포기의 의사표시와 등기를 하는 때에 그 효력이 생긴다([48] 참조).

　　(3)　**약정 소멸사유**　　지상권의 소멸사유를 약정할 수 있음은 물론이다. 다만 이미 설명한 바와 같이, 지상권의 존속기간, 지료체납에 의한 소멸청구 등에 관하여 지상권자에게 불리한 약정을 해도 그 효력이 없는 경우가 있다(289조 참조).

[141]　Ⅱ. 지상권소멸의 효과

　　지상권이 소멸하면, 지상권자는 토지를 반환할 의무를 부담한다. 이와 관련하여 민법은 지상물과의 관계에서 다음과 같은 규정을 두고 있다.

　　(1)　**지상물수거권**　　지상권이 소멸한 때에, 지상권자는 건물 기타의 공작물이나 수목을 수거하고 토지를 원상에 회복해야 한다(285조 1항). 지상물의 수거는 지상권소멸 후 지체없이 해야 하나, 수거를 위하여 필요한 기간 동안 토지의 사용을 계속할 수 있다고 해석해야 한다.

(2) **지상물매수청구권**

(가) 지상권자가 토지의 공작물이나 수목을 수거하면, 일반적으로 그 가치가 적어지며, 지상권자를 위해서나 또는 사회경제상 불이익한 결과가 된다. 그리하여 민법은 토지소유자가 상당한 값을 제공해서 지상물의 매수를 청구하는 때에, 지상권자는 정당한 이유 없이 이를 거절할 수 없는 것으로 규정하고 있다(285조 2항). 이 토지소유자의 매수청구권은 형성권이라고 해석하는 것이 통설이며, 이 청구권을 행사하면, 그것만으로 곧 지상물에 관한 매매가 성립한다.

(나) 일정한 경우에는 지상권자도 지상물매수청구권을 토지소유자에 대하여 행사할 수 있음은 이미 설명하였다(283조 2항. [135] 2 (2) 참조).

(3) **유익비상환청구권**   토지의 임대차에서는 임차인에게 필요비와 유익비의 상환청구권을 인정하고 있다(626조 참조). 임차인의 필요비상환청구권은 임대인이 부담하는 임대물의 「사용·수익에 필요한 상태를 유지하게 할 의무」(623조 참조)에 대응하는 것이므로, 이것을 곧 지상권에 유추할 수는 없다. 그러나 임차인의 유익비상환청구권은 늘어난 토지의 가치를 임대인이 취득하게 하는 것은 부당이득이 된다는 이유에서 인정된 것이므로, 이를 지상권에 유추할 수 있을 것이다(이설 없음). 그러므로 지상권자가 유익비를 지출한 경우에는, 지상권이 소멸하는 때에, 토지소유자의 선택에 따라서 지상권자가 그 토지에 관하여 지출한 금액이나 또는 현존하는 증가액을 상환하도록 할 수 있다. 이 경우 법원은 토지소유자의 청구에 의하여 상당한 상환기간을 허락해 줄 수 있다(626조 2항). 다만 그러한 유익비를 지상권자가 부담할 특약이 있다고 해석해야 할 경우(예컨대, 지료의 약정에서 유익비를 지상권자가 부담하는 것을 전제로 하는 경우)에는 유익비상환청구권이 생기지 않는다.

(4) 제285조는 강행규정이며, 이를 위반하여 지상권자에게 불리한 약정을 한 경우에 그 약정은 무효이다(289조).

제 6 절 특수지상권

[142] I. 서   설

1. 민법은 보통·일반의 지상권 외에 구분지상권(區分地上權)이라는 특수한 지

상권제도를 두고 있다. 이 구분지상권에는 지상권에 관한 규정이 모두 준용되므로 (290조 2항), 중복을 피하여 주로 그 취득과 효력에 관해서만 간략하게 설명한다.

2. 민법 제185조는 법률 이외에 관습법에 의해서도 물권이 성립할 수 있음을 규정하고 있다([9] (2) 참조). 그리고 그러한 관습법상 물권으로서 판례에 의하여 확인되어 있는 것으로, 분묘기지권과 관습상 법정지상권의 두 가지가 있다. 판례에 의하면, 이들은 모두가 특수한 지상권이라고 한다. 즉, 분묘기지권은 「지상권에 유사한 물권」이라고 함으로써, 그것이 특수한 지상권임을 명백히 하고 있고, 한편 관습상 법정지상권 역시 특수한 지상권임은 그 명칭상 분명하다. 이와 같이 종래 판례에 의하여 관습법상의 물권으로서 확인되어 있는 이들 두 가지는 모두 특수한 지상권이다. 그러므로 이곳에서 이들 두 특수지상권에 관해서도 설명하기로 한다.

[143] Ⅱ. 구분지상권

1. 구분지상권의 의의와 작용

(1) 민법 제289조의 2의 1항 전단은 "지하 또는 지상의 공간은 상하의 범위를 정하여 건물 기타 공작물을 소유하기 위한 지상권의 목적으로 할 수 있다."라고 정하고 있다. 이 규정은 공중권과 지중권(地中權) 또는 지하권(地下權)이라고 부를 수 있는 것을 인정하고 있으며, 이들을 통틀어서 구분지상권(區分地上權)이라고 부른다. 보통·일반의 지상권과의 차이점을 들어 구분지상권의 의의와 법률적 성질을 밝혀 보면, 다음과 같다.

(개) 보통지상권의 객체가 되는 것은 토지의 상하(上下)이다. 토지를 수직으로 볼 때 그 일부를 층(層)이라고 한다면, 보통지상권은 토지의 상하에 걸친 모든 층을 객체로 하는 것이다. 이에 대하여 구분지상권은 토지의 상하에 있는 특정 층만을 객체로 하는 점에서 다르다. 즉, 구분지상권은 그 객체가 토지의 어떤 층에 한정되는 데에 특색이 있다. 보통지상권의 객체인 토지는 1필의 토지의 일부이더라도 상관없다. 마찬가지로, 구분지상권도 1필의 토지 가운데서 일부의 어떤 층에만 설정할 수도 있다.

(내) 구분지상권은 「공작물을 소유」하기 위해서만 설정할 수 있다. 보통의 지상권은 공작물의 소유뿐만 아니라, 그 밖에 「수목을 소유」하기 위해서도 설정할 수

있으나, 구분지상권은 수목 소유를 위해서는 설정하지 못한다는 차이가 있다. 공작물의 개념에 관해서는 이미 설명하였으나([129] (2) 참조), 구분지상권의 설정목적이 되는 공작물로서는, 건물 이외에, 터널·도로·지하철·고가철도·송전선·교량·각종의 탑 등을 생각할 수 있다.

(다) 구분지상권은, 위와 같은 목적을 위하여, 타인의 토지의 상하에 있는 특정 층을 사용하는 권리이다. 따라서 타인의 토지를 사용하는 권리라는 점에서는 보통의 지상권과 다르지 않다. 그러나 보통지상권과 구분지상권은 다음과 같은 차이가 있다. 보통지상권은 토지소유권이 미치는 상하의 범위 전체에 대한 권리이기 때문에, 그것이 설정되면 토지소유자의 토지이용은 전면적으로 배제된다(다만 1필의 토지의 일부에 지상권이 설정되는 경우에는, 나머지 토지부분에 대한 토지소유자의 이용에는 영향이 없게 된다). 구분지상권이 설정되는 경우에는 그것이 설정되지 않은 층은 토지소유자가 그대로 이용할 수 있다. 그 결과 구분지상권이 설정된 경우에는 구분지상권자와 토지소유자 사이에 이용을 조절하는 것이 문제되나, 이에 관해서는 나중에 설명한다.

(라) 구분지상권도 지상권의 일종으로서 물권이라는 점, 그리고 토지사용의 대가지급은 구분지상권의 요소가 아니라는 점에서는 보통의 지상권에서와 같다.

(2) 토지이용에 관한 각종의 제도는 대부분 지표 또는 그것에 바로 접하고 있는 부분의 이용, 즉 토지의 평면적 이용만을 전제로 마련되어 있다. 지상권도 그러한 제도의 하나이다. 그런데 과학과 기술이 발달하면서 토지의 공중과 지하를 이용하게 됨으로써 토지이용의 입체화를 초래하였다. 뿐만 아니라, 도시에서는 사람이 많고 지가가 높기 때문에 좁은 토지조차도 효율적으로 이용할 필요가 있다. 그리하여 토지의 각 층을 효율적으로 이용할 수 있도록 하는 법제도가 요청되었다. 물론 지상권·지역권·임차권 등에 의해서도 토지의 어떤 층만을 이용하는 것이 가능하다. 그러나 지상권을 설정하는 경우에는 토지의 상하에 있는 모든 층이 그 객체로 된다. 따라서 토지의 상공이나 지하를 상하로 한정해서 필요한 부분의 용익권을 취득하면 충분한 경우에는, 지상권설정은 필요 이상으로 토지이용을 제한하게 되어 비경제적이다. 지표에 이미 공작물이나 수목이 존재하는 경우에는, 이들의 존재와 귀속관계를 그대로 인정하면서 지상 또는 지하의 용익권을 확보하려면, 새로운 제도가 필요하게 된다. 또한 지역권은 지리적으로 접근한 토지 사이의 이용을 조절하

려는 제도이어서, 어떤 목적으로 토지를 이용하려 할 경우에(예컨대, 지하철을 부설하는 경우를 생각해보라), 그러한 토지이용과 모순되지 않는 범위에서만 토지소유자의 지표이용을 허용하려고 하는 때에는, 지역권을 설정하는 것이 적당하지 않다. 한편 임차권은 채권으로서 약한 권리인데다가, 존속기간이 짧고, 또한 양도성도 크게 제한된다. 따라서 반영구적인 용익관계의 설정수단으로서는 적합하지가 않다.

　　이상 본 바와 같이, 토지의 입체적 이용이라는 목적은 이미 존재하는 제도에 의해서는 충분히 달성될 수 없다. 여기서 처음부터 그러한 목적, 즉 토지의 어떤 층만을 이용하는 것을 목적으로 하는 새로운 제도가 요청되었고, 그러한 요청에 부응하기 위하여 민법이 인정한 제도가 구분지상권이다.

　　2.　구분지상권의 설정　　　지상권을 설정하는 것과 같으며, 당사자 사이의 구분지상권을 설정하는 계약과 등기에 의하여 설정된다. 설정에 관하여 특기할 것은 다음의 두 가지이다.

　　(1)　구분지상권의 객체는 목적 토지의 「어떤 층」에 한정되므로, 층의 한계, 즉 토지의 「상하의 범위」를 반드시 정해서 등기해야 한다. 여기서 토지의 「상하의 범위」를 어떻게 정할지 문제된다. 보통은 평행하는 두 개의 수평면으로 구분하게 될 것이다. 예컨대, 「지표의 위(또는 아래) ○○m부터 위(또는 아래) ○○m 사이의 공간」이라는 형식으로 그 범위를 표시할 수 있다. 그리고 토지부분이 수평면이 아니더라도, 그 구분이 가능한 한, 얼마든지 범위를 확정·표시할 수 있다고 해야 한다. 또한 이미 밝힌 바와 같이, 1필의 토지의 일부에 관한 구분소유권도 설정할 수 있으므로, 그러한 경우에는 그 토지 중 일부의 특정층에 범위를 한정해서 구분지상권을 설정할 수 있음은 당연하다.

　　(2)　구분지상권을 설정하려는 토지에 배타성 있는 용익권이 이미 존재하고 있다면, 그 토지의 어떤 층에도 구분지상권이 성립할 수 없다. 왜냐하면 이미 존재하는 용익권의 배타적 효력은 관념적으로는 토지의 상하에 미치고 있다고 보아야 하기 때문이다. 하지만 용익권이 이미 존재하는 토지의 층에는 구분지상권을 전혀 설정할 수 없다면, 구분지상권제도의 효용은 크게 감소될 것이다. 여기서 민법은 구분지상권을 설정하려고 할 때에, 제3자가 당해 토지를 사용·수익할 권리(지상권·지역권·전세권·등기된 임차권 등)를 가지고 있는 경우에는, 그 권리자 및 그 권리

를 목적으로 하는 권리(지상권·전세권을 목적으로 하는 저당권 등)를 가진 자 전원의 승낙이 있어야만 설정할 수 있는 것으로 하였다(289조의 2 2항 후단). 주의할 점을 들어보면, 다음과 같다.

(가) 「사용·수익할 권리」는 예시한 바와 같은 물권 또는 대항력 있는 임차권을 뜻하며, 대항력이 없는 권리가 존재하더라도, 그 권리자의 승낙은 필요하지 않다.

(나) 이미 어떤 구분지상권이 설정되어 있는 토지에서 또 하나의 구분지상권을 설정하려고 할 때에, 먼저 설정되어 있는 구분지상권자의 승낙은 필요한가? 이미 존재하는 구분지상권과 설정하려는 구분지상권의 객체인 층이 전체로서 또는 부분적으로 중복하고 있는 경우에는, 당연히 이미 존재하는 구분지상권자의 승낙을 필요로 한다. 그러나 두 구분지상권의 객체인 층이 서로 중복되지 않을 때에는, 이미 존재하는 구분지상권자의 승낙은 필요하지 않다고 해야 한다(이 경우에는 두 구분지상권의 배타적 효력은 저촉하고 있지 않기 때문이다).

(다) 제289조의 2 2항에 따라 필요한 제 3 자의 승낙을 받고 있지 않은 경우에는, 구분지상권은 성립하지 못한다고 해석해야 한다(전원의 승낙이 필요하므로, 한 사람이라도 승낙하지 않으면, 구분지상권은 성립할 수 없다). 따라서 설정등기가 되어 있더라도, 그 등기는 무효라고 해야 한다. 그렇다면 설정등기를 신청할 때에는, 반드시 요구되는 승낙서를 첨부해야 하고, 이를 첨부하지 않은 등기신청은 각하되어야 한다(부등 29조 5호 참조).

3. 구분지상권의 효력　　　제290조 2항은 지상권에 관한 규정 중 제279조를 제외한 그 밖의 규정(280조 내지 289조 및 290조 1항)이 모두 구분지상권에 준용된다고 규정하고 있다. 따라서 이미 적은 지상권에 관한 설명은 구분지상권에도 원칙적으로 타당하게 된다. 그 밖에 구분지상권의 효력으로서 특히 적어 둘 것을 들어보면, 다음과 같다.

(1) 구분지상권자는 설정행위에서 정해진 범위에서 토지를 사용할 권리를 갖고, 구분지상권이 미치지 못하는 토지부분에 관해서는 토지소유자가 사용권을 갖는다. 그러나 설정행위에서 구분지상권의 행사를 위하여 토지소유자의 사용권을 제한하는 특약을 할 수도 있다(289조의 2 1항 후단. 예컨대, 지하에 구분지상권을 설정하는 경우에, 지상에 일정중량 이상의 공작물을 토지소유자가 설치하지 못한다는 특약). 토지소유자

가 이 특약을 위반하는 행위를 한 때에는, 구분지상권자는 당연히 그 배제를 청구
할 수 있음은 물론이다. 그리고 이 제한을 등기하면, 소유자 이외의 제 3 자에게도
대항할 수 있다(부등 69조 5호 참조).

구분지상권이 당해 토지에 대한 용익권을 가지는 제 3 자의 승낙을 얻어서 설
정된 경우에는, 그들 제 3 자는 구분지상권의 정당한 행사를 방해해서는 안 된다는
의무를 부담하며(289조의 2 2항 후단), 구분지상권자는 방해행위의 배제를 청구할 수
있다.

(2) 구분지상권이 설정되더라도, 그 구분지상권이 미치지 못하는 토지부분에
관해서는 토지소유자 또는 용익권자가 사용권을 갖는다. 여기서 구분지상권자와
토지소유자(또는 용익권자) 사이의 이용을 조절하는 문제가 생긴다. 이 문제는 상린
관계에 관한 규정을 준용해서 처리하고 있다(290조 2항).

(3) 구분지상권에 기초하여 토지에 부속된 공작물은 제256조 단서의 적용
으로 토지에 부합하지 않는다. 따라서 그 소유권은 구분지상권자가 그대로 갖게
된다.

[144] Ⅲ. 분묘기지권

1. 의   의   분묘기지권(墳墓基地權)은 분묘를 수호하고 봉제사하는 목
적을 달성하는 데 필요한 범위 내에서 타인의 토지를 사용할 수 있는 권리를 의미
한다(대판 2011. 11. 10, 2011다63017 참조). 여기에서 분묘는 사체 또는 유골을 매장하
는 시설을 가리킨다. 판례에 의하면, 타인의 토지에 분묘를 설치한 자는 그 분묘기
지에 대하여 「지상권에 유사한 일종의 물권」을 취득한다고 한다(대판 1955. 9. 29,
4288민상210 참조). 이것은 분묘를 소유하기 위하여 분묘의 기지부분을 구성하는 타
인 소유 토지를 사용할 수 있는 권리이기 때문에, 지상권과 비슷한 성질을 갖는 일
종의 물권이라고 할 수 있다.

예로부터 우리 한민족은 조상을 높이 숭배해 왔으며, 이는 훌륭한 미풍양속으
로서 전해 내려오고 있다. 이러한 조상숭배사상의 영향으로 좋은 곳을 찾아 골라서
조상의 분묘를 설치하고, 그곳은 조상의 사체뿐만 아니라 영혼이 자리잡고 있는 경
건한 곳으로 생각하였다. 자손들은 분묘를 소홀하게 관리해서는 안 될 뿐만 아니

라, 보통사람들도 이를 존엄한 장소로서 존중해야 한다는 것이 우리의 강한 도덕관
념으로 되었다. 우리의 전통사회에서 분묘가 가지는 이러한 의미에 비추어, 근대적
토지소유권의 절대성만을 생각하여 분묘를 함부로 철거하거나 손상한다면, 이는
전부터 내려온 조상숭배라는 순풍미속과 전통적 윤리관에 어긋나는 것으로 생각하
게 되었다. 이에 따라 인정된 것이 바로 분묘기지권이다. 판례가 이를 일찍부터 관
습법상의 특수지상권으로 인정한 것은 온당한 것으로 받아들였던 것이 사실이다.
그러나 분묘로 인하여 토지를 효율적으로 사용하는 것이 곤란해지는 문제점이 발생
하고 있고 화장을 하는 경우가 증가하며 조상숭배사상이 쇠퇴하고 있다. 그리하여
분묘기지권에 관한 판례를 그대로 유지하는 것이 바람직한지 문제되었다. 뿐만 아
니라, 2001. 1. 13. 「장사 등에 관한 법률」(2000년 전면개정. 그후 2007. 5. 25 법(全改)
8489호)(아래에서는 「장사법」으로 약칭한다)의 시행으로 분묘기지권은 많은 제한을 받게
되었다.

  2. 취득요건

  (1) 판례에 의하면, 분묘기지권은 다음의 경우에 당연히 성립하고 취득된다.

  (가) 소유자의 승낙을 얻어 그의 소유지 안에 분묘를 설치한 때에 취득된다(대
판 1962. 4. 6, 61민상1491; 대판 1967. 10. 12, 67다1920 등 다수). 토지소유자의 승낙이 있었
다는 것은 당사자 사이의 합의, 즉 어떤 계약이 성립하였음을 의미한다. 어떤 내용
의 계약체결이 있었는지는 법률행위 해석의 문제이나, 당사자 사이에 분묘설치에
관한 단순한 청약과 승낙이 있을 뿐이고, 구체적 계약내용(지상권이나 전세권의 설정
또는 임대차나 사용대차 등)에 관한 약정이 없더라도, 계약내용을 확정하는 해석을 하
지 않고서, 분묘기지권의 취득을 인정한다는 것이 판례의 취지이다.

  (나) 자기 소유의 토지에 분묘를 설치한 사람이 나중에 그 분묘기지에 대한 소
유권을 보류하거나 또는 분묘도 함께 이전한다는 특약을 하지 않고 토지를 매매 등
으로 처분한 경우에 그 분묘를 소유하기 위하여 분묘기지권을 취득하게 된다(대판
1967. 10. 12, 67다1920 참조).

  (다) 타인 소유의 토지에 소유자의 승낙 없이 분묘를 설치한 경우에는 20년간
평온·공연하게 그 분묘의 기지를 점유하면, 분묘기지권을 시효로 취득한다는 것이
판례이다(대판 1957. 10. 31, 4290민상539; 대판 1965. 3. 23, 65다17 참조). 2000. 1. 12. 법률

제6158호로 장사법이 대폭 개정되었는데, 이 법률 시행일인 2001. 1. 13. 이후에 설
치된 분묘에 관해서는 더 이상 분묘기지권의 취득시효가 인정되지 않지만, 대법원
은 그 이전에 설치된 분묘에 관해서는 분묘기지권의 취득시효에 관한 판례가 유지
되고 있다고 판단하였다(대판(전) 2017. 1. 19, 2013다17292 참조). 그리고 시효취득을 할
수 있는 자는 그 분묘의 소유자라고 할 수 있다(종전 판례는 분묘의 소유자를 종손으로
보았으나, 경우에 따라서는 종중이 될 수도 있다. 대판 1959. 4. 30, 4291민상182; 대판 1992. 3.
13, 91다30491; 대판 2007. 6. 28, 2005다44114. 한편 1990년 개정 민법 1008조의3은 "분묘에 속
한 1정보 이내의 금양임야와 600평 이내의 묘토인 농지, 족보와 제구의 소유권은 제사를 주재하
는 자가 이를 승계한다."라고 규정하고 있어 제사주재자가 분묘를 승계하는 것으로 보아야 한다.
제사주재자에 관해서는 대판(전) 2008. 11. 20, 2007다27670; 대판(전) 2023. 5. 11, 2018다248626
참조).

위와 같은 종래의 판례는 앞으로도 계속 그 구속력을 유지한다고 할 수 있는
가? 장사법에 의하면, 매장을 한 자는 매장 후 30일 이내에 매장지를 관할하는 특
별자치도지사·시장·군수·구청장(이하 "시장등"이라 한다)에게 신고해야 한다(동법 8
조 1항). 그리고 개인묘지를 설치한 자는 보건복지부령으로 정하는 바에 따라 묘지
를 설치한 후 30일 이내에 해당 묘지를 관할하는 시장등에게 신고해야 한다(동법 14
조 2항 1문). 이를 위반하면 과태료의 제재를 받는다(동법 42조 1항). 그리고 그러한 절
차를 밟은 분묘이더라도, 존속기간은 원칙적으로 30년으로 제한된다(동법 19조 1항).
기간이 종료된 분묘의 처리에 관해서는 동법 제20조가 자세히 규정하고 있다. 그러
나 토지 소유자의 승낙 없이 해당 토지에 분묘를 설치한 때에는, 분묘의 연고자는
해당 토지 소유자, 묘지 설치자 또는 연고자에게 토지 사용권이나 그 밖에 분묘의
보존을 위한 권리를 주장할 수 없다(동법 27조 3항). 이에 반하여, 토지 소유자(점유자
나 그 밖의 관리인을 포함한다), 묘지 설치자 또는 연고자는 보건복지부령으로 정하는
바에 따라 그 분묘를 관할하는 시장등의 허가를 받아 분묘에 매장된 시체 또는 유
골을 개장할 수 있다(동법 27조 1항). 요컨대, 적법하게 설치된 분묘는 보호하지만,
타인의 토지에 함부로 또는 몰래 불법적으로 설치한 분묘는 법률적 보호를 전혀 하
지 않는다는 것이 장사법의 기본태도라고 말할 수 있다. 그러므로 종래 판례가 인
정한 분묘기지권의 시효취득은, 장사법이 시행된 후에는 인정되지 않는다고 새기

는 것이 타당하다. 바꾸어 말해서, 분묘기지권의 시효취득을 인정한 종래의 판례는 앞으로는 그 구속력을 잃는다고 새기는 것이 옳다(대판(전) 2017. 1. 19, 2013다17292의 반대의견 참조).

    (라) 위의 경우에 분묘기지권은 당연히 취득되나, 이때의 분묘는 내부에 시신이 안장되어 있는 것을 의미한다. 따라서 장래의 묘소로서 설치하였을 뿐이고, 현재 그 내부에 시신이 안장되어 있지 않은 것은 분묘가 아니며, 그 소유를 위한 분묘기지권의 성립이나 취득은 인정되지 않는다(대판 1976. 10. 26, 76다1359 참조).

    (2) 이상과 같은 경우에 성립하고 취득되는 분묘기지권은 일종의 「물권」이다. 그렇다면, 그 득실에 관해서도 물권변동에 관한 원칙(186조·187조·245조 1항 등)에 따라 「등기」를 해야 할 것이다. 이 문제를 판례는 어떻게 처리하고 있는가?

    현행 민법이 제정되기 전에 대법원은, 분묘기지권은 등기 없이도 이를 제3자에게 대항할 수 있는 것이 우리의 관습이라고 하고 있었다(대판 1957. 10. 31, 4290민상539 참조). 현행법에서도, 위의 판례에 비추어, 등기는 그 요건이 아니라고 해야 한다. 우리나라의 묘제에 따르면 분묘는 흙을 쌓아올려서 둥근 모양으로 만드는 것이 보통이고, 그러한 분묘는 누구든지 한눈에 묘라는 것을 인식할 수 있다. 즉, 묘의 모양이 바로 공시방법으로서의 구실을 하기 때문이다. 그렇기 때문에, 판례도 「분묘가 평장된 것으로서 외부에서 인식할 수 없는 경우」에는 분묘기지권의 취득을 부인하고 있으며(대판 1967. 10. 12, 67다1920 참조), 또한 「암장하고 있는 경우에는 객관적으로 인식할 수 없는 상태이어서 분묘지를 점유하고 있었다고 인정할 수 없다」고 한다(대판 1962. 3. 8, 4294민상804 참조).

    3. 권리의 내용   판례가 밝히고 있는 것과 같이, 분묘기지권은 「지상권에 유사한 물권」이다. 따라서 그것은, 일종의 제한물권으로서, 타인의 토지를 제한된 범위에서 「사용」할 수 있는 권리에 지나지 않는다. 뿐만 아니라, 그 「사용」은 오직 「분묘를 소유하기 위하여」서만 할 수 있다. 이 점에서 민법이 규정하는 보통의 지상권과는 다르기 때문에, 그것은 지상권에 「유사한」 물권이다. 또한 그것은 분묘를 소유하기 위하여 타인의 토지를 사용하는 권리라고 하지만, 이때의 분묘는 언제나 「이미 설치되어 있는 분묘」를 의미한다. 따라서 묘지에 새로 분묘를 설치한다든가, 그 밖의 다른 목적을 위하여 묘지를 사용하지는 못한다(대판 1958. 6. 12, 4290

민상771 참조). 분묘기지권의 내용에 관하여 그 밖에 유의할 점은 다음과 같다.

　　(1) 분묘기지권이 미치는 범위는 분묘를 수호하고 봉제사하는 목적을 달성하는 데 필요한 범위 내이다. 따라서 분묘가 설치된 기지 자체에 국한되는 게 아니고, 분묘의 보수 및 제사에 필요한 주위의 빈 땅에도 미치게 된다(대결 1960. 6. 30, 4293민재항115; 대판 1965. 3. 23, 65다17; 대판 1994. 12. 23, 94다15530; 대판 2011. 11. 10, 2011다63017 참조). 또한 여러 대의 분묘가 집단적으로 설치된 경우에는, 그 범위는 「집단된 모든 분묘를 보존하며 묘참배에 소요되는 범위」를 참작하여 포괄적으로 정하는 것이 재래의 관습법이라고 한다(대판 1960. 6. 30, 4292민상840 참조). 이와 같은 분묘기지권이 미치는 범위의 토지에 대해서는 토지소유자라 하여도 이를 침범하여 공작물을 설치하지 못한다(대판 1959. 10. 8, 4291민상770 참조).

　　(2) 분묘기지의 사용대가인 지료는 지급되어야 하는가? 원래 지상권에서는 지료의 지급은 그 요소가 아니다([129] (5) 참조). 여기서 다음과 같이 새기는 것이 적당할 것이다. 즉, 토지소유자의 승낙을 받아 분묘를 설치한 경우에는, 당사자 사이에 지료에 관한 약정이 있으면 그에 따르게 됨은 물론이나(지료에 관한 약정은 분묘기지의 승계인에게도 미친다. 대판 2021. 9. 16, 2017다271834 · 271841. 이때 286조 · 287조가 유추 적용될 것이다), 그러한 약정이 없는 때에는 무상이라고 보아야 할 것이다. 다음에 자기 토지 내에 분묘를 가지고 있던 자가 토지를 처분하여 분묘기지권을 취득하게 되면 분묘기지권이 성립한 때부터 지료를 지급해야 하며(대판 2015. 7. 23, 2015다206850; 대판 2021. 5. 27, 2020다295892 참조), 제366조 단서를 적용하여 당사자 사이에 협의가 이루어지지 않으면 법원이 이를 결정한다고 새기는 것이 타당하다(이 경우에 분묘기지권을 인정하는 것은 관습상 법정지상권에 관한 판례이론을 유추 적용한 것으로 보아야 하기 때문이다). 분묘기지권의 취득시효가 인정된 경우에는 분묘기지권자는 토지소유자가 분묘기지에 관한 지료를 청구하면 그 청구한 날부터 지료를 지급할 의무가 생긴다는 것이 판례이다(대판(전) 2021. 4. 29, 2017다228007. 그러나 이 경우에 분묘가 설치된 때부터 지료지급의무가 있다고 보아야 한다. 위 전원합의체 판결의 별개의견 참조).

　　(3) 분묘기지권의 존속기간을 어떻게 볼 것인지 문제된다. 권리자가 상당한 기간 동안 그 수호와 봉사를 저버리고 있으면, 토지소유자는 분묘의 이전을 청구할 수 있다는 것이 판례였다(대판 1982. 1. 26, 81다1220 참조). 여기서 권리자가 분묘의 수

호와 봉사를 계속하고 있는 한, 그 분묘가 존속하고 있는 동안은, 분묘기지권도 존속한다고 새기는 수밖에 없었다. 그런데 장사법은 분묘의 존속기간에 관한 규정을 두고 있다. 즉, 적법하게 설치된 분묘의 존속이 인정되는 기간은, 위에서 이미 밝힌 바와 같이, 30년이다. 이 기간은 일정한 절차를 밟아서 연장할 수 있으나, 1회에 한하여 그 설치기간을 30년으로 해야 한다(동법 19조 2항 참조). 분묘기지권에 관해서도 장사법이 정하는 위의 존속기간 및 그 연장이 그대로 적용된다고 새겨야 한다.

　　4. 문제점과 개선방향　　위에서 본 바와 같은 분묘기지권에 관해서는, 앞으로 신중히 고려되어야 할 문제점이 있다. 이미 지적한 바와 같이, 분묘의 존재 여부는 그 형태의 특수성으로 쉽게 알 수 있다고 하나, 재래로 묘지는 이를 임야에 쓰는 것이 관례이고, 그러한 임야는 큰 단위로 거래되는 것이 보통이며, 거래당사자가 일일이 현지를 샅샅이 조사하는 일은 드물다. 따라서 분묘가 설치되어 있는 토지를 취득한 사람이 뜻밖의 제한물권에 의한 제한을 받게 됨으로써, 피해를 입을 염려가 있다. 분묘기지권은 공시방법을 갖추지 않고도 성립하고 대항할 수 있게 된다는 점은 역시 문제라 할 것이며, 앞으로 좀 더 신중한 조치가 요망된다. 뿐만 아니라, 임야의 개간 · 산업의 발전에 따른 각종의 단지의 조성 · 국토의 종합개발의 촉진 등에서도 전통적인 분묘제도는 여러 장애요인이 되고 있다. 특히 산림녹화에 주는 피해가 크며, 미관상으로도 문제이다.

　　분묘기지권은 전통적인 조상숭배사상을 법적으로 보장하는 기능을 해온 반면, 현대사회에서 토지의 효율적 이용을 저해하는 원인 중의 하나이다. 현행 법체계에 비추어 분묘기지권은 합리성과 정당성을 인정받기 어렵다. 특히 취득시효형 분묘기지권은 취득시효에 관한 민법 규정을 유추 적용한 것으로 볼 여지가 있을지언정 본래 의미의 관습법이라고 할 수 없다. 장사법 규정과 입법목적, 민법의 취득시효에 관한 법리를 고려하여 분묘기지권에 대한 법리를 변경해야 한다.

[145]　Ⅳ. 관습상 법정지상권

　　1. 의　　의　　동일인의 소유에 속하였던 토지와 건물이 각각 소유자를 달리하게 된 때에, 건물소유자에게 그의 건물소유를 위하여 법률상 당연히 생기는 지상권이 「법정지상권」이다. 이는 토지뿐만 아니라 건물도 독립한 부동산으로 하

고 있는 우리 법제의 특수성에서 생기는 결함을 바로잡기 위하여 두게 된 제도라는
것은 이미 설명한 바 있다. 그리고 현행법상 이 법정지상권이 인정되는 경우에 관
해서는 이미 설명하였다([132] 2 참조). 그런데 종래 판례는, 그와 같은 경우 이외에
도, 일정한 요건 아래에 관습법상 당연히 법정지상권이 인정되는 경우가 있다고 하
고, 이를 「관습법상 법정지상권」 또는 「관습상 법정지상권」(여기에서는 관습상 법정지
상권이라는 용어를 사용하기로 한다)이라 일컫고 있다. 즉 판례는 「토지와 건물이 같은
소유자의 소유에 속하였다가, 그 건물 또는 토지가 매각 또는 그 밖의 원인으로 그
들의 소유자가 다르게 될 때에는, 특히 그 건물을 철거한다는 조건이 없는 이상, 당
연히 건물소유자는 토지소유자에게 대하여 관습에 의한 법정지상권(당사자의 합의에
의한 것이 아니라는 의미이다)을 취득하게 되는 것」이라고 한다(대판 1962. 4. 18, 4294민상
1103; 대판 1960. 9. 29, 4292민상944 등 참조). 요컨대, 토지와 건물이 동일인에게 속하였
다가, 그중 어느 하나가 매매 그 밖의 일정한 원인으로 소유자를 달리하게 된 때에,
그 건물을 철거한다는 특약이 없으면, 건물소유자가 당연히 취득하게 되는 법정지
상권이 관습상 법정지상권이다.

  2. 성립요건   판례를 종합·분석해 볼 때, 관습상 법정지상권은, 다음과
같은 요건을 갖추었을 때에, 그 성립이 인정된다.

  (1) 토지와 건물의 동일인 소유   토지와 건물이 동일인의 소유에 속하고
있어야 한다. 따라서 토지와 건물이 각각 소유자를 달리하고 있는 때에는, 이 법정
지상권은 성립할 여지가 없다. 예컨대, 대지소유자의 승낙을 얻어 지은 건물(바꾸어
말하면, 타인 소유의 대지 위에 세워진 건물)을 매수·취득한 자는 법정지상권을 취득할
수 없다(대판 1971. 12. 28, 71다2124 참조).

  (2) 매매 등으로 토지와 건물의 소유자가 달라질 것   토지·건물 중의 어느
하나가 처분되어, 토지소유자와 건물소유자가 다르게 되었어야 한다. 토지와 건물
의 소유자가 각각 다르게 되는 원인으로서는 매매(대판 1960. 9. 29, 4292민상944; 대판
1962. 4. 18, 4294민상1103 등 참조), 증여(대판 1963. 5. 9, 63아11 참조), 국세징수법에 의한
공매(대판 1967. 11. 28, 67다1831 참조), 민사집행법상의 강제경매(대판 1970. 9. 29, 70다
1454 참조) 등을 판례는 들고 있다. 그러나 이들 매매 등이 있었다고 해서 그것만으
로 곧 법정지상권이 성립하는 것은 아니며, 그것을 원인으로 하여 소유권을 취득한

때, 바꾸어 말하면 소유권이전등기를 하였을 때에 발생한다(대판 1966. 4. 26, 65다2530 참조).

　　건물에 대한 압류 또는 가압류가 있는 경우에 토지와 지상 건물이 언제 동일인 소유이어야 하는지 문제된다. 토지 또는 그 지상 건물의 소유권이 강제경매로 인하여 그 절차상 매수인에게 이전된 경우, 토지와 그 지상 건물이 동일인 소유에 속하였는지를 판단하는 기준시기는 매각대금 완납시가 아니라 압류 또는 가압류의 효력 발생시이다(대판(전) 2012. 10. 18, 2010다52140 참조). 강제경매절차에서 목적물을 매수한 사람의 법적 지위가 그 절차에서 압류의 효력이 발생하는 때를 기준으로 정해지기 때문이다. 또한 강제경매의 목적이 된 토지 또는 그 지상 건물에 관하여 강제경매를 위한 압류나 그 압류에 선행한 가압류가 있기 이전에 저당권이 설정되어 있다가 강제경매로 저당권이 소멸한 경우에는 토지와 그 지상 건물이 동일인 소유에 속하였는지를 판단하는 기준 시기는 저당권 설정 당시이다(대판 2013. 4. 11, 2009 다62059 참조).

　　(3) **건물 철거 특약이 없을 것**　　　당사자 사이에 건물을 철거한다는 특약이 없어야 한다. 이를 요건의 하나로서 판례가 드는 것은, 그러한 특약이 없을 때에는, 토지와 건물의 소유자가 달라진 후에도 건물소유자로 하여금 그 건물의 소유를 위하여 계속 토지를 사용하게 하려는 묵시적 합의가 당사자 사이에 있는 것으로 볼 수 있고, 따라서 관습상 법정지상권을 인정할 수 있다는 취지에서라고 짐작된다. 그리하여 판례는 동일인에 속하였던 대지와 지상건물 중 건물만을 양도하면서, 따로 건물을 위해 대지에 대한 임대차계약을 한 사안에서 이러한 경우에는 그 대지에 발생하는 관습상 법정지상권을 포기한 것으로 보고 있다(대판 1968. 1. 31, 67다 2007 참조).

　　(4) **등기의 필요 여부**　　　위와 같은 요건을 갖추었을 때에 성립하는 관습상 법정지상권은 관습법에 따라 당연히 성립하는 것이므로, 민법 제187조에 따라 등기는 필요하지 않다고 해야 한다([28] 2 (1) ㈐ 참조). 판례도 이 이치를 인정한다(대판 1972. 7. 25, 72다893 참조). 따라서 건물소유자는 이 법정지상권을 취득할 당시의 토지소유자에 대해서는 물론이고, 그로부터 토지소유권을 전득한 제 3 자에 대하여서도, 등기 없이 관습상 법정지상권을 주장할 수 있다(대판 1971. 1. 26, 70다2576; 대판 1988.

9. 27, 87다카279 등 참조).

이와 같이 관습상 법정지상권을 취득한 자는 등기 없이도 이를 주장할 수 있으나, 이를 제3자에게 처분하려면 제187조 단서에 따라 등기를 해야 한다. 그러한 등기 없이 건물을 처분한 경우에 건물의 전득자는 토지소유자에게 지상권을 가지고 대항하지 못한다(대판 1965. 1. 26, 64다1211; 대판 1970. 7. 24, 70다729 등 참조). 그러므로 제3자가 관습상 법정지상권을 전득하려면, 먼저 건물소유자가 법정지상권의 등기를 하고, 그 다음에 이 지상권의 이전등기를 해야 한다는 것이 판례이다(대판 1968. 7. 31, 67다1759; 대판 1970. 6. 30, 70다809; 대판 1971. 1. 26, 70다2576; 대판 1971. 7. 29, 71다1131 등 참조). 그러나 제3자가 강제경매를 통하여 건물의 소유권을 이전받은 경우에는 그러한 등기 없이도 법정지상권을 취득한다는 것이 판례이다(대판 1979. 8. 28, 79다1087; 대판 1991. 6. 28, 90다16214 참조).

한편 판례는 법정지상권을 취득한 건물소유주가 법정지상권설정등기를 하지 않고서 건물을 양도하는 경우에는, 특별한 사정이 없는 한, 건물과 함께 지상권을 양도하기로 하는 채권적 계약이 있는 것으로 보고, 건물양수인은 건물양도인을 순차 대위하여 토지소유자에 대하여 법정지상권설정등기절차이행을 청구할 수 있다고 새기고 있다(대판 1981. 9. 8, 80다2873; 대판 1992. 3. 10, 91누5211 참조).

3. 내 용   관습상 법정지상권은 그것이 인정되는 근거가 관습법이고, 또한 그러한 관습법에 따라 당연히 성립하는 것이라는 점을 빼놓고는, 보통의 지상권과 다를 것이 없다. 따라서 관습상 법정지상권의 내용은, 특별한 사정이 없는 한, 민법의 지상권에 관한 규정에 따라 결정된다. 판례도 민법의 지상권에 관한 규정은 관습상 법정지상권에 준용됨을 분명히 하고 있다(대판 1968. 8. 30, 68다1029 참조). 몇 가지 주의할 점을 적어 둔다.

(1) **존속기간**   관습상 법정지상권의 존속기간은 어떻게 되는가? 판례는 「존속기간을 약정하지 아니한 지상권」으로 본다(대판 1963. 5. 9, 63아11 참조). 따라서 민법 제280조·제281조에 따라 그 존속기간이 결정된다.

(2) **토지사용권의 범위**   법정지상권자의 토지사용권의 범위는 그 건물의 유지 및 사용에 필요한 범위에 미친다(대판 1966. 12. 20, 66다1844; 대판 1974. 2. 12, 73다353 참조). 그러한 필요한 범위를 넘어서 대지를 사용한 때에는, 불법점유로서 토지

소유자의 손해배상청구를 받게 된다(대판 1971. 9. 28, 71다1631 참조).

　　(3) 지　　료　　　지상권자가 토지소유자에게 지급해야 할 토지사용의 대가, 즉 지료(地料)는 어떻게 결정하는가? 제366조 단서에 따라 정해야 한다.

　　4. 판례의 타당성 검토　　　판례가 이러한 제도를 인정하고 있는 것은 타당한가? 원래 법정지상권은 동일인에게 속하고 있었던 토지와 건물 중 어느 하나가 다른 사람에게 귀속하게 될 때에, 당사자가 건물소유자를 위하여 대지의 이용권을 설정할 수 있는 기회를 가지지 못하는 경우에, 이를 인정하여 건물소유자에게 그 대지를 적법하게 이용할 수 있도록 해주는 권리이다. 이로써 건물이 철거되는 것을 막고 건물로서의 가치를 계속 유지하게 하는 것이 사회경제상 바람직하다는 데 법정지상권의 존재이유가 있다. 따라서 토지소유권을 중대하게 제한하는 이 법정지상권은 위와 같은 부득이한 경우에만 인정해야 하는 제도이며, 그 인정범위를 확대한다는 것은 가급적 피해야 한다. 그런데 이른바 관습상의 법정지상권이 인정되는 경우는 결코 그와 같이 부득이한 경우라고 할 수 없다. 동일인에 속하였던 토지·건물 중 어느 하나를 매매나 증여 등으로 양도할 때에, 건물을 철거하지 않고서 존속시키려면, 당사자는 임대차계약을 맺거나 지상권을 설정하는 등의 조치를 할 수 있는 기회는 얼마든지 있다. 당사자가, 그 이유가 어디에 있든, 그러한 조치를 취하지 않은 경우까지 염려하여 건물을 위한 토지사용권을 인정한다는 것은 건물소유자에게 지나친 친절을 베푸는 것이다. 무엇보다도 그러한 배려는 토지소유자에게 희생을 강요하는 것이라는 데에 문제가 있다. 전통사회의 법을 버리고 하루아침에 생소한 서구의 법제를 도입한 데서 오는 국민 대다수의 법지식의 부족과 그에 따른 혼란을 생각한 것이라면 이해할 수도 있으나, 그러한 사정이 사라진 오늘날에까지 이러한 제도를 유지할 것인지는 깊이 생각할 문제이다.

　　관습상 법정지상권을 부정하는 경우에도 민사집행법에 따른 강제경매나 국세징수법에 따른 공매의 경우에 법정지상권에 관한 제366조를 유추 적용할 수 있다. 이러한 경우에는 대지의 이용권을 설정할 수 있는 기회가 없기 때문에, 저당권에 기한 경매의 경우와 마찬가지로 토지소유자를 위하여 법정지상권을 설정한 것으로 보는 것이 합리적이기 때문이다. 그 밖에 매매 등을 통해 토지와 건물의 소유자가 달라진 경우에는 일률적으로 관습상 법정지상권을 인정할 것이 아니라 지상권 등

토지이용권의 설정 여부와 그 형태를 당사자들의 의사에 맡기는 것이 사적 자치의 원칙에 부합한다.

2013년 법무부 민법개정위원회에서는 관습상 법정지상권을 폐지하는 대신 건물소유자에게 지상권설정청구권을 인정할 것인지 아니면 법정임대차를 인정할 것인지 논란이 있었다. 결국 법정지상권에 관한 현행 민법 제366조를 삭제하는 대신 동일인 소유의 토지와 그 지상건물이 경매, 공매, 그 밖의 법률행위 이외의 사유로 서로 다른 소유자에게 속하게 된 경우에는 법정지상권을 인정하는 규정을 두고(개정안 제289조의3), 법률행위로 인하여 서로 다른 소유자에 속하게 된 경우에는 건물소유를 위한 법정임대차를 인정하기로 하였다(개정안 제622조의2).

최근 대법원에서 관습상 법정지상권에 관한 판례를 유지할 것인지 다루었다(대판(전) 2022. 7. 21, 2017다236749 참조). 다수의견은 동일인 소유이던 토지와 그 지상건물이 매매 등으로 인하여 각각 소유자를 달리하게 되었을 때 그 건물 철거 특약이 없는 한 건물 소유자가 법정지상권을 취득한다는 관습법은 현재에도 그 법적 규범으로서의 효력을 여전히 유지하고 있다고 하였다. 그러나 반대의견은 관습상 법정지상권에 관한 관습은 관습법의 성립요건을 갖추지 못했고, 그러한 관습법이 성립하였다고 하더라도 현재에 이르러서는 사회 구성원들이 그러한 관행의 법적 구속력에 대하여 확신을 갖지 않게 되었으며, 또한 헌법을 최상위 규범으로 하는 전체 법질서에 부합하지 않으므로, 법규범으로서 효력을 인정할 수 없다고 비판하였다. 반대의견에서 지적한 것처럼 관습상 법정지상권에 관한 판례를 조속히 폐기해야 한다. 그리고 판례가 변경되기 전이라도 가급적 관습상 법정지상권의 성립 범위를 줄이는 등으로 그 폐해를 막기 위하여 노력해야 한다.

제2장 지역권

제1절 총 설

[146] Ⅰ. 지역권의 의의

지역권(地役權)은 설정행위에서 정한 일정한 목적을 위하여 타인의 토지를 자기 토지의 편익(便益)에 이용하는 부동산용익물권의 일종이다(291조). 이를 설명하면 다음과 같다.

(1) 지역권은 타인의 토지를 자기 토지의 편익에 이용하는 권리이다. 따라서 반드시 두 개의 토지의 존재를 전제로 하며, 그중 편익을 얻는 토지를 요역지(要役地)라고 하고, 편익을 주는 토지를 승역지(承役地)라고 한다. 부동산등기법에서는 요역지를 편익필요지라고 하고(동법 38조), 승역지를 편익제공지라고 한다(동법 37조). 이들 두 토지는 서로 인접하고 있는 토지이어야 하는 것은 아니다.

(개) 요역지의 편익에 이용한다는 것은 요역지의 사용가치를 더하여 크게 하는 것을 의미한다. 따라서 요역지에 거주하는 사람의 개인적인 이익(예컨대, 동물학자의 곤충채집이나 화가의 회화제작 등)을 위해서는 지역권을 설정할 수 없다.

(내) 토지의 편익의 종류에는 제한이 없다. 판례에 나타나고 있는 것은 인수(引水)지역권과 통행지역권이다. 그러나 지역권의 내용이 상린관계에 관한 강행규정을 위반해서는 안 된다. 토지에 관한 최소한도의 이용조절을 규율하는 상린관계의 취지에 비추어 당연한 제한이다.

(대) 승역지의 이용자는 승역지가 요역지의 편익에 제공되는 범위에서 의무를 부담한다. 그 주요한 것은 지역권자의 적극적인 행위(인수·통행 등)를 인용하는 것과 승역지의 일정한 이용(높은 건물을 축조하지 않는 것 등)을 하지 않는 것이다. 문제는 지역권이 승역지의 이용자에게 일정한 행위를 할 적극적인 의무를 부담하도록할 수 있는지이다. 민법은 승역지 소유자가 그러한 의무를 부담하는 경우를 예정하고 있으며(298조), 또한 그러한 약정을 등기할 수도 있다(부등 70조 4호).

(래) 지역권은 언제나 무상이어야 하는가? 유상·무상 어느 것이나 좋다고 새

겨야 한다. 대가는 지역권의 내용이 될 수 있으나, 등기할 수 있는 방법이 없으므로
(부등 70조), 제 3 자에 대항할 수 없다고 해석해야 한다.

(2) 지역권은 요역지와 승역지의 두 토지 사이의 관계이다.

(가) 지역권은 토지소유자 사이의 관계에만 한정되는가? 지역권은 요역지 소유
자와 승역지 소유자 사이에서만 성립하는 것이 아니라, 지역권이 설정된 후에 요역
지의 지상권자·전세권자·임차인도 지역권을 행사할 수 있으며, 마찬가지로 승역
지의 지상권자·전세권자·임차인이 지역권에 의한 제한을 받게 된다는 점은 의문
이 없다. 이에 반하여 지상권자·전세권자·임차인이 그들이 이용하는 토지를 위하
여 또는 그 토지 위에 지역권을 설정할 수 있는가? 지역권은 두 토지의 이용을 조
절하는 것을 목적으로 하는 것이므로, 승역지의 지상권자·전세권자·임차인 등도
그들의 권한 내에서는 유효하게 지역권을 설정할 수 있다는 것이 다수설이다(김상
용 483면, 김증한·김학동 399면, 김현태(하) 6면, 이영준 711면, 장경학 583면 등 참조).

(나) 토지의 일부를 위하여 또는 일부 위에 지역권을 설정할 수 있는가? 요역
지는 1필의 토지이어야 하며, 토지의 일부를 위한 지역권을 설정할 수 없다. 그러
나 승역지는 1필의 토지이어야 할 필요는 없으며, 토지의 일부에도 지역권이 성립
할 수 있다.

(3) 지역권은 그것이 이바지하는 요역지 위의 권리에 종된 권리이다.

(가) 지역권은 요역지 소유권의 내용이 아니라, 그것으로부터 독립한 권리이다.

(나) 지역권의 성립에는 요역지 및 승역지의 존재가 필요하나, 반드시 그 소유
자 사이의 관계이어야 하는 것은 아니다.

(다) 지역권은 그의 존속을 위해서도 요역지 및 승역지의 존재를 전제로 한다.
따라서 지역권은 요역지로부터 분리하여 이를 양도하거나 또는 다른 권리의 목적
으로 하지 못한다(292조 2항).

(라) 지역권은 요역지 소유권에 대하여 수반성을 가진다. 따라서 요역지의 소
유권이 이전되거나 또는 다른 권리의 목적이 되는 때에는 지역권도 이와 법률적 운
명을 같이한다(292조 1항 본문). 지역권의 이전만을 목적으로 하는 특별한 의사표시
(물권행위)는 필요하지 않다. 그리고 이미 지적한 바와 같이 소유권 이외의 이용권을
위해서도 지역권이 성립한다고 한다면, 이 이용권에 수반함은 당연하다. 위와 같은

수반성은 약정으로 배제할 수 있으며(292조 1항 단서), 그 약정을 등기하면(부등 70조 4호) 제3자에게 대항할 수 있다.

(4) **지역권의 불가분성** 지역권의 법률적 성질로서 불가분성이라는 것이 주장된다. 지역권의 불가분성의 내용으로 일반적으로 설명되는 것을 들어 보면, 다음과 같다.

(가) 토지공유자의 1인은 그의 지분에 관하여 그 토지를 위한 지역권 또는 그 토지가 부담하는 지역권을 소멸하게 하지 못한다(293조 1항). 또한 토지를 분할하거나 일부양도하는 경우에 지역권은 요역지의 각 부분을 위하여 또는 승역지의 각 부분 위에 존속한다(293조 2항 본문). 그러나 지역권의 성질상 토지의 일부에만 관한 것인 경우에는 그 일부에 관해서만 존속한다(293조 2항 단서).

(나) 공유자의 1인이 지역권을 취득한 경우에는 다른 공유자도 이를 취득한다 (295조 1항). 따라서 점유에 의한 지역권의 취득시효의 중단은 지역권을 행사하는 모든 공유자에 대하여 하지 않으면 그 효력이 없다(295조 2항). 또한 지역권을 행사하는 공유자가 여럿 있는 경우에는 그 1인에 대하여 시효정지의 원인이 있더라도 시효는 각 공유자를 위하여 진행한다.

(다) 요역지가 여러 사람의 공유로 되어 있는 경우에 그 1인을 위한 소멸시효의 중단 또는 정지가 있는 때에는 이 중단 또는 정지의 사유는 다른 공유자를 위하여서도 효력이 있으며, 소멸시효는 모든 공유자를 위하여 완성하지 않는다(296조).

[147] Ⅱ. 지역권의 사회적 작용

앞에서 본 바와 같이 지역권은 용익물권의 일종이며, 특정의 토지 즉 요역지의 편익을 위하여 승역지를 이용하는 권리이다. 지역권을 설정함으로써 요역지는 그 이용가치가 커지고, 또한 그에 대응하여 승역지의 이용은 제한된다.

(1) 이러한 지역권의 목적은 토지의 임대차에 의해서도 달성할 수 있다. 예컨대, 甲이 乙의 토지를 통행하려는 경우에 甲은 통행에 필요한 범위에서 乙의 토지를 임차해도 된다. 그러나 지역권을 설정하면 그 권리는 물권으로서 요역지인 甲의 토지의 소유권과 결합된 것으로 다루어지며, 따라서 甲의 토지는 그만큼 가치가 커진다. 또한 승역지인 乙의 토지가 받는 부담은 지역권의 목적을 달성하는 최소한에

그치므로, 임대한 경우와 같이 甲이 토지를 독점적으로 이용하지 못한다. 乙이 토지를 이용하는 것이 지역권과 병존할 수 있는 한도에서 허용될 수 있다. 즉, 지역권은 타인의 토지를 이용한다는 점에서는 임차권 또는 지상권·전세권과 같은 제한물권과 같지만, 지역권을 설정하여 타인의 토지를 이용하는 것은 단순히 타인의 토지를 이용하는 것이 아니라, 실질적으로는 두 토지의 이용을 조절하는 기능을 가지는 점에 그 특징이 있다.

(2) 민법은 인접하는 토지의 이용을 조절하기 위하여 상린관계의 규정을 두고 있으나(216조 이하), 지역권의 기능도 결국은 그것과 같다고 할 수 있다. 다만 상린관계는 법률상 당연히 발생하는 최소한의 이용의 조절로서, 말하자면 그것은 소유권 자체의 기능이 미치는 범위라고 해야 하는 데 반하여, 지역권은 당사자의 계약으로 성립하고, 상린관계의 규정에 따른 이용의 조절을 다시 확대하는 것이어서, 토지소유권 이외의 독립한 물권이라는 성질을 가진다.

[148] Ⅲ. 지역권의 존속기간

1. 민법은 지역권의 존속기간에 관하여 아무런 규정도 두고 있지 않다. 여기서 지역권의 존속기간을 영구무한으로 정할 수 있는지 문제된다. 근대 물권법의 이론에 따른다면, 소유권을 제한하는 제한물권은 유한한 것이어야 한다고 할 수 있다. 그러나 지역권은 소유권을 제한하는 정도가 낮고, 제한하는 범위 내에서도 소유자의 이용을 전적으로 빼앗는 것이 아니기 때문에, 학설은 영구지역권의 설정을 인정하는 데 일치되어 있다.

2. 당사자가 약정하는 존속기간이 유효함은 물론이다. 다만 부동산등기법 제70조는 존속기간의 약정의 등기에 관하여 규정하고 있지 않기 때문에, 이를 등기할 수 있는지 의심스러우나, 할 수 있다고 해석하는 것이 타당하다.

[149] Ⅳ. 지역권의 종류

(1) **작위의 지역권·부작위의 지역권**   지역권자가 일정한 행위를 할 수 있고, 승역지 이용자가 이를 허용해야 할 의무를 부담하는 지역권을 「작위의 지역권」 또는 「적극적 지역권」이라고 한다. 이에 대하여, 승역지 이용자가 일정한 이용을

하지 않을 의무를 부담하는 지역권을 「부작위의 지역권」 또는 「소극적 지역권」이라고 한다.

　(2)　**계속지역권·불계속지역권**　　지역권의 내용의 실현이, 예컨대 일정한 시설을 설치하는 것을 내용으로 하는 지역권이나 부작위지역권과 같이 끊임없이 계속하는 것을 「계속지역권」이라고 한다. 반대로 예컨대 통로를 새로 설치하지 않는 통행지역권과 같이 권리의 내용을 실현할 때 그때그때 권리자의 행위를 필요로 하는 지역권을 「불계속지역권」이라고 한다. 이 구별의 실익은 지역권의 시효취득에 관하여 생긴다(294조 참조).

　(3)　**표현지역권·불표현지역권**　　지역권의 내용의 실현이, 예컨대 통행지역권이나 인수지역권과 같이, 외부로부터 인식되는 외형적 사실을 수반하는 것을 「표현지역권」이라고 한다. 이에 대하여 예컨대 부작위의 지역권이나 지표에 나타나지 않는 도관에 의한 인수지역권과 같이 그러한 외형적 사실을 수반하지 않는 것을 「불표현지역권」이라고 한다. 이 구별의 실익도 시효취득에서 나타난다(294조 참조).

제 2 절　 지역권의 득실과 그 효력

[150]　Ⅰ. 지역권의 취득

　1.　**취득사유**　　지역권은 설정계약과 등기에 의하여 취득하는 것이 보통이나, 그 밖에 양도·상속·유증 등에 의해서도 취득할 수 있다. 그리고 요역지의 소유권 또는 사용권의 이전에 수반해서 이전됨은 이미 설명하였다(292조 1항).

　2.　**시효에 의한 취득**　　지역권의 시효취득은 「계속되고 표현된 것에 한하여」 인정되며, 따라서 불계속 또는 불표현의 지역권에 관해서는 취득시효가 인정되지 않는다(294조). 민법은 제245조를 지역권의 취득시효에 준용하고 있다(294조). 그러나 제248조가 있으므로, 제245조를 준용한다는 규정은 불필요한 중복이다. 어쨌든 점유취득시효는 등기해야 그 효력이 생긴다(245조 1항).

[151] Ⅱ. 지역권의 효력

1. 지역권자의 권능

(1) 지역권의 내용은 지역권의 성립원인이 무엇인지에 따라 달라진다. 약정으로 지역권이 설정된 경우에는 그 약정에 따라 그 내용이 결정되고, 지상권을 시효취득한 경우에는 취득시효의 기초가 되는 점유에 따라 그 내용이 결정된다.

(2) 지역권의 기능은 여러 토지 사이의 이용을 조절하는 데 있으므로, 모든 지역권의 내용은 그 지역권의 목적을 달성하는 데 필요하고 또한 승역지 이용자에게 부담이 가장 적은 범위에 한해야 함은 당연하다. 이러한 취지에서 민법은 다음과 같은 규정을 두고 있다.

(가) 용수지역권에서 "승역지의 수량이 요역지 및 승역지의 수요에 부족한 때에는, 그 수요 정도에 의하여 먼저 가용(家用)에 공급하고," 그 나머지를 "다른 용도에 공급해야 한다"(297조 1항 본문). 그러나 당사자들이 약정으로 이것과 다른 사용방법을 정할 수 있다(297조 1항 단서). 이 특약을 가지고 제 3 자에게 대항하려면 등기해야 한다(부등 70조 참조).

(나) 승역지 소유자는 지역권의 행사를 방해하지 않는 범위 안에서 지역권자가 지역권의 행사를 위하여 승역지에 설치한 공작물을 사용할 수 있다(300조 1항). 그러나 수익의 정도의 비율로 공작물의 설치·보존의 비용을 분담해야 한다(300조 2항).

(3) 지역권도 배타성을 가지는 물권이므로, 먼저 성립한 것이 나중에 성립하는 지역권에 당연히 우선한다. 따라서 용수지역권에 관하여 "승역지에 수개의 용수지역권이 설정된 때에는 후순위의 지역권자는 선순위의 지역권자의 용수를 방해하지 못한다"(297조 2항).

2. 승역지 이용자의 의무

(1) 승역지 이용자의 기본적 의무는 지역권자의 행위를 허용하고 일정한 이용을 하지 않을 부작위의무를 부담하는 것이다. 지역권자가 승역지 이용자가 설치한 설비를 이용할 권리를 가지는 경우에는 승역지 이용자는 이를 함부로 변경해서는 안 될 의무가 있다.

(2) 계약에서 승역지 소유자가 자기의 비용으로 지역권의 행사를 위한 공작물의 설치 또는 수선의 의무를 부담한 때에는 승역지 소유자의 특별승계인도 그 의

무를 부담한다(298조). 그러나 특정승계인에게 대항하기 위해서는 등기해야 한다(부등 70조 참조). 그리고 이 의무는 승역지를 이용하는 이익에 비하여 부수적인 정도를 넘어서는 안 된다. 따라서 "승역지의 소유자는 지역권에 필요한 부분의 토지소유권을 위기(委棄)하여 전조의 부담을 면할 수 있다"(299조). 이때 위기는 토지소유권을 지역권자에게 이전한다는 일방적 의사표시이며, 지역권자에게 해야 하고 또한 등기를 해야 그 효력이 생긴다(186조). 위기에 의하여 소유권이 지역권자에게 이전하는 경우에 지역권은 혼동으로 소멸한다.

　　3.　**지역권에 기한 물권적 청구권**　　　지역권도 일정한 범위에서 승역지를 직접 지배하는 물권이므로, 그 지배를 방해받는 경우에는 물권적 청구권이 생긴다. 그러나 지역권에는 승역지를 점유할 권능이 없으므로, 다만 방해제거청구권과 방해예방청구권이 인정될 뿐이다(301조). 그 요건·내용 등은 모두 소유권의 경우에 준하여 생각하면 된다([91] 이하 참조).

[152]　Ⅲ.　**지역권의 소멸**

　　1.　**소멸사유**　　　지역권은 요역지나 승역지의 멸실, 지역권자의 포기, 혼동, 존속기간의 만료, 약정소멸사유의 발생, 승역지의 수용(공익사업 19조 참조) 등으로 소멸하게 된다. 이들에 관하여 특별히 설명할 것은 없으나, 승역지의 시효취득에 의한 소멸과 지역권의 소멸시효에 관해서는 약간의 설명이 필요하다.

　　2.　**승역지의 시효취득에 의한 소멸**　　　제3자가 승역지를 시효취득하는 경우에 지역권은 소멸하는 것이 원칙이다. 그러나 (ⅰ) 승역지의 점유자가 지역권의 존재를 인정하면서 점유를 계속한 경우에는 지역권의 제한을 받는 소유권을 취득하므로, 지역권은 소멸하지 않는다. 또한 (ⅱ) 승역지의 점유자의 취득시효가 진행하고 있는 동안에 지역권자가 그의 권리를 행사하면, 시효취득의 기초인 점유는 지역권의 제한을 받으므로, 승역지가 시효취득되어도 지역권은 소멸하지 않는다.

　　3.　**지역권의 시효소멸**

　　(1)　지역권이 소멸시효에 걸리는 권리임은 의심이 없다(162조 2항 삼소). 문제는 시효기간의 기산점이다. 불계속의 지역권에서는 최후의 행사를 한 때부터 이를 계산하고, 계속지역권에 관해서는 그 행사를 방해하는 사실이 생긴 때부터 계산해

야 한다.

(2) 요역지가 공유로 되어 있는 경우에 소멸시효는 모든 공유자에 관하여 완성한 때에만 효력이 생기게 됨은 이미 설명하였다(296조 참조).

(3) 지역권자가, 예컨대 4미터의 통로를 개설할 수 있는데 2미터의 통로만을 만들고 있는 경우와 같이, 지역권의 내용의 일부만을 행사하고 있는 경우에는 그 불행사의 부분만이 시효로 소멸한다.

제 3 절 특수지역권(입회권·총유적 토지용익권)

[153] Ⅰ. 특수지역권의 의의와 작용

1. 의   의   일정한 지역의 주민이 집합체의 관계로 일정한 토지(주로 산림이나 초원)에서 초목·야생물 및 토사의 채취, 방목 그 밖에 공동으로 수익하는 관습상의 권리가 예로부터 존재하고 있다(302조 참조). 이러한 특수한 토지 수익권에는 다음과 같은 두 가지의 모습이 있다고 설명하는 것이 일반이다.

(1) 하나는 목적토지의 소유권이 수익을 하는 어느 지역의 주민 전체의 총유에 속하는 형태이다.

(2) 다른 하나는 목적토지의 소유권이 수익을 하는 일정지역의 주민의 총유에 속하지 않고, 타인(국가 기타의 공법인·사법인 또는 개인 등)의 소유에 속하는 모습이다.

이들 두 모습 중 어느 것이 어느 정도로 존재하고 있는지는 아직 충분한 관습의 조사가 없을 뿐만 아니라, 이 방면의 연구도 없어서 명백하지 않다. 그러나 적어도 오늘날에는 (2)의 형태가 주로 존재하리라고 추측된다. 민법도 (2)의 수익권에 관해서만 1개 조문을 두고 있으며, 이를 「특수지역권」이라고 하고 있다. 의용민법 시대에는 입회권(入會權)이라고 하였다. 그런데 (2)의 경우를 특수지역권이라고 일컫는 것은 정당하다고 할 수 없다. 왜냐하면, 특수지역권에서 편익을 얻는 것은 「어느 지역의 주민」 즉 사람이고, 지역권에서와 같이 토지(요역지)가 편익을 얻고 있지는 않기 때문이다. 여기서 특수지역권이라는 명칭을 갈음하여 일종의 인역권인 「총유적 토지수익권」이라고 하는 견해가 있다(김증한 288면 참조). 그러나 「총유적 토지수익권」이라고 하는 것보다는 「토지수익권의 준총유」라고 하는 것이 좀 더 정확하다고 생각한다.

　　2.　사회적 작용　　　자연경제시대의 농촌주민에게는 이러한 토지수익권이
그들의 생활의 기초가 되어 있었음은 쉽게 상상할 수 있다. 그러나 그러한 수익권
은 커다란 폐단을 수반한다. 첫째, 그것은 토지의 관리를 소홀하게 하고 수익의 절
대량을 줄어들게 한다. 둘째, 토지의 황폐를 초래하고 홍수의 재해를 커지게 할 염
려가 있다. 셋째, 그러한 수익권의 존재는 토지의 개발을 방해하며, 그의 교환가치
를 줄어들게 한다. 위와 같은 이해는 사회경제의 발달에 따라서 그 이익은 점차로
줄어드는 반면에 폐해는 커지는 경향이 있다. 그리고 임업을 장려하고 원야를 개발
할 필요가 커감에 따라서 그러한 수익권의 존재는 점점 더 고통스러운 것이 된다.
아마도 위와 같은 여러 사정은 앞으로 이러한 종류의 토지수익권이 점차 사라지게
할 것이다.

[154]　Ⅱ. 특수토지수익권의 규율

　　이미 지적한 두 모습 중 목적 토지가 그 수익을 하는 지역의 주민의 총유에 속
하는 경우에는 민법의 총유에 관한 규정에 따라 규율된다. 다른 하나의 모습, 즉 목
적 토지가 그 지역의 주민에게 속하지 않고 타인의 소유인 경우에 관하여 민법은
지역권에 관한 규정을 준용하고 있다. 그러나 다른 관습이 있으면 관습이 우선해서
적용된다(302조). 지역권에 관한 규정을 준용하고 있으나, 실제에서는 이 토지수익
권을 지역의 주민이 준총유하는 것이므로, 역시 총유에 관한 규정을 준용해야 한다
(278조 참조).

제 3 장 전 세 권

제 1 절 총 설

[155] I. 전세권의 의의와 사회적 기능

1. 전세권(傳貰權)은 전세금을 지급하고 타인의 부동산을 그 용도에 좇아 사용·수익하는 용익물권이며, 전세권이 소멸하면 목적부동산으로부터 전세금의 우선변제를 받을 수 있는 효력이 인정되는 것이다(303조 1항). 말하자면, 그것은 용익물권이지만, 한편으로는 담보물권의 특질도 아울러 가지고 있는 특수한 물권이다. 그러나 전세권의 기본성격은 어디까지나 용익물권인 데에 있으며, 담보물권의 성질이 인정된다고 해도 그것은 전세권자의 전세금반환청구권을 확보해 준다는 정책적 고려에 따른 것이어서, 전세권의 담보물권성은 부수적·종적인 것에 지나지 않는다.

이러한 민법의 전세권은 외국의 입법례에서는 찾아볼 수 없는 우리의 특유한 제도이며, 민법에서 이채로운 존재이다. 그것은 종래 일종의 채권계약으로서 관행되어 온「전세」라는 건물임대차를 물권의 일종으로 한 것이다. 이것은 물권법의 다른 제도들과 달리 본래 서구제국에서 형성·발달해 온 제도를 그대로 계수한 것이 아니라, 우리 사회에서 발달한 특유한 제도라는 데서 특별한 의의가 있다.

2. 민법상의 물권적 전세권은 용익물권인 동시에 담보물권의 성격을 아울러 갖는 특수한 물권으로 구성되어 있다. 따라서 그 기능도 부동산의 용익과 전세금채권의 담보라는 두 방면에서 검토하기로 한다.

(1) 부동산을 소유하는 자보다는 소유하지 못한 자가 훨씬 많으며, 그 당연한 결과로서 타인의 부동산을 이용해야만 하는 사람은 늘어가고 있는 것이 오늘날의 실정이다. 타인의 부동산을 이용하는 법률적 방법에는 용익물권과 채권적 구성의 임대차가 있는데([130] 참조), 전세제도에 관해서도 물권으로서의 전세권과 채권적 전세권이 있다. 사회의 실제에서는 물권적 전세권보다는 채권적 전세권이 훨씬 많이 이용된다. 부동산의 소유자는 언제나 자기의 부동산을 이용하는 사람보다도 강

력한 지위를 가지려고 하며, 이용자가 대항력과 처분권까지를 가지게 되는 물권적 전세권의 설정을 싫어하고, 채권적 전세에 의한 이용관계의 설정을 택하기 때문이다. 나아가 물권적 전세권을 설정하려면 귀찮고 복잡하며 또한 비용이 드는 등기라는 절차를 밟아야 하는데, 사람들이 이러한 절차를 싫어하기 때문에 물권적 전세권의 설정을 기피하고 채권적 전세를 주로 이용하려는 경향이 있다. 다만 목적부동산의 가액이 상당히 고가라서 전세금도 고액인 경우에는 당사자의 이해가 조화를 이루어 물권적 전세권을 설정하고 있다.

　눈을 돌려, 우리 사회에서 전세제도가 주로 이용되고 있는 영역을 생각해 본다면, 단연 그것은 건물대차, 특히 주거용 건물의 대차이다. 우리의 주위에서 흔히 볼 수 있는 바와 같이, 거주의 목적으로 1동의 건물의 일부를 빌리는 전세가 압도적으로 많다. 부동산등기법은 건물의 일부에 대한 전세권의 등기를 인정하고 있으므로, 그러한 경우에도 물권적 전세권을 설정할 수 있는 길이 열려 있기는 하나, 전세금이 비교적 소액인 주택전세에서는 주로 채권적 전세가 이용되고 있다. 그런데 여기서는 주택임대차보호법이 적용되는 채권적 전세에 의해서도 전혀 불편이 없다. 즉, 등기에 의하지 않고도 간편하게 대항력을 갖출 수 있고, 최단존속기간도 물권적 전세권에서보다 길게 보장되며, 거기에다가 전세금의 반환도 마치 담보물권에서와 같이 확보되기 때문에, 물권적 전세권에 비하여 조금도 손색이 없다. 오히려 채권적 주택전세권이 물권적 전세권보다 유리한 점도 있다(소액보증금의 우선특권이 인정되므로).

　이상과 같은 사실을 종합한다면, 주택의 전세는 채권적 주택전세의 독무대이며, 물권적 전세권이 이용될 여지는 별로 없다. 비용(등록세)을 들여서 등기를 하고 물권적 전세권을 설정하는 것은 어리석은 일이며, 의미가 없게 되었다. 그러나 주택이 아닌 건물이나 토지의 대차에서는 물권적 전세권이나 채권적 전세가 이용되겠지만, 그 이용도는 전세금의 다소에 따라 좌우될 것이다. 요컨대, 물권적 전세권은 주택 이외의 건물이나 토지의 대차 중 전세금이 고액인 때에 이용되는 제도로서 사회적으로 작용한다고 말할 수 있다.

　(2) 전세제도에서는 전세금의 지급이 그 요소를 이루고 있기 때문에, 부동산 전세는 전세권자에게는 타인의 부동산을 이용하는 수단이 되나, 한편 그 부동산의

소유자의 처지에서 본다면, 신용을 얻는 방편이 된다. 그러나 채권적 전세권에서는 전세관계를 청산할 때에 전세금의 회수를 확보해 주는 장치가 따로 없기 때문에, 신용을 주는 전세권자는 안심이 안 된다. 즉, 채권적 전세는 그 자체로서는 담보적 효력이 없는 것이어서, 그것과는 따로 다른 물적 또는 인적 담보제도의 지지를 얻어서 비로소 담보의 기능을 발휘할 수 있다. 이에 반하여, 민법의 물권적 전세권은 법률적으로 담보물권의 특질도 인정되어 있어서, 그것은 담보물권의 작용도 아울러 담당한다. 그러므로 물권적 전세권과 채권적 전세권은 담보적 기능에서 커다란 차이가 있다. 그러나 이러한 주장은 주택임대차보호법과 상가건물 임대차보호법이 주택과 상가건물에 관한 채권적 전세에도 적용됨으로써 크게 수정되었다. 위 두 법이 적용되는 채권적 전세는 물권적 전세권보다도, 담보적 효력이 오히려 강하게 되었기 때문이다. 담보적 기능이라는 측면에서 보더라도, 주택과 상가 건물의 전세에서는 위 두 법이 적용되는 채권적 전세를 이용하는 것이 오히려 유리한 측면이 있다. 결국 물권적 전세권이 그의 담보적 효력으로 채권적 전세권보다도 더욱 활용될 것으로 기대되는 경우는 주택이나 상가건물 이외의 건물이나 토지의 대차이다. 그러한 경우에도 전세금이 고액이어서 그의 반환을 특히 확보할 필요가 있는 때임은 물론이다.

[156]　Ⅱ.　전세권의 법적 성질

전세권의 법률적 성질은 다음과 같다.

(1)　전세권은 「타인의 부동산」에 대한 권리이다. 따라서 토지와 건물의 어느 것이나 모두 전세권의 목적이 될 수 있다(303조 1항). 다만, 농지의 임대차 또는 사용대차를 원칙적으로 금지하는 농지법의 규정과 보조를 맞추어서, 농경지는 이를 전세권의 목적에서 제외하고 있다(303조. 농지법 23조 참조). 전세권의 객체인 부동산은 1필의 토지 또는 1동의 건물이어야 할 필요는 없으며, 1필의 토지의 일부 또는 1동의 건물의 일부라도 좋다(부등 72조 1항 6호).

(2)　전세권은 목적 부동산을 점유하여 「그 부동산의 용도에 좇아 사용·수익」하는 권리이다. 즉, 그것은 용익물권(用益物權)이다.

(?)　전세권은 목적 부동산을 사용·수익하는 권리이며, 따라서 목적 부동산을

점유할 수 있는 권리를 포함한다. 전세권자가 부동산을 사용하는 점에서는 소유자
가 스스로 사용하는 경우와 같은 관계가 생기므로, 상린관계의 규정이 준용된다
(319조).

　(나)　전세권은 목적 부동산을 그 「용도에 좇아 사용·수익」하는 권리라고 할
때에, 건물에 관해서는 아무런 의문이 없으나, 토지가 전세권의 목적인 때에는 지
상권과의 관계에서 학자들 사이에 견해의 대립이 있다. 즉, 민법은 지상권을 타인
의 토지에서 건물 기타의 공작물이나 수목을 소유하기 위하여 그 토지를 사용하는
권리라고 하고(279조 참조), 전세권은 부동산의 용도에 좇아 사용·수익하는 권리라
고 하고 있는 데서, 다음과 같은 문제가 제기된다. 전세권자는 농지 이외의 토지에
전세권을 설정해서, 그 토지를 공작물이나 수목을 소유하기 위하여 사용·수익할
수 있는가? 바꾸어 말하면, 전세권자는 지상권으로 달성할 수 있는 목적으로 그 토
지를 이용할 수 있는가? 부정적으로 새기는 견해도 있으나(김상용 503면, 김증한·김학
동 414면, 이영준 738면, 이은영 652면, 민법주해(Ⅵ) 176면 참조), 긍정하는 것이 옳다(동지:
방순원 198면, 최식 253면 등 참조). 지상물의 소유를 위한 이용자도 물권자로서 보호하
게 되어 타당하기 때문이다.

　(3)　전세권은 물권이다. 즉, 직접 그 객체인 토지나 건물을 지배하는 권리이
다. 따라서 부동산소유자의 변경은 전세권에 영향을 주지 않는다. 전세권이 성립한
후 목적물의 소유권이 이전된 경우 전세금반환의무를 포함하여 전세권설정자의 각
종 권리의무는 새로운 소유자에게 이전된다(대판 2000.6.9, 99다15122 참조). 또한 전
세권의 양도나 전전세(轉傳貰) 또는 임대를 하는 데도 부동산소유자의 동의를 필요
로 하지 않는다. 요컨대, 전세권은 물권으로서 당연히 양도성과 상속성을 가진다.

　(4)　전세금은 전세권의 요소이다(303조 1항). 전세금은 전세권자가 설정자에게
교부하는 금전(금전에 한한다)이며, 전세권이 소멸하는 때에는 다시 그 반환을 받게
된다(317조·318조). 전세금액은 당사자 사이의 합의로 자유로이 결정할 수 있고, 특
별한 제한은 없다. 그러나 전세금은 반드시 지급되어야 하므로, 전세금을 지급하지
않는다는 특약을 하면, 전세권은 성립하지 못한다. 전세금액은 등기해야 하며(부등
72조 1항 1호), 등기된 금액에 한하여 제 3 자에게 대항할 수 있다. 이러한 전세금은
다음과 같은 성질을 가지고 있다.

㈎ 전세금은 부동산 사용의 대가인 차임 또는 지료의 특수한 지급방법이다. 따라서 전세권자는 목적물사용의 대가를 따로 지급할 필요가 없으나, 한편 전세금의 이자를 청구하지 못한다. 즉, 차임 또는 지료와 전세금의 이자는 상계된다. 이와 같은 차임 또는 지료의 특수한 지급방법으로, 전세권설정자 쪽에서 본다면, 정기의 차임이나 지료를 추심하는 대신에, 일시에 받는 금전의 이자로써 이를 충당하므로, 차임·지료를 추심하는 번거로움과 위험을 피할 수 있는 이익이 있다.

㈏ 전세금은「보증금」의 성질도 가지고 있다. 즉, 전세금은 전세권자의 채무를 담보하기 위하여 교부되는 금전이다. 그러나 담보되는 채권의 범위는 전세관계에 의한 전세권자의 모든 채무인지 문제된다. 민법 제315조는 전세권자에게 책임 있는 사유로 전세권의 목적물 전부 또는 일부가 멸실한 경우에, 전세금으로 손해의 배상에 충당할 수 있다고 규정한다. 그러나 목적물 멸실 이외의 경우에 전세권자가 부담하는 손해배상에도 충당할 수 있다는 규정은 없으므로, 위와 같은 민법의 규정을 엄격히 해석한다면, 전세금으로 담보되는 전세권자의 채무는, 목적물 전부 또는 일부의 멸실의 경우에 한한다는 결과가 된다. 그러나 목적물 멸실 이외의 사유로 전세권자가 부담하는 손해배상채무(예컨대, 목적물을 훼손한 때)에 관해서도, 전세권설정자는 전세금반환채무와 손해배상채권을 상계할 수 있으므로, 실제에서는 전세권자의 모든 채무를 담보한다고 하여도 좋다. 이와 같이 전세금은 목적물 멸실의 경우에 전세권자가 부담하는 손해배상채무를 담보하므로, 본질적으로는 보증금과 같다고 할 수 있다. 다만 보증금과 다른 점은 보증금에서는 임대차 존속 중에도 보증금으로 이행되지 않은 채무에 충당할 수 있으나, 전세권에서는 전세금으로 충당하는 것은 전세권 존속 중에는 할 수 없고, 전세권이 소멸한 후에만 할 수 있다는 점이다(315조 2항). 이는 전세금이 단순히 전세권자의 채무를 담보하기 위하여 지급하는 것이 아니라, 차임이나 지료의 지급방법이기도 하다는 데서 오는 결과이다.

㈐ 이상과 같이 전세금은 차임 또는 지료의 지급방법이자 보증금의 성질을 가지는 것이나, 실질적으로는 신용의 수수가 된다. 즉, 전세금은 목적부동산의 가격의 6할에서 8할에 이르는 큰 금액이므로, 전세권설정자는 그의 부동산을 담보로 신용을 얻는 것이 되고, 전세권자는 신용을 제공해서 목적부동산을 유치·사용하는 것과 같은 관계가 당사자 사이에 있게 되어, 전세권은 부동산질권의 실질을 가진다.

(5) 전세권은 부동산을 사용·수익하는 권리이므로, 그것이 용익물권이라는 데에 의심이 없다. 그런데 앞에서 설명한 바와 같이, 전세금은 전세권의 요소를 이루고 있다. 그리고 이 전세금은 목적부동산의 시가에 근접할 정도로 고액이므로, 민법이 모처럼 이용권자의 권익을 강화한다는 취지에서 전세제도를 물권화한 이상, 전세권이 소멸하는 경우에는 전세금의 반환을 확보해 준다는 것이 필요하다. 여기서 민법은 전세권자는 "그 부동산 전부에 대하여 후순위 권리자 기타 채권자보다 전세금의 우선변제를 받을 권리가 있다."라고 정함으로써, 전세권자의 우선변제권을 인정하였다(303조 1항). 그러므로 전세권은 용익물권인 동시에 담보물권이기도 한 것이다.

위와 같이 전세권은 일종의 담보물권이므로, 담보물권이 통상적으로 가지는 성질, 즉 통유성(通有性)이라고 할 수 있는 부종성·수반성·물상대위성·불가분성의 여러 특성을 가진다. 이들 여러 특성에 관해서는, 나중에 담보물권 부분에서 설명하지만([166] 참조), 여기서는 전세권과 관련해서 주의할 점만을 적기로 한다.

(가) 담보물권인 전세권은 전세금채권(즉 전세금반환청구권)에 부종한다. 전세권은 전세금을 담보하는 권리이므로, 전세금이 존재하지 않으면 독립하여 존재할 수 없다. 또한 전세금채권이 소멸하면 전세권도 소멸한다.

(나) 전세권은 전세금에 수반한다. 따라서 전세금에 대한 권리가 양도·상속 등으로 동일성을 유지하면서 승계된 때에는, 전세권도 그에 따라서 승계된다고 해야 한다.

(다) 담보물권인 전세권은 피담보채권인 전세금채권의 전액에 관하여 목적물 전부 위에 효력을 미친다. 즉 불가분성이 있다. 민법은 유치권에 관하여 규정을 두고(321조), 이를 질권과 저당권에 준용하고 있으나(343조·355조·370조 참조), 전세권에 관해서는 규정하고 있지 않다. 그러나 전세권도 일종의 담보물권인 이상, 불가분성은 인정된다고 해석해야 한다(321조를 전세권에 준용하는 규정을 두지 않은 것은 입법적 불비이다). 그러므로 예컨대, 담보되는 전세금의 일부만이 남아 있는 경우에도, 전세권자는 목적물 전부를 경매할 권리를 갖는다. 그러나 목적물을 분할할 수 있는 경우에는 그 일부만을 경매할 수 있다고 새겨야 한다. 그리고 전세권설정자가 전세금의 일부를 변제하여도, 그것에 상당하는 비율로 목적물의 반환을 청구하거나 경

매를 막지는 못한다. 다만 당사자가 특약으로 이와 다른 약정을 하는 것은 상관없다.

(라) 전세권은 본래의 목적물뿐만 아니라, 그 대표물 즉 대위물에도 효력을 미친다. 즉, 물상대위성이 있다. 민법은 질권에 관하여 규정을 두고(342조), 이를 저당권에 준용하고 있으나(370조), 전세권에 관해서는 규정하고 있지 않다(역시 입법적 불비이다). 그러나 전세권도 일종의 담보물권인 이상, 당연히 물상대위성은 인정된다고 해석해야 한다. 따라서 전세권자는 목적물의 멸실·훼손 또는 공용징수(수용)로 전세권설정자가 받을 금전 그 밖의 물건에 대해서도 우선변제권을 행사할 수 있다. 이 경우에는 그 금전 그 밖의 물건이 지급 또는 인도되기 전에 압류해야 한다([183] 1 (2)·[209] 2 참조).

(마) 채권담보의 목적으로 전세권을 설정하는 것이 허용되는지 문제된다. 전세권이 용익물권과 담보물권이라는 두 가지 성격을 겸유하고 있다고 하더라도 기본적인 성격은 용익물권이다. 전세권설정계약의 당사자가 전세권의 핵심인 사용·수익 권능을 배제하고 채권담보만을 위해 전세권을 설정하였다면, 법률이 정하지 않은 새로운 내용의 전세권을 창설하는 것으로서 물권법정주의에 반하여 허용되지 않고 이러한 전세권설정등기는 무효이다(대판 2021. 12. 30, 2018다40235·40242 참조). 다만 당사자가 주로 채권담보의 목적으로 전세권을 설정하더라도 장차 전세권자가 목적물을 사용·수익하는 것을 완전히 배제하는 것이 아니라면, 전세권의 효력이 있다는 것이 판례이다(대판 1995. 2. 10, 94다18508; 대판 2021. 12. 30, 2018다268538 참조).

제 2 절 전세권의 취득과 존속기간

[157] Ⅰ. 전세권의 취득

1. 취득사유   전세권은 보통 부동산소유자와 전세권을 취득하려는 자 사이의 설정계약과 등기에 의하여 설정·취득된다(186조). 그 밖에 전세권은 물권이기 때문에, 전세권의 양도나 상속에 의해서도 당연히 승계됨은 물론이다. 이들 여러 취득사유 중 특히 중요한 설정계약에 의한 취득에 관하여 설명하면, 다음과 같다.

2. 설정계약에 의한 취득

(1) 전세권을 설정할 채권·채무를 발생시키는 전세권설정계약에는 물권적 합의도 포함되는 것이 보통이다. 바꾸어 말하면, 당사자가 특히 물권적 합의를 따로 행하기로 약정하고 있지 않은 한, 물권적 합의는 채권계약으로서의 설정계약 속에 포함되어서 하나의 행위로 행해지는 것이 보통이다. 따라서 전세권은 이 설정계약에 포함되어 행해지는 물권적 합의와 등기에 의하여 성립하고 취득된다.

(2) 이미 밝힌 바와 같이, 전세권의 객체인 부동산은 1필의 토지 또는 1동의 건물이어야 할 필요는 없으며, 1필의 토지의 일부 또는 1동의 건물의 일부라도 상관없다. 다만 이와 같이 전세권을 부동산의 일부에 설정하는 경우에는 등기부에 그 부분을 표시한 도면의 번호를 기록해야 한다(부등 72조 1항 6호, 부등규 128조 2항 참조).

(3) 전세금은 전세권의 요소이므로, 전세금에 관한 약정이 있어야 한다. 등기된 전세금이 실제로 지급된 금액과 부합하지 않는 경우에는, 그중 적은 금액의 한도에서 전세권의 효력이 생기게 된다고 새겨야 한다. 임대차보증금반환채권을 담보할 목적으로 임차인 명의로 전세권설정등기를 하는 경우에는 임대차보증금에서 연체차임 등을 공제하고 남은 돈을 전세금으로 하는 것이 보통이다. 그러한 전세권설정계약은 위와 같이 임대차계약과 양립할 수 없는 범위에서 통정허위표시에 해당하여 무효이나, 다만 선의의 제 3 자에 대하여는 그 무효를 주장할 수 없다(대판 2021. 12. 30, 2018다268538 참조).

(4) 전세권은 목적부동산을 점유할 권리를 포함하나, 설정자가 목적부동산을 인도하는 것은 전세권의 성립요건은 아니다. 만일 전세권이 성립한 후에 설정자가 목적부동산을 인도하지 않으면, 전세권자는 전세권에 의한 반환청구권을 행사하여 그 인도를 청구할 수 있다.

[158] Ⅱ. 전세권의 존속기간

1. 약정에서 정하는 경우

(1) 전세권의 존속기간은 당사자가 약정에서 임의로 정할 수 있다. 그러나 최장기간과 최단기간에 관해서는 각각 일정한 제한이 있다. 즉, 전세권의 존속기간은

10년을 넘지 못하며, 당사자의 약정기간이 10년을 넘는 경우에는 10년으로 단축된다(312조 1항). 그러나 이 규정은 계약자유의 원칙을 위반하여 위헌이라고 볼 수 있는지 문제된다. 헌법재판소는 임대차의 기간을 제한한 제651조 1항의 규정을 위헌이라고 하였는데(헌재 2013. 12. 26, 2011헌바234 참조), 전세권의 존속기간에 관한 위 규정도 동일하게 보아야 한다. 한편 건물에 대한 전세권의 약정기간은 최소한 1년이어야 하며, 존속기간을 1년 미만으로 약정한 경우에는 1년의 존속기간을 약정한 것으로 법률상 다루어진다(312조 2항). 건물전세권자를 보호하기 위하여 두고 있는 최단기간의 제한이다(이 조항의 타당성은 문제이다. 주택임대차보호법이 채권적 전세에 관하여 2년의 전세기간을 보장하는 것과 균형을 잃고 있기 때문이다. 동법 4조 1항 참조).

(2) 전세권이 약정의 존속기간의 만료로 소멸하는 때에는 설정계약을 갱신할 수 있다(312조 3항 전단). 그러나 그 기간은 갱신한 날부터 10년을 넘지 못한다(312조 3항 후단). 설정계약의 갱신은 당사자 사이의 합의에 의해서만 가능하며, 지상권에서처럼 전세권자에게 갱신청구권이 인정되어 있지 않다. 그리고 갱신계약은 등기를 해야 효력을 발생하게 됨은 물론이다.

위와 같이 전세권의 존속기간의 연장 즉 갱신에 관해서는 계약에 의한 갱신이 인정될 뿐이고, 묵시의 갱신 또는 법정갱신은 인정되지 않는 것이 원칙이나, 다만 건물의 전세권에 관해서는 하나의 예외가 인정되어 있다. 즉, 건물의 전세권설정자가 전세권의 존속기간의 만료 전 6개월부터 1개월까지 사이에 전세권자에 대하여 갱신거절의 통지를 하지 않은 경우 또는 조건을 변경하지 않으면 갱신하지 않겠다는 뜻의 통지를 하지 않은 경우에는 존속기간이 만료된 때에 전전세권과 동일한 조건으로 다시 전세권을 설정한 것으로 다루어진다. 다만 이 경우에 성립하는 전세권의 존속기간은 이를 정하지 않은 것으로 보게 된다(312조 4항). 이 법정갱신은 법률규정에 의한 부동산 물권변동에 해당하여 전세권 갱신에 관한 등기 없이도 전세권설정자나 그 목적물을 취득한 제3자에 대하여 그 권리를 주장할 수 있다는 것이 판례이다(대판 1989. 7. 11, 88다카21029 참조).

(3) 전세권의 존속기간은 등기해야만 대항할 수 있으며(부등 72조 1항 3호), 존속기간의 등기가 없으면 다음의 존속기간의 약정이 없는 경우로 다루어진다.

2. 존속기간을 약정하지 않은 경우   이때에는 각 당사자는 언제든지 상

대방에 대하여 전세권의 소멸을 통고할 수 있고, 상대방이 이 통고를 받은 날로부터 6개월이 경과하면 전세권은 소멸한다(313조). 이 규정에 따른 전세권의 소멸에 관해서는 이미 설명하였다([26] 2 (4) (내) 참조).

제 3 절　전세권의 효력

[159]　Ⅰ. 전세권자의 사용·수익권

1.　전세권자는 부동산을 점유하여 부동산의 용도에 좇아 사용·수익할 권리가 있다(303조 1항).「용도에 좇아」라는 것은 경제적 사명에 따라서라는 뜻이며, 구체적으로는 설정계약에 따라 결정되는 것이 보통이겠지만, 설정계약에서 약정하지 않은 경우에는 결국 그 부동산의 성질에 따라 결정된다(311조 1항 참조).

(1)　토지가 전세권의 목적인 경우에는 특별히 문제될 것이 없으나, 설정계약에서 공작물의 축조 또는 수목의 식재를 약정한 경우에는 그러한 목적으로 토지를 사용·수익할 수 있다고 새겨야 한다.

(2)　건물이 전세권의 목적인 경우에 관해서는 몇 가지 문제가 있다.

(개)　전세권자가 그 건물을 용도에 좇아 사용·수익하려면, 대지를 비롯하여 필요한 범위에서 부근의 토지도 사용해야만 하는 것이 보통이다. 따라서 비록 설정계약에 따라 건물만이 전세권의 목적으로 되어 있고 토지는 제외되어 있다고 하더라도, 위와 같은 필요한 범위에서 토지도 사용할 수 있다고 해야만 한다. 민법도 이러한 전제에서 다음과 같은 배려를 하고 있다.

(내)　타인의 토지에 있는 건물에 전세권을 설정한 때에는 전세권의 효력은 그 건물의 소유를 목적으로 한 지상권 또는 임차권에 미친다(304조 1항). 즉, 전세권자는 마치 그가 지상권자 또는 임차인과 같이 그 토지를 사용할 수 있다. 그런데「전세권의 효력은 …… 지상권 또는 임차권에 미친다」는 것을 지상권 또는 임차권에 대해서도 법률상 당연히 전세권을 취득한다는 뜻으로 해석하는 견해가 있다(김기선 309면, 김증한·김학동 420면, 방순원 200면, 최식 256면 참조). 그러나 전세권의 목적이 되는 것은 어디까지나 부동산에 한하는 것이고, 부동산물권을 목적으로 하는 것이 아니므로, 그렇게 해석할 필요는 없으며, 마치 지상권자 또는 임차인과 같이 사용·수

익할 수 있다는 뜻으로 새기는 것이 타당하다(고상룡 742면, 김상용 516면, 송덕수 442면, 이영준 742면 참조). 판례도 마찬가지이다(대판 2010. 8. 19, 2010다43801 참조).

이와 같이 전세권의 효력은 건물의 소유를 목적으로 하는 지상권이나 임차권에까지 미치기 때문에, 전세권설정자는 전세권자의 동의 없이 지상권 또는 임차권을 소멸하게 하는 행위를 하지 못한다(304조 2항). 따라서 전세권자가 동의하면, 설정자는 지상권 또는 임차권을 소멸시킬 수 있다. 만일 전세권자가 동의하여 이들 토지이용권이 소멸되었다고 한다면, 법률관계는 어떻게 될까? 지상권이나 임차권이 소멸한 때에는, 지상권자나 임차인은 지상물을 수거하고 토지를 원상으로 회복하여 반환해야 한다(285조 1항·615조 참조). 따라서 전세권은 소멸한다고 보아야 한다. 이때 전세권의 존속기간이 만료하지 않은 때에는, 전세권자가 그 기한의 이익을 포기한 것이 된다(153조 2항).

(다) 대지와 건물이 동일한 소유자에 속한 경우에 건물에만 전세권을 설정한 때에는 그 대지소유권의 특별승계인은 전세권설정자에 대하여 지상권을 설정한 것으로 본다(305조 1항 본문). 즉, 법정지상권이 성립한다. 지료는 당사자의 청구에 따라 법원이 이를 정한다(305조 1항 단서). 이와 같이 법정지상권이 성립하는 경우에, 대지소유자는 타인에게 대지를 임대하거나, 대지를 목적으로 하는 지상권 또는 전세권을 설정하지 못한다(305조 2항). 이미 법정지상권이 성립하고 있는데 대지소유자의 이러한 처분을 인정한다면, 법정지상권을 인정한 것이 무의미하게 되기 때문이다.

(3) 전세권자가 설정계약 또는 그 부동산의 성질에 따라 결정되는 용법에 따라서 사용·수익하지 않는 경우에는 전세권설정자는 전세권의 소멸을 청구할 수 있다(311조 1항). 그리고 이때 설정자는 그의 선택에 따라 전세권자에 대하여 원상회복 또는 손해배상을 청구할 수 있다(311조 2항).

2. 위와 같은 전세권자의 사용·수익권이 인정되는 반면에, 목적부동산에 대한 전세권설정자의 권리(소유권·지상권·전세권·임차권 등)는 그 한도에서 제한되므로, 스스로 사용하지 못함은 물론이며, 또한 전세권자의 목적부동산의 사용·수익을 방해해서는 안 될 소극적인 인용의무가 있다. 특히 민법은 위에서 이미 설명한 바와 같이 건물전세권에서 그 건물의 소유를 목적으로 하는 지상권이나 임차권을 소멸

시키는 행위를 하지 못한다고 규정하나(304조 2항), 이는 설정자의 인용의무에 비추어 당연한 규정이다. 이 밖에 따로 규정은 없어도 건물전세권의 설정자가 대지소유자인 경우에는 그 대지를 임대하거나 지상권 또는 전세권을 설정하지 못한다고 해석해야 한다(305조 2항 참조).

　　위와 같이 설정자는 소극적인 인용의무를 부담할 뿐이고, 목적부동산을 사용·수익에 적합한 상태에 둔다는 적극적인 의무는 없다. 민법은 "전세권자는 목적물의 현상을 유지하고 그 통상의 관리에 속한 수선을 해야 한다."라고 정함으로써, 간접적으로 이 사실을 밝히고 있다(309조). 즉, 전세권자는 필요비의 상환을 청구하지 못한다.

　　3. 상린관계 규정의 준용　　　토지의 전세권은 물론이고, 건물의 전세권에서도 전세권자는 필요한 범위 안에서 토지를 이용할 수 있으므로, 전세권은 토지를 이용하는 권리라고 할 수 있다. 그러므로 인접하는 토지와의 이용의 조절을 꾀하는 상린관계의 규정(216조 내지 244조)은 당연히 전세권자와 인지전세권자 사이, 또는 전세권자와 인지소유자 및 지상권자 사이에 준용된다(319조).

　　4. 전세금증감청구권　　　전세권이 성립한 후 전세권설정자나 전세권자는 전세금의 증액이나 감액을 청구할 수 있다. 즉, 목적부동산에 관한 조세·공과금 그 밖의 부담의 증감이나 경제사정의 변동으로 전세금이 상당하지 않게 된 때에는, 당사자는 장래에 대하여 그 증감을 청구할 수 있다(312조의 2 본문). 그러나 증액의 경우에는 대통령령이 정하는 기준에 따른 비율을 초과하지 못한다(312조의 2 단서). 이 규정에 의하여 공포된 대통령령(민법 312조의 2 단서의 시행에 관한 규정)의 내용은 다음과 같다. 첫째, 증액청구의 비율은 약정전세금의 「20분의 1」을 초과하지 못한다(동령 2조). 둘째, 증액청구는 전세권설정계약일 또는 증액일부터 「1년 이내」에는 하지 못한다(동령 3조).

　　위의 전세금증감청구권을 형성권으로 새기는 견해가 다수설이다(고상룡 477면, 김증한·김학동 424면, 송덕수 444면, 이영준 736면, 장경학 618면, 민법주해(Ⅵ), 236면 참조). 이에 반하여 위 전세금증감청구권을 청구권이라고 새겨야 한다는 견해가 있다(이은영 622면 참조). 이는 증액이나 감액은 언제나 당사자 사이의 합의에 의해야 하며, 한쪽 당사자의 청구로 당연히 증감의 효과가 발생하지 않는다는 것이다. 전세금증감청구권은 청구권이라는 표현을 사용하고 있으나, 그 행사로써 법률관계가 형성된다고 볼 수 있기 때문에 형성권이라고 보아야 한다. 그리고 전세금이 증감되는 때에도, 이를 등기해야 제3자에게 대항할 수 있음은 물론이다.

5. 전세권자의 점유권과 물권적 청구권

(1) 전세권이 목적부동산을 점유할 권리를 포함한다는 점은 이미 설명하였다.

(2) 전세권 내용의 실현이 방해된 때에는, 물권적 청구권이 생기게 됨은 당연하다(319조). 반환청구권·방해제거청구권·방해예방청구권의 세 가지가 인정됨은 소유권에서와 같다(319조·213조·214조 참조). 그 요건이나 내용에 관해서는 소유권에 기한 물권적 청구권에 준하여 생각하면 된다([91] 이하 참조).

[160] Ⅱ. 전세권의 처분

1. 처분의 자유

(1) 전세권은 물권이므로 전세권자는 처분의 자유가 있으며, 민법도 이를 밝히고 있다. 즉, 전세권자는 그의 전세권을 양도하거나, 담보로 제공할 수 있고, 또한 그 존속기간 내에서 그 목적물을 타인에게 전전세 또는 임대할 수 있다(306조 본문).

(2) 이러한 전세권 처분의 자유는 전세권자로 하여금 전세금의 회수를 가능하게 한다. 한편 이미 밝힌 바와 같이 전세권자도 지상권자와 마찬가지로 지상물을 소유하기 위하여 토지를 사용할 수 있다. 따라서 그러한 목적으로 타인의 토지를 사용하는 전세권자는 건물 그 밖의 공작물을 축조하거나 수목을 심음으로써 많은 자본을 투하하게 된다. 전세권의 처분은 이 투하자본을 회수하는 가장 효과적인 방법이 된다.

(3) 전세권의 처분은 위와 같이 원칙적으로 자유이나, 당사자가 설정행위로써 이를 금지할 수 있다(306조 단서). 그러나 이 처분금지의 특약은 이를 등기해야만 제3자에 대하여 대항할 수 있다(부등 72조 1항 5호).

2. 양도·담보제공·임대

(1) 설정행위에서 금지되어 있지 않는 한, 전세권자는 설정자의 동의 없이 전세권을 자유로이 양도할 수 있다(306조). 양도의 방법은 부동산물권변동의 일반원칙에 따르게 됨은 물론이다(186조 참조). 그리고 양수인이 전세권설정자에 대하여 양도

인과 동일한 권리·의무를 가지게 된다는 점도 의문이 없다(307조). 전세권양도의 대금에 관해서는 아무런 제한이 없다. 따라서 설정자에게 지급된 전세금의 액보다 고액이더라도 상관없다. 전세권이 소멸하는 때에 양수인이 설정자에게 전세금의 반환을 청구할 수 있는데, 그 전세금은 양도인이 전세권을 설정할 때에 설정자에게 지급한 금액으로서 등기된 것에 한한다.

　한편 전세금반환채권을 양도할 수 있는지 문제된다. 전세권이 존속하는 동안은 전세권을 존속시키면서 전세금반환채권만을 전세권과 분리하여 확정적으로 양도하는 것은 허용되지 않는 것는다. 다만 전세권 존속 중에는 장래에 전세권이 소멸하는 경우에 전세금반환채권이 발생하는 것을 조건으로 장래의 조건부 채권을 양도할 수 있을 뿐이다(대판 2002. 8. 23, 2001다69122 참조). 전세권의 존속기간이 지나면 전세권의 용익물권적 권능은 전세권설정등기의 말소 없이도 당연히 소멸하고 단지 전세금반환채권을 담보하는 담보물권적 권능의 범위 내에서 전세금의 반환 시까지 전세권설정등기의 효력이 존속한다. 이와 같이 존속기간 후에 담보물권적 권능만 남은 전세권도 피담보채권인 전세금반환채권과 함께 제 3 자에게 양도할 수 있다(대판 2005. 3. 25, 2003다35659 참조).

　(2)　제306조는 전세권을 타인에게 담보로 제공할 수 있다고 하나, 저당권을 설정할 수 있을 뿐이다. 전세권을 저당권의 목적으로 할 수 있음은, 따로 규정이 있다(371조 참조).

　(3)　전세권은 이를 임대할 수 있다(306조). 본래 임대차는 임대인과 임차인 사이의 채권관계이며, 전세권설정자는 그 임대차와 아무런 관련이 없으므로, 전세권의 임대차를 인정해도 상관없다. 따라서 전세권설정자의 동의는 필요하지 않다. 그러나 그 대신 전세권을 임대한 전세권자의 책임이 더 무거워진다. 전세권의 목적부동산을 임대한 경우에 전세권자가 임대하지 않았더라면 면할 수 있는 불가항력으로 인한 손해에 대해서도 전세권설정자에게 그 책임을 진다(308조).

　전세권의 임대차에는 두 가지의 제한이 있다. 하나는 설정행위로써 임대차를 금지할 수 있다는 것이고(306조 단서), 다른 하나는 전세권의 존속기간 내에서만 임대차가 유효하다는 것이다(306조 본문).

　3.　전전세(轉傳貰)　　　　설정행위에서 금지하고 있지 않은 한, 전세권자는 전

세권의 존속기간 내에서 전전세를 할 수 있다(306조). 전전세는 전세권자의 전세권을 기초로 전세권을 목적으로 하는 전세권을 다시 설정하는 것이다.

(1) 요 건

(가) 전전세권도 하나의 전세권이므로, 그 설정에는 역시 부동산물권변동의 일반원칙에 따라 물권적 합의와 등기가 있어야 한다(186조).

(나) 당사자는 전세권자(즉, 전전세 설정자. 전세권자와 대비하여 원전세권자라고도 한다)와 전전세권자이며, 전세권설정자(원전세권설정자라고도 한다)는 당사자가 아니다. 또한 전전세의 설정에 원전세권설정자의 동의는 필요 없다.

(다) 전전세권의 존속기간은 전세권(원전세권이라고도 한다)의 존속기간 내이어야 한다(306조 본문). 전전세권은 전세권을 기초로 하는 것이기 때문에, 당연한 제한이다. 약정의 존속기간은 이를 등기해야 대항할 수 있으며(부등 72조 1항 3호), 그 등기를 하지 않은 때에는, 존속기간을 정하지 않은 전전세로 다루어진다. 당사자가 전세권의 존속기간을 넘는 기간을 약정한 경우에는, 전세권의 존속기간으로 단축된다고 새겨야 한다.

(라) 전세금은 전세권의 요소이므로, 전전세에서도 반드시 전세금을 지급하기로 해야 한다. 그런데 전전세에 관하여 가장 문제가 되는 것은 이 전전세금의 금액에 관해서이다. 즉, 전전세금은 원래의 전세금의 금액을 한도로 한다는 견해와 그와 상관없이 정할 수 있다는 견해가 대립하고 있다. 뒤의 견해는, 전전세금은 전세금(원전세금이라고도 한다)보다 많은 금액일 수 있다고 한다(김증한·김학동 426면 참조). 민법은 이에 관하여 아무런 규정도 두고 있지 않으나, 앞의 견해, 즉 전전세금은 전세금의 한도를 넘지 못한다는 견해가 타당하며, 또한 이것이 현재의 다수설이다(고상룡 489면, 김상용 522면, 송덕수 448면, 이영준 748면, 이은영 668면, 최식 261면, 이영섭, "전세권에 관한 몇 가지 문제," 법조 10권 3·4·5호). 여러 번 언급한 바와 같이, 전전세권은 전세권을 기초로 하는 것이므로, 전세권의 범위 내에서만 유효하다고 해야 하기 때문이다.

(마) 전전세권은 전세권 범위 내에서 유효하므로, 전세권 일부를 목적으로 하는 전전세권도 유효하다(부등 72조 1항 6호).

(2) 효   과

(개) 전전세권이 설정되어도 전세권은 소멸하지 않는다. 그러나 전세권자는 전전세권으로 제한되는 한도에서 목적부동산을 스스로 사용·수익하지 못한다. 즉, 전전세권자는 그의 권리 범위에서 목적부동산을 점유하여 사용·수익할 수 있을 뿐만 아니라, 그 밖에 전세권자로서의 모든 권리를 가진다.

(내) 전세권자는 전전세하지 않았더라면 면할 수 있었을 불가항력으로 인한 손해에 대해서도 책임을 부담한다(308조). 민법은 이 책임을 부과하여 전세권설정자의 동의를 받지 않고 전전세할 수 있는 권능을 전세권자에게 인정한 것이다. 그러나 "전전세하지 아니하였으면 면할 수 있는 불가항력으로 인한 손해"라는 것은 실제에서는 거의 생각할 수 없다. 왜냐하면 전전세에 따라 목적부동산의 점유자가 변경될 뿐이지, 그 부동산의 점유가 옮겨지는 것은 아니기 때문이다.

(대) 명문의 규정은 없지만, 전전세권이 존속하는 동안 전세권자는 그 전전세권의 기초가 되는 전세권을 소멸시키는 행위를 하지 못한다고 해야 한다. 그러나 전전세권을 침해하지 않는 범위에서의 처분행위를 하는 것은 상관없다.

(래) 전세권이 소멸하면, 전전세권도 소멸한다. 전전세권은 전세권을 기초로 하는 것이므로, 이는 당연하다.

(매) 전전세권이 소멸한 때에는, 전전세권자는 전세권자에게 목적부동산을 인도하고 전전세권설정등기의 말소등기에 필요한 서류의 교부와 동시에, 전전세금을 반환할 것을 전세권자에게 청구할 수 있다(317조 참조). 그리고 전세권자가 전전세금의 반환을 지체한 때에는 전전세권의 목적부동산을 경매할 수 있다(318조 참조). 그러나 경매권을 행사하려면, 전세권도 소멸하고 있고, 또한 전세권설정자가 전세권자에게 전세권에 따른 전세금의 반환을 지체하고 있어야 한다. 이들은 모두 전전세권이 전세권을 기초로 하여 성립·존속하는 데서 오는 당연한 것이다.

제 4 절 전세권의 소멸

[161] Ⅰ. 전세권의 소멸사유

전세권은 물권 일반의 소멸원인인 목적부동산의 멸실, 존속기간의 만료, 혼동,

소멸시효, 전세권에 우선하는 저당권의 실행에 의한 경매, 토지수용 등으로 소멸하나, 그 밖에 다음과 같은 원인에 의해서도 소멸한다.

1. 전세권설정자의 소멸청구

(1) 전세권자가 설정계약 또는 목적부동산의 성질에 따라 정해진 용법으로 이를 사용·수익하지 않은 경우에 전세권설정자는 전세권의 소멸을 청구할 수 있다(311조 1항). 이 전세권설정자의 소멸청구권이 형성권에 속한다는 점은 이미 설명하였다([26] 2 (4) (가) 참조). 그리고 소멸청구권의 행사에 의한 전세권의 소멸은 장래에 향해서만 그 효력이 생기게 됨은 물론이다.

(2) 설정행위로 전세권의 양도·담보제공·전전세·임대를 금지한 경우(306조 단서)에, 이 금지를 위반한 처분을 하는 것도 제311조의 「설정행위에 의하여 정하여진 용법」으로 사용·수익하지 않은 것이 된다. 또한 전세권자는 목적물의 현상을 유지하고, 그 통상의 관리에 속한 수선을 해야 할 의무가 있으므로(309조 참조), 이 의무를 위반한 때에도 역시 용법에 따르지 않은 사용·수익이 된다고 해석해야 한다.

(3) 전세권설정자가 소멸청구를 한 경우에, 전세권자의 용법에 좇지 않은 사용·수익으로 목적부동산이 변경되었거나 손해가 발생한 때에는, 전세권설정자는 전세권자에 대하여 원상회복 또는 손해배상을 청구할 수 있다(311조 2항).

2. 전세권의 소멸통고

전세권의 존속기간을 약정하지 않은 경우에 각 당사자는 언제든지 상대방에 대하여 전세권의 소멸을 통고할 수 있고, 상대방이 이 통고를 받은 날로부터 6개월이 경과하면 전세권은 소멸한다(313조). 이 소멸통고 후 위 기간이 지나면 전세권이 소멸함은 이미 설명하였다([26] 2 (4) (나)·[158] 2 참조).

3. 목적부동산의 멸실

(1) 전부 멸실의 경우   전세권자에게 책임 있는 사유에 의하든 또는 불가항력에 의하든(314조 1항), 전세권의 목적부동산 전부가 멸실한 때에는, 어느 경우에나 전세권이 소멸하게 됨은 당연하며 의문이 없다. 그러나 손해배상책임에 관해서는 다음과 같은 차이가 있다. (ⅰ) 불가항력으로 멸실한 때에는, 전세권자에게 책임이 없으므로, 손해배상책임도 생기지 않으며, 이때에는 전세금반환의 문제가 있을 뿐이다. (ⅱ) 전세권자에게 책임 있는 사유로 멸실한 경우에 전세권자는 그 손해를 배상할 책임이 있다(315조 1항). 전세권설정자는 전세금으로 손해배상에 충당

하고, 나머지가 있으면 반환해야 하나, 부족하면 그 부족액을 청구할 수 있다(315조 2항).

　　(2) **일부 멸실의 경우**　　　이때에도 그 일부 멸실이 불가항력에 의한 경우와 전세권자에게 책임 있는 사유에 의한 경우를 생각할 수 있다. 어느 경우에나 멸실된 부분에 관하여 전세권이 존속할 수 없음은 당연하다(314조 1항 참조). 이때에 남아 있는 부분에 관하여 전세권이 존속하는지, 또한 존속한다면 전세금은 감액되는지 문제된다.

　　㈎　민법은 전세권의 목적물 일부가 불가항력으로 멸실한 때에, 그 잔존부분으로 전세권의 목적을 달성할 수 없으면, 전세권자는 설정자에 대하여 「전세권 전부의 소멸을 통고」하고, 전세금의 반환을 청구할 수 있다고 규정한다(314조 2항). 이때 전세권자의 소멸통고를 제313조의 소멸통고로 해석해야 하는가? 문리상으로는 그렇게 해석할 수 있겠지만, 유책사유도 없이 목적물의 일부가 멸실하여 전세권의 목적을 달성할 수 없게 되었는데, 6개월의 기간을 설정자에게 허락해 주는 것은 부당하다. 따라서 이때의 소멸통고는 제311조의 소멸청구와 같다고 새겨야 한다(김상용 526면, 송덕수 450면, 이영준 757면 참조).

　　㈏　전세권의 목적물 일부가 전세권자에게 책임 있는 사유로 멸실한 경우에, 잔존부분만으로는 전세권의 목적을 달성할 수 없으면 전세권 전부의 소멸을 청구하거나 통고할 수 있는지에 관하여 민법은 침묵을 지키고 있다. 그러나 잔존부분만으로는 전세권의 목적을 달성할 수 없는 경우에, 전세권을 존속시킨다는 것은 무의미하다. 여기서 이때에도, 전세권자는 제311조에 의한 전세권 전부의 소멸청구를 할 수 있다고 해석해야 한다.

　　㈐　목적부동산의 일부가 멸실한 경우에 전세금은 감액되는가? 민법은 아무런 언급을 하고 있지 않으나, 불가항력으로 일부 멸실한 때에는 멸실 부분에 해당하는 만큼 전세금은 감액된다고 해석해야 한다. 이때에 감액되는 금액은 어떻게 결정하는가? 당사자 사이의 합의에 따라야겠지만, 합의가 성립하지 않으면 결국 법원이 결정하게 된다. 전세권자에게 책임 있는 사유로 일부 멸실된 경우에는 어떠한가? 이때에는 전세금의 감액을 인정할 필요가 없다고 해야 한다. 전세권자는 그 일부 멸실에 대하여 책임이 있으며, 따라서 전세금은 손해배상에 충당되기 때문이다.

　　4. 전세권의 포기　　비록 존속기간을 약정하고 있더라도, 전세권자는 자유로이 그의 전세권을 포기할 수 있다. 그러나 전세권이 제3자의 권리의 목적인 경우에는 포기할 수 없음은 당연하다(371조 2항 참조). 전세권을 포기하는 경우에 전세금반환청구권은 어떻게 되는가? 전세권의 포기로 전세금반환청구권까지도 소멸하는지 여부는 당사자의 의사해석 또는 법률행위해석의 문제이다. 전세권의 포기로 전세금반환청구권까지도 포기한 것이라고 인정할 만한 특별한 사정이 없는 한, 보통의 경우에는 전세권의 포기로 소멸하는 것은 전세권뿐이고, 전세금의 반환은 이를 청구할 수 있다고 새겨야 한다(317조·318조 참조). 포기는 물권적 단독행위이므로, 포기에 의한 전세권의 소멸은 포기의 의사표시와 등기를 하는 때에, 그 효력을 발생한다([48] 참조).

　　5. 약정 소멸사유　　전세권의 소멸사유를 약정할 수 있으며, 약정의 소멸사유가 있게 되면, 전세권은 소멸한다. 이때에도 등기를 해야 소멸의 효력이 생기게 됨은 물론이다.

[162]　Ⅱ. 전세권 소멸의 효과

　　전세권이 소멸하면, 전세권설정자는 전세금을 반환해야 하고, 한편 전세권자는 목적부동산을 인도해야 한다. 이러한 관계에 관하여 민법은 다음과 같은 규정을 두고 있다.

　　1. 동시이행　　전세권이 소멸하면, 전세권자는 목적부동산을 인도하고 전세권등기의 말소등기에 필요한 서류를 교부해야 하며, 한편 전세권설정자는 전세금을 반환해야 한다. 민법은 당사자 사이의 공평을 위하여 위 두 의무가 동시이행의 관계에 있는 것으로 하고 있다(317조·536조). 전세권자가 목적물을 인도하였더라도 전세권설정등기의 말소등기에 필요한 서류를 교부하거나 그 이행의 제공을 하지 않았으면, 전세권설정자는 전세금반환을 거부할 수 있다(대판 2002. 2. 5, 2001다62091. 대판 2011. 3. 24, 2010다95062도 참조).

　　2. 전세금의 우선변제권　　전세권설정자가 전세금의 반환을 지체한 때에는, 전세권자는 민사집행법의 규정에 따라 전세권의 목적물의 경매(민집 264조 이하의 담보권실행경매)를 청구할 수 있고(318조), 후순위권리자 그 밖의 채권자보다 전세

금의 우선변제를 받을 권리가 있다(303조 1항). 전세권자의 이 우선변제권에 관하여 설명하면 다음과 같다.

(1) **전세권자의 우선적 지위**(우선순위)

(개) 전세권자는 일반채권자에 대해서는 언제나 우선한다.

(내) 전세권과 저당권이 경합하는 경우 둘 사이의 우선순위에 관해서는 경우를 나누어볼 필요가 있다.

① 전세권이 먼저 설정되고 그 후에 저당권이 설정된 경우에는, 전세권자가 경매를 신청하면 두 권리는 모두 소멸하고, 배당순위는 설정등기의 선후에 의한다 (민집 145조, 민법 303조·356조, 부등 4조·5조 등 참조). 그러나 나중에 설정된 저당권자 가 경매를 신청한 경우에는 전세권은 소멸하지 않는다(민집 91조 3항). 전세권은 담 보물권인 동시에 용익물권이므로, 전세권자의 용익권을 확보하기 위한 것이다. 그 러나 전세권자는 배당요구를 할 수 있고(민집 88조 1항), 이때에는 전세권은 매각으 로 소멸한다(민집 91조 4항).

② 저당권이 먼저 설정되고 나중에 전세권이 설정된 경우에는, 저당권자나 전세권자의 어느 쪽이 경매를 신청하든, 두 권리는 모두 소멸하고, 배당순위는 설 정등기의 선후에 따른다.

(대) 국세우선권과의 관계에 관해서는 저당권을 설명할 때에 다루게 되므로, 중복을 피하여 그 곳에서의 설명에 미루기로 한다([211] 4 참조).

(래) 전세권설정자가 파산한 때에는 전세권자는 별제권(別除權)을 가진다(회생파 산 411조). 개인회생절차가 개시된 경우에도 마찬가지이다(회생파산 586조). 회생절차 에서는 전세권은 회생담보권으로 취급된다(회생파산 141조).

(2) **우선변제권의 실행방법**

(개) 전세권자가 전세금을 우선적으로 변제받기 위한 통상의 절차는, 민사집행 법에 의한 전세권의 목적물의 경매(민집 264조 이하의 담보권실행경매)이다(318조).

전세권자가 경매권과 우선변제권을 행사하는 데에 관해서는 특수한 문제가 있 나. 민법 제303조는 "전세권자는… 그 부동산 전부에 대하여 우선변제를 받을 권리가 있다."라고 정하고 있다. 그 표현은 명확하지 않으나, 전세권이 설정된 부동 산 전부의 경매를 신청하고, 그 전부의 매각대금으로부터 전세금의 우선변제를 받을 수 있다는 뜻으로 이해된다. 그렇다면 전세권이 1동의 건물 또는 1필의 토지 일부에 설정된 경우에도, 그 건물이나 토지의 전부에 대한 경매를 신청하고 전부의 매각대금으로부터 만족을 얻을 수 있는가? 경우를 나누어서 검토하기로 한다.

① 부동산의 일부에 설정된 전세권 외에 다른 담보권 즉 저당권이 설정되어 있는 경우에는, 전세권자는 언제나 그 부동산 전부의 경매를 신청해야 한다. 본래 저당권의 목적이 되는 것은 1동의 건물 또는 1필의 토지이며, 그 일부는 저당권의 목적이 되지 않는다([204] 참조). 그런데 전세권을 실행하면 저당권은 언제나 소멸하므로(민집 91조 2항·268조 참조), 전세권이 부동산의 일부에 설정되어 있더라도 그 부동산 전부를 경매해야 한다. 이때에 전세권자는 이론상으로는 그의 전세권이 설정된 부동산 부분의 매각대금으로부터만 전세금의 우선변제를 받을 수 있을 뿐이다. 그러나 민법 제303조에 따라 전세권이 설정된 부동산 전부의 매각대금으로부터(바꾸어 말해서, 전세권이 설정된 부동산의 일부의 대가만으로는 전세금을 우선변제받을 수 없으면, 그 부동산의 잔여 부분의 매각대금으로부터도) 그의 순위에 따라 만족을 얻을 수 있다고 새겨야 한다. 저당권자는 선순위전세권자의 전세금을 고려해서 그의 피담보채권액을 결정하였을 것이므로, 위와 같이 새기는 것이 타당하다.

② 부동산의 일부에 설정된 전세권만이 있는 경우(바꾸어 말해서, 저당권은 설정되어 있지 않은 경우)에는, 그 전세권자는 이론상으로는 그의 전세권이 설정된 부분만의 경매신청을 하고, 그 부분의 매각대금으로부터 전세금의 우선변제를 받을 수 있다고 해야 한다. 판례도 이러한 경우에 전세권자는 전세권의 목적이 된 부분을 초과하여 건물 전부의 경매를 청구할 수 없다고 한다(대결 1992. 3. 10, 91마256·257; 대결 2001. 7. 2, 2001마212 참조). 그러나 민법 제303조에 따라 전세권이 설정된 부분의 대가만으로는 만족을 얻을 수 없을 때에는 전부의 경매를 신청하고, 그 매각대금으로부터 전세금을 변제받을 수 있다고 새겨야 한다. 이와 같이 제한하는 이유는 일부전세권자에게 부동산 전체에 대한 경매신청을 인정하는 것은 전세권설정자에게 너무 큰 불이익을 강요하는 것이 되어 부당하기 때문이다(여러 층으로 되어 있는 건물의 일부에 전세권을 설정하고 있는 경우에, 전세금의 반환이 지체되어 있다고 해서 건물 전부의 경매를 신청하는 경우를 생각하라).

그런데 이렇게 해석하는 데에도 한계가 있다. 1동의 건물에 여러 개의 부분 전세권이 설정되어 있는 경우에도 위와 같이 새긴다면, 부동산의 가격이 모든 전세금을 지급하기에 부족한 때는 문제이다. 전세금을 반환받을 수 없는 전세권자가 생기기 때문이다. 따라서 이때에는 전세권이 설정된 부분만의 경매신청을 할 수 있고, 그 매각대금만으로 전세금을 변제받을 수 있다고 새겨야 한다. 본래 전세권은 용익물권이고, 다만 전세금의 반환을 확보해 주기 위하여 우선변제권을 인정하고 있는 것이며, 그러한 보호는 부동산에 설정된 모든 부분 전세권자에게 요구되는 것이기 때문이다(바꾸어 말해서, 이때에는 먼저 성립한 전세권자를 뒤에 성립한 전세권자보다 두텁게 보호할 이유는 없다).

　위와 같이 일정한 경우에는 부동산의 일부에 대한 경매신청을 해야 하나, 현행법상 그에 관한 규정이 없어서 어떻게 할 것인지 문제된다. 전세권자는 그의 전세권의 목적으로 되어 있는 부동산의 일부에 대한 분할등기를 한 다음에 경매를 신청해야 한다고 새기는 수밖에 없다. 경우를 나누어서 본다. 먼저 1필의 토지의 일부가 전세권의 목적으로 되어 있는 경우에 관하여 본다면, 이때에는 그 토지부분을 분할하여 독립한 필지로 하는 데는 아무런 문제가 없다(토지의 분할에 관해서는 공간정보 79조, 부등규 75조 이하 참조). 다음에 1동의 건물 일부가 전세권의 목적으로 되어 있는 경우에는, 1동의 건물을 2 이상의 이른바 「구분소유권」으로 구분할 수 있으면, 역시 문제는 없다. 그러나 1동의 건물을 그와 같이 구분소유권으로 구분할 수 없을 때에, 어떻게 처리할지는 어려운 문제이다. 1동의 건물을 분할해서 2동의 건물로 하려면, 단순히 물리적으로 나눌 수 있다는 것만으로는 충분하지 않으며, 분할된 두 부분이 각각 사회통념상 독립한 건물이라고 할 수 있어야만 하기 때문이다. 그러므로 비록 물리적으로 나눌 수 있더라도, 분할된 각 부분이 독립한 건물로 인정될 수 없으면, 건물의 분할은 인정될 수 없다. 분할이 불가능한 경우에는 어떻게 처리할 것인가? 그러한 경우에는 전세권설정자에게 너무 큰 불이익을 주게 되지만, 부득이 담보물권의 불가분성으로 건물 전체의 경매신청을 할 수 있다고 새기는 수밖에 없다(건물의 구분과 분할의 절차에 관해서는 부등규 95조 이하 참조).

　③　경매의 절차에 관해서는 [213] 참조.

　④　동일인에게 속하는 토지와 건물 중 건물에 관해서만 전세권을 설정한 경우에는 경매로 건물과 대지의 소유자가 다르게 되고, 또한 건물소유자로 된 자에게

는 토지이용권이 없어서 문제이다. 민사집행법 제98조는 일정한 요건을 갖춘 경우에 법원이 일괄경매를 인정할 수 있는 것으로 하고 있으나, 그러한 일괄경매가 인정되지 않을 때에는 민법 제366조를 준용해서 경매절차상 매수인은 법정지상권을 취득한다고 새겨야 한다.

(내)　담보물권으로서의 전세권은 채권(전세금반환청구권) 없이는 성립할 수 없다(부종성). 이는 전세권자는 언제나 채권자이기도 하다는 것을 뜻한다. 그렇다면 전세권자는 그의 우선변제권을 행사하지 않고 단순히 한 사람의 채권자라는 자격에서 그의 채권을 행사하여 변제를 받을 수도 있다. 그러한 경우에 관하여 보기로 한다.

①　전세권자가 그의 우선변제권을 행사해서 목적부동산의 매각대금으로부터 배당을 받았으나, 그 배당으로 전세금을 완전히 변제받지 못한 경우에는, 그 변제받지 못한 나머지 금액은 무담보의 채권으로 남게 된다. 그러한 전세금 중 변제받지 못한 부분의 만족을 위해서는 전세권자는 단순한 무담보의 채권자로서 채무자 즉 전세권설정자의 일반재산에 대하여 스스로 강제집행을 하거나(이때에는 집행권원을 필요로 한다), 또는 타인이 집행을 하는 경우에 그 배당에 가입할 수 있다.

②　전세권자는 목적부동산에 대하여 그의 우선변제권을 행사하지 않고 먼저 채무자(전세권설정자)의 일반재산에 대하여 일반채권자로서(따라서 집행권원을 얻어서) 집행할 수 있는가? 민법은 이 점에 관하여 아무런 규정을 두고 있지 않다. 그러나 질권과 저당권에 관해서는 일반채권자를 보호하기 위하여 이를 제한하는 규정을 두고 있다(340조·370조 참조). 전세권도 담보물권이므로, 민법 제340조가 준용된다고 새기는 것이 타당하다([185] 2 (1)·[210] 2 (2) 참조).

3. 부속물수거권　　　　전세권이 소멸하면, 전세권자는 그 목적부동산을 원상으로 회복해야 하고, 지상물 그 밖의 부동산에 부속시킨 물건을 수거(收去), 즉 거두어갈 수 있다(316조 1항 본문). 지상물 또는 부속물을 거두어 가고 부동산을 원상에 회복하는 것은 전세권 소멸 후 지체 없이 해야 하나, 거두어가는 데 필요한 기간 동안은 부동산을 계속 사용할 수 있다고 해석해야 한다.

4. 부속물매수청구권

(개)　전세권의 목적부동산에 부속시킨 물건 또는 지상물을 거두어 가면, 일반적으로 그 가치가 감소하며, 전세권자를 위해서나 또는 사회경제상 불이익한 결과

가 된다. 여기서 민법은 전세권설정자가 부속시킨 물건의 매수를 청구하는 때에는, 전세권자는 정당한 이유 없이 이를 거절할 수 없는 것으로 하고 있다(316조 1항 단서). 이 매수청구권은 형성권이라고 해석하는 것이 통설이며, 청구권의 행사가 있으면 곧 부속물에 관한 매매는 성립한다.

　(ﾅ)　일정한 경우에는 전세권자도 전세권설정자에 대하여 부속물매수청구권을 행사할 수 있다. 즉, (i) 전세권설정자의 동의를 얻어서 부속시킨 때와 (ii) 그 부속물건을 전세권설정자로부터 매수한 것인 때에는 전세권자도 매수청구권을 행사할 수 있다(316조 2항).

　5. 유익비상환청구권　　　전세권자는 목적물의 현상을 유지하고 그 통상의 관리에 속한 수선을 해야 할 의무가 있으므로(309조), 필요비의 상환을 청구할 수 없다. 그러나 유익비에 관해서는 그 가액의 증가가 현존하는 경우에 한하여 소유자의 선택에 좇아 그 지출액이나 증가액의 상환을 청구할 수 있다(310조 1항). 법원은 전세권설정자의 청구에 따라 상당한 상환기간을 허락할 수 있다(310조 2항).

제 4 편 담보물권

제 1 장 총   설

[163] Ⅰ. 담보물권의 의의와 사회적 작용

  1. **금융·신용 그리고 금전채권**   금전이나 화폐는 기업에서든 개인에게
든 현대생활에서 매우 중요한 지위를 차지한다. 기업에서 금전은 자본으로서 그 활
동을 가능하게 하고 개인에게는 생활에 필요한 자료와 수단을 얻는 데 교환수단인
금전이 필수불가결하다. 그런데 사회에는 금전을 필요로 하나 필요한 만큼 소유하
지 못한 자가 있는가 하면, 한편으로는 필요한 금액 이상의 금전을 가지고 있는 자
도 있다. 이들 사이에서 금전의 대차관계, 즉 신용관계가 맺어지는 것은 매우 자연
스러운 일이다. 금전의 교환거래(융통)에 관한 경제현상을 「금융(金融)」이라고 한다.
금융은 보통 빌려 주는 자가 꾸는 자에게 장차 반환할 것을 약속하게 하여 이루어
진다. 즉, 대차는 현재의 화폐와 장래의 화폐의 교환인 것이 보통이다. 금융 중 이
와 같이 시간을 달리하는 교환이 바로 「신용(信用)」이다. 이 신용은 법률적으로는
금전채권(일정액의 금전을 지급하기로 하는 채권)이라는 모습으로 나타나는 것이 원칙이
다. 그러나 금전채권은 금융 또는 신용거래에서만 생기는 것은 아니다. 모든 채권
은 금전채권으로 변할 가능성이 있다. 그 이유는 다음과 같다.

  채권자가 채무자에게 「일정한 행위」(급부·급여)를 요구하는 권리가 채권이다.
따라서 채무자가 스스로 급부를 하면, 채권자는 급부를 받아서 이를 적법하게 가질
수 있다. 이것이 채권의 최소한도의 법률적 효력이다. 그러나 채무자가 스스로 이
행하지 않는 경우에 현대법에서는 채권자는 국가기관의 힘을 얻어서 채무의 내용
을 강제적으로 실현할 수 있다. 즉, 채권자는 우선 강제이행을 청구할 수 있고, 그
것이 불가능하거나 또는 그것을 원하지 않는 경우에는 손해배상을 청구할 수 있다.
그런데 우리 법제상 손해배상은 금전배상을 원칙으로 하고 있기 때문에, 결국 모든

채권은 궁극적으로는 금전채권으로 변함으로써 그 목적을 달성하게 된다.

2. 금전채권의 효력　　　금전채권에서는 채권자가 채무의 내용을 이루는 금전의 지급을 청구하고 채무자가 이에 응하여 변제를 하면, 금전채권은 실현되어 소멸한다. 그러나 채무자가 임의로 변제하지 않으면 어떻게 되는가? 채권자는 국가 권력 — 민사법원 — 의 힘을 빌릴 수 있다. 먼저 채무자를 피고로 하여 소를 제기하고 채무자에게 채권액의 금전의 지급을 명하는 판결(이행판결)을 받을 수 있다. 이 권리 또는 권능을 소권(訴權) 또는 소구력(訴求力)이라고 한다. 이어서 그 판결에 기하여 채무자의 재산을 압류해서 경매(통상의 강제경매)를 하고, 그 매각대금으로부터 채권액에 해당하는 금전의 지급을 받을 수 있다. 이를 강제집행청구권 또는 공취력(攻取力)이라고 한다. 이때 압류의 대상이 되는 재산은 원칙적으로 채무자의 재산 전체이며, 이를 책임재산(責任財産)이라고 한다. 이와 같이 채무자의 책임재산이 금전채권 — 에 한하지 않고 채권 일반 — 의 실현을 위하여 맨 마지막에 의지할 수 있는 것이다. 여기서 채권자에게는 일정한 요건을 갖춘 경우에 채무자의 재산을 부당하게 감소시키는 것을 막고 책임재산을 확보할 수 있는 권한(채권자대위권·가압류)과 책임재산을 감소시키는 채무자의 처분을 부정할 수 있는 권한(채권자취소권)이 인정되어 있다.

그런데 채권자 상호간에는 낫고 못하다는 우열이 없는 것이 원칙이다. 즉, 채권은 그 발생원인, 발생시기의 선후, 금액의 다소와 상관없이 모두 평등하게 다루어지며, 특히 어느 채권자만이 우선적으로 변제받을 수 없는 것이 원칙이다. 이를 「채권자 평등의 원칙」이라고 한다(우리나라는 제한된 평등주의를 취하고 있다. 민집 88조 참조). 따라서 애써서 책임재산을 집행하여도 다른 채권자가 나타나면, 각 채권자의 채권액에 따라 나누게 된다. 그러므로 채무자의 재산은 개개의 채무에 관하여 그 이행을 책임질 뿐만 아니라, 모든 채권을 위한 책임재산이기도 하다. 여기서 채무자의 책임재산으로부터 채권의 만족을 얻지 못하는 경우가 있게 된다. 채무자의 재산 전체가 그가 부담하는 채무의 총액보다 적은 때가 그것이다. 채무자에 대한 금전채권의 전체를 합한 금액이 그의 책임재산의 가치 전체를 넘고 있는 것을 「지급불능」이라고 하며, 이런 지급불능이 있게 되면, 채권자 등의 신청으로 파산절차 등 도산절차가 개시된다. 파산절차는 결국 모든 채권자에 대한 관계에서 공평하게 채무자의 부족한 책임재산을 모두 청산하려는 것이며, 개개의 금전채권은 책임재산의 부족비율에 따라 그 채권액 중 일부만을 지급(배당)을 받을 수 있을 뿐이다. 이러한 파산이라는 사태에 이르면, 파산자에 대한 금전채권은 실질적 값어치가 거의 없는 것으로 되고 만다.

　3.　**담보의 의의**　　위에서 금전채권의 일반적 효력을 보았는데, 금전채권자(신용수여자)의 처지에서 본다면, 이러한 일반적 효력만으로는 안심할 수 없다. 어떤 채권자가 채권을 취득할 때에는 채무자의 일반재산이 그 채권액을 훨씬 넘는 것이더라도, 그 후에 다수의 다른 채권이 성립하여 채무자의 재산이 채권 전체를 변제할 수 없게 될 염려가 있고, 또한 채무자의 일반재산은 끊임없이 늘었다 줄었다 하면서 변동하는데다가, 채권자 평등의 원칙이 있기 때문이다. 여기서 금전채권자는 위에서 본 바와 같은 금전채권의 일반적 효력으로는 만족하지 않고, 그것을 더 튼튼하게 해서 「채권의 실현을 확보할 수 있는 길」을 찾게 된다. 이를 위한 수단이, 곧 담보(擔保)이다.

　4.　**인적 담보와 물적 담보**　　채권담보제도에는 크게 나누어 인적 담보와 물적 담보의 두 가지가 있다.

　(1)　**인적 담보**　　금전채권을 실현하는데 마지막으로 의지하는 책임재산으로서, 채무자의 그것뿐만 아니라 다른 제 3 자의 책임재산도 더하여 보태는 방법에 의한 담보제도이며, 채권법에서 다루는 보증채무와 연대채무가 그것이다. 복수의 책임재산이 있어 전체로서 책임재산의 총액이 늘어나는 동시에 「지급불능」의 위험이 흩어지므로, 금전채권의 실현이 보다 확실해진다.

　(2)　**물적 담보**　　책임재산을 이루고 있는 재화 중 특정된 것을 가지고 채권의 담보에 충당하는 제도이다. 말하자면, 특정된 재화가 그 교환가치를 가지고 책임을 지는 것이며, 채무자의 채무불이행이 있으면, 채권자는 그 교환가치로부터 채권자 평등의 원칙을 깨뜨려서 다른 채권자보다 우선해서 변제를 받게 하는 제도이다. 민법이 규정하는 각종의 「담보물권」은 그 전형적인 것이다. 이 곳의 설명은 이 물적 담보 중 민법이 규정하는 담보물권을 그 중심으로 한다.

　(3)　**두 제도의 비교**　　인적 담보제도는 채무자의 수를 늘림으로써 채권자가 추급할 수 있는 일반재산의 수나 양을 늘리는 효력밖에 없다. 따라서 담보를 제

공하는 사람이 가지고 있는 일반재산의 상태에 따라 담보로서의 가치가 좌우되고 인적 요소에 의존하는 정도가 강하다. 따라서 담보로서의 효력도 불확실하다. 다만 물적 담보에 비하여 그 절차가 간편하다는 유리한 점은 있다. 물적 담보제도는 물건 또는 권리가 가지는 객관적 가치에 의하여 담보되는 점에서 담보제공자의 인적 요소에 의존하지 않으며, 또한 채권자 평등의 원칙을 깨뜨려서 담보권자에게 우선변제를 받게 하는 점에서, 채권자의 지위를 안전·확실하게 한다. 즉, 목적물이 멸실하거나 또는 그 값이 떨어지지 않는 한, 확실하게 담보의 목적을 달성할 수 있게 한다. 또한 그것은 서로 알지 못하는 사람들 사이의 신용을 매개하는 작용을 한다. 그러나 그 절차가 복잡하고 번거로워서 간편하지 못하다는 결점도 있다. 위와 같은 두 제도의 장·단점 중에서도, 물적 담보는 특히 서로 모르는 사람들 사이의 신용을 매개하는 데서, 오늘날의 거래사회에서는 주로 물적 담보제도가 많이 이용되고 있다. 그러나 물적 담보의 목적물을 가지지 못하는 경우에는 인적 담보의 방법으로 금융거래를 할 수밖에 없으며, 이 점에서 인적 담보제도도 그 작용을 잃고 있지 않다. 요컨대, 인적 담보와 물적 담보는 모두 각각 그 장점을 살려서 오늘날의 금융에 이용되고 있다.

[164] Ⅱ. 물적 담보제도

물적 담보는 여러 기준에 따라서 나눌 수 있으나, 여기서는 주로 법률구성의 차이라는 관점에서 나누어 그 특징을 살피기로 한다.

1. 제한물권(制限物權)의 법리에 의한 것   대륙법에서 발전한 제도이다. 여기서는 한편으로는 목적물을 전면적으로 지배하는 권리로서의 「소유권」이라는 모습의 권리가 인정되나, 다른 한편으로는 그러한 소유권에서 갈려 나와 생긴 권리로서 목적물을 일정한 제한된 측면에서만 지배하는 「제한물권」이라는 모습의 권리가 구성된다. 이 제한물권 중에서 목적물을 물질적 이용이라는 측면에서 지배하는 것이 「용익물권」이고, 목적물을 그가 가지는 교환가치라는 측면에서 지배하는 것이 「담보물권」이다. 이 담보물권의 법리는 하나의 물건에 소유권과 담보물권이라는 물권적으로 보호되는 두 지배가 나란히 존재한다는 구성을 가능하게 하는 점에 특징이 있다. 이를 소유자의 처지에서 본다면, 목적물의 소유권을 잃지 않고 그 교

환가치만을 이용할 수 있다.

담보물권은 법정담보물권과 약정담보물권으로 나누어진다.

(1) **법정담보물권**   이는 당사자의 약정이 없더라도, 법률 규정에 따라 일정한 채권을 당연히 담보하는 것으로서 성립하는 담보물권이다. 이에는 다음과 같은 것이 있다.

(가) **유 치 권**   유치권은 변제가 있을 때까지 목적물을 채권자가 그의 지배 아래에 두는(즉 유치하는) 권리이다(320조 내지 328조, 상 58조 기타). 실제 거래에서 중요한 기능을 하지 않았으나, 부동산에 대한 유치권을 주장하는 사건이 급증하면서 매우 중요한 문제가 되었다. 제 2 장에서 설명한다.

(나) **법정질권·법정저당권**   나중에 설명하는 질권과 저당권이 일정한 경우에 법률상 당연히 성립하는 경우가 있다. 이와 같은 법정질권과 법정저당권이 인정되는 경우는 매우 예외적인 것으로, 그렇게 중요한 기능을 하고 있지는 않다. 각각 관계되는 곳에서 설명한다.

(다) **우선특권**   우선특권은 목적물을 유치하지 않더라도 우선변제권이 인정되는 권리이나, 이것이 성립하는 경우는 매우 제한되어 있다. 주요한 것으로는 근로자의 임금우선특권(근로기준법 38조 참조), 주택의 임차인(또는 전세임차인)에게 인정되는 보증금(또는 전세금) 우선특권과 소액보증금(또는 소액전세금) 우선특권(주택임대차 3조의 2·8조·12조, 상가임대차 5조, 14조 참조), 그리고 상법이 인정하는 각종의 우선특권(상 468조·777조·779조·781조 이하, 808조 참조)이 있다.

(2) **약정담보물권**   이는 당사자 사이의 약정으로 성립하는 담보물권이며, 다음의 세 가지가 있다.

(가) **질 권**   질권은 목적물의 점유를 채권자에게 이전하는 것을 요건으로 하는 담보물권이다(329조 내지 355조 참조). 제 3 장에서 설명한다.

(나) **저 당 권**   저당권은 목적물의 점유를 채권자에게 이전하는 것을 요건으로 하지 않는 담보물권이다(356조 내지 372조 참조). 근대법에서 담보의 으뜸이라고 할 수 있는 것이며, 제 4 장에서 다룬다.

(다) **전 세 권**   민법은 전세금의 반환을 확보해 줌으로써 전세권자를 보호하기 위하여 전세권에 전세금의 우선변제적 효력을 인정하고 있다. 따라서 그것은

용익물권인 동시에 일종의 담보물권이기도 하다. 전세권에 관해서는 제 3 편 제 3 장에서 이미 보았다.

㈐ **동산담보권과 채권담보권**   「동산·채권 등의 담보에 관한 법률」은 동산담보권과 채권담보권을 정하고 있다. 동산담보권은 동산을 담보로 제공하고 담보등기를 한 담보권을 말하고, 채권담보권은 채권을 담보로 제공하고 담보등기를 한 담보권을 말한다. 이들 담보권은 동산이나 채권을 담보로 제공하면서 담보등기를 한다는 점에 특징이 있다. 이에 관해서는 제 5 장에서 다룬다.

2. 소유권이전의 법리에 의한 것   이는 소유권 자체를 채권자에게 이전하되, 다만 그것을 채권담보의 목적에 따라 제한한다는 법률구성에 의하는 것이다. 담보된 채권이 변제되지 못하면, 채권자가 소유권을 확정적으로 취득하거나, 또는 목적물을 환가(현금화)해서 정산하거나 청산하게 된다. 그러나 채무자가 변제를 하면, 소유권은 되돌아오게 된다. 역사적으로는 신탁법이 발달한 영국에서 이와 같은 형태의 담보가 나온 것이나, 대륙법에서도 유사한 형태의 담보가 나타난다. 이에는 다음과 같은 것이 있으며, 부동산에 관한 양도담보와 가등기담보에 관해서는 「가등기담보 등에 관한 법률」에 따라 규율된다. 이에 관해서는 제 5 장에서 다룬다.

(1) 양도담보   양도담보는 담보에 제공하려는 물건을 채무자가 채권자에게 양도하는 형식을 취해서(그러나 많은 경우에 점유는 채무자가 그대로 보유한다) 담보의 목적을 달성하려는 것이다.

(2) 환매·재매매의 예약   이들은 민법의 채권편에 규제되어 있는 것이다 (590조 내지 595조·564조 참조). 이를 이용해서 담보의 목적을 달성할 수 있다. 이들을 통틀어서 매도담보(賣渡擔保)라고 일컫는다.

(3) 대물변제의 예약   채권법에서 개별적으로 규제되어 있는 대물변제(466조)와 예약(564조)이라는 두 제도가 결합한 것이 「대물변제의 예약」이며, 소비대차의 당사자 사이에서 채무자 소유의 특정재산(특히 부동산)에 관하여 이 대물변제의 예약을 하면, 금전대차에 따른 채권을 담보하는 목적을 이룰 수 있다(607조·608조 참조).

(4) 매매·매매의 예약   이들도 담보의 작용을 할 수 있다. 이때 매매의 예약은 실질적으로는 위의 대물변제의 예약과 다름이 없다.

　(5)　소유권유보부 매매　　이는 상품의 매도인이 그 대금을 모두 지급할 때까지 매각한 상품의 소유권을 자기에게 보류하고 매수인에게 이전하지 않는 것으로 함으로써, 대금채권의 실현을 확보하는 것이다.

3.　전형적 담보제도와 비전형적 담보제도

　(1)　위에서 본 바와 같이, 물적 담보제도에는 제한물권의 법리에 의하는 것과 소유권이전의 법리에 의하는 것이 있으나, 그중 민법 물권편에서 규율하고 있는 것은 앞의 것뿐이다. 뒤의 것에 속하는 것 가운데에는 채권편에서 규제되고 있는 것도 있으나, 이들은 처음부터 특별한 담보제도로서 규율된 것은 아니고, 거래계에서 담보제도로서 이용하고 발전된 것이다. 왜 이런 현상이 일어났을까? 민법 물권편에서 규제하고 있는 제한물권의 법리에 의한 담보물권만으로는 거래계의 필요나 요청을 충분히 만족시켜 주지 못하였기 때문이다. 즉, 이들 담보물권은 그 종류에 따라서 이용대상이 한정되며, 이용절차도 매우 번거롭다. 뿐만 아니라, 그 효력도 충분하지 않고 불편한 것으로 여겨져 왔다. 그리하여 거래계에서는 일찍부터 그러한 흠을 보완해서 자기들의 요청을 충족할 수 있는 특수한 모습의 물적 담보제도를 이용하게 되고 발전시켰다. 그러므로 민법이 물권편에서 규제하고 있는 물적 담보제도로서의 담보물권을 「원칙적」 내지 「전형적」 담보제도라고 부른다면, 거래계에서 발달한 물적 담보제도는 이를 「변칙적」 또는 「비전형적」 담보제도라고 부를 수 있다(변칙적이라는 표현은 비정상이라는 뉘앙스가 강하기 때문에 변칙적 담보라는 표현을 사용하지 않고 비전형적 담보라는 용어를 사용하기로 한다).

　(2)　전형적 담보제도에 대한 불만과 불편으로 생겨난 비전형적 담보제도가 거래계에서 이용되는 것은 당연한 이치이다. 저당권은 전형적 물적 담보제도 가운데서도 으뜸가는 자리를 차지하고 있는데, 그 일종인 근저당권만은 은행 등 금융기관에서 많이 이용되고 있으나, 금융기관이 아닌 사인 사이에서는 양도담보나 소유권유보부 매매 등 비전형적 담보제도도 이용되고 있다.

　(3)　각종의 비전형적 담보제도는 본래 담보수단으로서 구성된 제도는 아니어서, 대부분은 채권편의 여러 곳에서 개별적으로 규율되고 있을 뿐이었다. 그러나 이들 제도가 거래계에서 담보수단으로서 이용되면서 여러 문제가 발생하였다. 그리하여 채무자를 보호할 목적으로 1983년에 「가등기담보 등에 관한 법률」을 제정

하였다. 현재는 비전형적 담보 중 가등기담보와 양도담보는 이 특별입법의 규제를
받는다.

(4) 이상 본 바와 같이 비전형적 담보는 오늘날 담보수단으로서 이용되고 있
고 또한 특별입법도 제정되어 있어서, 그들을 규제하고 있는 채권편의 여러 곳에서
개별적으로 살피기보다는 전형담보와 함께 고찰하는 것이 여러 모로 유익하다. 이
런 견지에서, 본서에서는 제 5 장에서 다루기로 한다.

[165] Ⅲ. 담보물권의 본질

1. 가 치 권   담보물권은 본래 채권의 담보를 목적으로 하는 물권이기
때문에, 물건의 사용·수익을 목적으로 하는 용익물권과는 성격상 본질적인 차이가
있다. 즉, 용익물권은 목적물의 이용가치를 취득하는 것을 목적으로 하는 것이며,
따라서 일반적으로 이용권(利用權)이라고 일컫는다. 이에 반하여 담보물권은 목적물
의 교환가치를 취득하는 것을 목적으로 하는 것이며, 이 때문에 가치권(價値權)이라
고 불린다. 특히 저당권에서는 물건의 이용은 전적으로 채무자의 손 안에 머물러
있고, 권리자는 변제가 없는 경우에 물건의 가치로부터 우선적으로 만족을 얻게 될
권리를 가질 뿐이므로, 가장 순수하게 가치권으로서의 모습을 보여준다고 일반적
으로 설명된다.

저당권의 가치권으로서의 성격이 완전히 실현되어 있는 것은 독일의 저당권제
도이다. 독일민법에서 저당권은 특정한 채권을 담보하기 위한 보전저당권(保全抵當
權)보다도 투하자본을 도로 거두어들이는 수단이 되는 유통저당권(流通抵當權)이 중
요한 위치를 차지하고 있을 뿐만 아니라, 다시 이러한 저당권과 아울러 피담보채권
의 존재를 전제로 하지 않는, 말하자면 채권으로부터 독립한 「토지채무」와 「정기
토지채무」를 인정하고 있다. 이러한 단계에 이르면 담보물권은 채권의 담보라는 관
념을 떠나서 목적물을 환가 즉 현금으로 만들어 그로부터 일정금액을 지급받는 권
리, 즉 순수한 가치권으로 된다. 그런데 우리 민법의 저당권은 특정의 채권을 담보
하는 권리이며, 피담보채권에 종속하는 정도가 강하여 저당권 자체를 거래의 대상
으로 하여 투하자본을 도로 거두어들이는 수단이 되지는 못한다. 뿐만 아니라, 물
건의 교환가치를 파악하는 것과는 거리가 먼 유치권이라는 것도 인정되어 있다. 민

법의 담보물권은 이를 가치권으로 파악하기에는 아직 부적당하다.

2. 담보물권의 물권성 앞에서 지적한 바와 같이, 민법의 담보물권을 가치권으로 파악하고, 그의 물권성을 부인하는 것은 적당하지 않다. 민법의 담보물권은 물건 또는 재산권을 직접 지배할 수 있는 권리인 점에서, 그것도 하나의 물권이라고 해야 한다. 물론 저당권에서는 권리자가 목적물을 점유하지 않으나, 그래도 법률적으로는 물건을 지배하고 그 물건으로부터 직접 가치를 취득할 수 있다. 물권으로서의 배타성과 우선적 효력도 갖추고 있으며, 공시의 원칙을 적용하는 데에서도 다른 물권과 다르지 않다. 담보물권이 가치권으로서의 성격을 가지고 있다는 것은 용익물권과는 본질적으로 구별된다는 것뿐이며, 이것이 물권성과 모순되는 것은 아니다.

[166] Ⅳ. 담보물권의 특성

각종의 담보물권은 각각 특수한 성질을 가지고 있음은 물론이나, 채권담보라는 공통의 목적을 가지고 있는 데서 다음과 같은 공통적인 성질도 가지고 있다. 그러나 이들 담보물권의 여러 성질이 민법의 모든 담보물권에서 똑같이 인정되는 것은 아니며, 각종의 담보물권에서 약간의 차이가 있다.

(1) **부종성(附從性)** 피담보채권의 존재를 전제로 해서만 담보물권이 존재할 수 있다는 성질을 담보물권의 「부종성」이라고 한다. 이것은 담보물권이 채권담보의 목적을 위하여 존재하는 것이라는 데서 오는 논리적 결과이다. 예컨대, 담보물권 자체는 유효하게 성립하여 존속하고 있는 것과 같이 보이는 경우에도, 피담보채권이 성립하고 있지 않거나 또는 소멸하고 있는 때에는 그 담보물권도 존재목적을 잃게 되어 소멸한다. 유치권 그 밖의 법정담보권은 특정의 채권이 존재하는 경우에 법률상 당연히 그 채권을 보호하려는 것이므로, 부종성은 엄격하게 적용된다. 그러나 질권과 저당권은 신용의 수수를 매개하는 것이므로, 그 적용이 다소 완화된다. 특히 민법은 장래의 채권에 대해서도 저당권을 설정하는 것을 인정한다. 채권이 증감·변동하는 경우에는 근저당권을 설정할 수 있는데, 채권이 일시적으로 소멸하더라도 근저당권은 유효하게 존속한다(357조. [226] 참조).

(2) **수반성(隨伴性)** 담보물권이 피담보채권의 이전에 따라서 이전하고,

피담보채권에 부담이 설정되면 역시 그 부담에 복종하는 성질을 담보물권의 「수반
성」이라고 한다. 법정담보물권은 특정의 채권을 우선적으로 보호하려는 것이므로,
구체적으로 채권자가 누구인지를 문제삼지 않으며, 채권의 이전에 따라서 이전하
게 됨은 당연하다. 그러나 약정담보물권은 당사자 사이의 계약으로, 어떤 채권의
변제를 확실하게 하고, 그러함으로써 그 채권의 경제적 가치를 늘어나게 하는 것이
므로, 그 채권의 거래에서 채권과 더불어 거래의 객체가 되는 것으로 하여 채권과
함께 이전해서, 계속 그 채권의 경제적 가치를 유지하게 하는 것이 타당하기 때문
이다. 부종성과 수반성을 합해서 「부수성」이라고 일컫기도 한다.

  (3) 물상대위성   담보물권의 목적물의 멸실·훼손·공용징수 등으로, 그
목적물을 갈음하는 금전 기타의 물건이 목적물소유자에게 귀속하는 경우에, 담보
물권이 그 목적물을 갈음하는 것에 관하여 존속하는 성질을 담보물권의 「물상대위
성」이라고 한다(342조·355조·370조 참조). 담보물권은 목적물의 실체를 목적으로 하
는 권리가 아니라, 주로 그의 교환가치를 취득하는 것을 목적으로 하는 권리이다.
비록 담보목적물이 멸실되거나 훼손되더라도 그 교환가치를 대표하는 것이 그대로
존재하는 경우에는 담보물권은 다시 이 가치의 대표물에 존속한다고 보는 것이 담
보물권의 본질에 적합하다. 그러나 같은 담보물권이라고 하더라도 유치권에서는
물상대위의 원칙이 적용되지 않는다. 이것은 목적물을 계속 점유하여 채무자의 변
제를 간접적으로 강제하는 것을 목적으로 하고, 따라서 교환가치의 취득을 목적으
로 하지 않기 때문이다. 바꾸어 말하면, 물상대위성은 우선변제적 효력이 있는 담
보물권에만 인정된다. 「동산·채권 등의 담보에 관한 법률」에 따른 동산담보권과
채권담보권에도 물상대위가 인정된다(동법 14조·37조). 판례는 양도담보의 경우에도
물상대위를 인정하고 있다(대판 1975. 12. 30, 74다2215; 대판 2009. 11. 26, 2006다37106 참
조). 그러나 물상대위성을 가지는 담보물권 사이에서도 그 작용이나 기능에는 적지
않은 차이가 있다. 따라서 이 문제에 관해서는 각종의 담보물권에 관하여 개별적으
로 살필 필요가 있으며, 각각 관계되는 곳에서 검토하기로 한다.

  (4) 불가분성   담보물권자는 피담보채권 전부를 변제받을 때까지 목적물
의 전부에 관하여 권리를 행사할 수 있다는 원칙이다. 즉, 피담보채권의 일부가 변
제·상계·혼동·경개·면제 등으로 소멸하더라도, 남은 금액이 있는 한, 담보물의

전부에 담보물권의 효력이 미친다는 원칙이다. 이 불가분성은 다음과 같은 모습으로도 나타난다. 즉, 담보물의 일부가 불가항력 그 밖의 사유로 멸실한 경우에도 나머지 부분이 모든 채권을 담보하고, 멸실한 부분의 비율로 채권액의 일부가 감소되지 않는다. 또한 담보물이 공유자 사이에서 분할된 경우에도 담보물권자는 분할된 각 부분 위에 채권액의 전부에 관하여 그 효력을 미칠 수 있다. 민법은 유치권에 관하여 불가분성을 규정하고(321조), 이를 다른 담보물권에 준용하고 있다(343조·370조). 따라서 불가분성은 민법이 인정하는 모든 담보물권에 인정되는 성질이다.

[167] Ⅴ. 담보물권의 효력

1. 제한물권인 담보물권의 효력은 그 종류에 따라 가지가지이나, 특히 다음과 같은 효력이 인정된다. 이 밖에 제한물권, 따라서 담보물권에도 물권으로서의 일반적 효력이 있음은 물론이다.

(1) **우선변제적**(優先辨濟的) **효력**　　질권과 저당권에 인정되는 효력이다. 즉, 채무를 변제받지 못한 경우에 채권자는 목적물을 현금으로 만들어서 다른 채권자보다도 먼저 변제를 받게 된다. 이와 같이 물건의 교환가치를 채권자가 파악하는 효력을 담보물권의 「우선변제적 효력」이라고 한다. 담보물권으로서의 진정한 본래의 기능은 바로 이 우선변제적 효력에 있다.

(2) **유치적**(留置的) **효력**　　채권담보를 위하여 목적물을 채권자의 손안에 유치(점유를 계속하고 인도를 거절하는 것, 바꾸어 말해서 계속 지배하는 것)하게 해서 채무자에게 심리적인 압박을 줌으로써, 채무의 변제를 촉구하는 담보물권이 있다. 말하자면, 물건이 가지는 사용가치를 채권자가 빼앗는 것이며, 이를 담보물권의 「유치적 효력」이라고 한다. 유치권에는 이 유치적 효력이 인정될 뿐이고, 앞에서 설명한 우선변제적 효력은 인정되지 않는다. 그러나 우선변제적 효력이 있는 담보물권 가운데에는 동시에 유치적 효력에 의존하는 것이 있다. 질권이 그렇다.

(3) **수익적**(收益的) **효력**　　채권자가 목적물에서 나온 수익으로 우선변제를 받는 것이다. 현행 민법이 인정하는 담보물권에는 이 효력을 갖는 것이 없다. 다만 전세권은 용익물권인 동시에 담보물권으로서의 성질도 아울러 가지고 있기 때문에, 그것은 실질적으로 수익적 효력이 있는 담보물권(즉 일종의 부동산질권)으로 볼

수도 있다.

2. 양도담보 등 권리이전형의 물적 담보제도 또는 비전형적 담보에서는 채무의 변제가 없으면 목적물을 현금화해서 정산하거나, 또는 권리의 이전이 확정적인 것으로 된다. 이것이 권리이전형의 물적 담보에서 본질적 효력이다. 그리고 환매나 재매매의 예약은 위에서 설명한 수익적 효력도 아울러 갖는 것으로 이해할 수 있다.

[168] Ⅵ. 담보물권의 순위

동일한 물건에 두 개 이상의 담보물권이 존재하는 경우에 담보물권 상호간의 순위가 문제된다. 특히 목적물을 점유하지 않는 저당권에서 순위의 문제는 중요하다. 순위의 문제는 목적물을 현금화한 금액이 담보물권의 피담보채권의 총액에 미치지 못하는 경우에 어느 피담보채권에 우선적으로 변제하게 되는지의 문제이다. 담보물권을 주로 채권담보의 목적을 위한 것으로 구성하고 있는 우리 민법에서는 순위의 문제는 동일한 물건에 대한 각 담보물권의 상대적 우열의 문제에 지나지 않으며, 선순위의 담보물권이 소멸하면 후순위의 담보물권의 순위는 올라가게 된다(순위승진의 원칙). 바꾸어 말해서, 선순위의 저당권이 소멸하여도 후순위의 저당권의 순위는 올라가지 않는 이른바 「순위확정의 원칙」은 채용되어 있지 않다.

제 2 장 유 치 권

제 1 절 총 설

[169] Ⅰ. 유치권의 의의와 사회적 작용

1. 의   의   민법의 유치권(留置權)은 타인의 물건 또는 유가증권을 점유한 자가 물건이나 유가증권에 관하여 생긴 채권을 가지게 된 경우에, 채권의 변제를 받을 때까지 물건 또는 유가증권을 유치할 수 있는 권리이다(320조 1항). 예컨대, 시계를 수선한 자는 수선료를 지급받을 때까지 시계의 인도를 거절할 수 있다. 임차인이 임차물에 관하여 지출한 필요비의 상환을 받을 때까지는 임차물을 그대로 가지고 있을 수 있다. 유가증권의 수치인은 그의 보수를 받을 때까지는 임치물인 유가증권을 유치할 수 있다.

이와 같이 수선을 부탁한 자나 임대인 또는 임치인은 수선비·필요비·보수 등을 지급하지 않고서는 물건이나 유가증권을 찾아오지 못한다. 그러므로 이들은 간접적으로 심리적 압박을 받아 채무를 변제하려고 노력하며, 이렇게 함으로써 물건의 점유자의 채권을 담보하게 된다. 뿐만 아니라 나중에 설명하는 바와 같이, 유치권자는 목적물을 경매할 수 있고(322조 1항), 경우에 따라서는 목적물로써 직접 변제에 충당할 수도 있으며(322조 2항), 또한 목적물이 다른 채권자나 담보물권자에 의하여 경매되거나 강제집행되더라도 유치권자는 그 경매에서 매수인에 대해서도 역시 변제를 받을 때까지 목적물의 인도를 거절할 수 있기 때문에(민집 91조 5항·268조 참조. 그러나 유치권의 목적물이 동산인 때에는 이 효력은 인정되지 않는다. [172] 1 (2) 참조), 사실상으로는 우선변제를 받게 된다.

위와 같은 유치권은 당사자의 의사와는 관계없이 일정한 요건이 있기만 하면 법률상 당연히 생기는 법정(法定)담보물권이다. 법률이 이러한 권리를 인정하고 있는 것은 오로지 「공평」을 위해서이다. 즉, 타인의 물건 또는 유가증권의 점유자가 물건이나 유가증권에 관한 채권을 가지는 경우에, 그가 채권의 변제를 받기 전에 먼저 물건이나 유가증권의 점유를 상대방에게 이전해야 한다면, 채권의 추심이 어렵게 되어 불공평하게 되기 때문이다. 말하자면, 유치권을 일종의 물권으로 구성함으로써, 목적물의 점유자가 가진 채권을 특히 보호하여 「채권자 평등의 원칙」을 깨뜨리려고 하는 것이다.

  2. 유치권과 동시이행 항변권의 비교   민법 제536조 1항 본문은 "쌍무계약의 당사자 일방은 상대방이 그 채무의 이행을 제공할 때까지 자기의 채무이행을 거절할 수 있다."라고 정한다. 이것은 쌍무계약에서 이행에 관한 견련성(牽連性)을 인정하여 당사자의 쌍방에 「동시이행의 항변권」을 인정하는 것이다. 이 동시이행의 항변권과 유치권 사이에는 어떠한 차이와 관련이 있을까? 유치권과 동시이행의 항변권 둘 모두가 공평의 원칙에 바탕을 두어 인정되는 것이라는 점에서는 같다. 둘 사이의 근본적 차이는 다음과 같은 점에 있다고 할 수 있다.

  (가) 동시이행항변권은 채권계약인 쌍무계약의 효력으로서 상대방의 청구에 대한 항변을 그 내용으로 하나, 유치권은 물권으로서 목적물을 직접 지배하는 내용을 가진다. 그 결과 동시이행항변권은 계약의 상대방에 대해서만 행사할 수 있는 것이지만, 유치권은 누구에게 대해서든지 이를 행사할 수 있다. 다음에 동시이행항변권으로 거절할 수 있는 급부에는 제한이 없지만, 유치권으로 거절할 수 있는 급부는 목적물의 인도에 한한다. 그리고 동시이행항변권으로 보호되는 채권은 원칙적으로 동일한 쌍무계약에 의하여 발생한 것에 한정되나, 유치권자의 채권은 그 발생원인이 무엇인지를 묻지 않는다.

  (나) 두 가지는 모두 공평의 원리에 입각하여 인정되는 것이라고 하지만, 그 공평을 요구하는 목적은 둘 사이에 차이가 있다. 즉, 동시이행의 항변권은 당사자의 한쪽만이 선이행, 즉 먼저 이행할 것을 강요당하는 것을 피하는 것을 그 목적으로 하는 데 반하여, 유치권은 오로지 유치권자의 채권담보를 그 목적으로 한다. 민법이 다른 담보를 제공하는 경우에 유치권의 소멸을 인정하면서(327조), 동시이행의 항변권에 관해서는 그러한 소멸원인을 인정하지 않는 이유도 둘 사이의 위와 같은 목적의 차이에 그 원인이 있다.

  (다) 유치권과 동시이행의 항변권은 동시에 함께 존재할 수 있다. 즉, 유치권은 채권이 변제되지 않는 한 소멸하지 않으므로, 동시이행의 항변권이 존재하는 경우에도 유치권은 함께 존재할 수 있다. 그러한 경우에는 결국 상대방은 선이행의무를

부담하는 것이 되고, 유치권의 행사로 동시이행항변권의 존재를 무의미하게 한다.

(라) 유치권의 물권성 · 담보물권성을 강조한다면, 상대방의 목적물인도청구에 대하여 유치권이 있는 경우에는 원고패소의 판결(청구기각)을 하게 되나, 동시이행의 항변권이 주장된 때에는 상환이행판결(相換履行判決), 즉 원고일부승소 판결을 하게 된다. 그러나 유치권의 목적 또는 공평의 원칙에 비추어 유치권의 경우에도 상환이행판결을 해야 한다는 것이 통설 · 판례이다([172] 1 (3) 참조). 이러한 통설 · 판례의 견지에서 본다면, 둘 사이에는 차이가 없게 된다.

3. 상사유치권 상법에서는 이른바 상사유치권(商事留置權)이 인정된다. 상사유치권이라고 해서 그 효력이 민법상의 유치권과 다르지 않지만, 다만 성립요건이 완화되어 있다는 차이가 있다. 즉, 민법의 유치권이 성립하려면 피담보채권과 목적물 사이에 견련관계가 있어야 하나, 상사유치권에서는 유치권과 피담보채권의 개별적 견련관계는 요구되지 않고, 영업을 통하여 견련되어 있으면 된다. 따라서 상인은 직접 점유물에 관하여 생긴 채권이 아니더라도 그 물건을 유치할 수 있다 (상 58조). 상사유치권에는 상인 사이의 유치권인 일반상사유치권(상 58조) 외에, 대리상(상 91조) · 위탁매매업(상 111조) · 운송주선인(상 120조) · 운송인(상 147조) · 선장(상 807조)과 같이 특별한 종류의 영업에 관하여 인정되는 특별상사유치권이 있다.

[170] II. 유치권의 법적 성질

1. 민법은 유치권을 단순한 인도거절권으로 구성하고 있지 않으며, 목적물을 점유할 수 있는 독립한 물권으로서 구성하고 있다. 그 결과 물권으로서의 유치권은 다음과 같은 성질을 가진다.

(1) 목적물의 소유권이 누구에게 속하든 그 권리를 주장할 수 있고, 따라서 채권의 변제를 받을 때까지 유치할 수 있다. 즉, 채무자뿐만 아니라, 물건의 양수인 · 경매에서의 매수인 등에 대해서도 권리를 주장하고 목적물을 유치할 수 있다.

(2) 그러나 다른 물권과 비교할 때 다음과 같은 차이가 있다.

(가) 점유를 잃으면 유치권은 소멸한다. 즉, 유치권의 목적물의 소유권이 이전되더라도 유치권은 영향을 받지 않으나, 유치권자가 점유를 잃게 되면 소유권이 이전되지 않더라도 유치권은 소멸한다. 유치하는 것을 본래의 효력으로 하는 권리라

는 점을 생각한다면 이는 당연한 일이라 하겠으나, 이런 의미에서 유치권에는 이른
바 추급력(追及力) 또는 추급적 효력(객체인 물건이 누구의 손안에 들어가더라도, 그 소재에
추급하여 권리를 주장할 수 있는 효력)이 없으며, 물권으로서는 예외적인 것이다.

　　(나) 민법의 유치권은 동산뿐만 아니라 부동산에 관해서도 성립한다. 또한 유
가증권도 그 목적이 됨은 민법이 분명히 규정하고 있다(320조 1항). 그런데 유치권은
법률상 당연히 발생하는 것이어서 부동산 위에 성립하는 부동산유치권에서도 등기
는 그 요건이 아니다(부등 2조 참조). 같은 이유로 유가증권 유치권에서 배서와 같은
것은 필요하지 않다. 유치권은 언제나 목적물을 점유해야 하는 권리이므로, 이로써
충분히 공시의 목적을 달성할 수 있는 것으로 생각되어 있으며, 또한 이렇게 하여
도 부동산물권의 공시나 유가증권의 원칙을 문란하게 하지는 않는다고 본 것이다.

　　2.　유치권은 담보물권의 일종으로서 다음과 같은 성질을 가진다.

　　(1)　법정담보물권이다. 일정한 요건을 갖추게 되는 때에 법률상 당연히 성립
하는 권리이며, 당사자의 합의로 성립시키지는 못한다.

　　(2)　부종성이 있다. 유치권의 부종성은 담보물권 중에서도 가장 강하며, 채권
이 발생하지 않거나 또는 소멸하는 때에는 유치권도 성립하지 않거나 소멸한다.

　　(3)　수반성도 있다. 즉, 유치권은 특정의 채권을 담보하는 것이므로, 그 채권
이 이전되면 유치권도 당연히 이전한다. 다만 이전되는 채권과 함께 목적물의 점유
도 아울러 이전해야 한다.

　　(4)　불가분성이 있다. 즉, 유치권자는 채권 전부를 변제받을 때까지 유치물
전부에 대하여 그 권리를 행사할 수 있다(321조). 민법은 이 불가분성을 유치권에
관하여 규정하고, 이를 다른 담보물권에 준용하고 있다(343조·370조 참조). 유치물은
그 각 부분으로써 피담보채권의 전부를 담보하며, 이와 같은 유치권의 불가분성은
그 목적물이 분할 가능하거나 수개의 물건인 경우에도 적용된다(대판 2007. 9. 7, 2005
다16942 참조).

　　(5)　물상대위성은 없다. 유치권은 본래 목적물을 유치하는 권리이고, 목적물
의 교환가치를 목적으로 하는 것이 아니기 때문이다. 따라서 나중에 보는 바와 같
이 경매권은 있어도 우선변제권은 없다. 그러나 도산법은 유치권에 관하여 파산절
차와 개인회생절차에서 별제권을 인정한다(회생파산 411조·586조). 회생절차에서 유

치권은 회생담보권으로 취급된다(회생파산 141조).

제 2 절　유치권의 성립

[171]　유치권의 성립요건

　　유치권은 다음과 같은 성립요건을 갖출 때에 법률상 당연히 성립한다.

　　(1) 목 적 물　　유치권의 목적이 될 수 있는 것은 물건(즉 동산·부동산)이나 유가증권이다. 부동산 유치권에서 등기를 필요로 하지 않는다는 점과 유가증권 유치권에서 배서와 같은 것은 필요하지 않다는 점은 이미 밝혔다. 또한 피담보채권이 양도되고 목적물의 점유가 이전되면, 부종성에 따라 유치권도 당연히 양도된다. 따라서 부동산 유치권의 양도에 제187조 단서가 적용되지 않고, 유가증권 유치권의 양도에 유가증권의 양도에 요구되는 배서도 필요하지 않다.

　　건축공사현장에서 수급인이나 하수급인이 공사대금채권에 기하여 부동산에 대한 유치권을 행사하는 경우가 적지 않다. 판례도 건물의 신축공사를 한 수급인이나 하수급인이 공사대금채권에 기하여 그 채권을 변제받을 때까지 건물을 유치할 권리가 있다고 한다(대판 1995. 9. 15, 95다16202·16219; 대판 2007. 9. 7, 2005다16942 참조). 공사대금을 받지 못한 수급인의 권리를 보호할 필요가 있지만, 공사를 진행하지 않으면서 부동산을 계속 점유함으로써 재화의 활용이 방해되는 결과를 초래한다. 심지어 부동산경매를 방해하기 위하여 허위의 유치권을 주장하는 경우도 있다. 그리하여 부동산 유치권 문제가 중요한 문제로 되었다.

　　동산의 공시수단은 점유이기 때문에 점유자에게 유치권을 인정하는 것은 체계상의 문제는 없다. 그런데 부동산물권의 공시수단으로 등기제도를 채택하고 있는데도, 부동산 점유자에게 유치권이라는 물권을 인정하는 것은 체계상 적절하지 않다. 부동산물권을 점유에 의하여 공시하는 것이기 때문이다. 부동산에 대한 물권을 행사하는 데 점유가 필요한 이유를 설명하기도 쉽지 않다. 따라서 부동산의 경우에는 미등기 부동산에 한하여 유치권을 인정하고 등기된 부동산에는 유치권을 인정하지 않는 것이 바람직하다(김재형, 민법론 Ⅳ, 296면 참조). 그리하여 법무부 민법개정위원회에서는 유치권에 관한 개정안을 작성하여 2013년 7월 정부안으로 국회에 제출하였다.

(2) **피담보채권**   채권이 유치권의 목적물에 「관하여 생긴 것」이어야 한
다(320조 1항). 즉, 채권과 목적물 사이에 견련관계가 있어야만 한다. 이것이 유치권
의 성립요건 중에서 가장 중요한 것이다. 판례는 유치권의 목적물과 견련관계가 인
정되지 않는 채권을 피담보채권으로 하는 유치권을 인정한다면, 법률이 정하지 않
은 새로운 내용의 유치권을 창설하는 것으로서 물권법정주의에 반하여 허용되지
않는다고 한다(대판 2023. 4. 27, 2022다273018 참조).

목적물에 관하여 생긴 채권이 구체적으로 어떠한 것을 의미하는지 논란이 있
으나, 유치권이 인정되는 취지에 비추어, 다음의 두 경우에 견련관계가 있는 것으
로 이해하는 이원설(二元說)이 통설이다(김증한·김학동 460면, 김현태(하) 86면, 장경학
666면, 최식 308면, 민법주해(VI) 290-291면 참조). 그러나 이 기준이 유치권이 성립하는
경우를 적절하게 설명하지 못하고 있을 뿐만 아니라, 그 인정 범위를 지나치게 넓
게 보고 있다는 비판이 있다(양창수, 민법연구 1권, 766면 이하 참조). 이에 따르면 채권
과 물건 사이의 견련성이 인정되는 경우는 ① 채권이 목적물 자체로부터 발생하는
경우와 ② 채권이 목적물의 반환청구권과 동일한 법률관계 또는 사실관계로부터
발생하는 경우로 구분된다. 판례는 종전에는 유치권이 성립되는 경우를 개별적으
로 판단하였으나, 최근에는 이른바 이원설에 따르고 있다(대판 2007. 9. 7, 2005다16942
참조).

(가) 채권이 목적물(물건 또는 유가증권) 자체로부터 발생한 경우. 먼저 목적물에
지출한 비용의 상환청구권이 여기에 포함되는데, 전형적인 경우로는 점유자의 비
용상환청구권(대판 1977. 11. 22, 76다2731 참조), 임차인의 비용상환청구권(대판 1976. 5.
11, 75다1305 참조)을 들 수 있다. 판례에서 많이 문제되는 것은 수급인 등의 공사대
금채권인데, 건축공사의 수급인(대판 1995. 9. 15, 95다16202·16219 참조)이나 하수급인
(대판 2007. 9. 7, 2005다16942 참조)이 공사대금채권을 변제받을 때까지 건물에 대한 유
치권을 행사할 수 있다. 다음으로 목적물로부터 받은 손해의 배상청구권이 채권이
목적물 자체로부터 발생한 경우에 포함된다. 예컨대, 수치인이 임치물의 성질 또는
하자로부터 받은 손해는 이를 임치인에게 배상청구할 수 있으며, 이때의 손해배상
청구권은 그 임치물로부터 받은 손해배상청구권을 들 수 있다.

그러나 채권은 목적물을 원인으로 해서 발생해야 하므로, 채권이 목적물 그 자체를 목적으로 하는 경우에는 목적물과의 견련관계는 인정되지 않는다. 예컨대, 임차물을 사용·수익하는 임차인의 채권, 즉 임차권은 임차물을 목적으로 하여 성립하는 것이며, 임차물에 관하여 생긴 채권은 아니다. 따라서 이러한 목적물 자체를 목적으로 하는 채권은 유치권의 발생원인이 되지 않는다. 임차인의 보증금반환채권에 대해서도 유치권이 인정되지 않는다(대판 1976. 5. 11, 75다1305 참조). 부동산매도인이 매매대금을 다 지급받지 않은 상태에서 매수인에게 소유권이전등기를 하여 목적물의 소유권을 매수인에게 이전한 경우에도, 매도인의 매매대금채권에 기하여 매매목적물에 유치권을 취득하지 못한다(대결 2012. 1. 12, 2011마2380 참조). 또한 부동산 이중매매에서 매도인이 매수인에게 소유권이전등기를 하지 못하는 경우에 부동산 매수인의 매도인에 대한 손해배상채권에 기하여 목적 부동산에 대한 유치권을 행사할 수 없다.

(나) 채권이 목적물의 반환청구권과 동일한 법률관계 또는 동일한 사실관계로부터 발생한 경우. 예컨대, 물건 또는 유가증권의 매매계약이 취소된 경우에, 매매대금의 부당이득에 의한 상환청구권과 목적물의 반환의무는 매매계약의 취소라는 동일한 법률관계에서 생긴 것이다. 이 경우에 견련관계가 인정되며, 대금반환청구권자는 그 청구권을 위하여 목적물에 유치권을 취득한다. 또한 우연히 서로 물건을 바꾸어 간 경우(예컨대, 어떤 모임에 참석했다가 헤어진 후 구두나 우산 등을 바꾸어 신거나 가지고 간 경우)와 같이, 동일한 사실관계로부터 생긴 상호간의 반환청구권 사이에도 견련관계가 있는 것으로 이해하는 것이 일반적이다.

(다) 위의 (가)·(나) 중 어느 하나의 견련관계가 있으면 유치권은 성립하며, 그 채권의 발생원인이 무엇인지는 묻지 않는다. 즉, 채권의 발생원인이 계약이든, 사무관리이든, 부당이득이든 또는 불법행위이든, 유치권의 발생에 영향이 없다.

(라) 견련관계에 관해서는 위에서 논한 바와 같은 채권과 목적물 사이의 견련관계 이외에, 다시 채권과 목적물의 점유 사이에도 견련관계가 있어야 하는지 문제된다. 이 문제는 바꾸어 말하면, 채권은 목적물의 점유 중에 또는 점유와 더불어 생긴 것이어야 하는지의 문제이다. 채권과 목적물의 점유 사이의 견련관계는 요구되지 않는다는 것이 통설·판례이다(반대설로는 최식 310면 참조). 민법에는 그러한 요건이 규정되어 있지 않으므로, 이를 부정하는 통설·판례가 정당하다. 따라서 목적물

을 점유하기 전에 그 목적물에 관련되는 채권이 발생하고, 그 후 어떤 사정으로 목적물의 점유를 취득한 경우에도 유치권은 성립한다(대판 1965. 3. 30, 64다1977, 65다32·258 참조).

　　(3) **채권의 변제기 도래**　　채권이 변제기에 있어야 한다(320조 1항). 채권의 변제기가 되지 않은 동안에는 유치권은 발생하지 않는다. 변제기가 되기 전에 유치권을 인정하면, 변제기 전에 채무이행을 간접적으로 강제하는 것이 되기 때문이다. 민법은 여러 곳에서 유익비상환청구권에 관하여 법원이 상당한 기한을 허락하여 줄 수 있는 것으로 규정하고 있다(203조 3항·310조 2항·626조 2항 후단 등). 그러한 경우에 채무자에게 기한이 허락되어 주어지면, 채권자는 유치권을 잃게 된다. 유치권 이외의 다른 담보물권에서는 피담보채권의 변제기가 되어야 한다는 것은 담보물권의 실행을 위한 요건일 뿐이고 성립요건은 아니다. 이 점에서 유치권은 다른 담보물권과 다르다. 또한 판례는 도급인이 수급인에 대한 하자보수청구권 등에 기하여 수급인의 공사잔대금 채권 전부에 대하여 동시이행항변을 한 때에는, 채권의 변제기가 도래하지 않은 경우와 마찬가지로 수급인은 공사잔대금 채권에 기한 유치권을 행사할 수 없다고 한다(대판 2014. 1. 16, 2013다30653 참조).

　　(4) **점　　유**　　유치권자는「타인의 물건 또는 유가증권의 점유자」이어야 한다(320조 1항). 바꾸어 말해서, 유치권자는 타인의 물건이나 또는 유가증권을 반드시 점유하고 있어야 한다.

　　(가)　유치권은 점유하고 있는 물건 또는 유가증권에 관하여 생기는 권리이므로, 이들 목적물의 점유를 떠나서 유치권이 성립하지는 못한다. 유치권자가 목적물의 점유를 잃게 되면, 유치권은 당연히 소멸한다(328조). 점유는 직접점유이든 또는 간접점유이든 이를 묻지 않는다(대판 2013. 10. 24, 2011다44788 참조).

　　(나)　「타인의 물건 또는 유가증권」이라고 할 때의「타인」은 채무자만을 의미하는가, 또는 채무자에 한하지 않고 제 3 자라도 상관없는가? 학설은 대립하고 있으나, 제 3 자도 포함한다는 데 학설·판례가 일치하고 있다(대판 1972. 1. 31, 71다2414; 대판 1975. 2. 10, 73다746. 김기선 349면, 김상용 565면, 김증한·김학동 457면, 방순원 229면, 이은영 685면, 장경학 672면, 최식 310면 등 참조). 유치권의 기초인 공평의 요구는 채권자가 점유를 취득한 물건(또는 유가증권)의 소유권이 누구에게 있는지에 따라서 달라지

는 것이 아니므로, 위와 같은 학설·판례는 타당하다(예컨대, 시계의 임차인이 부탁하여 그것을 수선한 시계상은 시계의 소유자에 대해서도 유치권을 주장할 수 있다고 해야 공평하다).

(다) 유치권의 목적물인 물건에는 부동산도 포함되나, 유치권은 어디까지나 점유를 성립요건으로 하므로, 점유하는 물건이 부동산이더라도 등기는 그 요건이 아니다. 또한 유가증권이 유치권의 목적인 때에 배서와 같은 것은 필요하지 않다. 이에 관해서는 이미 설명하였다.

(5) **불법점유**　　점유가 불법행위로 시작된 것이어서는 안 된다(320조 2항). 불법행위로 점유를 취득한 자에게까지 유치권을 인정하여 그의 채권을 보호할 이유나 필요가 없기 때문이다. 예컨대, 타인의 물건을 훔치거나 횡령한 자가 물건을 수선해도 수선비채권에 관하여 유치권은 성립하지 않는다. 점유가 불법행위로 시작된 경우라는 것은 점유의 취득이 점유의 침탈이나 사기·강박 등에 의한 경우뿐만 아니라, 채무자에게 대항할 수 있는 점유의 권원 없이 또한 이를 알거나 과실로 알지 못하고 점유를 시작한 경우도 포함된다고 새겨야 한다(대판 1955. 12. 15, 4288민상136 참조). 따라서 예컨대, 건물임차인이 임대차계약이 해제·해지된 후에도 계속 건물을 점유하여 필요비나 유익비를 지출하여도, 그 상환청구권에 관하여 유치권은 성립하지 않는다.

(6) **유치권 배제특약**　　당사자 사이에 유치권의 발생을 배제하는 특약이 있지 않아야 한다(상사유치권에 관해서는 상법 58조 단서 참조). 바꾸어 말하면, 당사자가 미리 유치권의 발생을 막는 계약을 하면, 그 계약은 유효하다. 판례도 유치권은 채권자의 이익을 보호하기 위한 법정담보물권으로서, 당사자는 미리 유치권의 발생을 막는 특약을 할 수 있고 이러한 특약은 유효하다고 한다(대판 2018. 1. 24, 2016다234043 참조).

〈유치권에 관한 민법개정안〉

법무부 민법개정위원회에서 마련하여 2013년 국회에 제출된 개정안에서는 유치권 제도를 대폭 수정하고 있다. 위에서 본 부동산 유치권 문제를 해결하기 위한 것인데, 유치권에 관한 민법규정뿐만 아니라, 민사집행법과 부동산등기법에 있는 관련 조문을 개정할 것을 제안하고 있다. 그중 주요 내용은 다음과 같다.

① 현행법에서는 유치권의 피담보채권을 물건 또는 유가증권에 관하여 생긴 채권

으로 규정하고 있으나, 개정안에서는 동산 등에 대한 비용 지출로 인한 채권이나 그 동산 등으로 인한 손해배상채권에 한정한다(개정안 320조). ② 현행법에서는 유치권의 대상으로 동산, 유가증권과 부동산을 인정하고 있으나, 개정안에서는 동산, 유가증권과 미등기 부동산에 한정한다(개정안 320조, 320조의 2). ③ 미등기 부동산에 대한 유치권자에게 저당권설정청구권을 인정하고, 이 청구권에 따른 저당권은 그 채권의 변제기에 설정된 것으로 본다. 이 청구권은 유치권자가 부동산이 등기된 날부터 6개월 내에 소로써 행사하지 않으면 소멸한다(개정안 369조의 2). ④ 등기된 부동산에 대한 비용 지출로 인한 채권이나 그 부동산으로 인한 손해배상채권을 가진 자는 변제기에 이르지 아니한 경우에도 부동산 소유자에 대하여 그 부동산을 목적으로 한 저당권의 설정을 청구할 수 있다(개정안 369조의 3). ⑤ 경매로 부동산을 매각하는 경우에 매수인이 유치권의 부담을 인수하는 인수주의를 폐기하고 매각부동산 위의 모든 유치권을 소멸하게 함으로써 매수인은 유치권에 대한 부담이 없는 상태에서 부동산을 취득할 수 있도록 소멸주의로 전환한다(민사집행법 개정안 91조). ⑥ 미등기 부동산에 대한 유치권자가 저당권설정청구권을 행사하여 저당권설정등기를 하는 경우에는 민법의 해당 규정에 따른 저당권임을 표시하고 변제기도 기록한다(부동산등기법 개정안 75조 3항).

제 3 절 유치권의 효력

[172] Ⅰ. 유치권자의 권리

1. 목적물의 유치   유치권자는 그의 채권의 변제를 받을 때까지 목적물을 유치할 수 있다. 이것이 유치권의 중심적 효력이다.

(1) 「유치(留置)」한다는 것은 목적물의 점유를 계속하고 인도를 거절하는 것이다. 소유자의 소유물반환청구에 대하여 유치권자는 제213조 단서에서 정한 '점유할 권리'가 있다고 주장할 수 있다. 유치권자로부터 유치물을 유치하기 위한 방법으로 유치물의 점유나 보관을 위탁받은 자도 소유자의 소유물반환청구를 거부할 수 있다(대판 2014. 12. 24, 2011다62618 참조).

문제는 건물 또는 토지의 임차인이 그의 비용상환청구권에 관한 유치권을 행사하면서 종전대로 거주하거나 토지의 사용을 계속할 수 있는지 여부이다. 유치권은 목적물의 인도를 거절하여 채무자의 변제를 간접적으로 강제하는 것을 본래의 효력으로 하는 것이며, 목적물을 유치권자의 이익을 위하여 이용하는 것은 원칙적

으로 허용되지 않는다(324조 2항 본문). 그러나 종래 거주해 온 건물을 비워서 빈집
으로 하거나 또는 특별한 보관조치를 해야 한다는 것도 실정에 맞지 않는다. 여기
서 판례는 유치권자가 종전의 사용상태를 계속하는 것을 인정하고, 다만 그동안의
이득은 부당이득으로서 반환해야 한다고 한다(대판 1962. 8. 30, 62다294; 대판 1963. 7.
11, 63다235 참조). 이 결론이 타당하다는 점에는 이론이 있을 수 없으나, 그 근거가
문제이다. 그러한 거주나 사용은 주로 유치권자의 이익을 위한 것이므로, 이를 보
존행위라고 할 수 없다. 결국 부동산의 임대차에서는 종전의 점유상태(사용상태)를
계속하는 것이 그 유치방법이라고 새기는 수밖에 없다.

　(2)　유치권은 물권이기 때문에, 유치권자는 비단 채무자에 대해서뿐만 아니
라, 그 밖의 모든 사람에 대해서도 대항할 수 있다.

　⑺　유치물이 제3자의 소유로 된 경우에 유치권자는 채무자에게 변제를 청구
하는 수밖에 없지만, 유치권은 그 제3자에 대하여서도 행사할 수 있다. 그러나 제
3자가 채무자의 채무도 승계한 경우에는 그 제3자에 대한 유치권의 행사는 바로
채무자에 대한 행사가 되고, 제3자에 대한 대항의 문제가 아니다.

　⑷　어떤 부동산에 이미 저당권과 같은 담보물권이 설정되어 있는 상태에서도
그 부동산에 관하여 유치권이 성립할 수 있다(대판(전) 2014. 3. 20, 2009다60336 참조).
그리고 경매의 경우에 부동산 유치권을 가지고 매수인에게 대항할 수 있음은 명시
적 규정이 있다. 즉, 일반채권자에 의한 부동산의 강제경매의 경우에 관하여 민사
집행법 제91조 5항은 "매수인은 유치권자에게 그 유치권으로 담보하는 채권을 변
제할 책임이 있다."라고 규정하고 있다. 그리고 이 규정은 부동산담보권의 실행을
위한 경매(이른바 담보권실행경매)에도 준용된다(민집 268조). 이는 부동산 유치권에 관
하여 이른바 인수주의(引受主義)를 채택한 것이다. 이와 같이 유치권자는 그의 채권
을 변제받지 않는 한, 경매에서 매수인에 대해서도 유치물의 인도를 거절할 수 있
는데다가, 나중에 보는 바와 같이 경매권도 인정되므로, 유치권자는 마치 우선변제
권을 가지는 것과 같은 법률적 지위에 놓여 있다고 할 수 있다. 실체법인 민법에서
유치권에 우선변제권을 인정하지 않고 있는데도 민사집행법에서 이와 같이 실체법
적인 규정을 둔 것은 부당하다. 입법론으로서는 이 조항을 삭제하는 것이 바람직하
지만(2013년 국회에 제출된 개정안에서는 이 조항을 삭제하고 있다. 위 [171] 참조), 그 전에는

이 규정을 무시할 수는 없다.

〈유치권의 효력 제한〉

　　판례는 민사집행법 제91조 5항에 따른 유치권의 효력을 다음과 같이 여러 가지 방법으로 제한하고 있다. 첫째, 위 조항의 "변제할 책임이 있다"라는 의미는 부동산상의 부담을 승계한다는 취지로서 인적 채무까지 인수한다는 취지는 아니라고 한다. 따라서 유치권자는 매수인에 대하여 그 피담보채권의 변제가 있을 때까지 유치목적물인 부동산의 인도를 거절할 수 있을 뿐이고 그 피담보채권의 변제를 청구할 수는 없다고 한다 (대판 1996. 8. 23. 95다8713 참조).

　　둘째, 채무자 소유의 부동산에 경매개시결정의 기입등기가 되어 압류의 효력이 발생한 이후에 취득한 유치권은 경매절차의 매수인에게 대항할 수 없다고 한다(대판 2005. 8. 19, 2005다22688; 대판 2006. 8. 25, 2006다22050; 대판 2013. 6. 27, 2011다50165 참조). 민사집행법 제91조 5항의 적용 여부는 압류의 효력이 먼저 발생하였는지 아니면 유치권이 먼저 성립하였는지 여부에 따라 달라진다. 이러한 결론은 압류의 처분금지효(민집 92조 1항, 83조 4항)에서 도출할 수 있다. 그러나 유치권 취득시기가 근저당권설정 후인지 유치권 취득 전에 설정된 근저당권에 기하여 경매절차가 개시되었는지는 상관없다(대판 2009. 1. 15, 2008다70763 참조). 가압류등기가 된 뒤에 유치권을 취득했는지 여부도 상관없다(대판 2011. 11. 24, 2009다19246 참조).

　　또한 국세징수법에 의한 체납처분에 의한 압류(이하 "체납처분압류"라고 한다)가 되어 있는 부동산이라고 하더라도, 경매절차가 개시되어 경매개시결정등기가 되기 전에 그 부동산에 관하여 민사유치권을 취득한 유치권자는 경매절차의 매수인에게 유치권을 행사할 수 있다. 부동산에 관한 민사집행절차에서는 경매개시결정과 함께 압류를 명하므로 압류가 행하여짐과 동시에 매각절차인 경매절차가 개시된다. 반면에 국세징수법에 의한 체납처분절차에서는 그와 달리 체납처분압류와 동시에 매각절차인 공매절차가 개시되는 것이 아니다. 체납처분절차와 민사집행절차는 서로 별개의 절차로서 공매절차와 경매절차가 별도로 진행되는 것이므로, 부동산에 관하여 체납처분압류가 되어 있다고 하여 경매절차에서 이를 그 부동산에 관하여 경매개시결정에 따른 압류가 행하여진 경우와 마찬가지로 볼 수는 없다(대판(전) 2014. 3. 20, 2009다60336 참조). 이 판결은 경매개시결정등기 이후에 취득한 유치권의 효력을 제한하는 이유를 압류의 처분금지효가 아니라 경매절차의 법적 안정성에서 찾고 있다. 따라서 저당권설정등기, 가압류등기 또는 체납처분등기 이후에 취득한 유치권의 경우에는 그 효력이 제한되지 않는다는 것이다(대판 2014. 4. 10, 2010다84932 참조).

　　셋째, 상사유치권의 경우에는 채무자 소유의 부동산에 관하여 이미 선행저당권이 설정되어 있는 상태에서 채권자의 상사유치권이 성립한 경우, 상사유치권자가 선행저당권자 또는 선행저당권에 기한 임의경매절차에서 부동산을 취득한 매수인에 대한 관계에서 상사유치권으로 대항할 수 없다고 하는데(대판 2013. 2. 28, 2010다57350 참조), 이 법리는 민사유치권에는 적용되지 않는다.

넷째, 신의칙 또는 권리남용금지에 기하여 유치권의 효력을 제한한다. 가령 채무자가 채무초과의 상태에 이미 빠졌거나 그러한 상태가 임박함으로써 채권자가 원래라면 자기 채권의 충분한 만족을 얻을 가능성이 현저히 낮아진 상태에서 이미 채무자 소유의 목적물에 저당권 기타 담보물권이 설정되어 있어서 유치권의 성립으로 저당권자등이 그 채권 만족상의 불이익을 입을 것을 잘 알면서 자기 채권의 우선적 만족을 위하여 위와 같이 취약한 재정적 지위에 있는 채무자와의 사이에 의도적으로 유치권의 성립요건을 충족하는 내용의 거래를 일으키고 그에 기하여 목적물을 점유하게 됨으로써 유치권이 성립하였다면, 유치권자가 그 유치권을 저당권자 등에 대하여 주장하는 것은 원칙적으로 신의칙에 반하는 권리행사 또는 권리남용으로서 허용되지 않는다고 한다(대판 2011. 12. 22, 2011다84298 참조).

(다) 유치권의 목적물이 동산 또는 유가증권인 경우에는 위에서 본 부동산이 유치권의 목적인 때와는 달리 통상의 강제경매 또는 담보권실행의 경매에서의 매수인에 대하여 유치권으로 담보되는 채권을 변제할 책임을 인정하는 규정을 두고 있지 않다. 그러나 동산 또는 유가증권의 유치권자는 집행관에게 목적물의 인도를 거절할 수 있다(민집 191조). 그런데도 집행관이 경매를 하는 경우에는 제3자 이의의 소(민집 48조)를 제기하여 이를 방해할 수 있다. 따라서 유치권자가 집행관에게 목적물을 인도하여 경매를 하게 된다(민집 271조). 이 경우에 유치권은 그 효력을 잃게 되는가? 집행관에게 인도하더라도 유치권자는 간접점유를 가지고 있다고 해야 하며, 따라서 유치권의 효력에는 영향이 없다고 새겨야 한다. 만일 집행관이 목적물을 유치권자에게 그대로 보관시킬 경우(민집 189조 1항)에는 어떻게 되는가? 이때에는 유치권자는 직접점유를, 그리고 집행관은 간접점유를 각각 가진다고 새겨야한다.

(3) **유치권행사의 효과** 목적물인도청구의 소에 대하여, 피고가 유치권을 행사해서 목적물의 인도를 거절할 것인지 여부는 유치권자의 자유이다. 만일 유치권자가 그 권리행사의 의사표시를 하지 않으면, 법원은 유치권을 이유로 원고의 청

구를 배척하지는 못한다. 그러나 피고가 유치권에 기하여 인도를 거절하는 경우에, 원고는 청구기각의 판결을 받는지 또는 상환이행판결(제한부 원고승소 즉 원고일부승소 판결)을 받는지 문제된다. 학설은 대립하고 있다. 유치권은 항변권이 아니라 물권이기 때문에, 채권자는 채권을 변제받을 때까지 목적물을 유치할 수 있다고 해야 하므로, 원고패소의 판결을 하는 것이 정당하다는 견해(장경학 679면 참조)와 원고패소의 판결을 할 것이 아니라 채권의 변제와 상환으로 목적물을 인도해야 한다는 뜻의 판결(상환이행판결)을 하는 것이 타당하다는 견해가 있다(김상용 567면, 김증한·김학동 467면, 이은영 688면, 최식 312면, 민법주해(Ⅵ) 302면 참조). 뒤의 견해에 따라 상환이행판결을 하는 것이 소송경제상 원고에게 유리하고, 당사자 사이의 공평을 꾀한다는 유치권의 목적도 충분히 달성되므로, 뒤의 견해에 찬동한다. 즉, 상환이행판결을 내리는 것이 타당하다. 판례도 마찬가지이다(대판 1969. 11. 25, 69다1592; 대판 1974. 6. 25, 73다1642 참조).

2. 경매권과 우선변제권

(1) 경 매 권　　　유치권자는 채권을 변제받기 위하여 유치물을 경매할 수 있다(322조 1항, 민집 274조 참조). 경매는 민사집행법이 정하는 절차에 따라 이루어짐은 물론이다(민집 274조). 민법은 유치권자가 이른바 간이변제충당을 법원에 청구하는 경우에는 미리 채무자에게 통지해야 한다고 규정하고 있으나(322조 2항), 경매에 관해서는 그러한 규정이 없다. 그러나 경매의 경우에도 유치권자는 미리 채무자에게 채무의 이행을 최고하고 유치물을 경매에 붙인다는 것을 미리 알려야 한다고 새기는 것이 옳다. 왜냐하면 채무자로 하여금 채무를 변제하거나 또는 다른 담보를 제공하여 유치권을 소멸시킬 수 있는 기회를 주는 것이 타당하기 때문이다(327조).

(2) 우선변제권의 부정　　　유치권자가 우선변제권을 가지지 않는 점에 관해서는 이론이 없다(다른 담보물권에 관한 규정, 즉 329조·356조와 유치권에 관한 320조를 비교하여 본다면, 유치권자에게 우선변제권이 없음은 명백하다). 그러나 채무자 또는 제 3 자가 목적물의 인도를 받으려면 유치권자에게 변제를 해야 하므로, 실제로는 우선변제권이 있는 것과 유사함은 이미 밝혔다. 그러나 다음의 경우에는 예외적으로 유치권자에게 우선변제권이 인정된다.

㈎ 유치권자가 채권의 변제를 받으려면 언제나 경매를 해야 한다면, 경매는

많은 비용을 필요로 하고 또한 그 절차가 번거로워서 부적당한 경우가 적지 않다. 이러한 경우를 위하여 민법은 유치물로써 직접 변제에 충당할 수 있는 간편한 방법을 인정한다(322조 2항). 이러한 간이변제충당에는 다음과 같은 요건이 요구된다. (ⅰ) 정당한 이유가 있을 것. 정당이유의 유무는 결국 법원이 판단하는데, 예컨대 목적물의 값이 적은 것이어서 많은 비용을 들여 경매를 하는 것이 불합리하다든가 또는 경매에 붙인다면 정당한 값으로 매각되기 어려운 사정이 있는 경우에는 정당한 이유가 있다고 해야 한다. (ⅱ) 법원에 청구할 것. 유치권자가 임의로 변제에 충당하지 못하며, 반드시 법원에 신청하여 허가 결정을 받아야 한다(비송 56조 참조). (ⅲ) 목적물의 값은 감정인이 이를 평가한다. 유치권자의 간이변제충당의 청구가 이유 있다고 판단하는 경우에 법원은 반드시 감정인으로 하여금 목적물을 평가하도록 해야 한다. (ⅳ) 유치권자는 간이변제충당을 법원에 청구하기 전에 미리 채무자에게 그 뜻을 통지해야 한다(322조 2항 후단). 채무자가 변제를 하거나 또는 다른 담보를 제공하여 유치권을 소멸시킬 수 있는 기회를 주기 위한 것임은 경매의 신청에 관하여 이미 설명하였다. 유치권자가 이 통지를 하지 않고서 신청을 한 경우에 법원은 그 신청을 각하할 수 있다. 그러나 만일 법원이 통지 없음을 보아 넘김으로써 허가를 준 경우에는 그 허가 결정은 유효하며, 채무자는 허가결정에 대하여 불복을 신청할 수 없다(비송 59조 참조). (ⅴ) 이상과 같은 요건을 갖추어 간이변제충당을 허가하는 결정이 있으면, 유치권자는 유치물의 소유권을 취득한다. 그 취득은 승계취득이나, 법률 규정에 의한 물권변동에 해당한다(187조 참조). 그리고 유치권자는 그의 소유권취득과 동시에 평가액의 한도에서 변제를 받는 것이 되고, 채권은 소멸한다. 채권액과 평가액 사이에 남음과 모자람이 없으면 문제가 없으나, 평가액이 채권액을 초과하는 경우에는 그 초과액은 유치권자가 이를 채무자에게 변제해야 하고, 그 반대의 경우에는 채무자가 그 부족액을 채권자에게 변제해야 한다.

  (나) 유치권자는 유치물에서 생기는 과실을 수취하고, 이로써 다른 채권자보다 먼저 채권의 변제에 충당할 수 있다(323조 참조). 이에 관해서는 잠시 후에 보기로 한다.

  (다) 채무자가 파산한 경우에는 유치권자는 별제권을 가진다(회생파산 411조).

  3. 과실수취권   유치권자는 유치물의 과실을 수취, 즉 거두어들여서 다

른 채권자보다 먼저 그의 채권의 변제에 충당할 수 있다(323조 1항 본문). 유치권자는 선량한 관리자의 주의로써 유치물을 점유해야 하므로, 그 노무에 대한 보수로서 이러한 권리를 인정하는 것이 공평할 뿐만 아니라, 거두어들인 과실을 채권의 변제에 충당하여도 채무자의 이익을 해치지 않기 때문이다. 여기서 말하는 과실이 천연과실뿐만 아니라 법정과실(예컨대, 종전과 같이 임대하거나 또는 소유자의 동의를 얻어서 임대하는 경우의 차임)도 포함함은 물론이다.

거두어들인 과실은 먼저 채권의 이자에 충당하고, 나머지가 있으면 원본에 충당해야 한다(323조 2항). 그리고 과실이 금전이 아닌 때에는, 민사집행법의 규정에 따라 경매로 현금화하여 위와 같이 충당해야 한다(323조 1항 단서, 민집 274조 1항). 그러나 당사자의 합의로 평가할 수 있음은 물론이고, 경매로 지체하게 되면 손해가 생길 염려가 있는 때에는, 유치권자가 스스로 현금화해야 한다(324조 1항 참조. 동지: 김상용 570면, 김증한·김학동 464면, 송덕수 472면, 장경학 684면 참조).

4. 유치물 사용권   유치권자는 보존에 필요한 범위에서 유치물을 사용할 수 있다(324조 2항 단서). 채무자의 승낙 없이 이러한 사용을 할 수 있도록 하더라도 채무자의 이익을 침해하는 일이 없기 때문이다. 경우에 따라서는 이러한 사용을 하지 않으면 나중에 설명하는 선량한 관리자의 주의(324조 1항)를 게을리한 것이 될 것이다(예컨대, 때때로 승마용 말의 경우 이를 타지 않는다면 승마로서의 역할을 하지 못하게 되는 말을 타는 것은 이에 속한다).

5. 비용상환청구권

(1) 유치권자가 유치물에 관하여 필요비를 지출한 때에는 소유자에게 그 상환을 청구할 수 있다(325조 1항).

(2) 유치권자가 유치물에 관하여 유익비를 지출한 때에는 그 유치물의 가액의 증가가 현존한 경우에 한하여 소유자의 선택에 좇아 그 지출한 금액이나 또는 증가액의 상환을 청구할 수 있다(325조 2항 본문). 그러나 소유자가 청구를 한 경우에는 법원은 상당한 상환기간을 허락하여 줄 수 있다(325조 2항 단서). 이때에는 유익비에 관하여 유치권을 행사할 수 없다.

[173] Ⅱ. 유치권자의 의무

(1) 유치권자는 선량한 관리자의 주의로 유치물을 점유해야 한다(324조 1항). 유치권자는 채권을 담보하기 위하여 목적물을 점유하고, 채무자의 변제가 있으면 반환해야 할 의무를 부담하므로, 법률은 특히 선관주의의무를 인정한 것이다.

(2) 유치권자는 채무자의 승낙 없이 유치물의 사용·대여 또는 담보제공을 하지 못한다(324조 2항 본문). 민법은 「채무자」의 승낙이라고 하고 있으나, 이것은 목적물의 소유자가 채무자인 보통의 경우만을 생각한 것이며, 소유자와 채무자가 동일인이 아닌 때에는 소유자만이 승낙을 할 수 있을 뿐이다. 보존에 필요한 사용은 소유자의 승낙이 없더라도 유치권자가 할 수 있음은 이미 설명한 바와 같다.

(3) 유치권자가 (1)·(2)의 의무를 위반한 경우에 채무자는 유치권의 소멸을 청구할 수 있다(324조 3항). 이 조항은 유치권자의 선량한 관리자의 주의의무 위반에 대한 제재로서 채무자 또는 유치물의 소유자를 보호하기 위한 규정이다. 이 청구권은 형성권이며, 소유자의 유치권자에 대한 일방적 의사표시로 유치권 소멸의 효과가 생긴다고 해석해야 한다. 따라서 이 청구는 단독적 물권행위이지만, 목적물이 부동산인 경우에도 등기 없이 효력이 생긴다. 판례는 하나의 채권을 피담보채권으로 하여 여러 필지의 토지에 대하여 유치권을 취득한 유치권자가 그중 일부 필지의 토지에 대하여 선량한 관리자의 주의의무를 위반하였다면 특별한 사정이 없는 한 위반행위가 있었던 필지의 토지에 대해서만 유치권 소멸청구가 가능하다고 한다(대판 2022. 6. 16, 2018다301350 참조). 또한 민법 제324조 2항을 위반한 임대행위가 있은 뒤에 유치물의 소유권을 취득한 제 3 자도 유치권 소멸청구를 할 수 있다고 한다(대판 2023. 8. 31, 2019다295278).

제 4 절   유치권의 소멸

[174] Ⅰ. 유치권의 일반적 소멸사유

1. 유치권도 물권이므로, 물권의 일반적 소멸사유가 있으면 당연히 소멸한다. 즉, 목적물의 멸실, 토지수용, 혼동, 포기 등으로 유치권은 소멸한다. 주의할 것은 유치권이 시효로 소멸하는 일이 없다는 점이다. 유치권자가 유치물을 점유하고

있는 동안은 그 권리를 행사하고 있는 것이 되어 소멸시효가 진행하지 못한다. 한편 유치물의 점유를 잃으면 유치권은 곧 소멸하므로(328조 참조), 유치권이 소멸시효에 걸린다는 일은 있을 수 없다. 같은 이유로 취득시효의 반사적 효과로서 소멸한다는 일도 없다.

2. 유치권은 담보물권이므로, 담보물권에 공통하는 소멸사유로 유치권도 소멸한다. 담보물권에 공통하는 소멸사유는 피담보채권의 소멸이다. 즉, 피담보채권이 소멸하면 유치권도 소멸한다. 채권자가 유치권을 행사하고 있더라도 그와 같은 이유로 피담보채권의 소멸시효의 진행이 방해되지는 않는다(326조). 바꾸어 말하면, 목적물을 유치하고 있다고 해서 채권을 행사하고 있는 것이 되지는 않으며, 채권불행사의 상태는 진행하게 된다.

[175] Ⅱ. 유치권에 특수한 소멸사유

민법이 규정하고 있는 유치권에 특수한 소멸원인으로서 다음과 같은 것이 있다.

(1) **채무자의 소멸청구**　　　유치권자가 그의 의무를 위반한 경우에 채무자는 유치권의 소멸을 청구할 수 있으며, 채무자의 이 청구로 유치권이 소멸함은 이미 설명하였다(324조 참조).

(2) **다른 담보의 제공**　　　채무자는 상당한 담보를 제공하여 유치권의 소멸을 청구할 수 있다(327조). 민법은 「채무자」라고만 하고 있으나, 소유자도 포함된다고 해야 한다. 판례도 마찬가지이다(대판 2021. 7. 29, 2019다216077 참조). 대체로 말해서, 유치권으로 담보되는 채권은 목적물의 값보다 훨씬 적은 경우가 많다. 목적물보다도 아주 적어서 얼마 되지 않는 채권액 때문에 그 물건을 유치당한다는 것은 채무자 측에게는 큰 고통이 아닐 수 없다. 한편 유치권자 측에서는 유치물을 갈음하여 채권액에 상당하는 담보의 제공이 있으면 아무런 손실도 받을 염려가 없기 때문에, 이와 같이 다른 담보제공에 의한 유치권의 소멸을 인정하는 것이다. 담보의 종류에는 제한이 없으므로, 물적 담보든 또는 인적 담보든 상관없다. 채무자나 소유자가 제공하는 담보가 상당한지는 담보 가치가 채권담보로서 상당한지, 유치물에 의한 담보력을 저하시키지 않는지를 종합하여 판단해야 한다. 따라서 유치물 가액이 피담보채권액보다 많을 경우에는 피담보채권액에 해당하는 담보를 제공하면

되고, 유치물 가액이 피담보채권액보다 적을 경우에는 유치물 가액에 해당하는 담보를 제공하면 된다(대판 2021. 7. 29, 2019다216077 참조). 유치권의 소멸청구 자체는 채무자의 일방적 의사표시로써 충분하나, 담보의 제공에는 유치권자의 승낙이 필요하므로, 결국 유치권자의 승낙 또는 이를 갈음할 판결이 있어야만 유치권은 소멸한다.

(3) **점유의 상실**   유치권은 점유의 상실로 인하여 소멸한다(328조). 점유는 유치권의 요소이며, 이를 잃는 경우에 유치권도 소멸하게 됨은 극히 당연하다. 점유를 빼앗긴 경우에도 유치권은 소멸하나, 다만 점유물반환청구권으로 점유를 회복한 때에는 점유를 잃지 않았던 것이 되며(192조 2항 단서), 따라서 유치권도 소멸하지 않았던 것이 된다(대판 2012. 2. 9, 2011다72189 참조). 그리고 점유는 유치권자가 스스로 해야 하는 것은 아니며, 제 3 자로 하여금 점유하게 하는 것도 상관없다. 즉, 유치권자의 점유는 직접점유든 또는 간접점유든 어느 것이나 좋다. 특히 유치권자가 소유자의 승낙 없이 목적물을 임대하거나 담보제공해도 그것만으로 곧 유치권이 소멸하지 않는다(324조 참조). 이때에도 점유는 계속되고 있기 때문이다(채무자가 소멸청구를 해야만 소멸한다).

제 3 장 질   권

제 1 절 총   설

[176] Ⅰ. 질권의 의의와 작용

1. 의   의   질권(質權)은 채권자가 채권의 담보로 채무자 또는 제 3 자(물상보증인)로부터 제공받은 동산을 점유하거나 재산권에 관한 증서를 보유함과 동시에, 그 동산이나 재산권으로부터 우선적으로 변제를 받는 권리이다(329조 · 345조). 예컨대, 乙이 甲으로부터 3만원을 빌린 경우에, 그 담보로서 시계를 입질(入質)하면, 甲은 빌려준 원금과 이자를 변제받을 때까지 시계를 점유하여 반환을 거절할 수 있을 뿐만 아니라, 乙이 이행지체에 빠지게 되면, 시계의 가격으로부터 다른 채권자에 우선해서 변제를 받을 수 있다.

질권은 유치적 효력이 있는 점에서 유치권과 같으나, 한편 우선변제적 효력을 가지는 점에서는 저당권과 같다. 질권은 원칙적으로 약정담보물권이다. 법정질권이 있지만, 그것은 예외에 지나지 않는다. 약정담보물권인 질권은 당사자 사이의 계약으로 성립하므로, 저당권과 마찬가지로 주로 금융의 수단이 된다.

2. 종   류   질권은 여러 표준에 따라서 여러 가지로 나누어진다.

(1) 적용법규에 의한 분류   적용법규에 따라서 질권을 나누어보면 다음과 같다.

㈎ **민 사 질**   민법의 규정이 적용되는 질권이며, 이 장은 민사질을 대상으로 한다.

㈏ **상 사 질**   상행위로 생긴 채권을 담보하기 위하여 설정되는 질권이 상사질(商事質이)며, 그 특질은 유질계약(流質契約) 금지에 관한 민법 제339조가 적용되지 않는 데 있다(상 59조). 그 밖에는 모두 민법의 규정에 따른다.

(2) 목적물에 의한 분류   질권을 그 목적물에 따라서 나눈다면, 동산을 목적으로 하는 동산질권(329조 내지 344조), 부동산을 목적으로 하는 부동산질권(의용민 356조 이하 참조), 채권 기타의 재산권을 목적으로 하는 권리질권(345조 내지 355조)으

로 나눌 수 있다. 그러나 현행 민법은 부동산질권을 인정하지 않는다. 저당권제도의 존재로 그 효용이 없을 뿐만 아니라, 부동산의 용익에 능력과 흥미를 가지지 않는 금융업자에게는 오히려 신용을 제공하는 데 지장이 된다는 것이 그 이유이다. 민법이 인정하는 것은 동산질권과 권리질권 둘뿐이다.

(3) 그 밖에 법률 규정에 따라 당연히 성립하는 법정질권과 당사자 사이의 설정행위에 의하는 약정질권이 있다. 민법은 두 가지를 모두 인정한다. 그러나 약정질권을 원칙으로 한다.

3. 사회적 작용　　적극적으로 신용을 주고받는 수단이 되는 것은 약정담보물권이다. 질권과 저당권은 모두 약정담보물권으로서 신용수수의 법률적 수단이 되지만, 질권에는 유치적 효력이 있는 데 반하여, 저당권에는 그러한 작용적 특질이 없는 데서, 둘의 역할에 차이가 있다. 저당제도를 이용한다면, 신용을 제공하는 자는 목적물의 교환가치만 파악하고 신용을 얻는 자는 목적물의 사용가치를 그대로 이용할 수 있다. 그런데 유치적 효력이 있는 질권은 목적물을 설정자로부터 빼앗고, 그의 사용·수익을 금지하게 되므로, 목적물의 사용가치는 이용되지 못하게 되어 저당권보다는 비합리적이다. 그러나 자세히 검토해 보면, 질권에도 그에 특유한 활동분야가 있다.

저당권이 질권보다는 합리적인 제도라고 하지만, 저당권은 어디까지나 목적물의 교환가치만을 파악할 뿐이므로, 외부에서는 그 존재를 알 수 없기 때문에 등기·등록이라는 특별한 공시방법이 요구된다. 등기·등록으로 공시되지 않는 보통의 동산·유가증권·재산권 등은 저당권의 객체가 되지 못하기 때문에, 이들을 담보로 해서 신용을 얻으려면, 질권제도를 이용할 수밖에 없다. 그렇다면 저당권의 객체가 되지 못하는 것은 모두 질권에 의한 금융이 가능한가? 질권의 유치적 효력과 관련해서 검토해 보기로 한다.

오늘날의 경제사정에서 질권의 객체가 되는 동산은 매우 제한적이다. 생산에 이용되는 기계나 영업에 필요한 기구와 같은 동산은 그의 입질이 불가능하다. 이들을 입질한다면, 질권의 유치적 효력으로 그 이용을 빼앗기게 되므로, 그것은 생산이나 영업을 그만둔다는 것을 의미하기 때문이다. 그러나 생산이나 영업에 필요한 기계나 도구가 아닌 일상생활에 쓰이는 동산에 관해서는 유치적 효력이 그 작용을 발휘하고, 여기서 질권제도는 빛난다. 저당권의 목적이 되는 물건을 소유하는 자는 현대의 사회관계에서는 일부에 한정되어 있으며, 일반시민이 소유하는 담보물로서는 동산이 있을 뿐이다. 생산이나 영업에 필요한 기구가 아닌 일반동산이 질권의 목적이 됨으로써, 질권은 서민금융의 법적 수단으로서 작용한다. 민법이 나중에 보는 바와 같이 질권에 관해서만 유질계약을 금지(339조)하고 있는 것은, 질권이 서민금융의 수단이기 때문이다.

같은 동산이지만 제조업자나 상인이 소유하는 상품에 관해서는 그 상품을 표상하는 증권(창고증권·화물상환증·선하증권)에 의한 상품의 입질 제도가 마련되어 있다. 그런데 이 경우에 상품소유자는 상품을 입질하면서 한편으로는 그것을 매각하거나 또는 송부할 수 있기 때문에, 상품으로서의 이용을 빼앗기지 않으므로, 질권에 특유한 유치적 작용은 그 효용을 발휘할 여지가 없으며, 질권은 매우 중요한 작용을 한다.

민법은 동산질 외에 재산권을 목적으로 하는 질권, 즉 권리질을 인정하고 있다. 이에 관하여 본다면, 질권의 대상이 되는 중요한 재산권은 유가증권화한 채권과 주식이다. 이러한 권리에서는 그의 교환가치만이 문제되며, 이용가치는 거의 없다. 그 증권의 점유는 우선변제권을 확보하기 위하여 처분을 금지하는 것을 의미할 뿐이고, 간접적으로 심리적 강제를 한다는 유치적 작용은 거의 없다.

이상에서 본 바와 같이, 질권은 본래 유치적 효력으로 말미암아 서민금융이라는 좁은 기능밖에 하지 못하는 것이나, 그러한 유치적 효력이 작용을 발휘하지 못하는 영역을 가지게 됨으로써, 그의 활동범위는 넓어지고, 더욱 중요해져 가고 있다. 즉, 창고증권·화물상환증·선하증권 등 증권의 배서에 의하여 재고상품 또는 운송 중의 상품을 입질하는 경우에는 일종의 동산질이지만, 일반의 동산질에서와는 달라서 유치적 작용은 그 작용을 발휘하지 못하고, 제조업자나 상인의 훌륭한 금융수단으로서 이용되고 있으며, 또한 유치적 효력이 특별한 의의를 가지지 못하는 권리질 중의 유가증권질에서 중요한 작용을 하고 있다.

[177] Ⅱ. 질권의 법적 성질

약정담보물권으로서 질권의 법률적 성질을 설명하면, 다음과 같다.

(1) 질권은 물권이다. 물권 가운데에서도 담보물권이다. 담보물권인 질권은 목적물이 가지는 교환가치를 직접 그리고 배타적으로 지배하는 권리이다.

(2) 질권은 채권의 담보로서 채무자 또는 제3자로부터 받은 물건을 점유하는 권리이다. 즉, 유치적 효력을 가지고 있다. 이 유치적 작용은 설정자에게 심리적 압박을 주어서 간접적으로 그 변제를 촉구하는 것을 목적으로 하는 것이며, 이 점에서 저당권과 근본적으로 구별된다. 그러나 이것이 그대로 타당한 것은 일상용품의 입질에 한하며, 그 밖의 물권이나 권리에 대한 질권에서 이 작용은 발휘되지 못하고 있어서, 저당권과 그 본질이 다르지 않은 질권이 나타나고 있음은 이미 설명하였다.

(3) 질권은 목적물의 교환가치로부터 우선변제를 받는 권능을 가지고 있다. 이 점에서 유치권과 다르고, 저당권과 공통의 성질을 가진다.

(4) 질권은 약정담보물권이다. 이 점에서도 저당권과 그 성질이 같다. 당사자 사이의 계약으로 성립하므로, 그의 작용은 금융에 이바지하는 데 있다.

(5) 질권은 담보물권의 일종으로서 다음과 같은 성질도 가지고 있다.

㈎ 질권은 타인의 권리 위에 있는 제한적 권리이다(타물권). 물론 자기의 동산이나 권리 위에 질권이 성립하는 경우도 있을 수 있으나, 그것은 어디까지나 혼동의 예외로서 인정되는 특수한 경우에 한한다.

㈏ 부종성이 있다. 즉, 피담보채권이 계약의 무효·취소 또는 해제 등으로, 처음부터 효력을 발생하지 않거나 또는 계약의 성립 후에 소멸하는 때에는 이를 담보하는 질권도 그의 존재이유를 잃고, 마찬가지로 효력이 생기지 않거나 또는 소멸한다. 그러나 피담보채권이 장차 발생하게 되는 것인 때에, 그것을 담보하기 위하여 현재 질권을 설정할 수 있는지 여부에 관해서는 따로 고찰할 필요가 있다. 나중에 다루기로 한다.

㈐ 수반성이 있다. 즉, 피담보채권이 상속, 회사의 합병, 채권양도 등으로 그 동일성을 잃지 않고서 승계되는 때에는 질권도 이에 따라 승계된다. 본래 질권은 특정의 채권을 담보하는 것이므로, 이와 같이 새기는 것이 질권의 성질에 부합하고, 또한 채권이 당사자의 의사에 따라 이전되는 때에는 그 당사자의 의사에도 부합하기 때문이다. 그러나 당사자가 질권이 수반하지 않는 것으로 할 수 있음은 물론이며, 이때에는 질권은 소멸한다. 그리고 질권의 이전에서는 질권의 목적물의 종

류에 따라서 정해져 있는 공시방법 또는 대항요건을 당연히 갖추어야 한다.

(라) 불가분성이 있다. 민법은 이를 유치권에 관하여 규정하고(321조), 질권에 준용하고 있음은 이미 밝혔다(343조 참조. [166] (4) 참조). 질권에 적용되는 경우에 문제가 되는 구체적인 것은 나중에 동산질권에 관하여 설명한다([183] 2 참조).

(마) 물상대위성이 있다. 민법은 동산질에 관하여 이를 규정하고(342조), 동조를 권리질(355조)과 저당권(370조)에 준용하고 있다. 이 물상대위성은 각종의 질권에서 특수한 문제가 생긴다. 나중에 각종의 질권에 관하여 질권의 효력이 미치는 목적물의 범위라는 견지에서 자세히 보기로 한다([183] 1 · [196] 등 참조).

제 2 절   동산질권

제 1 관   동산질권의 성립

[178]   I. 동산질권설정계약

동산질권은 원칙적으로 당사자 사이에서 맺어지는 계약, 즉 질권설정계약과 목적물인 동산의 인도에 따라 설정된다. 그 밖에 법률 규정에 따라 당연히 성립하는 경우가 있으나, 이 법정질권은 어디까지나 예외적인 것이다. 질권설정계약의 당사자와 성질에 관하여 설명하면 다음과 같다.

1. 계약당사자   질권설정계약의 당사자는 질권을 취득하게 되는 자 즉 질권자와 목적동산에 질권을 설정하는 자 즉 질권설정자이다.

(1) 질권자는 피담보채권의 채권자에 한한다.

(2) 질권설정자는 피담보채권의 채무자인 것이 보통이나, 그러한 채무자에 한하지 않으며, 제 3 자라도 좋다(329조 참조). 타인의 채무를 위하여 자기의 재산에 질권을 설정하는 자를 물상보증인(物上保證人)이라고 일컫는다(예컨대, 채무자 A의 친구 B가 자기의 시계를 A의 채무를 위하여 입질하는 경우에, B를 물상보증인이라고 한다). 물상보증은 채무자 아닌 사람이 채무자를 위하여 담보물권을 설정하는 행위이고, 채무자를 대신해서 채무를 이행하는 사무의 처리를 위탁받는 것이 아니다(대판 2001. 4. 24, 2001다6237 참조). 물상보증인은 자신이 피담보채권의 채무를 부담하지 않는다. 따라

서 채권자가 물상보증인에게 채무자의 채무를 변제할 것을 청구하거나 이행의 소를 제기하지 못하고, 물상보증인의 일반재산에 대하여 집행하지 못한다. 이 점에서 물상보증인은 보증인과 다르다.

그러나 타인의 채무를 위하여 자기의 재산 위에 물적 담보(질권 또는 저당권)를 부담하고 있다는 점에서는 물상보증인의 채무자에 대한 지위는 보증인과 비슷하다. 채무자가 변제하지 않으면 물상보증인이 소유하는 질물이 경매되어 소유권을 잃게 될 수 있다. 물상보증인은 이를 면하기 위하여 「이해관계 있는 제3자」로서 자진하여 채권자에게 변제할 수 있다(469조 참조). 물상보증인이 이와 같이 변제를 하거나 또는 질권의 실행으로 질물의 소유권을 잃은 때에는, 자기의 출연(출재)으로써 타인의 채무를 소멸시킨 점에서, 보증인이 주채무자의 채무를 변제한 것과 비슷한 관계가 있게 된다. 그리하여 민법은 보증인이 가지는 것과 같은 채무자에 대한 구상권을 물상보증인에게 주고 있다(341조). 물상보증인이 변제 등으로 채무자를 면책시키는 것은 위임사무의 처리가 아니고 법적 의미에서는 의무 없이 채무자를 위하여 사무를 관리한 것에 유사하다. 따라서 물상보증인의 채무자에 대한 구상권은 그들 사이의 물상보증위탁계약의 법적 성질과 관계없이 민법에 의하여 인정된 별개의 독립한 권리이고, 그 소멸시효에 관해서는 민법상 일반채권에 관한 규정이 적용된다(대판 2001. 4. 24, 2001다6237 참조). 그리고 물상보증인이 채무자의 부탁을 받아 물상보증인이 되었는지 여부에 따라서 구상의 범위가 달라지는 점은 보증인의 경우와 같다. 따라서 보증인의 구상권에 관한 제441조에서 제447조까지와 제481조에서 제485조까지의 규정은 대부분 이 경우에 준용된다. 다만 수탁보증인의 사전구상권에 관한 제442조에 관해서는 물상보증인에게 적용되지 않고 물상보증인은 사전구상권을 행사할 수 없다(대판 2009. 7. 23, 2009다19802·19819 참조). 물상보증인이 변제를 하거나 질권의 실행으로 질물의 소유권을 잃은 경우에 비로소 제341조에 따라 구상권을 행사할 수 있을 뿐이고 그 전에 사전구상권을 행사할 수 있다고 볼 수는 없기 때문이다.

(3) 질권의 설정은 일종의 처분행위이므로, 설정자(그것이 채무자이든 또는 물상보증인이든)는 목적물을 처분할 권리(소유권 등)나 처분의 권능(관리권·대리권 등)을 갖고 있어야 한다. 바꾸어 말하면, 질권설정자는 원칙적으로 질물의 소유자이지만,

소유자라 하더라도 질권설정을 위하여서는 처분권능을 가지고 있어야 하고, 반면 소유자가 아니더라도 처분권을 가지고 있으면 질권을 설정할 수 있다. 그러나 설정자에게 위와 같은 처분권이나 처분권능이 없는 경우에도 채권자가 설정자에게 그러한 처분의 권리나 권능이 있다고 믿고 그렇게 믿는 데 과실이 없이 질권의 설정을 받은 때에는 선의취득의 규정에 따라서 유효하게 질권을 취득한다([38] 내지 [41] 참조). 이때 목적물의 소유자는 질권설정자가 아니지만, 그의 소유물 위에 질권의 부담을 받게 되고, 물상보증인과 같은 처지에 서게 되므로, 제341조의 적용을 받는다고 해야 한다.

　　2. 질권설정계약의 성질　　물권행위에 관한 일반이론에 비추어 본다면, 질권설정을 약정하는 채권계약과 질권설정 그 자체를 목적으로 하는 순수한 물권계약(물권적 합의)을 분리해서 따로따로 하는 것이 불가능하지는 않다. 그러나 보통은 두 가지 계약을 하나의 행위로서 함께 하게 된다. 그러나 물권행위의 독자성을 인정하는 견해에서는 질권설정계약을 단지 물권계약으로 본다는 점에서 이와 같은 견해와는 차이가 있다.

[179]　Ⅱ. 목적동산의 인도

　　1. 동산에 관한 물권의 양도는 그 동산을 인도해야 효력이 생긴다(188조 1항). 이 규정은 동산에 관한 질권을 설정하는 경우에도 적용된다고 볼 수 있다. 따라서 동산질권을 설정할 때에도 당사자 사이에 그에 관한 물권적 합의(보통은 채권계약과 합체되어서 하나의 행위로서 행하여짐은 위에서 설명하였다)와 인도가 있어야 한다.

　　그런데 민법은 위와 같은 제188조 1항과는 따로 제330조에서 "질권의 설정은 질권자에게 목적물을 인도함으로써 그 효력이 생긴다."라고 규정하고 있다. 이 제330조의 규정에 따라 질권의 설정은 물권적 합의 외에 인도를 해야 효력이 생기기 때문에, 질권설정계약은 요물계약(要物契約)이라고 설명하는 견해가 있다(방순원 249면, 이영준 803면, 장경학 703면, 최식 327면 참조). 그러나 물권변동에 관하여 대항요건주의를 취하고 있었던 의용민법에서는 그렇게 새길 수 있으나, 성립요건주의를 취하는 현행법상 질권설정계약을 요물계약이라고 설명하는 것은 무의미하다(김상용 586면, 김증한·김학동 479면, 송덕수 482면 참조). 그것은 물권변동에 관한 성립요건주의라는 일반원칙이 적용된 결과라고 볼 수 있다. 현행 민법이 물권변동에 관하여 대항요건주의를 버리고 성립요건주의로 바꾸었기 때문에, 민법 제330조는 의용민법의 규정(의용민법 344조)과는 달리 독자적인 의미를 찾기 어렵다. 이 조문의 표제를 설정계약의 요물성에서 동산질권의 설정이나 성립으로 수정하는 것이 바람직하다.

　　2.　동산질권의 설정에 요구되는 인도에는 어떤 제한이 있는가? 만일 아무런 제한규정이 없다면, 민법 제188조·제189조·제190조가 적용되어 현실의 인도는 물론이고, 간편한 인도방법도 좋다는 것이 될 것이다. 그런데 민법은 제332조에서 점유개정을 금지하고 있다(조문에는 '대리점유'라는 표현을 사용하고 있으나 이는 부적절하다). 따라서 동산질권의 설정에 요구되는 인도는, 점유개정을 제외하고는, 현실의 인도·간이인도·반환청구권의 양도에 의한 인도 중 어느 것이라도 좋다는 결과가 된다.

　　이와 같이 질권의 설정에 관하여 점유개정을 금지하는 근거는 무엇일까? 질권의 특질인 목적물을 설정자로부터 빼앗아서 그의 사용·수익을 금지하는 유치적 효력을 확보하기 위해서이다. 제332조는 그 성질상 강행규정이므로, 이에 반하는 합의는 무효이다.

　　3.　제332조가 질권성립의 요건을 규정하였을 뿐인지, 또는 질권이 성립한 후에도 설정자에게 반환하는 것을 금지하는 취지의 것인지 문제된다. 이에 관하여 민법이 규정하고 있지 않기 때문에, 학설은 대립하고 있다. 소수설에 의하면, 제332조는 질권의 효력발생요건을 규정한 것이고, 일단 효력이 발생한 후에는 질권자가 점유를 잃더라도 질권은 소멸하지 않고, 다만 제3자에게 질권을 가지고 대항할 수 없을 뿐이라고 한다(김기선 365면, 방순원 256면 참조). 그러나 제332조의 주된 취지가 설정자의 사용·수익을 빼앗아서 유치적 효력을 확보하는 데 있다고 해석한다면, 질물을 설정자에게 반환하는 것은 이 질권의 특질을 깨뜨리는 것이 되고, 따라서 질권은 소멸한다고 새겨야 한다. 이것이 현재의 다수설이다(고상룡 573면, 김상용 588면, 김증한·김학동 479면, 송덕수 483면, 이영준 805면, 장경학 704면, 최식 329면 참조).

[180]　Ⅲ.　동산질권의 대상(질물)

　　질권은 양도할 수 없는 물건을 목적으로 하지 못한다(331조). 질권에는 우선변제권이 있으므로, 양도할 수 없는 물건에는 동산질권을 설정하지 못함은 당연하다.

양도할 수 없는 물건은 그것을 현금화해서 우선변제를 받을 수 없기 때문이다. 민사집행법 그 밖의 법률에 따라 압류가 금지되는 동산에 질권을 설정할 수 있는지 문제된다. 양도해서는 안 되는 동산이기 때문에 압류를 금지한 경우(예컨대, 민집 195조 7호에서 정한 훈장 등)에는 그와 같은 동산에 질권을 설정할 수 없다. 그러나 단순히 채무자의 보호를 위하여 압류가 금지되는 동산(예컨대, 민집 195조 1호에서 정한 채무자와 그의 동거가족을 위해 없어서는 안 될 의복·침구·가구·부엌기구 등)에는 질권을 설정하는 것이 허용된다고 보아야 한다.

[181] Ⅳ. 동산질권을 설정할 수 있는 채권(피담보채권)

1. 질권으로 담보되는 채권, 즉 피담보채권에 관해서는 법률상 아무런 제한이 없다. 따라서 그 발생원인이 계약이든 불법행위이든 또는 그 밖의 법률상 원인이든 상관없다. 채권의 목적, 즉 급부의 종류에도 제한이 없다. 금전채권이 보통이겠지만, 금전의 지급 이외의 급부를 목적으로 하는 채권은 물론이고, 금전으로 가액을 산정할 수 없는 채권(373조 참조)도 질권으로 담보할 수 있다. 질권은, 이러한 채권에 관해서도, 그의 유치적 효력으로 채무자를 심리적으로 강제해서 채무를 이행하게 하는 작용을 하고, 다시 그 불이행이 있는 때에는 금전에 의한 손해배상채권으로 변하여(394조 참조), 질물에서 우선변제를 받을 수 있기 때문이다.

2. 동산질권을 설정할 수 있는 채권은 현재 존재하는 것이어야 하는지, 또는 조건부 채권·기한부 채권과 같이 장차 성립하는 것이라도 무방한지는 질권·저당권의 부종성과 관련하여 일찍부터 논의되어 왔다. 유치권과 같은 법정담보권에서는 부종성의 정도가 강하여 피담보채권이 아직 발생하고 있지 않은데 그러한 법정담보권이 미리 생긴다는 것은 생각할 수 없다. 그러나 질권이나 저당권은 약정담보물권으로서 전적으로 금융의 매개에 봉사하는 것이기 때문에, 법정담보권에서와 같이 강한 부종성을 요구한다면 금융거래를 크게 방해하는 결과가 된다. 민법은 저당권에 관하여 근저당을 인정하고 있으나(357조 참조), 질권에 관해서는 아무런 규정을 두고 있지 않다. 그러나 학설은 조건부 채권이나 기한부 채권을 위한 담보권의 설정을 유효한 것으로 인정하는 데 일치하고 있다. 이러한 이론을 인정한다고 할 때 그 근거를 어디서 찾을 것인지 문제된다. 다음과 같이 설명할 수 있을 것이다.

본래 담보물권의 부종성은 담보물권의 종류에 따라서 강약의 차이가 있다. 담보물권은 목적물의 교환가치를 목적으로 하는 것으로, 그 가치를 취득할 때, 바꾸어 말하면 담보물권을 실행할 때에 그 가치취득을 적법한 것으로 하기 위하여 채권이 존재해야 한다. 이것이 부종성의 최소한도의 요청이라고 할 수 있다. 질권이나 저당권과 같은 약정담보물권에서는 이 정도의 부종성으로 충분하다고 해야 한다. 따라서 채권의 발생이 조건 또는 기한에 의하여 장래에 성립할 것이 기대되는 이상, 질권이나 저당권을 설정할 수 있다고 해야 한다. 이러한 담보권이 피담보채권과 같은 조건부 또는 기한부로 성립하는 것은 아니며, 현재 이미 유효한 담보권으로서 기능을 발휘한다. 그러므로 채권이 성립하고 있지 않아서 우선변제권의 행사가 허용되지 않는 점을 제외하고는, 등기 또는 인도에 의하여 그 우선순위를 보존하고, 그 밖에 담보권으로서의 여러 가지 효력을 발휘할 수 있는 것으로 해석해야 한다.

3. 일정한 계속적인 거래관계로부터 장래 생기게 될 다수의 불특정채권을 담보하기 위하여 질권이나 저당권을 설정할 수 있는지는 위에서 적은 것과는 다른 근담보(根擔保. 이는 근질, 근저당 등을 총칭한다)의 문제이다. 민법은 저당권에 관하여 근저당을 인정하는 규정을 두고 있으나, 질권에 관해서는 규정이 없다. 질권에 관해서도 장래의 불특정의 채권을 담보하는 근질(根質)의 유효성을 인정하는 데 학설은 일치하고 있다. 판례도 마찬가지다(대판 2009. 10. 15, 2009다43621; 대판 2022. 3. 31, 2020다245408 참조). 그러나 민법이 규정하고 있는 것은 근저당권에 관해서이고, 또한 실제로 가장 빈번히 행해지는 것도 근저당권이므로, 그 자세한 것은 근저당권을 설명할 때에 설명하기로 한다([226] 참조).

[182] V. 법정질권

1. 질권은 원칙적으로 약정담보물권이다. 민법도 이러한 견지에서 질권제도를 규제하고 있다(329조 참조). 그러나 예외적으로 일정한 경우에는 법률상 당연히 질권이 성립한다. 이를 법정질권(法定質權)이라고 한다. 민법은 특별히 보호할 필요가 있는 채권의 우선변제를 확보하기 위하여 일정한 경우에 법정질권이 성립하는 것으로 하고 있다.

(1) 법정질권이 인정되는 경우는 다음과 같은 부동산임대인의 채권에 관한

것이다.

(개) **토지임대인의 법정질권**   토지임대인이 임대차에 관한 채권에 의하여 임차지에 부속하거나 또는 그 사용의 편익에 제공한 임차인의 소유 동산 및 과실을 압류한 때(648조).

(내) **건물 등 임대인의 법정질권**   건물 그 밖의 공작물의 임대인이 임대차에 관한 채권에 의하여 그 건물 그 밖의 공작물에 부속한 임차인 소유의 동산을 압류한 때(650조).

(2) 피담보채권은 임대인의 「임대차에 관한 채권」이다. 즉, 차임 및 임대차에 따라 임대인이 가지게 되는 손해배상채권 등이다. 법정질권의 목적물은 임차인 소유의 일정한 동산과 과실이다. 임차인이 타인 소유의 동산을 임차지나 건물 등에 부속시킨 경우에, 이를 압류하면 법정질권의 목적이 되는지 문제된다. 학설은 대립하고 있다. 긍정설은 선의취득에 관한 규정이 준용된다는(344조 참조) 것을 그 근거로 한다(김기선 403면 참조). 이에 대하여 부정설은 민법의 규정이 「임차인 소유의 동산」이라고 하고 있을 뿐만 아니라, 압류는 점유의 승계취득이 아니라는 이유로 선의취득을 부정한다(고상룡 575면, 김상용 591면, 김증한·김학동 480면, 이영준 810면, 장경학 709면 참조). 부정설이 타당하다.

(3) 임대인의 법정질권이 성립하려면, 임차인의 채무불이행이 있을 때에 채권자(임대인)가 목적물을 「압류」해야 한다. 압류로 채권자의 간접점유가 성립하게 된다.

2. 법정질권에 관해서도 동산질권의 규정이 준용된다고 해석해야 한다. 법정질권에 관한 제648조와 제650조가 「질권과 동일한 효력이 있다」고 하고 있으므로, 질권의 내용과 효력에 관해서는 제329조 이하의 규정이 준용된다고 해야 하기 때문이다.

제 2 관 동산질권의 효력

[183] I. 동산질권의 효력이 미치는 범위

1. 효력이 미치는 목적물의 범위

(1) **종물과 과실**   동산질권의 효력이 미치는 목적물의 범위에 관하여 민

법은 규정을 두고 있지 않다. 그러나 다음과 같이 해석해야 한다.

　(가) 종　　물　　질권의 효력은 원칙적으로 종물에도 미친다(100조 2항 참조). 다만 설정계약에서 다른 약정을 하고 있지 않아야 하고, 또한 종물이 인도된 경우에 한한다.

　(나) 천연과실　　유치권의 규정이 준용되므로, 질권자는 질물에서 생기는 천연과실을 거두어들여서 다른 채권보다 먼저 자기 채권의 변제에 충당할 수 있다(343조 · 323조).

　(다) 법정과실　　유치권에 관한 규정이 준용되어 소유자의 승낙이 있으면 질권자는 질물을 사용하거나 또는 임대할 수 있다(343조 · 324조 2항 참조). 이때 사용 · 수익 및 차임은 천연과실과 동일하게 다루어야 한다(343조 · 323조).

　(2) **물상대위**　　담보물권은 목적물의 실체를 목적으로 하는 권리가 아니라, 그의 교환가치를 취득하는 것을 목적으로 하는 권리이다. 그 목적물이 멸실 · 훼손되더라도 그 교환가치를 대표하는 것이 존재하는 경우에 담보물권은 다시 그 대표물에 존속하게 되며, 이를 물상대위라고 함은 이미 설명하였다([166] (3) 참조). 민법은 질권에 관하여 이를 규정하고, 다시 저당권에 준용하고 있다. 즉, 질권은 질물의 멸실 · 훼손 또는 공용징수로 인하여 질권설정자가 받을 금전 기타의 물건에 대해서도 이를 행사할 수 있다. 그러나 지급 또는 인도 전에 압류해야 한다(342조).

　(가) 대위목적물은 "질물의 멸실, 훼손 또는 공용징수로 인하여 질권설정자가 받을 금전 기타의 물건"이다. 멸실 · 훼손은 물리적 멸실 · 훼손에 한하지 않으며, 법률적인 의미에서의 멸실 · 훼손도 포함된다. 따라서 목적물의 부합 · 혼화 · 가공으로 법률상 멸실한 경우에, 소유자가 제261조에 따라 받을 보상금도 물상대위의 목적이 된다. 멸실 · 훼손의 원인은 사람의 행위이든 또는 사건이든 상관없다. 그러나 질권자의 과실에 의하지 않은 것이어야 한다. 예컨대, 질권자가 선관주의의무를 게을리하였기 때문에(343조 · 324조 1항) 제3자가 목적물을 파괴한 경우에는 손해배상금에 관하여 물상대위를 하지 못한다. 또한 제3자의 배상의무는 불법행위에 기인하는 것 외에 계약(예컨대 화재보험금) 또는 법률 규정에 기인하는 것도 포함된다. 멸실 · 훼손 · 공용징수의 경우에 한하므로, 목적물이 매각되거나 임대된 경우 매각대금이나 차임 등은 대위의 목적물이 되지 않는다. 그러한 경우에는 질권자는 질권의

추급력에 기하여 질물에 추급하여 질권을 행사할 수 있기 때문이다.

　　(나)　대위의 목적물은 현실의 금전 기타의 물건이 아니라, 질권설정자가 제3 채무자에 대하여 가지는 금전 기타의 대표물의 지급청구권 또는 인도청구권이다. 질권자가 위와 같은 대표물에 권리를 행사하려면, 질권설정자가 금전 기타의 물건을 지급받거나 인도받기 전에 압류해야 한다. 이 경우 압류의 의미에 관해서는 논란이 있다. 특정성유지설은 물상대위의 목적이 되는 채권의 특정성을 보전하기 위한 것이라 설명한다. 즉 질권설정자가 일단 지급 또는 인도를 받으면, 설정자의 다른 재산 속에 섞여서 특정성을 잃게 되고, 또한 질권설정자의 재산 속에 섞여 들어간 후에도 질권자가 추급하여 권리를 행사할 수 있게 한다면, 법률관계의 분규를 초래하며, 다른 채권자의 이익을 침해하게 되기 때문이다. 압류를 요건으로 하고 있는 것도 설정자의 재산과 섞이는 것을 막기 위한 것이다(김증한·김학동 484면, 송덕수 487면, 이영준 812면. 그 밖에 우선권보전설과 제3채무자보호설이 주장되고 있다). 판례는 이 규정이 물상대위의 목적인 채권의 특정성을 유지하여 그 효력을 보전함과 동시에 제3자에게 불측의 손해를 입히지 않으려는 데 있다고 한다(대판 1990. 12. 26, 90다카24816; 대판 1996. 7. 12, 96다21508; 대판 2000. 5. 12, 2000다4272 참조).

　　압류는 언제나 물상대위권을 행사하는 질권자가 해야 하는가? 본래 채권의 압류를 요구하는 이유는 목적물의 특정성을 보존하려는 데 있다. 제3채권자가 압류한 때에도 특정성 보존의 목적은 달성된다. 따라서 부정설이 옳다(김상용 593면, 김증한·김학동 484면, 송덕수 487면, 이영준 813면. 반대: 고상룡 578면 참조). 따라서 다른 제3채권자가 이미 압류한 경우에도 물상대위권을 행사할 수 있다. 판례도 마찬가지이다(대판 1996. 7. 12, 96다21508 참조).

2.　피담보채권의 범위

　　(1)　질권은 원본, 이자, 위약금(398조 4항 참조), 질권실행의 비용, 질물보존의 비용, 채무불이행에 의한 손해배상(390조 참조), 질물의 하자로 생긴 손해배상을 모두 담보한다(334조 본문). 그러나 이 범위는 당사자의 특약으로 변경할 수 있다(334조 단서).

　　질권실행의 비용은 경매비용을 제외한 그 밖의 질권실행에 필요한 모든 비용을 말하며, 감정인의 평가비용(338조 참조)이나 채권의 추심비용(353조 참조) 등을 포함한다. 또한 질물보존의 비용은 질권자가 질물에 관하여 지출한 비용(343조·325조)

가운데서 보존을 위하여 지출한 비용을 말한다.

　위와 같은 피담보채권의 범위는 저당권의 경우보다 상당히 넓다(360조 참조). 그것은 질권에서는 질물이 채권자에게 인도될 뿐만 아니라, 같은 목적물 위에 질권이 경합하는 경우가 비교적 적기 때문에, 다른 채권자를 해할 염려가 적기 때문이다.

　(2)　동산질권은 불가분성을 가지고 있으며(343조·321조), 질권자는 채권의 전부의 변제를 받을 때까지 질물의 전부에 관하여 그 권리를 행사할 수 있다.

[184]　Ⅱ. 유치적 효력

　질권자는 채권의 전부를 변제받을 때까지 질물을 유치할 수 있다(335조 본문).

　1.　이 유치적 효력은 유치권의 경우와 원칙적으로 같다([172] 1 (2) ㈐ 참조). 그러나 질권은 우선변제적 효력도 가지고 있기 때문에, 질권의 유치적 효력은 유치권의 경우와 같이 강한 것이어야 할 필요는 없다. 그렇기 때문에 민법은 질권자의 유치적 효력은 이로써 자기보다 우선권이 있는 채권자에게 대항하지 못하는 것으로 하였다(335조 단서). 그러므로 선순위의 질권자나 질물에 관하여 우선권을 가지는 채권자의 청구로 질물이 경매에 부쳐진 경우에는 질권자는 배당에 가입하여 그의 순위에 따른 금액을 받을 수 있을 뿐이고, 집행관에 대하여 질물의 인도를 거절하지 못한다.

　2.　그 밖의 점에서는 유치권과 공통의 성질을 가지고 있으므로, 유치권에서의 과실수취권(323조)·유치물의 관리 및 사용(324조)·비용상환청구권(325조)에 관한 규정은 모두 질권에 준용된다(343조). 다음의 점을 주의해야 한다.

　(1)　본래 질권자에게는 목적물의 사용권이 인정되어 있지 않으나, 목적물의 보존에 필요한 한도에서 이를 사용할 수 있다(343조·324조 2항). 그러나 이 범위를 넘어서 사용하면, 설정자는 소멸청구를 하여 질권을 소멸시켜 버릴 수 있다(343조·324조 3항).

　(2)　질권자는 위와 같이 원칙적으로 목적물을 사용하지 못하나, 질물에서 생기는 과실, 예컨대 설정자의 승낙을 얻어 이를 타인에게 빌려 준 경우의 차임 등을 거두어들여서 이로부터 다른 채권자에 우선해서 변제를 받을 수 있다(343조·323조).

[185] Ⅲ. 우선변제적 효력

1. 동산질권자는 질물로부터 다른 채권자보다 먼저 자기의 채권을 우선적으로 변제받을 권리가 있다(329조). 이 우선변제권은 그 질권자가 최우선순위에 있음을 전제로 하는 것이며, 그 질권자에게 우선하는 질권자나 우선특권자가 있는 때에는 그 한도에서 우선변제권은 당연히 제한된다. 그리고 이들 담보권 상호간의 우선하는 순위 중 동산질권과 우선특권 사이의 순위에 관해서는 위에서 적었다. 동산질권 상호간의 순위는 설정의 선후에 의한다(333조). 이러한 경우는 실제에서는 매우 드물지만, 예컨대 甲이 어떤 동산을 담보로 乙로부터 돈을 빌리고, 다시 같은 동산을 담보로 하여 丙으로부터 금융을 얻는 동시에 乙을 丙의 간접점유자로 하는 경우에, 두 질권 사이의 우선순위가 문제된다. 그리고 질권설정자가 파산한 경우에 질권자는 별제권을 가진다(회생파산 411조).

2. 질권자가 그의 우선변제권을 행사하는 요건으로서는 채무자가 채무에 관하여 이행지체에 빠지고, 또한 피담보채권이 금전을 목적으로 하지 않는 경우에는 그것이 금전채권으로 변해야 한다(예컨대, 채무자의 이행불능으로 손해배상채권이 될 경우). 질권자가 우선변제권을 행사하는 방법은 다음과 같다.

(1) 원칙적으로 민사집행법이 정하는 절차(동법 271조·272조 참조)에 따라서 질물을 환가(즉 현금화)하여(338조 1항), 그로부터 피담보채권액을 취득하고, 나머지를 질권설정자에게 반환하게 된다. 현금화하였으나 그것이 피담보채권을 완전히 변제하기에 부족한 경우에는, 확정된 종국판결 그 밖의 집행권원을 얻어서 채무자의 일반재산에 대하여 강제집행을 할 수 있다(340조 1항).

위와 같이 질권자는 질물로부터 얻은 금액이 채권액에 부족한 때에는, 그 부족액을 채무자의 다른 재산으로부터 받을 수 있게 되는데, 여기서 다음과 같은 문제가 생긴다. 질권자는 질권을 실행하지 않고 처음부터 채무자의 일반재산에 대하여 먼저 집행할 수 있는가? 제340조 1항은 "질물에 의하여 변제를 받지 못한 부분의 채권에 한하여" 질권자는 채무자의 다른 재산으로부터 변제를 받을 수 있다고 규정하고 있다. 그러나 다수설은 이 조항이 일반채권자를 보호하기 위한 규정일 뿐이므로, 채무자는 일반재산에 대하여 먼저 집행하려는 질권자에게 아무런 이의를 제출할 수 없다고 해석한다. 즉, 이 조항을 위반하는 질권자의 집행에 대하여 이의를 할 수 있는 것은 일반채권자뿐이고, 채무자는 이의를 제출하지 못하며, 질권자는 채무자에 대한 관계에서는 일반재산에 대하여 먼저 집행할 수 있다고 새긴다(고상룡 582면, 김상용 598면, 김증한·김학동 486면, 이영준 818면, 장경학 717면, 최식 339면 참조). 그러나 이러한 다수설에는 찬성할 수 없다. 제340조는 일반채권자의 보호만을 목적으로 하는 것이 아니라, 채무자의 보호도 그 목적이라고 보아야 한다. 이 조항을 위반하여 질권자가 먼저 채무자의 일반재산에 대하여 집행하는 때에는 채무자도 이의를 신청할 수 있다고 하는 것이 타당하다(동지: 김용한 512면, 김현태(하) 125면, 송덕수 489면, 이은영 711면 참조). 이렇게 해석한다면, 질권자는 언제나 먼저 질물에 대하여 담보권의 실행을 위한 경매로 환가를 해야만 한다는 것이 된다. 그러나 이에 대해서는 제340조 2항의 제한이 있다. 즉, 질물보다 먼저 채무자의 다른 재산에 관한 배당을 실시하는 경우에는 질권자는 그 배당에 참가할 수 있다. 그러나 다른 채권자는 질권자에게 그 배당금액의 공탁을 청구할 수 있다. 일반채권자를 보호하기 위한 제한이다.

　(2)　위와 같이 우선변제권의 행사방법은 원칙적으로 경매이지만, 경매는 그 절차가 복잡하고 또한 많은 비용이 든다. 그런데도 그 값어치가 비교적 적은 동산에 관해서도 항상 이 방법으로 환가하도록 하는 것은 타당하지 않다. 여기서 민법은 일정한 경우에 특별히 간단하고 쉬운 환가방법을 인정하고 있다(338조 2항). 즉, 동산질권자는 정당한 이유가 있는 경우에 한하여 감정인의 평가에 따라 질물로써 직접 변제에 충당할 것을 법원에 청구할 수 있다(338조 2항 전단). 법원의 허가가 있으면, 질권자는 평가액과 채권액의 차액을 설정자에게 반환하고 질물의 소유자가 될 수 있다. 평가액이 채권액에 부족하면, 채무자의 일반재산에 대하여 집행할 수 있음은 물론이다. 이러한 간이변제충당을 청구하려면, 질권자는 미리 채무자 및 질권설정자에게 그 청구를 통지해야 한다(338조 2항 후단). 이들이 스스로 변제해서 질물로 변제에 충당하는 것을 막으려는 생각을 갖고 있는 수가 있기 때문이다. 그 밖의 자세한 것은 유치권에 관하여 이미 설명하였으므로, 되풀이하지 않는다([172] 2 (2) 참조).

　(3)　질권자가 스스로 경매를 청구하지 않고, 다른 채권자가 경매의 청구 그 밖의 환가절차를 밟는 경우에도 질권자는 그 대가로부터 우선변제를 받는다(민집 271조·217조, 회생파산 411조 참조).

3. 유질계약(流質契約)

(1) 위에서 본 바와 같이 질권자가 그의 질권을 실행하려면 질물을 환가하거나 현금화해서 채권액에 해당하는 금액을 우선적으로 취득하고, 남은 돈은 설정자에게 반환하는 것이 원칙이다. 따라서 질권설정자가 설정행위나 또는 채무변제기 전의 계약으로, 질권자에게 변제에 갈음하여 질물의 소유권을 취득하게 하고 기타 법률이 정한 방법에 의하지 않고서 질물을 처분하게 하는 것을 약정하더라도, 그 계약은 무효이다(339조). 이것을 「유질계약의 금지」라고 한다. 궁박한 사정에 있는 채무자가 일시적인 금융의 수요에 쪼들려서 앞뒤 생각하지 않고 고가품을 근소한 금액을 위하여 입질하고, 그 후 불이행으로 그 고가품이 유질이 되어 채무자에 대한 질권자의 부당한 착취를 허용하는 결과가 되는 것을 막기 위하여 둔 강행규정이다. 제339조가 무효로 하고 있는 것은 유질에 관한 계약 또는 특약뿐이며, 질권계약 자체가 무효로 되는 것은 아니다.

(2) 유질계약금지에 관한 민법의 규정이 적용되는 경우는 그렇게 넓지 않다.

(개) 상행위로 생긴 채권을 담보하기 위하여 설정된 질권에는 민법 제339조는 적용되지 않는다(상 59조; 대판 2017. 7. 18, 2017다207499 참조). 이와 같은 경우에는 당사자들의 자유로운 결정을 존중하는 것이 적당하다는 취지에서 유질계약을 허용한 것이다.

(내) 채무의 변제기 후에 하는 유질계약은 유효하다(339조 참조). 이때에는 채무자의 궁박을 이용한다는 사정이 없기 때문이다. 변제기 후의 유질계약은 일종의 대물변제(466조 참조)이다.

[186] Ⅳ. 동산질권자의 전질권

1. 의의와 종류

민법 제336조는 "질권자는 그 권리의 범위 내에서 자기의 책임으로 질물을 전질할 수 있다."라고 정함으로써, 전질권(轉質權)을 인정한다(전질권과 대비하여 원래의 질권을 원질권이라고도 한다). 예컨대, 甲이 乙에 대한 채권의 담보로서 乙로부터 질물을 인도받아 유치하고 있는 경우에, 질권자 甲은 그 질물을 자신의 丙에 대한 채무를 위하여 다시 담보로서 이용할 수 있다. 이 전질권은 질권자로 하여금 일단 질물에 고정된 그의 자금을 피담보채권의 변제 이전에 회수할 수 있게 하는 작용을 한다. 그러나 그 성질이나 효력에 관해서는 학자들 사이에 다툼이 있다. 특히 민법은 제343조에서 제324조 2항을 질권에 준용하고 있기 때문에, 제336조와 제324조 2항의 관계가 먼저 해결해야 할 문제로 되어 있어서 문제를 복잡하게 하고 있다.

　　위와 같이 전질권에 관해서는 우선 제336조와 제324조의 관계가 문제된다. 제324조 2항에 의하면, 질권자는 질권설정자의 승낙이 없으면, 질물을 담보에 제공하지 못한다. 그렇다면 제336조에서 말하는 전질은 언제나 설정자의 승낙이 있어야 하는 것이므로, 두 규정이 합해서 전질의 요건과 효력을 정한 것이라고 할 것인가? 또는 제336조와 제324조의 두 규정은 함께 성립할 수 있는 것으로 보고, 두 조항 사이의 관계를 설정자의 승낙을 얻어서 원래의 질권에 우선하는 질권의 설정을 인정하는(324조 2항) 동시에, 설정자의 승낙이 없더라도 질권자의 책임으로 질권의 범위 안에서 다시 전질할 수 있음을 규정한 것(336조)이라고 해석할 것인가? 현행 민법의 해석으로서는 대체로 뒤의 견해 즉 두 가지의 전질을 인정하고 있다. 설정자의 승낙을 얻어서 하는 전질을 「승낙전질」이라고 하고, 그러한 승낙 없이 하는 전질을 「책임전질」이라고 한다. 질권자가 채무자에게 금융을 주어서 질물에 고정된 자금을 다시 유동화할 수 있는 길을 마련하는 것이 전질제도의 취지이므로, 그 방법을 반드시 한 가지에만 한정할 필요는 없다. 오히려 두 가지를 인정하는 것이 가장 합목적적인 해석이다. 따라서 전질에는 승낙전질과 책임전질이 있는 것이다. 이를 각각 설명하면 다음과 같다.

　　2. 책임전질　　　위에서 적은 바와 같이 책임전질을 인정하는 데 이견이 없으나, 그 이론구성에 관해서는 학설이 대립하고 있다. (i) 첫째, 채권·질권 공동입질설로서 피담보채권과 함께 질권이 전질권의 목적이 된다는 견해이다(김기선 385면, 김상용 601면, 김증한·김학동 489면, 김현태(하) 133면, 송덕수 492면, 이영준 826면, 이은영 714면, 장경학 725면 참조). (ii) 둘째, 질물 재입질설로서 질권자가 자기의 책임으로 질물 위에 새 질권을 설정하는 것이라는 견해이다(방순원 251면, 최식 343면 참조). 어느 견해를 취하든 결과적으로는 비슷하나, 제 1 설은 실권의 부종성을 주요한 이유로 삼는다. 이에 대하여 제 2 설은 담보물권의 부종성을 완화하여 이를 독립한 가치권으로 파악하려는 주장을 기초로 하는 것이다. 그러나 가치권으로서의 독립

성이 가장 뚜렷해야 할 저당권에 관하여 민법은 그 부종성을 강하게 하고 있는데 (361조 참조), 이러한 처지에서 질권에 관해서만 부종성을 완화하려는 것은 균형을 잃은 주장이다. 뿐만 아니라, 실제 거래에서도 피담보채권이라는 인적 신용관계를 고려하여 질권부 채권을 입질하는 것이 보통이며, 또한 전질의 대항요건으로서 권리질권설정의 경우와 동일한 대항요건을 요구하는 것(337조 참조)은 전질에는 피담보채권의 입질이 당연히 포함된다는 것을 전제로 하는 것이라고 할 수 있다. 따라서 민법의 해석으로서는 제 1 설, 즉 채권·질권 공동입질설이 타당하다.

책임전질을 위와 같이 이해한다면, 그 성립요건은 (i) 질권자와 전질권자의 물권적 합의와 질물의 인도가 있을 것, (ii) 전질권은 질권의 범위 내일 것(336조 전단), 따라서 전질권의 피담보채권액은 질권의 피담보채권액을 초과하지 못하며, 또한 전질권의 존속기간은 질권의 존속기간 내이어야 한다. (iii) 전질은 피담보채권의 입질을 포함하므로, 권리질권을 설정하기 위한 요건을 갖추어야 한다. 즉, 질권자가 채무자에게 전질의 사실을 통지하거나, 채무자가 이를 승낙하지 않으면, 전질로써 채무자·보증인·질권설정자 및 그 승계인에게 대항하지 못한다(337조 1항).

책임전질의 효과는 (i) 질권자(전질권설정자)는 전질을 하지 않았더라면 생기지 않았을 불가항력에 의한 손해(예컨대, 전질권자의 집이나 창고가 소실하여 질물이 멸실하였으나, 질권자의 집이나 창고는 소실되지 않은 경우)도 배상할 책임이 있다(336조 후단). 민법은 이 무거운 책임을 질권자에게 부담시키면서 질권설정자(원질권설정자라고도 한다)의 승낙 없는 책임전질을 인정하는 것이다. (ii) 질권자는 전질을 함으로써 자기의 질권 및 채권에 구속되므로, 그의 질권을 포기하거나 또는 원채무자의 채무를 면제하는 등의 질권을 소멸하게 하는 처분을 하지 못한다. 그러나 전질권을 침해하지 않는 범위 내에서는 그러한 처분은 상관없다. (iii) 전질의 사실을 채무자에게 통지하면, 전질로써 채무자·보증인·질권설정자 및 그의 승계인에게 대항할 수 있다(337조 1항). 이 통지를 받은 채무자가 전질권자의 동의 없이 질권자에게 채무를 변제하여도 이로써 전질권자에게 대항하지 못한다(337조 2항). (iv) 전질권자는 자기의 채권을 변제받을 때까지 질물을 유치할 수 있다(335조). (v) 전질권자가 전질권을 실행하려면, 자기의 채권뿐만 아니라 질권자(원질권자라고도 한다)의 채권도 그 변제기가 도래해야 한다. 전질권의 실행으로 얻은 매각대금은 먼저 전질권자의 우선변제에 충당하고, 나머지 돈을 원질권자의 우선변제에 충당하게 된다. (vi) 질권이 소멸하면 전질권도 소멸한다.

　　3.　승낙전질　　　책임전질에 관하여 공동입질설을 취하더라도, 승낙전질은 질물 재입질이라고 해야 한다. 즉, 질권자가 질물소유자의 승낙(처분권의 수여)을 얻어 자기의 채무를 담보하기 위하여 그가 점유하는 질물을 입질하고, 질물 위에 자기의 질권보다도 우선적 효력이 있는 새 질권을 설정하는 것이 승낙전질이다.

　　그 성립요건에서 책임전질과 특히 다른 점은 (ⅰ) 질물소유자의 승낙이 있어야 하며, 승낙 없이 재입질(전질)하면 질권설정자는 질권의 소멸을 청구할 수 있다(343조·324조). (ⅱ) 승낙전질은 질권자의 질권이나 피담보채권과는 무관하므로, 질권의 범위에 따른 제한이 없다. 따라서 초과전질도 유효하며, 또한 질권의 존속기간과는 관계없이 전질권의 존속기간을 정할 수 있다. (ⅲ) 책임전질의 경우와 같이 통지를 할 필요도 없다.

　　다음에 효과상의 차이점은 (ⅰ) 책임전질에서와 같이 질물에 관한 질권자의 책임이 더 무거워지지 않는다. 즉, 불가항력에 의한 손해배상의무를 부담하지 않는다. (ⅱ) 승낙전질은 질권과는 무관한 새 질권이므로, 질권설정자는 자기의 채무를 질권자에게 변제해서 질권을 소멸시킬 수 있다. 그러나 질권자의 질권이 소멸해도 전질권자의 질권에는 영향이 없다. 따라서 전질권자는 계속 질물을 점유하고 유치할 수 있다. 그러나 질권설정자가 질권자에게 그의 채무를 변제하는 데 전질권자가 동의한 경우에는, 그 변제를 가지고 질권설정자는 대항할 수 있다(337조 2항 참조). 따라서 그 변제로 질권이 소멸하면, 질물소유자는 그 반환을 청구할 수 있다.

[187]　Ⅴ. 동산질권의 침해에 대한 효력

　　1.　물권적 청구권의 인정 여부　　　동산질권은 물권일 뿐만 아니라 질물을 점유할 권리도 포함한다. 따라서 점유가 침해된 경우에 당연히 점유보호청구권으로 보호된다([77] 이하 참조). 한편 질권은 물권이기도 하기 때문에, 그 침해에 대하여는 물권적 청구권이 인정되어야 한다. 그런데 민법은 다른 물권에 관해서는 소유권에 의한 물권적 청구권을 규정한 제213조와 제214조를 각각 준용하면서, 질권에 관해서는 그 어느 것도 이를 준용한다는 규정을 두고 있지 않다. 여기서 질권 자체

에 의한 물권적 청구권이 인정되는지 여부가 문제된다. 학설은 긍정설과 부정설이 대립하고 있다. 부정설에 의하면, 점유를 잃으면 소멸하는 동산질권에 반환청구권을 인정하는 것은 다른 채권자를 해할 염려가 있고, 방해예방이나 방해제거는 이를 인정하더라도 별로 실익이 없기 때문에(동산이므로), 점유보호청구권을 인정하는 것으로 충분하다는 데서, 민법은 질권에 의한 반환청구권을 인정하지 않은 것으로 해석한다(방순원 257면, 송덕수 494면, 양창수, 민법연구 1권, 263면, 최식 345면 참조). 이에 대하여, 질권 자체에 의한 물권적 청구권도 인정해야 한다는 긍정설은 질권도 하나의 물권이라는 것을 이유로 들고 있다(고상룡 25면, 김상용 606면, 김증한·김학동 482면, 김현태(하) 136면, 이영준 830면, 이은영 61면, 장경학 729면 참조).

　질권자는 점유보호청구권에 의한 보호를 받게 되므로 질권에 의한 물권적 청구권이 인정되지 않는다는 부정설을 따른다면 부당한 경우가 발생한다. 예컨대, 질권자가 질물을 유실하거나 제3자의 사기로 질물을 인도해 준 경우 등에는 점유물반환청구권을 행사하지 못하므로, 결국 이러한 경우에는 어떠한 방법으로도 질물의 점유를 회복하지 못한다는 결과가 된다. 이것이 부당함은 긴 말이 필요하지 않다. 한편 입법론적으로 볼 때에, 질권에 의한 물권적 청구권을 인정하지 않는 것은 질권의 효력을 그만큼 약화시키는 것이어서 적당하다고 할 수 없으며, 질권침해자나 질물점유자에 대하여 질권에 의한 물권적 청구권을 인정하는 것이 타당하다. 민법에 아무런 규정을 두지 않은 것은 입법기술상의 착오라고 보아 질권자에게도 물권적 청구권이 인정된다고 새겨야 한다.

　　2. 물권적 청구권의 요건과 내용　　동산질권의 침해에 대한 물권적 청구권의 요건이나 내용은 소유권에 기한 물권적 청구권과 비슷하게 생각하면 된다([92] 이하 참조). 그리고 질권자의 점유보호청구권에 관해서도 특별히 설명할 것은 없다.

　질권설정자인 채무자나 그 밖의 제3자가 질물을 훼손한 경우에, 질권자가 손해배상을 청구할 수 있음은 당연하다. 이 경우에 그 배상액은 피담보채권을 한도로 한다고 해야 하며, 또한 배상청구의 시기는 침해행위가 있으면 곧 청구할 수 있고, 피담보채권의 변제기가 닥쳐 올 때까지 기다릴 필요는 없다고 해석해야 한다. 그리고 질권설정자가 훼손한 경우에 그 설정자는 기한의 이익을 잃게 되므로(388조 참조), 질권자는 곧 잔존물에 대하여 질권을 실행하여 피담보채권의 이행을 청구할 수 있다.

[188]　Ⅵ. 동산질권자의 의무

1. 보관의무　　동산질권자는 목적물의 보관의무를 부담하며, 이에 관해서는 유치권의 규정이 준용된다(343조). 따라서 질권자는 선량한 관리자의 주의를 가지고 질물을 점유해야 하고(343조·324조 1항), 설정자의 승낙 없이 질물을 사용·임대하거나 또는 담보에 제공하지 못한다(343조·324조 2항). 질권자가 이상과 같은 의무를 위반하면, 질권설정자는 질권의 소멸을 청구할 수 있다(343조·324조 3항).

2. 질물반환의무　　질권이 소멸하면, 동산질권자는 질물을 질권설정자에게 반환해야 한다.

(1) 이 반환의무는 질권설정계약에 따른 것이므로, 그 반환의 상대방은 언제나 질권설정자이다. 질권설정자가 타인의 소유물을 그의 승낙을 얻어 입질한 경우에도 같으며, 역시 설정자에게 반환해야 한다. 그리고 질권이 소멸한 후에는 질물의 소유자도 소유권에 기하여 질물의 반환을 청구할 수 있다.

(2) 위와 같은 질물의 반환은 채권의 변제와 동시이행의 관계에 있는 것이 아니라, 채권의 완전한 변제가 있은 후에 비로소 질물반환청구권이 생긴다. 따라서 채권이 소멸하기 전에 설정자가 질물의 반환을 청구하는 때에는 유치권에서와 같이 상환(相換)으로 반환하라는 판결을 할 것이 아니라, 원고패소의 판결을 해야 한다.

제 3 관　동산질권의 소멸

[189]　동산질권의 소멸

(1) 동산질권은 물권 일반에 공통적인 소멸원인과 담보물권에 공통적인 소멸원인으로 소멸한다. 특히 주의할 것은 질권자가 목적물을 설정자에게 반환하는 때([179] 3 참조)와 질권자가 그의 의무를 위반한 때에는 설정자의 소멸청구(343조·324조 3항)로 소멸하게 되는 점이다.

(2) 질권은 피담보채권으로부터 독립해서 소멸시효에 걸리는 일은 없다. 그러

나 질권자가 질물을 유치하고 있더라도 소멸시효의 진행을 막지는 않는다. 질물의 유치를 채권의 행사라고 할 수 없기 때문이다. 제343조는 유치와 채권의 소멸시효의 관계에 관한 제326조를 질권에 준용하고 있지 않으나, 위와 같이 질물을 유치하고 있어도 채권불행사의 상태가 진행된다는 점은 유치권과 조금도 다르지 않으므로, 제326조도 질권에 준용된다고 해석해야 한다.

　(3) 동산질권소멸의 효과로서 질권자는 질물을 설정자에게 반환해야 한다는 점은 이미 적었다.

제 4 관　증권으로 표상되는 동산의 입질(入質)과 화환(貨換)

[190]　Ⅰ. 증권에 의한 동산질

　1.　근대 상거래는 임치하고 있는 상품이나 또는 운송 중의 상품에 대한 매각이나 입질을 쉽게 할 수 있도록 하기 위하여 이들 상품을 표상하는 증권에 의한 양도와 입질의 방법을 생각해 냈다. 창고증권과 운송증권(화물상환증과 선하증권)이 그것이다. 상품을 소유하는 제조업자나 상인은 이들 증권을 배서·교부함으로써 간단히 입질할 수 있을 뿐만 아니라 이를 매각·운송할 수도 있어서, 마치 저당권과 비슷한 기능을 하게 된다. 이들 증권에 의한 입질은 상법학에서 다룰 과제라고 할 것이므로, 여기서는 이에 관하여 간략하게 살펴보는 데 그치기로 한다.

　2.　운송증권에 의한 입질　　　화물상환증(貨物相換證)과 선하증권(船荷證券)을 통틀어서 운송증권이라고 한다. 화물상환증은 육상물건운송계약에서 운송물의 인도청구권을 표상하거나 상징하는 유가증권이고, 선하증권은 해상물건운송계약에서 운송물의 인도청구권을 표상하는 유가증권이다. 결국 이들은 운송 중인 상품의 소유권을 표상하는 증권이라고 할 수 있다. 화물상환증은 송하인의 청구에 따라 운송인이 발행하고(상 128조), 선하증권은 용선자 또는 송하인의 청구에 따라 선박소유자 또는 위임을 받은 선장 그 밖의 대리인이 발행하는 것으로서(상 852조, 855조), 그의 법률적 성질과 효력은 둘 사이에 큰 차이가 없다(상 820조). 상환증권성(상 129조), 당연한 지시증권성(상 130조), 처분증권성(상 132조), 인도증권성(상 133조) 등은 둘 모두에 공통되는 성질이다(상 861조). 다만 선하증권은 화물상환증과 달라서 같은 운

송물에 관하여 수통 발행되는 수가 있으며(상 852조), 이때에 양륙항에서는 1통의 선하증권만으로 운송물의 인도를 청구할 수 있으나(상 857조), 양륙항 외에서는 선장은 발행된 각 통을 모두 반환받지 않으면 운송물을 인도하지 못한다(상 858조). 이들 증권에 의한 운송물의 입질에 관하여 상법은 아무런 특칙도 두고 있지 않다. 그러므로 결국 운송품의 양도와 동일한 형식, 즉 증권의 배서·교부에 의하게 된다(상 132조·133조·861조). 이들 증권을 질권자에게 교부하거나 인도하는 것은 그 증권으로 표상되는 운송물 자체의 인도와 동일한 효력이 있으므로, 운송물인도청구권에 질권이 성립하는 것이 아니라, 운송물 자체에 질권이 성립하는 것이다. 그러므로 형식상으로는 오히려 양도담보에 가깝고, 실질적으로는 질물의 처분권을 확보하는 것만을 목적으로 하기 때문에 저당권에 접근한다. 일단 입질이 있으면, 증권은 질권자가 점유하게 되므로, 송하인은 그 운송물에 관하여 양도 기타의 처분을 하지 못한다(상 132조). 다만 이들 증권에 의한 입질은 대부분의 경우 매각한 대금의 융통을 담보하는 데 이용되므로, 담보를 위하여 목적물 자체의 이용을 희생하는 것이 되지는 않는다.

3. 창고증권에 의한 입질　　　창고업자에 대한 임치물반환청구권을 표상하는 유가증권이 창고증권이다. 임치인의 청구로 창고업자가 발행하며(상 156조), 위에서 설명한 화물상환증·선하증권과 동일한 법률적 성질을 가진다(상 157조). 어떠한 증권을 창고증권으로 인정할지에 관해서는 다음과 같은 세 가지 입법주의가 있다.

⑺ **복권주의(複券主義)**　　　창고업자로 하여금 예치증권과 입질증권을 한 짝으로 하여 발행하게 하고, 예치증권으로는 소유권이전을, 그리고 입질증권으로는 질권설정을 각각 할 수 있게 하는 주의이다.

⑻ **단권주의(單券主義)**　　　화물상환증에서와 마찬가지로, 1통의 창고증권으로 임치물의 입질 또는 양도 등의 처분을 할 수 있게 하는 주의이다.

⑼ **병용주의(倂用主義)**　　　위의 단권과 복권의 두 가지를 모두 인정하는 주의이다.

복권주의는 임치인이 먼저 입질증권으로 임치물을 입질함으로써 금융을 얻고 서서히 유리한 매매를 기다릴 수 있는 장점이 있는 반면에, 번거롭다는 단점이 있다. 단권주의는 그 권리행사의 방법이 간편한 점은 있으나, 입질하여 증권을 교부

한 후에는 양도가 곤란해지므로, 실제로 금융을 얻기에는 복권주의만 못하다. 현행
상법은 단권주의를 취하고 있다.

창고증권으로 표상되는 임치물의 입질방법에 관해서도 상법은 아무런 특칙을
두고 있지 않다. 따라서 그 입질은 화물상환증·선하증권에서와 마찬가지로 증권의
배서·교부에 의하게 된다(상 157조). 그런데 창고증권의 소지인이 임치물을 입질하
면, 증권을 질권자에게 인도해야 하므로, 채무변제 전에는 임치물의 반환을 청구할
수 없다. 여기서 상법은 임치인의 편의를 위하여 질권자의 승낙이 있으면 임치물의
일부 반환을 할 수 있는 것으로 하였다(상 159조). 이 방법을 이용한다면 임치인은
입질을 해서 금융을 얻으면서 일부 반환으로 양도할 수 있게 된다.

4. 이들 질권으로 우선변제를 받는 방법은 증권을 처분해서 변제에 충당하거
나, 또는 질권자가 증권으로 상품을 인도받아 이를 처분해도 좋다(질권자가 경매를 위
하여 상품의 인도를 청구할 수 있음은 물론이다).

[191] Ⅱ. 화   환

격지자 사이에 운송을 매개로 매매거래를 하는 경우에 매도인이 대금채권을
추심하거나 또는 대금채권을 가지고 금융을 얻기 위하여 매수인 또는 그가 지정한
은행을 지급인으로 하여서 발행한 환어음으로서, 매매의 목적물을 표상하는 운송
증권(화물상환증·선하증권)을 그 어음채권의 담보로서 첨부한 것을 거래상 화환(貨換)
또는 화환어음이라고 한다(두 용어를 동의어로 쓰는 것이 다수설이다). 어음 자체는 보통
의 환어음과 같은 법률적 성질을 가지는 것이지만, 특수한 경제적 목적으로 이용되
는 것이다. 즉, 매도인은 어음을 할인하여 은행으로부터 대금을 회수하고, 은행은
매수인에게 어음을 제시하여 지급을 받아 할인의 대가를 회수하며, 매수인은 이것
과 교환으로 운송증권의 인도를 받아 매매의 목적물을 취득한다. 예컨대, X지역에
있는 상인 甲이 Y지역에 있는 상인 乙에게 상품을 대금 백만원으로 매각하는 경우
에, 甲은 상품의 운송계약을 체결하여 화물상환증 또는 선하증권을 발행·교부받
고, 乙을 지급인으로 하는 환어음을 작성하여 이에 운송증권을 첨부해서 자기의 거
래은행 丙에게 배서하여 할인을 받아 백만원에 가까운 금액을 회수한다. 한편 丙은
행은 위의 증권을 乙의 소재지인 Y지역의 지점 또는 거래은행에 보내서 매수인인

乙에게 지급제시를 하여 지급을 받게 함으로써 할인대가를 회수한다. 乙은 은행에 지급하는 것과 교환으로 운송증권을 인도받고, 이것으로써 운송인으로부터 상품을 수령하게 된다.

　　위의 예에서 매도인이 은행으로부터 어음의 할인을 받으면, 이로써 그 목적물에 은행을 위하여 질권이 성립한다. 이 질권은 이미 설명한 화물상환증 또는 선하증권에 의한 입질과 크게 다르지 않다. 그 성질은 동산질이고, 이들 운송증권이 환어음에 첨부되어 인도됨으로써 효력이 생긴다. 다만 매수인이 지급을 거절하는 경우에 바로 질권을 실행하지 못하고, 우선 발행인에 대하여 상환을 청구해야 하는 점에 특징이 있다.

제 3 절　권리질권

제 1 관　총　　설

[192]　Ⅰ. 권리질권의 의의와 작용

　　1.　재산권을 목적으로 하는 질권이 권리질권(權利質權)이다(345조 본문). 권리질권이 중요성을 띠게 된 것은 재산권 특히 채권의 교환가치가 인정되고, 또한 재산권을 표상하는 유가증권제도를 생각해 낸 후의 일이다. 민법은 동산질권과 아울러 권리질권에 관하여 한 절을 두고 있다.

　　2.　질권은 본래 유체물에 관하여 발달하였다. 질권은 물건의 이용을 설정자로부터 빼앗아서 채무의 변제를 심리적으로 강제하려는 데 그 특질이 있는데, 설정자가 그러한 이용가치에 대하여 가장 강한 집착을 느끼는 것은 유체물이기 때문이다. 그런데 근대법은 유체물과 아울러 무형의 재산권을 독립화하였고, 이러한 재산권은 유체물이 가지는 것 이상의 교환가치를 가지는 것으로서 거래계의 주목을 받게 되었다. 근대의 담보물권은 교환가치의 취득을 그 본질적 목적으로 한다. 그 결과 거래계에서 무형적인 재산권의 이용을 채무자로부터 빼앗아서 이를 채권자의 지배에 두고 그렇게 함으로써 채무의 변제를 간접적으로 강제하는 동시에, 채무불이행이 있는 때에 그 가치를 쉽게 취득하려는 수요가 생겼다. 이러한 수요에 따라

필연적으로 권리질권이 성행하게 되었다. 뿐만 아니라, 이러한 재산권의 주된 것이 점차로 유가증권화함에 따라 권리질권은 현대의 금융거래에서 가장 빈번히 또한 많은 액수로 행해지는 질권의 한 종류가 되었다.

[193] Ⅱ. 권리질권의 성질

본래 질권은 유체물에 관하여 발달하였기 때문에, 권리질권이 순수한 질권이라고 할 수 있는지에 관하여 학자들 사이에 이론이 있었다. 즉, 모든 질권은 유체물만을 목적으로 할 수 있을 뿐이고, 권리로써 채권의 담보로 하는 것은 권리를 양도하는 것에 지나지 않으며, 권리질권이라는 질권이 있는 것은 아니라는 견해가 있었다(권리양도설). 그러나 현재 우리나라에서 이 견해를 지지하는 학자는 없다. 질권의 본질에 비추어 권리 자체의 입질을 인정하는 것이 조금도 이상할 것이 없다는 것이다. 바꾸어 말하면, 질권은 권리 자체를 목적으로 할 수 있으며, 물권의 성질로부터 보든지 또는 질권의 본질에 비추어 보든지 권리질권을 인정하는 것은 무방하다. 권리질권도 질권의 일종이라고 새기는 것이 우리나라 학자들의 일치된 견해이다. 이를 권리목적설이라고 한다(고상룡 601면, 김기선 393면, 김상용 613면, 송덕수 497면, 이영준 837면, 장경학 740면, 최식 351면 참조). 담보물권은 그 객체의 지배와는 관계없이 객체가 가지는 교환가치의 취득을 목적으로 하는 권리이므로, 교환가치를 가지는 대상인 이상 이를 담보물권의 목적으로 할 수 있음은 당연하다. 그 본질상 물건의 질권과 권리의 질권을 구별할 것은 아니다.

본래 질권은 유치적 효력을 가지며, 이것이 질권의 특질이라고 할 수 있다. 그런데 유가증권에 표상된 재산권의 입질에서는 설정자의 이용을 빼앗는 심리적 강제의 요소가 매우 희박하고, 오히려 교환가치의 파악을 확보하는 수단인 증권의 점유이전이 있을 뿐이다. 여기서는 질권적 요소보다도 저당권적 요소가 훨씬 짙다. 그러나 그렇기 때문에 권리질권이 금융의 매개로서 저당권과 비슷한 작용을 하는 중요한 것으로 되어 있다.

[194] Ⅲ. 권리질권의 목적

권리질권의 목적은 양도성을 가지는 재산권이다.

(1) 「재산권」이어야 한다(345조). 즉, 금전적 가치로 평가할 수 있는 권리이어야 하며, 따라서 인격권·친족권 등은 권리질권의 목적이 되지 못한다.

(2) 양도성을 가지는 재산권이라야, 즉 환가(현금화)할 수 있어야 한다(355조·331조).

(3) 부동산의 사용·수익을 목적으로 하는 권리이어서는 안 된다(345조 단서). 따라서 지상권·전세권·부동산임차권 등은 권리질권의 목적이 되지 못한다.

(4) 그 밖에 성질상 질권의 목적이 될 수 없는 것이어서는 안 된다. 예컨대, 소유권·지역권·광업권·어업권 등이 그 예이다.

결국 권리질권의 목적이 되는 주요한 것은 채권과 주주권, 그리고 지식재산권이다.

제 2 관　채권질권

[195]　Ⅰ. 채권질권의 설정

1. 채권질권의 목적　　채권질권을 설정할 수 있는 채권(피담보채권)은 동산질권의 경우와 같다([181] 참조). 그러나 채권질권의 목적이 될 수 있는 채권에 관해서는 검토할 점이 있다. 채권질권에도 제331조가 준용되므로(355조), 양도할 수 없는 채권을 그 목적으로 하지 못한다. 각종의 채권에 관하여 검토해 보면, 다음과 같다.

(1) 채권은 양도성을 가지는 것이 원칙이므로(449조 1항), 질권의 목적이 될 수 있는 것이 원칙이다. 그러나 법률 규정에 따라 또는 성질상 양도성이 없는 채권은 질권의 목적이 되지 못한다(449조 1항 단서). 예컨대, 부양청구권(979조)·연금청구권·재해보상청구권 등은 법률상 양도가 금지되는 채권이고, 채권자가 변경되면 급부의 내용이 전혀 달라지는 채권(특정인을 가르치는 채권, 특정인의 초상을 그리게 하는 채권 등), 특정한 채권자에게 급부하는 데에 중요한 의의가 있는 채권(임차인·사용자·위임인 등의 채권), 특정한 채권자에게 결제되어야 할 특별한 사유가 있는 채권(상호계산(상법 72조 이하)에 계입된 채권 등) 등은 성질상 양도가 허용되지 않는 채권이다. 그러나 임차인·사용자·위임인 등의 채권과 같이 채무자의 승낙이 있으면 양도할 수

있는 것은 그 승낙을 얻어 질권의 목적으로 할 수 있다.

(2) 당사자 사이의 특약으로 양도가 금지되어 있는 채권은 이를 질권의 목적으로 할 수 없다(449조 2항 본문). 그러나 이 특약은 선의의 제 3 자에게 대항할 수 없으므로(449조 2항 단서), 질권자가 선의이면 질권은 유효하게 성립한다.

(3) 채권은 질권자 자신에 대한 것이더라도 상관없다. 그것이 양도성을 가지는 이상, 그 채권은 하나의 재산적 가치가 있는 독립한 존재가 되므로, 채무자라 하여도 그 위에 질권을 취득할 수 있는 것이다. 특히 은행이 자기에 대한 예금채권을 질권의 목적으로 잡는 것은 널리 행해지는 예이다.

2. 설정방법

(1) "권리질권의 설정은 법률에 다른 규정이 없으면 그 권리의 양도에 관한 방법에 의하여야 한다"(346조). 권리질권의 목적이 되는 권리는 유체물과 달라서 그 권리의 존재나 처분을 공시하는 방법이 각각 특이하고, 이 공시방법의 특이성은 양도의 경우든 입질의 경우든 마찬가지이기 때문이다. 권리질의 본질 또는 법률적 성질이 일종의 권리양도이기 때문에 그런 것이 아니다.

(2) 권리질의 설정은 설정을 목적으로 하는 합의와 목적물의 인도에 해당하는 물적 요소로 성립한다. 그리하여 민법은 채권을 질권의 목적으로 하는 경우에, 채권증서가 있으면 그 증서를 질권자에게 교부해야 질권의 설정은 효력이 생기는 것으로 하고 있다(347조). 그러나 이 규정이 그대로 적용되는 것은 지명채권에 관해서이다. 무기명채권·지시채권에 관해서는 특칙이 있기 때문이다.

(가) 지명채권에서 채권증서는 단순한 채권의 증거방법에 지나지 않고, 채권의 실체를 좌우하는 것은 아니다. 그 증서의 존재가 채권의 존재를 추정하게 하는 점은 마치 동산질권에서 점유와 같은 역할을 하는 것으로 보아 법률은 이 증서의 교부로써 목적물의 인도에 갈음하는 것으로 하고 있다. 그러나 이러한 채권증서가 없는 때에는 채권질권은 설정합의만으로 설정된다. 채권질권에서는 채권증서의 인도는 이로써 설정자로부터 채권의 이용, 즉 처분을 빼앗는 것이 되지 않으므로, 제332조는 이때에 준용할 만한 실질적 이유가 없다. 따라서 지명채권의 입질에서 증서의 교부에는 점유개정도 무방하고, 또한 증서를 반환하더라도 질권이 소멸되지 않는다고 해석해야 한다(고상룡 609면, 김상용 617면, 김증한·김학동 499면, 송덕수 501면,

이은영 727면. 반대: 이영준 841면 참조).

　이 규정에서 말하는 채권증서는 채권의 존재를 증명하기 위하여 채권자에게 제공된 문서로서 특정한 이름이나 형식을 따라야 하는 것은 아니지만, 장차 변제 등으로 채권이 소멸하는 경우에는 제475조에 따라 채무자가 채권자에게 그 반환을 청구할 수 있는 것이어야 한다(대판 2013. 8. 22, 2013다32574. 임대차계약서와 같이 계약 당사자 쌍방의 권리의무관계의 내용을 정한 서면은 그 계약에 의한 권리의 존속을 표상하기 위한 것이라고 할 수 없어 위 채권증서에 해당하지 않는다고 한다).

　(나) 지명채권의 입질을 가지고 제3채무자 그 밖의 제3자에 대항하기 위해서는 제3채무자에게 질권의 설정을 통지하거나 또는 제3채무자가 이를 승낙해야 할 뿐만 아니라, 제3채무자 이외의 제3자에게 대항하기 위해서는 이 통지나 승낙은 확정일자 있는 증서로써 해야 한다(349조 1항·450조 참조). 이것은 채권양도의 대항요건과 같다. 채권의 입질로 채권자가 변경되는 것은 아니지만, 입질에 따라 채권양도의 경우와 동일한 구속을 채무자에게 주는 것이 되므로, 그 공시방법도 동일하게 하려는 취지이다. 질권설정자가 이 조항에 따라 제3채무자에게 질권이 설정된 사실을 통지하거나 제3채무자가 이를 승낙한 때에는 제3채무자가 질권자의 동의 없이 질권의 목적인 채무를 변제하더라도 질권자에게 대항할 수 없고, 질권자는 여전히 제3채무자에게 직접 채무의 변제를 청구할 수 있다(대판 2018. 12. 27, 2016다265689 참조). 질권의 목적인 채권에 대하여 질권설정자의 일반채권자의 신청으로 압류·전부명령이 내려진 경우에도 그 명령이 송달된 날보다 먼저 질권자가 확정일자 있는 문서에 의해 이 조항에서 정한 대항요건을 갖추었다면, 전부채권자는 질권이 설정된 채권을 이전받을 뿐이고 제3채무자는 전부채권자에게 변제했음을 들어 질권자에게 대항할 수 없다(대판 2022. 3. 31, 2018다21326 참조). 또한 제3채무자가 질권설정 사실을 승낙한 후 질권설정계약이 합의해지된 경우 질권설정자가 해지를 이유로 제3채무자에게 원래의 채권으로 대항하려면 질권자가 제3채무자에게 해지 사실을 통지해야 한다. 만일 질권자가 제3채무자에게 질권설정계약의 해지 사실을 통지하였다면, 설령 아직 해지되지 않았다고 하더라도 선의인 제3채무자는 질권설정자에게 대항할 수 있는 사유로 질권자에게 대항할 수 있다(대판 2014. 4. 10, 2013다76192 참조).

통지나 승낙의 방법·효력 등은 채권양도의 경우와 같으므로, 여기서는 설명을 피한다(349조 2항·451조 참조).

(3) 지시채권의 입질은 그 양도에서와 같이 증서에 배서하여 질권자에게 교부해야 효력이 생긴다(350조·508조 참조).

(4) 무기명채권에 질권을 설정하는 것은 그 양도의 경우와 같이 증서를 질권자에게 교부함으로써 효력이 생긴다(351조·523조 참조).

(5) 사채(社債)에는 기명식과 무기명식이 있다(상 480조). 기명사채는 지명채권의 일종이며, 기명주식과 달라서 법률상 당연한 지시증권성이 인정되어 있지 않다. 그러므로 그 입질은 당사자들이 질권설정의 합의를 하고 채권자에게 채권을 교부해야 효력이 생긴다(346조·347조). 그런데 상법은 기명사채의 이전에 관하여, 따라서 입질의 대항요건에 관하여, 특칙을 두고 있다. 즉, 질권자의 성명과 주소를 사채원부에 기재하고, 채권에 성명을 기재하지 않으면, 이로써 회사 그 밖의 제 3 자에게 대항하지 못하는 것으로 하고 있다(상 479조). 한편 무기명사채의 입질은 채권을 질권자에게 교부함으로써 효력이 생긴다(351조).

(6) 저당권부 채권을 질권의 목적으로 하는 경우에는 그 저당권등기에 질권을 설정했다는 부기등기를 해야만 질권의 효력이 저당권에도 미친다(348조. 부등 76조 참조). 담보물권에는 부종성이 있기 때문에, 저당권으로 담보된 채권 위에 권리질권을 설정하면, 그 저당권도 권리질권의 목적이 된다고 해야만 한다. 그러나 이와 같이 등기 없이 성립하는 권리질권이 법률상 당연히 저당권에도 효력을 미치게 된다면 공시의 원칙에 어긋난다. 그리하여 이러한 경우에 저당권의 등기에 질권의 부기등기를 한 때에만 질권의 효력이 저당권에도 미치도록 한 것이다. 따라서 이 부기등기가 없으면, 채권자는 무담보채권에 관해서만 질권을 취득한다(고상룡 610면, 김상용 619면, 송덕수 502면, 이영준 844면, 이은영 729면. 반대: 김증한·김학동 500면 참조). 담보가 없는 채권에 질권을 설정한 다음 그 채권을 담보하기 위해 저당권이 설정되었더라도, 제348조를 유추 적용하여 저당권설정등기에 질권의 부기등기를 하지 않으면 질권의 효력이 저당권에 미치지 않는다고 보아야 한다(대판 2020. 4. 29, 2016다235411 참조).

[196]　Ⅱ. 채권질권의 효력

1. 효력의 범위

(1) **피담보채권의 범위**　　동산질권의 경우와 같다(355조·334조. 이에 관해서는 [183] 2. 참조). 저당권부 채권에 대한 질권의 등기를 할 때 부동산등기법 제48조에서 규정한 사항 외에 '채권액 또는 채권최고액, 채무자의 성명 또는 명칭과 주소 또는 사무소 소재지, 변제기와 이자의 약정이 있는 경우에는 그 내용'을 기록해야 하고(부등 76조 1항), 채권의 지연손해금은 등기사항이 아니다. 따라서 채권의 지연손해금을 별도로 등기부에 기록하지 않았더라도 근저당권부 질권의 피담보채권의 범위가 등기부에 기록된 약정이자에 한정된다고 볼 수 없다(대판 2023. 1. 12, 2020다 296840 참조). 불가분성이 있다는 것도 같다(355조·343조·321조 참조).

(2) **효력이 미치는 목적의 범위**　　질권의 효력이 입질채권의 이자에 미친다는 점은 제100조 2항의 규정에 비추어 당연하다. 따라서 질권자는 이를 직접 추심하여 우선변제에 충당할 수 있다(353조 1항·3항·343조·323조 참조). 그러나 이자에 관하여 특별한 증권이 있는 때에는 그 증권의 인도가 있었던 경우에 한하여 위와 같은 결과를 인정해야 한다. 입질채권이 보증채권 또는 담보물권으로 담보되어 있는 때에는 이들 종된 권리도 채권에 부종하여 질권의 효력을 받게 된다. 다만 입질채권이 저당권부 채권인 때에는 저당권의 등기에 질권의 부기등기를 해야만 저당권에 대하여 질권의 효력이 미치게 됨은 이미 적었다. 물상대위의 규정은 채권질권에도 적용된다(355조·342조).

2. 유치적 효력

(1) 채권질권자는 교부받은 채권증서를 점유하고, 피담보채권을 전부 변제받을 때까지 이를 유치할 수 있다(355조·335조). 그리고 이를 설정자에게 반환하여도 질권이 당연히 소멸하지 않고(즉 332조는 준용되지 않는다), 또한 이를 잃더라도 질권 자체에 의하여 그 반환을 청구할 수 있음은 이미 적은 바와 같다. 그러나 질권의 목적인 채권 자체에 대한 유치적 효력은 채권질권에서는 매우 희박하다. 왜냐하면 채권은 교환가치를 가지고 있을 뿐이고, 물건과 같은 사용가치를 가지는 정도가 매우 적어서(이자를 수취하는 정도뿐), 이를 질물로서 잡더라도, 설정자를 심리적으로 압박한다는 작용은 거의 없기 때문이다. 이러한 의미에서 채권질권은 질권보다도 저당

권에 가까운 작용을 한다. 채권질권자도 전질을 할 수 있음은 동산질에서와 같다.

(2) 질권설정자와 제 3 채무자는 채권질권에 구속된다. 즉, 채권질권자는 추심권능 그 밖의 환가권을 가지고 있으므로(353조·354조), 질권설정자나 제 3 채무자는 이 권능을 침해하는 결과가 되는 행위를 하지 못한다. 여기서 민법은 이를 밝히는 규정을 두었다. 즉, "질권설정자는 질권자의 동의 없이 질권의 목적인 권리를 소멸하게 하거나 질권자의 이익을 해하는 변경을 할 수 없다."라고 규정한다(352조). 이는 질권자가 질권의 목적인 채권의 교환가치에 대하여 가지는 배타적 지배권능을 보호하기 위한 것이다. 따라서 (ⅰ) 질권설정자는 채권을 추심하거나, 이를 면제 또는 상계하지 못한다. 제 3 채무자, 즉 입질된 채권의 채무자가 위와 같은 행위를 하는 것은 상관없는가? 제 3 채무자의 그러한 행위는 질권설정의 대항요건이 갖추어진 때에는 무효이나, 대항요건을 갖추지 못한 경우에는 유효하다고 해석해야 한다. 즉, 질권설정자가 제 3 채무자에게 질권설정의 사실을 통지하거나 제 3 채무자가 이를 승낙한 때에는 제 3 채무자가 질권자의 동의 없이 질권의 목적인 채무를 변제하거나 질권설정자와 상계합의를 하더라도 이로써 질권자에게 대항할 수 없다(대판 2022. 3. 31, 2018다21326; 대판 2018. 12. 27, 2016다265689 참조). (ⅱ) 질권설정자는 채권을 추심하지 못하므로, 제 3 채무자에 대하여 이행을 청구하지 못하기 때문에, 이에 대하여 이행의 소를 제기할 수 없음은 물론이다. 그러나 채권의 소멸시효를 중단하기 위하여 채권 존재의 확인을 구하는 소를 제기하는 것은 무방하다. (ⅲ) 질권의 목적인 채권을 양도하는 행위는 질권자의 이익을 침해하는 변경에 해당되지 않으므로 질권자의 동의를 받을 필요가 없다(대판 2005. 12. 22, 2003다55059 참조). (ⅳ) 질권설정자와 제 3 채무자가 질권의 목적된 권리를 소멸하게 하는 행위를 하였다고 하더라도 이는 질권자에 대한 관계에서 무효일 뿐이고 질권자 아닌 제 3 자가 그 무효의 주장을 할 수는 없다(대판 1997. 11. 11, 97다35375 참조).

3. 우선변제적 효력

(1) 채권질권자는 입질채권의 과실, 즉 이자를 거두어들여서 이를 우선변제에 충당할 수 있음은 이미 적은 바와 같으나, 채권질권자가 우선변제를 받는 중심적 수단은 어디까지나 채권 자체로부터 우선변제를 받는 데 있다. 그러한 채권질의 실행방법에 관해서는 제353조와 제354조가 규정하고 있다. 제353조가 정하는 실행방

법은 채권의 직접청구이다. 한편 제354조는 민사집행법의 집행방법으로 채권질을 실행할 수 있다고 규정하고 있으며, 이를 받아서 민사집행법은 제273조를 두고 있다. 그 밖에 제355조는 동산질권에 관한 규정을 권리질권에 준용하고 있으나, 실제로는 동산질권의 실행방법으로서 채권질권에 준용할 수 있는 것은 하나도 없다. 결국 채권질의 실행방법으로는 채권의 직접청구(353조)와 민사집행법이 정하는 집행방법의 두 가지가 있는 셈이다. 여러 개의 채권질이 중복해서 설정되어 있는 경우의 우선순위는 설정의 선후에 따른다(355조·333조).

　(2)　**채권의 직접청구**　　　질권자는 질권의 목적이 된 채권을 직접 청구할 수 있다(353조 1항). 여기서 말하는 「직접」이라는 것은 질권설정자의 위임을 필요로 하지 않으며, 또한 재판상 청구해야 하는 것도 아니고, 질권자가 자기의 이름으로 청구하는 것을 의미한다. 그러나 그 효과는 그 채권의 채권자에게 귀속하는 것이고, 당연히 질권자의 채권에 충당되는 것이 아니다(고상룡 611면, 김상용 621면, 김증한·김학동 502면. 반대: 송덕수 504면 참조). 금전채권의 질권자가 자기채권의 범위 내에서 직접청구권을 행사하는 경우 질권자는 질권설정자의 대리인과 같은 지위에서 입질채권을 추심하여 자기채권의 변제에 충당하고 그 한도에서 질권설정자에 의한 변제가 있었던 것으로 본다. 따라서 위 범위 내에서는 제3채무자의 질권자에 대한 금전지급으로써 제3채무자의 질권설정자에 대한 급부가 이루어질 뿐만 아니라 질권설정자의 질권자에 대한 급부도 이루어진다. 만일 입질채권의 발생원인인 계약관계에 무효 등의 흠이 있어 입질채권이 부존재한 경우 제3채무자는 질권설정자에게 부당이득반환을 구할 수 있는 것이 원칙이다(대판 2015. 5. 29, 2012다92258은 이 경우 부당이득청구의 상대방이 질권설정자인지 질권자인지에 관하여 상세히 다루고 있다).

　(개)　채권의 목적물이 금전인 경우에 질권자는 자기의 채권액에 대한 부분에 한하여 직접 청구하고 변제에 충당할 수 있다(353조 2항). 채권질권의 효력은 질권의 목적이 된 채권의 지연손해금 등과 같은 부대채권에도 미친다. 따라서 채권질권자는 질권의 목적이 된 채권과 그에 대한 지연손해금채권을 피담보채권의 범위에 속하는 자기채권액에 대한 부분에 한하여 직접 추심하여 자기채권의 변제에 충당할 수 있다(대판 2005. 2. 25, 2003다40668 참조).

　이 경우에 피담보채권과 입질채권의 변제기가 모두 도래한 때에는 질권자가 곧 자기의 이름으로 채권을 추심할 수 있지만, 입질채권의 변제기가 피담보채권의 변제기 전에 도래한 때에는 질권자는 아직 직접 청구를 하지 못함은 물론이다. 그러나 피담보채권의 변제기까지 제 3 채무자의 변제를 연기시키는 것은 질권자에게 불이익이 될 염려가 있고, 또한 설정자로 하여금 곧 질권자에게 변제하게 하는 것도 합리적이라고 할 수 없다. 그러므로 민법은 이러한 경우에는 질권자는 제 3 채무자로 하여금 그 변제금액을 공탁하게 할 수 있다고 함으로써, 당사자 사이의 이익의 조화를 꾀하였다(353조 3항 전단). 이 경우에 질권은 그 후 그 공탁금(좀 더 정확하게는 입질채권의 채권자가 가지는 공탁금청구권) 위에 존속한다(353조 3항 후단).

(나) 채권의 목적물이 금전 이외의 물건인 때에는 추심한 물건으로써 직접 변제에 충당할 수 없으므로, 질권자는 변제로서 받은 물건 위에 질권을 가지는 것으로 하고 있다(353조 4항). 따라서 종래의 채권질권은 이후 동산질권으로서 존속하고, 그 실행방법도 동산질권의 그것에 따르게 된다. 만일 그 물건이 부동산일 때에는 어떻게 되는가? 민법은 부동산질권을 인정하고 있지 않으므로, 결국 그러한 부동산의 급부를 목적으로 하는 채권은 채권질권의 목적이 되지 못한다고 하는 수밖에 없다(김상용 622면, 송덕수 506면, 이영준 847면 참조).

(다) 채권의 목적이 물건, 즉 동산의 급부 이외의 급부인 때에도 제353조가 적용되는지는 의심스럽다. 그러나 이 경우에도 질권자는 그 채권을 추심하여 급부의 가치를 넘는 나머지 금액을 설정자에게 반환해야 하고, 또한 급부의 결과 유체물을 얻을 때에는 질권은 그 후에는 그 유체물 위에 존속한다고 해석해야 한다(김상용 622면, 이영준 847면. 반대: 김증한·김학동 503면, 송덕수 506면 참조).

(3) **민사집행법이 정하는 집행방법**   채권질권자는 위에서 설명한 채권의 직접청구 외에 민사집행법이 정하는 집행방법에 따라 질권을 실행할 수 있다(354조). 채권의 추심·전부 및 현금화(환가)의 세 수단이 그것이다(민집 273조 1항·3항, 223조 내지 250조 참조). 그 어느 것에 의하든 질권의 실행으로서 하는 집행이므로, 판결 그 밖의 집행권원을 필요로 하지 않고, 질권의 존재를 증명하는 서류의 제출만으로 실행은 개시된다(민집 273조 1항 참조).

(4) **유   질**   채권질권에 관해서도 유질계약(流質契約)의 금지에 관한 제339조가 적용된다(355조). 그러나 금전채권을 입질한 경우에 질권자는 그 채권액의

한도에서 직접청구권을 가지고 있으므로, 그 채권액의 한도에서 변제를 갈음하여 금전채권을 질권자에게 귀속시키는 것을 미리 약정하는 것은 상관없다고 해석해야 한다.

4. 채권질권자의 의무   교부받은 채권증서를 선량한 관리자의 주의로 보관하고, 피담보채권이 소멸하는 때에 이를 설정자에게 반환해야 한다. 그리고 채권의 실행으로서 직접청구를 할 때에도 선량한 관리자의 주의를 가지고 해야 함은 물론이다.

제 3 관   그 밖의 권리질권

[197] Ⅰ. **주식 위의 질권**

주식은 오늘날의 경제거래에서 가장 중요한 상품의 하나이며, 그 위의 질권은 채권질에 못지않은 기능을 한다. 그러나 민법은 이에 관한 규정을 일체 두지 않고, 그 규율을 전적으로 상법에 맡기고 있으며, 상법은 상당히 자세한 규정들을 두고 있다. 따라서 주식 위의 질권은 상법의 연구에 미루는 것이 타당할 것이므로, 여기서는 그 대략만을 개관하는 데 그치기로 한다.

(1) **질권의 설정**   주식은 원칙적으로 양도성을 가지고 있으며(상 335조 참조), 따라서 입질할 수 있다. 그러나 자기주식에 관하여서는 제한이 있다(상 341조의 2). 주식에는 무기명주식과 기명주식이 있으며, 이들 위의 질권 설정방법은 각각 다음과 같다.

(가) 무기명주식은 무기명채권에 준하는 것이므로, 이에 질권을 설정하려면, 무기명채권에 대한 질권의 설정방법에 의하게 된다(351조). 따라서 무기명주식의 입질은 주권을 질권자에게 교부함으로써 효력이 생긴다.

(나) 기명주식의 입질방법에 관하여 상법은 특칙을 두어 다음의 두 방법을 인정하고 있다. (ⅰ) 첫째, 약식질(略式質)인데, 이는 주권을 질권자에게 교부함으로써 성립하는 것이며, 주권의 계속 점유를 제 3 자대항요건으로 한다(상 338조 1항·2항 참조). (ⅱ) 둘째, 등록질(登錄質)인데, 이것은 회사가 질권설정자의 청구에 따라 질권자의 성명과 주소를 주주명부에 부기하고, 그 성명을 주권에 기재하는 방법에 의한

입질이다(상 340조).

  (2) 질권의 효력

  ㈎ 주식 위의 질권에도 물상대위가 인정되지만, 상법은 이에 관하여 특칙을 두고 있다. 즉, 주식의 소각·병합·분할·전환이 있는 때에, 종전의 주식을 목적으로 하는 질권은 이들 각 경우에 주주가 받을 금전이나 주식 위에 존재한다(상 339 조·461조 7항 참조). 이 경우에 민법(342조 후단)이 요구하는 「지급 또는 인도 전」의 압류는 약식질에서만 필요하다고 해석해야 한다.

  ㈏ 기명주식을 입질한 경우에 질권자는 그 주식에 의한 이익배당을 받아 이를 우선변제에 충당할 수 있는지에 관하여 상법은 등록질에 관하여 이를 인정한다. 즉, 등록질권자는 회사로부터 이익이나 이자의 배당, 잔여재산의 분배, 물상대위의 대상인 금전의 지급을 받아 이를 다른 채권자보다 우선하여 자기 채권의 변제에 충당할 수 있다(상 340조 1항 참조). 만일 질권의 목적인 채권의 변제기가 나중에 도래하게 될 때에는, 질권자는 회사로 하여금 변제금액을 공탁하게 할 수 있으며, 이 경우에는 질권은 그 공탁금 위에 존속한다(상 340조 2항, 민법 353조 3항). 또한 등록질권자는 주식의 소각·병합·전환·준비금의 자본전입으로 종전의 주주가 받게 되는 주식에 대한 주권의 교부를 회사에 대하여 청구할 수 있다(상 340조 3항). 약식질권자에게는 위와 같은 보호가 인정되어 있지 않다.

  ㈐ 주식이 질권의 목적이 되는 때에 질권설정자가 질권자의 권리를 소멸·변경시키는 행위를 해서는 안 될 구속을 받게 됨은 당연하다(352조 참조). 의결권에 관해서는 질권자에게 이를 행사하게 할 이유가 없고, 또한 설정자로부터 이 권리의 행사를 빼앗을 근거도 없으므로, 의결권은 입질에 따라 영향을 받지 않는다고 해석해야 한다.

  ㈑ 주식 위의 질권의 실행방법으로는 민사집행법의 규정에 의한 환가가 있을 뿐이다(354조. 민집 273조 참조). 다만 유가증권에 관해서는, 간단하고 쉬운 환가방법이 인정된다(민집 210조·211조 참조).

[198] Ⅱ. 지식재산권 위의 질권

  특허권과 그의 전용실시권 또는 통상실시권(특허 121조)·실용신안권(실용신안 28

조)·디자인권과 그의 전용실시권 또는 통상실시권(디자인 56조)·상표권과 그의 전용사용권 또는 통상사용권(상표 62조)·저작권 중 저작재산권(복제권·공연권·방송권·전시권·배포권·2차적 저작물 등의 배포권. 저작 10조·16조 내지 21조)(저작 44조) 등의 이른바 지식재산권도 이를 입질할 수 있다. 「동산·채권 등의 담보에 관한 법률」에서는 지식재산권담보권에 관한 특례규정을 두고 있다([244] 참조).

　(1)　위와 같은 지식재산권의 입질은 이를 등록해야 그 효력이 생긴다(특허 87조·101조, 실용신안 28조, 디자인 48조[개정 디자인보호법(2014. 7. 시행) 90조], 상표 56조 등 참조). 그러나 저작권의 입질에서는 등록은 제3자에 대한 대항요건이다(저작 54조). 그런데 이들 지식재산권은 그 존재를 증명하는 증서나 또는 그 권리 자체를 표상하는 증권이 없는 무체의 재산권이므로, 물건 또는 증서의 인도(330조·347조)라는 것은 문제되지 않는다. 따라서 저작권 등의 입질은 당사자 사이의 단순한 질권설정계약만으로 그 효력이 생긴다.

　(2)　이들 지식재산권을 목적으로 하는 질권에도 유치권에 관한 제323조와 제324조가 준용되므로(355조·343조), 질권자는 설정자의 승낙 없이는 이들 권리를 행사해서 그 수익을 우선변제에 충당하지 못한다. 다만 질권설정자가 받게 될 수익 등을 지급 또는 인도 전에 압류하여 질권을 행사할 수 있다(특허 121조·123조, 실용신안 28조, 디자인 57조[개정 디자인보호법(2014. 7. 시행) 109조], 상표 62조·63조, 저작 47조 등 참조). 따라서 이 종류의 질권은 오히려 저당권에 가까운 성격을 가진다.

　(3)　이들 질권의 실행방법으로는 민사집행법이 규정하는 환가방법이 있을 뿐이다(354조. 민집 273조 참조).

제 4 장   저 당 권

제 1 절   총   설

[199] Ⅰ. 저당권의 의의와 사회적 작용

    1. 저당권의 내용   저당권(抵當權)은 채무자 또는 제 3 자(물상보증인)가 채무의 담보로 제공한 부동산을 채권자가 제공자로부터 인도받지 않고 그 부동산으로부터 우선변제를 받을 수 있는 담보물권이다(356조). 저당권자는 담보로 제공된 부동산을 관념상으로만 지배하고 채무의 변제가 없는 경우에 비로소 그 부동산에 대하여 우선변제를 받을 수 있다. 그것은 질권과 마찬가지로 원칙적으로 당사자 사이의 계약으로 성립하는 약정담보물권(約定擔保物權)이다. 일정한 경우에 법률상 당연히 성립하는 법정저당권이라는 것이 있으나, 이는 예외적인 것에 지나지 않는다.

    저당권은 우선변제를 받는 권리라는 점에서 질권과 공통의 성질을 가지나, 설정자가 목적물을 계속 점유하기 때문에 유치적 효력을 가지지 않는다. 이 점에서 질권과는 근본적으로 다르고, 또한 저당권의 장점이 여기서 빛나고 있음은 질권과 관련하여 이미 설명하였다([176] 3 참조).

    2. 교환가치권으로서의 저당권   저당권은 물권의 일종이므로 지배권의 성격을 가지고 있으나, 그 지배의 측면을 달리한다. 목적물의 물질적 지배 또는 사용가치에 대한 지배를 하는 용익물권과는 달리, 저당권은 목적물의 교환가치(交換價値)를 지배하는 지배권이다. 저당권을 가리켜 가치권(價値權)이라고 일컫는 것은 바로 이 때문이다. 따라서 목적물에 대한 직접적인 사용·수익권이나 처분권은 여전히 저당권설정자(소유자)에게 남아 있으며, 저당권자는 목적물이 가지는 교환가치를 파악할 뿐이다. 여기서 교환가치를 「파악」한다는 것은 피담보채권이 변제되면 교환가치에 대한 지배상태가 끝나지만, 그것이 변제되지 않는 경우(채무불이행)에는 저당권자는 교환가치의 실현 즉 목적물을 처분(환가 또는 현금화)할 수 있음을 의미한다. 이와 같이 교환가치와 목적물은 서로 분리할 수 없는 불가분의 관계에 있기 때문에, 저당권은 목적물을 직접 지배할 수 있는 권리(배타적 지배권)로서의 성격을 가

지고 있는 것이다.

3. 사회적 작용   질권과 저당권은 모두 채권의 담보라는 작용을 하는 것이지만, 질권에는 유치적 효력이 있으나 저당권에는 유치적 효력이 없는 점에서 두 가지는 근본적으로 다르다. 이 근본적 차이는 작용이나 기능상의 차이로 나타난다. 우선 제도로서는 유치적 효력이 있는 질권보다는 그러한 효력이 없는 저당권이 훨씬 합리적이다. 질권에서는 목적물의 사용가치를 이용하지 못하는 결과가 되지만, 저당권에서는 소유자는 목적물의 사용가치를 계속 이용할 수 있고 저당권자는 목적물의 교환가치만을 파악하여 이자를 받아 수익을 얻을 수 있기 때문이다. 말하자면, 재화는 이중의 효용을 발휘할 수 있다. 질권은 서민금융(소비신용)의 수단으로 작용할 뿐이지만, 저당권은 기업자금의 조달을 매개하는 제도로서 기업의 금융(생산신용)에 이바지하는 담보제도이다. 이와 같이 저당권은 기본적으로는 기업자금의 조달에 봉사하는 기능을 가지고 있으나, 자금을 제공하는 자의 처지에서 본다면 그것은 적극적으로 투자를 매개하는 작용을 한다. 이들 금융과 투자라는 두 작용에서 저당권은 질권이 도저히 미치지 못하는 가장 합리적인 제도이다. 여기에 저당권이 자본주의경제기구에서 매우 중요한 작용을 담당하고 있는 이유가 있다. 이 두 측면에서 저당권의 작용을 살펴보기로 한다.

(1) 금융수단으로서의 작용   담보물권의 주요한 모습을 연혁적으로 고찰한다면, 담보물의 소유권까지도 채권자에게 이전해 버리는 소유권질(매도담보)로부터, 그 점유만을 채권자에게 인도하는 질권을 거쳐서, 점유까지도 채권자에게 이전할 필요가 없는 저당권으로 옮겨 왔다고 말할 수 있다. 사람들 사이의 신용제도가 발달하지 못한 경제사회에서는 소유권을 채무자에게 남겨 두는 담보형태는 채권자에게 큰 위험이 된다. 그러나 신용경제사회에서는 소유권까지 채권자에게 이전하는 것은 담보의 목적을 넘는 지나친 것이다. 물건의 점유를 채무자로부터 빼앗아서 그의 변제를 간접적으로 강제하고, 그 변제가 없는 경우에 목적물의 가치로부터 우선변제를 받을 수 있다면, 그것으로 담보의 목적은 충분히 달성된다. 이러한 점유이전형 담보가 소유권을 이전하는 방식의 담보형태보다는 진일보한 것이지만, 현대와 같은 기업경제조직에서는 금융의 목적에 적합하지 않다. 점유이전형 담보는 목적물의 사용·수익을 채무자로부터 빼앗는 것이므로, 이로써 금융을 얻으려는 채

무자는 필연적으로 일상생활상의 필수품을 담보로 제공하지 않을 수 없다. 따라서 이것은 서민금융수단은 되어도 기업시설을 담보에 제공해서 기업자금을 얻으려는 현대 금융거래에서는 거의 무력한 제도이다. 담보물권의 경제적 목적은 그 목적물의 교환가치를 취득하는 데 있다. 목적물의 점유를 채권자에게 이전하는 것은 결코 담보물권에 필요한 요소가 아니다. 저당권은 바로 이 점유를 이전하지 않는 담보물권이며, 현대의 기업경제조직에서 금융수단으로 가장 적당한 특성을 발휘하게 되어 으뜸가는 담보물권의 자리를 차지하게 되었다. 기업자는 그의 기업설비를 저당으로 하여 기업자금을 얻는 동시에, 이 자금을 그의 기업설비에 부어 넣음으로써 이윤을 얻고, 이로써 기업채무의 변제에 충당해 갈 수 있다. 오늘날의 기업경제사회에서 이루어지는 담보는 대부분 저당권이다(우리나라 금융거래에서 주로 이용되는 근저당권은 저당권의 일종이다). 위와 같이 저당권의 본래의 역할은 생산신용의 매개에 있는 것이나, 소비신용을 위하여 이용되는 경우도 상당히 많다.

(2) **투자의 매개가 되는 작용**   위에서 본 바와 같이 저당권은 부동산소유자나 기업자가 금융을 얻는 수단이 되나, 이를 금융을 제공하는 자로부터 본다면, 그는 이자의 형식으로 기업 이윤의 분배에 참여하므로, 그것은 투자를 하는 것이 된다. 바꾸어 말하면, 부동산소유자는 그가 소유하는 부동산을 담보로 하여 신용을 얻으려고 하고, 자본가는 이 수요에 응하여 신용을 제공함으로써 저당권은 성립하게 되므로, 이들 두 가지 점은 서로 안팎의 관계에 있다고 할 수 있다. 법률적 형식에서 본다면, 둘 사이에 아무런 차이가 없다. 그러나 경제적 견지에서 본다면, 중대한 차이가 있다. 오늘날 모든 기업은 금융자본에 대하여 무한한 수요를 가지고 있고, 한편 금융업자는 물론이며, 봉급자와 같은 영세한 금전소유자에 이르기까지, 사회의 모든 금전소유자는 기업에 대하여 그가 소유하는 금전을 투자하려고 한다. 저당권이 이 대량적인 투자의 매개자가 되어 저당제도의 목적은 점차 투자자를 중심으로 하게 되었다. 즉, 화폐경제의 발달과 더불어 저당권의 작용은 부동산소유자의 신용획득에서 저당권자의 자본투하로 옮기고 있는 것이다. 바꾸어 말하면, 저당권의 기능은 「변제의 확보」에서 「투자의 매개」로 변하고 있다. 여기서 저당권의 모습이 채권의 이행을 확보하는 것만을 목적으로 하는 보전저당권(保全抵當權)으로부터 투자의 수단으로서 혹은 부동산의 자금화의 방법으로 이용되어야 할 투자저당

권(投資抵當權)으로, 옮겨 가야 한다고 학자들이 주장하는 이유를 발견할 수 있다(이를 제대로 이해하려면, 독일이나 스위스의 저당제도를 살펴보는 것이 필요하나, 이 책에서는 다루지 않기로 한다).

[200]　Ⅱ.　저당권의 법적 성질

저당권의 법적 성질을 요약하면, 다음과 같다.

1.　저당권의 특질　　저당권은 채무자 또는 제 3 자(물상보증인)가 점유를 옮기지 않고서 채무의 담보에 제공한 목적물로부터 저당권자가 다른 채권자보다 먼저 자기채권의 우선변제를 받을 수 있는 약정담보물권이다(356조).

(1)　저당권은 유치권과 같이 법률상 당연히 생기는 권리가 아니라, 당사자 사이에 그 설정을 목적으로 하는 합의와 등기에 의하여 성립하는 담보물권이며, 이점에서 질권과 그 성질이 같다. 다만 일정한 경우에 법률 규정에 따라 당연히 발생하는 법정저당권이 있으나, 이는 어디까지나 예외에 속한다.

(2)　저당권은 목적물로부터 다른 채권자에 앞서서 우선변제를 받는 권리이다. 우선변제권은 저당권의 본체적 효력이라고 한다(대판 2006. 10. 27, 2005다14502 참조). 이 점에서 저당권은 질권과 공통되는 성질을 가지고 있으며, 유치권과는 다르다. 그러나 유치적 효력을 가지지 않는 점에서 질권과는 본질적으로 다르다. 목적물을 현금화해서 우선변제를 받는 방법은 원칙적으로 담보권 실행을 위한 경매이다. 저당목적물의 소유권이 제 3 자에게 이전된 경우에도 저당권자는 그 목적물에 대하여 저당권을 행사할 수 있다. 이를 저당권의 추급력(追及力)이라고 한다. 공장 및 광업재단 저당법 제 7 조 본문은 공장저당권의 추급력에 관하여 명시적인 규정을 두고 있다. 민법상의 저당권에는 이에 관한 규정이 없지만 당연히 인정된다고 보아야 한다.

(3)　저당권은 목적물의 점유를 저당권자에게 이전하지 않고서 설정자가 그대로 목적물을 가지고 있는 담보권이다. 저당권자는 유치적(留置的) 효력을 갖지 않는나. 질권은 우선변제권을 가지지만, 검유질(占有質)이라는 특질을 가지고 있으며, 이점에서 저당권과는 근본적으로 다르다. 저당권에서는 목적물의 점유가 그대로 설정자의 손안에 있으므로, 공적 장부에 의한 공시를 갖추는 것이 저당권을 설정하는

데는 불가결의 요건이다. 그러한 공시방법을 가지지 못하는 것에는 저당권이 성립할 수 없다.

2. 담보물권으로서의 통유성(通有性)   저당권은 담보물권의 일종으로서 다음과 같은 성질을 가진다.

　(1) **타물권**(他物權)   타물권저당권은 타인의 물건 위에 성립하는 물권으로서 타물권에 속한다. 자기가 가지는 물건이나 권리 위에 저당권이 성립하는 것은 혼동의 예외로서 인정될 뿐이다.

　(2) **부종성**(附從性)   저당권은 채권에 부종한다. 즉, 저당권은 특정의 채권을 담보하는 것을 유일한 목적으로 하여 존재한다. 따라서 (i) 피담보채권이 처음부터 무효이거나 취소되는 경우에 그 저당권도 무효이거나 또는 소급적으로 효력을 잃는다. 그러나 피담보채권이 장래에 발생하는 것이더라도 이를 담보하기 위하여 저당권을 설정하는 것은 가능하다. (ii) 채권이 변제·포기·혼동·면제 그 밖의 사유로 소멸하면, 저당권도 그에 따라서 소멸한다. (iii) 저당권을 피담보채권과 분리해서 처분하지 못한다.

　(3) **수반성**(隨伴性)   피담보채권에 수반한다. 즉, 피담보채권이 상속·양도 등으로 그의 동일성을 잃지 않고서 승계되는 경우에 저당권도 이에 따라 승계된다. 이와 같이 저당권은 피담보채권에 수반하나, 제 3 자에게 불이익을 주지는 못한다. 그러나 물상보증인이 설정한 저당권의 경우에 물상보증인의 동의는 요구되지 않는다(아래 [222] 1 참조). 그리고 피담보채권의 채권자가 아니면 저당권자가 되지 못하므로, 채권이 이전하더라도 저당권이 수반하지 않는 경우에는 저당권은 소멸한다.

　(4) **불가분성**(不可分性)   저당권은 불가분성이 인정된다(370조·321조). 그러나 공동저당의 경우에는 중요한 예외가 인정되어 있다(368조). 관계되는 곳에서 설명한다.

　(5) **물상대위성**(物上代位性)   저당권은 물상대위가 인정된다(370조·342조). 이에 관해서도 저당권의 효력이 미치는 목적물의 범위를 다룰 때에 자세히 보기로 한다.

제 2 절　저당권의 성립

[201]　I. 서　　설

민법상 저당권이 성립하는 경우로는 (i) 당사자 사이의 저당권설정에 관한 합의와 등기를 한 경우(186조), (ii) 민법 제666조에 따라 부동산공사수급인에게 인 정되는 저당권설정청구권을 행사한 경우, 그리고 (iii) 민법 제649조의 규정에 따라 일정한 요건 아래에 법률상 당연히 성립하는 경우 세 가지가 있다. 저당권은 이른 바 약정담보물권이므로, 이들 세 경우 중 첫째의 경우가 저당권이 성립하는 가장 원칙적인 것이다. 따라서 본절에서도 이 경우를 중심으로 설명을 진행한다.

[202]　II. 저당권설정계약

저당권은 약정담보물권이므로, 민법 제186조에 따라 당사자 사이의 저당권설 정을 목적으로 하는 물권적 합의와 등기에 의하여 성립하는 것이 원칙이다. 이 경 우 저당권설정을 목적으로 하는 물권적 합의가 저당권설정계약이다. 그의 법률적 성질·계약당사자 등에 관하여 설명하면 다음과 같다.

1. 계약의 성질　　물권행위의 일반이론에 의하면, 저당권의 설정을 약정 하는 채권계약과 저당권설정 그 자체를 목적으로 하는 순수한 물권적 합의 또는 물 권계약은 당사자가 특히 두 가지를 분리해서 따로따로 하기로 할 수도 있으나, 특 별한 사정이 없으면 그들은 하나의 행위로 합쳐져서 함께 행해지는 것으로 새겨야 한다. 그러므로 저당권설정계약은 보통 위와 같은 채권계약과 물권계약의 두 성격 을 갖는다. 뿐만 아니라, 많은 경우에 저당권설정계약은 그 저당권으로 담보되는 채권(피담보채권)을 발생시키는 계약(예컨대, 금전소비대차계약 등) 속에 포함되어 행해 지고 있다(이에 관해서는 위 [17]·[19] 참조). 다만 물권행위의 독자성을 인정하는 견해 에서는 저당권설정계약을 물권계약으로만 보고 있다(고상룡 837면, 김증한·김학동 518 면, 이영준 861면. 저당권설정행위에 관해서는 물권행위 개념이 필요하지 않다는 견해로는 이은영 767면 참조)

2. 계약의 당사자　　당사자는 저당권을 취득하는 자(저당권자)와 목적인 부동산 등에 저당권을 설정하는 자(저당권설정자)이다.

(1)　저당권자는 피담보채권의 채권자에 한한다. 담보물권의 부종성에 따라 채권과 저당권은 그 주체를 달리할 수 없기 때문이다. 다만 판례는 예외적으로 채권자 아닌 제3자 명의의 저당권 등기가 유효하다고 한다(이에 관해서는 [226] 2 (2) 참조).

(2)　저당권설정자는 피담보채권의 채무자가 보통이지만, 채무자에 한하지 않고 제3자라도 상관없다(356조 참조). 제3자가 타인의 채무를 위하여 자기의 재산 위에 저당권을 설정한 경우에, 그 제3자를 「물상보증인」이라 하며, 만일 그가 채무를 변제하거나 또는 저당권의 실행으로 목적물의 소유권을 잃게 되는 경우에는 그의 구상권에 관하여 보증인의 규정이 준용됨은 질권에서와 똑같다(370조·341조. [178] 1 참조).

(3)　저당권설정계약은 직접 저당권의 발생을 목적으로 하는 물권계약이며, 저당권을 설정할 것을 약정하는 단순한 채권계약과는 다르므로, 채권자를 위하여 저당권을 설정하는 당사자는 그 목적물에 관하여 처분권한을 가지고 있어야 한다. 따라서 다음과 같이 된다.

(가)　자기 소유가 아닌 물건 위에 저당권을 설정하지 못하며, 사실상 저당권설정의 절차를 밟았더라도, 채권자는 저당권을 취득하지 못한다. 예컨대, 등기부상의 소유명의자로부터 선의로 저당권의 설정을 받아 그 등기를 했더라도 그 명의자가 진정한 소유자가 아닌 경우에는 법률상 유효하게 저당권을 취득하지 못한다. 이러한 경우 진정한 소유자가 저당권등기의 말소를 청구하면 이에 응해야만 한다. 등기에 공신력을 인정하지 않는 민법의 해석상 당연한 것이다.

(나)　한편 목적물의 진정한 소유자이더라도, 법률상 처분권능을 제한당하고 있는 자, 예컨대 파산선고를 받은 자, 압류 또는 가압류를 당하고 있는 자, 처분금지의 가처분을 받은 자는 저당권을 설정하지 못한다.

[203]　Ⅲ. 저당권의 설정등기

저당권의 설정은 부동산물권변동의 일반원칙에 따라 그것을 목적으로 하는 물권행위(저당권설정계약) 외에 등기를 해야 한다(186조). 등기해야 할 사항은 채권액, 채무자의 성명 또는 명칭과 주소 또는 사무소 소재지, 변제기, 이자 및 그 발생기·지급시기, 원본(元本) 또는 이자의 지급장소, 채무불이행으로 인한 손해배상에 관한

약정, 민법 제358조 단서의 약정, 채권의 조건이다(부등 75조 1항). 저당권설정등기의
비용은 당사자 사이에 다른 특약이 없으면, 채무자가 부담하는 것이 거래상의 원칙
이다(이것이 판례이다. 대판 1962. 2. 15, 4294민상291. 그러나 양도담보의 경우에는 등기비용 등
을 채권자가 부담하는 것이 원칙이라고 한다. 대판 1981. 7. 28, 81다257; 대판 1975. 5. 27, 75다
235 참조).

　　피담보채권이 소멸했는데도 저당권의 등기가 말소되지 않고 그대로 남아 있는
경우에, 당사자 사이의 특약으로 이 등기를 새로운 저당권을 위한 등기로 이용할
수 있는지 문제된다. 이는 무효 등기의 유용(流用) 문제에 속한다(상세한 것은 위 [27]
3 (1) ㈐ ② 참조). 학설과 판례는 등기상 이해관계인이 없는 경우에 한하여 무효등기
의 유용을 인정한다(대판 1963. 10. 10, 63다583; 대판 1994. 1. 28, 93다31702 참조).

[204]　Ⅳ.　저당권의 객체로 할 수 있는 것

　　저당권은 등기·등록 등의 공시방법이 마련되어 있는 것에 관하여 설정할 수
있다. 이 점에서 목적물의 점유이전을 공시방법으로 하는 동산질권과 다를 뿐만 아
니라, 설정할 수 있는 목적물의 범위도 질권만큼 넓지 않다.

　　1.　민법이 인정하는 저당권의 객체는 부동산(356조)과 지상권·전세권(371조 1
항)이다. 이들에 관하여 주의할 점은 다음과 같다.

　　(1)　토지는 건물과 더불어 저당권의 가장 적당한 목적물이다. 1필의 토지가 1
개의 저당권의 목적이 된다. 따라서 여러 토지의 집합에 하나의 저당권을 설정할
수도 없고, 또한 1필의 토지 일부에 저당권을 설정할 수도 없다. 1필의 토지로서
등기되어 있는 토지의 일부에 저당권을 설정하려면, 반드시 먼저 분필의 등기를 해
야만 한다.

　　(2)　1동의 건물에 저당권을 설정할 수 있음은 의문이 없으나, 1동의 건물 일
부에는 저당권을 설정할 수 없는 것이 원칙이다. 다만 1동의 건물 일부라고 하더라
도 구분소유권의 목적이 되는 것에는 저당권을 설정할 수 있다(그러나 구분건물과 대
지사용권의 일체성에 따라 토지와 건물(전유부분) 중의 어느 한 쪽만을 객체로 하는 저당권은 설
정할 수 없다. 부등 61조 3항·4항 참조).

　　(3)　지상권·전세권도 저당권의 목적으로 하는 것이 인정된다(371조, 부등 52조

3호. 그러나 실제로는 그러한 예는 드물다).

2. 민법 이외의 법률에서 인정되는 저당권의 객체로는 다음과 같은 것이 있다.

(1) 상법은 등기한 선박을 저당권의 목적으로 할 수 있다고 정하고 있다(상 787조 1항). 이에 관해서는 민법의 저당권에 관한 규정을 준용한다(상 787조 3항).

(2) 「입목에 관한 법률」이 정하는 일정요건을 갖춘 수목의 집단으로서 등기 (입목등기)를 한 것은 지반인 토지와는 별개의 독립한 부동산으로 보며(동법 3조 1항), 그 위에 독립한 저당권을 설정할 수 있다(동법 3조 2항). 그 밖에 특별법에 따라 광업 권(광업 11조 2항)·어업권(수산업 16조 2항)도 저당권의 목적이 된다.

(3) 특별법상의 공장재단·광업재단(공장 및 광업재단 저당법).

(4) 특별법에 따라 저당권의 설정이 인정되어 있는 특수한 동산. 이에는 건설 기계·소형선박·자동차·항공기가 있다(자동차 등 특정동산 저당법).

[205] Ⅴ. 저당권을 설정할 수 있는 채권(피담보채권)

1. 금전채권   저당권으로 담보할 수 있는 채권, 즉 피담보채권은 금전소 비대차에 의한 채권과 같은 금전채권인 경우가 가장 많고 그것이 보통이다. 그러나 반드시 금전채권에 한정되는 것은 아니며, 그 밖의 채권이더라도 상관없다. 본래 저당권은 목적물의 교환가치로부터 우선변제를 받는 것을 목적으로 하는 것이므 로, 저당권을 실행할 시기에 금전채권으로 되어 있으면 그것으로 충분하다. 그런데 금전채권이 아닌 채권도 채무불이행이 있게 되면 금전채권(즉 손해배상채권)으로 변 하기 때문에, 저당권의 피담보채권은 처음부터 금전채권일 필요는 없다.

그러나 피담보채권이 「일정한 금액을 목적으로 하지 아니하는 채권」인 경우에 는 등기관은 저당권설정의 등기를 할 때 그 채권의 평가액을 기록해야 한다(부등 77 조). 이는 목적부동산에 관하여 파악되어 있는 담보가치의 금액을 공시해서 목적부 동산에 관하여 다시 이해관계를 가지게 되는 자(예컨대, 후순위저당권자나 목적부동산의 양수인 등)에게 정확한 판단의 자료를 주어서 보호하기 위한 것이다. 따라서 채권의 실제 가격이 등기된 가격을 넘는 경우에는 그 등기된 가격의 한도에서 우선권을 주 장할 수 있을 뿐이다(대판 1964. 9. 8, 64다247; 대판 1971. 3. 23, 70다2982 참조). 실제 가격 이 등기된 금액에 미치지 못하는 경우에는 실제 가격으로 해야 함은 물론이다.

2. 피담보채권의 모습

(1) 채권의 일부(예컨대, 100만원의 대금채권 중에서 70만원)를 피담보채권으로 할 수 있고, 또한 복수의 채권을 합해서 피담보채권으로 하는 것도 상관없다.

(2) 채무자가 각각 다른 복수의 채권에 관하여 물상보증인이 1개의 저당권을 설정할 수도 있다.

3. 장래의 채권

민법의 저당권에서는 부종성이 매우 엄격하다는 것과 그 내용은 이미 여러 곳에서 설명하였다. 이 부종성에 관련하여 종래 논의의 대상이 되었던 것은 장래의 채권을 위하여 현재 저당권을 설정할 수 있는지에 관해서이다. 간단히 설명하면 다음과 같다.

장래에 발생할 채권을 위해서도 저당권을 설정할 수 있는지에 관하여 민법은 「장래의 불특정의 채권」을 담보하는 근저당에 관해서는 특히 규정을 두고 있으나 (357조 참조), 「장래의 특정의 채권」을 위한 저당권에 관해서는 규정이 없다. 그러나 그 유효성을 인정해야 한다는 데 이견이 없다. 민법이 여러 곳에서 「장래의 채권」을 위한 담보를 인정하는 규정(26조 1항·206조·443조·588조·639조 2항·662조 2항·918조 4항·956조 등)을 두고 있는 것을 보더라도, 장래에 발생할 특정의 채권을 담보하기 위한 저당권은 유효하다고 해야 한다. 문제는 이러한 조건부 또는 기한부 채권, 장래에 발생할 특정의 채권을 위하여 설정한 저당권은 언제 그 효력을 발생하는가이다. 민법의 해석으로는 피담보채권이 특정되어 있으면 저당권은 설정계약과 등기에 따라 효력이 생긴다고 해야 한다. 물론 채권이 성립하고 있지 않으면 우선변제권을 행사할 수 없다. 이 점을 제외하고는 등기에 따라 그 우선순위를 보존하고 저당권으로서 여러 가지 효력을 발휘할 수 있다고 해석해야 한다. 근저당에 관해서는 나중에 따로 다루기로 한다.

[206] Ⅵ. 부동산공사 수급인의 저당권 설정청구권

민법 제666조는 도급에서 부동산공사 수급인에게 저당권 설정청구권을 인정하고 있다. 즉, 부동산공사의 수급인이 공사를 완료하면 도급인은 그 보수를 지급해야 하는데(665조), 이때 수급인은 그 보수에 관한 채권을 담보하기 위하여 부동산을 목적으로 하는 저당권의 설정을 청구할 수 있다(666조). 부동산공사 수급인을 보호하기 위한 것이다.

이 청구권의 행사로 당연히 저당권이 성립하는 것은 아니다. 도급인이 수급인의 청구에 응해서 등기를 해야 비로소 저당권이 성립한다. 즉, 청구권의 행사로 수급인은 등기청구권을 취득하게 될 뿐이다.

만일 도급인이 그 목적부동산을 양도하면, 수급인의 저당권 설정청구권은 소멸한다고 해석해야 한다. 이 경우에 수급인이 그의 청구권을 가지고 양수인에게 대항하려면, 가등기로 그의 청구권을 보전해야 한다(부등 88조 참조).

[207] Ⅶ. 법정저당권의 성립

저당권은 약정담보물권이어서, 당사자 사이의 합의와 등기에 의하여 성립하는 것이 원칙이지만, 민법은 그러한 당사자의 합의가 없는 경우에도 법률상 당연히 저당권이 성립하는 하나의 예외를 규정하고 있다. 민법이 이러한 「법정저당권」을 인정하는 이유는 법정질권을 인정하는 것과 같은 이유에서이다([182] 참조).

법정저당권은 토지임대인이 변제기를 경과한 최후 2년의 차임채권을 가지고 있는 경우에, 그 지상에 있는 임차인 소유의 건물을 압류한 때에 성립한다(649조). 그러므로 임차인이 임차 토지에 자기 소유의 건물을 가지는 경우에 한하여 또한 일정한 차임에 관해서만 법정저당권이 성립한다. 그리고 그 성립시기는 압류등기를 한 때이다.

제 3 절   저당권의 효력

제 1 관   저당권의 효력이 미치는 범위

[208] Ⅰ. 피담보채권의 범위

1.   저당권으로 담보되는 채권의 범위는 질권의 경우보다는 좁다. 특히 손해배상채권에 관하여 일정한 제한을 두고 있다. 저당권에서는 후순위의 저당권이 있는 경우가 질권에 비하여 훨씬 많고, 그 밖에 목적부동산에 관하여 제 3 자가 이해관계를 가지는 경우가 적지 않다. 그리하여 제 3 자가 예측하지 않은 손해를 받지 않도록 하기 위하여 피담보채권의 범위를 제한한 것이다. 민법이 규정하는 피담보

채권의 범위는 다음과 같다(360조).

(1) **원본**(元本)   원본채권의 전액이 피담보채권으로 되는 것이 보통이지만, 원본의 일부로써 피담보채권으로 하는 것도 상관없음은 이미 설명하였다([205] 2 (1) 참조). 담보되는 원본의 금액과 변제기 그리고 지급장소는 이를 등기해야 한다(부등 75조 1항). 피담보채권이 금전채권이 아닌 경우에는, 미리 그 값을 금전으로 평가해서 이 평가액을 등기해야 한다는 것도 이미 설명하였다([205] 1 참조).

(2) **이 자**   이자를 발생시키는 특약이 있는 경우에는 이자 및 그 발생기·지급시기·지급장소에 관한 약정을 등기해야 한다(부등 75조 1항). 민법은 저당권의 효력이 미치는 이자의 범위를 제한하고 있지 않다. 따라서 이자채권은 저당권으로 무제한으로 담보된다. 이는 저당권자를 보호하는 것이 되지만, 시간의 경과로 그 금액이 늘어나는 이자를 무제한으로 원본채권과 동순위에서 우선변제를 받게 하는 것은 후순위저당권자의 채권이 담보되는 범위를 불안정하게 하고, 나아가서는 일반채권자에게도 예측하지 않은 손해를 줄 염려가 있다.

(3) **손해배상청구권**   채무불이행으로 인한 손해배상, 즉 지연배상(지연이자)은 원본의 이행기일을 경과한 후의 「1년분」에 한한다(360조 단서). 이와 같이 저당권을 행사할 수 있는 범위를 제한한 것은 저당권자의 제 3 자에 대한 관계에서의 제한이며, 채무자나 저당권설정자가 저당권자에 대하여 대항할 수 있다는 것은 아니다(대판 1992. 5. 12, 90다8855 참조). 제360조 단서는 피담보채권의 범위를 일률적으로 제한한 것이 아니라, 저당권을 실행하는 절차, 즉 경매절차에서 저당권자의 우선변제권을 제한한 것으로 보아야 한다. 따라서 후순위저당권자, 일반채권자 등 제 3 자와의 관계에서 피담보채권의 범위가 제한되는 결과가 된다. 그러나 채무자나 저당권설정자와의 관계에서 피담보채권의 범위가 이 규정에 따라 제한되는 것은 아니다(민법주해(Ⅶ) 67면, 주석민법 물권(4) 154면 참조).

지연이자는 원본채무의 불이행으로 법률상 당연히 발생하므로, 그 등기는 필요하지 않다. 약정이자에 관한 등기가 있으면, 그 이율에 의한 지연이자가 당연히 발생한다. 원본의 이행기일을 지난 후의 1년분에 제한한 이유는 이행기일이 지나서 저당권을 실행할 수 있는데도 저당권자의 게으름으로 시일이 경과하여 지연이자가 늘어가는 경우에, 이를 무제한으로 인정한다면 후순위저당권자를 비롯하여 다른 채권자의 이익을 해치게 되기 때문이다. 그러나 이 기간이 지나치게 짧아 저당권의 이용을 회피하는 중요한 이유가 되고 있다. 저당권에 기한 경매절차의 지연으로 1년이 지난 후에도 경매절차에서 배당을 받지 못하는 경우가 많기 때문이다(김재형, 근저당권연구, 93면, 주석민법 물권(4) 155면 참조).

(4) **위 약 금**   채무불이행으로 인한 손해배상에 관한 약정이 있는 경우에는 저당권설정등기에 그 약정을 기록하도록 하고 있다(부등 75조 1항 6호). 그 약정이 손해배상액의 예정이든 아니든(398조 4항 참조), 언제나 등기해야만 저당권으로 담보된다고 해석해야 한다.

(5) **저당권 실행의 비용**   저당권의 실행에는 부동산감정비용·경매신청등록세 등의 비용이 든다. 이러한 비용도 저당권으로 담보된다는 것을 제360조는 명백히 하고 있다. 그러나 이를 등기할 길은 없다. 설정행위에서 이들 비용을 채무자가 부담하지 않는다는 특약을 하고 있지 않은 한, 등기 없이도 당연히 저당권이 담보하는 채권의 범위에 속한다고 새겨야 한다. 저당권의 실행에는 일정한 비용이 따른다는 것은 당연히 예상되는 것이기 때문이다.

2.   저당권에 관해서도 당연히 불가분성의 이론이 적용된다(370조·321조). 따라서 피담보채권이 조금이라도 남아 있는 한, 그 변제를 받기 위하여 저당권을 실행할 수 있다. 또한 피담보채권이 남아 있는 한, 설정자는 저당권등기의 말소를 청구하지 못한다(대판 1970. 3. 24, 70다207 참조). 다만 공동저당에서는 불가분성이 제한되나, 이에 관해서는 공동저당을 설명할 때에 보기로 한다.

[209] Ⅱ. 목적물의 범위

1.   저당권의 효력이 미치는 범위는 목적물의 소유권이 미치는 범위와 대체로 일치하는 것이 원칙이지만, 당사자의 의사에 따라 다소 그 범위를 확장하거나 축소하는 것이 인정된다. 민법의 규정에 관하여 설명하면 다음과 같다.

(1) **부합물**(附合物)   저당권의 효력은 저당부동산에 부합된 물건에 미친다(358조 본문). 따라서 목적부동산과 결합하여 거래관념상 부동산의 일부분이 되었다고 인정되는 것에도 저당권의 효력은 미친다(대결 1983. 11. 24, 83마469 참조). 토지에 대한 수목이나(대결 1968. 8. 23, 68마867. 사안은 과수에 관한 것임), 건물에 대한 증축건

물(대결 1966. 5. 19, 66마592; 대결 1969. 8. 26, 69마80 등 참조)·부속건물(대결 1986. 5. 23, 86마295 참조) 등은 부합물의 예이다. 저당권설정 후에 부합된 물건에 한하는지, 또는 부합의 시기가 저당권설정의 앞뒤 어느 때이든 상관없는지 문제된다. 학설은 저당권설정 당시에 이미 부합하고 있는 것이든 또는 그 후에 부합한 것이든 어느 것에 대해서도 저당권의 효력이 미친다고 새기는 데 일치하고 있다. 건물을 증축한 부분이 본래의 건물에 부합되어 있다면, 증축부분에 관하여 별도로 보존등기가 경료되었고 본래의 건물에 대한 경매절차에서 경매목적물로 평가되지 않았다고 할지라도 경락인은 그 부합된 증축부분의 소유권을 취득한다(대판 1981. 11. 10, 80다2757·2758; 대판 2002. 10. 25, 2000다63110 참조).

이와 같이 저당권의 효력이 부합물에 미친다는 원칙에 대해서는 다음과 같은 예외가 있다.

⑺　설정행위에서 다른 약정을 한 때(358조 단서). 당사자는 설정계약에 따라 저당권의 효력이 부합물에 미치지 않는 것으로 할 수 있다. 그러나 이 약정은 등기를 해야만 제 3 자에게 대항할 수 있다(부등 75조 1항).

⑻　법률에 특별한 규정이 있는 경우(358조 단서). 그러한 민법의 규정으로서는 제256조 단서가 있다. 즉, 타인이 권원에 의하여 부속시킨 것은 부합물이 아니다. 예컨대, 지상권자·전세권자 또는 부동산임차인이 식재한 수목 또는 축조한 건물 그 밖의 공작물이나 부속시킨 물건 등은 이들 부동산사용권자의 소유에 속하고, 목적부동산의 소유권에 흡수되지 않으므로, 저당권의 효력은 이에 미치지 않는다. 민법 이외에도 특별법에 규정을 두고 있는 경우가 있다.「공장 및 광업재단 저당법」제 3 조 단서와 제 9 조는 그 예이다.

(2)　종물(從物)　　　저당권의 효력은 저당부동산의 종물에도 미친다(358조 본문). 그러므로 종물에 관해서도 위에서 설명한 부합물의 경우와 같은 이론을 적용한다. 저당권이 설정되기 전에 생긴 종물은 물론이고 그 설정 후에 생긴 종물에 대해서도 저당권의 효력이 미친다(대결 1971. 12. 10, 71마757 참조). 여기에서 말하는 종물은 제100조 1항이 정하고 있는 종물과 같은 의미로서 수불인 서낭폭식물의 싱용에 이바지하기 위하여 부속시킨 다른 물건을 말한다(대판 1994. 6. 10, 94다11606 참조). 이것은 주물 그 자체의 경제적 효용을 다하게 하는 것을 말하는 것이며, 주물의 소

유자나 이용자의 상용에 공여되고 있더라도 주물 그 자체의 효용과는 직접 관계없는 물건은 종물이 아니다(대판 1994. 6. 10, 94다11606 참조).

   (3) 종된 권리   제358조 본문의 규정은 저당부동산에 종된 권리에도 유추적용된다. 따라서 건물에 대한 저당권의 효력은 건물의 소유를 목적으로 하는 지상권에도 미친다(대판 1992. 7. 14, 92다527; 대판 1996. 4. 26, 95다52864 참조). 구분건물의 전유부분에만 설정된 저당권의 효력은 그 대지사용권에도 미치고, 여기의 대지사용권에는 지상권 등 용익권 이외에 대지소유권도 포함된다(대판 1995. 8. 22, 94다12722 참조). 그리고 건물의 소유를 목적으로 토지를 임차한 사람이 그 토지 위에 소유하는 건물에 저당권을 설정한 때에 저당권의 효력은 건물의 소유를 목적으로 한 토지의 임차권에도 미친다(대판 1993. 4. 13, 92다24950 참조).

   (4) 과실(果實)

   ⑺ 천연과실   저당권의 효력은 천연과실에는 원칙적으로 미치지 않는다. 저당권은 목적물의 이용을 설정자에게 맡겨 두는 것을 그 특질로 하고 있다. 만일 저당권의 효력이 처음부터 천연과실에도 미친다고 하면, 결국 설정자의 이용권을 빼앗는 것이 되어 저당권의 특질에 반한다. 그러나 이 원칙을 무제한으로 관철한다면, 목적물의 소유자가 고의로 경매절차를 지연시켜서 과실을 취득하는 폐해가 생길 것이다. 그리하여 민법은 저당권실행의 착수가 있다고 할 수 있는 다음의 경우에는 그 이후에 저당권의 효력이 천연과실에도 미치는 것으로 하였다. 즉, 저당부동산에 대한 압류가 있은 후에 저당권설정자가 그 부동산으로부터 거두어들인 과실 또는 거두어들일 수 있는 과실에 대해서도 저당권의 효력은 미친다(359조 본문). 그러나 그 부동산에 대한 소유권·지상권·전세권을 취득한 제3자에 대해서는 압류한 사실을 통지한 후가 아니면 이로써 대항하지 못한다(359조 단서). 여기서 말하는 압류는 민사집행법의 규정(민집 83조)에 의한 압류를 뜻함은 물론이다.

   ⑷ 법정과실   제359조의 과실에는 법정과실도 포함되는가? 제359조는 과실을 천연과실에 한정하고 있지 않으므로, 법정과실도 포함된다고 새겨야 한다. 따라서 천연과실에 관하여 설명한 것은 그대로 법정과실에도 타당하다. 판례는 이와 같은 입장에서 저당부동산에 대한 압류가 있으면 압류 이후의 저당권설정자의 저당부동산에 관한 차임채권 등에도 저당권의 효력이 미친다고 한다(대판 2016. 7.

27, 2015다230020 참조).

(5) 건　　물　　토지와 건물은 별개의 부동산으로서 목적토지 위의 건물에
는 저당권의 효력이 미치지 않는다(358조 본문). 건물에 증축된 부분을 독립한 건물
로 볼 수 있는지 문제되는데, 증축부분이 기존건물에 부착된 물리적 구조, 용도와
기능의 면에서 기존건물과 독립한 경제적 효용을 가지고 거래상 별개의 소유권의
객체가 될 수 있는지의 여부와 증축하여 이를 소유하는 자의 의사 등을 가려서 판
단해야 한다(대판 1994. 6. 10, 94다11606; 대판 1996. 6. 14, 94다53006 참조). 다만 민법은
토지를 목적으로 저당권을 설정한 후 그 설정자가 저당토지 위에 건물을 축조한 경
우에는 저당권자는 토지와 함께 그 건물에 대하여서도 경매를 청구할 수 있다고 규
정한다(365조 본문). 저당권의 실행을 용이하게 하기 위한 것이다. 그러나 이때 건물
대가로부터는 우선변제를 받지 못한다(365조 단서).

2. 물상대위(物上代位)　　질권에 관하여 정한 물상대위에 관한 규정은 저
당권에도 준용된다(370조·342조). 따라서 저당권은 본래의 목적물뿐만 아니라 그것
을 갈음하는 금전이나 물건 위에도 효력을 미친다.

(1) 저당권자가 추급할 수 있는 목적물에 갈음하는 것은 저당목적물의 멸실·
훼손 또는 공용징수로 인하여 저당권설정자가 받을 금전 그 밖의 물건이다. 보험금·
손해배상금·토지수용보상금 등이 이에 속한다. 그러나 저당목적물을 매각하거나
임대한 경우에는 물상대위가 인정되지 않는다. 저당권은 추급력이 인정되므로, 저
당목적물의 소유권이 제 3 자에게 이전되더라도 저당권자가 그 목적물에 대하여 저
당권을 행사하는 데 지장이 없다.

물상대위제도와 관련하여 문제가 되는 것은 목적부동산으로부터 분리한 부합
물이나 종물에 대한 저당권의 효력이 미치는지 여부이다. 이 점이 구체적으로 문제
되는 것은 산림을 벌채 즉 베어 낸 경우와 가옥이 허물어져 무너진 경우이다. 이
점의 해석에 관하여 공시의 원칙으로부터 문제를 해결하려는 것이 다수설이다. 분
리된 동산은 목적부동산과 결합하여 공시의 작용이 미치는 한도에서만 저당권의 효
력이 미친다고 해석하며, 따라서 그것이 부동산으로부터 반출되는 때에는 저당권의
효력은 미치지 못한다. 그러나 저당권자는 저당권의 물권적 효력에 따라 이 반출을
금지할 수 있다(김상용 681면, 김중한·김학동 526면, 송덕수 521면, 주석민법 물권(4) 311면

참조).

(2) 물상대위의 객체는 보험금·보상금 등 금전 그 밖의 물건 자체가 아니라, 이들에 관한 목적물소유자의 청구권이라는 점, 물상대위권을 행사하려면 이 청구권이 지급되거나 인도되기 전에 압류하고 있어야 한다는 점, 압류는 담보물권자가 스스로 하지 않고 제 3 자가 하고 있더라도 좋다는 점 등은 모두 질권에 관하여 설명한 것과 같다([183] 1.(2) 참조).

저당권자가 물상대위권을 행사하는 방법에는 민사집행법 제273조에 따라 담보권의 존재를 증명하는 서류를 집행법원에 제출하여 채권압류 및 추심명령 또는 전부명령을 신청하는 방법과 민사집행법 제247조에 따라 배당요구를 하는 방법이 있다. 이때 배당요구는 늦어도 민사집행법 제247조 제 1 항 각호에 정한 배당요구의 종기까지 해야 한다(대판 1994. 11. 22, 94다25728; 대판 2003. 3. 28, 2002다13539; 대판 2022. 8. 11, 2017다256668 참조).

(3) 저당권자가 물상대위권을 행사하기 전에 제 3 채무자가 목적채권을 변제한 경우에 저당권자가 변제를 수령한 자를 상대로 부당이득반환을 청구할 수 있는지 문제된다. 판례는 저당물소유자에 대한 부당이득반환청구와 제 3 자에 대한 부당이득반환청구를 구분하고 있다. 저당권자가 저당물소유자에 대하여 부당이득반환을 청구한 경우에는 부당이득반환청구권을 인정한다. 이 경우에는 제 3 자의 가해행위로 인하여 저당목적물이 멸실됨으로써 소유권과 저당권이 모두 소멸되고 소유자가 그 대가로 보상을 받은 것이므로 그 대가 중에서 근저당권자의 손실에 해당하는 한도에서는 부당이득이 된다는 것이다(대판 1975. 4. 8, 73다29; 대판 2009. 5. 14, 2008다17656 참조). 그러나 제 3 자가 목적채권에 대하여 강제집행을 하여 배당을 받은 경우에는 부당이득의 성립을 부정한다. 즉, 물상대위권을 행사하지 않은 채 단지 수용대상토지에 대하여 담보물권의 등기가 된 것만으로는 그 보상금으로부터 우선변제를 받을 수 없고, 저당권자가 물상대위권을 행사하지 않아 우선변제권을 상실한 이상 다른 채권자가 그 보상금 또는 이에 관한 변제공탁금으로부터 이득을 얻었다고 하더라도 저당권자는 이를 부당이득으로서 반환청구할 수 없다고 한다(대판 2002. 10. 11, 2002다33137 참조).

제 2 관　우선변제를 받는 효력

[210]　I.　저당권자가 피담보채권의 변제를 받는 모습

저당권자는 목적물로부터 우선변제를 받을 수 있다(356조). 즉, 저당권으로 담보되는 채권의 변제기가 되었는데도 채무자(저당채무자)가 변제하지 않는 경우에, 채권자(저당채권자)는 저당권의 목적물을 일정한 절차를 밟아서 매각·현금화하고 그 대금으로부터 다른 채권자에 우선해서 자기 채권의 만족을 받는 것(저당권의 실행)이 인정된다. 이는 저당권의 가장 중심적인 효력이며, 일반적으로 저당권의 우선변제적 효력이라고 일컫는다. 이와 같이 저당권은 목적물로부터 우선적으로 변제받는 권리이지만, 저당권은 채권(피담보채권) 없이는 존재할 수 없는 것이다(부종성). 이는 저당권자가 언제나 한낱 채권자이기도 하다는 것을 뜻한다. 그렇다면, 저당권자는 그의 저당권을 실행하지 않고서 단순히 한 사람의 채권자라는 자격에서 그의 채권을 행사하여 변제를 받을 수도 있다. 결국 저당권자가 그의 채권을 변제받는 모습은 크게 2가지로 나눌 수 있는데, 저당권에 의거하여 우선변제를 받는 경우와 단순한 채권자로서 변제를 받는 경우가 그것이다.

1.　저당권에 의거하여 우선변제를 받는 경우

(1)　저당권자가 그의 저당권에 의거하여 변제를 받는 방법 중에서 가장 전형적인 것은 저당권자 자신이 저당권을 실행하는 방법이다. 이에 관해서는 제 3 관에서 다룬다.

(2)　저당부동산에 대하여 일반채권자가 강제집행을 하거나 저당부동산의 전세권자가 경매를 신청하는 경우 또는 후순위저당권자가 저당권을 실행하는 경우에 저당권자가 이를 막지 못한다. 이와 같은 경우에 저당권자가 직접 그의 저당권을 실행하지는 않더라도 저당부동산에 대한 집행절차가 진행되는데, 저당권자는 그가 가지는 우선순위에 따라서 매각대금으로부터 당연히 변제를 받을 수 있을 뿐이다 (민집 268조·91조 2항·3항·145조 참조).

저당부동산에 대한 일반채권자 또는 후순위저당권자(또는 그 밖의 후순위담보권자)에 의한 경매에 관해서는 문제가 있다. 즉, 선순위저당권자(또는 그 밖의 우선순위자)에게 우선변제를 한 후에 그 경매를 신청한 일반채권자나 후순위담보권자에게

배당할 수 있는 나머지가 있는지 여부를 묻지 않고서, 그 경매절차를 계속할 수 있
는지 문제된다. 민사집행법에는 이에 관한 규정이 있으며(동법 268조·102조 참조), 그
내용은 다음과 같다. 집행법원이 결정한 최저매각가격(민집 97조)으로 경매를 신청
한 일반채권자나 후순위담보권자의 채권에 우선하는 목적 부동산의 모든 부담(선순
위의 담보권·우선특권 등)과 절차비용을 변제하면 남을 것이 없겠다고 인정한 때에는
집행법원은 경매신청자에게 이 사실을 통지해야 한다(민집 102조 1항 참조). 이 통지
를 받은 경매신청자는 통지를 받은 날부터 7일 이내에, 그의 채권에 우선하는 목적
부동산의 모든 부담과 절차비용을 변제하고 남을 만한 가격을 정하여 그 가격에 맞
는 매수신고가 없을 때에는 자기가 그 가격으로 매수하겠다고 신청하면서 충분한
보증을 제공하지 않으면, 법원은 경매절차를 취소해야 한다(민집 102조 2항 참조). 요
컨대, 일반채권자나 후순위담보권자가 신청하는 경매절차에서 결정된 최저매각가
격과 선순위담보권자에 의하여 우선되는 채권액 등을 비교해서 남을 것이 생길 가
망이 없는 경우에는, 일정사유가 있는 경우를 제외하고는, 집행법원은 그 경매절차
를 취소하는 것으로 하고 있다. 이 제한이 있기 때문에, 얼핏 보기에는 일반채권자
나 후순위담보권자가 집행을 해도 선순위저당권자에게는 아무런 불이익도 주지 않
을 것 같지만, 결코 그렇지가 않다. 즉, 저당권을 단순히 특정채권을 담보하기 위한
수단이라고 한다면 몰라도 이를 투자의 매개수단으로 본다면, 타인의 의사에 따라
담보가치의 현실화를 강요당하는 것은 투자자의 지위를 유지하고 이자를 흡수함으
로써 기업의 이윤분배에 참여하려는 저당권자에게 이로운 것이 되지 못한다. 이러
한 의미에서 민법의 저당권제도는 그것이 투자수단으로서 작용하기에는 아직은 부
적당한 것이다.

2. 단순한 채권자로서 변제를 받는 경우

(1) 앞에서 본 바와 같은 방법으로 저당부동산의 매각대금으로부터 배당을
받았으나, 그 배당으로 피담보채권이 완전히 변제되지 못하는 경우가 있다. 이러한
경우에 저당권자의 피담보채권 중 변제받지 못한 나머지 채권은 무담보의 채권으
로서 남는다. 이 나머지 채권의 만족을 위하여 저당권자는 단순한 채권자(무담보의)
로서 채무자의 일반재산에 대하여 스스로 강제집행을 하거나(이때에는 일반원칙대로
채권에 관하여 집행권원이 필요하다), 또는 타인이 집행을 하는 경우에 그 배당에 가입

할 수 있다.

(2) 저당권자가 저당목적물에 대하여 그의 저당권을 실행하지 않고 먼저 채무자의 일반재산에 대하여 일반채권자로서(따라서 집행권원을 얻어서) 집행할 수 있는가? 이를 할 수 있으나, 이때에는 질권의 경우와 같은 제한이 있다(370조·340조). 즉, (ⅰ) 저당권자는 저당부동산으로부터 변제받지 못하게 된 부분의 채권에 관해서만 일반재산에 대하여 집행할 수 있다. 이를 위반하여 일반재산에 대하여 집행한 경우에 일반채권자는 먼저 저당부동산을 경매해서 그 대가로 변제받지 못한 부분에 관해서만 일반재산으로부터 변제를 받으라고 하는 이의를 신청할 수 있다. 그러나 (ⅱ) 저당부동산보다 먼저 다른 재산의 대가를 배당하는 경우에 저당권자는 그의 채권 전액을 가지고 배당에 참가할 수 있다. 그러나 다른 채권자는 저당권자에게 그에게 배당될 금액을 공탁할 것을 청구할 수 있다(저당권자는 저당부동산을 경매해도 변제받지 못한 부분을 이 공탁금에서 받을 수 있다. 공탁금 중 남는 것이 있으면 그것은 일반채권자에게 추가 배당된다). (ⅲ) 위와 같은 제한은 일반채권자를 보호하기 위한 것이므로, 채무자는 저당권자가 일반재산을 집행하거나 그 배당에 참가하는 데 대하여 이의를 신청할 권리가 없다고 해야 한다(이 점에서는 질권의 경우와 다르다. [185] 2 (1) 참조. 질권과 달라서 저당권에서는 채무자의 보호보다도 저당권자의 지위를 확보하는 것이 중요하기 때문이다).

[211] Ⅱ. 저당권자의 우선적 지위(우선순위)

저당권자가 그의 피담보채권에 관하여 우선변제를 받는 경우에 그 우선의 정도가 문제된다. 이것은 저당권자가 동일한 목적물에 관하여 우선변제권이 있는 다른 담보물권이나 그 밖의 권리를 가진 자와의 사이에서 누가 우선하는지의 문제이다.

1. 일반채권자에 대한 관계　　저당권자는 일반채권자에 대해서는 언제나 우선한다. 그러나 그 예외가 주택임대차보호법, 상가건물 임대차보호법, 근로기준법 등 특별법에 규정되어 있다. 주택임대차보호법과 근로기준법에 관해서만 간략하게 설명하고자 한다.

(1) 주택임대차보호법에 따라 소액보증금 또는 소액전세금에 관하여 우선특권이 인정되는 주택임차인·주택전세임차인은 저당권자에게 우선한다(주택임대차 8

조·12조 참조). 또한 저당권자의 저당권설정보다 먼저 저당건물을 임차(또는 전세)하고 있는 주택임차인(또는 전세임차인)으로서 주택임대차보호법상의 대항력(동법 3조)과 임대차(또는 전세)계약서의 확정일자를 갖추고 있는 자는 그의 보증금(또는 전세금)의 반환에 관하여 저당권자에게 우선한다(주택임대차 3조의 2 참조).

(2) 근로기준법은 일정한 범위 내의 임금채권자도 저당권자에 우선한다고 정하고 있다. 근로기준법 제38조 2항은 최종 3개월분의 임금과 재해보상금은 사용자의 총재산에 대하여 저당권자에 우선하도록 하고 있다. 근로기준법은 종전에 퇴직금에 대하여 저당권자에게 우선하도록 하고 있었다. 이에 대하여 헌법재판소가 헌법불합치 결정을 하였고, 이에 따라 근로기준법을 개정하여 3개월분의 퇴직금에 한정하여 저당권자에 우선하도록 하였다가, 현재는 위와 같이 퇴직금에 관한 사항을 삭제하였다.

〈퇴직금에 관한 헌법불합치 결정〉

헌재 1997. 8. 21, 94헌바19, 95헌바34, 97헌가11은 구 근로기준법 제30조의 2 2항과 제37조 2항에 대하여 다음과 같은 이유로 헌법불합치 결정을 하였다. "이 사건 법률조항이 근로자에게 그 퇴직금 전액에 대하여 질권자나 저당권자에 우선하는 변제수령권을 인정함으로써 결과적으로 질권자나 저당권자가 그 권리의 목적물로부터 거의 또는 전혀 변제를 받지 못하게 되는 경우에는, 그 질권이나 저당권의 본질적 내용을 이루는 우선변제수령권이 형해화하게 되므로 이 사건 법률조항 중 "퇴직금" 부분은 질권이나 저당권의 본질적 내용을 침해할 소지가 생기게 되는 것이다. 이 사건 법률조항은 임금과는 달리 "퇴직금"에 관하여는 아무런 범위나 한도의 제한 없이 질권이나 저당권에 우선하여 그 변제를 받을 수 있다고 규정하고 있으므로, 도산위기에 있는 기업일수록, 즉 자금의 융통이 꼭 필요한 기업일수록, 금융기관 등 자금주는 자금회수의 예측불가능성으로 말미암아 그 기업에 자금을 제공하는 것을 꺼리게 된다. 그 결과 이러한 기업은 담보할 목적물이 있다고 하더라도 자금의 융통을 받지 못하여 그 경영위기를 넘기지 못하고 도산을 하게 되며 그로 인하여 결국 근로자는 직장을 잃게 되므로 궁극적으로는 근로자의 생활보장이나 복지에도 좋은 결과를 낳지 못한다. 또한 근로자의 퇴직 후의 생활보장 내지 사회보장을 위하여서는, 기업금융제도를 훼손하지 아니하고 기업금융을 훨씬 원활하게 할 수 있으며 오히려 어떤 의미에서는 새로운 기업금융제도를 창출할 수 있는, 종업원 퇴직보험제도의 개선, 기업연금제도의 도입 등 사회보험제도를 도입·개선·활용하는 것이 보다 적절할 것이다. 그럼에도 불구하고 이 사건 법률조항은 근로자의 생활보장이라는 입법목적의 정당성만을 앞세워 담보물권제도의 근간을 흔들고 기업금융의 길을 폐쇄하면서까지 퇴직금의 우선변제를 확보하자는 것으로서 부당하다고 아니할 수 없다. 그렇다면 이 사건 법률조항은 근로자의 생활보장 내지 복지증진이라는 공공복리를 위하여 담보권자의 담보권을 제한함에 있어서 그 방법의 적정성을 그르친 것이며 침해의 최소성 및 법익의 균형성 요청에도 저촉되는 것이므로 과잉금지의 원칙에도 위배된다고 할 것이다."

2. 전세권자에 대한 관계　　이에 관해서는 전세권을 설명하면서 이미 보았다([162] 2 (1) (나) 참조). 중복을 피하여 되풀이하지 않는다.

3. 다른 담보권자에 대한 관계　　동일한 부동산에 관하여 당해 저당권 이외에도 담보물권을 가지는 채권자가 있는 경우에 우선순위는 다음과 같다.

(1) 동일한 부동산에 여러 개의 저당권이 설정되어 있는 경우 우선변제의 순위는 각 저당권의 설정순위, 즉 설정등기의 선후에 의한다(370조·333조). 즉, 후순위저당권자는 선순위저당권자가 그의 우선권을 행사해서 변제받은 뒤에 남은 금액에 관해서만 그의 우선변제권을 행사할 수 있다. 이 점은 후순위저당권자의 신청으로 경매를 진행한 경우에도 같다([210] 1 (2) 참조).

(2) 유치권은 우선변제력을 가지고 있지 않으므로, 이론상으로는 저당권과의 경합, 따라서 우열의 문제는 생기지 않는다. 다만 유치권자는 사실상 우선변제를 받는 결과가 될 수 있다([172] 1 (2) 참조).

4. 국세우선권과의 관계

(1) 국세기본법에 의하면, 「국세·가산금 또는 체납처분비는 다른 공과금이나 그 밖의 채권에 우선하여 징수」하는 것을 원칙으로 하며(동법 35조 1항 본문), 다만 저당권이 국세·지방세의 법정기일(法定期日) 전에 설정된 때에는 국세·지방세에 우선한다(동법 35조 1항 3호. 지방세기본법 99조 1항 3호도 같은 취지의 규정을 두고 있다). 여기서 말하는 「법정기일」에 관해서는 신고납부방식의 국세에서는 신고일, 그리고 납세고지서 또는 납세통지서로 징수하는 국세에서는 그 고지서나 통지서의 발송일이라고 하는 등으로 법률에서 명시저오로 정하고 있다(동법 35조 1항 3호 가목 내지 바목 참조). 알기 쉽게 말해서, 법정기일은 납세의무성립일 또는 납기개시일을 뜻하는 것이다. 그리고 저당권 등이 법정기일 전에 설정되었다는 사실은 부동산등기부 등

본, 공증인의 증명 등으로 증명할 수 있다(동법 시행령 18조 2항). 요컨대, 저당목적물의 소유자가 체납하고 있는 국세는 그 법정기일 전에 설정된 저당채권에 우선해서 징수하지 못한다.

〈조세우선권에 관한 위헌결정〉

　　구 국세기본법(1990. 12. 31. 법률 제4277호로 개정되기 전의 것)은 "국세·가산금 또는 체납처분비는 다른 공과금 기타의 채권에 우선하여 징수"하는 것을 원칙으로 하고(동법 35조 1항 본문), 다만 "국세의 납부기한으로부터 1년 전에 전세권, 질권 또는 저당권의 설정을 등기 또는 등록한 사실이 대통령령이 정하는 바에 의하여 증명되는 재산의 매각에 있어서 그 매각금액 중에서 국세 또는 가산금(그 재산에 대하여 부과된 국세와 가산금을 제외한다)을 징수하는 경우의 그 전세권, 질권 또는 저당권에 의하여 담보된 채권"은 예외가 된다고 정하고 있었다(동법 35조 1항 3호). 이에 대하여 헌법재판소는 구 국세기본법 제35조 1항 3호 중 "…으로부터 1년"이라는 부분이 헌법에 위반된다는 위헌결정을 하였다(헌재 1990. 9. 3, 89헌가95 참조). 위 규정은 부동산에 전세권, 질권, 저당권을 합법적으로 취득하였더라도 그 저당권 등의 등기·등록일 이후 1년 이내에 조세채무가 발생하게 되면 조세채권이 우선한다는 의미로서, 추후에 발생한 조세채권이 먼저 발생한 담보물권보다 우선하게 된다. 이는 헌법상의 조세법률주의 및 조세공평주의에 위배될 뿐만 아니라 담보물권이 합리적 사유 없이 담보기능 수행을 못하게 되어 재산권의 본질적 내용이 침해되고 국가가 국민의 기본권을 제한하는 입법을 할 때 준수해야 할 기본원칙인 과잉금지의 원칙에도 위배된다고 하였다(구 지방세법에 대해서는 헌재 1991. 11. 25, 91헌가6에서 동일한 취지로 결정하였다). 이에 따라 국세기본법과 지방세법이 국세우선권을 완화하는 방향으로 개정되었다.

　　(2)　위와 같은 국세와 지방세의 우선권에 관해서는 주의할 점이 있다. 즉, 저당권의 피담보채권이 국세나 지방세에 우선하려면, 그 국세·지방세의 법정기일 전에 저당권이 설정되었어야 한다. 이때 법정기일 전은 저당권설정 당시 설정자의 납세의무를 기준으로 하여 정할지, 또는 현재 저당목적물을 소유하고 있는 자의 납세의무를 기준으로 하여 정할지 문제된다. 만일 뒤의 기준에 따른다면, 예컨대 甲이 국세의 법정기일 전에 저당권을 설정한 부동산이 국세를 체납하고 있는 乙에게 양도되면, 저당권자는 이제는 국세우선권을 면할 수 없게 된다. 이렇게 되면 저당권의 효력을 침해하고 거래안전이 과도하게 희생되는 결과가 된다. 그러므로 법정기일 전인지의 여부는 저당권설정 당시 설정자의 납세의무를 기준으로 정해야 하고,

그와 같이 설정된 저당권의 피담보채권이 국세에 우선하여 보호된 후에 저당부동산이 국세를 체납하고 있는 제 3 자에게 양도되더라도, 저당채권은 여전히 국세에 우선한다고 해야 한다(대판 1972. 1. 31, 71다2266; 대판 1991. 9. 24, 88다카8385; 대판 2005. 3. 10, 2004다51153 참조).

　　(3)　조세가 국가나 지방자치단체의 재정을 뒷받침하고 공공복리를 위한 경제적 기초가 됨은 엄연한 사실이며, 조세우선권은 이러한 조세의 공공성에 그 존재이유를 가지고 있다. 그러나 조세의 공공성은 그것이 법률로 우선변제권을 주는 이유이기는 하지만, 거래의 안전을 희생하고 제 3 자의 재산권을 침해하면서까지 우선징수할 수 있다는 근거가 될 수는 없다. 이러한 이유에서 조세우선권제도는 비난을 면할 수 없다. 무엇보다도, 조세채권은 공시를 갖추지 않고도 징수할 수 있기 때문에, 채권자가 그의 채권을 담보하기 위한 담보물권을 설정할 때 채무자 또는 담보권설정자의 조세채무가 없다는 것을 확인해야 한다는 부담이 있다. 그러나 그러한 확인은 누구나 손쉽게 할 수 있는 것이 아니다. 가장 합리적인 해결방안은 무엇일까? 조세채권도 등기 없이는 저당권으로 담보되는 채권에 우선하지 못한다고 하는 것이 가장 적절하다. 앞으로 그런 방향으로 입법하는 것이 바람직하다.

　　5.　파산 등 도산절차에서 채권자에 대한 관계　　　저당부동산의 소유자에 대하여 파산선고가 되거나 개인회생절차가 개시된 때에 저당권자는 별제권을 가진다(회생파산 411조·586조). 그러나 회생절차에서는 저당권자가 회생담보권자로 취급된다(회생파산 141조).

　　6.　저당권의 순위에 관한 원칙　　　저당권의 순위에 관해서는, 「순위 확정의 원칙」과 「순위 승진의 원칙」이 있으나, 우리나라에서는 순위 승진의 원칙이 인정될 뿐임은 이미 밝혔다([168] 참조). 이해를 돕기 위하여 이 곳에서 다시 한 번 종합적으로 저당권의 순위에 관한 원칙을 살피기로 한다.

　　(1)　같은 부동산에 복수의 저당권이 있는 경우에 각 저당권 사이의 우열은 그 설정등기의 선후 또는 전후에 따라 정해지고, 먼저 등기된 저당권은 후에 등기된 저당권에 의하여 그 순위를 빼앗기는 일이 없다. 이러한 의미에서 저당권에 관하여 순위 확정의 원칙이 인정되어 있다고 하여도 좋다. 그러나 선순위의 저당권(예컨대 1번 저당권)이 변제 등으로 소멸하면, 후순위의 저당권(예컨대 2번 저당권)은 그 순위가

올라간다(이제까지의 2번저당권은 1번저당권이 된다. 3번 이하의 것도 한단계씩 올라간다). 이 것을 순위 승진의 원칙이라고 부른다. 즉, 2번저당권 이하의 저당권에 관한 한, 일 단 취득한 순위는 영구·고정적인 것이 아니라, 장차 올라가게 될 가능성이 있다. 이런 의미에서 순위 확정의 원칙은 채용되어 있지 않다.

(2) 위와 같은 순위 승진의 원칙은 결코 합리적인 것이 아니다. 원래 저당권 부 채권을 회수할 수 있는 확실성은 저당부동산의 대가에 달려 있다. 저당권의 순 위가 낮아지면 그 확실성도 적어진다. 그러므로 2번 이하의 저당권으로 융자를 하 려는 사람은 목적물의 가격을 평가하거나 또는 예측해서 이미 존재하는 선순위저 당권자에 의하여 파악되어 있는 담보가치를 이로부터 공제한 것이 자기가 파악할 수 있는 담보가치의 상한이라고 생각하고 거래하는 것이 보통이다. 이로 말미암아 생기는 채권회수의 불안에 대해서는 이자나 인적 담보 등의 다른 대출조건을 엄격 하게 하는 등의 조치를 취하게 된다. 그러므로 순위 승진의 원칙은 선순위저당권이 변제로 소멸하는 것과 같은 우연한 사정으로 후순위저당권자에게 예기한 것 이상 의 이익을 준다. 반면에 목적물소유자로서는 선순위저당권자에게 종래 파악케 하 고 있던 담보로서는 양질에 속하는 가치부분을 충분히 유리하게 이용하는 길이 막 히게 된다.

이러한 불합리가 생기지 않도록 하기 위하여 2번 이하의 저당권에 관해서도 일단 취득한 순위는 나중에 올라가거나 내려가지는 않는다는 의미에서 순위 확정 의 원칙을 채용하는 입법례도 있다. 우리나라도 이 순위 확정의 원칙을 채용하는 것이 바람직하기는 하나, 이를 위한 전제로서 부종성을 부정하고 소유자저당제도 를 인정하는 것이 필요하다. 요컨대, 이러한 전제적 제도들을 포함해서 고치지 않 는다면, 순위 확정의 원칙을 확립하는 것은 불가능하다. 이는 앞으로 저당권법의 중요한 입법적 과제라고 할 수 있다.

순위 확정의 원칙을 인정하면 여러 장점이 생긴다. 예컨대 1번저당채무를 변 제한 후에도, 그 1번저당권을 이용해서 다시 다른 곳으로부터 융자를 받을 수 있 고, 처음부터 소유자 자신을 위한 1번저당권을 소유자저당으로 설정해 두고 2번저 당권 이하를 설정해서 융자를 받으면서 천천히 좋은 융자자를 찾아 1번저당권을 이 담보에 이용하는 것도 가능하게 된다.

제3관 저당권의 실행

[212] I. 서　　설

저당권의 우선변제권을 실현하는 것이 「저당권의 실행」이다. 보통 일반적으로는 민사집행법이 정하는 담보권실행경매를 가리키나, 넓은 의미에서 저당권의 실행은 그러한 담보권실행경매에 의하지 않는 실행수단까지도 포함한다. 여기에서는 이들 두 가지를 살펴보기로 한다. 그리고 둘 사이의 근본적 차이는 앞의 것이 국가기관의 직접적인 관여로 행해지는 절차인 데 대하여, 뒤의 것은 그렇지가 않다는 데에 있다.

[213] II. 담보권실행경매에 의한 저당권 실행

1. 담보권실행경매　　저당권을 실행하는 보통의 절차는 민사집행법이 정하는 담보권의 실행을 위한 경매(담보권실행경매)이다.

민사집행법은 부동산에 대한 강제집행의 방법으로서의 경매에 관하여 일반채권자에 의한 집행방법인 경매(민집 80-162조)와 담보권의 실행을 위한 경매(민집 264-275조)의 두 가지를 규정하고 있다. 앞의 것을 「통상의 강제경매」라고 한다면, 뒤의 것은 「담보권실행경매」라고 할 수 있다. 이들 둘 사이의 가장 커다란 차이는 집행의 신청에서 집행권원(執行權原)을 필요로 하는지 여부에 있다. 통상의 강제경매의 신청에는 반드시 집행권원을 덧붙여야 하나(민집 81조), 담보권실행경매의 신청에는 집행권원이 요구되지 않는다(민집 264조).

〈집행권원〉

강제집행을 하려면, 그 전제로서 채권 즉 급부청구권이 존재하고 있다는 것이 확실해야 한다. 채권이 존재하지도 않는데 강제집행을 하면, 상대방에게 큰 피해를 주기 때문이다. 그러나 집행을 담당하는 집행기관이 일일이 권리의 존재 여부를 심사한다면 집행을 신속하고 확실하게 할 수 없다. 여기서 채권이 존재하고 있음을 확정하고 강제집행의 전제로 될 수 있는 것이 필요하게 되는데, 이것을 「집행권원」이라고 일컫는다. 민사집행법이 제정되기 전에는 채무명의(債務名義)라고 하였다. 집행권원의 가장 대표적인 것은 법원의 확정판결(이행판결이어야 함)이다. 그 밖에도 항고로만 불복할 수 있는 재판, 가집행선고 있는 종국판결, 확정된 지급명령, 채무자가 강제집행을 승낙한 취지의 기재가 있는 공정증서, 소송상 화해, 청구의 인낙 그 밖에 확정판결과 같은 효력을 가지는 것이 집행권원이 된다(민집 24조·56조 참조).

2. 저당권 실행의 요건　　　저당권을 실행하기 위해서는 유효한 채권과 저당권이 존재하고, 또한 채권의 이행기에 이르러야 한다.

(1) 유효한 채권과 저당권이 실제로 존재해야만 경매절차의 개시가 허용될 수 있다. 그리하여 경매를 신청하려면 저당권을 증명하는 서류(민집 264조 1항. 저당권의 존재를 증명하는 확정판결·공정증서·등기사항증명서 등), 그리고 저당권의 승계가 있는 경우에는 그 승계를 증명하는 서류(민집 264조 2항)를 제출해야 한다.

(2) 피담보채권은 그 이행기가 도래해야 한다. 정확하게는, 채무자가 이행지체에 빠져 있을 것이 필요하다. 따라서 저당채무의 이행기가 아직 도래하지 않은 때에 저당권자가 경매를 신청하면, 그 신청은 위법한 것으로서 각하되어야 한다(대결 1968. 4. 10, 68마301; 대결 1968. 4. 24, 68마300 참조).

3. 경매절차　　　민사집행법 제 3 편에는 담보권실행을 위한 부동산경매에 관하여 몇 개의 특별규정을 두고 있을 뿐이고(민집 264조 내지 267조), 경매절차에 관해서는 주로 부동산의 강제경매절차에 관한 규정(민집 79조 내지 162조)을 준용하는 것으로 하고 있다(민집 268조). 이상으로써 알 수 있는 것과 같이, 담보권실행을 위한 부동산경매절차는 본래 민사소송법학의 과제이며, 민법에서 깊이 다룰 성질의 것은 아니다. 그러므로 이 곳에서는 이해를 돕는 데 필요한 범위에서 간단히 설명하기로 한다.

(1) **경매의 신청**　　　저당권의 실행은 저당권자가 목적부동산의 소재지를 관할하는 지방법원에 경매를 신청하는 데서 시작된다(민집 79조). 신청은 일정한 사항을 기재한 서면을 제출해서 이를 해야 하며(민집 80조), 이때에 실행하고자 하는 저당권의 존재, 그리고 경우에 따라서는 그의 승계를 증명하는 서류를 첨부해야 함은 이미 밝혔다(민집 264조). 경매신청은 이를 취하할 수 있으나, 매수신고가 있은 후에 신청을 취하하려면, 최고가매수신고인 또는 매수인과 차순위매수신고인의 동의가 있어야 한다(민집 93조).

(2) **경매개시결정**　　　집행법원은 경매신청이 적법하다고 인정하는 때에는 경매개시결정을 하고, 동시에 부동산의 압류를 명해야 한다(민집 83조 1항). 그리고

개시결정을 목적부동산의 등기부에 등기하도록 등기관에게 촉탁해야 한다(민집 94조). 경매개시결정이 채권자에게 송달된 때 또는 개시결정이 등기된 때에 목적물에 대한 압류의 효력이 생긴다(민집 83조 4항). 즉, 압류부동산의 처분이 금지된다. 그러나 채무자(소유자)의 관리·이용에는 영향을 미치지 않는다(민집 83조 2항).

위와 같은 경매개시결정에 대하여 이해관계인은 이의신청을 할 수 있으나, 이 의사유로는 저당권이 없다는 것 또는 소멸되었다는 것만이 인정되며, 그 밖의 이의는 주장하지 못한다(민집 265조·86조 참조).

(3) 매각절차　　　민사집행법은 압류된 부동산의 환가 또는 현금화를 매각(賣却)이라고 한다. 매각의 절차를 간단히 적어 보면 다음과 같다.

(개) 매각의 준비　　　집행법원은 경매개시결정을 한 다음에 집행관에게 경매 부동산의 현상·점유관계·차임 또는 보증금의 액수 그 밖의 현황의 조사를 명하고(민집 85조), 또한 감정인을 선임해서 부동산을 평가하게 하고, 그 평가액을 참작하여 최저매각가격을 결정한다(민집 97조). 법원은 최저매각가격으로 압류채권자의 채권에 우선하는 부동산의 모든 부담과 절차비용을 변제하면 남을 것이 없겠다고 인정한 때에는 압류채권자에게 이를 통지해야 한다(민집 102조 1항). 압류채권자가 위 통지를 받은 날부터 1주 이내에 부동산의 모든 부담과 절차비용을 변제하고 남을 만한 가격을 정하여 그 가격에 맞는 매수신고가 없을 때에는 자기가 그 가격으로 매수하겠다고 신청하면서 충분한 보증을 제공하지 아니하면, 법원은 경매절차를 취소해야 한다(민집 102조 2항). 그러한 취소를 하지 않게 된 때에는 법원은 매각방법을 정한다. 매각방법에는 매각기일에 하는 호가경매(呼價競賣), 매각기일에 입찰과 개찰을 하는 기일입찰(期日入札), 입찰기간을 정하여 그 기간 이내에 입찰하게 하고 매각기일에 개찰하는 기간입찰(期間入札)의 세 가지가 있으며, 집행법원은 이들 셋 중 하나를 정한다(민집 103조). 집행법원은 여러 개의 부동산의 위치·형태·이용관계 등을 고려하여 일괄하여, 즉 한데 묶어 동일한 매수인이 매수하도록 하는 것이 상당하다고 인정하는 때에는, 그들 부동산을 일괄매각하는 것을 결정할 수 있다(민집 98-101조 참조). 매각방법이 정해지면 법원은 매각기일과 매각결정기일(매각기일부터 1주 이내이어야 한다. 민집 109조)을 정하여 일정사항을 공고하고(민집 106조), 이해관계인에게 통지해야 한다(민집 104조). 그리고 법원은 매각물건명세서·현황조사보고

서·평가서의 사본을 비치하여, 누구든지 볼 수 있도록 해야 한다(민집 105조). 매각의 장소는 원칙적으로 법원 안이다(민집 107조).

　　(나)　**매각의 실시**　　매각은 법원이 정한 매각방법에 따라 집행관이 실시한다(민집 112조). 매각을 할 때 매수신청을 방해하거나 담합을 하는 등으로 매각을 바르게 하는 것을 방해할 염려가 있으며, 그러한 염려는 특히 호가경매나 기일입찰에서 강하다. 이를 막고 질서를 유지하기 위하여 집행관에게 강한 권한(일정한 사람을 매각장소에서 내쫓거나 들어오지 못하게 하거나, 또는 매수신청을 하지 못하게 하는 등)을 주고 있다(민집 108조). 민법 제363조는 저당물을 취득한 제3자(제3취득자)도 매수인이 될 수 있다고 정하고 있다. 이 규정을 빼고는 매수신청인에 관한 규정은 없다. 여기서 저당권자나 저당채무자도 매수신청을 할 수 있는지 문제된다. 저당권자를 매수신청에서 제외할 이유는 없으나, 저당채무자는 매수를 신청하지 못한다고 새기는 것이 타당하다. 매수신청인은 집행법원이 정하는 금액과 방법에 따른 보증을 집행관에게 제공해야 한다(민집 113조). 최고가매수인이 정해지면, 법원은 매각결정기일을 열어서 매수의 적부를 조사하여 매각의 허가·불허가를 결정하게 되는데, 이해관계인은 법정사유(민집 121조)가 있으면 이의를 신청할 수 있고, 이의신청이 정당한 것일 때에는 법원은 매각허가의 결정을 할 수 없다(민집 123조). 즉, 법정의 이의신청사유가 없으면 법원은 매각허가를 결정하여 선고해야 한다(민집 126조·128조). 매각의 허가·불허가에 관한 법원의 결정에 대해서는 이해관계인은 그 결정으로 손해를 볼 경우에 한하여 즉시항고를 할 수 있다(민집 129-133조 참조).

　　(4)　**대금의 납부와 배당**　　매각허가결정이 확정하면 매수인은 법원이 정하는 기한까지 대금을 지급해야 한다(민집 142조). 매각대금의 지급이 있으면 법원사무관 등이 소유권의 이전에 따른 필요한 등기(이전등기와 경매개시 결정등기의 말소 등)를 등기관에게 촉탁해야 한다(민집 144조). 그러나 정해진 기한까지 대금을 다 내지 않은 때에는, 매각허가결정은 효력을 잃고 집행법원은 직권으로 재매각을 명해야 한다(민집 138조 1항). 종전에 정한 최저매각가격 그 밖의 매각조건은 그대로 재매각절차에 적용된다(민집 138조 2항). 대금지급기한까지 대금을 다 내지 않은 전의 매수인은 재매각에서 매수신청을 하지 못하고, 또한 전의 매각에서 보증금으로서 보관하게 한 금전이나 유가증권의 반환을 청구하지 못한다(민집 138조 4항). 매수인이 낸

대금에서 매각비용을 빼고, 또한 제3 취득자가 목적 부동산에 지출한 필요비·유익비를 상환한(367조 참조) 나머지가(민집 147조), 담보권자·일반채권자에게 그의 순위와 효력에 따라 분배된다(민집 145조). 즉, 배당기일을 열어, 이해관계인과 배당을 요구한 채권자 등을 심문하여 배당표(매각대금을 채권자들에게 어떻게 분배할 것인지를 기재한 문서)를 확정하고(민집 149조), 그에 따라 배당을 실시한다(민집 159조 이하).

4. 매각의 효과(매각허가결정의 효력)

(1) 매수인의 권리취득 매수인은 매각대금을 다 낸 때에 매각의 목적인 권리 즉 소유권을 취득한다(민집 135조). 소유권이 이전하는 시기는 매각대금을 다 낸 때이나, 이 경우의 물권변동은 제187조에 따라 등기 없이 그 효력이 생긴다. 민사집행법은 이 부동산의 취득은 담보권의 소멸로 영향을 받지 않는다고 정하고 있다(민집 267조). 즉, 피담보채권이나 저당권의 소멸 등으로 매각의 기초가 되는 실체법상의 권리에 흠이 생겼더라도, 채무자는 매수인의 소유권취득을 다투지 못한다(주석민법 물권(4) 177면 참조). 판례는 이 규정이 경매개시결정 후에 담보권이 소멸한 경우에만 예외적으로 적용되는 것으로 보고, 경매개시결정 전에 담보권이 소멸한 경우에는 경매의 공신력이 인정되지 않는다고 한다(대판(전) 2022. 8. 25, 2018다205209 참조). 그러나 이 조항은 담보권 소멸, 즉 담보권이 유효하게 성립한 후 나중에 발생한 사유로 소멸한 경우에는 담보권이 경매절차개시 전에 소멸한 것인지 여부를 묻지 않고 모두 적용된다고 해석하는 것이 타당하다(위 전원합의체 판결의 반대의견 참조).

원인무효의 소유권이전등기에 기하여 저당권설정등기를 한 경우에는 처음부터 저당권이 존재하지 않는 것이므로, 채무자가 매수인의 소유권 취득을 다툴 수 있다(김증한·김학동 545면, 송덕수 532면, 이영준 889면 참조). 그리고 채무자나 소유자가 매각개시결정을 송달받고 매각절차의 취소(민집 127조 참조)나 정지(민집 266조)를 신청할 수 있었는데도 대금지급이 있을 때까지 그러한 수단을 취하지 않았기 때문에 민사집행법 제267조를 둔 것이다. 따라서 채무자나 소유자가 경매절차의 개시를 전혀 알지 못한 경우에는 매수인의 소유권취득을 다툴 수 있다고 새겨야 한다(송덕수 532면 참조).

(2) 매각목적물 위의 다른 권리

㈎ 매각목적물 위에 존재한 용익권과 매수인의 관계는 원칙적으로 매각의 기초가 된 저당권의 설정시기(설정등기를 한 때)를 기준으로 하여 결정된다. 즉, 매수인이 이미 존재하는 용익권의 대항을 받기도 하고, 또는 반대로 이를 부인할 수도 있다. 그리고 법정지상권을 취득하거나 또는 반대로 법정지상권의 대항을 받는 수도 있다.

㈏ 목적물 위에 설정된 저당권은 모두 소멸한다(민집 91조). 그리고 지상권·지역권·전세권·등기된 임차권은 그것이 저당권에 대항할 수 없는 것이면 매각으로 소멸한다(민집 91조 3항). 이를 소멸주의 또는 소제주의(消除主義)라고 한다. 다만 유치권은 매각에 의해서도 그의 유치적 효력을 잃지 않으며, 매수인은 유치권자에게 변제할 책임이 있다(민집 91조 5항). 유치권에 관해서는 예외적으로 인수주의를 채택한 것이다(이에 관해서는 위 [172] 1 (2) 참조).

(3) 인도명령   부동산의 점유자가 매수인에게 그 부동산을 인도하지 않을 때에는, 매각대금을 다 낸 때부터 6개월 이내에 매수인은 채무자·소유자 또는 부동산점유자(매수인에게 대항할 수 있는 권원에 의하여 점유하는 자는 당연히 제외된다)에 대하여 부동산을 매수인에게 인도할 것을 명하는 재판(인도명령)을 청구할 수 있고(민집 136조), 이 인도명령을 집행권원으로 하여 부동산의 인도를 강제집행할 수 있다. 또한 매수인은 부동산의 소유권을 취득하므로, 권원 없는 점유자에 대하여 소유권에 기한 부동산의 인도를 청구하는 소도 제기할 수 있음은 물론이다.

[214] Ⅲ. 담보권실행경매에 의하지 않는 저당권 실행: 유저당

1. 의 의   저당채무의 변제기가 되기 전의 특약으로, 저당채무의 불이행이 있으면 저당부동산의 소유권을 저당권자가 취득하는 것으로 하거나, 또는 법률로 정하여져 있는 방법(담보권실행경매)이 아닌 그 밖의 방법으로 저당부동산을 환가하거나 현금화하기로 하는 것이 유저당(流抵當)이고, 그러한 특약이 유저당계약이다. 이러한 유저당의 특약 또는 유저당계약은 저당부동산 위에 선순위 또는 후순위의 저당권이나 전세권이 설정되어 있지 않은 경우에 한하여 할 수 있는 것이다. 그런데 민법에는 이 유저당의 특약에 관한 규정이 없고, 또한 유질계약을 금지하는 제339조가 저당권에 준용되어 있지 않기 때문에, 그 유효성이 문제된다. 저당권자

가 저당부동산의 소유권을 취득하면서, 피담보채권액과 부동산가액과의 차액을 설정자(채무자)에게 돌려주고 청산하면 문제가 없다. 그러나 만일 그러한 청산을 할 필요가 없다면 저당권자는 차액을 취득함으로써 큰 이득을 얻는 폭리를 하게 되어 그의 유효 여부가 문제되는 것이다. 유저당에는 위에서 밝힌 바와 같이 두 가지가 있다. 하나는 저당부동산의 소유권을 저당권자에게 귀속시키려는 것이고, 다른 하나는 저당부동산의 현금화 또는 환가를 임의의 방법으로 실시하려는 것이다. 앞의 것은 저당권을 설정하면서 아울러 「대물변제의 예약」을 하는 것이고, 뒤의 것은 「임의환가」라고 일컬어지는 것이다. 이들이 유효한지를 검토하기로 한다.

2. 대물변제의 예약을 하는 경우　　저당권을 설정하면서 대물변제의 예약도 함께 하는 경우에, 그 대물변제의 예약을 저당권의 내용으로서 등기할 길이 없다. 여기서 종래 대물변제예약을 원인으로 하는 소유권이전청구권을 보전하기 위한 가등기를 하거나, 또는 저당부동산의 소유권이전등기에 필요한 서류를 미리 저당권자에게 교부하는 방법을 취하고 있다. 즉, 유저당을 목적으로 저당부동산에 관하여 대물변제예약을 함과 동시에 가등기를 하는 경우와 가등기를 하지 않는 경우가 있다. 둘 중 앞의 경우에는 가등기담보권을 설정한 것이 되므로 「가등기담보 등에 관한 법률」이 적용될 수 있다. 이 법률이 적용되는 경우 동법에 따라 청산금을 채무자에게 지급할 것이 강제되므로([254] 참조), 문제될 것이 없다. 그러나 가등기를 하지 않는 경우에는 문제가 있다. 이때에는 청산을 강제하는 규정이 없고, 민법 제607조·제608조에 따라 처리된다. 이들 규정에 따라 대물변제예약은 그 목적 재산의 「예약 당시의 가액이 차용액 및 이에 붙인 이자의 합산액」을 넘지 못하고(607조), 이를 위반한 약정으로서 「채무자에게 불리한 것」은 그 효력이 없게 된다(608조). 즉, 무효이다. 무효로 되는 것은 「채무자에게 불리한 것」이므로, 만일 차용액과 이자를 넘는 것을 채무자에게 돌려준다면, 그것은 채무자에게 불리한 것이 아니므로, 대물변제예약은 유효하다. 그러나 차용액과 이자의 합산액을 넘는 것을 채무자에게 돌려주지 않는다면, 그 대물변제예약은 무효로 되어, 당사자는 담보권실행경매를 해야 하는 결과가 된다. 판례는 대물변제예약이 약한 의미의 양도담보로서 효력을 갖는다고 한다. 즉 목적물에 대한 대물변제예약 당시의 가격이 채무원리금의 합산액을 초과한 경우에 그 초과 부분에 대해서는 무효이나, 위의 원리금채무

를 담보하는 범위 내에서는 그 담보의 효력이 있다(대판 1967. 3. 28, 67다61 참조). 요
컨대, 대물변제예약을 한 때에는 차용액과 이자의 합산액을 넘는 것은 언제나 채무
자에게 돌려주어야 할 청산의무를 저당권자는 부담한다.

　　3. 임의환가의 약정　　유저당의 또 하나의 경우는 저당부동산의 환가를
담보권실행경매가 아닌 방법, 즉 제3자에게 매각하여 청산하기로 약정하는 것이
다. 위에서 설명한 대물변제예약을 하고 청산하는 유저당을 인정하는 이상, 이 임
의환가의 특약이라는 방법에 의한 유저당을 무효라고 할 이유가 없다. 이와 같은
특약을 하였다면 저당권자는 미리 자기 앞으로 소유권이전등기를 하고, 목적물을
인도받아 제3자에게 처분해서 차액을 채무자(즉 저당권설정자)에게 지급하게 된다.
이 경우에 피담보채권이 확정적으로 소멸하는 시기가 언제인지 문제된다. 저당권
자가 처분하기 위하여 자기 앞으로 이전등기를 하는 때와 목적물을 처분하여 제3
자에게 그 이전등기를 하는 때가 기준이 될 수 있겠는데, 둘 중 뒤의 것을 기준으
로 하는 것이 타당하다. 환가처분이 있기 전에는 채무자는 채무를 변제하고 목적물
을 찾아올 수 있다고 해야 하기 때문이다. 따라서 채무자의 청산청구권도 제3취득
자 앞으로 이전등기를 한 때부터 생긴다고 해야 한다. 채권자는 목적물을 처분하기
위하여 그 인도청구권을 가지게 됨은 물론이다.

제4관　저당권과 용익관계

[215]　Ⅰ. 저당부동산의 용익관계 일반

　　1.　저당권은 목적물의 물질적 이용(사용·수익)을 구속함이 없이 오로지 그 교
환가치만을 파악하는 것이다. 따라서 저당권을 설정한 후에도 저당권이 실행될 때
까지는 소유자는 목적물을 이용하는 데 아무런 구속이나 속박을 받지 않는다. 그러
나 저당권이 실행되면, 매수인이 목적물의 소유권을 취득하므로, 종래 소유자가 가
지고 있던 이용권능도 끝나게 된다.

　　2.　그러나 소유자는 자신이 직접 목적물을 이용하지 않고 제3자로 하여금
이용하게 할 자유도 가지고 있다. 이러한 경우 목적물에 대한 제3자의 이용권능은
어느 정도 독립성을 가지고 저당권과 대립하므로, 저당권을 실행하는 경우 이용권

능의 운명에 관해서는 소유자 자신이 이용하고 있었던 경우와는 좀 다르게 다룰 필요가 있다. 이는 저당권과 용익권의 합리적 조절 문제이다. 이에 관해서는 다음 항에서 설명한다.

3. 그리고 민법은 토지와 건물을 각각 별개의 독립한 부동산으로 하고 있기 때문에, 토지·건물 중 어느 한쪽에 대한 저당권이 실행되어 매수인이 그 물건의 소유권을 취득한 경우에, 지상건물 소유자의 대지이용권에 관하여 특별한 조치를 필요로 하는 경우가 있다. 법정지상권 제도가 그것이다. 이에 관해서는 아래 [217]에서 설명한다. 그리고 이 법정지상권이 인정되지 않는 경우에 대비하여 민법은 저당권자에게 토지·건물의 일괄경매권을 인정하고 있다. 아래 [218]에서 설명한다.

4. 한편 저당권이 설정되더라도, 소유자는 그 부동산을 제3자에게 양도하거나 용익하게 하는 권능을 잃지 않는다. 그러나 저당권은 하나의 물권이므로, 비록 부동산의 소유자가 변경되더라도 여전히 부동산 위에 효력을 미칠 수 있다. 이를 저당권의 추급력(追及力)이라고 한다. 따라서 저당권이 설정된 후에 소유권이나 용익권을 취득하는 자는 저당권이 존재하고 있다는 사실만으로는 그의 권리를 잃을 위협을 받지 않는다. 그러나 일단 저당권이 실행되면, 그의 권리를 잃게 될 위험 앞에 놓이게 된다. 이런 의미에서 일반적으로 저당권설정 후 부동산의 양도나 이용은 불안정한 지위에 놓여있다고 할 수 있다. 민법은 저당권설정 후에 목적부동산의 소유권 또는 용익권을 취득한 제3취득자를 보호하기 위한 특별제도를 두고 있지는 않지만, 이해를 돕기 위하여 제3취득자의 지위에 관하여 살펴보기로 한다. 아래 [219]에서 이를 검토하기로 한다.

[216]　Ⅱ. 저당권과 용익권의 관계

1. 저당권이 설정된 부동산에 지상권·전세권·등기된 임차권 등 용익권(用益權)이 존재하는 경우가 있다. 저당권을 설정하기 전에 이미 제3자가 목적물에 관하여 이와 같은 용익권을 가지고 있는 경우에는, 저당권이 실행될 때까지는 아무런 문제가 없으며, 마치 소유자 자신이 목적물을 이용하는 경우와 같다. 또한 저당권이 실행된 때에도, 제3자의 용익권이 저당권을 설정할 당시 이미 등기를 갖추어 성립하고 있으면 용익권을 가지고 담보권실행경매의 매수인에게 대항할 수 있다.

바꾸어 말하면, 경매 후에도 종래와 동일한 조건으로 목적물을 계속 이용할 수 있다. 그러한 등기된 용익권이 존재하는 부동산을 저당으로 잡는 사람은 용익권에 의한 제한을 받고 있는 부동산의 교환가치를 평가하여 거래하게 될 것이므로, 제3자의 용익권이 존속하게 되어 예측하지 않은 손실을 입지 않기 때문이다.

　　2.　이에 반하여, 저당권이 설정된 후에 제3자가 취득한 용익권 ― 정확하게 말해서, 저당권등기가 있기 전에 등기를 갖추지 못한 용익권 ― 에 기해서는 용익권자가 저당권의 실행이 있을 때까지는 부동산을 용익할 수 있다. 그러나 저당권이 실행되면, 이러한 용익권자는 경매절차상의 매수인에 대해서는(이 시점에서 용익권이 제3자에 대한 대항요건을 갖추고 있더라도) 대항할 수 없고, 목적물을 매수인에게 인도해야만 한다. 경매절차상 매수인이 저당목적물을 취득하는 것은 저당권이 가지고 있던 배타적·우선적 지위를 기준으로 해서이므로, 저당권자는 제3자가 가지고 있는 용익권의 부담이 없는 목적물을 평가해서 저당권을 설정받은 것이기 때문이다.

　　3.　위와 같이 용익권이 저당권의 실행에 따라 뒤집어지는지는 그 용익권이 부동산에 있는 최고순위의 저당권과 사이에서 우선하는지에 따라 정해지는 것이고, 경매를 신청한 저당권자와의 우열로 정해지는 것은 아니다. 예컨대, 1번저당권의 등기가 있고, 이어서 임차권의 등기가 있게 되고, 그 다음에 2번저당권의 등기가 있었는데, 이 2번저당권자의 신청으로 경매를 한다고 하자. 이러한 경우에도 임차권은 경매절차상 매수인에게 대항할 수 없게 되어 소멸한다. 2번저당권자의 신청에 따른 경매에 의해서도 1번저당권은 소멸하게 되어, 결국 실질적으로는 1번저당권의 실행이 있었던 것과 같은 관계가 되기 때문이다.

[217]　Ⅲ.　법정지상권

　　1.　의　　의　　　　토지와 그 지상건물이 동일인에게 속하고 있었으나, 어떤 사정으로 이들 토지와 그 지상건물이 각각 소유자를 달리하게 된 때에, 건물소유자에게 그의 건물소유를 위하여 법률상 당연히 인정되는 지상권이 법정지상권(法定地上權)이다. 현행법상 이러한 법정지상권은 여러 경우에 인정되나, 이 곳에서 설명하는 것은 민법 제366조가 규정하는 법정지상권이다.

　　2.　제도의 취지와 작용　　　　토지와 그 위의 건물은 법률상으로 별개의 부동

산이므로, 저당권의 설정이나 그 실행을 위한 경매는 각각 따로 행해진다. 따라서 토지와 그 지상의 건물이 동일인의 소유에 속하고 있는 동안은 소유자가 둘 중 어느 하나를 저당에 넣더라도, 건물을 위한 대지이용은 자기소유지의 이용이므로 문제가 없다. 어느 한쪽의 경매가 있게 되면, 토지와 건물의 소유자가 달라지는 경우가 많고, 그러한 경우에는 건물소유자에게 대지이용의 권원이 당연히 필요하게 된다. 이러한 경우에 토지소유자와 건물소유자 사이에서 토지이용에 관한 합의(지상권이나 전세권의 설정·토지임대차계약 등)가 이루어지면 문제가 없다. 그러나 그들이 소유자의 의사에 의하지 않는 경매를 통하여 비로소 접촉하게 된 것이기 때문에 토지이용에 관한 합의가 반드시 성립한다는 보장이 없다. 그러한 교섭이 잘 이루어지지 못한 경우에 건물소유자는 건물을 철거해야만 한다. 이렇게 된다면, 건물의 경매에서 매각대가는 자연히 크게 떨어지고, 건물의 담보화를 막게 되며, 또한 건물소유를 위한 토지이용은 중대한 위협을 받게 된다. 이러한 불합리한 결과를 피하기 위하여 민법은 제366조를 두고 있다. 즉, 저당권 실행을 위한 경매로 토지·건물의 소유자가 다르게 된 경우에, 토지소유자는 건물소유자를 위하여 법률상 당연히 지상권을 설정한 것으로 보아서 건물소유자의 대지이용을 보장하려고 한다. 이것이 제366조의 법정지상권 제도이다. 이 제도에 관해서는 다음과 같은 점을 특히 유의해야 한다.

(1) 민법 제366조는 가치권과 이용권의 조절을 꾀한다는 공익상의 이유로, 지상권의 설정을 강제하는 강행법규이다. 따라서 동조의 적용을 배제하는 당사자 사이의 특약은 그 효력이 없다(대판 1988. 10. 25, 87다카1564 참조).

(2) 민법 제366조의 규정은 이 제도를 규제하는 데 충분하지 않다. 법정지상권제도를 두는 근본적 이유는 토지·건물을 별개의 부동산으로 하고 있고, 건물은 대지이용권을 수반하는 때에만 그의 경제적 효용을 다할 수 있다는 데에 있다. 따라서 토지·건물을 각각 별개의 부동산으로 하는 관념을 버리지 않는 한, 이 제도는 유지되어야 한다. 그러나 건물과 대지이용을 언제나 일괄해서만 처분할 수 있는 것으로 한다면, 법정지상권제도는 필요 없게 되고, 근본적인 해결책이 된다.

3. 성립요건

(1) 건물이 저당권설정 당시에 존재할 것

㈎ 건물이 없는 토지에 저당권을 설정하는 경우에 저당권자는 토지의 담보가

치를 높게 평가하므로, 저당권을 설정한 다음에 세워진 건물에 관해서도 법정지상권의 성립을 인정한다면, 토지의 교환가치는 떨어지고 저당권자가 피해를 입는다. 여기서 통설은 저당권설정 당시부터 토지 위에 건물이 존재하는 경우에만 법정지상권의 성립을 인정하고 있다(김상용 703면, 김증한·김학동 532면, 송덕수 539면, 이영준 899면 참조). 판례도 같은 태도이다. 따라서 건물이 없는 토지(나대지)에 저당권을 설정하고, 그 후에 건물을 지은 때에는 그 건물을 위한 법정지상권은 성립하지 않는다(대판 1965. 8. 31, 65다1404; 대판 1971. 9. 28, 71다1238 참조). 나대지에 관한 근저당권설정 당시 근저당권자가 건물 건축에 동의한 경우에도 법정지상권이 성립하지 않는다(대판 2003. 9. 5, 2003다26051 참조). 이 이론과 관련해서 다음의 점을 주의해야 한다.

(내) 건물은 저당권설정 당시에 실제로 존재하고 있으면 되고, 보존등기가 없더라도 법정지상권의 성립을 방해하지 않는다(대판 1964. 9. 22, 63아62 참조). 즉, 토지에 저당권을 설정할 당시에 있었던 지상의 건물이 미등기의 것이더라도, 나중에 보존등기를 갖추고 양도된 경우에는, 그 양수인은 법정지상권을 취득한다. 민법 제187조와의 관계에서 당연한 결과이다.

토지에 저당권을 설정할 당시 건축 중이었던 건물을 위해서도 법정지상권이 성립하는지 문제된다. 판례는 이를 긍정한다. 즉 토지에 관하여 저당권이 설정될 당시 그 지상에 건물의 규모, 종류가 외형상 예상할 수 있는 정도까지 건축이 진전되어 있고, 그 후 경매절차에서 매수인이 매각대금을 다 낸 때까지 독립된 부동산으로서 건물의 요건을 갖추면 법정지상권이 성립한다. 왜냐하면 위와 같은 정도로 건축이 진전되어 있는 경우에는 저당권자는 완성된 건물을 예상할 수 있으므로 법정지상권을 인정하여도 불측의 손해를 입는 것이 아니며 사회경제적으로도 건물을 유지할 필요가 인정되기 때문이다(대판 1992. 6. 12, 92다7221; 대판 2004. 6. 11, 2004다13533 참조). 그러나 가설건축물은 일시 사용을 위해 건축되는 구조물로서 설치 당시부터 일정한 존치기간이 지난 후 철거가 예정되어 있어 일반적으로 토지에 정착되어 있다고 볼 수 없다. 따라서 가설건축물은 원칙적으로 독립된 부동산으로서 건물의 요건을 갖추지 못하여 법정지상권이 성립하지 않는다(대판 2021. 10. 28, 2020다224821 참조).

㈐ 건물이 있는 토지에 저당권을 설정한 후에, 건물을 개축(改築) 또는 증축하는 경우는 물론 건물이 멸실되거나 철거된 후에 신축하는 경우에도 법정지상권은 성립한다. 이와 같이 건물을 재축(再築) 즉 재건축하는 경우에 새 건물과 구 건물에 동일성을 요구하지 않는다. 다만 그 법정지상권의 범위는 구건물을 기준으로 하여 그 유지 또는 사용을 위하여 일반적으로 필요한 범위 내의 대지 부분에 한정된다(대판 1990. 7. 10, 90다카6399; 대판 1991. 4. 26, 90다19985; 대판 1997. 1. 21, 96다40080. 건물을 철거하고 신축한 경우에는 신축건물을 기준으로 법정지상권의 존속기간과 범위를 정해야 한다는 견해로는 양창수, 민법연구 2권, 101면 참조).

그러나 동일인의 소유에 속하는 토지 및 그 지상건물에 관하여 공동저당권이 설정된 후 그 지상건물이 철거되고 새로 건물이 신축된 경우에는 저당물의 경매로 인하여 토지와 신축건물이 다른 소유자에 속하게 되더라도 신축건물을 위한 법정지상권은 성립하지 않는 것이 원칙이다(다만 예외적인 경우가 있을 수 있다. 아래에서 자세히 인용한 대판(전) 2003. 12. 18, 98다43601 참조). 이러한 판례는 토지와 건물에 공동저당이 설정된 경우에 한하여 원칙적으로 법정지상권을 부정한 것이기 때문에, 토지나 건물 어느 한쪽에만 저당권이 설정된 후 건물을 재축한 사안에서는 법정지상권이 성립된다(김재형, 민법론 Ⅲ, 446면 참조).

〈토지·건물에 공동저당을 설정한 후 건물을 재축한 경우 법정지상권의 부정〉
대판(전) 2003. 12. 18, 98다43601은 토지와 그 지상 건물에 공동저당권이 설정된 후 건물을 재축한 사안에서 법정지상권이 성립하는지 여부가 문제되었다. 다수의견은 법정지상권이 부정된다는 원칙을 선언하였다. 즉, 동일인의 소유에 속하는 토지 및 그 지상건물에 관하여 공동저당권이 설정된 후 그 지상건물이 철거되고 새로 건물이 신축된 경우에는 저당물의 경매로 인하여 토지와 그 신축건물이 다른 소유자에 속하게 되더라도 그 신축건물을 위한 법정지상권은 성립하지 않는 것이 원칙이고, 다만 그 신축건물의 소유자가 토지의 소유자와 동일하고, 토지의 저당권자에게 신축건물에 관하여 토지의 저당권과 동일한 순위의 공동저당권을 설정해 주는 등 특별한 사정이 있는 경우에는 법정지상권이 성립할 수 있다고 한다. 그 이유로 동일인의 소유에 속하는 토지 및 그 지상건물에 관하여 공동저당권이 설정된 경우에는 건물이 철거된 후 신축된 건물에 토지와 동순위의 공동저당권이 설정되지 않았는데도 그 신축건물을 위한 법정지상권이 성립한다고 해석하게 되면, 공동저당권자가 법정지상권이 성립하는 신축건물의 교환가치를 취득할 수 없게 되는 결과 법정지상권의 가액상당가치를 되찾을 길이 막혀 위와 같이 당초 나대지로서의 토지의 교환가치 전체를 기대하여 담보를 취득한 공동저당권자에게 불측의 손해를 입게 한다는 점을 든다(그 후 같은 취지의 판결로는 대판 2004. 3. 25, 2003다1359; 대판 2010. 1. 14, 2009다66150 참조).

(2) **소유자의 동일성**   저당권을 설정할 때에 토지와 건물이 동일한 소유자에게 속하고 있어야 한다.

(가) 저당권설정 당시에 토지와 건물이 각각 다른 자의 소유에 속하고 있었던 때에는, 법정지상권의 성립은 인정되지 않는다(대판 1966. 11. 29, 66다1213; 대판 1969. 5. 13, 69다344 참조). 이러한 경우에는 그 건물에 관하여 이미 토지소유자에게 대항할 수 있는 용익권이 설정되어 있거나 그와 같은 기회가 있었던 것이므로, 이러한 건물의 소유자나 경매의 매수인에게 다시 법정지상권을 인정할 필요가 없기 때문이다. 이러한 사정이 있는 토지나 건물 위의 저당권은 용익권의 존재를 전제로 해서 성립한다. 즉, 토지 위의 저당권은 용익권의 제한을 받는 것으로 성립하고(용익권이 등기가 되거나 또는 대항력을 갖추고 있어야 함은 물론이다), 건물 위의 저당권은 용익권을 수반하는 것으로서 성립한다(그러나 용익권이 양도성이 없는 것이면 경매의 매수인은 이를 취득하지 못한다).

토지공유자 중 한 사람이 다른 공유자의 동의를 얻어 그 지상에 건물을 소유하면서 토지의 공유지분에 저당권을 설정한 후 경매로 인하여 공유지분과 건물의 소유자가 달라진 경우에 건물을 위한 법정지상권이 성립하는지 문제된다. 이 경우 법정지상권을 인정한다면 부당한 결과가 나타난다. 토지의 공유자 중 건물을 소유한 사람이 다른 공유자의 지분에 지상권을 설정하는 처분권을 행사하는 것이 되기 때문이다. 따라서 부정설이 타당하다(주석민법 물권(4) 214면. 반대: 고상룡 684면 참조). 그러나 구분소유적 공유관계에 있는 토지의 공유자들이 그 토지 위에 각자 독자적으로 별개의 건물을 소유하면서 토지 전체에 대하여 저당권을 설정하였다가 저당권의 실행으로 토지와 건물의 소유자가 달라진 경우에는 법정지상권이 성립할 수 있다(대판 2004. 6. 11, 2004다13533 참조).

(나) 저당권의 설정 후에 토지와 건물이 각각 다른 소유자에게 속하게 된 때에는 어떻게 되는가? 저당권설정 당시에 동일인에게 속하고 있으면, 그 후 한쪽이 제

3자에게 양도되더라도 법정지상권은 성립한다고 해야 한다. 저당권설정 후에 토지나 건물의 어느 하나를 소유자가 임의로 처분하는 때에는, 건물소유자와 토지소유자 사이에서 지상권의 설정 그 밖의 건물의 존속을 가능하게 하는 토지사용관계를 정해야 한다. 그러나 저당권설정 후에 설정된 용익권은 경매에 의한 매각으로 그 효력을 잃게 되므로, 제366조는 이러한 경우에도 적용된다고 해야 한다.

(3) **저당권의 설정**　　토지와 건물의 어느 한쪽이나 또는 둘 위에 저당권이 설정되어야 한다. 토지와 그 지상건물의 어느 쪽에도 저당권이 설정되지 않은 경우에는 제366조의 법정지상권이 성립하지 않는다. 그러나 일정한 경우에는 관습상 법정지상권의 성립이 판례로 인정되고 있음은 이미 설명하였다([145] 참조).

(4) **경매로 소유자가 달라질 것**　　제366조의 법정지상권이 성립하는 것은 저당권의 목적으로 되어 있는 토지나 건물이 그 저당권자의 신청으로 경매(담보권실행경매)에 부쳐진 때이다.

저당권의 목적으로 되어 있는 토지나 건물이 저당권자 또는 일반의 채권자가 집행권원에 기하여 통상의 강제집행(강제경매)을 한 경우에 법정지상권이 성립되는지 문제된다. 저당권자가 집행권원에 의하여 저당부동산을 경매(통상의 강제경매)한 경우와 저당권이 있는 부동산에 관하여 일반채권자가 강제집행(통상의 강제경매)을 한 경우에도 법정지상권이 성립된다고 보아야 한다(김상용 705면, 김용한 576면. 그러나 이러한 경우 관습상 법정지상권을 인정하는 견해로는 이영준 903면 참조). 그러나 판례는 이러한 경우에 법정지상권이 아니라 관습상 법정지상권이 성립한다고 한다(대판 2013. 4. 11, 2009다62059 참조).

(5) **특약의 배제**　　제366조는 이미 밝힌 바와 같이 강행규정이며, 따라서 저당권설정당사자의 특약으로 법정지상권의 성립을 막지 못한다(대판 1966. 9. 6, 65다2587 참조).

4. 성립시기와 등기

(1) 법정지상권이 성립하는 시기는 토지 또는 그 지상건물의 경매로 그 소유권이 경매의 매수인에게 이전하는 때이나. 이 시점에서 지상권의 성립이 가능하기 때문이다. 따라서 경매에서 매수인이 매각대금을 다 낸 때에(민집 135조), 법정지상권은 성립한다.

(2) 법정지상권은 제366조의 규정에 따라 성립하는 것이므로, 민법 제187조에서 말하는 「법률의 규정」에 의한 물권의 취득이다. 따라서 등기를 필요로 하지 않는다. 건물소유자는 법정지상권을 취득할 당시의 토지소유자는 물론이고, 그로부터 토지소유권을 취득한 제 3 자에 대해서도 등기 없이 그의 법정지상권을 가지고 대항할 수 있다(대판(전) 1965. 9. 23, 65다1222; 대판 1967. 6. 27, 66다987 참조). 그리고 법정지상권을 취득한 자는 토지소유자에 대하여 지상권의 등기를 할 것을 청구할 수 있음은 물론이다(법정지상권이 성립한 후 토지가 제 3 자에게 양도된 경우에는 그 양수인에 대하여 등기청구권을 가지게 됨은 당연하다).

5. 법정지상권의 내용

(1) 법정지상권의 범위는 건물의 대지에 한정되는 것은 아니며, 건물로서 이용하는 데 필요한 한도에서는 대지 이외의 부분에도 미친다는 점은 보통의 지상권에서와 같다. 가령 지상건물이 창고인 경우에는 그 본래의 용도인 창고로서 사용하는 데 일반적으로 필요한 그 둘레의 기지에 미친다(대판 1977. 7. 26, 77다921 참조). 법정지상권이 성립한 후에 건물을 개축·증축·재축하는 경우에 법정지상권의 범위는 구 건물을 기준으로 하여 그 유지 또는 사용을 위하여 일반적으로 필요한 범위 내의 대지부분에 한정된다는 것이 판례라는 점은 위에서 설명하였다.

(2) 법정지상권의 존속기간은 제280조 1항이 정하는 기간으로 보아야 한다는 것이 판례이다(대판 1992. 6. 9, 92다4857 참조).

(3) 지료(地料)는 당사자의 협의로 이를 결정하나, 협의가 성립하지 못하는 때에는 당사자의 청구로 법원이 정한다(366조 단서. 법원이 지료를 정하는 기준에 관해서는 대판 1966. 9. 6, 65다2587; 대판 1975. 12. 23, 75다2066 등 참조). 법원이 결정하는 지료는 당연히 지상권이 성립한 때에 소급해서 효력을 발생하며, 토지소유자가 지료를 청구하는 특별한 의사표시는 필요하지 않다. 지료액이나 그 지급시기에 관한 약정은 등기해야만 제 3 자에게 대항할 수 있다(대판 1996. 4. 26, 95다52864 참조).

6. 법정지상권의 처분과 소멸

(1) 처   분   법정지상권은 양도할 수 있는 권리이다. 법정지상권양도의 합의는 반드시 명시적이어야 하는 것은 아니고 묵시적이라도 무방하다. 저당물의 경매로 토지와 그 지상건물이 다른 소유자에게 속하게 되어 법정지상권을 취득

한 건물소유자가 법정지상권의 설정등기를 하지 않고 건물을 양도하는 경우에 그 건물을 철거하기로 하는 합의가 있었다는 등의 특별한 사정이 없는 이상 건물과 함께 지상권도 양도하기로 하는 채권적 계약이 있는 것으로 보아야 한다(대판 1981. 9. 8, 80다2873 참조).

　　법정지상권의 취득자는 등기 없이 토지소유자를 포함하여 누구를 상대로 해서든지 법정지상권을 주장할 수 있으나, 그 법정지상권을 제3자에게 처분하려면 제187조 단서에 따라 등기를 해야 한다. 다만 법정지상권을 취득한 자로부터 경매로 건물의 소유권을 취득한 매수인은 제187조에 따라 그 지상권도 취득한다. 판례도 건물의 소유를 위하여 법정지상권을 취득한 자로부터 경매로 건물의 소유권을 이전받은 경락인은 건물을 철거한다는 등의 매각조건하에서 경매되는 경우 등 특별한 사정이 없으면 그 지상권도 건물의 이전과 불가분리관계에서 당연히 이전되었다고 할 것이고 이렇듯 경매에 의해서 이전된 지상권은 그에 대한 등기가 없어도 그 후에 당해 토지의 전득자에 대하여도 당연히 유효하다고 한다(대판 1976. 5. 11, 75다2338; 대판 1985. 2. 26, 84다카1578·1579; 대판 1991. 6. 28, 90다16214 참조).

　　법정지상권 설정등기를 하지 않고 건물을 처분하면 어떻게 되는가? 법정지상권부 건물의 양수인은 그 양도인이 토지소유자에 대하여 가지고 있던 지상권설정등기청구권을 대위행사할 수 있다(대판 1981. 9. 8, 80다2873 참조). 위와 같은 양수인이 그 등기를 취득하지 않고 있는 동안에 토지소유자가 건물철거를 청구할 수 있는지 문제된다. 건물의 양수인은 채권자대위의 법리에 따라 전 건물소유자와 대지소유자를 상대로 차례로 지상권의 설정등기 및 이전등기절차의 이행을 구할 수 있다. 이러한 법정지상권을 취득할 지위에 있는 자에 대하여 대지소유자가 소유권에 기하여 건물철거를 청구하는 것은 지상권의 부담을 용인하고 그 설정등기절차를 이행할 의무 있는 자가 그 권리자를 상대로 한 청구이기 때문에, 신의칙상 허용되지 않는다(대판(전) 1985. 4. 9, 84다카1131·1132; 대판 1987. 5. 26, 85다카2203 등 다수).

　　(2) 소　　멸　　　법정지상권은 토지소유자의 소멸청구, 지상권자의 포기, 당사자 간의 계약으로 소멸한다. 법정지상권이 성립하고 그 지료액수가 판결로 정해진 경우에, 지상권자가 2년분 이상의 지료를 지체하였다면 토지소유자는 제287조에 따라 지상권의 소멸을 청구할 수 있다(대판 1993. 3. 12, 92다44749; 대판 2005. 10.

13, 2005다37208 참조).

[218] Ⅳ. 저당토지 위의 건물에 대한 일괄경매권

1. 의   의   앞에서 본 바와 같이, 토지에 저당권을 설정한 후에 토지에 건물을 지었으나, 경매의 결과 토지소유자와 건물소유자가 다르게 되더라도, 건물소유자에게는 법정지상권이 인정되지 않는다. 저당권의 설정 당시에 이미 건물이 존재하고 있어야만 제366조에 따라 법정지상권의 성립이 인정되기 때문이다. 따라서 경매에 의한 토지의 매수인은 건물소유자에게 건물의 철거 또는 수거를 요구할 수 있다. 사회경제적으로 크게 불이익한 결과가 된다. 이 경우에 저당권자가 토지와 함께 그 건물도 경매할 수 있다면, 건물은 그대로 존속할 수 있게 되어 불합리는 제거될 수 있을 뿐만 아니라, 토지의 교환가치도 충분히 확보할 수 있게 된다. 이러한 점을 고려하여 민법은 제365조 본문에서 "토지를 목적으로 저당권을 설정한 후 그 설정자가 그 토지에 건물을 축조한 때에는 저당권자는 토지와 함께 그 건물에 대하여서도 경매를 청구할 수 있다."라고 정하고 있다(대결 1994. 1. 24, 93마1736; 대결 1999. 4. 20, 99마146 참조).

2. 요   건

(1) 저당권 설정 후 건물 신축   저당권 설정 후 저당토지에 건물을 신축한 경우에 한하여 일괄경매권이 인정된다. 저당권 설정 당시에 건물이 이미 존재하고 있는 경우에는 건물에 대한 경매청구권이 인정되지 않는다. 그 건물이 토지소유자의 소유에 속하는지 제3자의 소유에 속하는지는 상관없다. 저당권 설정 당시에 건물의 존재가 예측되고 또한 당시 사회경제적 관점에서 그 가치의 유지를 도모할 수 있을 정도로 건물의 축조가 진행되어 있는 경우에도 일괄경매권이 인정되지 않는다(대판 1987. 4. 28, 86다카2856 참조). 이 권리는 저당권설정자가 저당권을 설정한 후 저당목적물인 토지상에 건물을 축조함으로써 저당권의 실행이 곤란해지거나 저당목적물의 담보가치의 하락을 방지하기 위한 것이기 때문이다.

일괄경매권의 대상이 되는 건물은 저당토지에 신축되어 있어야 한다. 그러나 신축된 건물의 일부가 다른 토지에 걸쳐 있는 경우에도 건물의 상당 부분이 저당토지에 건립되어 있고 건물 전체가 불가분의 일체로서 소유권의 객체를 이루고 있다면 저당권자는 건물 전체에 대하여 경매청구를 할 수 있다(대판 1985. 11. 12, 85다카 246; 대판 1987. 4. 28, 86다카2856 참조).

(2) **저당권설정자의 건물 소유**   저당권설정자인 토지소유자가 저당토지 위에 건물을 지은 경우에 저당권자가 일괄경매를 청구할 수 있다. 그러나 저당권설정자가 건물을 축조하였다고 하더라도 이를 제3자에게 양도한 경우에는 건물은 저당권설정자의 소유가 아니므로 일괄경매권의 대상이 되지 않는다(대결 1994. 1. 24, 93마1736 참조).

제365조의 문언에 따르면 저당권설정자가 아닌 토지소유자(즉 저당권을 설정한 후에 토지소유권을 취득한 자)나 저당권설정자로부터 용익권을 취득하여 건물을 지은 자 등이 건물을 축조한 경우에는 이 일괄경매권이 인정되지 않는다. 그러나 판례는 저당권설정자로부터 저당토지에 대한 용익권을 설정받은 자가 그 토지에 건물을 축조한 경우라도 그 후 저당권설정자가 그 건물의 소유권을 취득한 경우에도 저당권자는 토지와 함께 그 건물에 대하여 일괄경매를 청구할 수 있다고 한다(대판 2003. 4. 11, 2003다3850 참조).

저당권의 목적인 토지만을 경매해도 그 대금으로부터 충분히 피담보채권을 변제받을 수 있는 경우에 위의 일괄경매권은 인정되지 않는가? 그렇지는 않다. 제365조는 토지로부터 채권의 만족을 얻지 못할 것을 일괄경매권의 요건으로서 요구하고 있지 않기 때문이다. 판례도 민법 제365조의 규정에 의한 일괄경매에는 민사집행법 제124조의 과잉경매의 규정은 적용되지 않는다고 한다(대결 1961. 3. 20, 4294민재항50; 대결 1968. 9. 30, 68마890 참조).

3. 효   과   저당권자에게 일괄경매권이 인정된다고 해도 그가 이 권리를 반드시 행사해야 할 의무를 부담하는 것은 아니다. 바꾸어 말하면, 저당권자는 저당부동산인 토지만의 경매를 신청하고, 건물의 경매는 신청하지 않을 수도 있다. 그리하여 토지만을 경매하더라도 그 경매의 매수인은 법정지상권의 제한을 받지 않는다(대판 1977. 4. 26, 77다77 참조).

위와 같이 저당권자가 토지와 함께 건물을 경매해노 그 건물의 매각내가로부터는 우선변제를 받지 못한다(365조 단서).

[219] Ⅴ. 제 3 취득자의 지위

저당권이 설정된 후에, 그 저당권의 목적으로 되어 있는 부동산을 양도받은 양수인 또는 그 저당부동산 위에 지상권이나 전세권을 취득한 자와 같은 제 3 취득자는 특이한 지위를 차지한다. 저당권이 실행되기 전에는 그 저당권은 단순히 존재하고 있는 데 지나지 않으므로, 제 3 취득자는 소유권을 취득하거나 저당부동산을 사용·수익하는 데 아무런 제한도 받지 않는다. 특히 채무자인 양도인이나 지상권 또는 전세권의 설정자가 변제기에 변제를 하면, 저당권이 소멸하므로 제 3 취득자가 저당권으로 아무런 영향을 받지 않는다. 그러나 채무자가 변제를 하지 않아 저당권이 실행되면, 제 3 취득자의 지위는 완전히 뒤집어진다. 그러므로 저당권이 실행되기 전에도 그 지위의 안정 여부는 결국 채무자의 변제여부에 달려 있어 매우 불안정하다. 이러한 제 3 자의 불안한 지위를 보호하기 위하여 민법은 특히 저당물의 소유권을 취득한 제 3 취득자는 경매의 매수인이 될 수 있다고 규정하나(363조 2항), 이것만으로는 충분하다고 할 수 없다. 여기서 민법은, 다시 제 3 취득자의 변제를 인정하고, 또한 제 3 취득자의 비용상환청구권을 인정하는 규정을 두고 있다.

  1. 제 3 취득자의 범위   저당권에서 말하는 제 3 취득자는 저당부동산에 대하여 저당권이 설정된 후에 소유권, 지상권 또는 전세권을 취득한 자를 뜻한다. 저당부동산에 대하여 저당권이 설정되기 전에 이미 소유권을 취득한 자는 물상보증인이고, 제 3 취득자가 아니다. 저당부동산의 제 3 취득자가 피담보채무를 인수한 경우에는 제 3 취득자는 채권자에 대한 관계에서 채무자의 지위로 변경되므로 제 364조가 적용되지 않는다(대판 2002. 5. 24, 2002다7176 참조). 저당권설정 전에 지상권이나 전세권을 취득한 자는 저당권이 실행되더라도 매수인에게 대항할 수 있으므로 여기에서 말하는 제 3 취득자에 해당하지 않는다. 저당부동산에 후순위저당권을 취득한 자도 제364조에서 정한 제 3 취득자에 해당하지 않는다(대판 2006. 1. 26, 2005다17341 참조).

  2. 제 3 취득자의 변제   저당부동산에 대하여 소유권·지상권 또는 전세권을 취득한 제 3 취득자는 저당권자에게 그 부동산으로 담보된 채권을 변제하고 저당권의 소멸을 청구할 수 있다(364조).

  (1) 본래 채권은 제 3 자도 이를 변제할 수 있다(469조). 특히 저당부동산의 제

3 취득자는 이해관계 있는 제 3 자이므로, 채무자의 의사에 반하여서도 변제할 수 있다(469조 2항). 그러면 특별히 제364조를 두고 있는 이유는 무엇인가? 다음의 두 가지 점에서, 그 의의가 있다고 일반적으로 설명된다. (i) 첫째, 단순한 제 3 자의 변제라면 지연배상까지 변제해야 하지만, 제 3 취득자는 「그 부동산으로 담보된 채권」, 즉 제360조가 정하는 범위의 금액만을 변제하면 되고, 지연배상은 원본의 이행기일을 경과한 후의 1년분만을 변제하면 된다. (ii) 둘째, 제 3 취득자는 채권의 변제기에 의한 제한을 받지 않는다고 한다. 즉, 피담보채권의 변제기 전에도, 제 3 취득자는 변제를 하고 저당권을 소멸시킬 수 있다고 새긴다(김증한 426면, 김현태(하) 205면, 최식 416면 참조). 그러나 이 해석의 정당성은 의심스럽다. 법문상으로도 그렇게 해석할 근거는 없다. 오히려 제 3 취득자의 변제도 피담보채권의 변제기가 된 다음에만 할 수 있다고 하는 것이 저당권의 투자수단으로서의 작용에도 부합하는 것이라고 생각한다. 또한 제 3 취득자만은 변제기 전이더라도 특별히 변제를 하고 저당권을 소멸시킬 수 있다고 해야 할 적극적인 이유도 발견되지 않는다. 판례도 제 3 취득자는 변제기 후에 변제함으로써 저당권설정등기의 말소청구를 할 수 있다고 한다(대판 1979. 8. 21, 79다783 참조).

(2)   제 3 취득자의 변제가 있으면, 저당권은 소멸한다. 그리고 제 3 취득자는 변제하는 데 정당한 이익을 가지는 자이므로, 변제를 하면 당연히 채권자를 대위하게 된다(법정대위. 481조 참조). 즉, 제 3 취득자는 채권자인 저당권자를 대위하고 구상권을 가지게 된다.

(3)   이상과 같이 제 3 취득자는 스스로 채권을 변제함으로써 저당권을 소멸시키고 그의 지위를 확보할 수 있다. 그러나 일반적으로는 그러한 방법에 의하지 않고 그 저당부동산이나 지상권 또는 전세권을 취득할 때에 미리 피담보채권을 고려하여 대금을 정한다. 그러면 이들 저당목적물은 얼마로 거래되는 것이 합리적인지 문제된다. 만일 목적물의 시가가 저당채무를 완전히 변제하고도 남을 정도이면 문제는 간단하다. 저당권자·채무자·제 3 취득자의 3자가 협의하여 매매대금에서 저당채권액만을 저당권자에게 지급하고, 나머지 금액을 채무자에게 교부하고서, 저당권의 등기를 말소하고 제 3 취득자에게 이전등기를 하면 된다. 그러나 저당권이 아직 변제기에 이르고 있지 않으면, 제 3 취득자는 목적물의 시가에서 저당채권액을

빼낸 나머지 금액만을 지급하고, 그 대신 저당채무는 이를 제 3 취득자가 인수하는 방법을 취하게 될 것이다. 문제는 저당목적물의 시가가 저당채권을 완전히 변제할 수 없는 경우이다. 이때에는 앞에서 설명한 바와 같이 제 3 취득자가 채권자를 대위하여 구상권을 가지게 되거나, 또는 제 3 취득자는 매매의 하자담보 규정에 따라 보호될 뿐이다(576조 참조).

3. 제 3 취득자의 비용상환청구권　　　저당물의 제 3 취득자가 그 부동산의 보존·개량을 위하여 필요비 또는 유익비를 지출한 때에는 제203조 1항·2항의 규정에 따라 저당물의 경매에서 매각대금에서 우선적으로 상환을 받을 수 있다(367조). 위와 같은 비용은 부동산 가치를 유지·증가하기 위하여 지출된 일종의 공익비용이기 때문이다. 저당부동산의 소유권을 취득한 자도 제 3 취득자에 해당한다. 이때 제 3 취득자는 경매절차에서 배당받는 방법으로 비용에 관하여 경매절차의 매각대금에서 우선변제받을 수 있는 것이고, 제 3 취득자가 직접 저당권설정자, 저당권자 또는 경매절차 매수인 등에 대하여 비용상환을 청구할 권리는 없다. 따라서 제 3 취득자는 이러한 비용상환청구권을 피담보채권으로 한 유치권을 행사할 수 없다(대판 2023. 7. 13, 2022다265093 참조).

제 5 관　저당권의 침해에 대한 구제

[220]　I. 저당권 침해의 특수성

　　저당권자의 담보를 위태롭게 하는 것이 저당권의 침해이다. 예컨대, 저당권의 목적물을 멸실시키거나 훼손하는 것은 목적물의 교환가치를 감소하게 하는 것이므로, 저당권의 침해가 된다. 목적물이 멸실·훼손하는 것을 부당히 방치하는 것도 마찬가지로 저당권에 대한 침해라고 할 수 있다. 그 밖에 흔히 문제가 되는 것은 저당권의 효력이 미치는 산림에서 부당하게 벌채를 하는 경우, 저당건물을 부당하게 관리하여 건물이 허물어져 무너지는 경우, 종물을 부당하게 분리하는 경우 등이다. 저당권도 일종의 물권으로서 목적물에 대하여 일정한 지배권능을 가지는 것이므로, 위와 같은 침해, 즉 피담보채권이 담보되지 못하게 될 염려가 생긴 경우에 저당권자는 그러한 침해행위의 중지를 요구하고, 불법행위를 이유로 침해자에게 손해배상을 청구할 수 있다.

　그러나 저당권은 본래 목적물의 점유·이용을 설정자로부터 빼앗는 것이 아니다. 따라서 목적물이 통상의 경제적 사용방법에 따라서 이용되고 있는 한, 저당권설정자가 부합물을 저당부동산으로부터 분리하거나 목적물을 제 3 자에게 사용·수익하게 하더라도 저당권이 침해되고 있다고 할 수 없다. 또한 저당목적물이 침해되어 있다고 해서 곧 저당권자에게 손해가 생긴다고는 할 수 없다. 목적물의 교환가치가 감소하더라도 그것이 여전히 피담보채권액을 넘고 있는 경우에 저당권자는 손해를 입지 않기 때문이다. 결국 저당권 침해의 특수성은 저당권이 목적물의 물질적 지배를 직접 목적으로 하는 용익물권과는 달리 교환가치를 지배하는 가치권(價值權)이라는 성질에서 비롯되는 것이다. 이와 같이 저당권의 침해에 대한 구제문제는 다른 물권에 대한 침해와는 좀 다른 측면이 있다.

[221]　Ⅱ. 각종의 구제방법

1. 물권적 청구권

　(1) 방해행위의 제거·예방의 청구　　저당권의 방해가 있는 때에는 저당권자는 물권적 청구권에 의한 방해배제나 예방을 청구할 수 있다(370조·214조). 예컨대, 저당산림의 수목을 부당하게 벌채하여 저당물의 값을 줄어들게 하는 경우 저당권자는 벌채행위의 중지를 청구할 수 있다. 이 물권적 청구권은 저당권에 대한 방해가 있는 한, 비록 목적부동산의 교환가치가 피담보채권을 만족시킬 수 있는 것이더라도, 발생한다고 새기는 것이 통설이다. 불가분의 원칙이 적용된 것이다. 다만 저당권자는 목적물을 점유하지 않기 때문에, 반환청구권은 인정되지 않는다. 다만 저당물의 일부가 분리 반출된 경우에 저당물을 원래의 장소에 원상회복할 것을 청구할 수 있다(공장저당권에 관한 대판 1996. 3. 22, 95다55184 참조). 방해제거청구권 및 방해예방청구권에 관해서는 소유권에 의거한 물권적 청구권에서 설명한 것에 준하여 생각하면 된다([93]·[94] 참조). 따라서 상대방이 객관적으로 방해하는 사정을 지배하는 시위에 있거나 방해힐 염려기 있으면 충분하고, 담보물보춘청구권과는 달리 고의·과실과 같은 유책사유가 있어야 하는 것은 아니다. 이 청구권은 물권적 청구권으로서 저당권설정자나 채무자뿐만 아니라 제 3 자에 대해서도 행사할 수 있다.

대지에 저당권이 설정된 후 저당권설정자가 건축을 하는 경우에 저당권자가 건축공사의 중지를 청구할 수 있는지 문제된다. 저당권자는 원칙적으로 저당부동산의 소유자가 행하는 저당부동산의 사용 또는 수익에 관하여 간섭할 수 없다. 그러나 저당부동산에 대한 점유가 저당부동산의 본래의 용법에 따른 사용·수익의 범위를 초과하여 그 교환가치를 감소시키거나, 저당권의 실현이 곤란하게 될 사정이 있는 경우에는 저당권의 침해를 인정할 수 있다(대판 2005. 4. 29, 2005다3243 참조). 저당목적물의 소유자 또는 제 3 자가 저당목적물을 물리적으로 멸실·훼손하는 경우는 물론 그 밖의 행위로 저당부동산의 교환가치가 하락할 우려가 있는 등 저당권자의 우선변제청구권의 행사가 방해되는 결과가 발생한다면 저당권자는 저당권에 기한 방해배제청구권을 행사하여 방해행위의 제거를 청구할 수 있다(대판 2006. 1. 27, 2003다58454 참조). 저당권자는 저당권 설정 이후 환가에 이르기까지 저당물의 교환가치에 대한 지배권능을 보유한다. 저당토지에 건물을 신축함으로써 경매가 지연되는 등 저당권의 실행이 곤란하게 될 경우에는 저당권 침해를 이유로 공사중지를 청구할 수 있다고 보아야 한다(김재형, 민법론 Ⅲ, 172면 참조).

　(2) **유해등기의 말소청구**　　예컨대, 피담보채권이 이미 변제 등으로 소멸되었는데도 선순위의 저당권등기가 아직 말소되지 않고 있는 경우에 저당권자는 그 등기의 말소를 청구할 수 있다. 이러한 등기는 법률상으로는 무효이더라도 사실상 저당권의 행사에 장해가 될 수 있기 때문이다.

　(3) **저당목적물 일부의 강제집행에 대한 제 3 자이의의 소**　　저당목적물은 종물 등과 함께 한몸을 이루어서 채권을 담보하고 있으므로, 예컨대 저당권자에게 우선하는 권리를 갖지 않은 채권자가 종물에 대해서만 강제집행을 한 경우에 저당권자는 저당목적물의 일체성이 침해된다는 것을 이유로 민사집행법 제48조에 따라 제 3 자이의의 소를 제기할 수 있다고 새겨야 한다.

　2. 손해배상청구권　　저당권을 침해하여 손해가 발생한 경우 저당권자가 침해자(목적물의 소유자이든 또는 제 3 자이든)에 대하여 불법행위에 기한 손해배상을 청구할 수 있음은 제750조의 해석상 의문이 없다. 담보물을 권한 없이 멸실·훼손하거나 담보가치를 감소시키는 행위는 위법한 행위로서 불법행위를 구성한다(대판 1998. 11. 10, 98다34126; 대판 1997. 11. 25, 97다35771; 대판 2009. 5. 28, 2006다42818 참조). 다

만 저당권은 목적물의 교환가치를 파악하는 것이지 그 실체를 파악하는 것은 아니
므로, 배상청구권의 발생요건과 배상액의 산정시기에 관하여 고려할 문제가 있다.

(1) 손해배상청구권이 발생하는 것은 목적물의 침해로 저당권자가 채권의 완
전한 만족을 얻을 수 없게 되는 때이다. 비록 저당물의 가격이 줄어들더라도, 완전
히 채권의 만족을 얻는다면, 손해는 없는 것이 되며, 따라서 불법행위가 성립할 여
지는 없다.

(2) 가장 문제가 되는 것은 손해액의 산정시기이다. 현재 우리나라에서는 저
당권의 실행을 기다릴 필요 없이 그 이전이더라도 불법행위 후 곧 손해배상을 청구
할 수 있다는 것이 통설이다(김상용 713면, 김용한 583면, 김증한·김학동 548면, 이영준 915
면, 장경학 822면, 최식 416면 참조). 저당권의 실행 이전에 손해액을 산정하는 것이 불
가능하지는 않으므로, 통설의 견해는 타당하다. 판례도 마찬가지이다. 즉, 근저당권
침해의 경우에 채권자가 입게 되는 손해는 담보목적물의 가액 범위 내에서 채권최
고액을 한도로 하는 피담보채권액으로 확정될 뿐 그 피담보채무의 변제기가 도래
하여 그 담보권을 실행할 때 비로소 발생하는 것은 아니라고 한다(대판 1998. 11. 10,
98다34126 참조).

3. 채무자에 대한 특별효과　　　저당채무자 자신이 저당권을 침해한 경우
에도, 저당권자는 위에서 설명한 두 구제수단을 주장할 수 있는 것이나, 채무자에
대하여는 다음과 같은 보다 더 구체적이고 직접적인 주장을 할 수 있는 것이 인정
된다.

(1) **담보물보충청구권**　　　저당권설정자의 유책사유(고의 또는 과실)로 인하여
저당물의 값이 현저히 감소한 때에는, 저당권자는 설정자에 대하여 그 원상회복 또
는 상당한 담보제공을 청구할 수 있다(362조). 이 경우 저당권설정자에는 물상보증
인도 포함된다. 만일 불가항력으로 저당물이 훼손된 경우에는 담보물보충청구권이
생기지 않고 물상대위에 따른 구제를 받을 수 있을 뿐이다.

이 청구권을 행사하는 경우에는 위에서 설명한 손해배상청구권 또는 다음에서
보는 기한의 이익의 상실에 의한 즉시변제청구권을 행사하지 못한다고 해석해야
한다. 다만, 담보물보충청구권을 행사하였으나 충분한 담보제공이 없는 경우에 저
당권자는 채무자가 기한의 이익을 잃었음을 주장하여 곧 채무의 변제를 청구할 수

있다고 해야 한다.

(2) 기한의 이익의 상실   채무자가 담보를 손상 · 감소 또는 멸실하게 한 때에는 기한의 이익을 잃는다(388조 1호). 따라서 저당권자는 곧 변제를 청구할 수 있고, 저당권을 실행할 수 있게 된다.

제 4 절   저당권의 처분과 소멸

[222]   Ⅰ. 저당권의 처분

1. 저당권자는 피담보채권의 변제 또는 저당권의 실행을 통해 자금을 도로 거둬들일 수 있다. 그러나 피담보채권의 변제기가 되기 전에 투하자본을 유동화하려면, 저당권을 처분하는 길밖에 없다. 저당권으로 하여금 투자의 작용을 다하게 하기 위해서는 저당권 처분의 자유를 인정하는 것이 필요하다. 그런데 민법은 "저당권은 그 담보한 채권과 분리하여 타인에게 양도하거나 다른 채권의 담보로 하지 못한다."라고 정함으로써(361조), 저당권의 부종성을 강화하고 있다. 따라서 저당권자가 투하자본을 도로 거둬들이려면 피담보채권과 함께 저당권을 양도하거나 입질해야 하므로, 저당권 처분의 자유가 크게 제한된 좁은 범위에 한정되어 있다.

저당권은 피담보채권과 분리하여 처분할 수 없으므로, 피담보채권의 처분을 수반하지 않는 저당권만을 양도하는 것은 무효이다(대판 1968. 2. 20, 67다2543; 대판 1972. 7. 25, 72다971; 대판 1974. 2. 26, 72다2560 참조). 그러나 피담보채권을 처분하면서 저당권의 처분을 배제하는 특약을 할 수 있다(이영준 860면, 민법주해(Ⅶ) 76면 참조). 피담보채권의 처분이 있는데도 담보권의 처분이 따르지 않는 특별한 사정이 있는 경우에는 채권양수인은 담보권이 없는 무담보의 채권을 양수한 것이 되고 채권의 처분에 따르지 않은 담보권은 소멸한다(대판 2004. 4. 28, 2003다61542 참조).

물상보증인이 설정한 저당권의 경우에 물상보증인의 동의가 필요한지 문제된다. 저당권을 처분하는 경우 당사자는 저당권자와 그 양수인이다. 따라서 물상보증인의 동의는 필요하지 않다고 보아야 한다(김재형, 민법론 Ⅲ, 193면 참조). 판례도 마찬가지이다(대판 1994. 9. 27, 94다23975; 대판 2005. 6. 10, 2002다15412 · 15429 참조).

2. 위에서 본 바와 같이 민법에서는 저당권만을 피담보채권과 분리하여 양도

할 수 없으며, 언제나 피담보채권과 함께 처분할 수 있을 뿐이다. 그러므로 저당권부 채권의 양도에는 부동산물권변동의 규정과 채권양도의 규정이 모두 적용된다.

(1) 저당권부 채권의 양도는 채권의 양도일 뿐만 아니라 저당권의 양도도 포함되므로, 부동산물권변동의 일반원칙에 따라 물권적 합의와 등기를 해야 효력이 생긴다(186조). 저당권양도의 물권적 합의는 채권양도의 의사표시와 합쳐 한 덩어리가 되어 하나의 행위로 행해지는 것이 보통의 경우일 것이다. 저당권이전등기는 부기등기로 해야 한다.

(2) 저당권부 채권의 양도는 저당권의 양도와 함께 채권을 양도하는 것이므로, 채권양도에 관한 규정이 적용된다(449조 내지 452조). 따라서 당사자 사이의 의사표시만으로 채권양도의 효력이 생기지만, 채무자 그 밖의 제3자에게 대항하기 위해서는 양도인이 채무자에게 통지하거나 채무자가 승낙해야 한다(450조 1항). 이 통지 또는 승낙의 효력과 관련하여 문제가 있다.

㈎ 채무자는 그 통지를 받을 때까지 양도인에 대하여 생긴 사유(변제 그 밖의 사유로 인한 채권의 전부 또는 일부의 소멸·취소권·각종의 항변권 등)로써 양수인에게 대항할 수 있다(451조 2항). 이 점에서 저당권 양수인의 지위는 언제나 안전하다고 할 수 없게 된다.

㈏ 채무자의 승낙에는 이의를 보류하는 것과 보류하지 않은 것이 있다. 이의를 보류한 승낙의 효력은 통지의 경우와 같다. 그러나 이의를 보류하지 않은 승낙을 한 때에는 채무자는 그가 양도인에 대하여 대항할 수 있는 사유를 가지고 양수인에게 대항하지 못한다(451조 1항 본문). 즉, 양수인이 선의인 경우에 채무자는 항변권·변제 등에 의한 채권의 소멸·채권의 불발생 등을 모두 주장하지 못하고, 양수인은 유효하게 채권을 취득하게 된다(통설). 이때에 저당권의 운명은 어떻게 되는가? 바꾸어 말하면, 채권은 비록 그것이 소멸하고 있거나 성립하고 있지 않더라도 양수인이 취득하게 되는데, 그 채권을 담보하는 저당권도 유효하게 존재하는 것으로 되는지 문제된다. 이를 긍정한다면 양수인은 저당권부 채권을 취득할 것이고, 이를 부정한다면 양수인은 저당권 없는 무담보채권만을 취득할 것이다. 피담보채권이 소멸하였다면 그로써 저당권은 소멸한다. 채무자가 이의를 유보하지 않은 승낙을 한 경우 저당권의 부활을 인정하는 것은 피담보채권이 존재하지 않아 무효로

된 저당권이전등기에 공신력을 인정하는 결과가 된다. 이는 등기의 공신력을 인정하지 않는 우리 법제에서 받아들일 수 없다. 위와 같은 사안에서 비록 양수인이 유효하게 채권을 취득하더라도, 그것을 담보하는 것으로 되어 있었던 저당권은 되살아나지 않고, 양수인은 저당권 없는 채권을 취득할 뿐이다(고상룡 694면, 김상용 716면, 김증한·김학동 552면, 송덕수 563면, 이영준 921면 참조).

(3) 저당권부 채권을 양도하기로 합의하였으나 아직 그 이전등기를 하지 않고 있는 경우에 법률관계를 어떻게 구성할 것인지 문제된다. 이러한 경우에 채권양도만이 효력을 발생한다고 볼 것이 아니라 저당권의 양도와 채권양도는 등기함으로써 함께 효력이 생긴다는 견해가 있다(김증한·김학동 551면 참조). 그러나 채권양도는 그 합의를 한 때에 양도의 효력이 발생하고, 저당권의 양도는 이전등기를 한 때에 효력이 생긴다고 보아야 한다(양창수, 민법연구 8권, 390면 참조). 이 경우 채권양도의 효력발생시기와 저당권이전의 효력발생시기 사이에 시차가 발생한다. 판례는 피담보채권과 저당권을 함께 양도하는 경우에 채권양도와 저당권이전등기 사이에 어느 정도 시차가 불가피한 이상 피담보채권이 먼저 양도되어 일시적으로 피담보채권과 저당권의 귀속이 달라진다고 하여 저당권이 무효로 된다고 볼 수는 없다고 한다(대판 2003. 10. 10, 2001다77888 참조).

(4) 저당권과 그 피담보채권은 담보물권의 부수성에 따라 원칙적으로 그 주체를 달리할 수 없다. 다만 판례는 채권담보를 위하여 저당권을 설정하는 경우 제3자의 명의로 저당권등기를 하는데 대하여 채권자, 채무자, 제3자 사이에 합의가 있었고 나아가 제3자에게 그 채권이 실질적으로 귀속되었다고 볼 수 있는 특별한 사정이 있는 경우에는 제3자 명의의 저당권등기도 유효하다고 한다(대판 1995. 9. 26, 94다33583; 대판(전) 2001. 3. 15, 99다48948 참조). 그러나 이러한 판례는 담보물권의 부수성에 배치되는 것으로 부당하고 「부동산 실권리자명의 등기에 관한 법률」에 반한다고 생각한다(김재형, 근저당권연구, 230면 참조).

(5) 피담보채권이 법률 규정에 따라 이전하는 경우에도 그에 따라 저당권이 이전된다는 원칙에는 다름이 없다. 다만 이 경우에는 등기 없이 저당권의 이전이 일어날 뿐이다(187조).

(6) 피담보채권의 일부가 양도되거나 이전된 경우에 저당권은 불가분성이 있

으므로, 두 채권자가 그 채권액을 지분으로 하여 준공유한다고 해야 한다. 그 등기를 해야 하는지 여부는 피담보채권 일부의 이전이 법률행위에 의한 것인지 또는 법률 규정에 의한 것인지에 따라서 결정된다.

3. 피담보채권이 입질되는 경우(채권질)에는 원칙적으로 저당권도 그의 피담보채권과 함께 질권의 목적이 된다. 이때 그 저당권등기에 질권의 부기등기를 해야만 질권의 효력이 저당권에 미친다(348조 참조). 다만 질권자와 질권설정자가 피담보채권만을 질권의 목적으로 하고 저당권은 질권의 목적으로 하지 않는 것도 가능하고 저당권의 부종성에 반하지 않는다. 이는 저당권과 분리해서 피담보채권만을 양도한 경우 양도인이 채권을 상실하여 양도인 앞으로 된 저당권이 소멸하게 되는 것과 구별된다. 이와 마찬가지로 담보가 없는 채권에 질권을 설정한 다음 그 채권을 담보하기 위하여 저당권이 설정된 경우(이른바 사후적 저당권) 원칙적으로 저당권도 질권의 목적이 되지만, 질권자와 질권설정자가 피담보채권만을 질권의 목적으로 하였고 그 후 질권설정자가 질권자에게 제공하려는 의사 없이 저당권을 설정받는 등 특별한 사정이 있는 경우에는 저당권은 질권의 목적이 되지 않는다. 이때 저당권은 저당권자인 질권설정자를 위해 존재하며, 질권자의 채권이 변제되거나 질권설정계약이 해지되는 등의 사유로 질권이 소멸한 경우 저당권자는 자신의 채권을 변제받기 위해서 저당권을 실행할 수 있다(대판 2020. 4. 29, 2016다235411 참조).

[223] Ⅱ. 저당권의 소멸과 말소등기

1. **저당권의 소멸**　　저당권은 물권에 공통하는 소멸원인과 담보물권에 공통하는 소멸원인으로 소멸하고, 그 밖에 경매·제 3 취득자의 변제 등으로 소멸한다는 것은 각각 관계되는 곳에서 설명하였다. 여기서는 그 밖의 소멸에 관하여 민법이 규정하는 것만을 보기로 한다.

(1) 피담보채권이 소멸시효로 소멸하면 그에 따라 저당권도 소멸한다(369조). 저당권이 소멸하는 여러 사유 중의 하나인데, 저당권의 부종성을 인정한 것이라고 할 수 있다. 그러나 저당권만이 단독으로 소멸시효에 걸리는 일은 없다.

(2) 지상권 또는 전세권을 목적으로 하는 저당권을 설정한 자는 저당권자의 동의 없이 지상권 또는 전세권을 소멸하게 하는 행위를 하지 못한다(371조 2항). 지

상권 또는 전세권이 소멸하면 그것을 목적으로 하는 저당권도 소멸하기 때문이다. 판례는 전세권을 목적으로 한 저당권, 즉 '전세권저당권'이 설정된 경우 전세권의 존속기간이 지나면 전세권의 용익물권적 권능이 소멸하기 때문에 더 이상 전세권 자체에 대하여 저당권을 실행할 수 없고, 저당권자는 전세금반환채권에 대하여 압류 및 추심명령 또는 전부명령을 받거나 제3자가 전세금반환채권에 대하여 실시한 강제집행절차에서 배당요구를 하는 등의 방법으로 물상대위권을 행사하여 전세금의 지급을 구해야 한다고 한다(대판 2014. 10. 27, 2013다91672 참조).

2. 저당권 소멸과 말소등기   피담보채권의 소멸 등으로 저당권이 소멸하였으나 아직 말소등기가 되지 않은 경우에도 저당권설정등기는 무효이다(대판 1966. 7. 26, 66다1036 참조). 이 등기에 기하여 이전 또는 변경의 부기등기를 하더라도 그 등기는 무효이다(대판 1966. 10. 4, 66다1387 참조). 이러한 경우에 부동산의 소유자는 물권적 청구권으로서 현재의 저당권 명의인을 상대로 저당권설정등기의 말소를 청구할 수 있다. 저당권이 설정된 후에 그 부동산의 소유권이 제3자에게 이전된 경우에는 저당권설정자인 종전의 소유자도 저당권설정계약의 당사자로서 저당권소멸에 따른 원상회복으로서 저당권자에게 저당권설정등기의 말소를 구할 수 있는 계약상 권리가 있다(대판(전) 1994. 1. 25, 93다16338 참조).

저당권등기의 말소를 청구하는 때에는 주등기인 저당권설정등기의 말소를 청구하는 것으로 충분하고, 부기등기의 말소를 청구할 필요는 없다. 그러나 주등기와 부기등기의 효력이 일치되지 않는 경우가 있다. 가령 저당권설정등기는 적법하게 이루어졌으나 저당권이전등기가 원인무효인 경우를 들 수 있다. 이러한 경우에는 저당권설정자 또는 저당권자가 부기등기만의 말소를 청구할 수 있다. 판례도 근저당권의 이전원인만이 무효로 되거나 취소 또는 해제된 경우, 즉 근저당권의 주등기 자체는 유효한 것을 전제로 이와는 별도로 근저당권이전의 부기등기에 한하여 무효사유가 있다는 이유로 부기등기만의 효력을 다투는 경우에는 그 부기등기의 말소를 소구할 필요가 있으므로 예외적으로 소의 이익이 있다고 한다(대판 2005. 6. 10, 2002다15412·15429. 상세한 것은 김재형, 민법론 Ⅲ, 197면 참조).

제 5 절　공동저당과 근저당권

[224]　I.　서　　설

이제까지는 저당권을 중심으로 저당권 일반에 관한 문제를 다루었다. 공동저당과 근저당권은 그러한 보통저당권과는 다른 성질을 가진 특수한 저당권으로 취급되고 있다. 공동저당은 동일한 피담보채권을 담보하기 위하여 복수의 목적물에 저당권을 설정하는 것이고, 근저당권은 피담보채권의 확정을 장래에 보류하고 최고액을 정하는 저당권이다.

[225]　II.　공동저당

1. 공동저당의 의의　　　동일한 채권의 담보로서 복수의 부동산(수필의 토지, 또는 토지와 그 지상건물 등)에 설정된 저당권이 공동저당(共同抵當)이다. 예컨대, 甲이 乙에 대하여 300만원의 채권을 가지고 있는데, 그 담보를 위하여 乙의 토지 X(시가 300만원)와 Y(시가 200만원) 그리고 X 지상의 乙의 건물 Z(시가 100만원)에 각각 저당권을 취득하였다고 할 경우에 이들 세 저당권이 공동저당이다. 이러한 공동저당에서는 복수의 부동산이 1개의 채권을 담보한다는 점이 특징이나, 그 법률관계는 복수의 부동산에 1개의 저당권이 있는 것이 아니라, 각 부동산마다 1개의 저당권이 있고 이들 모든 저당권은 피담보채권을 공통으로 하고 있기 때문에 서로 일정한 제한을 받고 있는 것이다. 민법은 공동저당에 관하여 1개조(368조)를 두고 있을 뿐이다.

이 공동저당은 실제로 빈번하게 이용되고 있다. 그것은 다음과 같은 작용을 하기 때문이다. 첫째, 부동산 1개의 가격이 피담보채권액에 이르지 못하는 경우에, 그들 부동산을 일괄해서 공동저당으로 설정한다면 피담보채권을 만족시킬 수 있다. 둘째, 복수의 부동산에 저당권을 설정한다면, 부동산 중에서 멸실·훼손·가격의 하락 등으로 가치가 감소하는 것이 있거나, 경제계의 변동으로 경매하기가 곤란한 것이 생기더라도, 다른 것으로부터 변제를 받을 수 있다. 말하자면 「위험의 분산」이다. 이들 두 작용을 다시 조장하고 있는 것이 우리나라에서는 토지와 그 지상건물이 별개의 독립한 부동산으로 되어 있다는 점과 토지가 비교적 작은 필지로 잘게 나누어져 있다는 점이다.

2. 공동저당의 성립

(1) 공동저당은 위에서 본 바와 같이 복수의 목적물이 동일한 채권을 담보하는 것으로서, 각각의 목적물에 저당권이 설정되는 것이나, 그들 저당권이 동시에 공동저당으로서 설정되어야 하는 것은 아니다. 추가담보로서 때를 달리하여 설정된 경우에도 공동저당으로 다루어진다. 예컨대, 앞의 예에서 X · Y부동산 위의 저당권은 동시에, 그러나 Z 부동산 위의 저당권은 그것과는 다른 시기에 설정된 경우라도 좋다. 목적물의 전부나 일부가 제 3 자(물상보증인)의 소유이더라도 상관없다. 각각의 목적물에서 공동저당권의 순위가 반드시 같아야 하는 것도 아니다. X부동산의 저당권은 제 1 순위이고 Y부동산의 저당권은 제 2 순위로 하는 공동저당도 가능하다. 공동저당의 목적이 될 수 있는 것은 토지 · 건물 외에 1개의 부동산으로 보게 되는 공장재단 · 광업재단이나 그 밖에 저당권의 목적물이 되는 것이면 무엇이든 좋다. 또한 동일한 채권을 담보하기 위하여 공유인 부동산에 저당권을 설정한 경우 각 공유지분에 대하여 공동저당관계가 성립한다(대판 2006. 6. 15, 2005다44091 참조). 그러나 동일한 채권을 담보하기 위하여 부동산과 선박에 대하여 저당권이 설정된 경우에는 공동저당으로 다루어지지 않는다(대판 2002. 7. 12, 2001다53264 참조).

(2) 공동저당이라고 해서 민법에 특별한 공시방법이 정해져 있지는 않다. 각 목적물 위의 저당권마다 일반원칙에 따른 등기를 하면 된다. 부동산등기법은 공동저당을 설정하는 경우에 공동저당관계를 기록하도록 하고 있다. 즉, 등기관이 동일한 채권에 관하여 여러 개의 부동산에 관한 권리를 목적으로 하는 저당권설정의 등기를 할 때에 각 부동산의 등기기록에 그 부동산에 관한 권리가 다른 부동산에 관한 권리와 함께 저당권의 목적으로 제공된 뜻을 기록해야 한다(부등 78조 1항). 이 경우 부동산이 5개 이상일 때에는 공동담보목록을 작성해야 한다(부등 78조 2항). 공동담보목록은 등기기록의 일부로 본다(부등 78조 3항). 등기관이 1개 또는 여러 개의 부동산에 관한 권리를 목적으로 하는 저당권설정의 등기를 한 후 동일한 채권에 대하여 다른 1개 또는 여러 개의 부동산에 관한 권리를 목적으로 하는 저당권설정의 등기를 할 때에는 그 등기와 종전의 등기에 각 부동산에 관한 권리가 함께 저당권의 목적으로 제공된 뜻을 기록해야 한다(부등 78조 4항 1문).

공동저당의 등기가 공동저당의 성립요건인지 문제된다. 공동저당은 수개의 저당권이 피담보채권의 동일성으로 인하여 결속되어 있는 관계일 뿐 저당권과 다른 별개의 물권을 구성하는 것은 아니다. 부동산등기법은 등기절차에 관한 규정으로서 권리관계를 명확하게 하기 위한 것에 불과하다. 따라서 공동저당의 등기가 없더라도 공동저당으로 인정할 수 있다(주석민법 물권(4), 250면 참조). 판례도 공동저당관계의 등기를 공동저당권의 성립요건이나 대항요건이라고 할 수 없다고 한다(대판 2010. 12. 23, 2008다57746 참조).

3. 공동저당의 효력

(1) 개   관   공동저당에서는 나중에 자세히 보는 바와 같이 채권자는 임의로 어느 목적물로부터도 채권의 전부나 일부의 우선변제를 요구할 수 있다. 즉, 채권자는 어느 목적물로부터 어느 정도의 만족을 얻을지를 자유롭게 선택할 수 있다. 그러나 이 원칙을 관철한다면, 여러 개의 저당부동산 중 채권자가 어느 한 물건으로부터 많은 금액의 변제를 요구하고 또 어느 물건으로부터는 조금밖에 요구하지 않는 것과 같은 우연한 사정에 따라서 각 부동산의 소유자·후순위저당권자 등의 처지가 매우 불공평한 결과가 된다. 그리고 이러한 결과를 시인한다면, 일단 공동저당의 목적물이 되면 다른 물건과 공동으로 저당에 들어가 있다는 것과는 상관없이 그 물건에 관해서는 — 최악의 경우를 생각한다면 — 언제나 채권 전액까지의 부담이 현실화하는 것을 각오해야 한다. 이는 부동산의 잉여담보가치를 이용하는 것(즉 후순위저당권의 설정으로 다른 융자를 받는 것)을 극히 곤란하게 한다. 여기서 민법은 채권자의 자유선택권을 원칙적으로 존중하면서도 각 저당물건에 합리적인 부담을 할당하는 등의 조치를 규정함으로써, 부동산소유자나 후순위저당권자를 보호하고 있다. 판례는 제368조의 취지를 다음과 같이 설명하고 있다. 공동저당권의 목적인 수개의 부동산이 동시에 경매된 경우 공동저당권자로서는 어느 부동산의 경매대가로부터 배당받든 우선변제권이 충족되기만 하면 된다. 그러나 각 부동산의 소유자나 차순위 담보권자 그 밖의 채권자에게는 어느 부동산의 경매대가가 공동저당권자에게 배당되는지에 관하여 중대한 이해관계를 갖게 된다. 제368조 제 1 항은 공동저당권의 목적물의 전체 환가대금을 동시에 배당하는 이른바 동시배당의 경우에 공동저당권자의 실행선택권과 우선변제권을 침해하지 않는 범위 내에서 각 부동산의 책임을 안분시킴으로써 각 부동산상의 소유자와 차순위 저당권자 그 밖

의 채권자의 이해관계를 조절한다. 제368조 제 2 항은 대위제도를 규정하여 공동저당권의 목적 부동산 중 일부의 매각대금을 먼저 배당하는 이른바 이시배당의 경우에도 최종적인 배당의 결과가 동시배당의 경우와 같게 함으로써 공동저당권자의 실행선택권 행사로 인하여 불이익을 입은 차순위 저당권자를 보호한다(대판 2006. 10. 27, 2005다14502 참조).

제368조는 공동저당 목적물이 누구 소유인지에 관하여 정하지 않고 있다. 그러나 판례는 공동저당 목적물의 소유자가 동일인지, 아니면 그중 일부가 물상보증인이나 제 3 취득자의 소유인지에 따라 제368조의 적용 여부를 달리하고 있다. 이 규정이 그대로 적용되는 것은 채무자 소유의 여러 부동산에 공동저당권을 설정한 경우와 같이 공동저당 목적물의 소유자가 동일인인 경우이다. 채무자 소유의 부동산에 공동저당권을 설정한 경우와 공동저당권이 설정된 부동산 중 일부가 물상보증인이나 제 3 취득자의 소유인 경우로 구분하여 살펴보기로 한다.

(2) 공동저당 목적물이 동일인 소유인 경우

㈎ 동시배당(同時配當)의 경우: 부담의 안분(按分)   공동저당의 목적부동산 전부를 동시에 경매하여 그 경매대가를 동시에 배당하는 때에는 각 부동산의 경매대가에 비례하여 피담보채권의 분담을 정한다(368조 1항). 어느 목적물로부터든지 채권액의 전부나 일부를 추심할 수 있다는 공동저당권자의 자유는 이 경우에 부인된다. 예컨대, A가, B에 대한 300만원의 채권에 관하여, B 소유의 X(시가 300만원)·Y(시가 200만원)·Z(시가 100만원)라는 3개의 부동산 위에, 1번저당권을 가지고(이들 세 저당권이 이른바 공동저당을 이루는 것이다), C는 X부동산 위에 150만원의 채권에 관하여 2번저당권을, D는 Y부동산 위에 100만원의 채권에 관하여 2번저당권을, 그리고 E는 50만원의 채권에 관하여 Z부동산 위에 2번저당권을 각각 가지고 있다고 하자. 이 경우에 X·Y·Z를 전부 동시에 경매해서 그 대가를 배당하는 때에는 A의 채권액 300만원을 X·Y·Z의 각 부동산이 그의 가격에 따라 부담하게 된다(각 부동산의 가격이 300만원·200만원·100만원이므로, X·Y·Z가 채권액 300만원을 분담하는 비율은 3 : 2 : 1이 된다. 따라서 X·Y·Z는 각각 300만원의 3/6·2/6·1/6을 부담하게 된다). 즉, A는 X부동산으로부터 150만원, Y부동산으로부터 100만원, Z부동산으로부터 50만원의 변제를 받고, C는 X부동산의 나머지 금액(즉 경매대금 300만원에서 A의 채권 300만원에 대한

분담액 150만원을 뺀 나머지) 150만원을, D는 Y부동산의 나머지 금액(즉 경매대금 200만
원에서 A의 채권 300만원에 대한 분담액 100만원을 뺀 나머지) 100만원을, 그리고 E는 Z부
동산의 나머지(즉 경매대금 100만원에서 A의 채권 300만원에 대한 분담액 50만원을 뺀 것) 50
만원을 각각 변제로서 받을 수 있다.

위와 같이 제368조 1항의 규정은 주로 공동저당권자의 이익을 침해하지 않는
정도로 그의 자유로운 결정을 막고, 그럼으로써 후순위저당권자 사이에서 공평
을 유지하려는 취지이다. 그러나 부동산 경매대가의 배당에 참가하는 자는 저당권
자에 한하지 않으며, 다른 담보권자·집행권원을 가지고 있는 배당요구자·가압류
채권자 등도 있고, 공동저당권자를 침해하지 않고서 이들 여러 배당권자를 보호한
다는 것도 요구된다. 따라서 이 규정은 부동산에 관하여 후순위저당권자가 있든 없
든 상관없이 적용된다고 해석해야 한다.

예컨대, 앞의 예에서 Y·Z 두 부동산에는 후순위저당권자가 없고, X부동산에 대한
2번저당권자인 C의 채권액이 200만원이었다고 하면(앞의 예에서 C의 채권액은 150만
원이었으나, 그것을 200만원이라고 가정하자는 것이다), C는 X부동산의 경매대가 300
만원 중 A에게 변제되는 150만원을 뺀 나머지 금액 150만원을 우선적으로 취득하나,
C가 변제받지 못한 나머지 채권액 50만원에 관해서는 Y나 Z부동산에서 A가 가져간 나
머지에 대하여 아무런 특수한 권리를 갖지 않는다. C의 채권의 채무자가 동시에 Y·Z부
동산의 소유자이기도 한 경우에는 C는 일반채권자로서 배당에 참가할 수 있는 가능성
이 있을 뿐이다.

공동저당이 설정된 여러 부동산이 같은 물상보증인의 소유에 속하는 경우에도
위에서 본 법리가 적용된다.

(나) 이시배당(異時配當)의 경우: 후순위저당권자의 대위(代位)

① 공동저당의 목적부동산 중의 어느 부동산만이 경매되어 그 대가를 먼저
배당하는 경우에 공동저당권자는 그 대가로부터 채권 전부를 변제받을 수 있다. 그
러나 이 경우에 그 경매된 부동산의 후순위저당권자는, 만일 동시에 배당을 하였더
라면 다른 부동산이 공동저당채권을 부담하였을 금액의 한도에서, 공동저당권자에
대위하여 그 저당권을 실행할 수 있다(368조 2항). 앞의 예에서 X부동산의 대가만을
먼저 배당하는 때에는, A는 그 대가(300만원)로 채권 전부(즉 300만원)를 변제받는다.

이때에 X부동산 위의 후순위저당권자 C는, A가 공동저당의 목적인 다른 부동산으로부터 동시배당을 하였더라면 변제를 받았을 금액의 한도에서, 즉 Y부동산으로부터 100만원, Z부동산으로부터 50만원까지, A의 저당권을 대위행사해서 자기의 채권(150만원)을 추심할 수 있다(그 한도에서 Y·Z부동산에 관해서는 C가 D나 E에게 우선한다).

이 대위제도는 공동저당의 목적부동산에 대한 후순위저당권자의 지위가 공동저당권의 행사를 어떻게 할 것인지라는 우연한 사정으로 부당히 불리하게 되거나 불공평하게 되는 일이 없도록 하기 위한 것이다. 여기서 후순위저당권자(제368조 2항에서 말하는 차순위저당권자)는 공동저당권자의 바로 다음 순위의 저당권자뿐만 아니라, 그 이하의 저당권자를 모두 포함하는 것으로 새겨야 한다. 예컨대, 앞의 예에서 X부동산에 대한 C의 2번저당채권액이 100만원이고, 이어서 F가 50만원의 채권에 관하여 3번저당권을 가지고 있었다면, C뿐만 아니라 F도 Y·Z부동산에 대한 A의 공동저당권에 대위할 자격이 있다(이 경우에 대위해서 Y·Z부동산으로부터 받은 것은 C가 F에게 우선하여 분배를 받는다).

이 대위는 어떤 부동산으로부터 배당을 받아 공동저당권자가 채권의 전부를 변제받는 경우뿐만 아니라, 일부의 변제밖에 받지 못한 경우에도, 인정된다는 것이 통설이다(김상용 722면, 김증한·김학동 559면, 송덕수 572면, 이영준 930면, 장경학 835면, 최식 421면 참조). 통설이 타당함은 물론이다. 만일 이러한 결과를 인정하지 않는다면, 선순위의 공동저당권자가 어떤 부동산의 대가의 전액으로 그 채권의 일부를 변제받는 때에, 그 부동산 위의 후순위저당권자는 전혀 담보권의 이익을 가지지 못하게 되는 데 반하여, 다른 저당부동산의 후순위저당권자는 유리한 배당을 받는 것이 되어 후순위저당권자 사이에 불공평한 결과를 가져오게 되기 때문이다. 그리하여 예컨대, A가 Y부동산만을 먼저 경매한 경우에 A는 그 대가 200만원 전부를 가져가고 공동저당채권은 100만원이 남게 되나, 다음에 X부동산이 경매되어 대가 300만원에서 A가 나머지 채권액 100만원을 변제받으면, A의 공동저당권은 완전히 소멸한다. 이때 Y부동산의 후순위저당권자인 D는 X부동산에 관하여 A의 채권의 분담액 150만원에서 A가 현실적으로 행사한 100만원을 뺀 50만원에 관하여, 그리고 Z부동산에 관해서는 A의 채권의 분담액인 50만원에 관하여, 각각 A가 가지고 있던 1번저당권을 대위행사할 수 있다.

공동저당이 설정된 복수의 부동산이 같은 물상보증인의 소유에 속하고 그중 하나의 부동산에 후순위저당권이 설정되어 있는 경우에, 그 부동산의 대가만이 배당되는 때에는 후순위저당권자는 제368조 제 2 항에 따라 선순위 공동저당권자가 같은 조 제 1 항에 따라 공동저당이 설정된 다른 부동산으로부터 변제를 받을 수 있었던 금액에 이르기까지 선순위 공동저당권자를 대위하여 그 부동산에 대한 저당권을 행사할 수 있다(대판 2021. 12. 16, 2021다247258 참조).

② 여기서 「대위」한다는 것은 공동저당권자가 가지고 있던 저당권이 후순위저당권자에게 이전하는 것을 말한다. 따라서 대위에 의하여 저당권이 이전되는데, 이 대위는 당사자의 의사에 의하지 않고 법률상 당연히 생기므로, 이때 저당권의 이전은 「법률 규정」에 의한 이전으로서 등기 없이 효력이 생긴다(187조). 그렇다면, 대위자는 등기 없이도 그의 대위를 주장할 수 있는데, 이는 타당한가? 매우 어려운 문제이다. 이에 관한 특별규정이 따로 없기 때문에, 이론상으로는 등기 없이도 누구한테든지 대위를 주장할 수 있다고 하게 될 것이다(고상룡 699면, 김상용 723면, 김증한·김학동 561면, 송덕수 573면, 이영준 931면, 주석민법 물권(4) 274면 참조). 공동저당에서 채무자나 저당권설정자는 다른 부동산의 후순위자가 대위행사하는 것을 당연히 미리 예상해야 할 처지에 있기 때문에, 이들에 대하여 대위의 등기 없이도 대위를 주장할 수 있다. 그러나 대위될 저당권등기가 말소되고 그 후에 제 3 자를 위한 저당권이 설정된 경우(예컨대, Y부동산에 대한 A의 1번저당권이 말소되고 G가 그 후에 저당권을 취득한 경우)에 대위자가 새로운 저당권자에게 등기 없이 대위를 주장할 수 있게 되어 거래의 안전 문제가 발생한다. 이러한 경우에는 대위의 등기가 있어야만 새로운 저당권자 등에게 후순위저당권자가 대위를 주장할 수 있다는 결과가 되나, 그 근거가 없다. 제368조 제 2 항의 대위는 법률 규정에 의한 저당권의 이전에 해당한다. 등기의 공신력도 인정되지 않는다. 따라서 새로운 저당권자가 보호받을 수 없다고 보아야 한다(김증한·김학동 559면, 송덕수 573면, 이영준 931면 참조. 반대: 고상룡 699면, 김상용 723면). 판례는 먼저 경매된 부동산의 후순위저당권자가 다른 부동산에 공동저당의 대위등기를 하지 않고 있는 사이에 신순위저당권자 등에 의해 그 부동산에 관한 저당권등기가 말소되고, 그와 같이 저당권등기가 말소되어 등기부상 저당권의 존재를 확인할 수 없는 상태에서 그 부동산에 관하여 소유권이나 저당권 등 새로

이해관계를 취득한 사람에 대해서는, 후순위저당권자가 제368조 제 2 항에 의한 대위를 주장할 수 없다고 한다(대판 2015. 3. 20, 2012다99341 참조).

부동산등기법은 공동저당의 대위등기에 관한 규정을 두고 있다. 즉, 등기관이 민법 제368조 2항 후단의 대위등기를 할 때에는 매각 부동산(소유권 외의 권리가 저당권의 목적일 때에는 그 권리를 말한다), 매각대금, 선순위 저당권자가 변제받은 금액을 기록해야 한다(부등 80조 1항).

〈대위권의 발생시기〉

대위권이 발생하는 시기는 공동저당권자의 채권이 완전히 변제되는 때이다. 공동저당권자가 어떤 부동산의 대가만으로 채권 전부를 변제받은 경우에는 이 변제가 있는 때에 대위권이 생긴다. 공동저당권자가 그 채권의 일부만을 변제받은 경우에는 공동저당권자는 그 채권의 나머지 금액에 관하여 다른 저당부동산 위에 여전히 저당권을 가지게 되고, 그 나머지 채권액의 변제를 받을 때까지 저당권을 잃지 않으므로, 이때에는 후순위저당권자는 선순위의 공동저당권자가 장차 다른 저당부동산의 대가로부터 채권액의 나머지를 완전히 변제받아 그 공동저당권이 소멸하는 경우에 비로소 그 저당권을 대위하게 된다.

(3) 공동저당 목적물 중 일부가 물상보증인 또는 제 3 취득자 소유인 경우

⑺ 제368조는 공동저당의 목적물이 누구 소유인지에 관하여 정하지 않고 있기 때문에, 문언상으로는 공동저당의 목적물의 전부나 일부가 채무자 이외의 자, 즉 물상보증인 소유에 속하는 경우에도 제368조가 적용된다고 볼 수 있다. 그러나 그러한 부동산이 경매된 경우에 그 소유자였던 물상보증인은 변제자의 대위에 관한 규정(481조·482조)에 따라 다른 부동산에 대하여 그 공동저당권을 대위하게 된다. 여기서 이 변제자대위와 공동저당권의 후순위저당권자의 대위 사이에 충돌이 생긴다. 이 문제를 어떻게 조정할 것인지 문제된다. 예컨대, A의 B에 대한 300만원의 채권의 담보로서, X부동산(시가 300만원)과 Y부동산(시가 300만원) 위에 1번저당권이 설정되었는데, X부동산은 B의 소유이나, Y부동산은 물상보증인 C의 소유라고 하자. 그 후 X 위에 D의 채권(150만원)을 위하여 2번저당권이 설정되었다고 하자. A가 Y부동산으로부터 변제를 받아 C가 제481조에 따라 300만원에 관하여 X부동산에 대위하면, D는 배당을 받지 못한다. 이에 반하여, C의 대위권을 제368조 2항에 따

라 150만원으로 제한하면, D는 보호되나 C의 구상권이 보호되지 못하는 결과가 된
다. 이것을 어떻게 조정할 것인지가 문제이다.

(내) 공동저당권이 설정된 여러 부동산 중 일부는 채무자 소유이고 일부는 물
상보증인의 소유인 경우 위 각 부동산의 경매대가를 동시에 배당하는 때에는 제
368조 1항이 적용되지 않는다. 채무자는 채무를 종국적으로 부담하는 주체인 반면,
물상보증인은 채무자에게 구상권과 변제자대위권을 행사할 수 있는 지위에 있기
때문이다. 따라서 이러한 경우 경매법원으로서는 채무자 소유 부동산의 매각대금
에서 공동저당권자에게 우선적으로 배당을 하고, 부족분이 있는 경우에 한하여 물
상보증인 소유 부동산의 매각대금에서 추가로 배당해야 한다(대판 2010. 4. 15, 2008다
41475; 대판 2010. 12. 23, 2008다25671; 대판 1994. 5. 10, 93다25417 참조).

제368조 2항도 마찬가지이다. 채무자 소유의 여러 부동산에 저당권이 존재하
는 경우에는 제368조 제 2 항이 그대로 적용되지만, 채무자 소유의 부동산과 물상
보증인 소유의 부동산에 공동저당이 설정된 경우에는 물상보증인의 변제자대위를
우선시킨다(대판 1994. 5. 10, 93다25417; 대판 2001. 6. 1, 2001다21854; 대결 2009. 5. 28, 2008
마109; 대판 2011. 8. 18, 2011다30666 · 30673; 대판 2017. 4. 26, 2014다221777 · 221784 참조).
물상보증인은 다른 공동담보물인 채무자 소유의 부동산의 담보력을 기대하고 자기
의 부동산을 담보로 제공하였으므로, 그 후에 채무자 소유의 부동산에 후순위저당
권이 설정되었다는 사정으로 그 기대이익을 박탈할 수 없기 때문이다. 또한 이러한
경우 물상보증인 소유의 부동산에 대한 후순위저당권자는 물상보증인에게 이전한
위 1번저당권으로부터 우선하여 변제를 받을 수 있다(이 판례에 찬성하는 견해로는 김
증한 · 김학동 568면, 양창수, 민법연구 4권, 283면. 반대하는 견해로는 김상용 747면, 이영준 933
면 참조).

이해를 돕기 위하여 구체적 사례를 가지고 판례이론을 풀어 보기로 한다. 앞의
예에서 Y부동산 위에 E가 150만원의 채권에 관하여 2번저당권을 가지고 있다고 추
가해서 살펴보면, 다음과 같은 결과가 된다.

① A가 X부동산으로부터 채권액 전부를 변제받았다면, D는 X 위의 2번저당권을
잃을 뿐만 아니라, Y부동산에 대하여 A가 가지고 있던 1번저당권에 대위하지 못한다.
그 결과 E가 1번저당권자로 된다.

② A가 Y부동산으로부터 채권액 전부의 변제를 받았다면, C는 300만원의 대위변제를 한 것이 되므로 B에 대하여 300만원의 구상권을 취득하고, 제481조의 규정에 따라 A가 X부동산에 대하여 가지고 있던 1번저당권을 대위한다. C는 X부동산의 대가를 전부 차지할 수 있으나, D는 아무것도 취하지 못한다. E는 어떻게 되는가? 위 판례에 의하면, 이러한 경우 물상보증인 소유의 부동산에 대한 후순위저당권자는 물상보증인에게 이전한 위 1번저당권으로부터 우선하여 변제를 받을 수 있다고 한다. 즉, 위 사례에서 E는 X에 대한 A의 1번저당권에 대하여 물상대위를 할 수 있다.

③ 대판 1994. 5. 10, 93다25417의 판결내용은 다음과 같다. ㉠ 공동저당의 목적인 채무자 소유의 부동산과 물상보증인 소유의 부동산에 각각 채권자를 달리하는 후순위저당권이 설정되어 있는 경우, 물상보증인 소유의 부동산에 대하여 먼저 경매가 이루어져 그 경매대가의 교부로 1번저당권자가 변제를 받은 때에는 물상보증인은 채무자에 대하여 구상권을 취득함과 동시에, 제481조, 제482조의 규정에 의한 변제자대위에 따라 채무자 소유의 부동산에 대한 1번저당권을 취득한다. ㉡ 위와 같이 물상보증인에게 이전한 1번저당권은 물상보증인 소유의 부동산에 대한 후순위저당권자의 피담보채권을 담보하는 것으로 되어, 그 후순위저당권자는 마치 위 1번저당권상에 제370조, 제342조의 규정에 따라 물상대위를 하는 것과 같이 그 순위에 따라 물상보증인이 취득한 1번저당권으로부터 우선하여 변제를 받을 수 있다. ㉢ 이상과 같은 법리는 물상보증인이 수인인 경우에도 마찬가지이며, 이 경우 물상보증인들 사이의 변제자대위의 관계는 제482조 2항 4호·3호로 규율된다. ㉣ 자기 소유의 부동산이 먼저 경매되어 1번저당권자에게 대위변제를 한 물상보증인은 1번저당권을 대위취득하고 그 물상보증인 소유의 부동산의 후순위저당권자는 1번저당권에 대하여 물상대위를 할 수 있으므로, 그 1번저당권설정등기는 말소등기가 경료될 것이 아니라 그 물상보증인 앞으로 대위에 의한 저당권이전의 부기등기가 경료되어야 할 성질의 것이며, 따라서 아직 경매되지 않은 공동저당물의 소유자로서는 1번저당권자에 대한 피담보채무가 소멸하였다는 사정만으로는 말소등기를 청구할 수 없다.

(대) 결국 제368조는 1항이든 2항 후단이든 법률의 문언과는 달리 채무자 소유의 여러 부동산에 공동저당권이 설정된 경우 또는 물상보증인 소유의 여러 부동산에 공동저당권이 설정된 경우에는 그대로 적용되지만, 담보목적물 중 일부가 물상보증인의 소유인 경우에는 적용되지 않게 된다(주석민법 물권(4) 256면·283면 참조).

(래) 한편 동일인 소유 부동산에 공동저당이 설정된 후 부동산이 제3자에게 양도되어 그 소유자가 다르게 되더라도 민법 제482조 제2항 제3호, 제4호에 따

라 각 부동산의 소유자는 그 부동산의 가액에 비례해서만 변제자대위를 할 수 있으므로 후순위저당권자의 지위는 영향을 받지 않는다(대판 2021. 12. 16, 2021다247258 참조). 같은 물상보증인이 소유하는 복수의 부동산에 공동저당이 설정되고 그중 한 부동산에 후순위저당권이 설정된 다음에 그 부동산이 채무자에게 양도됨으로써 채무자 소유의 부동산과 물상보증인 소유의 부동산에 대해 공동저당이 설정된 상태에 있게 된 경우에는 물상보증인의 변제자대위는 후순위저당권자의 지위에 영향을 주지 않는 범위에서 성립한다. 이는 물상보증인으로부터 부동산을 양수한 제 3 취득자가 변제자대위를 하는 경우에도 마찬가지이다. 같은 물상보증인이 소유하는 복수의 부동산에 공동저당이 설정된 경우 그 부동산 중 일부에 대한 후순위저당권자는 선순위 공동저당권자가 공동저당이 설정된 부동산의 가액에 비례하여 배당받는 것을 전제로 부동산의 담보가치가 남아있다고 기대하여 저당권을 설정받는 것이 일반적이고, 이러한 기대를 보호하는 것이 타당하다(위 판결 참조).

[226] Ⅲ. 근저당권

1. 근저당권의 의의

(1) 피담보채무의 최고액만을 정하고 채무의 확정을 장래에 보류하여 설정하는 저당권이 근저당권(根抵當權)이다. 이것은 주로 계속적인 거래관계로부터 발생하는 다수의 채권을 장래의 결산기에서 일정한 한도까지 담보하기 위하여 이용되고 있다. 예컨대 A은행과 B 상인 사이에 당좌계정계약이 맺어졌다고 하자. 이 계약은 B가 A은행에 당좌예금계좌를 가지며, A은행은 B가 A은행을 지급인으로 하여 발행한 수표를 B의 예금이 있는 한 지급할 것을 약정하는 것이다. 그런데 이 계약에 부수해서, 비록 B의 예금잔고가 0이 되더라도 일정액, 예컨대 100만원까지는, B가 발행한 수표의 지급을 A은행이 하기로 약속하는 경우가 있다. 이것이 당좌대월계약이다. 이러한 계약으로 B의 예금잔고가 0이 된 때에는, B가 발행한 수표를 A은행이 지급해 감에 따라서 A은행의 B에 대한 일종의 대부의 의미를 가지는 채권이 성립하고, B가 당좌예금계좌에 입금함에 따라서 그 채권은 감소하거나 소멸한다. A은행의 B에 대한 채권의 총액은 100만원의 범위에서 증감하며 변동한다. 이 경우에 A의 채권을 담보하기 위하여 보통의 저당권을 설정해도 그 목적을 달성할 수

없다. 왜냐하면 보통의 저당권에서는 저당권과 결합하고 있는 피담보채권은 특정되어 있으며, 이 채권이 소멸하면 저당권도 소멸하기 때문이다. 그리하여 피담보채권으로서 성립한 A의 채권이 B의 변제로 소멸해도 저당권은 영향을 받지 않고 그대로 존속하고 그 후에 성립하는 채권을 다시 담보할 수 있는 제도가 필요하다. 여기에서 저당권의 소멸에 관한 부종성을 완화하여 저당권과 채권 사이의 특정된 결합관계를 요구하지 않는 저당권이 등장하였는데, 그것이 곧 근저당권이다.

위에서 본 바와 같이 근저당권설정의 예는 은행과 그의 거래상대방 사이의 금융거래에서 많이 볼 수 있다. 그러나 상인 사이의 계속적 상품공급계약이나 개인들 사이의 금전거래에서도 근저당권을 설정하는 경우가 많다. 예컨대, 제조업자 A와 도매상 B 사이에서, A가 생산하고 있는 상품을 B에게 계속적으로 공급하되 100만원까지는 외상거래를 인정한다는 계약이 성립하였다면, A의 B에 대한 외상거래대금채권은 상품이 공급됨에 따라서 발생하고, B가 변제함에 따라서 소멸해 간다. 채권은 수시로 바뀌어 가지만, 채권의 남은 금액이 100만원 이내에서 거래는 계속되어 간다. 이때에도 역시 보통의 저당권이 아닌 근저당권을 설정할 필요가 있다.

근저당권은 계속적 거래관계에서 발생하는 여러 채무를 한꺼번에 담보하는 데에서 큰 효용을 발휘하였으나, 현재에는 계속적 거래관계가 없는 경우에도 당사자들 사이에 근저당권을 설정하고 있다. 거래현실에서 저당권이 이용되는 경우는 거의 찾아볼 수 없고 부동산담보는 대부분 근저당권의 형태로 이용되고 있다(김재형, 근저당권연구, 1면 참조). 오래전부터 법원의 판례에서 나타나는 사례 중에도 저당권에 관한 것은 찾기 어렵고 실제로는 근저당권에 관한 것이다.

(2)   근저당권의 의의와 작용에 관한 위의 설명에서 근저당권의 법적 성질이 보통의 저당권과 어떻게 다른지 밝혀졌다고 할 수 있으나, 이해를 위하여 둘 사이의 근본적 차이를 좀 더 분명하게 밝히기로 한다.

(가)   근저당권은 「장래의 증감하여 변동하는 불특정의 채권」을 담보할 수 있다는 점에서, 보통의 저당권과는 다르다. 민법에는 「장래의 채권」을 위한 담보를 인정하는 규정들이 있다(26조 1항 · 206조 · 443조 · 588조 단서 · 639조 2항 · 662조 2항 등). 이들 규정에 따라 「장래의 채권」을 담보하기 위하여 보통의 저당권이 얼마든지 설정될 수 있다. 따라서 근저당권은 「장래의 채권」을 담보한다는 점만으로 보통의 저당

권과 구별되지는 않는다. 그러나 위에 든 민법의 규정들은 장래에 발생할 특정의 채권을 담보하기 위한 저당권을 인정한 것이다. 그런데 근저당권으로 담보되는 채권은 증감하면서 변동하는 불특정의 채권이 일반적이다. 이 점에서 근저당권은 보통저당권과 구별된다.

(나) 근저당권은 피담보채권의 확정을 장래에 유보하여 채권최고액만을 정한다는 점에서 보통의 저당권과 다르다. 보통의 저당권에서는 피담보채권액을 확정하는 데 반하여, 근저당권에서는 채권최고액만을 정하고 그 한도에서 채권을 담보하는 것이다. 등기부에도 저당권의 경우에는 피담보채권액을 정하지만 근저당권의 경우에는 최고액을 정하고 있을 뿐이다.

(다) 근저당권에서는 저당권의 「소멸에 관한 부종성」이 요구되지 않는 점에서, 보통의 저당권과 크게 다르다. 보통저당권에서 제369조에 따라 피담보채권이 소멸하면 저당권도 소멸하게 되어 「소멸의 부종성」이 인정된다. 이에 반하여 근저당권에서는 피담보채권이 증감·변동하여 피담보채권이 일시적으로 소멸하더라도 저당권은 소멸하지 않는다(바꾸어 말하면, 피담보채권이 일시적으로 0이 되거나 감소하더라도 저당권 자체에는 영향이 없다). 이것은 저당권의 「소멸의 부종성」에 대한 예외를 인정하는 것이다. 그리하여 근저당권에서는 채권최고액의 한도 내에서는 채권이 증감·변동하더라도, 비록 채무가 기간 내에 전부 변제되어서 0으로 되는 일이 있더라도, 근저당권은 소멸하지 않고, 기간 내에 다시 채무가 발생하면 근저당권은 그 동일성을 유지하여 그 채권을 담보한다. 이 점이 보통저당권과 근저당권을 구별해 주는 가장 뚜렷한 특질이다.

(3) 근저당권에 관하여, 의용민법은 전혀 규정하고 있지 않았다. 그러나 일찍부터 판례가 근저당권의 유효성을 인정하였고, 또한 학설도 판례를 지지하고 있었다. 이와 같이 판례·학설에서 유효성이 승인되어 발전하여 온 근저당제도는 그 후 현행 민법을 제정하면서 따로 규정을 두게 되었다. 민법 제357조가 그것이다. 동조 1항은 "저당권은 그 담보할 채무의 최고액만을 정하고 채무의 확정을 장래에 보류하여 이를 설정할 수 있다."라고 규성함으로써, 근저당권의 유효성을 분명하게 정하고 있다.

(4) 1960년대에 들어와 거래실무계에서는 위에서 설명한 것과는 다른 모습의

근저당권이 설정·이용되고 있다. 이 새로운 모습의 근저당권을 일반적으로 포괄근
저당권(包括根抵當權)이라고 부르고 있다. 종래의 근저당권은 채권자와 채무자 사이
에 일정한 거래계약이 현존하고 있고, 그 계약으로부터 생기는 복수의 채권을 담보
하는 저당권이었다. 이것을 훨씬 더 채권자에게 유리한 것으로 한다면, 채권자·채
무자 사이에 어떤 거래계약이 현재 실제로 존재하는지 여부를 묻지 않고서, 혹은
앞으로 그러한 거래계약이 있게 되는지 여부와는 관계없이, 단순히 채권 또는 거래
의 종류만을 특정해서 설정하는 모습의 근저당권을 생각할 수 있을 것이다. 좀 더
극단적으로는 그러한 거래의 종류조차도 특정하지 않고 채권자가 채무자에 대하여
취득하는 모든 채권을 담보하는 모습의 것도 생각할 수 있다. 이러한 모습의 근저
당권이 포괄근저당권이다.

　　포괄근저당권은 일본에서 주로 2차대전 후에 빈번히 이용되었으며, 일본의 영
향으로 우리나라의 금융기관들도 이 새로운 모습의 근저당권 즉 포괄근저당권을
이용하였다. 일본에서는 1950년대 후반에 이 포괄근저당권의 유효성이 크게 문제
되었는데, 일본 현행 민법의 테두리 안에서 문제를 해결하기 어려운 점을 고려하여
1971년에 민법을 개정하여「근저당」에 관한 규정(21개조)을 신설하여 해결하고 있다.

　　우리나라에서도 모든 금융기관이 포괄근저당권을 설정·이용하고 있으나, 과
연 이것이 현행법 아래에서 유효하다고 할 수 있는지 논란이 많았다. 근저당권에서
포괄근저당권의 유효·무효의 문제를 빼놓을 수 없다. 포괄근저당권은 근저당권의
일종으로 근저당권에 관한 설명은 대부분 포괄근저당권에도 적용된다. 여기에서는
편의상 먼저 근저당권의 기본적인 모습에 관하여 설명하고, 이 항의 끝에서 포괄근
저당권의 유효성을 다루기로 한다.

　　2. 근저당권의 설정　　　　근저당권의 설정도 부동산물권변동의 일반원칙에
따라서 설정에 관한 물권적 합의와 등기에 의한다(186조). 물권적 합의는 채권계약
과 함께 행하여진다고 새겨야 한다.

　　(1) 설정계약　　　　당사자는 채권자(근저당권자)와 담보제공자(근저당권설정자)이
다. 설정자는 채무자인 것이 보통이겠지만, 채무자 이외의 자(물상근보증인)이더라도
좋다. 설정계약에서는 담보할 채권의 최고액과 피담보채권의 범위를 결정하는 기
준을 정하게 된다. 최고액은 근저당권에서 가장 본질적인 요소일 뿐만 아니라, 저

당권에서 특정의 원칙상으로도 필요하다.

근저당권은 보통저당권과 달리 그 설정 당시에 아직 피담보채권이 현존하고 있을 필요가 없고 피담보채권의 범위를 정하는 것으로 충분하다. 금융거래 등에서는 근저당권으로 담보하는 채권이 발생할 기초가 되는 계속적 법률관계를 정하는 경우가 많은데, 예컨대 당좌대월계약·어음대부계약·상품공급계약 등이 그것이다. 이러한 계약을 보통 「기본계약」이라고 한다. 근저당권의 존속기간이나 결산기를 정할지 여부는 자유이다. 기본계약에서 결산기를 정하는 것이 보통이고, 근저당권의 존속기간도 그것에 따라 결정된다. 그러나 기본계약이 근저당권의 필수적인 요소는 아니다. 즉, 기본계약을 체결하지 않고 피담보채권의 범위만을 정하여 근저당권을 설정할 수도 있고, 이미 발생하였거나 발생할 채권을 특정하여 근저당권을 설정할 수도 있다.

제357조는 피담보채무의 최고액만을 정하고 채무의 확정을 장래에 보류하고 근저당권을 설정할 수 있다고 정하고 있다. 따라서 근저당권설정행위와는 별도로 근저당권의 피담보채권을 성립시키는 법률행위가 있어야 하는 것은 아니다. 채권을 담보한다는 의사로 근저당권설정계약을 체결하는 것으로 충분하다. 대법원은 근저당권설정행위와는 별도로 근저당권의 피담보채권을 성립시키는 법률행위가 있어야 한다고 하였으나(대판 2004. 5. 28, 2003다70041 참조), 그 근거가 없다. 근저당권은 채권을 담보하는 것으로서 부종성이 있어야 한다고 하나, 이것은 근저당권이 어떤 채권을 담보하고 근저당권 실행 시에 채권이 존재해야 한다는 것으로서 근저당권 설정 당시 기본계약이 존재해야 할 필요는 없다(김재형, 근저당권연구, 116면 참조).

(2) 등   기   근저당권의 등기절차는 기본적으로는 저당권 일반에 관한 준칙이 대부분 그대로 적용된다. 근저당권에 특유한 문제에 관해서만 설명한다.

㈎ 근저당권은 그것이 보통의 저당권이 아니라, 근저당권이라는 것을 반드시 등기해야 한다. 그렇지 않으면, 근저당권으로서 효력이 발생하지 않고, 저당권의 효력이 생길 뿐이다(즉, 이미 특정채권이 발생하고 있으면 그 채권을, 그렇지 않은 때에는 장래의 특정채권을 각각 담보하는 보통저당권으로서 성립할 뿐이다). 등기원인으로는 「근저당권설정계약」이라고 기재할 뿐이고, 근저당권의 기초가 되는 계속적 계약관계나 기본계약을 기재하지는 않는다.

(나) 담보할 채권의 최고액을 반드시 등기해야 한다(부등 75조 2항 1호). 이는 저당권의 채권액에 해당하는 것이기 때문이다(부등 75조 1항 1호). 이 최고액으로서 등기되는 것은 채권원본만의 한도액이 아니라, 이자를 포함하는 원리금의 한도액이다(357조 2항). 따라서 이자의 등기를 할 수 없다. 이에 관해서는 나중에 다시 설명한다(아래 3 (2) 참조).

(다) 근저당권설정등기에는 채무자도 공시된다. 등기부상의 채무자는 근저당권설정계약에서 정한 채무자와 일치한다. 그렇지만 근저당권설정계약에서 정한 채무자와 다른 사람이 등기부에 채무자로 기재되는 경우가 있다. 근저당권설정계약상의 채무자와 등기부상의 채무자가 일치하지 않는 경우 그 근저당권은 무효이다. 이것은 법률행위의 내용과 등기가 합치되지 않는 경우에 해당한다. 판례는 근저당권의 부종성에 비추어 설정계약상의 채무자와 다른 사람을 채무자로 하여 된 근저당권설정등기는 그 피담보채무를 달리한 것이므로 원인 없이 된 등기라고 한다(대판 1981. 9. 8, 80다1468 참조). 다만 대법원은 예외적으로 근저당권설정등기상의 채무자 아닌 자에 대한 채무를 피담보채무로 볼 수 있다고 한다. 즉, 부동산을 매수한 자가 소유권이전등기를 마치지 아니한 상태에서 매도인인 소유자의 승낙 아래 매수 부동산을 타에 담보로 제공하면서 당사자 사이의 합의로 편의상 매수인 대신 등기부상 소유자인 매도인을 채무자로 하여 마친 근저당권설정등기는 실제 채무자인 매수인의 근저당권자에 대한 채무를 담보하는 것으로서 유효하다고 한다(대판(전) 2001. 3. 15, 99다48948 참조). 그러나 근저당권설정등기에 채무자를 공시하고 있는데도 등기부에 공시되지 않는 채무자를 근저당권의 채무자로 인정하는 것은 바람직하지 않다(김재형, 근저당권연구, 224면 참조).

(라) 근저당권이 담보하는 채권은 근저당권자에게 귀속해야 한다. 왜냐하면 담보물권의 부수성이 근저당권에도 적용되기 때문이다. 판례도 채권과 근저당권이 그 주체를 달리할 수 없다고 하였다(대판 1986. 1. 21, 84다카681 참조). 따라서 채권자는 등기부에 근저당권자로 기재되어 있는 사람과 일치해야 한다. 다만 대법원은 예외적으로 채권자 아닌 제 3 자 명의로 설정된 근저당권을 유효하다고 보고 있다. 제 3 자를 근저당권 명의인으로 하는 근저당권을 설정하는 경우 그 점에 대하여 채권자와 채무자 및 제 3 자 사이에 합의가 있고, 채권양도, 제 3 자를 위한 계약, 불가분

적 채권관계의 형성 등 방법으로 채권이 그 제 3 자에게 실질적으로 귀속되었다고 볼 수 있는 특별한 사정이 있는 경우에는 제 3 자 명의의 근저당권설정등기도 유효하다고 하였다(대판(전) 2001. 3. 15, 99다48948; 대판 1995. 9. 26, 94다33583 참조). 그러나 담보명의를 신탁하는 것을 허용하는 것은 담보물권의 부수성을 해치는 결과가 되어 무효라고 해야 한다. 특히 「부동산 실권리자명의 등기에 관한 법률」 제 4 조는 원칙적으로 명의신탁약정과 이에 따른 등기를 무효라고 하고 있기 때문에, 저당권자 또는 근저당권자를 채권자 아닌 제 3 자 명의로 등기하는 것은 허용되지 않는다고 보아야 한다(김재형, 근저당권연구, 230면 참조).

(마) 근저당권의 존속기간 또는 기본계약에 의한 거래관계의 결산에 관한 약정을 반드시 등기할 필요는 없다. 이 등기가 없더라도 근저당권의 등기는 유효하다. 이들 시기는 근저당권으로 담보되는 채권을 현실적으로 확정하는 기준이 되기 때문에, 이를 등기할 수 있음은 물론이나, 등기를 할 것인지 여부는 당사자의 자유이다. 따라서 이들 시기가 등기된 때에는 그 시기 이후에 생긴 채권을 피담보채권에 포함시키지 못하며, 또한 당사자의 합의로 결산기를 등기한 시기를 연기해도 그것을 후순위저당권자에게 대항하지는 못한다(대판 1961. 12. 14, 4293민상893 참조). 또한 존속기간 등을 등기하지 않은 경우에는 근저당권설정계약의 해지, 즉 기본계약관계에 의한 결산기가 된 때의 채권총액이 근저당권으로 담보된다.

(바) 근저당권설정비용을 누가 부담하는지 문제되는데, 저당권의 경우(위 [203] 참조)와 마찬가지로 채무자가 부담하는 것이 원칙이다(대판 1962. 2. 15, 4294민상291 참조). 판례는 약관에서 근저당권설정비용을 채무자가 부담하기로 정한 경우에 그 약관을 유효라고 한다(대판 2014. 6. 12, 2013다214864 참조).

3. 피담보채권의 범위 근저당권은 설정계약에서 정해진 피담보채권의 범위에 포함되는 채권을 최고액의 범위에서 담보한다. 문제가 되는 점을 보기로 한다.

(1) 담보되는 채권의 유동 · 교체 근저당권에서 최고액은 목적물로부터 우선변제를 받을 수 있는 최고한도를 의미한다. 따라서 결산기에 확정된 채권액이 최고액을 넘고 있으면 그 최고액까지, 반대로 최고액에 미달하고 있는 때에는 구체적인 확정액에 한하여, 근저당권자는 우선변제를 받을 수 있다. 한편 결산기가 될 때

까지 일시적으로 채권액이 최고액을 넘고 있어도 상관없고(대결 1972. 1. 26, 71마1151 참조), 반대로 개개의 채권이 모두 변제되어서 채권이 일시적으로 0이 되는 일이 있어도 근저당권은 소멸하지 않으며, 그 후에 발생하는 개개의 채권을 최고액까지 담보한다. 이와 같이 담보되는 채권이 유동·교체하는 데에 근저당권의 특색이 있다.

근저당권을 설정한 후에 당사자의의 합의로 채무의 범위 또는 채무자를 추가하거나 교체하는 등으로 피담보채무를 변경할 수 있고, 위와 같이 변경된 채무가 근저당권으로 담보된다. 후순위저당권자 등 이해관계인은 근저당권의 채권최고액에 해당하는 담보가치가 근저당권에 따라 이미 파악되어 있는 것을 알고 이해관계를 맺었기 때문에 이러한 변경으로 예측하지 못한 손해를 입었다고 볼 수 없다. 따라서 피담보채무의 범위 또는 채무자를 변경할 때 이해관계인의 승낙을 받을 필요가 없다(대판 2021. 12. 16, 2021다255648 참조).

> 당사자 사이에 계속적 거래관계가 있어서 이로부터 어떤 채권이 이미 발생하고 있었는데, 그 후 종전의 계속적 거래관계를 기본계약으로 하여 근저당권을 설정하였을 때에, 그 근저당권은 설정 전에 같은 거래관계에서 이미 발생하고 있는 채권도 담보하는가? 이는 결국 당사자의 의사 또는 설정계약의 해석 문제이다. 판례는 특별한 사정이 없는 한, 그 근저당권은 설정계약 이전에 발생한 채권도 담보하기로 합의한 것으로 해석한다(대판 1970. 4. 28, 70다103 참조).

(2) **최고액과 민법 제360조**   저당권의 피담보채권의 범위에 관한 제360조의 규정은 근저당권에도 당연히 적용된다. 따라서 근저당권은 원본·이자·위약금·채무불이행으로 인한 손해배상·저당권의 실행비용(360조 본문), 그리고 원본의 이행기일을 경과한 후의 1년분의 지연배상(360조 단서)을 모두 담보한다고 말할 수 있다. 그런데 근저당권에서 최고액은 목적물로부터 우선변제를 받는 최고한도이므로, 결국 근저당권의 최고액은 제360조가 정하는 것을 일괄하여 계산한 일정액이라는 것이 된다. 피담보채권이 최고액의 한도를 넘고 있으면, 그 초과부분에 관해서는 우선변제를 받지 못한다(무담보의 일반채권으로 될 뿐이다). 따라서 제357조 2항에서 "채무의 이자는 최고액 중에 산입한 것으로 본다."라고 정한 것이다.

근저당권의 최고액에 원본과 이자가 포함되는 것은 분명한데, 제360조가 규정하는 것 중 원본과 이자를 뺀 나머지도 포함되는지 문제된다. 근저당권에서는 채권의 최고액만이 등기될 뿐이므로, 후순위저당권자를 비롯하여 다른 채권자의 이익을 해치지 않도록 하기 위해서는 공시되지 않는 피담보채권의 범위를 좁게 새겨야 한다. 바꾸어 말하면, 최고액에 포함되는 것을 넓게 새겨야 한다. 이런 견지에서 최고액에 포함되는지를 검토하면 다음과 같다.

(가) 위약금이나 손해배상은 최고액에 포함된다. 금전채권에 대한 손해배상은 결국 이자로 지급되는데, 제357조 2항은 이자를 최고액에 포함시키고 있으므로, 실질로는 이자와 다름없는 것은 모두 최고액에 포함된다고 하는 것이 타당하다. 따라서 제360조 단서의 지연이자나 지연배상도 마찬가지로 최고액에 포함된다고 해야 한다. 그리고 최고액에 포함된다고 하는 이상, 지연이자를 1년분에 한정할 필요는 없다. 즉, 제360조 단서는 근저당권의 경우에는 적용되지 않는다고 해야 한다(김증한·김학동 566면, 송덕수 583면, 이영준 942면. 이와 달리 근저당권이 확정된 후의 지연배상은 1년분에 한정된다는 견해로는 김상용 732면, 이은영 841면 참조). 판례도 마찬가지이다. 근저당권의 피담보채권 중 지연손해금도 근저당권의 채권최고액 한도에서 전액 담보된다(대판 2021. 10. 14, 2021다240851 참조). 이와 같이 최고액에 포함되는 것에 관해서는 따로 등기할 필요가 없다는 것도 명백하다(위약금·이율 등).

(나) 근저당권 실행의 비용은 최고액에 포함되지 않는다. 본래 근저당권에서 최고액은 당사자 사이에 증감·변동하는 채권 중 담보할 한도액을 말하는 것이므로, 근저당권의 실행비용은 그 속에 포함되지 않는다고 해야 한다. 판례도 근저당권으로 담보되는 채권의 범위는 결산기에 이르러 확정되는 채권 중 설정계약에 정해진 최고액이라고 함으로써, 저당권의 실행비용은 최고액에 포함되지 않는 것으로 보고 있다(대판 1971. 4. 6, 71다26; 대결 1971. 5. 15, 71마251 참조).

(다) 피담보채권이 확정된 후에 실제 채권액이 최고액을 초과하는 경우에 채무자 겸 근저당권설정자가 최고액, 지연손해금 및 집행비용을 변제하더라도 근저당권의 말소를 청구할 수 없다(대판 1981. 11. 10, 80다2712 참조). 근저당권은 원본, 이자, 위약금, 채무불이행으로 인한 손해배상 및 근저당권실행비용 전부를 담보하는 것인데, 채권 전액이 변제될 때까지 근저당권이 잔존채무에 대하여 여전히 그 효력이 미친다는 것이다. 그러나 채무자가 아닌 근저당권설정자, 즉 물상보증인은 최고액을 변제하고 근저당권의 말소를 청구할 수 있다. 물상보증인이 채무를 대위 변제할

경우에 근저당권으로 부담하는 채무액의 범위는 결산기에 이르러 확정되는 채권 중 근저당권설정계약에 정해진 채권최고액을 한도로 하고, 물상보증인은 최고액을 초과하는 부분에 해당되는 채권액까지 부담하는 것은 아니기 때문이다(대판 1974. 12. 10, 74다998 참조).

(3) **피담보채권의 범위에 관한 결정기준**　　　근저당권설정등기에서 피담보채권의 범위를 기록하지 않고 있다. 그리하여 피담보채권의 범위는 근저당권설정계약에 따라 결정해야 한다. 그런데 피담보채권의 범위를 둘러싸고 분쟁이 많이 발생하고 있고, 피담보채권의 범위를 결정하는 기준에 관하여 많은 판례가 쌓여있다. 그 내용을 정리하면 다음과 같다.

㈎　처분문서인 근저당권설정계약서는 그 성립의 진정함이 인정되는 이상, 법원은 반증이 없는 한 그 기재내용에 따라 의사표시의 존재와 내용을 인정해야 하고, 특별한 합리적 이유 없이 이를 배척할 수 없다(대판 1982. 12. 14, 82다카413 등 다수). 그러나 처분문서의 기재내용과 다른 명시적·묵시적 약정이 있거나 처분문서와 달리 해석할 만한 특별한 사정이 있으면, 다르게 보아야 한다(대판 1987. 5. 26, 85다카1046 참조). 약관조항에서 피담보채무의 범위가 포괄적으로 기재되어 있는 경우에는 특별한 사정이 있으면 약관의 일부가 예문에 불과하다는 이유로 약관의 구속력을 배제할 수 있다. 이와 같이 포괄근저당 문언의 구속력을 배제하려면 근저당권설정계약 체결의 경위와 목적, 채무의 성립 경위, 채무액과 근저당권의 채권최고액과의 관계, 근저당권설정자와 채무자 및 채권자의 상호관계 등 기타 여러 사정에 비추어 인쇄된 계약문언대로 피담보채무의 범위를 해석하면 오히려 금융기관 등의 일반대출관례에 어긋난다고 보이고 당사자의 의사가 당해 대출금채무만을 그 근저당권의 피담보채무로 약정한 취지라고 해석하는 것이 합리적이어야 한다(대판 1990. 7. 10, 89다카12152; 대판 1997. 5. 28, 96다9508; 대판 1997. 9. 26, 97다22768 참조). 결국 당사자의 의사가 계약서 문언과는 달리 일정한 범위 내의 채무만을 피담보채무로 약정한 취지라고 해석하는 것이 합리적이라고 인정되는 경우에 당사자의 의사에 따라 그 담보책임의 범위를 제한할 수 있다는 것이다.

피담보채권의 범위를 판단할 때 당사자에게 근저당권으로 어떤 채권을 담보하려는 의사가 있었는지가 가장 중요하다. 그러나 피담보채권의 범위에 관한 분쟁이 발생하였을 때 당사자의 의사가 명확하지 않은 경우가 많다. 이와 같이 당사자의 의사가 명확하지 않은 경우 당사자의 의사가 무엇인지를 탐구해야 한다. 이때 채권의 발생원인이 무엇인지, 근저당권설정자가 물상보증인인지, 근저당권설정 이전에 이미 발생한 채권인지에 따라 피담보채권의 범위에 속하는지 여부가 달라지고 있다(김재형, 근저당권연구, 146면 참조).

　(나)　채무자와 근저당권자 사이에 신용거래로부터 발생한 채권은 원칙적으로 근저당권으로 담보된다. 대출채권 등과 같이 채무자가 직접 금융의 이익을 얻는 경우에는 대체로 피담보채권의 범위에 속한다고 말할 수 있다(대판 1965. 4. 20, 64다1698; 대판 1990. 11. 27, 90다카10077 참조). 그러나 근저당권자가 제3자로부터 양수한 채권은 여신거래로 인하여 발생한 채권이라고 볼 수 없을 것이므로, 피담보채권에 포함되지 않는다(대판 1978. 9. 12, 78다754 참조). 근저당권자가 제3자로부터 어음을 양도받은 경우(이른바 우회어음채권)에는 피담보채권에 포함되지 않는다고 본 판결(대판 1994. 11. 25, 94다23463 참조)과 포함된다고 본 판결(대판 1999. 7. 23, 97다45952 참조)이 있다. 은행거래약관 등에서 위와 같은 어음금채권을 피담보채권의 범위에 포함시키기로 한 경우에 한하여 피담보채권의 범위에 포함된다. 부당이득반환채권이나 불법행위로 인한 손해배상채권은 원칙적으로 근저당권의 피담보채권에 포함되지 않지만, 거래와 관련하여 발생하는 부당이득반환채권(급부부당이득의 경우)이나 거래와 관련된 불법행위에 기한 손해배상채권은 피담보채권에 포함될 수 있다(대결 1968. 1. 11, 67마576; 대판 1994. 9. 9, 93다31191 참조).

　(다)　대법원판결에서 어떤 채권이 근저당권으로 담보되는지 문제된 사례는 대부분 물상보증에 관한 것이다. 피담보채권의 범위를 결정할 때 채무자가 근저당권을 설정해준 경우와 채무자 이외의 제3자가 근저당권을 설정해준 물상보증의 경우를 구분할 필요가 있다. 채무자는 어차피 채무를 변제해야 하므로 채무의 존부가 중요할 뿐이고, 피담보채권의 범위에 대해서는 실질적인 이해관계는 없으므로, 그 범위를 세밀하게 해석할 필요성이 거의 없다. 이에 반하여 물상보증의 경우에는 물상보증인이 직접 채무를 부담하지 않기 때문에, 채무자의 채무가 근저당권이 피담보채무에 속하는지에 따라서 그의 책임범위가 달라진다. 물상보증인은 담보의 범위를 제한하려는 의사를 가지고 있는 경우가 많기 때문에, 이것이 피담보채권의

범위를 좁게 인정할 가능성이 높아진다.

(라) 근저당권설정 이전에 발생한 채권이든, 이후에 발생한 채권이든, 당사자들이 근저당권으로 담보하기로 약정하였다면 그에 따른다(대판 1970. 4. 28, 70다103 참조). 그러한 의사가 있는지 불명확한 경우에는 채권의 발생시기가 중대한 의미를 지닌다. '근저당권설정 이전에 발생한 기존의 채권'과 '근저당권설정시에 발생한 대출금채권'을 합산할 경우 실제의 채권액이 최고액을 초과하는 것은 담보취득의 관례에 어긋난다(대판 1984. 6. 12, 83다카2159 참조). 그러나 채권액과 최고액의 비율이 금융기관의 통상의 담보비율을 초과하지 않고 있다가 나중에 추가로 채권이 발생하여 실제 채권액이 최고액을 초과하더라도 이는 금융기관의 담보취득 관례상 이례적인 것이 아니다(대판 1987. 4. 28, 86다카1760 참조). 따라서 근저당권설정 이전에 발생한 기존의 채권과 근저당권설정시에 발생한 채권액의 합계가 최고액을 초과한 경우에 위 기존의 채권은 피담보채권의 범위에서 배제된다. 그러나 근저당권설정 이후에 발생한 채권, 예컨대 추가대출로 인한 채권은 그로 인하여 실제 채권액이 최고액을 넘게 되었다고 하더라도 근저당권의 피담보채권에 포함된다.

4. 피담보채권의 확정   이미 밝힌 바와 같이, 근저당권의 피담보채권은 유동·교체하는 특색을 가지고 있으나, 그러한 상태는 언제 끝나서 피담보채권이 확정되는가? 근저당권에서 피담보채권의 확정 문제(줄여서 '근저당권의 확정'이라고 한다)이다.

(1) **확정사유**   근저당권의 확정사유는 당사자의 의사에 기한 확정사유와 당사자의 의사와 무관한 확정사유로 나눌 수 있다.

(가) 당사자의 의사에 기한 확정사유로는 근저당권설정계약이나 기본계약에서 정한 결산기의 도래, 근저당권의 존속기간이 있는 경우 그 기간의 만료, 근저당권설정계약이나 기본계약의 해지나 해제 등을 들 수 있다.

존속기간 또는 결산기를 정하고 있는 경우에, 발생한 채권이 소멸하고 있고 또한 채무자가 거래를 계속하기를 원하지 않으면 설정자는 계약을 해지하고 설정등기의 말소를 청구할 수 있다(대판 1966. 3. 22, 66다68; 대판 2002. 5. 24, 2002다7176 참조). 이는 일종의 사정변경의 원칙에 의한 해지권을 인정하는 것이라고 할 수 있다(이러한 사정변경의 원칙에 의한 해지는 특히 물상근보증인이 있는 경우에 문제될 것이다). 존속기간이 끝나거나 결산기가 된 경우에, 당사자가 근저당권의 확정시기를 연장하는 약정을 하는 것은 상관없다. 그러나 제3자의 권리를 침해하지는 못한다(대판 1961. 12. 14, 4293민상893 참조). 근저당권의 존속기간이나 결산기를 정하지 않은 때에는 피담보채무의 확정방법에 관한 다른 약정이 있으면 그에 따르되 이러한 약정이 없는 경우라면 근저당권설정자가 근저당권자를 상대로 언제든지 해지의 의사표시를 함으로써 피담보채권을 확정시킬 수 있다(대판 1962. 3. 22, 4294민상1149; 대결 1958. 11. 6, 4290민재항120; 대판 2001. 11. 9, 2001다47528 참조). 근저당권설정자가 피담보채권을 확정시키기 위하여 근저당권설정계약을 해제 또는 해지할 수 있는 권한은 근저당부동산의 소유권을 취득한 제3취득자도 원용할 수 있다(대판 2002. 5. 24, 2002다7176 참조).

　　근저당권자가 피담보채무의 불이행을 이유로 경매신청한 경우에도 피담보채권이 확정된다(대판 1988. 10. 11, 87다카545 참조). 다만 근저당권자가 경매신청을 실제로 한 것이 아니고 다만 경매신청을 하려는 태도를 보인 데 그친 경우에는 근저당권이 확정되지 않는다(대판 1993. 3. 12, 92다48567 참조). 근저당권자가 채무자에 대하여 파산 등 도산절차를 신청한 경우도 거래를 종료하려는 의사를 표시하였다는 점에서 경매신청과 동일하게 볼 수 있다.

　(나) 근저당권의 피담보채권은 당사자의 의사와 무관하게 확정될 수도 있다. 제3자가 근저당 목적물에 대하여 경매를 신청한 경우 근저당권의 피담보채권이 언제 확정되는지 문제된다(상세한 것은 김재형, 근저당권연구, 261면 참조). 경매절차에서 부동산이 매각되면 근저당권이 소멸하기 때문이다(민집 91조). 판례는 제3자가 당해 부동산에 대한 경매신청을 한 경우에 매각대금 납입기일에 피담보채권이 확정된다고 한다(대판 1999. 9. 21, 99다26085. 그러나 대판 2009. 10. 15, 2009다43621은 근질권이 설정된 금전채권에 대하여 제3자의 압류로 강제집행절차가 개시된 경우 근질권의 피담보채권은 근질권자가 위와 같은 강제집행이 개시된 사실을 알게 된 때에 확정된다고 한다). 그러나 근저당권자가 경매개시결정이 있다는 것을 알았을 때 피담보채권이 확정된다고 보아야 한다. 한편 공동근저당권자가 목적 부동산 중 일부 부동산에 대하여 제3자가 신청한 경매절차에 소극적으로 참가하여 우선배당을 받은 경우, 해당 부동산에 관한 근저당권의 피담보채권은 그 근저당권이 소멸하는 시기, 즉 매수인이 매각대금을 지급한 때에 확정되지만, 나머지 목적 부동산에 관해서는 확정되지 않는다(대판 2017.

9. 21, 2015다50637 참조).

채무자에 대하여 파산선고가 있는 경우에도 피담보채권이 확정된다고 볼 수 있다. 또한 근저당권이 설정된 뒤 채무자 또는 근저당권설정자에 대하여 회생절차 개시 결정이 내려진 경우, 피담보채권은 그 개시결정시점을 기준으로 확정된다(대판 2001. 6. 1, 99다66649; 대판 2021. 1. 28, 2018다286994 참조). 파산선고나 회생절차개시를 기준으로 법률관계를 명확하게 할 필요가 있기 때문이다(김재형, 근저당권연구, 273면 참조). 물상보증인이 설정한 근저당권의 채무자가 합병으로 소멸한 경우에는 당사자, 특히 물상보증인의 의사에 따라 피담보채권의 확정 여부가 달라진다. 물상보증인이 합병 후 존속회사 또는 신설회사를 위하여 근저당권설정계약을 존속시키는 데 동의하면 합병 후에도 기본계약에 기한 근저당거래를 계속할 수 있으나, 합병 후 상당한 기간이 지나도록 그러한 동의가 없는 때에는 합병 당시를 기준으로 근저당권의 피담보채무가 확정된다(대판 2010. 1. 28, 2008다12057 참조).

(2) **확정의 효과**   피담보채권이 확정되면, 그 이후에 발생하는 채권은 더 이상 그 근저당권으로 담보되지 못한다(대판 1988. 10. 11, 87다카545 참조). 판례는 피담보채권의 확정으로 근저당권이 보통저당권으로 전환된다고 한다(대판 1963. 2. 7, 62다796 참조). 또한 근저당권은 피담보채권이 확정된 때에는 보통의 저당권과 아무 차이가 없다고 한다(대판 1962. 5. 10, 62다138 참조). 그러나 피담보채권이 확정되더라도 근저당권은 최고액의 범위에서 피담보채권을 담보한다는 점 등에서 보통의 저당권과는 다르다. 피담보채권의 확정으로 근저당권이 보통저당권으로 바뀌는 것은 아니고 확정근저당권으로서 그 근저당권에 의해서는 더 이상 새로운 채권을 담보하지 않는 상태로 된다고 보아야 한다(이영준 944면, 민법주해(Ⅶ) 26면, 김재형, 근저당권연구, 275면 참조).

5. 근저당권의 실행   근저당권자는, 피담보채권이 확정되고 또한 확정된 피담보채권의 변제기가 되면, 근저당권(정확히는 바꾸어진 보통저당권)을 실행해서 우선변제를 받을 수 있다. 채권자가 특히 기한을 늦춰 주지 않는 한, 원칙적으로 피담보채권의 확정과 동시에 변제기에 이른 것이 된다고 새겨야 한다. 그리고 실행의 절차는 저당권의 실행절차에 따른다는 점은 말할 나위도 없다.

다른 채권자가 근저당권의 목적부동산에 관하여 경매를 신청한 경우에는, 근

저당권자는 그 절차 속에서 우선변제권을 주장하게 된다. 이때에 근저당권의 피담
보채권이 언제 확정하는지, 바꾸어 말하면 근저당권자는 언제까지 발생한 채권을
최고액에 포함시켜서 우선변제를 받을 수 있는지는 매우 어려운 문제이다. 경매개
시결정이 있는 때를 기준으로 그 이전에 생긴 채권은 최고액에 포함된다고 새기는
것이 적당하다.

6. 근저당권의 처분

(1)　제361조는 "저당권은 그 담보한 채권과 분리하여 타인에게 양도하거나
다른 채권의 담보로 하지 못한다."라고 정하고 있다. 이 규정은 근저당권의 경우에
도 적용된다. 따라서 피담보채권과 분리하여 근저당권만을 양도하는 것은 그 효력
이 없다(대판 1968. 2. 20, 67다2543; 대판 1974. 2. 26, 72다2560 참조). 그러나 근저당권을
이전하지 않고 그것이 담보하는 채권만을 양도하는 것은 허용된다.

근저당권으로 담보되어 있는 어떤 개별적 채권이 양도된 경우에, 근저당권과
의 관계는 어떻게 되는가? 즉, 그러한 경우에 그 채권은 이제는 근저당권으로 담보
되는 채권의 범위에서 제외되는가, 또는 양도된 후에도 여전히 근저당권으로 담보
되는가가 문제된다. 피담보채권이 확정되기 전에는 이미 발생한 개개의 채권이 양
도된 경우 근저당권은 이전되지 않는다(김상용 734면, 장경학, 848면 참조). 이미 밝힌
바와 같이, 근저당권에서는 피담보채권의 유동·교체는 문제가 되지 않기 때문이
다. 판례도 마찬가지이다. 근저당 거래관계가 계속 중인 경우, 즉 근저당권의 피담
보채권이 확정되기 전에 그 채권의 일부를 양도하거나 대위변제한 경우 근저당권
이 양수인이나 대위변제자에게 이전되지 않는다고 한다(대판 1996. 6. 14, 95다53812 참
조). 그러나 피담보채권이 확정된 후에는 피담보채권의 양도와 함께 근저당권도 이
전된다고 보아야 한다. 근저당권부 채권을 양도하는 경우에는 물권변동의 일반원
칙에 따라 물권적 합의와 근저당권이전등기를 해야 할 뿐만 아니라, 채권양도에 관
한 규정이 적용된다. 근저당권의 양도약정은 근저당권자와 양수인 사이에 있으면
충분하고 채무자나 물상보증인의 동의는 필요하지 않다. 이에 관해서는 저당권부
채권의 양도에 관한 설명이 적용된다(위 [222] 참소).

(2)　근저당권의 기초가 되는 당사자 사이의 계속적 거래계약상의 채권자의
지위가 이전되면, 이에 수반하여 근저당권도 이전되고, 또한 채무자의 지위가 이전

되면, 근저당권의 채무자의 변경이 생긴다고 해야 한다. 계약당사자의 지위가 이전하는 원인에는 상속·합병 등 일반승계와 계약양도 등 특정승계가 있다. 계약양도나 계약인수에 따른 근저당권의 이전은 3면계약으로 해야 한다. 이 경우에 근저당권으로 담보되는 채권이 발생하고 있는지 여부는 상관없다.

7. 근저당권의 소멸   피담보채권이 확정되기 전에는, 비록 발생한 채권을 채무자가 변제해도 근저당권이 소멸하지 않음은 근저당권의 특질에 비추어 명백하다(대판 1965. 4. 20, 64다1698 참조). 그러나 피담보채권이 확정되는 때에, 담보할 채권이 전혀 존재하지 않거나 채권이 있더라도 변제로 소멸한 때 또는 실행이 끝나면, 근저당권은 소멸한다.

피담보채권이 확정되기 전에 근저당권을 소멸시킬 수 있는가? 위 피담보채권의 확정에 관한 설명에서 보았듯이, 근저당권의 존속기간을 정하고 있지 않은 경우에 이미 발생하고 있는 채무가 변제 등으로 전부 소멸하고 있으면, 기본계약과 설정계약을 해지하여 근저당권을 소멸시킬 수 있다. 또한 존속기간 또는 결산기를 정하고 있는 경우에, 발생한 채권이 소멸하고 있고 또한 채무자가 거래를 계속하기를 원하지 않으면 설정자는 계약을 해지하고 설정등기의 말소를 청구할 수 있다(이에 관한 판례는 위 4 (1) ㈎ 참조). 따라서 피담보채권이 확정되기 전에 근저당권을 소멸시킬 수 있다고 볼 수 있다. 그러나 위와 같이 근저당권설정계약이나 기본계약이 해지되면 피담보채권이 확정되었다고 볼 수도 있다.

8. 포괄근저당권의 유효성

(1) 의   의   실제 거래계에서는 주로 포괄근저당권(包括根抵當權)이 이용되고 있음은 위에서 설명하였다. 포괄근저당권의 가장 극단적인 것은 「채권자 A의 채무자 B에 대한 현재 및 장래에 발생할 일체의 채권」을 담보한다는 것이나, 실제에서는 그러한 모습의 것은 드물고, 흔히 이용되는 것은 A·B 사이에서 현재 맺어져 있는 당좌대월계약·계속적 어음대부계약 등을 열거하면서 「…… 등의 계약에서 생기는 채권 기타 일체의 채권」을 담보한다는 형식으로 설정하는 것이다. 이를 한정근저당권 또는 한정포괄근저당권이라고 부를 수도 있다. 이러한 포괄근저당권은 당사자 사이에서 반복·계속되는 복잡하고 다양한 각 거래마다 근저당권을 설정하는 번거로움을 피하기 위한 것이다. 당사자들이 각종의 거래 전부에 통하는 일반

적·추상적 신용거래계약을 맺고 이 일반적 여신계약을 전제로 그 거래로부터 생기는 모든 채권·채무를 일정한도까지 담보하려는 것이다. 이러한 포괄근저당권은 계속적 상품거래에서도 이용되나, 은행거래에서 많이 이용되고 있다.

위와 같은 포괄근저당권은 피담보채권의 범위가 포괄적이라는 점에 특징이 있다. 포괄근저당권을 설정할 때 당사자 사이에 기본계약을 체결할 수도 있는데, 이러한 경우에도 피담보채권이 포괄적이다. 한편 부동산등기부에는 근저당권이라고만 공시되어 있으므로, 등기부만으로는 포괄근저당권인지를 알 수 없고 근저당권설정계약이나 기본계약 또는 당사자의 의사를 확인해야만 포괄근저당권인지를 알 수 있다.

(2) 포괄근저당권의 유효성

(개) 위와 같은 포괄근저당권은 유효한가? 민법이 근저당권에 관한 규정을 두고 있고 최고액을 등기토록 하고 있으므로, 그 유효를 인정할 수 있다는 견해가 있다(김증한·김학동 569면, 이근식, "포괄 근저당권," 법정 20권 12호, 9면 참조). 이에 대하여 포괄근저당을 단순히 유효 또는 무효라고 할 수는 없고 한정적으로 유효하다는 견해가 있다(이 견해를 따르는 것으로는 김상용 741면, 민법주해(Ⅶ) 17면 참조). 당사자 사이의 일체의 채권을 담보한다는 것과 같은 순수한 포괄근저당권은 무효이지만, 당사자 사이의 거래로 인하여 발생하는 채권을 담보한다는 정도의 포괄근저당권은 유효라는 것이다. 포괄근저당은 거래와 관계없는 모든 채권을 담보하는 것은 아니지만 거래와 밀접한 관계에서 발생하는 불법행위에 기한 채권과 부당이득채권을 담보한다는 견해도 있다(이영준 959면 참조). 한편 약관에 의한 포괄근저당은 무효이고 개별약정에 의한 포괄근저당은 유효라는 견해도 있다(이은영 836면 참조).

(나) 대법원은 포괄근저당권을 유효라고 하였으나(대판 1982. 12. 14, 82다카413; 대판 1991. 4. 23, 90다19657; 대판 1994. 9. 30, 94다20242; 대판 1990. 11. 27, 90다카10077 참조), 판례가 순수한 포괄근저당권도 유효라고 보고 있다고 단정할 수는 없다. 판례는 이른바 예문해석으로(대판 1990. 7. 10, 89다카12152; 대판 1996. 10. 29, 95다2494 등 참조) 또는 당사자의 의사를 비롯한 여러 사정을 고려해서(대판 1994. 11. 25, 94다23463; 대판 1994. 11. 25, 94다8969 참조), 근저당권설정계약서에 기재된 것보다 좁은 범위의 피담보채무를 인정하고 있다(상세한 것은 위 3 (3) 참조).

(다) 종래 포괄근저당권의 유효성은 저당권의 부종성과 관련하여 다루었다. 저

당권의 부종성은 발생·존속 그리고 소멸과 관련하여 문제된다. 그중 존속과 소멸에 관한 부종성은 근저당권에서는 문제가 되지 않음은 명백하다(채권의 유동·교체에 근저당권의 특질이 있음을 생각하라). 그러므로 문제는 발생 또는 성립에 관한 부종성이다.

민법 제357조 1항 전단은 근저당권에 관하여 "담보할 채무의 최고액만을 정하고 채무의 확정을 장래에 보류하여" 설정할 수 있다고 규정한다. 이것은 근저당권을 설정할 때에 장차 확정될 피담보채권의 발생 또는 성립에 관한 당사자 사이의 어떤 합의 내지 계약이 있어야 한다는 것이라고 새긴다면, 성립에 관한 부종성을 매우 강하게 요구하는 것이 되고, 당사자 사이에는 피담보채권의 발생에 관한 원인계약 또는 기본계약이 성립하고 있어야 한다는 것이 된다. 이러한 해석에 따른다면, 피담보채권의 발생의 원인이 되는 기본계약은 꼭 있어야 하고, 따라서 포괄근저당권은 부종성을 갖추고 있다고 할 수 없어 무효라고 하게 될 것이다.

위와 같은 해석과는 다르게, 채무의 확정을 장래에 보류한다는 것은 피담보채권의 성립에 관한 당사자의 어떤 계약(기본계약)이 존재할 것을 전제로 하는 것은 아니며, 피담보채권이 당사자 사이의 어떤 원인으로 생긴 것이든 이를 묻지 않고 모두 근저당권으로 담보되나, 다만 그 채권이 장차 확정 내지 특정할 수만 있으면 된다는 뜻으로 새긴다면, 이는 성립에 관한 부종성을 부정하거나 포기하는 것이 되지만, 포괄근저당권은 언제나 유효한 것으로 새기게 될 것이다. 왜냐하면, 피담보채권은 장래의 일정한 시기에 최고액의 범위 내에서 특정된다는 것이 확실하기 때문이다.

채권담보를 전제로 하지 않는 근저당권은 성립할 수 없지만, 근저당권이 성립하는 데 기본계약이 반드시 있어야 한다고 볼 수 없다. 근저당권설정계약을 체결하고 그 등기를 한 경우에는 당사자들에게 근저당권으로 어떤 채권을 담보하게 하려는 의사가 있다고 보아야 한다. 이때 그 채권이 실제로 성립하고 있는지 여부는 상관없다. 따라서 근저당권에서 부종성은 어떤 채권을 담보한다는 점과 근저당권을 실행할 때 채권이 존재해야 한다는 점에 있다고 볼 수 있고, 근저당권설정시에 기본계약이 존재해야 할 필요는 없다.

등기실무상 근저당권설정등기에 등기원인으로 근저당권설정계약이라고만 기재하고 있고, 기본관계가 존재한다는 점을 밝힐 필요는 없다. 포괄근저당권의 유효성 문제는 피담보채권의 범위를 포괄적으로 하는 근저당권을 설정하는 것이 가능한지 여부에 관한 문제이다. 이와 같은 근저당권을 그 자체로 무효라고 할 수 없다 (김재형, 근저당권연구, 114면 이하 참조).

다만 포괄근저당권을 인정하더라도 피담보채권의 범위는 당사자의 의사 등 여러 사정을 고려하여 제한적으로 보아야 하는 경우가 많다. 피담보채권의 범위를 정하는 위 판결들은 어떠한 경우에 피담보채권의 범위가 한정되는지에 관하여 세세하게 판단하고 있다. 이와 같이 피담보채권의 범위를 한정적으로 볼 수 있는 경우에는 포괄근저당권의 유효성에 관한 견해에 따라 결론이 달라지지 않는다. 그러한 이유로 대법원 판결에서 포괄근저당권의 유효성 문제를 정면으로 판단하기보다는 근저당권이 구체적으로 어떠한 채권을 담보하고 있는지를 판단하는 데 집중하고 있다고 볼 수 있다.

9. 공동근저당권

(1) 의 의 공동근저당권은 동일한 채권을 담보하기 위하여 여러 부동산에 설정된 근저당권을 말한다. 우리 민법에 공동근저당권에 관한 규정이 없으므로, 공동근저당권에 관해서는 공동저당에 관한 제368조가 적용된다(고상룡 711면, 김상용 744면, 이영준 950면 참조).

(2) 성 립 공동근저당권이 성립하려면 피담보채권의 동일성이 인정되어야 한다. 그러나 채권최고액이 다르더라도 공동근저당권이 성립할 수 있다. 즉, 일정한 채무를 담보하는 2개의 근저당권을 설정하면서 채권최고액을 각각 500만원과 1,000만원으로 정한 경우에 500만원 부분에 대해서는 공동근저당이 된다.

공동근저당권을 설정하고자 하는 경우에 등기부에 여러 부동산이 공동근저당권에 제공된 뜻을 기록할 수 있다(부등 78조). 그런데 당사자가 각 부동산에 근저당권을 개별적으로 설정하고 등기에 목적물들이 동일한 채권을 담보하는 것임을 공시하지 않은 경우에는 공동근저당권으로 보아야 할 것인지 문제된다. 부동산등기법 제78조는 공동저당이라는 뜻을 공시하는 등기절차에 관한 규정이고, 여러 개의 저당권이 피담보채권의 동일성으로 서로 결속되어 있다는 취지를 공시함으로써 권리관계를 명확히 하기 위한 것이나. 이와 같은 공동저당관계의 등기는 공동저당권의 성립요건이나 대항요건이라고 할 수 없다. 따라서 근저당권설정자와 근저당권자 사이에서 동일한 기본계약에 기하여 발생한 채권을 중첩적으로 담보하기 위하

여 여러 개의 근저당권을 설정하기로 합의하고 이에 따라 여러 개의 근저당권설정
등기를 마친 때에는 부동산등기법에 따라 공동근저당관계의 등기를 마쳤는지 여부
와 관계없이 여러 개의 근저당권 사이에는 각 채권최고액이 동일한 범위 내에서 공
동근저당관계가 성립한다(대판 2010. 12. 23, 2008다57746 참조).

(3) **공동근저당권에서 피담보채권의 확정**   공동근저당에서 일부의 근저당
권에 관해서만 피담보채권의 확정사유가 있는 경우에 다른 근저당권의 피담보채권
도 확정되는지 문제된다. 이 문제는 확정사유에 따라 구분해 보아야 한다.

(가) 공동근저당권자 스스로 일부의 근저당권을 실행한 경우에는 채무자와 더
이상 거래하지 않겠다는 의사를 표시한 것이라고 할 수 있다. 따라서 이 경우에는
아직 실행되지 않은 공동근저당권에서도 피담보채권이 확정되고 그 이후에 발생하
는 채권은 담보되지 않는다. 물상보증인에 대한 근저당권의 피담보채권의 발생원
인인 어음거래약정이 그 결산기가 정하여져 있지 않고 물상보증인의 토지에 대하
여 아직 경매신청이 되지 않았더라도, 먼저 주채무자의 토지에 대하여 피담보채무
의 불이행을 이유로 근저당권이 실행된 이상, 채권자와 물상보증인 사이의 근저당
권설정계약의 원인관계인 어음거래약정에 기한 거래는 그로써 종료되고 그 경매신
청시에 그 피담보채권이 확정된다(대판 1996. 3. 8, 95다36596; 김재형, 근저당권연구, 250면
참조). 그리고 각 근저당권의 피담보채권의 범위가 다른 경우에는 공통되는 범위 내
에서만 이러한 효과가 발생한다.

(나) 제 3 자가 공동근저당의 목적물 중 일부에 대하여 경매를 신청한 경우 또는
물상보증인이 파산한 경우에는, 그 경매목적물 또는 그 물상보증인 소유의 부동산상
의 근저당권에 대해서만 피담보채권이 확정된다고 보아야 한다(양창수, 민법연구 8권
225면, 민법주해(Ⅶ) 212면, 주석민법 물권(4) 291면. 반대: 송덕수 592면, 윤진수, 민법논고Ⅲ,
735면 참조). 이와 같은 사유만으로는 당연히 채권자와 채무자 사이의 거래관계가 종
료된다고 볼 수 없기 때문이다. 이 경우에 채권자가 그 근저당권에 기하여 변제를 받
으면 거래가 계속되는 도중에 채권의 일부를 변제받는 것과 같고, 다른 근저당권
상의 피담보채권은 확정되지 않은 채 여전히 장래에 발생하는 채권을 담보하게
된다.

(4) **공동근저당권에 기한 배당**   제368조는 공동근저당권의 경우에도 적용

되고, 또한 공동근저당권자 스스로 경매를 실행하는 경우는 물론 타인이 실행한 경매에서 우선배당을 받는 경우에도 적용된다(대판 2006. 10. 27, 2005다14502 참조). 근저당권자가 공동저당 목적물에 대한 경매절차에서 피담보채권을 배당받은 경우에 나중의 경매절차에서 위 배당액은 그의 우선변제액에서 당연히 공제된다(양창수, 민법연구 8권, 230면, 주석민법 물권(4) 287면 참조). 판례도 마찬가지이다. 공동근저당권자가 스스로 근저당권을 실행하거나 타인에 따라 개시된 경매 등의 환가절차를 통하여 공동담보의 목적 부동산 중 일부에 대한 환가대금 등으로부터 다른 권리자에 우선하여 피담보채권의 일부에 대하여 배당받은 경우에, 그와 같이 우선변제받은 금액에 관해서는 공동담보의 나머지 목적 부동산에 대한 경매 등의 환가절차에서 다시 공동근저당권자로서 우선변제권을 행사할 수 없다. 공동담보의 나머지 목적 부동산에 대하여 공동근저당권자로서 행사할 수 있는 우선변제권의 범위는 피담보채권의 확정 여부와 상관없이 최초의 채권최고액에서 위와 같이 우선변제받은 금액을 공제한 나머지 채권최고액으로 제한된다. 그리고 이러한 법리는 채권최고액을 넘는 피담보채권이 원금이 아니라 이자·지연손해금인 경우에도 마찬가지로 적용된다(대판(전) 2017. 12. 21, 2013다16992 참조).

그러나 채무자가 공동저당 목적물을 임의로 매매하여 그 대금으로 피담보채권을 변제함으로써 일부 만족을 얻게 된 경우에는 이를 근저당권자가 채권최고액 범위의 채권에 대하여 우선변제를 받은 것과 동일하게 볼 수 없다. 근저당권자로서는 피담보채권 중 나머지 채권에 대하여 여전히 채권최고액 범위 내에서 우선변제권을 가진다고 보아야 하며 채권최고액에서 변제받은 금액을 공제한 범위 내에서 우선변제권을 행사할 수 있는 것이라고 볼 수는 없다(대판 2010. 5. 13, 2010다3681 참조). 다만 채무자 소유의 부동산과 물상보증인 소유의 부동산에 공동근저당권이 설정된 후 공동담보의 목적 부동산 중 채무자 소유 부동산을 임의환가하여 청산하는 경우에는 공동근저당권자는 그와 같이 변제받은 금액에 관하여는 더 이상 물상보증인 소유 부동산에 대한 경매 등의 환가절차에서 우선변제권을 행사할 수 없다(대판 2018. 7. 11, 2017다292756 참조). 이것은 채무자 소유 부동산의 담보력을 기대하고 자기의 부동산을 담보로 제공한 물상보증인의 기대이익을 보호하기 위한 것이다.

(5) 누적적(累積的) 근저당   당사자 사이에 채권을 담보하기 위하여 여러

개의 근저당권을 설정하면서, 민법 제368조의 적용을 배제하고 각각의 채권최고액을 합한 금액을 우선변제받기 위하여 공동근저당의 형식을 취하지 않는 경우가 있다. 이러한 경우는 주로 추가적 공동담보의 경우에 발생한다. 예컨대 가격 800만원의 甲부동산 위에 최고액 600만원의 근저당권을 설정한 후, 동일 근저당거래를 확대하기 위하여 다시 최고액을 300만원을 증가시킬 필요가 있기 때문에 다시 가격 400만원의 乙부동산을 추가담보로 제공하려고 하는 경우를 들 수 있다. 이와 같은 경우에 甲부동산 위의 근저당권의 최고액을 900만원으로 변경등기를 하고 乙부동산 위의 근저당권의 최고액도 900만원으로 하여 甲, 乙부동산에 관하여 각각 추가적 공동담보의 등기(부등 78조 4항)를 하면 제368조가 적용되어 甲부동산은 600만원, 乙부동산은 300만원을 부담하게 되어 그 목적이 달성된다. 그런데 이 방법에 의하면 등록세의 부담이 크고 또한 甲부동산 위에 후순위저당권자가 존재하는 경우에는 최고액 증액의 변경등기를 하기 위하여 후순위저당권자의 승낙이 필요하다. 그리하여 甲부동산 위의 근저당권을 그대로 최고액 600만원의 근저당권으로 두고 乙부동산 위에 다시 최고액 300만원의 근저당권을 설정하여 등기를 하는 방법이 이용되는데, 이러한 경우에 제368조가 적용되는지 여부가 문제된다. 후순위담보권자는 선순위담보권의 최고액을 공제한 금액을 담보가치로 파악하고 거래하는 것이어서 제368조의 적용을 부정한다고 하여 후순위담보권자가 예견할 수 없는 이익을 침해하는 것이 아니다. 근저당권에서 거래의 안전을 침해하지 않는 범위 내에서 당사자들의 자율적 결정을 허용해야 한다. 따라서 적용부정설이 타당하다(주석민법 물권(4) 290면 참조).

　　판례도 공동근저당권과 달리 담보의 범위가 중첩되지 않는 누적적 근저당권을 인정하면서 그 실행방법을 다음과 같이 보고 있다. 채권자는 여러 개의 근저당권을 동시에 실행할 수도 있고, 여러 개의 근저당권 중 어느 것이라도 먼저 실행하여 그 채권최고액의 범위에서 피담보채권의 전부나 일부를 우선변제받은 다음 피담보채권이 소멸할 때까지 나머지 근저당권을 실행하여 근저당권의 채권최고액 범위에서 반복하여 우선변제를 받을 수 있다(대판 2020. 4. 9, 2014다51756·51763 참조).

제 6 절　특별법에 의한 저당권

[227]　I.　의　　의

　　민법에서 저당권은 부동산에 설정되는 것이 원칙이고 그 밖에 전세권과 지상권에 설정될 수 있을 뿐이다. 그러나 일정한 동산에도 저당권을 설정할 필요가 있고, 부동산과 그 위에 있는 동산을 함께 담보로 제공하기 위하여 저당권을 이용할 필요성도 있다. 그리하여 민사특별법에서 저당권의 목적물을 확장하고 있다. 저당권에 관한 민법 규정은 특별법에 따라 설정되는 저당권에 대해서도 준용된다(372조). 여기에서는 입목저당, 동산저당, 공장 및 재단저당 등에 관하여 설명하고자 한다.

[228]　II.　입목저당

　　1.　우리나라에서는 오래 전부터 토지에 부착된 수목(樹木)의 집단을 그 지반인 토지와는 따로 거래의 대상으로 하는 관행이 있었다. 수목의 집단이 명인방법을 갖춘 때에는 거래의 객체가 된다. 다만 명인방법으로는 소유권을 양도할 수 있을 뿐이고 저당권을 설정할 수는 없다([7] 2 (2) (나) 참조). 「입목에 관한 법률」은 1필의 토지 또는 1필의 토지의 일부에 부착된 수목의 집단(입목법 시행령 1조 참조)에 관하여 동법에 따라 소유권보존등기를 할 수 있고, 양도나 저당권설정이 가능하도록 하였다. 이 등기를 받은 수목의 집단은 입목법상 입목(立木)이라고 하고(동법 2조. 동법시행령 1조 참조), 토지와는 독립한 하나의 부동산으로 본다(동법 3조 1항). 입목은 토지와는 분리해서 양도될 수도 있고 저당권이 설정될 수도 있다(동법 3조 2항).

　　입목저당(立木抵當)은 그 목적물이 특별법에 따라 독립한 부동산으로 보게 되는 입목이라는 점, 따라서 이를 위하여 특별히 독립한 등기부가 마련되어 있다는 점을 빼고는, 민법상의 저당권과 그 본질이 같다. 입목법에는 민법의 규정에 대한 약간의 특칙이 있기 때문에, 그 주요한 점을 추려서 설명한다(372조 참조).

　　2.　입목을 저당권의 목적으로 하고자 하는 자는 그 입목을 보험 또는 농업협동조합법에 의한 공제에 가입해야 한다(입목 22조). 이때 보험의 내용은 저당권의 목적이 되는 입목에 관한 산림화재 및 풍수해의 위험을 담보하는 보험회사의 손해보험 또는 농업협동조합의 공제이다(동법 시행령 3조 참조).

3. 저당권의 목적이 된 입목의 소유자는 당사자 간에 약정된 시업(施業)방법에 따라 그 입목을 조성하고 육림(育林)해야 한다(입목 5조). 저당권자의 동의가 있는 때에는 입목소유자는 행정기관의 허가를 얻어 벌채나 개간을 할 수 있다(동법 시행령 2조 참조). 이때 벌채되어 토지로부터 분리된 입목에 대해서도 저당권의 효력이 미친다(입목 4조 1항). 즉, 이 경우에 저당권자는 채권의 기한이 되기 전이라도 분리된 수목을 경매할 수 있다. 다만, 그 매각대금을 공탁해야 한다(입목 4조 2항). 이에 대하여, 수목의 소유자는 상당한 담보를 공탁하고 경매의 면제를 신청할 수 있다(입목 4조 3항).

4. 토지와 그 지상의 입목이 같은 소유자에 속하는 경우에, 그 어느 한쪽이 저당권의 목적이 되어 경매되고, 토지와 입목의 소유자가 다르게 된 때에는, 토지소유자는 입목소유자에게 지상권을 설정한 것으로 본다(입목 6조 1항). 이때 그 지료는 당사자의 약정에 의한다(입목 6조 2항). 토지와 그 지상건물 사이의 관계에 관한 민법 제366조와 같은 법정지상권의 제도를 인정한 것이다.

5. 지상권자 또는 토지임차인이 그의 소유입목을 저당한 경우에 저당권자의 승낙 없이는 자기의 지상권이나 임차권을 포기하지 못하고, 또한 토지소유자와의 사이에서 합의해지를 하지도 못한다(입목 7조).

[229] Ⅲ. 동산저당

1. **의의와 작용**   민법상 동산은 질권의 목적이 될 수 있을 뿐이고, 저당권의 목적으로 하지는 못한다. 그러나 거래계에서는 동산을 채무자의 점유에 남겨둔 채로 담보화하는 것을 강하게 요구한다. 이를 위하여 두 가지 해결책이 있다. 하나는 나중에 설명하는 양도담보이다. 그리고 다른 하나는 일정한 동산에 관하여 등기나 등록의 제도를 두어 그 위에 설정하는 저당권을 등기·등록으로 공시하는 방법이다. 뒤의 것이 동산저당제도이다. 이러한 동산저당제도로서 현재 인정되어 있는 것은 건설기계저당권·소형선박저당권·자동차저당권·항공기저당권과 상법이 인정하는 선박저당권이다. 동산저당제도에서 가장 문제가 되는 것은 등기·등록제도로 어느 정도로 동산에 관한 권리관계를 공시할 수 있는지이다. 현행법상 인정되는 이들 동산에 대한 공시는 거의 완전한 것이라고 할 수 있다.

2.　자동차 등 특정동산의 저당

(1)　**법적 근거**　　　자동차 등 특정동산의 저당은 「자동차 등 특정동산 저당법」(2009. 3. 25. 법 9525호)에서 규율되고 있다. 이 제도는 자동차 등 특정동산의 소유자에게 금융의 편의를 주기 위하여 마련된 것이다.

(2)　**목 적 물**　　　「자동차 등 특정동산 저당법」에 따라 저당권을 설정할 수 있는 동산은 다음의 4가지이다(동법 3조).

건설기계: 건설기계관리법에 따라 등록된 건설기계를 말한다(동조 1호).

소형선박: 선박등기법이 적용되지 아니하는 다음과 같은 선박을 말한다(동조 2호).

①　선박법 제1조의 2 2항의 소형선박 중 같은 법 제26조 각 호의 선박을 제외한 선박

②　어선법 제2조 1호 각 목의 어선 중 총톤수 20톤 미만의 어선

③　「수상레저기구의 등록 및 검사에 관한 법률」("수상레저기구등록법") 제6조에 따라 등록된 동력수상레저기구

자동차: 자동차관리법에 따라 등록된 자동차를 말한다(동조 3호).

항공기: 항공법에 따라 등록된 항공기와 경량항공기를 말한다(동조 4호).

(3)　**저당권의 성립요건**　　　이들 동산저당권은 각각 건설기계관리법에 따른 건설기계등록원부, 선박법에 따른 선박원부, 어선법에 따른 어선원부, 수상레저기구등록법에 따른 수상레저기구 등록원부, 자동차관리법에 따른 자동차등록원부, 항공법에 따른 항공기등록원부에 등록해야 성립한다(자저 5조).

(4)　**질권설정의 금지**　　　저당권의 목적물로 되어 있는 자동차 등 특정동산은 질권의 목적으로 하지 못한다(자저 9조).

(5)　**저당권의 효력**　　　특정동산저당권의 실행에 관하여 특별한 개시사유가 규정되어 있다. 즉 자동차 등 특정동산의 소유자가 등록을 말소하려는 경우에는 등록말소의 뜻을 미리 저당권자에게 통지해야 하며(자저 6조), 이 통지를 받으면 저당권자는 곧(즉 저당권설정계약에서 정한 변제기가 되지 않았어도) 그 특정동산에 대하여 저당권을 실행할 수 있다(자저 7조).

(6)　**경매절차**　　　특정동산저당권의 실행을 위한 경매의 절차는 민사집행법 제264조 내지 제269조, 제271조 및 제272조의 규정에 준하여 대법원규칙으로 정하

도록 하고 있다(민집 270조). 이에 따라「민사집행규칙」(2002. 6. 8. 대법원규칙 1762호)은 제196조 내지 제198조를 두어 이를 규율하고 있다. 그 설명은 생략한다.

　　3.　선박저당권　　　　상법은 등기한 선박(상 787조)과 장차 등기할 수 있게 될 건조 중의 선박(상 790조)에 저당권을 설정하는 것을 인정하고, 질권의 설정을 금지하고 있다(상 789조). 선박저당권은 선박의 속구에도 미치고(상 787조 2항), 우선특권과 경합한 경우에 우선특권이 저당권에 우선한다(상 789조). 이 두 가지 특칙을 제외하고 선박저당권에는 민법의 저당권에 관한 규정이 준용되며(상 787조 3항, 민법 372조 참조), 또한 그의 실행을 위한 경매에 관해서는 민사집행법 제269조가 이를 정하고 있다.

[230]　Ⅳ.　공장저당과 재단저당

　　1.　공장에 있는 여러 물건들을 한꺼번에 담보로 제공할 수 있으면 담보가치를 유지하는 데 매우 편리하다.「공장 및 광업재단 저당법」(2009. 3. 25. 법 9520호)은 공장 등에 있는 여러 물건에 하나의 저당권을 설정할 수 있도록 재단저당제도와 협의의 공장저당을 규정하고 있다.

　　재단저당제도는 기업경영을 위한 토지·건물·기계·기구 그 밖의 물적 설비나 지식재산권 등을 한데 묶어 하나의 재단을 구성하고, 그 위에 저당권을 설정하는 것을 인정하는 제도이다. 위와 같은 재산은 경제상 서로 유기적인 결합을 이루어 전체로서 의미와 가치를 가지는 것이므로, 이를 개개의 재산으로 분해한다면, 그 가치가 현저하게 줄어질 뿐만 아니라, 그 하나하나에 담보권을 설정하는 데는 많은 비용과 노력이 필요하게 된다. 여기서 이들 재산의 집합을 하나의 물건으로 보아 이에 담보권을 설정하는 것이 기업금융의 요구에 부합하게 된다. 재단저당제도는 여기에 그 존재이유가 있다. 한편 협의의 공장저당은 공장이 속하는 토지나 건물에 설정된 저당권의 효력이 미치는 목적물의 범위를 공장의 기계, 기구 등에도 미치도록 한 것이다. 현재 재단저당제도는 거의 이용되고 있지 않으며, 협의의 공장저당만이 어느 정도 이용되고 있다.

　　재단저당법으로 종전에는 공장저당법과 광업재단저당법의 두 개가 있었으나 현재는 공장 및 광업재단 저당법으로 통합되었다. 재단저당에도 민법의 저당권에 관한 규정이 준용된다(372조).

2. 공장저당과 공장재단저당   협의의 공장저당과 공장재단저당에 관하여 개략적으로 설명하면, 다음과 같다.

(1) 협의의 공장저당   공장 및 광업재단 저당법은 공장재단저당과는 별도로, 재단을 구성함이 없이, 기계·기구 등을 부동산과 함께 저당권의 목적으로 하는 제도를 인정하고 있다. 이것을 일반적으로 협의의 공장저당이라고 한다. 이는 개개의 부동산에 관하여 저당권을 설정하는 것이며, 전체로서의 공장을 담보에 제공하는 것이 아니고, 또한 지식재산권 등의 권리나 다른 부동산에 부가된 기계·기구 등에 저당권의 효력이 미치질 않는 점에서, 공장재단저당과 그 본질을 달리한다. 그러나 토지·건물의 부가물·종물뿐만 아니라, 그 토지에 설치된 기계·기구 그 밖의 공장의 공용물에까지 저당권의 효력이 확장되어 있는 점에서, 민법상의 저당권과 다르고, 그 결함을 보충하고 바르게 고친 것이라고 할 수 있다(공저 3조·4조). 공장저당에는 저당권의 추급력이 인정된다(동법 7조). 즉, 저당권자는 공장저당권의 목적이 된 물건이 제 3 취득자에게 인도된 후에도 그 물건에 대하여 저당권을 행사할 수 있다. 다만 선의취득이 인정되는 동산에는 저당권의 추급력이 인정되지 않는다.

(2) 공장재단저당

⑺ 재단은 1개 또는 둘 이상의 공장에 관하여 설정된다(공저 10조). ① 공장에 속하는 토지, 건물, 그 밖의 공작물, ② 기계, 기구, 전봇대, 전선(電線), 배관(配管), 레일, 그 밖의 부속물, ③ 항공기, 선박, 자동차 등 등기나 등록이 가능한 동산, ④ 지상권 및 전세권, ⑤ 임대인이 동의한 경우에는 물건의 임차권, ⑥ 지식재산권으로 재단을 구성하는데(동법 13조), 설정자의 의사로 그 일부를 재단에서 제외할 수 있다. 재단은 1개의 부동산으로 본다(동법 12조). 그러나 그것은 소유권과 저당권의 목적이 될 수 있다는 의미를 가질 뿐이다(동법 12조 2항 본문). 다만 저당권자의 동의를 얻은 경우에는 임대할 수도 있다(동법 12조 2항 단서).

⑷ 공장재단은 공장재단등기부에 소유권보존등기를 함으로써 설정된다(공저 11조). 공장재단의 소유권보존등기가 있는 경우 공상새단 목록은 등기부의 일부로 보고 기록된 내용은 등기된 것으로 본다(동법 36조). 이 공장재단 목록은 재단등기부와 더불어 공시의 기능을 하게 된다. 공장에 속하는 토지나 건물로서 미등기된 것

이 있으면 공장재단을 설정하기 전에 그 토지나 건물의 소유권보존등기를 해야 한다(공저 13조 2항). 공장재단에 설정된 저당권이 소멸한 후 10개월 내에 새로운 저당권을 설정하지 않은 경우 공장재단은 소멸하고(동법 21조), 등기기록이 폐쇄된다(동법 50조).

(대) 공장재단에는 타인의 권리의 목적인 물건과 압류, 가압류 또는 가처분의 목적인 물건을 포함시킬 수 없다(공저 13조 3항). 동산에 관해서는 그러한 사실의 유무를 판정하는 것이 곤란하다. 그리하여 공장재단의 소유권보존등기의 신청이 있을 때에, 등기관은 공장재단을 구성할 동산에 관하여 권리를 가지는 자는 일정한 기간 내에 신고할 것을 공고하기로 하고(동법 33조 1항), 이 기간 내에 권리의 신고가 없는 때에는 그 권리는 존재하지 않는 것으로 본다(동법 33조 3항). 권리가 존재하지 않는 것으로 본다는 것은 선의의 저당권자를 보호하려는 것이고, 재단구성자를 부당한 이득을 취하도록 하려는 것이 아니다. 따라서 그 동산이 재단을 구성하지 않게 되면, 원권리자는 그 권리를 회복한다고 해석해야 한다.

(라) 공장재단에 속하는 것은 이를 양도하지 못한다(동법 14조). 그러나 재단 자체를 한데 묶어서 양도하는 것은 상관없다고 새겨야 한다. 그리고 재단저당권자의 동의 없이 재단에서 분리된 물건 위에는, 저당권은 그대로 존속한다(동법 20조).

(3) 협의의 공장저당을 설정할지 또는 공장재단저당을 설정할지는 당사자의 자유이다.

3. 광업재단저당　　광업권자는 광업재단을 구성할 수 있다. ① 광업권, ② 토지, 건물, 그 밖의 공작물, ③ 기계, 기구, 그 밖의 부속물, ④ 항공기, 선박, 자동차 등 등기 또는 등록이 가능한 동산, ⑤ 지상권이나 그 밖의 토지사용권, ⑥ 임대인이 동의하는 경우에는 물건의 임차권, ⑦ 지식재산권으로서 그 광업에 관하여 동일한 광업권자에 속하는 것의 전부 또는 일부로 광업재단을 구성할 수 있다(공저 53조). 광업재단에 관해서는 공장저당법 중 공장재단에 관한 규정이 준용된다(동법 54조).

4. 재단저당제도의 전망

(1) 기업경영에 봉사하는 물적 설비와 재산권을 유기적인 단일체로서 파악하고, 이에 저당권을 설정한다는 법률기술은 저당제도에서 하나의 혁명적인 것이라

고 말할 수 있다. 특히 이 제도가 담보부 사채신탁제도와 결합하는 때에는 기업금융의 매개수단으로 매우 효과적으로 작용할 수 있다.

(2) 그러나 이 재단저당제도에는 근본적 결함이 있다.

(가) 기업의 규모가 확대되면, 재단목록의 작성·변경이 너무나 번거로운 일이 된다. 재단목록은 등기부의 일부로서 공시의 작용을 담당하며, 이에 기재되지 않은 물건은 저당권의 목적이 되지 않는다. 그러므로 저당권자는 재단을 구성하는 물건이 변동될 때마다 이 목록을 변경해야 한다. 무수히 많은 기계·기구 등의 끊임없는 증감변동을 일일이 목록에 기재한다는 것이 매우 번거로운 일이라는 것은 충분히 추측할 수 있다. 저당제도와 공시는 불가분의 관계에 있으므로, 저당목적물을 제 3 자에게 효력을 주장하려면, 그 공시방법의 변경절차를 밟아야 한다는 것은 피할 수 없는 요청이며, 여기에 재단저당제도의 근본적인 결함이 있다.

(나) 재단을 구성하는 것은 기본적으로 물적 설비나 물권적 권리이다. 그러므로 고객·영업상의 비밀과 같은 사실상의 기업이익은 물론이며, 그 밖에도 막대한 금액에 이르는 채권 등은 담보의 대상에서 제외된다.

(3) 이상과 같은 단점을 고려할 때에, 재단저당제도는 비교적 작은 규모의 기업의 금융수단으로서 이용될 수 있을 뿐이다. 큰 규모의 기업의 금융수단으로서는 기업담보제도, 즉 기업 자체를 담보하는 길을 마련하는 것이 필요하다.

제 5 장   동산담보권과 채권담보권

제 1 절   서   설

[231] Ⅰ. 개   설

　　민법에서 동산이나 채권 등 권리를 담보로 제공하려면 질권을 설정하도록 하고 있다. 특허권 등 지식재산권을 담보로 제공하는 경우에는 개별법에서 질권을 설정하도록 하고 있다. 또한 판례에서는 동산양도담보와 채권양도담보를 인정하고 있다. 그러나 동산담보나 채권담보가 많이 이용되지는 않았다.

　　「동산·채권 등의 담보에 관한 법률」(이 장에서 '이 법'이라 약칭한다)은 2010. 6. 10. 제정되어 그로부터 2년 후인 2012. 6. 11. 시행되었다(2010. 10. 21. 「동산·채권 등의 담보에 관한 법률 시행령」이 제정되고, 2011. 11. 17. 「동산·채권의 담보등기 등에 관한 규칙」이 제정되었다). 이로써 동산담보권과 채권담보권이라는 새로운 담보권을 창설하고 담보등기를 할 수 있게 되었다. 이 법은 동산담보권과 채권담보권에 관하여 부동산담보와 마찬가지로 등기를 할 수 있도록 함으로써 종래의 질권이나 양도담보와는 완전히 다른 공시방법을 채택하였다. 법률의 시행 이후 동산담보권과 채권담보권이 급증하여 동산담보나 채권담보가 많이 활용되기 시작하고 있다(상세한 것은 김재형, 민법론 Ⅳ, 234면 이하, 주석민법 물권(4) 387면 이하 참조).

[232] Ⅱ. 이 법의 주요 특징

　　이 법의 주요 특징은 다음 세 가지로 요약할 수 있다.

　　1. 동산담보권과 채권담보권의 창설　　　우리 민법에서는 동산이나 권리에 대한 전형적인 담보권으로 질권을 인정하고 있다. 금융실무에서는 양도담보 등 비전형담보가 발달하였다. 이 법에서는 동산과 채권에 관한 새로운 담보권을 창설하였다. 따라서 동산담보권과 채권담보권은 이 법에 따라 인정된 담보물권이다.

　　양도담보 등 그 명칭을 불문하고 담보약정을 한 경우에는 이 법에 따른 등기를 할 수 있다. 양도담보뿐만 아니라 소유권유보부 매매나 금융리스 등의 경우에도 이 법에 따른 등기를 할 수 있다. 이와 같이 담보약정의 형식과는 무관하게 실질적으로 담보의 기능을 하고 있다면 담보약정으로 보고 있는데, 실질주의 또는 기능주의적 접근방법을 채택한 것이다. 이를 "실질이 형식을 지배한다"라는 표어로 표현할 수 있다. 이와 같은 담보약정에 기하여 이 법에 따라 담보등기를 하면 원칙적으로 그 약정내용과 무관하게 이 법에 따른 담보권으로 취급된다.

2. 기존 담보제도와의 병존　　　이 법을 제정하는 과정에서 동산이나 채권에 관한 기존의 담보제도, 가령 질권이나 양도담보 등을 폐지하고 하나의 통일적인 담보권 개념을 도입할 것인지 문제되었다. 미국 통일상법전(Uniform Commercial Code; UCC) 제 9 장에서 담보거래(Secured Transactions)에 관하여 규정하고 있는데, 동산·채권 등에 관한 기존의 담보제도를 없애고 새로운 통일적인 담보권 제도를 채택하였고, 이는 개별 국가나 국제기구 등에서 이루어지고 있는 담보법 개혁에서 중요한 모델이 되고 있다. 유엔 국제거래법위원회(UNCITRAL)에서 마련한 담보거래에 관한 입법지침에서는 이를 '통일적 접근방법'이라고 한다. 그러나 이 법에서는 동산 및 채권에 관한 새로운 담보제도를 도입하면서도 기존의 담보제도, 예컨대 민법상의 질권뿐만 아니라 판례로 인정되는 양도담보, 금융리스, 소유권유보부 매매 등이 병존하는 것으로 하였고, 어느 한쪽에 우선적 지위를 부여하지 않고 있다.

3. 담보등기제도의 도입　　　동산·채권담보제도의 개혁은 동산·채권담보에 관한 새로운 공시제도를 도입한다는 점에 그 핵심이 있다. 동산질권에 관한 공시방법은 인도이고(330조), 채권질권이나 채권양도에 관한 공시방법은 채무자(지명채권에 대한 질권의 경우에는 제 3 채무자를 가리킨다. 349조)에 대한 통지 또는 채무자의 승낙이다(346조·450조). 이 법에서는 동산·채권담보에 관하여 담보등기제도를 도입하였다(일본에서는 동산이나 채권을 담보로 제공한 것인지 여부와 상관없이 양도등기를 할 수 있도록 하였는데, 우리나라는 이 방식을 채택하지 않았다).

동산이나 채권에 관한 담보등기부는 인적 편성주의를 채택하여 담보권설정자별로 편제된다. 담보등기부는 전산정보처리조직에 의하여 입력·처리된 등기사항에 관한 전산정보자료를 담보권설정자별로 저장한 보조기억장치(자기디스크, 자기테이프, 그 밖에 이와 유사한 방법으로 일정한 등기사항을 기록·보존할 수 있는 전자적 정보저장매체를 포함한다)를 가리킨다(동산담보 2조 8호 1문). 부동산은 지번으로 특정이 되기 때문에 부동산등기법에서 물적 편성주의를 채택하고 있지만(부등 15조 1항), 동산이나 채권은 물적 편성주의를 채택하는 것이 불가능하다. 똑같은 물건이나 동일한 내용의 채권이 수도 없이 많기 때문이다.

제 2 절 동 산 담 보 권

[233] Ⅰ. 동산담보권의 의의와 성립

1. 의   의   동산담보권은 담보약정에 따라 동산(여러 개의 동산 또는 장래에 취득할 동산을 포함한다)을 목적으로 등기한 담보권을 말한다(동산담보 2조 2호). 동산양도담보가 채권담보를 목적으로 동산소유권을 채권자에게 신탁적으로 이전하는 형태의 양도담보인 데 반하여, 동산담보권은 법률에 따라 창설된 새로운 형태의 담보물권이다. 이것은 담보목적물의 교환가치를 지배하는 물권이라는 점에서 저당권과 그 성격이 유사하다. 동산에 대한 직접적인 사용·수익권이나 처분권은 여전히 담보권설정자에게 남아 있고 담보권자는 목적물이 가지는 교환가치만을 파악할 뿐이다. 담보권설정자가 동산을 사용·수익하거나 처분할 수 있지만, 동산의 담보가치, 즉 교환가치를 침해하는 행위를 해서는 안 된다(대판(전) 2020. 8. 27, 2019도14770의 반대의견 참조).

동산담보권이 성립하려면 담보권설정자가 소유하는 동산을 담보로 제공하기로 약정하고 이 법에 따라 담보등기를 해야 한다.

2. 담보약정

(1) 이 법에서 담보약정의 내용과 방식에 대하여 아무런 제한을 하지 않고 개방적인 태도를 취하고 있다. 즉, 담보약정은 양도담보 등 명목을 묻지 아니하고 이 법에 따라 동산·채권·지식재산권을 담보로 제공하기로 하는 약정을 말한다(동산담보 2조 1호). 따라서 당사자들이 동산담보권설정계약이라는 용어를 사용해야 하는 것은 아니고, 질권설정계약, 양도담보설정계약 또는 소유권유보부 매매나 리스계약이라는 용어를 사용하더라도 동산을 담보로 제공하기로 하는 내용이 있으면 이 법에 따른 담보약정에 해당한다.

(2) 동산담보권은 물권이므로, 법에서 정한 물권의 내용과 다른 효력을 부여

하는 것은 물권법정주의의 원칙상 허용되지 않는다. 따라서 양도담보약정을 한 후 동산담보등기를 한 경우에는 동산담보권으로서의 효력만이 있다고 보아야 한다.

3.　담보권설정자와 담보권자

(1)　이 법에 따른 담보권자에 대한 제한은 없다(동산담보 2조 6호). 한편 이 법에 따라 동산담보권이나 채권담보권을 설정할 수 있는 자는 법인(상사법인, 민법법인, 특별법에 따라 설립된 법인 및 외국법인을 말한다) 또는 부가가치세법에 따라 사업자등록을 한 사람에 한정된다(동산담보 2조 5호·3조 1항·34조 1항). 담보권설정자의 사업자등록이 말소된 경우에도 이미 담보등기한 동산담보권의 효력에는 영향을 미치지 않는다(동산담보 4조). 따라서 사업자라고 하더라도 사업자등록을 하지 않은 경우에는 담보등기제도를 이용할 수 없다. 새로운 담보제도의 인적 적용범위를 제한한 것은 급작스러운 제도 변화로 인한 문제를 쉽게 해결하기 위한 과도기적 조치이다. 장기적으로는 인적 적용범위에 대한 제한을 없애는 것이 바람직하다.

(2)　동산담보권을 설정하려면 담보권설정자가 담보목적물에 대한 처분권을 갖고 있어야 한다. 담보권설정자가 담보목적물을 소유하고 있는 경우는 물론, 담보목적물을 소유하지 않더라도 담보목적물을 처분할 수 있는 권리 또는 권능을 가지고 있으면 담보권을 설정해줄 수 있다.

(3)　이 법은 담보거래의 안정성을 위하여 동산담보권을 설정하려는 자의 명시의무에 관한 규정을 두고 있다. 즉, 동산담보권을 설정하려는 자는 담보약정을 할 때 ① 담보목적물의 소유 여부, ② 담보목적물에 관한 다른 권리의 존재 유무를 상대방에게 명시해야 한다(동산담보 6조). 등기로 소유권 등이 공시되는 부동산과 달리 동산의 경우에는 누구에게 소유권 또는 처분권이 있는지를 알기 어렵다. 그리하여 동산담보권을 설정하려는 자에게 위와 같이 명시의무를 인정한 것이다.

4.　담보목적물　　　다수의 동산(장래에 취득할 동산을 포함한다)도 목적물의 종류·보관장소·수량을 정하거나 그 밖에 이와 유사한 방법으로 특정할 수 있는 경우에는 동산담보권을 설정할 수 있는데, 이는 동산양도담보에 관한 판례(대판 1988. 10. 25, 85누941 등 다수)를 수정하여 받아들인 것이다. 개별 동산이든 집합동산이든 위와 같은 방법으로 특정할 수 있으면 동산담보권의 목적물이 될 수 있는데, 특정의 방법을 유연하게 인정하고 있다. 여러 개의 동산을 종류와 보관장소로 특정하여

집합동산에 대한 담보권, 즉 집합동산 담보권을 설정한 경우에 같은 보관장소에 있는 같은 종류의 동산 전부가 집합동산 담보권의 목적물이다. 등기기록에 종류와 보관장소 외에 중량이 기록되었다고 하더라도 당사자가 중량을 지정하여 목적물을 제한하기로 약정하였다는 등 특별한 사정이 없는 한 목적물이 그 중량으로 한정된다고 볼 수 없고 중량은 목적물을 표시하는 데 참고사항으로 기록된 것에 지나지 않는다(대결 2021. 4. 8, 2020그872 참조).

그러나 「선박등기법」에 따라 등기된 선박, 「자동차 등 특정동산 저당법」에 따라 등록된 건설기계·자동차·항공기·소형선박, 「공장 및 광업재단 저당법」에 따라 등기된 기업재산, 그 밖에 다른 법률에 따라 등기·등록된 동산은 이 법에 따른 담보등기를 할 수 없다. 또한 화물상환증, 선하증권, 창고증권이 작성된 동산과 무기명채권증서 등 대통령령으로 정하는 증권도 담보등기를 할 수 없다(동산담보 3조 3항).

5. 피담보채권   피담보채권에는 제한이 없다. 통상 금전채권인 경우가 대부분이지만, 금전채권이 아니라도 피담보채권이 될 수 있다.

6. 동산담보등기

(1) 성립요건   "약정에 따른 동산담보권의 득실변경은 담보등기부에 등기를 해야 그 효력이 생긴다"(동산담보 7조 1항). 즉, 담보등기는 동산담보권의 성립요건이다. 담보등기를 대항요건으로 할 것인지 논란이 있었으나, 동산양도의 경우 인도를 성립요건으로 정한 민법 제188조와 균형을 맞추기 위하여 담보등기를 동산담보권의 성립요건으로 정한 것이다.

(2) 담보권의 순위   동산담보권은 물권으로서 시간적으로 앞선 권리가 우선한다는 원칙이 적용된다. 그리하여 "동일한 동산에 설정된 담보권의 순위는 등기의 순서에 따른다."라는 규정을 두고 있다(동산담보 7조 2항). 동산담보권을 설정하면서 그 순위를 등기할 수 있기 때문에, 담보목적물을 효율적으로 이용할 수 있을 것이다. 동산양도담보의 경우에는 이중으로 양도담보로 제공한 경우에 나중에 설정된 양도담보는 효력이 없으나(대판 1988. 12. 27, 87누1043; 대판 2000. 6. 23, 99다65066; 대판 2004. 6. 25, 2004도1751 참조), 이 법에 따른 동산담보권의 경우에는 순위를 달리하여 동산담보권을 설정할 수 있다.

한편 위에서 본 바와 같이 새로운 담보제도를 도입하면서 기존 담보제도를 없애지 않고 병존하는 것으로 설계하였기 때문에, 동일한 동산에 대하여 이 법에 의한 담보권과 기존의 동산담보가 함께 설정될 수 있다. 따라서 하나의 동산에 대하여 민법상의 인도와 이 법에 따른 담보등기가 있는 경우에 그 순위를 정해야 하는데, 이 법에서는 인도와 등기의 선후에 따라 그 순위를 정하도록 하였다. 즉, 동일한 동산에 관하여 담보등기부의 등기와 인도(민법에 규정된 간이인도, 점유개정, 목적물반환청구권의 양도를 포함한다)가 행하여진 경우에 그 권리의 순위는 법률에 다른 규정이 없으면 그 선후에 따른다(동산담보 7조 3항).

[234] Ⅱ. 동산담보권의 내용과 효력

1. 우선변제권 등　이 법에서 동산담보권의 내용과 효력에 관하여 상세한 규정을 두고 있다. 먼저 담보권자의 우선변제권에 관하여 "담보권자는 채무자 또는 제3자가 제공한 담보목적물에 대하여 다른 채권자보다 자기채권을 우선변제받을 권리가 있다."고 정하고 있다(동산담보 8조). 그 밖에 이 법은 동산담보권의 불가분성(9조), 동산담보권 효력의 범위(10조), 과실에 대한 효력(11조), 피담보채권의 범위(12조), 동산담보권의 양도(13조), 물상대위(14조), 담보목적물이 아닌 재산으로부터의 변제(15조), 물상보증인의 구상권(16조), 담보목적물에 대한 현황조사 및 담보목적물의 보충(17조), 제3취득자의 비용상환청구권(18조), 담보목적물 반환청구권(19조), 담보목적물의 방해제거·방해예방청구권(20조), 공동담보(29조), 선의취득(32조)에 관한 규정이 있다.

2. 질권 등과의 비교　이들 규정은 질권이나 저당권에 있는 규정들과 유사하나, 몇 가지 사항은 동산담보권에 맞게 수정되었다.

(1) 피담보채권의 범위에 관하여 "동산담보권은 원본(元本), 이자, 위약금, 담보권실행의 비용, 담보목적물의 보존비용 및 채무불이행 또는 담보목적물의 흠으로 인한 손해배상의 채권을 담보한다. 다만, 설정행위에 다른 약정이 있는 경우에는 그 약정에 따른다."라고 정하였는데(동산담보 12조), 이는 질권에 관한 민법 제334조와 동일한 취지이다. 저당권의 경우에는 지연배상에 대해서는 1년분에 한하여 저당권을 행사할 수 있지만(360조 단서), 이와 같은 제한을 두지 않고 있다. 민법 제

360조 단서가 입법론상 문제가 있기 때문에, 이와 같은 규정을 두지 않았다.

　　(2)　동산담보권은 피담보채권과 분리하여 양도할 수 없다고 정하였기 때문에, 피담보채권과 함께 양도하는 것은 허용된다(동산담보 13조). 이 경우에 물상보증인의 동의는 필요하지 않다. 저당권의 경우에는 피담보채권과 함께 저당권을 양도하거나 다른 채권의 담보로 할 수 있으나(361조), 동산담보권의 경우에는 이를 다시 담보로 제공하는 것에 관해서는 아무런 규정을 두지 않고 있다. 동산담보권의 전담보를 허용할 경우에는 전저당의 경우보다 복잡한 문제가 발생하기 때문에, 이를 허용하지 않은 것이다.

　　(3)　물상대위에 관한 규정은 민법 규정과 상이하게 규정된 대표적인 경우이다. 즉, "동산담보권은 담보목적물의 매각, 임대, 멸실, 훼손 또는 공용징수 등으로 인하여 담보권설정자가 받을 금전이나 그 밖의 물건에 대하여도 행사할 수 있다. 이 경우 그 지급 또는 인도 전에 압류해야 한다."라고 규정하고 있다(동산담보 제14조). 이는 담보목적물을 매각하거나 임대한 경우에도 그 대가 등에 대하여 물상대위를 허용한 것이다. 민법 제342조 1문은 물상대위에 관하여 "질권은 질물의 멸실, 훼손 또는 공용징수로 인하여 질권설정자가 받을 금전 기타 물건에 대하여도 이를 행사할 수 있다."라고 정하고 있고, 이를 저당권에 준용하고 있다(370조). 따라서 질물이나 저당물의 매각, 임대의 경우에는 물상대위가 부정된다. 그러나 저작권법 등에서는 저작권 등의 양도 등의 경우에도 물상대위를 허용하고 있다. 그리하여 동산담보권의 매각, 임대의 경우에 물상대위를 인정하더라도 법체계상 큰 문제는 없고, 동산담보권자의 지위를 강화할 필요가 있다는 시각에서 매각, 임대의 경우에도 물상대위를 인정한 것이다.

　　(4)　동산담보권에 기한 담보물반환청구권과 방해배제청구권에 관하여 세밀하게 규정하고 있다. 담보권자는 담보목적물을 점유한 자에 대하여 담보권설정자에게 반환할 것을 청구할 수 있다(동산담보 19조 1항). 이는 담보권자가 직접 담보목적물을 점유할 권원이 없기 때문에, 담보권자는 원칙적으로 담보권설정자에게 반환하라는 청구를 할 수 있도록 한 것이다. 다만 담보권자가 담보목적물을 점유할 권원이 있거나 담보권설정자가 담보목적물을 반환받을 수 없는 사정이 있는 경우에 담보권자는 담보목적물을 점유한 자에 대하여 자신에게 담보목적물을 반환할 것을

청구할 수 있다(동산담보 19조 2항). 위 두 경우에 점유자가 그 물건을 점유할 권리가 있는 때에는 반환을 거부할 수 있다(동산담보 19조 3항). 저당권의 경우에는 저당권자가 저당목적물을 점유하지 않고 있기 때문에, 소유물반환청구권에 관한 민법 제213조를 준용하지 않고 있다. 그러나 이 법에 따른 동산담보권의 경우에는 담보권자가 담보목적물을 점유하고 있을 수도 있고, 그렇지 않은 경우에도 무단점유자를 상대로 반환청구를 할 필요가 있기 때문에, 담보물반환청구권에 관한 규정을 두고 있다. 다만 점유권원이 있는지 여부에 따라 위와 같이 구분하였다. 또한 담보목적물의 방해제거·방해예방청구권에 관해서도 저당권에 관한 규정에서 소유권에 관한 규정을 준용한 것(370조·214조)과 달리 명확하게 규정하였다(동산담보 20조).

[235] Ⅲ. 동산담보권의 실행

1. 담보권의 실행방법　　　이 법은 동산담보권의 실행에 관하여 상세한 규정을 두고 있다. 담보권의 실행방법으로 경매를 원칙으로 하되(동산담보 21조 1항), 정당한 이유가 있는 경우에는 사적 실행을 허용하고 있다(동산담보 21조 2항). 사적(私的) 실행의 방법으로 담보권자가 담보목적물을 직접 변제에 충당하는 귀속정산과 이를 매각하여 그 대금을 변제에 충당하는 처분정산을 정하고 있다. 질권이나 가등기담보권의 경우에는 경매 이외에도 귀속정산을 인정하고 있을 뿐이고 처분정산을 허용하고 있지는 않다. 그러나 이 법에서는 동산담보권의 실행으로 처분정산까지 인정한 것이다. 이와 같이 사적 실행을 인정하고 이에 관한 상세한 규정을 두었다는 점에서 중대한 의미가 있다.

　　귀속정산과 처분정산을 하려면 정당한 이유가 있어야 한다. 예컨대, 목적물의 가치가 적어 많은 비용을 들여 경매하는 것이 불합리한 경우, 경매를 하면 정당한 가격을 받기 어려운 사정이 있는 경우, 공정시세가 있어 경매에 의하지 않더라도 공정한 값을 산출할 수 있는 경우에 정당한 이유가 있다고 볼 수 있다. 사적 실행을 함으로써 공적 실행, 즉 경매를 하는 경우에 비하여 채무자가 불리하게 되는 것을 막기 위한 것인데, 채무자가 불리하게 되는 경우가 아니라면 정당한 이유를 넓게 인정하는 것이 바람직하다. 또한 선순위담보권자가 있는 경우에는 후순위담보권자가 처분정산이나 귀속정산을 함으로써 선순위담보권자의 이익이 침해될 수 있기 때문에, 그의 동의를 받은 때에 한하여 사적 실행이 허용된다.

2. 담보권 실행에 관한 사전 약정   이 법은 동산담보권 실행에 관하여 당사자들이 사전에 약정을 하는 것을 허용한다. 즉, 제31조 1항 본문은 "담보권자와 담보권설정자는 이 법에서 정한 실행절차와 다른 내용의 약정을 할 수 있다."라고 정하고 있다. 민법 제339조는 유질계약을 금지하고 있으나, 그 타당성이 매우 의심스럽다(위 [185] 3 참조). 담보의 종류, 목적물, 거래상황 등이 다종다양하기 때문에, 담보권의 실행방법을 법률에서 일률적으로 정하는 것은 바람직하지 않다. 이 법에서는 법률에 규정된 담보권실행방법 이외의 방법으로 담보권을 실행하기로 하는 약정을 허용하고 있다. 다만, 사적 실행의 경우에 법에 정해진 담보권 실행 통지 없이 담보권자가 담보목적물을 처분하거나 직접 변제에 충당하기로 하는 약정은 무효라고 규정하였다(동산담보 31조 1항 단서). 이는 유담보계약(流擔保契約)을 허용하되, 사적 실행을 위한 최소한의 절차로서 담보권 실행의 통지절차를 밟도록 한 것이다.

3. 담보권의 실행절차

(1) 경 매   담보권 실행을 위한 경매절차는 민사집행법상 유체동산에 대한 경매절차에 관한 규정(민집 264조·271조·272조)을 준용하고 있다(동산담보 22조 1항). 담보설정자가 담보목적물을 점유하는 경우에 경매절차는 압류에 의하여 개시한다(동산담보 22조 2항). 동산담보권이 설정된 유체동산에 대하여 다른 채권자의 신청에 의한 강제집행절차가 진행되는 경우 집행관의 압류 전에 등기된 동산담보권을 가진 채권자는 배당요구를 하지 않아도 당연히 배당에 참가할 수 있다고 보아야 한다(대판 2022. 3. 31, 2017다263901. 이는 저당권 등에 관한 민사집행법 제148조 제 4 호를 유추적용한 것이다).

(2) 사적 실행   귀속정산과 처분정산에 관해서는 상세한 규정을 두고 있다. 그 절차는 대체로 피담보채권의 변제기가 도래하고, 담보권실행의 방법을 채무자 등과 담보권자가 알고 있는 이해관계인에게 통지한 다음 그 도달일로부터 1개월의 기간이 경과해야 한다(동산담보 23조 1항). 이와 같은 절차를 둔 것은 무엇보다도 담보권설정자와 이해관계인을 보호하기 위한 것이다. 가등기담보 등에 관한 법률에서는 청산기간을 '2개월'로 정하고 있으나, 동산은 부동산과 달리 변질되거나

가치가 훼손되기 쉬운 점을 고려하여, 청산기간을 '1개월'로 단축하였다. 다만, 멸실 또는 훼손의 우려 등이 있는 경우에는 위와 같은 통지절차를 밟거나 청산기간이 경과하지 않는 경우라도 사적 실행이 가능하도록 규정하였다(동산담보 23조 1항 단서). 그 밖에 청산절차나 이해관계인의 권리행사절차 등의 절차에 관해서는 가등기담보 등에 관한 법률(특히 3조·4조·14조)과 유사하게 규정을 두고 있다.

사적 실행의 경우에는 담보권자나 매수인이 담보목적물의 소유권을 취득한 경우에 담보권자의 권리와 담보권자의 권리에 대항할 수 없는 권리는 소멸한다(동산담보 24조). 따라서 담보권자의 권리보다 선순위자의 권리는 소멸하지 않는다고 볼 수 있는데, 이는 경매의 경우에 소멸주의를 채택하고 있는 것(민집 91조 2항·3항)과는 다른 점이다. 사적 실행의 경우에도 선순위자의 권리를 무조건 소멸하는 것으로 정하면 선순위자가 보호를 받지 못하는 결과를 초래할 수 있기 때문이다.

담보목적물의 점유 문제에 관해서는 담보권자가 담보권 실행 전부터 점유하는 경우와 그렇지 않은 경우로 구분하고 있다. 그리하여 담보권자가 담보목적물을 점유하고 있는 경우에는 피담보채권 전부를 변제받을 때까지 유치할 수 있고(동산담보 25조 1항), 담보권자가 담보목적물을 점유하지 않는 경우에는 담보권의 실행을 위하여 '채무자 등'에게 목적물인도를 청구할 수 있다(동산담보 25조 2항). 이 경우 담보권자는 선량한 관리자의 주의의무로 담보목적물을 관리하고, 과실을 수취하여 다른 채권자보다 먼저 피담보채권의 변제에 충당할 수 있다.

후순위권리자는 청산금이 채무자 등에게 지급되기 전에 담보권자에게 채권에 기한 청산금의 지급을 요구할 수 있고, 또한 후순위권리자의 경매청구권도 인정된다(동산담보 26조). 후순위권리자가 선순위 동산담보권자의 사적 실행에 대하여 동의하지 않는 경우 경매를 청구하여 담보권의 사적 실행을 저지할 수 있다. 후순위권리자의 경매청구 등으로 강제경매 등의 개시결정이 있는 경우 동산담보권자는 사적 실행 절차를 중지해야 한다(동산담보 23조 5항).

담보권자가 사적 실행 후 매각대금 등에 대한 분쟁발생이 예상되는 경우 매각대금 등을 공탁하여 청산금 지급의무를 벗어날 수 있다(동산담보 27조). 담보권자는 가등기담보법과 마찬가지로 '청산금'을 공탁할 수 있지만, 이해관계인과의 분쟁을 피하기 위하여 매각대금 전부를 공탁할 수 있다. 동산담보권에 관해서는 가등기담보의 경우보다 권리관계가 복잡할 수 있기 때문에, 이와 같은 규정을 둔 것이다. 한편 매각대금 등을 공탁할 때 담보권자에게 이해관계인 등에 대한 통지의무를 부과하고 있는데, 담보권자가 이해관계인의 존재를 정확하게 파악하기 어렵기 때문에, 통지대상이 되는 이해관계인을 '담보권자가 알고 있는' 이해관계인으로 한정하고 있다.

담보권실행이 종료되기 전에 채무자 등은 피담보채무를 변제하고 담보목적물의 처분을 막을 수 있다(동산담보 28조). 담보권실행을 위한 경매의 경우에는 민사집행법에 따라 경매절차가 정지될 수 있으므로, 위 규정은 사적 실행의 중단에 대해서만 적용된다.

4. 담보권 실행에 대한 이의신청   담보권자의 위법한 실행에 대해서는 이해관계인이 이의신청을 할 수 있다(동산담보 30조). 따라서 후순위권리자는 이 법 제26조 2항에 따라 경매를 청구하거나 제30조에 따라 이의신청을 할 수 있다. 동산의 가치가 훼손되기 쉽기 때문에, 이해관계인의 이의신청이 있더라도 법원의 집행정지결정 이전에는 실행이 중단되지 않는다.

[236] Ⅳ. 공동담보

이 법에서 공동담보에 관한 규정을 두고 있다. 따라서 한 곳에 있는 다수의 동산을 집합동산담보의 형태로 담보로 제공할 수 있음은 물론, 별도의 장소에 있는 다수의 목적물(가령 서울에 있는 창고 안에 있는 물건 일체와 인천에 있는 창고 안에 있는 물건 일체)을 공동담보로 제공할 수도 있다. 규정의 내용은 공동저당에 관한 민법 제368조의 규정과 유사하므로, 이에 관해서는 대체로 공동저당에 관한 설명이 적용된다.

공동담보의 실행시 각 담보목적물의 매각대금에 비례하여 채권의 분담액이 결정된다(동산담보 29조 1항). 다만, 집합동산을 구성하는 개개의 물건의 경우에는 각 담보목적물의 매각대금을 정하는 것이 현저히 곤란한 경우가 있기 때문에, 이러한 경우에 대비하여 예외 규정을 두고 있다(동산담보 29조 3항 단서). 이 규정은 사적 실행의 경우에만 적용된다.

또한 공동담보의 목적물 중 일부에 대하여만 먼저 배당하는 경우(이른바 이시배

당) 그 대가에서 채권의 전부를 변제받을 수 있고, 이 경우 후순위권리자는 선순위
담보권자의 다른 담보목적물에 대한 권리를 대위하여 담보권을 행사할 수 있다(동
산담보 29조 2항). 나아가 담보권자의 사적 실행의 경우에도 위 규정을 준용한다(동산
담보 29조 3항).

[237]　Ⅴ.　근담보권

이 법에서 근저당권과 유사하게 근담보권에 관한 규정을 두고 있다. 즉, 피담
보채무의 최고액만을 정하고 채무의 확정을 장래에 보류하여 근담보권을 설정할
수 있다. 이 경우에 피담보채무가 확정될 때까지 채무의 소멸 또는 이전은 담보등
기한 동산담보권에 영향을 미치지 않고, 채무의 이자는 최고액 중에 산입한 것으로
본다(동산담보 5조). 이에 관해서는 근저당권에 관한 설명이 대부분 적용된다.

[238]　Ⅵ.　선의취득

(1) 이 법은 담보목적물의 선의취득에 관하여 정하고 있다. 즉, 이 법에 따라
등기된 담보목적물의 소유권을 취득하는 경우에 민법 제249조부터 제251조의 규정
을 준용한다(동산담보 32조). 동산담보권이 설정된 후에도 제 3 자가 담보목적물의 소
유권을 자유롭게 취득할 수 있다. 담보권이 설정되어 있는 물건이라고 하더라도 소
유권의 이전에는 아무런 영향이 없기 때문이다. 그 대신 담보권자는 담보목적물의
새로운 소유자에 대해서도 담보권을 행사할 수 있는 것이 원칙이다. 이를 담보권의
추급력이라고 한다. 민법 제249조는 양도인이 정당한 소유자가 아닌 때에 적용되
는데, 동산담보권이 설정된 경우에도 담보권설정자는 여전히 정당한 소유자로서
담보목적물을 양도할 수 있기 때문에 위 규정이 그대로 적용될 수 없다. 이 규정에
서 담보목적물에 대한 선의취득을 인정한 의미는 제 3 자가 담보목적물에 대한 소
유권을 취득할 당시에 동산담보권의 제한을 받지 않는 온전한 소유권을 취득하는
것을 인정한 것이다. 따라서 평온, 공연하게 담보목적물을 양수한 자가 동산담보권
의 존재를 알지 못하고 알지 못한 데 과실이 없이 그 동산을 점유한 경우에는 동산
담보권이 설정되어 있는 때에도 양수인은 동산담보권의 부담이 없이 담보목적물의
소유권을 취득한다.

그러나 동산에 관한 담보등기가 되어 있기 때문에, 다수의 집합적 동산에 관하여 이 법에 따라 동산담보권을 설정한 후 제 3 자에게 한꺼번에 위 동산을 처분하거나 담보로 제공한 경우에는 선의취득의 요건을 충족하기가 어려울 것이다. 이러한 경우에는 제 3 자에게 악의 또는 과실이 있다고 볼 수 있는 경우가 많기 때문이다. 물론 집합적 동산에 담보권을 설정한 후에도 담보권설정자가 개별 동산을 통상적인 방법으로 처분하는 것은 허용되고 이를 양수한 제 3 자가 담보권의 부담이 없는 채로 소유권을 취득한다. 이 경우에 제 3 자가 개별동산에 대하여 소유권을 취득하는 근거를 선의취득의 법리에서 찾아야 하는 것은 아니다. 오히려 집합동산에 대한 담보설정계약에서 개별동산의 통상적인 처분을 예정하고 있다고 볼 수 있고, 따라서 담보권설정자에게 개별동산에 대한 통상적인 처분권한이 있다는 점에서 제 3 자가 개별동산에 대하여 소유권을 취득하는 근거를 찾을 수 있다.

(2) 이 법에 따라 담보등기를 하는 경우에 담보권의 선의취득을 인정할 것인지 문제된다. 동산담보권의 선의취득 문제는 두 경우로 나누어 볼 수 있다. 첫째, 동산에 관한 담보약정에 따라 담보등기를 하였는데, 담보설정자가 그 동산에 관한 소유권 등 처분권이 없거나 다른 사람에게 양도담보를 설정한 경우이다. 민법상 동산의 선의취득의 경우에는 인도가 있어야 하는데, 점유를 이전받지 않고 담보등기를 한 경우에는 선의취득을 인정할 수 없다. 둘째, 동산담보권자로 등기가 되어 있는 사람으로부터 담보권을 양도받기로 하는 계약을 체결하고 담보권이전등기를 하였으나, 원래의 담보등기에 원인 무효 등의 사유가 있는 경우이다. 무효인 담보등기를 유효한 것으로 믿고 동산담보권을 양수했다고 하더라도 동산담보권이 유효로 되는 것은 아니다. 그렇지 않으면 담보등기에 공신력을 인정하는 것과 같은 결과가 된다. 부동산등기에 대하여 공신력을 인정하지 않는 상태에서 담보등기에 공신력을 인정할 수는 없을 것이다.

제 3 절   채권담보권

[239] Ⅰ. 채권담보권의 성립

1. 채권담보권   채권담보권은 채권을 담보의 목적으로 한 담보권이라고

할 수 있다. 그러나 이 법에서 이를 좀 더 한정적으로 정의하고 있다. 즉, '채권담보권'은 담보약정에 따라 금전의 지급을 목적으로 하는 지명채권(여러 개의 채권 또는 장래에 발생하는 채권을 포함한다)을 담보의 목적으로 등기한 담보권을 말한다(동산담보 2조 3호). 채권담보권에 관하여는 동산담보권에 관한 여러 규정을 준용하되, 채권담보권에 특유한 규정을 두었다.

2. 담보의 목적

(1) **금전채권**　　　이 법에 따라 담보로 제공할 수 있는 채권은 금전채권에 한정된다. 금전 이외의 채권의 경우에는 가치를 환산하기 곤란할 수 있으며, 기업 등이 사업자금을 조달하기 위하여 담보로 제공하려는 경우 대상이 되는 채권은 사실상 금전채권에 한정될 가능성이 높기 때문에 채권담보권의 목적을 금전채권으로 한정한 것이다. 그러나 민법에서 이미 금전채권 이외의 채권도 질권의 대상으로 되어 있기 때문에, 이와 같이 금전채권에 한정한 것은 균형이 맞지 않는다.

(2) **장래 채권**　　　다수의 채권뿐만 아니라 장래 채권도 담보목적물로 명시하고 있다. 채무자가 특정되었는지 여부를 묻지 않는다. 다만 채권의 종류·발생원인·발생연월일을 정하거나 그 밖에 이와 유사한 방법으로 특정할 수 있어야 한다. 대법원은 장래 채권의 양도가 유효하려면 특정가능성과 발생가능성이 있어야 한다고 한다(대판 1991. 6. 25, 88다카6358 참조). 그러나 이 법에 따라 채권담보권을 설정하는 데는 특정가능성이 있는 것으로 충분하고, 발생가능성을 요구하지 않고 있다. 이와 같이 장래의 채권을 담보로 제공할 수 있는 범위를 넓혔기 때문에, 장래 채권을 좀 더 안정적으로 담보로 제공할 수 있을 것이다.

[240] II. 채권담보등기의 효력

1. 제 3 자에 대한 대항요건　　　채권담보등기는 제 3 자에 대한 대항요건이다. 즉, 약정에 따른 채권담보권의 득실변경은 담보등기부에 등기한 때에 지명채권의 채무자(이하 "제 3 채무자"라 한다) 외의 제 3 자에게 대항할 수 있다(동산담보 35조 1항).

2. 제 3 채무자에 대한 대항요건　　　제 3 채무자에 대한 대항요건은 민법 제349조, 제450조와 마찬가지로 제 3 채무자에 대한 통지나 제 3 채무자의 승낙이

다. 즉, 채권담보등기를 마친 경우, 담보권자 또는 담보권설정자(담보권 양도의 경우에는 그 양도인 또는 양수인)는 제3채무자에게 등기사항증명서(동산담보 52조)를 건네주는 방법으로 그 사실을 통지하거나 제3채무자가 이를 승낙하지 아니하면 제3채무자에게 대항하지 못한다(동산담보 35조 2항). 제3채무자에 대한 대항요건은 제3채무자에게 변제를 해야 하는 상대방 등을 확실하게 알려 주어 이중변제의 위험을 방지하는 기능을 갖는 것이다. 따라서 제3채무자가 담보등기사실을 알 수 없는 상태에서 변제를 하는 것을 막기 위하여 위와 같은 규정을 둔 것이다.

담보권자 또는 담보권설정자(담보권 양도의 경우에는 그 양도인 또는 양수인)도 통지를 할 수 있다. 이는 민법의 경우에 비하여 통지권자의 범위를 확대한 것이다. 채권질권과 달리 채권담보권은 담보권설정자와 담보권자가 공동으로 담보등기를 하므로, 제3채무자가 담보등기의 내용을 쉽게 확인할 수 있고, 허위 내용을 통지할 가능성이 낮다. 또한 채권을 담보로 제공한 사실을 통지하는 이익은 주로 담보권설정자보다는 담보권자나 그 양수인에게 있다. 그리하여 담보권자나 그 양수인도 이를 통지할 수 있도록 규정한 것이다.

제3채무자가 특정되지 않은 장래의 채권에 대하여 담보등기를 한 경우에 제3채무자에 대한 대항요건을 어떻게 구비할 것인지 문제된다. 채권에 대한 담보등기 후 담보목적물인 채권이 발생하여 제3채무자가 특정된 이후에 제3채무자에게 담보권자 또는 담보권설정자가 담보등기 사실을 통지함으로써 대항력을 취득할 수 있을 것이다.

3. 담보등기와 민법상 통지 등의 순위   동일한 채권에 관하여 담보등기부의 등기와 확정일자 있는 통지 또는 승낙(349조 또는 450조 2항)이 있는 경우에 담보권자 또는 담보의 목적인 채권의 양수인은 법률에 다른 규정이 없으면 제3채무자 외의 제3자에게 등기와 그 통지의 도달 또는 승낙의 선후에 따라 그 권리를 주장할 수 있다(동산담보 35조 3항). 채권이 이중으로 담보로 제공되어 이중의 담보등기를 한 경우에는 등기의 시간적 순서에 따라 우열관계가 결정된다. 또한 채권담보등기와 민법 제450조 2항에 따른 확정일자 있는 통지 또는 승낙이 경합하는 경우에도 등기와 통지의 도달 또는 승낙의 시간적 순서에 따라 우열이 결정된다. 만일 채권담보등기와 확정일자 있는 채권양도통지의 도달이 동시에 이루어졌다면, 담보권

자와 양수인의 순위는 동등하게 되고, 이러한 경우에는 원칙적으로 안분비례로 배당해야 한다.

　　채권담보권자가 담보등기를 마친 후에서야 동일한 채권에 관한 채권양도가 이루어지고 확정일자 있는 증서에 의한 채권양도의 통지가 제3채무자에게 도달하였으나, 채권담보권설정의 통지는 제3채무자에게 도달하지 않은 상태에서는, 제3채무자에 대한 관계에서 채권양수인만이 대항요건을 갖추었으므로 제3채무자로서는 채권양수인에게 유효하게 채무를 변제할 수 있고 이로써 채권담보권자에 대하여도 면책된다. 다만 채권양수인은 채권담보권자에 대한 관계에서는 후순위로서, 채권담보권자의 우선변제적 지위를 침해하여 이익을 받은 것이 되므로, 채권담보권자는 채권양수인에게 부당이득으로서 변제받은 것의 반환을 청구할 수 있다. 그러나 그 후 이 법 제35조 제2항에 따른 담보권설정의 통지가 제3채무자에게 도달한 경우에는, 그 통지가 채권양도의 통지보다 늦게 제3채무자에게 도달하였더라도, 채권양수인에게 우선하는 채권담보권자가 제3채무자에 대한 대항요건까지 갖추었으므로 제3채무자로서는 채권담보권자에게 채무를 변제해야 하고, 채권양수인에게 변제하였다면 특별한 사정이 없는 한 이로써 채권담보권자에게 대항할 수 없다(대판 2016. 7. 14, 2015다71856·71863 참조).

[241]　Ⅲ. 준용 규정

　　채권담보권에 대해서는 동산담보권에 대한 규정과 민법 제348조, 제352조를 준용하고 있다(동산담보 37조). 동산담보권에 관한 규정 중에서 준용되는 규정으로는 담보권의 우선변제권(8조), 불가분성(9조), 담보권의 효력이 미치는 범위(10조), 과실에 대한 효력(11조), 피담보채권의 범위(12조), 담보권의 양도(13조), 물상대위(14조), 담보목적물 이외의 재산으로부터의 변제(15조), 물상보증인의 구상권(16조), 담보목적물의 보충(17조) 등에 관한 규정을 들 수 있다. 그러나 채권의 성질상 준용되지 않는 규정들이 있다. 가령 점유를 전제로 하는 목적물 반환청구권(19조), 목적물의 점유(25조) 등에 관한 규정이 이에 해당한다. 또한 채권의 경우에는 점유를 전제로 하는 선의취득을 인정할 수 없을 것이므로, 담보목적물의 선의취득에 관한 규정(32조)은 준용되지 않는다.

제 4 절   담보등기

[242] I. 관장기관과 관할

이 법 제4장에서 담보등기에 관하여 상세한 규정을 두고 있다. 제38조에서 동산담보권이나 채권담보권의 설정, 이전, 변경, 말소 또는 연장에 대한 등기를 할 수 있다고 규정하고, 제39조에서 위와 같은 등기사무를 법원에서 관장하도록 하였다.

담보등기의 관할에 관하여 담보권설정자의 주소를 관할하는 지방법원, 그 지원 또는 등기소가 등기사무를 취급한다(동산담보 39조 2항). 그리하여 법인등기와 사업자등록의 변경사항을 담보등기부에 쉽게 반영할 수 있다.

[243] II. 등기의 방식과 절차 등

1. 등기관은 접수번호의 순서에 따라 전산정보처리조직에 의하여 담보등기부에 등기사항을 기록하는 방식으로 등기사무를 처리해야 한다. 미국과는 달리 등기신청서류를 편철하는 방식으로 등기 또는 등록을 하는 이른바 통지등기(notice filing)제도를 채택하지 않았다. 담보등기제도를 현행 부동산등기와 유사하게 운영하는 것이 안정성이 높고 부동산등기제도를 운용한 경험과 노하우를 쉽게 이용할 수 있다는 점, 새로운 제도를 도입할 경우 혼란을 초래할 수 있다는 점, 인터넷을 이용한 등기시스템을 운용할 경우 통지등기방식의 이점을 상당수 흡수할 수 있을 것이라는 점 등을 고려한 것이다. 담보등기제도가 정착이 되면 통지등기방식으로 전환하는 것도 고려할 수 있을 것이다.

그리고 담보등기는 등기의무자와 등기권리자가 공동으로 신청하도록 함으로써 공동신청주의를 채택하고 있다(동산담보 41조 1항). 이는 허위로 담보등기가 이루어지는 것을 방지하기 위한 것이다. 다만 경정등기나 승소판결에 기한 등기신청의 경우 등에는 등기권리자 등이 단독으로 등기를 신청할 수 있다(동산담보 41조 2항·3항).

등기를 신청하는 방법에는 방문신청과 전자신청이 있다(동산담보 42조). 당사자들은 전자신청으로 손쉽게 등기신청을 할 수 있는데, 그 세부적인 내용은 대법원규칙에 위임하였다.

이 법 제47조에서 담보권설정자별로 담보등기부를 구분하여 작성하도록 하고, 등기부에 기재할 사항을 세세하게 정하였는데, 담보목적물의 특정에 필요한 사항은 대법원규칙에 위임하였다. 담보권설정자와 담보권자가 개인일 경우에는 그 주소와 주민등록번호 등을 기재하도록 하고 있는데, 주민등록번호를 기재할 필요가 있는지는 의문이다. 부동산등기법이나 상법 등에서 등기를 하면서 주민등록번호를 기재하도록 하고 있지만, 개인정보의 보호를 위하여 생년월일과 주소를 기재하는 것으로 충분하다.

2.　담보권의 존속기간은 최장 5년이다(동산담보 49조 1항). 동산·채권 등의 유동성 등을 이유로 존속기간을 5년으로 제한한 것이다. 다만 담보권에 관한 연장등기를 할 수 있으나, 연장기간은 연장등기를 한 때로부터 5년을 초과할 수 없다(동산담보 49조 1항 단서). 연장등기는 유효하게 존속하는 등기에 관하여 그 존속기간만을 연장하는 것이기 때문에, 그 등기의 순위나 효력은 연장등기를 한 때가 아니라 최초의 등기를 한 때를 기준으로 정해야 한다.

3.　누구든지 담보등기의 등기사항에 관한 서면의 발급 또는 열람을 청구할 수 있도록 하였다(동산담보 52조 1항). 그러나 개인정보보호를 위하여 등기사항증명서의 증명과 열람의 범위, 방식 등에 대하여는 대법원규칙에서 정하고 있다(동산담보규 20조 내지 26조).

4.　그 밖에 담보등기에 필요한 절차에 관하여 세세한 규정을 두고 있고, 그 성질에 반하지 않는 한 부동산등기법의 관련 규정을 준용하고 있다(동산담보 57조).

제 5 절　지식재산권담보권에 관한 특례

[244]　지식재산권담보권

이 법은 지식재산권담보권에 관하여 몇 가지 특례를 정하고 있다. 지식재산권자가 약정에 따라 동일한 채권을 담보하기 위하여 2개 이상의 지식재산권을 담보로 제공하는 경우에는 특허원부, 저작권등록부 등 그 지식재산권을 등록하는 공적(公的) 장부(이하 "등록부"라 한다)에 이 법에 따른 담보권을 등록할 수 있다(동산담보 58조 1항). 이 경우에 담보의 목적이 되는 지식재산권은 그 등록부를 관장하는 기관이 동일해야 하고, 지식재산권의 종류와 대상을 정하거나 그 밖에 이와 유사한 방법으로 특정할 수 있어야 한다(동산담보 58조 2항). 특허권 등 지식재산권에 대해서는 그 권리에 대한 등록부가 존재하기 때문에, 담보권등록을 해당 등록부에 하도록 한 것이다.

지식재산권담보를 설정할 때에는 담보권설정자에 대한 제한이 없다. 지식재산권의 경우에는 그 권리자만이 담보권을 설정할 수 있으므로, 동산담보권이나 채권담보권과는 달리 담보권설정자에 대한 제한을 두지 않은 것이다.

약정에 따른 지식재산권담보권의 득실변경은 그 등록을 한 때에 그 지식재산권에 대한 질권의 득실변경을 등록한 것과 동일한 효력이 생긴다(동산담보 59조 1항). 저작권의 경우에는 등록이 대항요건이고(저작 54조), 특허권 등의 경우에는 등록이 효력요건이 될 것이다(특허 101조). 동일한 지식재산권에 관하여 이 법에 따른 담보권 등록과 그 지식재산권을 규율하는 개별 법률에 따른 질권 등록이 이루어진 경우에 그 순위는 법률에 다른 규정이 없으면 그 선후에 따른다(동산담보 59조 2항). 담보권자는 지식재산권을 규율하는 개별 법률에 따라 담보권을 행사할 수 있다(동산담보 60조). 지식재산권담보권에 관해서는 원칙적으로 동산담보권에 관한 규정을 준용한다. 다만 사적 실행에 관한 규정은 준용되지 않는다.

제 6 장 가등기담보와 양도담보

제 1 절 총   설

[245] Ⅰ. 비전형담보의 의의와 작용

1. 의   의   민법은 담보물권으로서 유치권·질권·저당권을 규정하고 있다(전세권은 기본적으로는 용익물권에 지나지 않는다는 점에 관해서는 [2] 1 (5)·[156] (5) 참조). 이들 중 적극적으로 신용수수의 역할을 하는 것은 법정담보물권인 유치권을 제외한 질권과 저당권이다. 거래계에서는 이러한 민법상의 담보물권제도를 불편하고 불만스럽게 여겨 자기들의 요청을 충족할 수 있는 모습의 담보제도를 개발해서 이용하게 되었다. 특히 민법의 제도 중에서 본래 담보수단으로서 구성되어 있지 않은 제도를 담보수단으로 이용해 오고 있다. 여기서 유치권·질권·저당권 등 민법이 예정한 본래의 담보방법을 전형담보(典型擔保)라고 한다면, 민법이 예정하지 않았던 새로 마련된 담보방법을 비전형담보(非典型擔保) 또는 변칙담보(變則擔保)라고 일컫는다. 본장에서 다루는 것은 이러한 비전형담보 또는 변칙담보이다.

2. 작   용   위와 같은 비전형담보를 이용하는 이유로는 다음의 세 가지를 들 수 있다.

첫째, 기업용 동산(기계나 원료 등)이나 상품 이외에는 담보에 제공할 만한 적당한 재산(부동산 등)을 가지고 있지 않은 경우에 신용을 얻기 위하여 이용할 수 있는 민법이 예정한 담보수단은 질권의 설정이다. 그러나 점유질인 질권을 이용하면, 채무자는 기업용 동산을 생산활동에 이용할 수 없다. 생산한 상품을 입질한 때에는 그 매각이나 처분이 어려워진다. 여기서 동산을 담보에 제공하되, 저당권을 설정하는 것과 같은 결과, 즉 동산저당의 결과를 가져오기 위하여 거래사회에서 이용하게 된 것이 비전형담보이다.

둘째, 실권과 서당권을 실행하는 방법은 원칙적으로 담보권실행경매이다. 따라서 목적물의 값이 융자액(즉 피담보채권액)을 넘고 있더라도, 채권자가 그 넘는 금액(즉 초과분)을 취득하지는 못한다. 그러나 채권자로서는 그러한 초과분까지도 취득하게 된다면, 원리금 외에 큰 이득을 얻게 된다. 여기서 그러한 초과분을 취득할 수 있는 방법을 찾게 되어 나타난 것이 여러 변칙적 담보제도이다.

셋째, 담보권실행경매는 그 절차가 번거롭고 복잡한데다가, 목적물을 제대로 환가(현금화)하지 못하는 등 여러 문제를 안고 있다. 여기서 그러한 결함이 있는 절차를 회피할 수 있는 변칙적 · 비전형적 담보방법을 개발 · 이용하게 되었다.

위와 같은 여러 이유로 나타난 각종의 비전형담보에는 여러 문제가 있다. 무엇보다도 채권자가 피담보채권의 범위를 넘어서 목적재산의 가치 전부를 차지하게 되기 때문에, 담보설정자와 다른 채권자를 보호할 필요가 크다. 여기서 종래 학설 · 판례는 비전형담보를 채권자에 의한 가치지배가 피담보채권의 범위에 한정되는 전형적 담보제도에 접근시키려고 노력하였다. 나중에 보듯이 그러한 입법도 부분적으로 나와 있다. 학설 · 판례의 노력과 입법으로 변칙담보를 이용함으로써 얻을 수 있었던 이익은 매우 좁아졌다. 그러나 거래사회에서는 끊임없이 새로운 담보방법을 만들어 내려고 노력하고 있다. 채권의 신속하고도 안전 · 확실한 회수를 꾀하는 채권자 쪽의 요청을 완전히 충족하는 제도가 입법으로 확립되지 않는 한, 변칙담보는 결코 없어지지 않을 것이다. 앞으로도 예상하지 못한 새로운 변칙담보가 나타날 가능성은 있다.

[246] Ⅱ. 비전형담보의 여러 모습

1. 비전형담보에는 여러 종류가 있으며, 각각 특유한 특징을 가지고 있다. 그러나 각종의 비전형담보에는 공통적인 법률적 특징이 하나 있다. 그것은 채권담보의 수단으로서 채무자나 제 3 자가 소유하는 목적물의 소유권을 채권자에게 귀속시키는 형식을 적어도 외부적 · 대외적으로는 취한다는 점이다(법률적 · 실체적으로도 소유권이 이전하는지 여부는 별개의 문제이며, 이에 관해서는 각종의 변칙담보를 다룰 때에 검토한다). 그리하여 권리이전형(權利移轉型) 담보라고 하기도 한다. 바로 이 점에서 비전형담보는 질권 · 저당권 등의 제한물권의 법리에 의한 담보물권과는 본질적으로 다르다.

2. 비전형담보는 여러 시각에서 나누는 것이 가능하지만(소유권유보부 매매도 비전형담보의 일종으로 볼 수 있는데, 여기에서는 다루지 않는다), 여기서는 자금 획득방법

과 소유권 이전시기라는 두 가지 사항을 기준으로 나누어 보기로 한다.

(1) **자금을 매매에 의하여 얻는 것**　　이는 필요한 자금을 소비대차가 아니라, 매매라는 형식을 이용함으로써 마련하는 것이다. 예컨대, 1,000만원의 자금을 필요로 하는 X가 그의 부동산을 1,000만원에 Y에게 매각해서 필요한 자금을 얻고, 나중에 이를 반환함으로써 그 부동산을 되찾아오는 방법이다. 그 법률적 수단으로서는 환매와 재매매의 예약이라는 두 방법이 있다. 이들 둘 사이에는 기간(환매기간에 관해서는 부동산 5년, 그리고 동산 3년이라는 제한이 있으나(591조), 재매매의 예약에 관해서는 아무런 제한이 없다)과 등기(환매에서는 매매등기와 동시에 환매권의 보류를 등기할 수 있으나(592조), 재매매의 예약에 관해서는 청구권보전을 위한 가등기를 할 수 있을 뿐이다) 등에서 약간의 차이가 있을 뿐이고, 법률구성에서는 차이가 없으므로, 같은 작용을 한다고 말할 수 있다. 학술적으로는 두 가지를 통틀어서 매도담보(賣渡擔保)라고 부른다. 그리고 매도담보는 종래 이를 넓은 의미에서 양도담보의 일종으로 이해하는 것이 일반이다.

(2) **자금을 소비대차에 의하여 얻는 것**　　이는 필요한 자금을 금전소비대차를 통해 얻는 것이다. 이에는 담보물의 소유권이 외부적으로 언제 채권자에게 귀속하는 형식을 취하는지에 따라서 다음의 두 가지로 나누어진다.

(개) **계약체결과 동시에 목적물의 소유권을 채권자에게 이전하는 형식을 취하는 것**　예컨대, 1,000만원의 자금을 필요로 하는 X가 소비대차계약을 하여 Y로부터 1,000만원을 빌리고, 이 채무를 담보하기 위하여 X가 소유하는 물건의 소유권을 Y에게 이전하는 형식을 취하는 것이다. 이러한 형식에 의한 것을 본래의 의미에서 또는 좁은 의미에서 양도담보(讓渡擔保)라고 한다. 목적물은 동산과 부동산뿐만 아니라 채권이나 주식도 포함된다. 목적물이 무엇인지에 따라 부동산양도담보, 동산양도담보, 채권양도담보 등의 용어를 사용한다. 이 좁은 의미의 양도담보와 앞에서 설명한 매도담보를 합해서 넓은 의미의 양도담보라고 일컫고 있음은 이미 밝혔다.

(내) **채무불이행이 있는 때에 목적물의 소유권을 채권자에게 이전하는 형식을 취하는 것**　　자금을 융통받으면서 채권자와 채무자(또는 제3자) 사이에 채무자이 채무를 불이행한 경우에 채무의 변제를 갈음하여 채무자(또는 제3자) 소유의 물건으로 변제할 것을 미리 약속하는 경우가 있다. 즉, 소비대차를 하면서, 아울러 당사

자가 대물변제예약(代物辨濟像約)을 하는 것이다. 이 계약 즉 대물변제예약의 효과로
서, 채무자의 불이행의 경우에 채권자는 목적물의 소유권을 취득하는 형식으로 채
권의 만족을 꾀할 수 있다. 목적물은 동산·부동산 어느 것이든 상관없으나, 보통은
부동산이다. 그리고 이때에는 장래의 소유권취득을 보전하기 위하여 가등기를 하
는 경우가 있다. 그러한 가등기를 함으로써 채권자의 우선적 지위가 확보되는 데
서, 이 모습의 비전형담보를 가등기담보(假登記擔保)라고 부른다. 위와 같은 대물변
제의 예약과 똑같은 기능을 하는 것이 몇 개 있으나, 이에 관해서는 제 2 절에서 가
등기담보를 설명할 때에 보기로 한다.

[247]　Ⅲ.　비전형담보에 대한 규제

　　1.　의용민법시대　　　앞에서 본 바와 같이, 종래 이용된 비전형담보는 이를
양도담보·매도담보·가등기담보의 세 덩어리로 나눌 수 있는데, 이들은 모두 의용
민법시대에도 이미 이용되고 있었다. 그런데 이들 비전형담보는 본래 의용민법이
예정하지 않았던 변칙적 담보제도이어서, 이를 규율할 의용민법의 규정이나 특별
법의 제정은 전혀 없었다. 그리고 이들은 모두가 소유권이전의 형식을 취하는 것인
데, 종래의 학설·판례는 그 형식대로 소유권이전의 효력을 인정하는 법률구성을
하고 있었다. 그 결과 채권자는, 채무자의 채무불이행이 있을 때에 담보목적물을
모두 차지함으로써, 목적물의 가치 중 채권액을 초과하는 부분까지 취득하여 폭리
를 얻을 수 있었다. 여기서 채권자의 폭리를 막고 채무자를 보호할 필요가 생겼다.
판례·학설이 취한 조치는 목적물의 가치와 채권액 사이에 부당히 큰 불균형이 있
는 경우 그 비전형담보계약을 폭리행위로서 무효로 하는 것이었다.

　　2.　현행 민법의 제정과 민법 제607조·제608조의 신설　　　현행 민법은
의용민법에는 없었던 제607조와 제608조의 두 규정을 두고 있다. 이들 규정에 따
라 소비대차의 당사자가 채권액을 초과하는 물건에 관하여 담보의 목적으로 대물
변제예약 또는 가등기담보계약을 하면, 그 대물변제예약은 무효로 되었다. 판례도
이러한 결과를 확인하였다. 그러나 그러한 대물변제예약을 무효라고 한다면, 선의
의 제 3 자보호나 거래안전이 문제된다(무효인 대물변제예약에 따라 행해진 등기도 무효가
되나, 그 무효인 등기를 바탕으로 하여 이루어진 제 3 자의 등기도 역시 무효로 되기 때문이다).

그 후 대법원은 판례를 변경하여 채권자의 청산의무를 인정하였다. 어떻든 민법 제607조·제608조의 규정은 대물변제예약이나 가등기담보를 규제하는 데 매우 효과적이었다. 그런데 제607조·제608조는 대물변제예약에 관한 것이어서, 양도담보나 매도담보에 의해서는 여전히 채권자가 폭리를 꾀할 수 있어서 문제였다. 여기서 판례는 처음에는 제607조·제608조의 규정은 양도담보에는 적용이 없다고 하였으나, 나중에 판례를 변경하여 이에도 적용된다고 함으로써, 결국 비전형담보의 형태가 대물변제예약이든 양도담보든 상관없이 청산을 요구하게 되었다.

위와 같이 민법 제607조·제608조의 규정에 따라 채권자가 담보목적물을 모두 차지할 수 없게 되자, 거래사회에서는, 채무자가 불이행한 때에 소송절차를 거치지 않고 채권자가 곧바로 본등기를 할 수 있도록 하기 위하여 제소전화해(提訴前和解)의 절차를 밟는 것이 일반화되었다. 그 결과 채무자는 비록 청산을 요구할 수 있어도 목적물을 회수할 수는 없게 되었다. 이러한 대물변제예약이 거래사회에서 주로 이용하는 비전형담보로 되자, 특별법의 제정을 요망하는 주장이 나타났다.

〈제소전화해〉

제소전화해는 민사분쟁이 소송으로 발전하는 것을 막기 위하여, 소제기 전에 지방법원 단독판사 앞에서 하는 화해이다(민소 385조 이하). 이 화해가 성립하면 화해조서를 작성하는데, 그것은 확정판결과 동일한 효력을 갖는다. 여기서 제소전화해는 당사자 사이에 현실적으로 다툼이 없는데도 집행권원을 얻는 수단으로 채권자에 의하여 흔히 이용되고 있다.

3. 「가등기담보 등에 관한 법률」의 제정　　　위와 같은 주장은 「가등기담보 등에 관한 법률」(1983년 법 3681호)(이하에서는 「가담법」이라 약칭한다)의 제정으로 결실을 보았다.

이 법률의 적용범위는 비단 가등기담보뿐만 아니라, 양도담보·매도담보에도 적용된다(가담법 1조·2조 1호 참조). 당사자들이 환매, 대물반환의 예약 등 어떠한 표현을 사용하든 관계없이 이 법률이 적용될 수 있다. 그러나 가담법은 오직 등기·등록과 같은 공시방법이 있는 것에 한하여 규율하려는 것이다. 따라서 등기 등록으로 공시되지 않는 물건이나 재산권을 목적으로 하는 비전형담보는 이 법에 따라 규율되지 않는다. 또한 이 법률이 적용되려면 피담보채무가 소비대차에 한정되는지 여부 등에 논란이 있다(이에 관해서는 아래 [250] 1 참조).

제 2 절　가등기담보

제 1 관　서　　설

[248]　I. 가등기담보의 의의와 작용

　　1. 의　　의　　채권 특히 금전채권을 담보할 목적으로, 채권자와 채무자 (또는 제 3 자) 사이에서, 채무자(또는 제 3 자) 소유의 부동산을 목적물로 하는 대물변 제예약 또는 매매예약 등을 하고, 동시에 채무자의 채무불이행이 있는 경우에 채권 자가 그의 예약완결권을 행사함으로써 발생하게 될 장래의 소유권이전청구권을 보 전하기 위한 가등기를 하는 경우를 통틀어서 가등기담보라고 한다. 간단히 말해서, 채권담보를 위하여 가등기를 이용해서 행해지는 대물변제예약·매매예약 등이 가 등기담보이다. 이와 같은 가등기담보를 한 경우에 채무자의 채무불이행이 있으면, 채권자는 예약완결권을 행사하고 소유권이전등기를 함으로써, 목적물의 소유권을 취득하며, 이 소유권취득이라는 형식으로 채권의 만족을 얻는다. 따라서 가등기담 보는 양도담보와 더불어 소유권이전의 형식을 취하는 담보방법이라고 할 수 있다. 양도담보에서는 양도담보설정계약과 동시에 소유권이전의 형식(대외적으로 소유권이 전의 형식을 취하게 되나, 그 실체에서도 소유권이 이전하는지 여부는 별개의 문제이다)을 갖춘 다. 이에 대하여 가등기담보에서는 우선 채무자(또는 제 3 자)에게 소유권이 그대로 보류되나, 채무불이행이 있는 때에 예약완결권을 행사함으로써 등기를 하면 본계 약이 성립하여 소유권이 채권자에게 귀속하게 된다. 이러한 담보방법은 가등기 또 는 가등록을 할 수 있는 것이면 이용될 수 있지만, 보통은 부동산을 담보로 제공하 는 경우에 이용된다. 이때 장래의 소유권취득을 보전하기 위하여 행해지는 가등기 가 담보적 효력을 확보해 주기 때문에, 일반적으로 가등기담보라고 부르고 있다.

　　2. 가등기담보의 여러 모습　　이해를 돕기 위하여, 구체적 사례를 가지고 가등기담보가 성립하는 여러 경우를 보기로 한다.

　　(1) 대물변제예약과 가등기를 하는 경우　　예컨대, 소비대차로 X가 Y로부터

1,000만원을 이율 연 2할 5푼으로 1년간 빌렸다고 하자(종전에는 월 4푼 내지 6푼이라
는 높은 이율을 약정하고, 대차기간도 1개월 내지 3개월 정도의 훨씬 단기로 약정하는 경우도 많
았다). 이러한 소비대차계약을 체결하면서 X가 변제기에 원리금 1,250만원을 갚지
않을 때에는 X 소유의 시가 2,000만원의 부동산소유권을 Y에게 이전할 것을 미리
약속하고(대물변제의 예약), 이 예약으로 채권자 Y가 가지게 되는 장래의 소유권이전
청구권을 보전하기 위하여 가등기를 하면, Y의 채권은 담보된다. X가 변제기에 원
리금 1,250만원을 갚지 않으면, Y는 예약완결권을 행사하여 대물변제를 성립시킴
으로써 시가 2,000만원의 X 소유의 부동산소유권을 취득하여(가등기에 기한 본등기를
하여 소유권을 취득한다), 그 가액으로 원리금에 충당할 수 있을 뿐만 아니라, 그러고
도 남는 초과가치 750만원도 차지하는 「이익」까지 얻는다(이 초과분을 채권자가 실제
로 취득할 수 있는지는 별개 문제이며, 이에 관해서는 나중에 살펴본다). 이때 Y는 가등기를
하고 있기 때문에 그의 소유권 취득이 확보된다.

　(2)　**매매의 예약과 가등기를 하는 경우**　　앞의 예에서 X가 Y로부터 돈을 빌
릴 때(바꾸어 말하면, 소비대차계약을 할 때)에, X 소유의 부동산을 채권자 Y에게 팔아
버리는 매매예약을 하고, 그 매매대금을 차용금상당액으로 해 둔다. 그리고 Y는 매
매예약으로 가지게 되는 장래의 소유권이전청구권을 보전하기 위하여 가등기를 한
다. X가 변제기에 원리금을 갚을 수 없는 때에는, Y는 예약완결권을 행사해서 그
부동산에 관한 매매를 성립시켜 목적물의 소유권을 취득하고(가등기에 기하여 소유권
이전의 본등기를 함으로써), 대금반환채권과 X의 매매대금채권을 상계한다. 그 실질에
서는 대물변제예약을 한 경우와 차이가 없음을 알 수 있다.

　(3)　**매매를 하고 가등기를 하는 경우**　　위의 (2)의 경우에는 매매예약을 하
였으나, 그 대신 매매계약을 해도 같은 결과가 된다. 이때 채권자 Y는 매수인으로
서 그가 가지는 소유권이전청구권을 보전하기 위하여 가등기를 한다.

　3. 작　용

　(1)　가등기담보는 처음에는 저당권과 함께 이용하고 있었다([214] 2 참조). 그
와 같이 저당권과 함께 이용하게 된 주요한 이유는 다음과 같다. (ⅰ) 채권자는 저
당권과 대물변제예약 가운데서 자기에게 유리한 어느 하나를 선택해서 채권의 회
수를 꾀할 수 있다. (ⅱ) 대물변제예약이 폭리행위로서 무효로 되더라도, 저당권이

있기 때문에 채권자는 우선변제권을 잃지 않는다. (ⅲ) 대물변제예약을 실행함으로써, 복잡하고 번거로운 저당권실행의 절차를 생략할 수 있을 뿐만 아니라, 채권자가 목적물을 취득하고자 하는 경우에는 확실하게 손에 넣을 수 있다. 이러한 이유로 저당권과 함께 이용하게 된 대물변제예약은 채무자에게 매우 불리한 것이다. 의용민법시대에 통설·판례는 저당부동산의 가치와 채권액 사이에 부당하게 큰 불균형이 있는 경우에 폭리행위로서 무효가 된다고 함으로써, 문제를 해결하려고 하였다. 그러나 이러한 해석론은 채무자보호와 폭리방지에 충분하지 못하였다.

    (2) 민법을 제정하면서 제607조와 제608조를 두어 채권자의 폭리행위를 강력하게 규제하게 되었다. 그리하여 제607조를 위반하는 대물변제예약은 제608조에 따라 그 효력이 없게 되었는데, 제608조에서 "그 효력이 없다"는 것이 무엇을 뜻하는지에 관한 판례가 변천하였다. 대법원은 처음에 제607조·제608조를 위반하는 대물변제예약이 무효이고, 따라서 그러한 예약은 처음부터 없었던 것으로 다루어야 한다고 하였다(대판 1962. 10. 11, 62다290; 대판 1962. 10. 18, 62다291 참조). 그러나 그와 같이 새긴다면 선의의 제 3 자보호 또는 거래의 안전이 문제된다(무효인 대물변제예약에 기한 등기도 무효가 되나, 그 무효인 등기를 바탕으로 하여 이루어진 제 3 자의 등기도 역시 무효로 되기 때문이다). 그 후 판례를 변경하여 채권자의 청산의무를 인정하였다. 즉, 대물변제예약이 제607조·제608조를 위반하여 무효인 경우에, 그 무효인 대물변제예약을 바탕으로 하여 차주인 채무자의 채무불이행으로 채권자인 대주에게 목적부동산의 소유권이전등기를 하고 있는 경우에 그 등기는 차주의 원리금채무를 담보하는 범위에서는 그대로 효력이 있으며, 이때의 담보는 「약한 의미의 양도담보」라고 판결하였다(대판 1967. 3. 28, 67다61; 대판 1967. 10. 4, 67다1956; 대판 1968. 4. 2, 68다238; 대판 1968. 6. 28, 68다762·763; 대판 1968. 7. 23, 68다881; 대판 1968. 10. 22, 68다1654 등 참조). 판례가 말하는 「약한 의미의 양도담보」는, 정산형(精算型) 또는 청산형(清算型)을 뜻한다. 결국 초과분은 채무자에게 반환해야 한다는 것이 판례였다고 말할 수 있다.

    (3) 그런데 1960년대 후반에 들어와 소비대차의 당사자가 채무자 소유의 부동산에 관하여 저당권을 설정하지 않고 단순히 대물변제의 예약만을 하고, 동시에 예약으로 채권자가 가지게 되는 장래의 소유권이전청구권을 보전하기 위한 가등기

를 함으로써, 채권담보의 목적을 이루려는 관행이 널리 행하여지게 되었다. 뿐만
아니라, 채무불이행의 경우에 소송절차를 거치지 않고서 채권자가 곧바로 본등기
를 할 수 있도록 하기 위하여 제소전화해의 절차를 밟는 것이 일반화하였다. 이와
같이 단순히 가등기를 수반하는 대물변제예약만을 하더라도 여전히 채권자에게 유
리한 점이 있기 때문이다. 이러한 경우에 위에서 설명한 대물변제예약을 저당권과
함께 이용하는 세 가지 이유 중에서 (ⅰ)·(ⅱ)의 이점은 전혀 없지만, (ⅲ)의 이점
은 그대로 있게 된다. 또한 피담보채권액보다 훨씬 높은 가치의 부동산을 목적으로
함으로써 그것을 모두 차지하여 고리를 취할 수 있다. 그 밖에 가등기를 할 뿐이어
서 덜 번거롭고 꽤 많은 비용을 절약할 수 있는 이점도 있다. 그런데 이 경우에도
이미 밝힌 판례이론이 그대로 지배하였음은 물론이다. 즉, 청산이 요구되는 점은
변함이 없었다.

(4) 1970년대에 들어와서는 위와 같은 가등기담보가 더욱 널리 보급되어 금
융기관이 아닌 사인 사이의 금전대차는 대부분 이러한 가등기담보에 의하고 있었
다. 이러한 상황에서 가등기담보에 따르는 여러 복잡한 문제들을 판례에만 의존하
여 해결하는 데는 한계가 있었다. 그리하여 종래와 같이 당사자가 사용하는 법형식
에 따른 법률구성을 하고 법률효과를 인정할 것이 아니라, 당사자의 목적이 채권담
보에 있음을 똑바로 보고, 법형식에 구애됨이 없이 채권자의 권리를 일종의 담보권
으로 구성하고, 그 효과도 그 한도에서 인정하는 방향으로, 학설은 노력하게 되었
다. 때마침 대체로 같은 문제를 안고 있었던 일본이 1978년에 「가등기담보계약에
관한 법률」이라는 특별법을 제정하게 되자, 그 영향으로 우리나라에서도 특별입법
의 필요성이 주장되었다. 이 주장이 받아들여져 1983년에 일본의 법률을 참고로 하
여 「가등기담보 등에 관한 법률」을 제정하였다. 이 법률의 제정으로 종래 채권자가
가등기담보를 담보수단으로 이용했던 여러 매력이 없어졌다. 다만, 귀속청산을 함
으로써 복잡한 경매절차를 피할 수 있는 이점만이 남게 되었다. 그러나 여기에도
문제는 있다. 목적부동산의 값이 채권액보다 훨씬 높은 때에는, 채권자는 그 차액
만큼의 금액을 청산금으로 준비해야 한다. 또한 후순위채권자의 경매신청을 막지
못하고, 경매절차 내에서 배당을 받을 수 있을 뿐이다(가담 14조 참조). 그리고 보면,
경매절차를 피할 수 있다는 것도 매우 제한적이고, 또한 경우에 따라서는 오히려

불리한 점이 있기 때문에, 가등기담보를 이용하는 이점은 없어졌다고 할 수 있다. 그런데도 앞으로 가등기담보가 거래계에서 계속 이용될 것인가? 가담법 제정 후 이제까지의 동향을 보면, 거래사회는 가등기담보를 이용할 흥미를 잃고 있으며, 이제는 거의 이용되지 않는다. 결과적으로, 가담법의 제정은 가등기담보라는 변칙담보를 거래사회에서 몰아낸 것이 되었다.

[249] Ⅱ. 가등기담보의 성질

(1) 가등기담보는 담보형태로서는 제한물권형이 아니라 소유권이전형의 담보방법이다. 가담법도 가등기담보의 물권성에 관하여 분명하게 밝히고 있지 않다. 여기서 가등기담보는 이를 일종의 담보물권이라고 할 수 있는지 문제된다. 가담법의 관련 규정을 검토해 보면 다음과 같다. 첫째, 가등기담보권자에게 목적부동산의 경매청구권이 인정되고, 그 경매에 관해서는 가등기담보권을 저당권으로 보고 있다(가담 12조). 둘째, 담보목적물에 대하여 제 3 자가 경매절차를 밟게 된 경우에 가등기담보권은 저당권으로 취급되어 가등기담보권자가 가등기의 순위를 가지고 우선변제를 받는다(가담 13조). 셋째, 도산절차에서 가등기담보권자는 저당권자와 마찬가지로 취급된다(가담 17조 1항). 즉, 파산절차와 개인회생절차에서는 별제권이 인정되고(회생파산 411조·586조), 회생절차에서는 회생담보권이 인정된다(회생파산 141조). 또한 국세기본법·국세징수법·지방세기본법을 적용할 때에도 가등기담보권을 저당권으로 보고 있다(가담 17조 3항). 이와 같이 여러 경우에 가등기담보권을 저당권으로 보고 있을 뿐만 아니라, 가등기담보권에 인정되는 경매청구·우선변제·별제권 등은 모두 담보물권에 특유한 효력이다. 뿐만 아니라, 가등기담보권자의 소유권취득권능도 청산의무(가담 4조)에 의하여 사실상은 피담보채권의 범위 내에서의 가치취득권 또는 우선회수권으로 되어 있고, 또한 청산금을 지급할 때까지는 다른 채권자에 의한 경매가 개시되면 가등기담보권은 우선변제권으로 바뀐다(가담 13조). 이상과 같은 가등기담보권의 내용이나 효력을 고려한다면, 그것을 일종의 담보물권이라고 말할 수 있다. 담보물권이라고 할 때 그것은 저당권에 비슷한 것 또는 「특수저당권」 또는 「준저당권」이라고 할 수 있다(고상룡 745면, 김상용 779면, 김증한·김학동 581면, 송덕수 609면, 이은영 867면, 주석민법 물권(4) 425면. 반대: 이영준 983면 참조). 가

등기담보권을 위와 같이 담보물권의 일종인 특수저당권이라고 한다면, 저당권에 관한 규정은 원칙적으로 그에 유추 적용된다고 새겨야 한다.

　(2)　가등기담보권을 담보물권의 일종인 특수저당권이라고 한다면, 담보물권의 통유성은 가등기담보권에도 당연히 인정된다고 해야 한다. 즉, 가등기담보권에도 부종성·수반성·불가분성·물상대위성의 여러 성질이 있다고 해야 한다.

〈가담법상의 용어에 관하여〉

　가담법은 가등기담보계약의 당사자 중 채권자가 그 계약으로 취득하는 권리를 「담보가등기권리」(가담 12조·13조·15조·16조·17조 참조)라고 하고, 그 권리자는 「담보가등기권리자」(가담 14조·16조·17조 참조)라고 하고 있다. 그런데 담보가등기권리라는 용어는 담보가등기에 관한 어떤 권리를 표시하는 것 같은 느낌을 주어 적당한 용어가 아니다. 차라리 법률명의 첫머리에 나오는 「가등기담보」라는 말을 사용해서 「가등기담보권」이라고 하는 표현이 적당하다고 생각한다. 채무자 회생 및 파산에 관한 법률 등 몇몇 법률에서는 가등기담보권이라는 용어를 사용하고 있다(회생파산 141조·579조, 도시 및 주거환경정비법 87조, 주택법 61조, 한국주택금융공사법 43조의 7). 그러므로 이하에서는 「담보가등기권리」와 「담보가등기권리자」라는 용어 대신 「가등기담보권」·「가등기담보권자」라는 용어를 쓰기로 한다.

제 2 관　가등기담보권의 설정과 이전

[250]　Ⅰ. 가등기담보권의 설정

가등기담보권은 가등기담보계약과 가등기를 함으로써 설정된다.

　1. 가등기담보계약　　채무를 담보하기 위하여 그 불이행이 있는 때에 채무자 또는 제 3 자에게 속하는 소유권 기타의 권리를 채권자에게 이전할 목적으로 한 대물변제예약 또는 그 밖의 계약으로서, 그 계약에 의한 채권자의 권리에 관하여 가등기(또는 가등록)를 할 수 있는 것이 가등기담보계약이다.

〈가담법의 적용범위〉

　가담법 제 1 조와 제 2 조 1호에 의하면, 민법 제608조에 따라 효력이 없게 되는 대물변제예약에 포함된 채권담보계약이 가등기담보계약이라는 것이 된다. 그런데 제608조에 따라 효력을 잃게 되는 대물변제예약은 소비대차에 부수해서 대물반환(대물변제)

의 예약을 한 경우이다. 따라서 가담법의 적용을 받는 것은 소비대차의 당사자가 그 소비대차에서 생긴 채무를 담보하기 위하여 대물변제예약을 한 경우라는 것이 된다. 실제로 판례는 그와 같이 새기고 있다. 즉, 토지의 매매예약과 가등기를 한 경우(대판 1990. 6. 26, 88다카20392 참조), 매매대금채권을 담보하기 위하여 가등기를 한 경우(대판 1991. 9. 24, 90다13765; 대판 1996. 11. 29, 96다31895 참조), 물품대금선급금의 반환에 관한 채무의 담보를 위하여 가등기를 한 경우(대판 1992. 10. 27, 92다22879 참조), 공사잔대금 채권을 담보하기 위하여 양도담보계약을 체결한 경우(대판 1996. 11. 15, 96다31116 참조) 등에는 가담법이 적용되지 않는다고 한다. 또한 약정 당시의 목적물의 시가가 채권원리금에 미치지 못하는 경우에도 가담법이 적용되지 않는다(대결 1990. 1. 23, 89다카21125 · 21132; 대판 2006. 8. 24, 2005다61140 참조). 약정 이후에 담보목적물의 가액이 상승하여 피담보채무액을 초과한 경우에도 마찬가지이다. 이에 찬성하는 견해도 있고(송덕수 618면, 주석민법 물권(4) 431면 참조), 반대하는 견해도 있다(고상룡 747면, 김상용 782면, 김증한 · 김학동 583면, 이영준 991면, 이은영 870면 참조). 가담법의 문언이나 입법취지에 비추어 볼 때 판례와 같이 보아야 한다.

　　가담법의 적용범위를 이와 같이 제한한다면, 소비대차 이외의 사유로 발생한 채권(예컨대, 상품대금채권이나 공사대금채권 등)에 관해서는 어떻게 해결할 것인지 문제된다. 피담보채권이 무엇인지에 따라 가담법의 적용 여부를 달리할 경우에 탈법행위를 할 여지를 남기게 될 위험이 있다. 소비대차 이외의 사유로 발생한 채무에 관해서도 가담법을 유추 적용해야 한다(김재형, 민법론 Ⅰ, 123면 참조). 대법원 판결 중에는 양도담보약정 당시 목적물의 시가가 채권 원리금에 미달한 경우에도 정산절차를 필요로 한다고 하였다(대판 1998. 4. 10, 97다4005 참조). 소비대차 이외의 채무도 포함하여 가담법이 적용되도록 입법적 해결이 필요한 부분이다(이하의 서술에서는 가담법이 적용되는 경우를 중심으로 설명하고, 가담법이 적용되지 않는 경우에 대해서는 간략하게 언급한 경우가 있다).

가등기담보계약의 당사자와 요건 등에 관하여 설명하면 다음과 같다.

(1) **계약의 당사자**　　　가등기담보계약은 채권자와 채무자 사이의 낙성 · 불요식의 계약으로 하게 된다. 그러나 가등기담보권의 설정자는 채무자에 한하지 않고, 제 3 자(물상보증인)라도 상관없다(가담 2조 2호 참조). 채권자가 여러 명일 수도 있는데, 이들 사이의 관계는 계약내용에 따라 정해진다(대판(전) 2012. 2. 16, 2010다82530은 수인의 채권자가 각기 채권을 담보하기 위하여 채무자와 채무자 소유의 부동산에 관하여 수인의 채권자를 공동매수인으로 하는 1개의 매매예약을 체결하고 그에 따라 수인의 채권자 공동명의

로 그 부동산에 가등기를 마친 경우, 수인의 채권자가 공동으로 매매예약완결권을 가지는 관계인지 아니면 채권자 각자의 지분별로 별개의 독립적인 매매예약완결권을 가지는 관계인지는 매매예약의 내용에 따라야 하고, 매매예약에서 그러한 내용을 명시적으로 정하지 않은 경우에는 여러 사정을 종합적으로 고려하여 판단해야 한다고 하였다).

(2)　계약의 요건

㉮　**채권을 담보하는 것일 것**　　　여기서 말하는 채권이 어떤 채권을 뜻하는지 문제된다. 가담법 제 1 조와 제 2 조 1호의 문언에 따르면 그것은 소비대차에 의한 채권, 즉 금전 기타의 대체물의 급부를 목적으로 하는 것이어야 한다고 해야 한다. 그러나 위에서 본 바와 같이 피담보채권이 소비대차에 기하지 않고 생긴 것에도 가담법이 적용되는지에 관하여 견해가 대립하고 있으나, 판례는 이를 부정하고 있다.

㉯　**담보의 목적으로 행한 것일 것**　　　담보의 목적이 있는지 여부는 구체적인 계약마다 개별적으로 판단하게 된다. 이미 밝힌 가등기담보의 여러 모습 가운데에서([248] 2 참조), 대물변제예약을 하는 경우에는 일반적으로 담보의 목적이 있는 것으로 추정할 수 있을 것이다. 그러나 매매예약이나 단순한 매매계약을 하는 경우에는 담보목적이 당연히 존재하는 것으로 볼 수 없다. 따라서 매매예약이나 매매계약의 경우에는 그것이 가등기담보인지 또는 본래의 매매예약·본래의 매매계약인지 여부는 구체적·개별적인 경우에 여러 사정을 고려해서 결정해야 한다.

㉰　**채무불이행이 있는 때에는 일정한 권리를 채권자에게 이전한다는 내용의 계약일 것**　　　양도담보계약은 계약을 체결하자마자 권리를 채권자에게 이전하는 것이므로, 여기서 말하는 가등기담보계약에는 포함되지 않는다. 그리고 가등기담보계약은 소유권 등 권리의 이전을 목적으로 하는 계약이면 되고, 그 명목이나 명칭을 묻지 않는다(가담 2조 1호). 따라서 대물변제예약에 한하지 않으며, 매매예약이나 매매계약이라는 명칭을 사용하고 있더라도 상관없다.

㉱　**채권자의 계약상의 권리에 관하여 가등기(또는 가등록)를 할 수 있는 것일 것**　　　부동산등기법 제 3 조에 열거되어 있는 부동산에 관한 권리(이들은 부동산등기법 제88조에 따라 가등기를 하는 것이 가능하다) 중 권리질권·저당권·전세권을 제외한(가담 18조 참조) 그 밖의 권리, 즉 소유권·지상권·지역권·임차권 등의 권리가 그것이다. 그러나 실제로 이용되는 것은 대부분 부동산소유권이다(그러므로 이하에서도 부동

산소유권에 한정해서 설명하기로 한다).

2. **가등기**(또는 가등록)   공시방법인 가등기 또는 가등록을 갖추어야 한다. 보통은 소유권이전청구권의 보전을 위한 가등기를 한다. 가담법은 이 가등기를 특히 담보가등기(擔保假登記)라고 한다(가담 2조 3호). 이 담보가등기에 관해서는 다음의 점을 유의해야 한다.

(1) 위와 같이 담보가등기는 가등기담보권을 공시하는 역할을 하나, 피담보채권의 금액, 채무자, 변제기, 이자 등을 전혀 기록하지 않는다. 따라서 가등기담보권에 의한 목적물가치의 우선적 지배범위를 제3자, 특히 후순위담보권자 등에 대하여 공시하지 못한다. 결국 가등기담보권을 설정하면 목적부동산의 담보가치를 효율적으로 이용할 수 없게 된다. 또한 담보가등기와 보통·일반의 가등기는 등기부상으로는 똑같은 방식으로 공시되기 때문에, 등기부상의 기록만으로는 담보가등기인지를 식별·구별할 수 없다. 가등기가 담보가등기인지 여부는 등기부상 표시나 등기시에 주고받은 서류의 종류에 따라 형식적으로 결정될 것이 아니고 거래의 실질과 당사자의 의사해석에 따라 결정될 문제이다(대판 1992. 2. 11, 91다36932 참조). 가등기가 실제로 채권담보를 목적으로 한 것이면 담보가등기로 보아야 한다(대결 1998. 10. 7, 98마1333 참조).

(2) 일반적으로 가등기는 순위보전의 효력만을 가진 것으로 이해되어 있으나([33] 참조), 담보가등기에는 그 밖에 일정한 실체적 효력이 인정된다. 즉, 가등기담보의 목적물이 다른 채권자에 의하여 경매(통상의 강제경매 또는 담보권실행경매)에 붙여진 경우에, 가등기담보권자는 가등기인 채로(가등기에 의하여 본등기를 하지 않고서도) 가등기의 순위를 가지고 우선변제권을 행사할 수 있다(가담 13조). 따라서 이 경우에 담보가등기는 가등기이지만, 마치 담보물권을 공시하는 본등기와 같은 기능과 효력을 갖는다.

[251] Ⅱ. 가등기담보권의 이전

1. 가등기담보권자는 채무자가 변제기에 피담보채권을 변제함으로써, 그리고 그러한 변제가 없는 때에는 가등기담보권을 실행함으로써, 그의 채권의 만족, 즉 투하자금을 회수할 수 있다. 그러나 피담보채권의 변제기가 되기 전에 투하자금을

유동화하려면, 가등기담보권을 처분해야 한다. 가등기담보권은 일종의 담보물권 또는 특수저당권이므로, 그것은 보통의 물권과 같이 이전성 또는 양도성을 가진다고 해야 한다.

　　2.　위와 같이 양도성이 인정된다고 해도 구체적으로 어떻게 양도될까? 저당권의 처분에 관한 민법 제361조는 가등기담보권에도 적용된다고 새겨야 한다([249] 참조). 그러므로 가등기담보권은 채권과 함께 양도할 수 있을 뿐이라고 해야 하며, 따라서 다음과 같이 된다.

　　(1)　가등기담보권부 채권의 양도는 채권의 양도일 뿐만 아니라 가등기담보권의 양도도 포함되므로, 부동산물권변동의 일반원칙에 따라 물권적 합의와 등기를 해야 효력이 생긴다(186조). 그리고 등기는 가등기에 권리이전의 부기등기를 해야 한다([33] 참조).

　　(2)　가등기담보권부 채권의 양도는 가등기담보권의 양도일 뿐만 아니라, 채권양도도 포함되므로, 채권양도에 관한 규정이 적용된다(449조 내지 452조).

제 3 관　가등기담보권의 효력

[252] Ⅰ. 총　　설

　　가등기담보권은 일종의 담보물권이므로, 우선변제적 효력이 그의 중심적 효력이다. 문제는 이 우선변제적 효력이 어떻게 실현되는지이다. 이 점에 관하여 가담법은 두 방법을 정하고 있다. 하나는 가등기담보권자가 목적부동산의 소유권을 취득하는 형식으로 목적물의 가치를 취득하여 피담보채권을 회수하는 방법이다. 이는 비전형담보에 인정되는 특수한 실행방법이다. 「권리취득에 의한 실행」이라고도 하는데, 간단히 귀속정산이라고 부를 수 있다. 다른 하나는 가등기담보권자가 경매를 신청함으로써 목적부동산을 현금화하여, 그 대가로부터 피담보채권의 변제를 받는 방법이다. 이것은 전형담보에서 원칙적 실행방법인 「경매에 의한 실행」이다. 이들 두 실행방법 중 어느 것이든 가등기담보권자가 원하는 것을 선택할 수 있다(가담 12조 1항). 그 밖에 다른 채권자에 의하여 경매절차가 개시된 경우에, 그 절차 내에서 우선변제를 받는 것도 인정되고 있다. 이는 엄격히 말해서 가등기담보권의

실행 그 자체는 아니나, 목적물의 교환가치로부터 만족을 얻는 수단이라는 점에서
는 가등기담보권의 실행과 같은 것이라고 말할 수 있다.

본관의 내용은 이들 실행방법에 관하여 설명하는 것이나, 그에 앞서서 일반적
효력을 [253]에서 보고, 이어서 실행방법을 [254]에서, 그리고 다른 채권자가 경매
를 신청한 경우의 배당참가에 관해서는 [255]에서 각각 설명하기로 한다.

가등기담보의 대상이 되는 권리는 소유권에 한하지 않는다. 그러나 보통은 부동산
소유권을 대상으로 하고 있으며, 가담법도 이 경우에 관하여 제 2 조 내지 제17조에서
규정하고, 제18조에서 다른 권리를 대상으로 한 경우에 이들 규정을 준용하고 있다. 이
하에서는 부동산소유권에 관하여 설명하기로 한다.

[253] Ⅱ. 일반적 효력

1. 효력이 미치는 범위

(1) **피담보채권의 범위**   가등기담보권의 피담보채권의 범위에 관해서는
저당권의 피담보채권의 범위에 관한 민법 제360조의 규정이 적용된다(가담 3조 · 4
조 · 12조 · 13조 참조). 따라서 원본 · 이자 · 위약금 · 채무불이행에 의한 손해배상 · 실행
비용이 피담보채권에 포함된다(360조). 채무불이행에 의한 손해배상 즉 지연배상은
원본의 이행기를 경과한 1년분에 한한다(360조 단서). 저당권에서 이들은 모두 등기
사항이나(부등 75조), 가등기담보에서는 이들을 등기할 방법이 없다. 등기 없이 제 3
자 특히 후순위권리자에 대해서도 주장할 수 있는데 이 점이 문제이다. 이미 밝힌
바와 같이, 이는 후순위권리자의 성립을 방해함으로써 담보물의 가치를 효율적으
로 이용할 수 없게 한다([250] 2 (1) 참조).

(2) **목적물의 범위**   가등기담보권의 효력이 미치는 목적물의 범위에 관해
서는 설정계약에서 정하게 되겠지만, 부합물 · 종물 등에 관해서는 민법 제358조의
규정과 그에 관한 이론이 그대로 적용된다고 새겨야 한다([209] 1 참조).

(3) **물상대위**   가등기담보권은 일종의 담보물권이므로, 그것은 목적물의
교환가치를 취득하는 권리라고 해야 한다. 따라서 물상대위성을 가지며, 민법 제
342조가 유추 적용된다고 해야 한다(370조 참조. [209] 2 참조).

2. 대내적 효력   가등기담보권이 설정되더라도, 목적물의 소유권은 가

등기담보권의 실행 전에는 설정자에게 귀속한다. 따라서 설정자는 자유로이 목적물을 이용할 수 있다. 설정자가 제3자를 위한 용익권을 설정할 수도 있다.

3. 대외적 효력

(1) **담보권자의 처분**　　채권자는 가등기담보권을 제3자에게 양도할 수 있다. 양도방법에 관해서는 이미 설명하였다([251] 참조).

(2) **국세우선권과의 관계**　　가등기담보권은 국세기본법·국세징수법·지방세기본법을 적용할 때 이를 저당권으로 본다(가담 17조 3항). 따라서 이미 설명한 국세우선권과 저당권의 관계에 관한 설명이 여기에도 그대로 적용된다([211] 4 참조).

(3) **설정자의 파산 등 도산절차**　　설정자가 파산한 경우에 가등기담보권자는 별제권을 갖는다(가담 17조 1항, 회생파산 411조 참조). 또한 파산재단에 속하지 않는 채무자의 부동산에 설정된 가등기담보권을 가지는 자에게는 준별제권이 인정된다(가담 17조 2항, 회생파산 414조 참조). 개인회생절차에서도 파산절차의 경우와 마찬가지이다(회생파산 586조). 그리고 설정자에 관하여 회생절차가 개시된 경우에는 가등기담보권은 회생담보권으로서 다루어진다(가담 17조 3항, 회생파산 141조 참조).

[254]　Ⅲ. 가등기담보권의 실행

1. 권리취득에 의한 실행　　피담보채권의 변제기가 되었는데도 채무자가 이행하지 않는 경우에, 가등기담보권자가 담보목적물의 가치로부터 피담보채권을 변제받기 위하여 목적부동산에 대한 소유권을 취득하는 것이다. 그러나 가등기담보권자에 의한 소유권의 취득은 채무자의 채무불이행이 있는 때에 곧바로 할 수 있는 것은 아니며, 그에 앞서서 채무자 등에게 일정사실을 통지하는 「실행통지」를 해야 한다. 통지 후 2개월의 청산기간이 지나면, 가등기담보권자는 목적부동산의 소유권을 취득할 수 있다. 만일 목적부동산의 가액이 채권액을 넘고 있으면, 그 차액을 채무자 등에게 지급하여 반드시 청산을 해야 한다. 이를 귀속청산이라 한다. 그러므로 이 실행방법은 실행통지·청산·소유권취득의 3단계를 거치게 된다.

(1) **실행통지**　　가등기담보권자가 가등기담보권의 실행으로 소유권을 취득하려면, 우선 가담법 제3조가 정하는 다음과 같은 통지를 해야 한다.

㈎ 통지사항은 청산금의 평가액이다(가담 3조 1항 전단). 구체적으로는 「통지

당시」의 목적부동산의 평가액(채권자가 주관적으로 평가한 값을 말하며, 객관적인 평가액에 미치지 못해도 상관없다. 대판 1992. 9. 1, 92다10043 참조) 및 그 시기의 피담보채권액(즉 원본·이자·위약금·채무불이행에 의한 손해배상·채무자 등이 부담해야 할 실행비용으로서 채권자가 부담한 액. 360조 참조)을 통지해야 한다(가담 3조 2항 전단). 이 경우에 목적부동산이 2개 이상인 때에는 각 부동산의 소유권이전에 따라 소멸시키려고 하는 채권과 그 비용을 분명하게 밝혀야 한다(가담 3조 2항 후단). 만일 목적부동산의 값이 피담보채권액에 미달하여 청산금이 없다고 인정되는 경우에는 그 뜻을 통지해야 한다(가담 3조 1항 후단). 이와 같이 목적물의 값이 채권액에 미달하는 경우에 그 차액은 무담보의 채권으로서 남게 됨은 물론이다.

(나) 통지의 상대방은 채무자·물상보증인 및 담보가등기 후 소유권을 취득한 제 3 자이다. 가담법은 이들을 통틀어서 「채무자 등」이라고 하고 있다(가담 2조 2호).

(다) 통지시기는 피담보채권의 변제기 이후이면 언제라도 좋다(가담 3조 1항).

(라) 통지방법에는 제한이 없으며, 서면 또는 구두의 어느 것이라도 상관없다. 그러나 통지의 도달시기는 청산기간의 기산일에 해당하기 때문에, 확실하게 할 필요가 있다(따라서 배달증명부의 내용증명우편으로 보내는 것이 바람직하다). 가등기담보계약 중 예약형의 것(대물변제예약과 매매예약 등)에서는 예약완결의 의사표시를 해야 하나, 이 표시와 위의 실행통지는 동일한 통지로 해도 상관없다.

(2) 청   산   위와 같은 실행통지를 한 경우에, 목적부동산의 값이 채권액을 초과하고 있으면, 가등기담보권자는 청산기간의 경과 후 다음과 같이 청산을 해야만 목적부동산의 소유권을 취득할 수 있다.

(개) 청산의무   가등기담보권자는 그의 권리를 실행해서 목적물의 소유권을 취득하나, 목적물의 가치 전부를 취득하는 것은 허용되지 않으며, 피담보채권액의 범위 내에서만 목적물의 가치를 취득할 수 있을 뿐이다. 그 결과 목적물가액과 채권액의 차액을 청산금으로서 채무자 등에게 지급해야 한다(가담 4조 1항). 이 청산의무의 발생시기는 청산기간(실행통지가 채무자 등에게 도달한 날부터 2개월)이 만료한 때이다. 그 이전에 변제하여도 후순위권리자에게 대항하지 못한다(가담 7조 2항).

위와 같은 청산의무에 관한 가담법 제 4 조 1항을 위반하는 특약으로서 채무자 등에게 불리한 것은 무효이다(가담법 4조 4항 본문). 따라서 채무자 등이 채권자에게 대하여 청산금의 지급을 면제하는 것과 같이 청산을 하지 않기로 하는 특약은 일체 부정된다. 위 규정을 위반하는 특약을 하여 담보가등기에 기한 본등기를 한 경우에 그 본등기는 무효이다(대판 1994. 1. 25, 92다20132; 김재형, 민법론 Ⅰ, 119면 참조). 그러나 청산기간이 지난 후에 하는 청산을 하지 않기로 하는 특약은 유효하다(가담 4조 4항 단서). 그러한 특약은 채무자 등의 자유의사에 의한 것으로 볼 수 있고, 채권자가 폭리를 취할 위험이 없기 때문이다.

　　㈏ **청산방법**　　　종래 청산방법에는 귀속청산방법과 처분청산방법이 있는 것으로 이해되어 왔다. 귀속청산은 채권자가 가등기에 기한 본등기를 함으로써 소유권을 취득함과 동시에 청산금을 지급하기로 하는 것이다. 처분청산은 채권자가 본등기를 갖추어서 목적물의 소유권을 미리 취득한 후에, 그것을 제 3 자에게 처분해서 청산금을 지급하는 방법이다. 가담법은 제 4 조 2항에서 채권자는 청산금을 지급한 후에 가등기에 의한 본등기를 청구할 수 있다고 하고, 또한 제 4 조 3항에서 가등기에 기한 본등기청구, 목적물인도청구와 청산금의 지급 사이에 동시이행관계가 있는 것으로 하고 있으며, 다시 제 4 조 4항에서 이에 반하는 특약으로서 채무자 등에게 불리한 것은 무효라고 하고 있다. 따라서 위와 같은 청산금지급 후의 본등기청구 및 동시이행관계를 배제하는 처분청산방식은 부정된다. 즉, 청산은 언제나 귀속청산방법에 따라서 해야 한다(김상용 790면, 송덕수 619면, 주석민법 물권(4) 452면. 반대: 고상룡 752면, 이은영 873면 참조).

　　㈐ **청산금의 액**　　　청산금은 실행통지 당시의 목적부동산의 값에서 그 시점의 피담보채권액을 뺀 차액이다(가담 4조 1항 전단). 그러나 목적부동산 위에 담보가등기를 하기 전에 이미 성립하고 있는 선순위담보권이 있는 경우에는 그 피담보채권액도 합산해서 공제해야 한다. 가등기담보권자가 청산을 거쳐 목적부동산의 소유권을 취득하게 되면, 그 부동산 위에 성립하고 있는 선순위담보권에 대하여 책임을 지기 때문이다. 그런데 가등기담보권자가 소유권취득 후에 책임을 지는 것은 선순위담보권만이 아니다. 그 밖에 담보가등기가 있기 전에 성립하고 있는 대항력 있는 임차권(등기한 임차권 및 주택임대차보호법에 따라 대항력이 인정되는 수백임차권)이니 채권적 전세권(주택임대차보호법이 정하는 대항력을 갖춘 것)이 있는 경우에도 그 보증금 또는 전세금(주택임대차 3조의 2. 특히 주택임차권자의 소액보증금은 담보물권보다도 우선해서

변제된다. 주택임대차 8조·12조 참조)에 대하여 책임을 지게 된다. 따라서 그러한 임차권이나 채권적 전세권의 보증금 또는 전세금도 합하여 계산해서 빼내야 한다고 해석해야 한다.

청산금을 산정할 때 목적부동산의 가액은 그 객관적 가액을 말하는 것이며, 채권자가 실행통지에서 표시한 목적물의 평가액이 아니다. 그러나 채무자 등이 평가액이 목적물의 객관적 가액에 미달하는 것임을 다투지 않는 경우에는 채권자가 통지한 평가액으로 청산금액을 정한다. 한편 채권자가 통지한 평가액이 객관적 가액을 넘고 있더라도, 채권자는 청산금액이 통지한 청산금의 평가액에 미달하는 것임을 주장하지 못한다. 즉, 채권자는 그가 통지한 평가액에 구속된다(가담 9조).

(라) **청산금청구권자**   설정자 또는 제3 취득자와 후순위권리자가 청산금청구권자이다. 그러나 그 밖에 담보가등기 후에 성립한 대항력 있는 임차권자도 청산금의 범위 내에서 보증금의 반환을 청구할 수 있다. 이를 설명하면 다음과 같다.

첫째, 「채무자 등」이 청산금의 청구권자이다(가담 4조 1항). 즉, 가등기담보권의 설정자인 채무자와 물상보증인, 또는 담보가등기 후에 이들로부터 목적부동산의 소유권을 취득한 제3 자이다(가담 2조 2호). 제3 취득자는 가등기담보권의 부담이 있는 목적부동산의 소유권취득자이므로, 이를 청산금청구권자로 한 것이다.

둘째, 후순위권리자이다(가담 5조). 여기서 말하는 후순위권리자는 담보가등기 후에 등기된 저당권자·전세권자·가등기담보권자를 가리킨다(가담 2조 5호). 이들은 목적물가치로부터 선순위의 가등기담보권자가 파악한 담보가치를 뺀 나머지를 그 순위에 따라 지배하고 있다고 할 수 있다. 그러나 가등기담보권자의 소유권취득으로 이들의 권리가 소멸할 것이므로, 청산금청구권자로 하였다. 그러나 이들 후순위권리자는 반드시 청산금으로부터 우선순위에 따라 자기채권의 만족을 얻어야 하는 것은 아니며, 원하는 때에는(특히 실행하는 가등기담보권자에 의한 청산금의 평가액이 부당히 낮게 평가되어 있어서 불만인 때), 청산기간 내에 그 피담보채권의 변제기가 되지 않더라도, 목적부동산의 경매를 할 수도 있다(가담 12조 2항). 이에 관해서는 후에 설명한다([255] 3 참조). 그리고 선순위담보권자를 청산금청구권자에서 제외한 것은 가등기담보권자가 권리실행으로 목적물의 소유권을 취득하게 되더라도, 선순위의 담보권은 소멸하지 않고 목적물 위에 그대로 존속하기 때문이다.

셋째, 담보가등기 후에 성립한 대항력 있는 임차권을 취득한 자도 청산금의 범위 내에서 보증금의 반환을 청구할 수 있다(가담 5조 5항). 여기서 말하는 대항력 있는 임차권에는 주택임대차보호법 제 3 조의 2 1항이 정하는 주택임차권(또는 채권적 전세권)을 포함한다. 가등기담보권자가 권리실행으로 가등기에 의하여 소유권이전의 본등기를 함으로써 목적물의 소유권을 취득하게 되면, 비록 대항력이 있더라도 임차권은 소멸하게 된다. 여기서 대항력 있는 임차권자에게 보증금의 반환을 보장해 주기로 한 것이다. 그러나 그 반환을 청구할 수 있는 것은 청산금의 범위 내에서이므로, 청산금이 보증금을 지급하기에 부족한 때에는, 그 부족분은 임대인인 채무자나 물상보증인 또는 이들로부터의 제 3 취득자에 대한 채권으로서 남게 될 뿐이다. 그러나 주택임차인의 소액보증금(또는 소액전세금)은 선순위인 가등기담보권리자의 피담보채권보다도 우선해서 변제받는다(주택임대차 8조·12조).

위와 같은 청산금청구권자 가운데서 후순위권리자와 대항력 있는 임차권자에 관해서는 그들의 청구절차 및 청구권행사의 기회를 보전하기 위한 조치가 필요하다. 그러한 목적을 위하여 가담법은 다음과 같이 규정하고 있다.

① 채권자가 그의 가등기담보권을 실행하는 때에는 그 뜻을 통지해야 한다(가담 6조). (ⅰ) 통지의 상대방은 첫째로 제 3 조 1항의 규정에 의한 실행통지가 채무자 등에게 도달한 시점에 존재하는 후순위권리자이고, 둘째로 담보가등기 후에 성립한 대항력 있는 임차권자이다(가담 6조 1항·2항). (ⅱ) 통지사항은 채무자 등에게 제 3 조 1항의 실행통지를 한 사실, 실행통지의 내용, 실행통지가 채무자 등에게 도달한 날이다(가담 6조 1항). 그러나 임차권자에게 하는 통지에는 실행통지를 한 사실과 가등기담보권자의 채권액만을 통지하면 된다(가담 6조 2항). (ⅲ) 통지시기는 실행통지가 채무자 등에게 도달한 때부터 「지체 없이」 해야 한다(가담 6조 1항·2항). (ⅳ) 위와 같은 통지는 등기부상의 주소로 발송해야 하나, 임차권자에게 하는 통지는 목적부동산의 소재지에 발송하면 된다(가담 6조 3항).

② 채무자 등은 청산기간이 경과하기 전에는 청산금청구권을 처분하지 못하며, 처분을 해도 후순위권리자에게 대항하지 못한다(가담 7조 1항). 어기서 말하는 처분은 양도는 물론이고, 그 밖에도 입질·면제·포기·상계 등의 모든 처분행위를 뜻한다.

③ 채권자가 제6조 1항의 통지를 하지 않고 청산금을 채무자 등에게 지급한 때에는, 그 지급을 가지고 후순위권리자에게 대항하지 못한다(가담 7조 2항). 일부에게만 통지를 하지 않은 경우에는, 그에 대해서만 청산금의 지급을 가지고 대항하지 못한다고 새겨야 한다.

④ 후순위권리자는 청산기간이 경과한 후 청산금이 채무자에게 지급되기 전에, 제3조 1항의 실행통지를 할 때에 채권자가 통지한 평가액의 범위 내에서, 우선순위에 따라, 자기채권의 명세와 증서를 제시하여 그 변제를 채권자에게 청구할 수 있다(가담 5조 1항·2항). 후순위권리자가 청산금으로부터 자기채권의 우선변제를 받는 것을 막으려는 자는 미리 청산금을 압류 또는 가압류해야 한다(가담 5조 4항). 한편 채권자는, 후순위권리자의 권리행사가 있는 때에는, 그 채권의 명세와 증서를 교부받아 상환으로 청산금에서 지급해야 한다. 채권자의 지급에 따라 그 범위 내에서 채권자의 청산금채무는 당연히 소멸한다(가담 5조 3항).

⑤ 가등기담보 후에 대항력 있는 임차권을 취득한 자는, 청산금의 범위 내에서, 목적물(즉 임차물)의 반환과 상환으로 보증금의 반환을 청구할 수 있다(가담 5조 5항). 따라서 청산금이 보증금을 지급하기에 부족한 때에, 그 부족을 이유로 임차물의 반환을 거절하지 못한다.

㈑ **청산금의 공탁**   채무자의 일반채권자가 청산금청구권을 압류 또는 가압류한 경우에, 제3채무자인 채권자는 채무자에게 청산금을 지급하는 것이 금지되고, 또한 채무자는 청산금을 추심하여 영수하는 것이 금지된다(민집 227조 1항). 그러나 그렇게 된다면, 채권자는 청산금을 채무자에게 지급해서 목적부동산의 소유권을 취득할 수 없게 된다. 여기서 가담법은 청산금채권이 압류되거나 가압류된 경우에 채권자는 청산기간이 경과한 후에 청산금을 채무이행지를 관할하는 지방법원 또는 지원에 공탁해서 채무를 면할 수 있는 것으로 함으로써 채권자를 보호하는 한편(가담 8조 1항), 청산금이 공탁된 때에는 채무자 등의 공탁금출급청구권이 압류 또는 가압류된 것으로 함으로써 압류채권자 등의 이익을 보호하고 있다(가담 8조 2항). 채권자가 이와 같이 청산금을 공탁한 경우에는, 채무자 등과 압류채권자 또는 가압류채권자에게 지체 없이 공탁의 통지를 해야 한다(가담 8조 4항). 그리고 채권자는 공탁금의 회수를 청구할 수 없는 것이 원칙이나, 다만 목적부동산에 대한 경매개시

결정으로 채권자가 그 소유권을 취득할 수 없게 된 때에는, 공탁금의 회수를 청구할 수 있다(가담 8조 3항).

(3) **소유권취득**   이미 설명한 실행통지를 하고 또한 청산기간이 경과한 후 청산을 하게 되면, 가등기담보권자는 그의 담보가등기에 의하여 소유권이전등기를 함으로써, 목적부동산의 소유권을 취득한다. 가등기담보법이 적용되는 경우에는 채권자가 담보목적 부동산에 관하여 소유자로 등기되어 있다고 하더라도 청산절차 등 법에 정한 요건을 충족해야만 비로소 담보목적 부동산의 소유권을 취득할 수 있다(대판 2022. 4. 14, 2021다263519 참조).

(가) 목적부동산의 값이 채권액을 초과하고 있지 않아서 청산금이 없는 경우에, 가등기담보권자는 청산기간이 경과한 후에 곧바로 가등기에 의한 본등기를 청구할 수 있다(가담 4조 2항).

(나) 목적부동산의 값이 채권액을 초과하고 있어서 청산금이 있는 경우에, 가등기담보권자는 청산기간이 지난 후에 청산금을 그 청구권자에게 지급하여 청산하거나 청산금을 공탁해서, 가등기에 의한 본등기를 청구할 수 있다. 이때 가등기담보권자의 본등기청구권 및 목적물의 인도청구권과 채무자 또는 물상보증인이 취득하는 청산금청구권 사이에는 동시이행관계가 있으며, 민법 제536조가 준용된다(가담 4조 3항). 따라서 이 경우의 소유권취득시기는 청산금의 지급과 상환으로 소유권이전의 본등기를 갖춘 때이다.

(다) 가담법 제 4 조 2항과 3항을 위반하는 특약으로서 채무자나 물상보증인에게 불리한 것은 그 효력이 없다. 그러나 청산기간이 지난 후에 한 특약은 제 3 자의 권리를 침해하지 않는 한 유효하다(가담 4조 4항). 이 규정은 강행규정이다. 위와 같은 청산절차를 마치지 않은 상태에서 가등기에 기한 본등기를 한 경우 본등기의 효력이 문제된다. 가담법 제 3 조, 제 4 조를 위반하여 담보가등기에 기한 본등기가 이루어진 경우 그 본등기는 무효이다. 이러한 본등기가 약한 의미의 양도담보로서 담보의 목적 내에서 유효라고 볼 수는 없다(대판 1994. 1. 25, 92다20132 참조). 이는 가담법 시행 전과 명확히 달라진 사항이다(김재형, 민법론 Ⅰ, 117면 참고).

(4) **법정지상권**   토지 및 그 지상의 건물이 동일한 소유자에게 속하는 경우에, 그 토지 또는 건물 중 어느 하나를 목적으로 한 가등기담보권이 설정되어 그

것이 실행된 때에는 건물을 위하여 지상권이 설정된 것으로 본다. 이 법정지상권의 존속기간과 지료는 당사자의 청구에 따라 법원이 정한다(가담 10조).

 (5) **채무자 등의 가등기말소청구권**   가담법 제11조는 채무자 등의 소유권이전등기말소청구권에 관하여 규정하고 있다. 이 규정은 양도담보의 경우에 관한 것임이 분명하다. 그 밖에 가등기담보의 경우에 관해서는 동조는 아무런 언급이 없다. 그러나 가등기담보의 경우에, 부동산양도담보에서 소유권이전등기말소청구권에 해당하는 가등기말소청구권을 인정할 수 없는 특별한 이유가 없다. 오히려 이를 인정하는 것이 마땅하다. 채무자 등이 채무를 변제하면, 피담보채권의 소멸로 가등기담보권도 법률상 당연히 소멸한다. 그러나 이때 처리되어야 할 문제가 남는다. 그것은 가등기담보권을 설정할 때에 한 가등기를 말소하는 것이다. 여기서 피담보채무를 변제한 채무자 등은 물권적 청구권의 성질을 가진 가등기말소청구권을 가지게 된다. 그러면 채무자 등은 언제까지 변제해서 가등기담보권을 소멸시켜 가등기를 말소시킬 수 있는가? 부동산양도담보에 관하여 이 문제를 규정하는 것이 바로 가담법 제11조의 규정이다. 따라서 가담법 제11조의 규정은 가등기담보의 경우에도 유추 적용된다고 해야 한다. 그리하여 다음과 같이 해석해야 한다.

 ㈎ 가등기담보계약의 당사자인 채무자나 물상보증인 또는 이들로부터 담보가등기 후에 소유권을 취득한 제3 취득자는 채권자로부터 청산금을 지급받을 때까지는 채권액(변제할 때까지의 이자와 지연배상을 포함)에 상당하는 금액을 채권자에게 지급하여 가등기담보권을 소멸시킴으로써, 가등기의 말소를 청구할 수 있다(가담 11조 본문).

 ㈏ 청산금이 없는 경우에 채권자는 청산기간이 지나면 가등기에 의한 본등기를 함으로써 언제든지 목적부동산의 소유권을 취득할 수 있다(가담 4조 2항). 그러나 이 경우에도 채권자가 아직 그러한 본등기를 갖추고 있지 않은 동안에는 채무자 등은 채권액을 제공함으로써 가등기의 말소를 청구할 수 있다고 새겨야 함은 물론이다.

 ㈐ 위와 같은 가등기말소청구권은 채권자가 청산금을 지급할 때까지 행사할 수 있다. 그렇다면, 채권자가 청산금을 지급하지 않고 있는 동안에는 언제까지라도 채권액을 제공해서 가등기의 말소를 청구할 수 있는가? 원래 채무자는 자기가 부담

하는 본래의 채무를 이행하지 않고 있으므로, 부동산거래의 안전을 희생해서 채무자를 보호할 필요는 없다. 여기서 가담법은 다음과 같은 두 경우에는 채무자가 아직 청산금을 받지 못하고 있더라도 채권액을 제공해서 가등기의 말소를 청구하지 못하는 것으로 하고 있다(가담 11조 단서).

①　채무의 변제기가 지난 때부터 10년이 지난 때. 이 기간은 제척기간이다(이에 관해서는 아래 [263] 1. (2) 참조).

②　선의의 제3자가 소유권을 취득한 경우. 이에 관해서는 문제가 있다. 가담법 제4조 2항과 3항에 따라 가등기담보권자는 청산기간의 경과 후 청산금의 지급과 상환으로 가등기에 의한 본등기를 청구할 수 있고, 물권변동의 원칙상 본등기를 갖춘 때에 목적부동산의 소유권을 취득하게 된다. 따라서 이론상으로는 청산기간이 지난 후 청산금을 지급하지 않고 있으면, 비록 본등기를 갖추고 있다고 해도(이것이 가능한 것은 다음의 두 경우이다. 하나는 채권자가 미리 본등기에 필요한 서류를 교부받고 있는 때이고, 다른 하나는 제소전화해를 하고 있는 때이다), 그러한 등기는 무효이고, 따라서 채권자 즉 가등기담보권자는 소유권을 취득하지 못한다고 해야 한다.

그런데 그와 같이 본다면 또 다른 문제가 생긴다. 그것은 거래의 안전이다. 즉, 청산기간이 지난 후 청산금을 지급하지 않고, 또는 아예 가담법이 정하는 청산절차를 밟지 않고서, 소유권이전의 본등기를 갖춘 가등기담보권자가 자기 앞으로 소유권이전등기가 되어 있는 점을 이용해서 선의의 제3자에게 전매하여 이전등기를 하는 경우에(이는 가담법이 제정되기 전에 채권자가 흔히 하고 있던 일이다), 위의 이론을 여기에 적용하면, 선의의 제3자는 소유권을 취득하지 못하게 되어 거래의 안전이 문제된다. 거래의 안전이 문제되는 상황을 해결하기 위하여 선의의 제3자는 유효하게 소유권을 취득한다고 보아야 한다. 이것이 가담법 제11조 단서에서 말하는 「선의의 제3자가 소유권을 취득한 경우」의 의미이다. 그런데 이러한 해석은 등기에 공신력을 인정하는 것이 된다(김상용 798면, 김증한·김학동 592면, 송덕수 623면, 주석민법 물권(4) 481면. 이 규정은 등기의 공신력을 인정한 것이 아니라 선의의 제3자 보호규정이라는 견해로는 고상룡 758면이 있고, 악의의 제3자를 보호하지 않기 위한 구체적 타당성 원칙의 발현이라는 견해로는 이영준 1004면이 있다). 민법상 등기의 공신력은 인정되지 않는다. 그런데도 유독 이 경우에만 공신력을 인정한다는 것은 바람직하지 못한 일이다. 무엇보다도 그와 같이 새긴다면, 채권자는 종전과 같이 제소전화해를 해 둠으로써, 실행통지·청산과 같은 가담법이 모처럼 둔 절차를 밟지 않고서, 등기를 갖추고 곧 이어서 전매 등의 처분을 하게 될 것이다. 그렇게 되면 무엇 때문에 가담법이라는 특별법을 만들었느냐는 의문이 생긴다. 말하자면 가담법은 그 제정의의를 크게 상실하게 된다. 문제의 해결책은 제소전화해의 성립을 막거나 그 효력을 제한하는 데 있다.

　　이 조항에서 '선의의 제3자'란 채권자가 적법한 청산절차를 거치지 않고 담보목적부동산에 관하여 본등기를 마쳤다는 사실을 모르고 본등기에 터 잡아 소유권이전등기를 마친 자를 뜻한다. 선의의 제3자가 본등기에 터 잡아 소유권이전등기를 마치는 등으로 담보목적 부동산의 소유권을 취득하면, 채무자 등은 더 이상 채권자를 상대로 본등기의 말소를 청구할 수 없게 된다. 이 경우 그 반사적 효과로서 무효인 채권자 명의의 본등기는 그 등기를 마친 시점으로 소급하여 확정적으로 유효하게 된다. 이에 따라 담보목적부동산에 관한 채권자의 가등기담보권은 소멸하며, 청산절차를 거치지 않아 무효였던 채권자의 위 본등기에 터 잡아 이루어진 등기 역시 소급하여 유효하게 된다. 이때 채무자 등과 채권자 사이의 청산금 지급을 둘러싼 채권·채무 관계까지 모두 소멸하는 것은 아니고, 채무자 등은 채권자에게 청산금의 지급을 청구할 수 있다(대판 2021. 10. 28, 2016다248325. 제3자의 악의는 무효를 주장하는 사람에게 증명책임이 있다).

　　2. 경매에 의한 실행　　가등기담보권자는 권리취득에 의한 실행의 방법을 취하지 않고 목적부동산의 담보권실행경매를 청구해서 그의 권리를 실행하여(가담 12조 1항 전단), 경매대금으로부터 자기채권의 변제를 받을 수 있다. 만일 경매되는 목적부동산 위에 저당권이나 전세권 또는 다른 가등기담보권이 선순위나 후순위로서 설정되어 있다면, 경매에 의한 매각대금의 배당은 어떻게 되는가? 가등기담보권자는 우선변제를 받을 수 있는가? 받을 수 있다면, 그의 우선순위는 어떻게 되는지 문제된다. 가담법은 가등기담보권자가 경매를 신청하는 경우에, 그 경매에 관해서는 가등기담보권을 저당권으로 보아서 문제를 처리하고 있다(가담 12조 1항 후단). 저당권으로 본다는 것은 담보가등기를 한 때에 저당권의 설정등기가 있었던 것으로 법률상 다루어진다는 뜻이다. 따라서 가등기담보권의 우선순위는 담보가등기를 한 때를 기준으로 결정된다. 경매절차 등에 관해서는 저당권을 설명하면서 보

았으므로 되풀이하지 않는다([213] 참조).

　한편 가등기담보권자가 경매를 신청한 후 다시 가등기에 기한 본등기를 청구할 수 있는지 문제된다. 이에 관해서는 가등기담보법에 아무런 규정이 없다. 판례는 이를 부정한다. 가등기담권자가 담보목적 부동산의 경매를 청구하는 방법을 선택하여 경매절차가 진행 중이면 가등기담보법 제 3 조에 따른 담보권을 실행할 수 없으므로 가등기에 따른 본등기를 청구할 수 없다고 한다(대판 2022. 11. 30, 2017다 232167 · 232174 참조). 그러나 가등기담보권자가 귀속청산과 경매 가운데 어느 것을 선택할 것인지는 자유이다. 경매를 선택했다고 해서 귀속청산을 막을 필요는 없다.

[255]　Ⅳ.　경매에서 가등기담보권자의 배당참가

　가등기담보의 목적물에 대해서는 다른 권리자들의 신청에 따라 경매절차가 개시될 수도 있다. 즉, 목적물 위에 저당권이나 전세권이 설정되어 있으면, 그들 저당권자나 전세권자는 담보권실행경매를 신청할 수 있을 것이고, 또한 목적물의 소유자인 채무자나 물상보증인의 일반채권자가 통상의 강제경매를 신청하는 수도 있다. 이와 같이 가등기담보의 목적물이 다른 채권자에 의하여 담보권실행경매 또는 통상의 강제경매에 부쳐진 경우에, 가등기담보권자의 지위는 어떻게 되는가? 이 문제는 다음과 같은 세 가지 점에서 검토할 필요가 있다. 첫째, 다른 채권자에 의하여 개시된 경매절차에서 가등기담보권자도 참가하여 배당을 받을 수 있는가? 둘째, 배당을 받을 수 있다면, 그 참가절차를 어떻게 하는가? 셋째, 후순위권리자에 의하여 경매절차가 행해지는 경우에, 가등기담보권자는 그 절차에 의해서만 자기채권의 만족을 얻어야 하는가? 이 문제는 가담법 제12조 2항이 "후순위권리자는 청산기간에 한정하여 그 피담보채권의 변제기 도래 전이라도 담보목적부동산의 경매를 청구할 수 있다."라고 규정하고 있기 때문에 생기는 것이다. 차례로 보기로 한다.

　1. 배당참가 문제　　이미 본 바와 같이 가등기담보권자에게는 경매청구권이 인정되는 이상, 제 3 자의 신청으로 경매절차가 개시된 때에는 그 절차에 참가케 하고, 그 내부에서 자기채권의 만족을 얻도록 하는 것이 당하다. 만일 배당참가를 인정하지 않는다면, 후순위자에 의하여 경매절차가 진행되는 경우에 경매절차가 가등기권리자에 의하여 뒤집혀지는 결과가 되어 경매절차의 안정을 크게 해

치게 될 것이다. 여기서 가담법은 담보가등기가 되어 있는 부동산에 대하여 다른 채권자에 의한 경매가 개시된 경우에, 가등기담보권자는 다른 채권자보다 자기채권의 우선변제를 받을 권리가 있다고 함으로써, 가등기담보권자의 배당참가를 인정하고 있다(가담 13조 전단). 그리고 가등기담보권이 설정되어 있는 부동산에 관하여 경매가 행해진 때에는, 가등기담보권은 그 경매에 의한 부동산의 매각으로 소멸하는 것으로 규정함으로써(가담 15조), 배당참가 이외의 방법으로 채권자가 만족을 얻을 수 없음을 명백히 하였다.

  2. 배당참가절차

  (1) 다른 채권자에 의한 경매절차에 가등기담보권자가 참가할 수 있다고 할 때에, 어떤 절차를 밟아 참가하는지 문제된다. 원래 가등기는 등기부상의 기록만으로는 그것이 담보를 목적으로 하는 것인지 여부를 알 수 없다. 설령 그것이 담보목적을 위한 담보가등기라고 하더라도, 등기부상으로는 채권액의 기록이 없다. 따라서 가등기담보의 경우에는 저당권의 경우와 같이 법원이 직권으로 당연히 배당참가를 인정할 수 없다. 이 점에 관하여 가담법은 경매법원이 가등기권리자에 대하여 가등기가 담보가등기인 때에는 그 내용 및 채권(이자 그 밖의 부수적 채권을 포함한다)의 존부·원인 및 수액을, 담보가등기가 아닌 때에는 그 내용을, 각각 신고할 것을 최고해야 하는 것으로 하고(가담 16조 1항), 채권신고를 한 가등기담보권자만이 배당을 받을 수 있는 것으로 하고 있다(가담 16조 2항).

  (2) 배당참가를 하는 경우에, 가등기담보권자는 가등기인 채로 우선순위를 주장할 수 있는가? 가담법은 제13조 전단에서 가등기담보가 설정되어 있는 부동산에 관하여 경매가 개시된 경우에 가등기담보권자가 배당참가를 할 수 있음을 인정하고, 이어서 "이 경우 그 순위에 관하여는 그 담보가등기권리를 저당권으로 보고, 그 담보가등기를 마친 때에 그 저당권의 설정등기가 행하여진 것으로 본다."라고 정하고 있다(가담 13조 후단). 이는 가등기담보권을 저당권으로 의제함으로써, 가등기인 채로 저당권과 같은 취급을 하려는 것이다.

  3. **후순위담보권자의 경매와 가등기담보권자의 지위**   선순위담보권자에 의한 담보권실행경매가 있는 경우에는, 가등기담보권자는 그 절차에 참가하여 배당을 요구하고, 선순위담보권자가 우선변제를 받고난 나머지로부터 배당금을 받게

될 것이다. 이 점은 의문이 없다. 그러나 후순위담보권자가 경매를 신청하여 그 절차가 개시된 경우에, 가등기담보권자의 지위는 어떻게 되는지 문제된다. 즉, 그러한 경우에 가등기담보권자는 제3자이의의 소 및 그 전제로서 본등기청구의 소를 제기할 수 있는지, 또는 단순히 후순위담보권자의 경매절차에서 배당요구를 할 수 있을 뿐인지 문제된다.

(1) 이미 본 바와 같이, 채권자는 채무자 등 및 후순위권리자에게 청산금의 평가액을 통지해야 하나(가담 3조·6조), 이 통지에는 구속력이 주어져 있다. 즉, 채권자는 청산금액이 평가액보다 적다는 것을 주장하지 못한다(가담 9조). 후순위권리자도 청산금액이 평가액을 초과한다는 것을 주장하지는 못한다(가담 6조 참조). 이와 같이 후순위권리자는 청산금을 다툴 수는 없으나, 그 대신 평가액에 불만이 있는 후순위권리자에게 경매청구권을 인정함으로써 가등기담보권자에 의한 목적물의 취득을 막을 수 있게 하였다. 즉, 후순위권리자는, 청산기간 내에 한하여, 그의 피담보채권의 변제기가 되기 전에도 목적부동산의 경매를 청구할 수 있다(가담 12조 2항).

(2) 후순위담보권자가 위와 같은 경매청구권을 행사해서 경매를 신청하였다면, 그 전에 이미 착수된 가등기담보권자에 의한 「권리취득에 의한 실행」과의 관계에서 어느 것을 우선시킬지 문제된다. 이 점에 관하여 가담법은 후순위담보권자의 경매절차가 우선하는 것으로 하였다. 즉, 후순위권리자에 의한 경매신청이 가등기담보권자가 청산금을 지급하기 전에(청산금이 없는 경우에는 청산기간이 지나기 전에) 행해진 때에는, 가등기담보권자는 그 가등기에 의한 본등기를 청구할 수 없다(가담 14조). 따라서 가등기담보권자는 그 후순위권리자의 신청으로 개시된 경매절차에서 우선변제를 받을 수 있을 뿐이다.

제4관 가등기담보권의 소멸

[256] 가등기담보권의 소멸

(1) 소유권이전에 의한 소멸　　가담법 제3조 이하의 절차에 따라 목적부동산의 소유권이 채권자에게 이전한 때에 가등기담보권은 소멸한다.

(2) 경매에 의한 소멸　　가등기담보권이 설정되어 있는 부동산에 관하여

통상의 강제경매 또는 담보권실행경매가 행해지는 때에 그 부동산의 매각으로 가
등기담보권은 소멸한다(가담 15조).

(3) 기타의 원인에 의한 소멸   채무의 변제·목적물의 멸실에 의해서도 가
등기담보권은 소멸한다. 또한 피담보채권이 시효로 소멸하면, 부종성에 따라 가등기
담보권도 소멸한다. 그러나 가등기담보권이 독립해서 시효로 소멸하지는 않는다.

제 3 절   양 도 담 보

제 1 관   총   설

[257] I. 양도담보의 의의와 작용

1. 의   의

(1) 넓은 의미에서 양도담보(讓渡擔保)는 채권담보의 목적으로 물건의 소유권
(또는 그 밖의 재산권)을 채권자에게 이전하는 방식의 담보를 말하는 것으로, 비전형
담보의 일종이다. 채무자가 이행하지 않는 경우에는 채권자가 목적물로부터 우선
변제를 받지만, 채무자가 이행을 하는 경우에는 목적물을 소유자에게 반환하게 된
다. 이와 같은 넓은 의미의 양도담보는 종래 다음과 같은 두 가지 모습으로 나누어
진다고 설명하였다.

(개) 하나는 매도담보로서 신용의 수수를 소비대차가 아닌 매매의 형식으로 하
고 당사자 사이에 따로 채권·채무관계를 남기지 않는 방식이다. 가령 융자를 받는
자 乙이 융자를 하는 자 甲에게 담보의 목적이 되는 물건을 매각하고(이때 매매대금
의 지급이 융자(대금)의 교부를 뜻하게 된다), 일정기간 내에 乙이 甲에게 매매대금을 반
환하면 목적물을 찾아갈 수 있는 것으로 약정하는 것이다. 이 경우에 형식상 甲은
乙에 대하여 융자, 즉 대금(바꾸어 말하면 매매대금)의 반환을 청구할 권리를 가지지
않는다(그러나 이는 나중에 살피는 바와 같은 이른바 담보권적 구성을 하지 않는 경우에 관한 설
명이다).

(내) 또 다른 하나는 협의의 양도담보라고 부르는 것으로 신용의 수수를 채
권·채무의 형식으로 남겨 두는 방식이다. 가령 甲과 乙이 소비대차계약을 하고,

乙이 그 소비대차에서 생긴 채무의 담보로서 그가 소유하는 물건의 소유권을 甲에게 이전하는 것이다. 이 경우에 甲은 乙에게 채무의 변제를 청구할 권리를 가지고 있는 것이 된다.

　위 매도담보와 협의의 양도담보 사이의 근본적 차이는 당사자 사이에 채권·채무관계가 남는지 여부, 따라서 융자자가 자금의 반환을 청구할 수 있는지 여부에 있다. 물적 담보제도의 목적에서 본다면, 융자한 것의 반환을 청구할 수 있는 쪽이 좀 더 합리적이다. 그리하여 보통은 협의의 양도담보를 단순히 양도담보라고 부른다.

　(2)　그런데 가담법이 시행된 이후 매도담보나 협의의 양도담보는 모두 가담법이 적용될 수 있다(그 적용범위에 관하여 논란이 있음은 가등기담보에 관한 부분(위 [250] 참조)에서 본 바와 같다). 가담법이 적용되는 한도에서는 매도담보와 협의의 양도담보를 구분하지 않고 있다(가담 2조 1호·13조). 그리하여 현재에는 매도담보와 협의의 양도담보를 구별할 필요가 없다는 견해도 있고(고상룡 766면, 이영준 975면 참조), 여전히 구별하는 견해도 있다(김상용 802면, 김증한·김학동 594면 참조). 그러나 매도담보와 협의의 양도담보 사이에는 계약의 내용이 다르고 가담법이 적용되지 않는 경우도 있으므로, 양자의 구분이 의미가 없는 것은 아니다. 이 절에서 양도담보에 관하여 다루지만, 그 내용은 대부분 매도담보에 관해서도 그대로 적용된다.

　(3)　양도담보(협의)에는 다시 여러 모습의 것이 있다. 각각 관계되는 곳에서 다루겠지만, 우선 이 곳에서는 누가 목적물을 점유하는지에 따라서 구별되는 양도저당(讓渡抵當)과 양도질(讓渡質)에 관해서만 설명하기로 한다. 담보목적물의 점유를 질권에서와 같이 담보권자(채권자)에게 이전하는 것을 양도질이라고 부르고, 저당권에서처럼 담보권설정자(채무자 또는 물상보증인)에게 남겨 두는 것을 양도저당이라고 부른다.

　(4)　양도담보의 목적물은 재산권이면 무엇이든 상관없으나, 물건을 목적물로 하는 것이 보통이다. 원래 양도담보는 동산저당의 효과를 거두기 위한 동산양도담보에서 시작되었으나, 그 후 부동산을 목적으로 하는 양도담보가 많이 이용되었다. 그런데 양도담보 중 부동산을 목적으로 하거나 그 밖에 등기·등록으로 공시되는 재산권을 목적으로 하는 것에 대해서는 가담법이 적용될 수 있는데, 그 적용범위에 관해서는 논란이 있다. 이와 같이 부분적으로나마 가담법이 양도담보에도 적용되

었는데, 이는 양도담보의 이론, 특히 법률적 구성과 청산절차에 큰 영향을 끼쳤다.

2. 작　용

(1) 양도담보제도는 결코 새로운 제도가 아니며, 또한 우리에게만 특유한 것도 아니다. 법제사적으로는 어느 법계에서든지 권리 자체를 양도하는 형식을 취하는 양도담보가 먼저 발달하고, 그 후에 점유질(占有質)을 거쳐서 비점유질(非占有質)인 저당이라는 제도로 발달해 오고 있다. 그러나 근대법전에서는 양도담보제도를 채용하지 않고, 제한물권으로서의 질권과 저당권이라는 담보물권을 인정할 뿐이다. 민법도 이러한 추세에 발맞추어 양도담보를 법정하지 않았다. 그런데 자본주의의 발달에 따라서 재화를 담보화할 필요성이 커졌다. 이러한 수요를 충족하기 위하여 대륙법계의 여러 나라에서 권리이전에 의한 담보제도가 관행으로서 발달하고, 또한 판례에서 그 유효성이 인정되었다. 이러한 사정은 우리나라에서도 마찬가지이다. 이미 의용민법시대부터 명문의 규정이 없었지만, 금융거래상 양도담보는 실제의 거래사회에서 매우 즐겨 사용되었고, 판례법상 하나의 영역을 이루고 있었다. 현행 민법에서도 사정은 같으며, 양도담보의 유효성이 판례로 확인되어 있다.

(2) 담보물권제도가 있는데도 그것과는 따로이 양도담보를 거래사회에서 이용하게 된 이유는 다음과 같은 두 가지로 요약할 수 있다.

⑺ 동산양도저당의 실현　　　　양도담보가 그 작용을 발휘하는 것은 저당권의 목적이 되지 못하는 재화에 관해서이다. 그러한 것으로 특히 중요한 것은 동산이다. 물론 동산은 질권의 목적으로 하여 담보로 할 수 있으나, 질권을 설정하려면 목적물을 질권자에게 인도해야 하기 때문에, 설정자가 사용·수익하지 못하는 불편이 있다. 그러나 양도담보에 의한다면, 동산을 채권자에게 인도하지 않고서 담보로 할수 있다. 여기서 아직 적절한 공시방법이 없어서 저당권의 목적이 되지 못하는 재화를 양도담보의 방법으로 담보하려는 경향이 강한 것이다. 그리하여 양도담보제도는 중소기업자가 그의 기업시설인 동산을 스스로 점유하고 이용하면서 이를 담보에 제공하고 자금을 얻는 수단으로 많이 이용되었다.

⑷ 우선변제절차의 간이화　　　　질권이나 저당권에서는 원칙적으로 담보권실행경매에 따라 실행을 하게 된다. 그러나 이 절차는 번거롭고 비용이 들며, 또한 경매에서는 시장가격보다도 훨씬 낮은 가격으로만 처분되는 것이 상식이다. 따라서

융자를 할 때에 채권자에 의한 담보물의 평가가 시장가격보다도 훨씬 낮게 행해진다. 그러나 양도담보는 목적물의 환가방법을 경매절차에 의하는 것이 아니므로, 위와 같은 경매절차의 단점을 피할 수 있고, 따라서 담보물의 값도 높게 평가되어 좀더 많은 자금을 융통받을 수 있는 장점이 있다.

(3) 앞에서 본 바와 같이, 양도담보는 담보물권제도가 지니는 미비점을 보충하는 작용을 하나, 그 반면에 많은 위험이 따른다. 즉, 양도담보제도는 담보목적을 위하여 필요 이상의 것, 즉 소유권을 양도하는 수단을 취하기 때문에, 각종의 담보물권제도와는 비교가 되지 않는 높은 위험성이 잠재한다. 특히 채무자가 채권자의 불성실이나 배신으로 목적물을 잃게 될 염려가 있다. 뿐만 아니라 제 3 자, 특히 일반채권자를 해할 위험도 적지 않다. 그러므로 이 제도를 운영할 때에는 그것이 폭리행위의 수단으로 이용되지 못하도록 하고, 담보제도로서 필요한 내용을 주어 가도록 노력해야 한다. 바로 이런 견지에서 가담법은 부동산을 비롯하여 그 밖에 등기·등록으로 공시되는 재산권을 목적으로 하는 양도담보를 합리적으로 규율하려고 꾀하고 있다. 그러나 동법이 적용되는 양도담보는 아직은 제한적인 것이고, 또한 그 규제내용도 부분적인 것이다.

[258] Ⅱ. 양도담보의 법률구성

양도담보의 법률구성에 관해서는 가담법이 시행되기 전과 후로 나누어서 살펴볼 필요가 있다. 왜냐하면 가담법의 시행으로 종래의 판례·다수설이 취하고 있었던 신탁적 양도설은 수정되어야 하기 때문이다. 즉, 가담법 제 4 조 2항은 "채권자는 담보목적부동산에 관하여 이미 소유권이전등기를 마친 경우에는 청산기간이 지난 후 청산금을 채무자등에게 지급한 때에 담보목적부동산의 소유권을 취득"한다고 규정하고 있다. 이는 종래의 신탁적 양도설과 부합하지 않는다. 가담법이 적용되는 부동산(기타 등기·등록을 할 수 있는 재산권)양도담보를 중심으로 살펴보고, 가담법이 적용되지 않는 경우에 대해서도 다루고자 한다.

1. **가담법 제정 전의 이론**　　　판례·학설은 대립하고 있었디. 판례와 다수설은 신탁적 양도설에 따르고 있었으나, 다수설 가운데에는 신탁적 양도를 반드시 판례와 같이 이해하지 않는 견해도 있었다. 그러나 여기서는 종래의 판례이론만을

소개하는 데 그치기로 한다.

(1) 판례는 일찍부터 양도담보를 채권자에게 소유권 기타의 재산권을 신탁적
으로 양도하여 채권담보의 목적을 달성하려는 제도로서 이해하고 있었다. 즉, 당사
자 사이에 양도담보관계를 성립시키는 계약(양도담보 설정계약)은 신탁행위이며, 이에
의하여 물건의 소유권(또는 기타의 재산권)은 채권자에게 이전한다고 하였다. 이 경우
채권자는 목적물을 채권담보의 목적으로만 행사해야 할 채무를 부담하고, 변제기
에 이르러 채무불이행이 있으면 채권자가 목적물로부터 우선변제를 받게 된다고
하였다. 당사자 사이의 법률관계 또는 양도담보의 내용이나 효력에 관해서는 판례
의 태도가 상당히 변천하고 있으나, 양도담보를 이와 같은 채권담보를 위한 신탁적
양도로 보는 기본태도에는 변함이 없었다(대판 1955. 3. 31, 4287민상124; 대판 1960. 6. 30,
4292민상361; 대판 1964. 10. 20, 64다571; 대판 1969. 2. 25, 69다112 등 참조).

(2) 판례이론을 적기 전에, 먼저 판례·학설에서 사용된 양도담보에 관한 몇
가지의 유형을 밝히고, 이들 유형이나 개념을 사용해서 설명을 진행하기로 한다.

(개) **외부적 이전형·대내외 이전형**   외부적 이전형은 양도담보의 목적물의
소유권이 제3자에 대한 외부관계에서만 양도담보권자에게 이전하고, 당사자 사이
의 대내관계에서는 설정자에게 목적물의 소유권이 보류되는 유형의 양도담보이다.
이에 대하여 대내외적 이전형은 목적물의 소유권이 대내관계에서든 대외관계에서
든 양도담보권자에게 이전하는 모습의 것이다.

(내) **약한 양도담보·강한 양도담보**   외부적 이전형이 약한 양도담보이고,
대내외 이전형이 강한 양도담보이다. 외부적 또는 대내외 이전형이라는 용어가 적
당하지 않다고 하면서 그 대신 사용된 개념이다.

(다) **유담보형·정산형**   채무불이행의 경우에, 목적물을 그대로 원리금에 충
당하여 정산 또는 청산을 할 필요가 없는 것(바꾸어 말하면, 목적물의 가액이 원리금에 충
당하고도 남더라도, 그것을 채무자에게 반환하지 않는 것)이 유담보형(流擔保型)이고, 정산해
야 하는 것(나머지가 있으면 채무자에게 반환하는 것)이 정산형이다.

(3) 양도담보가 담보를 위한 신탁적 양도라는 것은 이미 일제 강점기의 조선
고등법원 판례에서 나타나기 시작하였다. 그리고 이러한 양도담보에는 소유권이
외부관계에서만 이전하는 것과 대내·대외 모두 이전하는 것이 있으나, 원칙적으로

외부적 이전형으로 추정하고 있었다(朝高判 1920. 7. 20, 民集 7권 354면 참조). 한편 당사자가 양도담보계약을 하면서 아울러 유담보특약을 하는 것은 상관없으며(朝高判 1926. 11. 12, 民集 13권 398면 참조), 다만 그 유담보특약이 사회질서를 위반한 경우에는 그 유담보특약만이 무효일 뿐이고, 양도담보계약까지도 무효로 되는 것은 아니라고 하였다(朝高判 1928. 5. 4, 民集 15권 123면 참조). 이는 외부적 이전형 · 대내외 이전형이라는 두 유형 외에 정산형과 유담보형이 있을 수 있고, 그중 유담보형은 그에 관한 특약이 있는 때에만 인정된다는 것을 뜻한다. 따라서 유담보의 특약이 없으면 정산형으로 인정된다는 것이 판례였다. 대법원도 위와 같은 태도를 취하였다(대판 1954. 11. 18, 4286민상63; 대판 1955. 3. 31, 4287민상124; 대판 1955. 8. 4, 4288민상61; 대판 1959. 9. 10, 4291민상535 등 참조).

(4) 민법이 시행된 후에도, 초기의 판례는 의용민법시대의 판례와 별로 다르지 않았다. 여전히 양도담보에는 외부적 이전형과 대내외 이전형이 있다고 하고, 외부적 이전형을 원칙적인 것으로 보고 있었다(대판 1962. 12. 27, 62다724 참조). 또한 정산형뿐만 아니라, 유담보형도 폭리가 되지 않는 한도에서 유효한 것으로 보았다(대판 1962. 2. 22, 4294민상943 참조). 다만 종래의 외부적 이전형 · 대내외 이전형이라는 용어에 갈음하여, 약한 양도담보 · 강한 양도담보라는 용어를 사용한 판결도 나타났으나(대판 1962. 4. 18, 61민상1365; 대판 1966. 3. 6, 66다281 등 참조), 이것이 양도담보의 법률구성에 어떤 변화를 뜻하는 것은 아니었다. 단순히 종래의 외부적 이전형을 약한 양도담보, 그리고 종래의 대내외 이전형을 강한 양도담보라고 하여, 각각 동의어로서 사용하였을 뿐이다.

그런데 민법이 시행된 지 수년 후에, 위와 같은 판례이론에 변경 또는 수정을 가져올 해석상의 문제가 생겼다. 그것은 양도담보의 효력과 민법 제607조 · 제608조의 관계였다. 이들 규정이 양도담보에도 적용되는지 문제되었다. 바꾸어 말하면, 이들 규정이 있는 현행법에서도 특약에 의한 유담보형이 유효하게 인정되는지 문제되었다. 대법원은 처음에는 민법 제607조 · 제608조는 양도담보에는 적용되지 않는다고 하였으나(대판 1962. 2. 22, 4294민상943 참조), 나중에 태도를 바꾸었다. 즉, 이들 규정은 양도담보에도 적용되고, 그 결과 유담보형의 양도담보는 현행 민법에서는 허용되지 않으며, 다만 정산형만이 유효하다고 하게 되었다(대판 1966. 4. 6, 66다

218; 대판 1966. 9. 20, 66다1114; 대판 1967. 3. 21, 66다2645; 대판 1967. 3. 28, 67다61 등 참조). 판례가 이와 같이 유담보의 특약이 무효라고 하는 것은 그러한 특약을 한 때에는 언제나 대물변제의 예약을 한 것이 된다는 해석을 그 전제로 하고 있다고 할 수 있다. 또한 매도담보의 경우에도 환매특약부 매매가 대물변제의 예약에 해당하고, 따라서 민법 제607조·제608조의 적용을 받는다는 전제에서, 목적부동산의 값이 채무액을 초과하고 있으면, 그 환매특약부 매매는 무효가 된다고 하여 당사자의 청산을 요구하였다(대판 1967. 7. 11, 67다909 참조).

〈신탁적 양도설〉

위에서 본 신탁적 양도설에서는 양도담보를 담보의 목적인 권리가 대내·대외 모두 이전하는 것(대내외 이전형)과 대외적으로만 이전하고 대내적으로는 이전하지 않는 것(외부적 이전형)으로 구분하고 있다. 그런데 외부적 이전형의 경우에 권리의 관계적 귀속이라는 관념을 인정한다. 과연 그와 같이 담보의 목적인 권리, 예컨대 부동산소유권이 대외적으로는 이전하면서 대내적으로는 이전하지 않는다는 것이 가능한가? 만일 판례가 甲에 대한 관계에서는 소유자이고 乙에 대한 관계에서는 소유자가 아니라는 것과 같은 관계적 소유권을 인정하는 것이라면, 그러한 것은 민법이 인정하지 않는 것이며, 따라서 그러한 관계의 설정을 위한 의사표시는 물권법정주의에 반하는 것으로서 무효라고 해야 한다.

본래 신탁적 양도이론은 독일사법학이 양도담보의 이론으로서 개발한 것인데, 독일·스위스·일본 그리고 우리나라에서 통설·판례로 되었다. 이와 같이 여러 나라의 통설·판례가 신탁적 양도이론에 따르고 있다고 하지만, 나라에 따라서 차이가 있다. 무엇보다도 우리의 판례이론은 소유권의 귀속문제를 둘러싸고, 두 유형을 구별하는 특수이론을 펴고 있다. 원래 독일의 신탁적 양도설도 그것이 발전하는 과정에서 여러 변천을 겪고 있는데, 소유권의 관계적 귀속설은 19세기에 유행했던 낡은 이론이다. 현재의 독일이나 스위스에서는 그러한 초기의 이론을 버리고, 좀 더 정확하고 오늘날의 사법체계에 맞는 이론을 취하고 있다. 그것은 대내·대외의 모든 관계에서 목적물의 소유권(또는 그 밖의 재산권)은 채권자에게 완전히 이전하고, 다만 채권자는 목적물(또는 재산권)을 채권담보의 목적을 넘어서 행사해서는 안 될 채무를 부담할 뿐이라는 이론이다. 이것이 오늘날 독일·스위스 등에서 판례·통설이 취하는 신탁적 양도설이며, 우리의 양도담보에 관해서도 가담법이 적용되지 않는 경우에는 이러한 이론에 따라서 구성하는 것이 옳다고 생각한다. 판례처럼 외부적 이전형(약한 양도담보)·대내외 이전형(강한 양도담보)이라는 두 유형을 구별할 이유나 근거는 없다. 양도담보에 관해서는 하나의 유형, 즉 판례가 말하는 대내외 이전형(강한 양도담보)을 인정하는 것으로 충분하다. 이렇게 이론구성할 때에 남는 문제는 유담보특약(流擔保特約)을 어떻게 처리할 것인지이다.

2. 가담법 제정 후의 이론

(1) 가담법의 적용범위   가담법 제 1 조는 "이 법은 차용물의 반환에 관하여 차주가 차용물을 갈음하여 다른 재산권을 이전할 것을 예약할 때 그 재산의 예약 당시 가액이 차용액과 이에 붙인 이자를 합산한 액수를 초과하는 경우에 이에 따른 담보계약과 그 담보의 목적으로 마친 가등기 또는 소유권이전등기의 효력을 정함을 목적으로 한다."라고 규정하고 있다. 이 규정은 가등기담보를 규제하려는 것이 동법의 목적임을 밝히고 있는 점은 명백하나, 그 밖에 「소유권이전등기의 효력」을 정한다는 부분이 무엇을 뜻하는지 명확하지 않다. 입법기술상 매우 졸렬한 것이나, 종래의 판례가 민법 제607조·제608조는 양도담보에도 적용이 있다고 한 점(이는 양도담보의 경우에도 당사자가 대물변제의 예약을 하고 있는 것으로 보는 것이 된다)을 고려해서 생각할 때, 동조는 담보의 목적으로 재산을 이전하는 담보계약을 하고 소유권이전등기를 한 경우, 즉 양도담보·매도담보도 아울러 규제하려는 것이 동법의 목적임을 밝히고자 한 것으로 짐작된다. 이와 같이 양도담보까지도 규제하려는 것이 동법의 목적임은 가담법의 다른 규정에서도 나타난다. 즉, 제 2 조 1호에서 "담보계약이란 민법 제608조에 따라 그 효력이 상실되는 대물반환의 예약(환매, 양도담보 등 명목이 어떠하든 그 모두를 포함한다)에 포함되거나 병존하는 채권담보 계약을 말한다."라고 정하고 있고, 제 4 조 2항에서 "채권자는 담보목적부동산에 관하여 이미 소유권이전등기를 마친 경우에는 청산기간이 지난 후 청산금을 채무자등에게 지급한 때에 담보목적부동산의 소유권을 취득"한다고 정하고 있는데, 이들 규정을 보면 부동산양도담보도 가담법의 규율대상이 된다고 볼 수 있다. 또한 동법 제11조도 양도담보의 경우를 예정한 것이라고 할 수 있다. 어떻든 가담법은 부동산양도담보까지도 규율하고 있다. 부동산에 관하여 환매특약부 매매나 재매매특약부 매매와 같은 매도담보를 한 경우에도 당사자 사이에 담보계약을 한 것으로 다루어지고, 양도담보와 마찬가지로 가담법이 적용된다.

가담법은 오직 등기·등록과 같은 공시방법이 마련되어 있는 것에 한하여 그에 관한 권리이전형 담보를 합리적으로 규율함으로써 채무자를 보호하려는 법률이다. 따라서 그러한 공시방법이 없는 보통의 동산(또는 주식 그 밖의 재산권)을 목적으로 하는 양도담보에 관해서는 동법은 당연히 적용되지 않는다. 부동산 양도담보의 경우에도 피담보채권이 소비대차가 아닌 경우 등 가담법 제 1 조에서 정한 범위를 벗어난 경우에는 가담법이 적용되지 않는다(이에 관해서는 위 [250] 1. 참조). 이하에서는 가담법이 적용되는 경우를 중심으로 설명하고자 한다.

(2) 가담법이 적용되는 경우   가담법이 적용되는 양도담보를 종래의 판례·통설과 같이 신탁적 양도설을 가지고 이론구성할 수 없음은 명백하다. 양도담보를 설정하여 이전등기까지 하고 있더라도 소유권은 이전되지 않기 때문이다. 그러면 어떻게 법률적으로 구성하는 것이 가장 적절할까? 견해가 대립하고 있다. 담보물권설을 따르는 견해(고상용 774면, 김상용 808면, 김증한·김학동 598면, 송덕수 630면, 이은영 888면 참조)와 신탁적 소유권이전설을 주장하는 견해가 있다(이영준 983면 참조). 판례는 명확하지 않다. 즉 양도담보권에 관하여 담보물권설을 따른 것처럼 보이는 판결도 있고(대판 1991. 11. 8, 91다21770 참조), 양도담보의 경우에는 채권담보를 위하여 신탁적으로 양도담보권자에게 건물의 소유권이 이전될 뿐 확정적, 종국적으로 이전되는 것은 아니라고 하여 신탁적 소유권이전설을 따른 듯한 판결도 있다(대판 1995. 7. 25, 94다46428 참조). 가담법이 적용되는 경우에는 담보물권적 구성을 해야 한다고 생각한다.

즉, 양도담보설정계약을 하는 경우에 목적물의 권리를 채권자에게 이전하는 외형을 취하게 된다. 그러나 채권자의 목적은 어디까지나 채권담보에 있는 것이고, 또한 채권액의 범위 내에서 목적물의 가치를 지배하고 있다고 해야 하며, 목적물의 잔여가치는 여전히 설정자에게 귀속한다고 해야 한다. 문제는 채권자의 권리를 위와 같은 범위에 물권적으로 제한하고, 설정자의 가치지배를 물권적으로 보호하려면, 어떻게 법률적으로 구성할 것인지이다. 비록 외형적으로는 권리이전의 형식을 취하고 있으나, 그러한 외형적인 법형식을 떠나서, 채권자는 양도담보권이라고 할 수 있는 일종의 담보권을 가질 뿐이고, 설정자에게는 소유권에서 이 양도담보권을 뺀 권리가 귀속하는 것으로 구성해야 한다. 권리의 귀속상태를 이와 같이 새긴다고 할 때에, 그러한 결과를 발생시키는 과정에 관한 가장 알기 쉬운 설명은 설정계약의 효과로서 하나의 제한물권이 채권자에게 귀속한다는 구성을 취하는 것이다. 요컨대, 양도담보설정계약에 따라 양도담보권이라는 담보권이 설정되는 효과가 발생한다고 해야 한다.

그런데 이와 같이 새긴다고 할 경우에 당사자가 취하게 되는 소유권이전의 외형과 일치하지 않게 되어 문제이다. 부동산양도담보의 경우에 공시방법과 실체관계가 부합하지 않게 되어 여러 문제가 생기게 된다. 그러한 문제는 각 경우에 설명하기로 한다.

(3) 가담법이 적용되지 않는 경우　　원래 양도담보는 동산양도담보에서 시작되어 나중에 부동산을 목적으로 하는 것도 거래사회에서 이용하게 되었던 것이다. 여기서 동산양도담보의 이론구성을 어떻게 할 것인지 문제된다. 양도담보의 이론과 규제를 이원화하는 것은 타당하지 않다고 보고 동산양도담보를 가담법이 적용되는 양도담보와 마찬가지로 담보권으로 보는 것을 생각할 수 있다(고상룡 774면 참조). 같은 양도담보인데도 목적물에 따라 그 이론구성과 규제가 각각 다르게 된다는 것은 합리적이라고 할 수 없다는 것이다. 그러나 동산양도담보에 대해서는 가담법이 적용되지 않으므로 신탁적 양도설에 따라 이론구성하는 것이 타당하다(송덕수 630면 참조). 판례도 마찬가지이다(대판 1986. 8. 19, 86다카315; 대판 1994. 8. 26, 93다44739 참조). 즉, 채권자와 채무자 사이의 대내적 관계에서 채무자가 소유권을 보유하나 대외적인 관계에서는 동산의 소유권이 채권자에게 양도된다고 한다. 채무자는 대외적인 관계에서 무권리자이기 때문에, 다시 다른 채권자와의 사이에 양도담보 설정계약을 체결하고 점유개정의 방법으로 인도를 하더라도 나중에 설정계약을 체결한 채권자(후순위 양도담보약정자)는 양도담보권을 취득할 수 없다.

제 2 관　양도담보권의 설정

[259] 양도담보권의 설정

양도담보권은 그 설정을 목적으로 하는 양도담보계약과 목적권리의 이전에 필요한 공시방법을 갖춤으로써 성립한다. 설명하면 다음과 같다.

1. 양도담보계약　　채권담보의 목적으로 채무자 또는 제 3 자(물상보증인)의 재산권을 채권자에게 양도하고, 채무자의 채무불이행이 있는 때에는 그 재산권

으로부터 채권을 변제받기로 하는 내용의 계약이다.

(1) **계약의 성질**   양도담보권의 설정에는 반드시 일정한 재산권을 양도해야 하므로, 양도담보계약은 보통 채권계약과 물권계약의 두 성격을 갖는다. 이 계약은 낙성·불요식의 계약이다. 많은 경우에 위와 같은 양도담보계약은 피담보채권을 발생시키는 계약(예컨대, 금전소비대차계약 등)과 함께 체결된다.

(2) **당 사 자**   이 계약의 당사자는 채권자와 채무자 또는 제 3 자이다. 설정자는 채무자에 한하지 않고, 제 3 자라도 상관없다. 양도담보를 설정하려면 양도담보설정자에게 목적물에 대한 소유권이나 처분권 등 양도담보를 설정할 권한이 있어야 한다. 양도담보설정자에게 이러한 권한이 없는데도 양도담보설정계약을 체결한 경우에는 양도담보가 유효하게 성립하지 않는다(대판 2022. 1. 27, 2019다295568 참조).

(3) **목 적 물**   특별한 제한이 없으므로, 재산적 가치가 있는 것으로서 양도성이 있으면, 무엇이든 목적물이 될 수 있다. 따라서 동산·부동산은 물론이고, 그 밖에 채권·주식·지식재산권 등도 모두 목적물이 될 수 있다. 동산을 일괄하여 양도담보로 제공할 수도 있고, 채권을 일괄하여 양도담보로 제공할 수도 있다. 이를 집합물양도담보라고 한다. 상세한 것은 나중에 살펴본다.

(4) **계약내용**   채권을 담보할 목적으로 목적물을 양도하며, 채무불이행이 있는 때에는 그 목적물로부터 채권을 변제받기로 하는 내용의 계약이어야 한다. 그러나 불이행이 있는 때에는 목적물로부터 채권의 변제에 충당한다는 것을 따로 약정하고 있지 않더라도, 채권담보의 목적으로 재산권을 양도한다고 하고 있으면, 당연히 그러한 약정은 포함되어 있는 것으로 새길 수 있을 것이다. 그러므로 계약내용에 반드시 포함되어야 하는 것은 담보를 위하여 목적권리를 양도한다는 것이다.

2. 목적권리의 이전과 공시방법

(1) **목적권리의 이전**   양도담보는 권리이전의 형식을 이용해서 채권담보의 목적을 달성하려는 것이므로, 반드시 목적물에 대한 권리가 채권자에게 이전되어야 한다. 이와 같이 목적인 권리 자체의 이전이 필수적으로 요구되므로, 양도담보권을 설정하면서, 권리를 이전함이 없이 채무불이행이 있으면 양도한다는 계약은 양도담보가 아니다. 그것은 「대물변제의 예약」에 지나지 않는다.

(2) **공시방법**　　　앞에서 본 바와 같이, 반드시 목적권리를 이전해야 하므로, 당연히 공시방법도 갖추어야 한다.

(가) **부동산의 경우**　　　부동산이 목적물인 때에는 이전등기를 하게 된다. 소유권이전등기를 할 경우에 그 등기원인을 무엇이라고 기재하는가? 부동산등기법은 양도담보의 등기에 관하여 전혀 규정하고 있지 않으나, 등기실무상 「양도담보」를 등기원인으로 하는 것이 인정되어 있다.

부동산에 관한 양도담보계약이 체결되었으나 그에 따른 소유권이전등기를 하지 않은 경우에 채권자는 소유권이전등기절차의 이행을 청구할 수 있다. 양도담보의 경우에 소유권이전등기를 한 다음에 양도담보권이 성립하고, 그 후 가담법에 따른 청산절차를 밟게 된다. 따라서 채무자는 청산절차가 없었음을 이유로 소유권이전등기절차의 이행을 거절할 수 없다(대판 1996. 11. 15, 96다31116 참조).

(나) **동산의 경우**　　　목적물이 동산인 때에는 인도가 있어야 한다(188조·189조·190조 참조). 민법은 동산소유권이전에 필요한 인도로서 점유개정도 좋다고 하나(189조), 동산질권에 관해서는 이를 허용하지 않는다(332조). 여기서 양도담보권도 일종의 담보물권이므로, 질권에서와 같이 점유개정은 인정되지 않는지 의문이 생긴다. 그러나 양도담보는 소유권이전의 형식을 이용하는 것이므로, 동산소유권이전에 관하여 민법이 인정하는 모든 인도방법이 양도담보권의 설정에도 인정된다고 해야 한다. 판례 역시 점유개정도 상관없는 것으로 새기고 있다(대판 1960. 10. 26, 4293형상82 참조). 그러나 이와 같이 점유개정을 공시방법으로서 인정하는 것은 양도저당을 가능하게 하는 편리함이 있으나, 문제도 있다. 점유개정은 공시적 기능이 전혀 없는 것이라고 할 수 있는 것이어서, 설정자의 배신적인 목적물 처분행위로 양도담보권은 위험에 놓이게 되기 때문이다. 이에 관해서는 나중에 다시 설명한다.

(다) **그 밖의 경우**　　　동산이나 부동산 이외의 재산권이 양도담보의 목적인 경우에도 당연히 그 권리의 이전에 필요한 공시방법을 갖추어야 한다. 지명채권의 경우에는 양도인의 통지 또는 채무자의 승낙이 그 대항요건이다(450조·451조 참조). 이들 통지나 승낙은 성립요건이 아니라 대항요건에 지나지 않으므로, 지명채권이 목적인 때에는 당사자 사이에서는 양도담보계약만으로 양도담보권은 설정되는 것이 된다.

〈집합물양도담보〉

(1) 개별 동산이나 채권은 부동산과 달리 가치가 너무 적어 담보를 설정하기에 부적절한 경우가 많지만, 다수의 동산이나 다수의 채권을 모으면 가치가 커지기 때문에, 동산이나 채권을 담보로 활용할 수 있는 가능성이 높아진다. 또한 양도담보의 경우에는 담보권자가 점유개정(189조)에 의하여 채무자로 하여금 담보목적물을 점유하게 함으로써 관리상의 위험과 불편을 덜 수 있고, 담보설정자는 생산이나 영업에 사용되는 시설이나 판매 중에 있는 상품도 담보로 제공할 수 있다. 그리하여 집합물양도담보가 이용되기 시작하였는데, 담보에 대한 수요를 충족시키기 위하여 금융실무상 발전한 것으로 담보목적물을 확장시키는 기능을 수행하고 있다(상세한 것은 김재형, 민법론 Ⅰ, 373면·390면 이하 참조).

(2) 판례는 이와 같은 집합물양도담보를 인정하고 있다. 특히 집합동산양도담보에 관하여 많은 판례가 나왔다. 주요 내용은 다음과 같다. 일정한 점포 안에 있는 상품과 같이 증감변동하는 상품 일체도 이른바 집합물에 대한 양도담보권으로서 그 목적물을 종류, 장소, 수량 지정 등의 방법으로 특정할 수만 있다면 그 집합물 전체를 하나의 재산권으로 하는 담보의 설정이 가능하다(대판 1988. 10. 25, 85누941; 대판 1988. 12. 27, 87누1043 참조). 목적물의 특정 여부와 목적물의 범위는 목적물의 종류, 장소, 수량 등에 관한 계약의 전체적 내용, 계약 당사자의 의사, 목적물 자체가 가지는 유기적 결합의 정도, 목적물의 성질, 담보물 관리와 이용방법 등 여러 가지 사정을 종합하여 구체적으로 판단해야 한다(대판 2003. 3. 14, 2002다72385 참조). 이를테면 양도담보계약서에 담보목적물을 '양만장에 있는 뱀장어 수량 약 100만 마리'라고 기재한 경우 당사자가 양만장에 있는 뱀장어 등 어류 전부를 그 목적물로 하였다고 보는 것이 당사자의 의사에 부합한다(대판 1990. 12. 26, 88다카20224 참조). 집합동산은 그 구성요소인 개별동산이 변동되더라도 그와는 별개·독립된 하나의 권리객체로 보아 집합동산 자체를 양도담보의 객체로 본다. 그러한 경우 양도담보권자는 담보권설정계약당시 존재하는 원자재를 점유개정에 의하여 그 점유를 취득하면 제3자에 대하여 그 동산의 소유권(담보권)을 주장할 수 있고 그 후 새로이 반입되는 개개의 물건에 대하여 그 때마다 점유개정의 표시가 있어야 하는 것은 아니라고 한다. 다만 양도담보권설정자가 양도담보권설정계약에서 정한 종류·수량에 포함되는 물건을 계약에서 정한 장소에 반입하였더라도 그 물건이 제3자의 소유라면 담보목적인 집합물의 구성부분이 될 수 없고 따라서 그 물건에는 양도담보권의 효력이 미치지 않는다(대판 2016. 4. 28, 2012다19659 참조).

이와 같은 담보의 유효성이 인정된다는 점에는 의문의 여지가 없으나, 집합동산양도담보의 이론구성에 관하여 논란이 있다. 먼저 판례에 찬성하는 견해가 있다(고상룡

798면, 김상용 827면, 김증한·김학동, 민법총칙, 236면 참조). 이에 대하여 집합물론에 반대하는 견해가 있다(양창수, 민법연구 5권, 418면, 송덕수 633면, 황적인, 현대민법론 Ⅱ, 382면, 김재형, 민법론 Ⅰ, 397면 참조). 그 이유로 우리 민법은 집합물이라는 개념을 인정하지 않고 있으며, 이를 인정하지 않더라도 사전점유개정약정(事前占有改定約定)이라는 개념으로 집합물양도담보에 관한 문제를 해결할 수 있다고 한다. 집합물론을 따를 경우 하나의 물건이 두 가지 권리의 객체가 되는 결과가 되기 때문에, 집합물 개념을 인정하는 것은 바람직하지 않다.

집합동산양도담보의 공시방법은 점유개정이다. 집합물양도담보가 성립하려면 점유개정에 의한 점유이전이 있어야 한다. 그러나 점유개정에 의한 인도는 대외적으로 권리관계를 표상하기에는 매우 불완전한 공시방법이다. 따라서 도산에 직면한 채무자가 공시수단의 불완전성을 악용하여 허위의 양도담보를 만들어 내 일반채권자에게 피해를 줄 수도 있다. 하나의 동산에 이중으로 양도담보가 설정되는 경우도 적지 않다. 판례는 집합물을 이중으로 양도담보로 제공하면 나중의 양도담보는 무효가 된다고 한다(대판 1988. 12. 27, 87누1043; 대판 2000. 6. 23, 99다65066 참조). 나중에 양도담보를 설정받은 채권자는 선의취득이 인정되지 않는 한 양도담보권을 취득할 수 없는데, 현실의 인도가 아닌 점유개정으로는 선의취득이 인정되지 않아 결국 뒤의 채권자는 양도담보권을 취득할 수 없다(대판 2004. 6. 25, 2004도1751; 대판 2004. 12. 24, 2004다45943 참조).

양도담보가 미치는 범위가 명확하지 않기 때문에, 그 범위를 둘러싼 분쟁도 빈번하게 발생한다. 양돈장에 있는 증감·변동하는 돼지를 양도담보로 제공한 경우 양도담보설정자가 취득한 돼지나 그 돼지가 출산한 새끼돼지에는 양도담보권의 효력이 미친다. 그러나 집합동산에 관하여 양도담보가 설정된 이후 양도담보설정자로부터 양도담보목적물을 취득한 제3취득자가 새로이 구입한 동종의 물건에는 위 양도담보의 효력이 미치지 않는다(대판 2004. 11. 12, 2004다22858. 이에 관해서는 김재형, 민법론 Ⅲ, 453면 참조).

(3) 한편 집합채권양도담보는 동산이 아니라 채권을 목적물로 하고 있다는 점에서 집합동산양도담보와 구별된다. 즉 다수의 채권을 목적물로 한 양도담보가 집합채권양도담보이다. 이것도 판례에 의해서 인정되고 있다(대판 2002. 7. 9, 2001다46761; 대판 2003. 9. 5, 2002다40456 참조). 그러나 담보 목적으로 채권을 양도하는 경우에도 양도인에 의한 통지 또는 채무자의 승낙(제450조)이 필요하다. 따라서 채권을 담보로 활용하는 데에는 채권양도의 대항요건과 같은 규정이 제약으로 작용하고 있다.

(4) 집합동산이나 집합채권에 관하여 양도담보를 설정한 후 파산 등 도산절차가 개시된 경우에 도산절차개시 이후에 취득한 새로운 동산이나 채권에 양도담보의 효력이 미치는지 문제된다. 이를 부정해야 한다(김재형, 민법론 Ⅲ, 211면 참조). 최근 집합

채권양도담보권의 효력이 회생절차개시 후에 새로이 발생하는 채권에 미치지 않는다는 판례가 나왔다(대판 2013. 3. 28, 2010다63836 참조).

제 3 관   양도담보권의 대내적 효력

[260]   I. 효력이 미치는 범위

    1. 피담보채권의 범위   양도담보권의 피담보채권에 관해서도, 저당권의 피담보채권의 범위에 관한 민법 제360조의 규정이 적용된다(가담 3조 2항). 따라서 원본·이자·위약금·채무불이행에 의한 손해배상·실행비용이 피담보채권에 포함된다(360조 본문). 채무불이행에 의한 손해배상 즉 지연배상은 원본의 이행기를 경과한 1년분에 한한다(360조 단서). 그러나 위 규정은 저당권자의 제 3 자에 대한 관계에서의 제한이며 채무자나 저당권설정자가 저당권자에 대하여 대항할 수 있는 것이 아니므로, 양도담보의 채무자가 양도담보권자에 대하여 민법 제360조에 따른 피담보채권의 제한을 주장할 수는 없다는 것이 판례이다(대판 1992. 5. 12, 90다8855).

    2. 목적물의 범위   양도담보권의 효력이 미치는 목적물의 범위에 관해서는 설정계약에서 정하게 되겠지만, 부합물·종물 등에 관해서는 민법 제358조의 규정과 그에 관한 이론이 그대로 적용된다고 해야 한다([209] 1 참조).

    3. 물상대위   양도담보권은 일종의 담보로서의 성격을 가지므로, 물상대위에 관한 민법 제342조가 유추·적용된다고 해야 한다. 그러나 제342조 후단의 규정은 적용되지 않는다. 형식상으로는 목적물의 소유권이 양도담보권자에게 귀속하고 있기 때문이다. 판례도 양도담보권의 물상대위성을 긍정하고 있다. 즉, 양도담보로 제공된 목적물이 멸실, 훼손됨에 따라 양도담보 설정자와 제 3 자 사이에 교환가치에 대한 배상 또는 보상 등의 법률관계가 발생되는 경우에도 그로 인하여 양도담보 설정자가 받을 금전 기타 물건에 대하여 담보적 효력이 미친다. 따라서 양도담보권자는 양도담보 목적물이 소실되어 양도담보설정자가 보험회사에 대하여 화재보험계약에 따른 보험금청구권을 취득한 경우에도 담보물 가치의 변형물인 위 화재보험금청구권에 대하여 양도담보권에 기한 물상대위권을 행사할 수 있다고 한다(대판 2009. 11. 26, 2006다37106 참조).

[261]　Ⅱ. 목적물의 이용관계

1. 목적물의 점유와 이용　　목적물의 점유·이용을 어떻게 하는지는 양도 담보의 요소가 아니다. 따라서 채권자와 설정자 중 누가 목적물을 이용하는지는 당 사자의 합의에 따라 정해진다. 그러나 양도담보의 사회적 작용에 비추어 볼 때, 목 적물의 점유·이용을 채권자에게 맡기는 모습의 것(즉 양도질)보다는 설정자(채무자) 에게 이용권을 인정하는 것(즉 양도저당)이 합목적적이다. 따라서 반대의 특약이 없 는 한, 설정자가 목적물을 점유·이용할 권한을 가지는 것(양도저당)으로 새겨야 한 다. 판례도 당사자 사이에 반대의 특약이 없는 한 양도담보설정자가 목적물에 대한 사용·수익권을 가진다고 한다(대판 2009. 11. 26, 2006다37106 참조). 따라서 양도담보가 설정된 동산이 일정한 토지 위에 설치되어 있어 그 토지의 점유·사용이 문제된 경 우에는 양도담보설정자가 그 토지를 점유·사용하고 있다고 볼 수 있다(대판 2005. 11. 10, 2005다36083; 대판 2018. 5. 30, 2018다201429 참조).

2. 이용관계의 법률적 구성　　양도담보에서는, 이미 밝힌 바와 같이, 채 권자(담보권자)는 채권액의 범위 내에서 목적물의 가치를 지배할 뿐이고, 목적물의 나머지의 가치는 그대로 설정자에게 귀속하는 것이며, 또한 설정자에게 남아 있는 권리 가운데에는 목적물의 이용권이 포함되어 있다고 해야 한다. 따라서 설정자가 목적물을 점유·이용하는 양도저당의 경우에 설정자는 위와 같은 그에게 남아 있는 권리에 의하여 이용하는 것이라고 말할 수 있다.

가담법이 적용되지 않는 경우에는 목적물의 소유권은 형식상 채권자에게 이전 하기 때문에, 양도저당의 경우에 목적물의 이용권을 어떻게 법률적으로 구성할 것 인지 문제된다. 채권자가 채무자에게 목적물에 대한 사용대차를 하거나 임대차를 하는 형식을 취하게 된다. 그러나 가담법이 적용되는 경우에는 채권자가 양도담보 권만을 취득한 것으로 보게 되므로, 설정자가 소유자로서 담보물을 이용하는 것으 로 볼 수 있다(양도담보의 경우에 일반적으로 설정자가 소유자로서 목적물을 이용한다는 견해 로는 고상룡 777면, 김상용 813면, 이영준 1010면, 이은영 893면 참조).

[262]　Ⅲ. 양도담보권자 및 설정자의 목적물보관의무

양도담보권자와 설정자는 각각 목적물 위에 물권적 지위를 가지고 있으나, 상대방에 의한 목적물의 처분 등으로 그러한 권리를 잃는 경우가 있다([263] 참조). 그러나 두 당사자는 목적물의 처분 등으로 상대방의 권리를 소멸시켜서는 안 될 계약상의 의무를 부담하고 있으므로, 한쪽 당사자가 그의 권리를 잃는 것과 같은 사태가 생긴 때에는 상대방에 대하여 채무불이행에 의한 배상책임을 지게 된다.

　　1.　양도담보권자의 의무　　　부동산양도담보나 동산양도담보에서는 양도담보권자가 목적물을 선의의 제 3 자에게 처분함으로써, 설정자가 그의 권리를 잃게 되는 경우가 있다([263] 1 참조). 그러한 경우에 설정자는 목적물의 가치 전부의 배상을 청구할 수 있다.

　　2.　양도담보설정자의 의무　　　설정자가 목적동산을 직접점유하는 동산양도담보에서는 설정자가 그 동산을 양도담보권의 부담이 없는 물건으로서 제 3 자에게 처분하면, 선의취득의 법리에 따라 제 3 자는 양도담보권의 부담이 없는 소유권을 취득하게 되고, 양도담보권자는 그의 권리를 잃게 된다([263] 2 참조). 이때 배상액은 양도담보권자의 가치지배액 즉 피담보채권액이다. 만일 설정자가 동시에 채무자인 경우에 그는 피담보채권액의 채무를 부담하고 있으므로, 그 채무는 결국 무담보로 되어 버린다. 따라서 배상청구권이 발생하는 것은 설정자가 물상보증인인 경우에 한한다. 그리고 목적물을 훼손한 경우 손해배상청구권은 목적물의 가치가 피담보채권액 이하로 된 때에만 생기고, 배상액은 훼손 후의 목적물가액과 피담보채권액의 차액이다.

제 4 관　양도담보권의 대외적 효력

[263]　Ⅰ.　변제기도래 전의 처분의 효력

1.　양도담보권자에 의한 처분의 효력

　　(1)　양도담보권자가 자기의 권리, 즉 양도담보권을 처분할 수 있음은 당연하며, 의심의 여지가 없다. 그러나 양도담보권은 일종의 담보권이어서 채권에 부종하므로, 피담보채권과 분리해서 양도담보권만을 처분하지는 못한다고 해야 한다(361조 참조). 따라서 양도담보권은 피담보채권과 함께 양도할 수 있을 뿐이다. 구체적으로는 양도담보권의 양도를 위한 물권적 합의와 공시방법(동산의 경우에는 간접점유의

양도 즉 목적물반환청구권의 양도를 하거나(양도저당의 경우) 또는 현실의 인도를 해야 하고(양도질의 경우), 부동산의 경우에는 이전등기를 하게 된다)을 갖추어야 하고(186조), 또한 채권양도에 관한 규정(449조 내지 452조 참조)에 따라 피담보채권을 양도해야 한다.

(2) 양도담보권자가 목적물을 자기의 소유재산으로서 처분하면 어떻게 되는가? 양도담보권자는, 나중에 보는 바와 같이, 설정자에게 청산금을 지급할 때까지는, 형식상은 소유자이더라도, 담보권자에 지나지 않는다(가담 4조 2항 참조). 따라서 원래는 피담보채권과 함께 양도담보권을 양도할 수 있을 뿐이나, 양도담보권을 설정할 때 형식상 소유권이전의 방법을 취하고 있기 때문에, 부동산양도담보나 현실의 점유를 양도담보권자에게 이전하는 동산양도담보(즉 양도질의 경우)에서는 그러한 처분(즉 양도담보의 목적물을 양도담보권자가 마치 자기의 소유물인 것처럼 가장해서 하는 처분)이 행하여지기 쉽다. 이때 양수인은 완전한 소유권을 취득하게 되고, 설정자는 목적물을 도로 거둬들일 수 없게 되는지 문제된다. 경우를 나누어서 살피기로 한다.

(개) 목적물이 동산인 경우 선의취득의 법리에 따라 선의의 제3자는 유효하게 소유권을 취득할 수 있다.

(내) 목적물이 부동산인 경우 선의취득이 인정되지 않으므로, 제3자가 소유권을 취득할 수 있는지 문제된다. 양도담보권자는 외형상으로는 소유권을 취득하고 있으나, 그 권리의 실질은 담보권에 지나지 않는다. 이를 설정자 쪽에서 본다면, 형식상으로는 소유권을 잃고 있으나 실질적으로는 담보권을 설정하고 있을 뿐이다. 그러나 외형상으로는 권리이전의 형식을 취하고 있기 때문에, 양도담보권자와 거래관계에 서는 제3자의 보호를 외면할 수 없다.

가담법은 이러한 경우를 대비하여 제11조 단서를 두고 있다. 가담법 제11조는 그 본문에서 "채무자등은 청산금채권을 변제받을 때까지 그 채무액(반환할 때까지의 이자와 손해금을 포함한다)을 채권자에게 지급하고 그 채권담보의 목적으로 마친 소유권이전등기의 말소를 청구할 수 있다."라고 규정하고 있는데, 이는 나중에 보는 바와 같이 당연한 것을 규정한 것이라고 할 수 있다([268] 1 (1) 참조). 그런데 동조 단서는 위와 같은 설정자의 소유권이전등기말소청구권을 "그 채무의 변제기가 지난 때부터 10년이 지나거나 선의의 제3자가 소유권을 취득한 경우"에 제한하고 있다. 이 조항 단서에서 정한 10년의 기간은 제척기간이고, 제척기간은 그 기간의 경과 자체만으로 권리소멸의 효과가 발생하므로, 채무자 등의 말소청구권은 제척기간의 경과로 확정적으로 소멸한다(대판 2014. 8. 20, 2012다47074 참조). 이때 채권자는 가등기담보법 제 4 조에 따라 산정한 청산금을 채무자 등에게 지급할 의무가 있고, 채무자 등은 채권자에게 그 지급을 청구할 수 있다(대판 2018. 6. 15, 2018다215947 참조).

다음으로 이 조항 단서에서 정한 '선의의 제 3 자가 소유권을 취득한 경우'는 무슨 뜻일까? 다음과 같이 보아야 한다. 가담법 제 4 조 2항·3항에 따라 양도담보권자는 비록 자기 앞으로 목적부동산의 소유권이전등기가 되어 있다고 해도 소유권을 취득하지는 못하며, 청산기간이 지난 후 청산금을 설정자에게 지급해야만 비로소 미리 한 등기에 부합하는 소유권을 취득하게 된다. 그렇다면, 청산금을 지급하기 전에는, 설령 자기 앞으로 소유권등기가 있는 것을 이용해서 선의의 제 3 자에게 처분하여 이전등기를 해도, 그 제 3 자는 이론상 소유권을 취득하지 못한다는 결과가 된다. 말하자면, 양도담보권자가 제 3 자에게 한 이전등기는 이론상 무효이다. 그러나 이 이론을 관철한다면 거래의 안전이 문제된다. 거래의 안전이 문제되기 때문에, 그와 같은 경우에는 선의의 제 3 자는 유효하게 소유권을 취득한다는 것이 가담법 제11조 단서에서 말하는 '선의의 제 3 자가 소유권을 취득한 경우'의 의미라고 해석해야 한다(이에 관해서는 위 [254] 1. (5)도 참조). 이는 결과적으로 등기에 공신력을 인정하는 것이 된다(김상용 815면, 김증한·김학동 603면, 송덕수 641면 참조). 요컨대, 양도담보권자가 목적부동산을 자기의 소유재산으로서 처분하면, 양수인이 선의인 경우에 그는 완전한 소유권을 취득한다고 보아야 한다.

양수인이 악의인 때에는(양도담보권을 설정할 때 등기원인을 「양도담보」라고 등기하고 있는 때에는, 양수인은 언제나 악의로 인정된다) 어떻게 처리되는가? 두 처리방법을 생각할 수 있다. 하나는 처분행위가 무효이므로 설정자는 양수인의 등기를 말소할 수 있다고 해석하는 것이다. 다른 하나는 처분행위를 무효라고 하지 않고서, 양도인이 가지고 있는 양도담보권 이전의 효과만은 인정하는 것이다. 이와 같이 새긴다면, 설정자는 양수인이 취득한 권리는 양도인이 가지고 있었던 양도담보권에 지나지 않는다는 것을 주장함으로써, 목적물을 환수할 수 있게 된다. 이때 환수권을 행사할 상대방은 양수인이라고 해야 한다. 악의자는 소유권을 취득하지는 못해도 양도담보권은 취득하고 있으므로, 설정자가 이를 소멸시켜서 완전한 소유권을 도로 거뒤들이려면 채권액을 제공해야 하기 때문이다.

2. 양도담보설정자에 의한 처분의 효력　　양도담보권을 설정한 후 설정자가 목적물을 처분할 수 있는지 문제된다. 부동산의 경우에는 담보권자에게 소유권 이전등기가 되어 있기 때문에 설정자가 목적물을 처분하는 것은 불가능하다.

그러나 동산양도담보의 경우에는 점유개정에 의하여 양도담보가 공시되는 것이므로 설정자가 제 3 자에게 목적물을 처분할 수 있다. 그런데 동산에 대하여 점유개정의 방법으로 이중양도담보를 설정한 경우 원래의 양도담보권자는 뒤의 양도담보권자에 대하여 배타적으로 자기의 담보권을 주장할 수 있다(대판 2000. 6. 23, 99다65066 참조). 동산양도담보의 경우 대외적인 관계에서는 채무자는 동산의 소유권을 이미 채권자에게 양도한 무권리자가 된다. 따라서 채무자가 다시 다른 채권자와의 사이에 양도담보 설정계약을 체결하고 점유개정의 방법으로 인도를 하더라도 원칙적으로 나중에 설정계약을 체결한 채권자는 양도담보권을 취득할 수 없기 때문이다(대판 2004. 10. 28, 2003다30463 참조). 그러나 이 경우 제 3 자가 현실의 인도를 받으면 선의취득이 인정될 수 있다(대판 1975. 1. 28, 74다1564. 상세한 것은 위 [40] 참조). 제 3 자가 선의취득의 요건을 갖춘 경우에는 양도담보의 부담이 없는 소유권을 취득한다. 이 경우 선의취득의 요건인 선의·무과실은 양도담보의 존재에 관한 선의·무과실을 의미한다.

[264] Ⅱ. 일반채권자와의 관계

1. 양도담보권자의 일반채권자와 양도담보설정자의 관계

(1) 일반채권자의 압류

㈎ 양도담보권자의 일반채권자가 목적물을 압류한 경우에, 설정자는 제 3 자 이의의 소를 제기할 수 있는가? 양도담보권을 담보권으로서 구성한다면, 목적물의 소유권은 설정자에게 귀속하는 것이 되나, 그렇다고 해서 설정자가 무조건 제 3 자 이의의 소를 제기할 수 있다고 하는 것은 타당하지 않다. 양도담보권자는 피담보채권의 범위 내에서는 목적물의 가치를 지배하고 있는 것이고, 그 한도에서는 압류채권자의 공취를 긍정해야 하기 때문이다. 그러므로 양도담보권자의 일반채권자에 의한 목적물의 압류는, 마치 피담보채권과 함께 양도담보권을 압류한 것과 같은 관

계가 있게 된다고 말할 수 있다. 그렇다면, 압류채권자의 지위는 양도담보권자의 그것과 다름이 없다. 그러므로 피담보채권의 변제기가 도래한 후에는, 설정자는 압류채권자에게 변제해서 양도담보권을 소멸시킨 다음에(말하자면 목적물을 환수하거나 회수한 후에), 제3자이의의 소를 제기할 수 있다고 새겨야 한다.

(나) 양도담보의 목적물이 동산이고 또한 설정자가 직접점유를 하고 있는 경우에는 양도담보권자의 일반채권자가 현실적으로 목적물을 압류하는 것은 생각하기 어렵다(절차상 목적물을 일반채권자가 압류하는 것이 곤란하기 때문이다). 실질적으로 생각하여도, 그러한 동산은 양도담보권자의 일반재산으로서 채권자의 신용의 기초가 되는 실체를 갖는 것이 아니고, 또한 양도담보 당사자의 신뢰관계를 제3자가 파괴하는 결과를 인정하는 것도 타당하지 않으므로, 양도담보권자의 일반채권자에 의한 목적동산의 압류는 허용되지 않는다고 하는 것이 타당하다. 그러므로 이 경우에는 피담보채권과 함께 양도담보권을 압류하거나, 또는 양도담보권자가 설정자에 대하여 가지는 목적물반환청구권에 대한 집행절차를 취하게 될 것이다. 앞의 경우에는 (가)의 경우와 마찬가지로 생각하면 된다. 뒤의 경우에는 압류채권자는 양도담보의 피담보채권과 동일한 기한부의 반환청구권을 가지는 것이 되므로, 기한 전에는 설정자는 인도를 거절할 수 있을 것이고, 기한 후에는 설정자는 압류채권자에게 변제해서 목적물을 환수함으로써 인도청구를 거절할 수 있게 될 것이다.

(2) **양도담보권자의 파산 또는 개인회생**   구 파산법 제80조는 "파산선고 전에 파산자에게 재산을 양도한 자는 담보의 목적으로 한 것을 이유로 그 재산을 환취할 수 없다."라고 규정함으로써, 설정자의 환취권을 부정하고 있었다. 그러나 「채무자 회생 및 파산에 관한 법률」에는 이에 해당하는 규정을 두고 있지 않다(동법 407조 이하 참조). 그러나 도산절차에서 양도담보권을 담보권으로 보고 있는데(아래 2 (2)·(3)), 양도담보권자의 파산으로 설정자의 지위에 변동이 생기는 일은 없으므로, 양도담보권자의 채권자가 압류한 경우와 마찬가지로, 설정자는 피담보채권을 변제함으로써 목적물을 환취할 수 있다고 해석하는 것이 타당하다. 개인회생절차가 개시된 경우에도 마찬가지로 보아야 한다.

(3) **양도담보권자의 회생절차개시**   구 회사정리법 제63조도 구 파산법 제80조와 같은 규정을 두고 있었으나, 「채무자 회생 및 파산에 관한 법률」은 이와 같

은 규정을 두고 있지 않다. 이 경우에도 파산의 경우와 마찬가지로, 피담보채권을
변제해서 환취할 수 있다고 해석해야 한다.

2. 양도담보설정자의 일반채권자와 양도담보권자의 관계

(1) **일반채권자의 압류**　　설정자가 목적물을 점유하게 되는 동산양도담보
의 경우에는, 설정자의 일반채권자가 그 목적물을 설정자의 재산으로서 압류하는
경우가 있을 수 있다. 이때 양도담보권자는 제3자이의의 소를 제기할 수 있는가?
동산양도담보의 경우에 신탁적 소유권이전설을 채택하고 있으므로, 양도담보권자
는 제3자이의의 소를 제기할 수 있다. 판례도 마찬가지이다. 즉, 집행증서를 소지
한 동산양도담보권자는 제3자이의의 소로 목적물건에 대한 양도담보권설정자의
일반채권자가 한 강제집행의 배제를 구할 수 있다(대판 1994. 8. 26, 93다44739 참조).
그러나 그와 같은 방법에 의하지 아니하고 집행증서에 의한 담보목적물에 대한 이
중 압류의 방법으로 배당절차에 참가하여 선행한 동산압류에 의하여 압류가 경합
된 양도담보권설정자의 일반채권자에 우선하여 배당을 받을 수도 있다(대판 2004.
12. 24, 2004다45943 참조).

(2) **양도담보설정자의 파산 또는 개인회생**　　설정자가 목적물을 점유하고
있는 동안에 파산하였다면, 양도담보권자는 파산재단에 대하여 환취권을 가지는가?
부정해야 한다. 도산절차에서 양도담보권을 담보권으로 취급하고 있으므로(회생파산
141조), 파산절차에서도 양도담보권자는 별제권을 가진다고 보아야 한다(김재형, 민법
론 Ⅲ, 249면 참조). 이는 개인회생절차에서도 마찬가지이다.

(3) **양도담보설정자의 회생절차개시**　　설정자가 회사이고 회생절차가 개시
된 경우에, 양도담보권자는 목적물이 회사에 속하지 않는 재산이라 하여 환취할 수
있는가? 이를 인정한다면, 회사재산에 관하여 저당권 그 밖의 담보권을 가지는 자
와의 균형을 잃게 되고, 또한 회사의 운영에 필요한 물건을 가져감으로써 회사의
회생을 방해하는 결과가 될 것이다. 따라서 양도담보권자의 환취권은 이를 부정하
는 것이 옳다. 양도담보권자는 회생담보권자로서 보호될 수 있을 뿐이다(회생파산
141조 1항 참조).

[265] Ⅲ. 제 3 자에 의한 침해

　　1. 양도담보의 목적물을 제 3 자가 불법점유하거나 그 밖에 불법한 침해를 하고 있는 경우에 양도담보권자와 설정자의 쌍방은 모두 그 제 3 자에 대한 반환청구권 또는 방해배제청구권을 가진다. 가담법이 적용되는 경우라면, 설정자는 그의 소유권에 기하여, 그리고 양도담보권자는 그의 양도담보권에 기하여, 각각 물권적 청구권을 가진다. 가담법이 적용되지 않는 경우에는 양도담보권자가 소유권에 기하여 물권적 청구권을 행사할 수 있다. 그 밖에 목적물을 점유하고 있는 양도담보권자나 설정자는 점유보호청구권도 가지게 됨은 물론이다. 양도담보계약에 따라 간접점유를 가질 뿐인 당사자는 자기에게 직접점유를 인도할 것을 청구하지는 못하고, 상대방에게 직접점유를 인도할 것을 청구할 수 있을 뿐이다. 제 3 자에 의한 침탈이 있기 전보다도 큰 권리를 취득하는 것은 인정될 수 없기 때문이다.

　　2. 제 3 자가 목적물을 멸실·훼손한 경우에는 양도담보권자와 설정자의 쌍방이 그 제 3 자에 대하여 손해배상청구권을 취득한다. 이때 양도담보권자가 청구할 수 있는 배상액은 피담보채권액을 한도로 한다. 한편 설정자는 양도담보권자가 직접 가해자로부터 배상을 받은 경우에는 그 액만큼 피담보채무를 면하고, 나머지 금액만을 청구할 수 있다. 양도담보권자가 가해자로부터 직접 배상을 받고 있지 않은 경우에는 설정자는 전액을 청구할 수 있으나, 그로부터 피담보채무를 변제해야 한다.

제 5 관   우선변제를 받는 효력

[266] Ⅰ. 총   설

　　가담법의 적용을 받는 양도담보권은 일종의 담보권이기 때문에, 당연히 우선변제권이 그 중심적 효력이라고 해야 한다. 즉, 채무자가 변제기에 채무를 이행하지 않으면, 채권자는 그의 담보권을 실행해서 다른 채권자보다 우선적으로 목적물로부터 자기채권의 만족을 얻을 수 있다. 문제는 비전형담보인 양도담보에서 우선변제권을 실현하는 방법이다. 이미 밝힌 바와 같이, 가담법은 비단 가등기담보뿐만 아니라 가담법이 적용되는 부동산양도담보에도 일부 규정이 적용된다. 특히 실행에 관한 동법 제 2 조 내지 제11조는 원칙적으로 적용된다고 해야 한다. 따라서 가담법이 적용되는 부동산 양도담보권자는 가담법이 정하는 「권리취득에 의한 실행」
을 하게 된다(다만 동산양도담보나 주식양도담보 등에는 가담법 시행 전의 양도담보에 관한 법
리가 적용된다). 권리취득에 의한 실행방법에 관해서는 가등기담보를 다룰 때에 자세
히 보았으므로([254] 1 참조), 아래에서는 같은 설명을 되풀이하는 번거로움을 피하
기 위하여 간단히 적는 데 그치기로 한다.

[267] Ⅱ. 양도담보권의 실행

　　양도담보권의 실행도 실행통지·청산·소유권취득의 3단계를 거치게 된다.

　　1. 실행통지　　　　양도담보권자는 우선 가담법 제 3 조가 정하는 실행통지를
해야 한다(자세한 것은 [254] 1 (1) 참조). 즉, 피담보채권의 변제기가 된 후에, 통지 당
시의 목적물의 평가액과 피담보채권액을 채무자와 물상보증인에게 통지해야 한다
(가담 3조 2항 전단). 목적물이 둘 이상인 때에는 각 물건의 소유권이전으로 소멸시키
려고 하는 채권과 그 비용을 명시해야 한다(가담 3조 2항 후단). 만일 목적물의 값이
피담보채권액에 미달하는 경우에는 청산금이 없다는 뜻을 통지해야 한다(가담 3조 1
항 후단). 목적물의 값이 채권액에 미달하는 경우에 그 차액에 관해서는 무담보의
채권으로서 존속한다. 통지의 방법에는 제한이 없으나, 통지의 도달일이 청산기간
의 기산일에 해당하기 때문에, 서면으로 확실하게 해야 한다.

　　　　통지의 상대방은 가담법 제 3 조 1항 전단 및 제 2 조 2호에 따라, 「채무자·물상보
　　증인 및 양도담보권의 설정 후에 설정자로부터 소유권을 취득한 제 3 자」라는 것이 되
　　나, 그중 제 3 취득자가 있게 되는 것은 동산양도저당의 경우이다([261] 2 참조). 그리
　　고 그러한 제 3 취득자 가운데에는 양도담보권의 부담이 있는 소유권을 취득하는 자와
　　양도담보권의 부담이 없는 소유권을 취득하는 자가 있게 될 것이다. 통지의 상대방이
　　되는 것은 앞의 자뿐이다. 그리고 그러한 제 3 취득자가 있는 경우에 채무자는 통지의
　　상대방이 아니라고 해야 한다.

　　2. 청　　산　　　　실행통지를 한 경우에 목적물의 값이 채권액을 초과하고
있으면, 양도담보권자는 다음과 같은 청산을 해야 한다(자세한 것은 [254] 1 (2) 참조).

　　(1) 청산의무와 청산방법　　　　양도담보권자는 청산기간(실행통지가 채무자에게
도달한 날부터 2개월)이 지난 후에, 목적물가액(실행통지에서 표시한 평가액이 아니라, 객관

적 가액임을 주의)에서 채권액을 뺀 금액을 청산금으로서 채무자 또는 물상보증인에게 지급하여, 귀속청산을 해야 한다(가담 3조 1항·4조 1항). 청산기간이 지나기 전에 변제하여도 후순위권리자에게 대항하지 못한다(가담 7조 2항).

위와 같은 청산의무에 관한 가담법 제 4 조 1항을 위반하는 특약으로서, 채무자 및 물상보증인에게 불리한 것은 무효이다(가담 4조 4항 본문). 그러나 청산기간이 지난 후에 하는 특약으로서 제 3 자의 권리를 침해하지 않는 경우에 그 특약은 유효하다(가담 4조 4항 단서).

(2) **청산금의 액**   가등기담보권의 실행에서와 똑같다. 되풀이하여 적지 않는다([254] 1 (2) ㈐ 참조).

(3) **청산금청구권자**   청산금의 청구권자는 우선 채무자 등이다(가담 4조 1항). 즉, 채무자 또는 물상보증인, 그리고 양도담보권을 설정한 후에 이들로부터 소유권을 취득한 제 3 자이다(가담 2조 2호). 다음으로 후순위권리자이다. 선순위담보권자를 청산금청구권자에서 제외하고 있는데, 이는 양도담보권자가 권리실행으로 목적물의 소유권을 취득하게 되면, 선순위의 담보권은 그 목적물 위에 그대로 존속하기 때문이다.

(4) **청산금의 공탁**   채무자의 일반채권자가 청산금청구권을 압류 또는 가압류한 경우에, 채권자를 보호하기 위하여 가담법은 청산금의 공탁이라는 제도를 두고 있다. 이에 관해서도 양도담보의 경우에 특별한 것이 없으므로, 가등기담보에 관한 기술 중 해당부분, 즉 [254] 1 (2) ㈒를 참조하기 바란다.

3. 소유권취득   실행통지를 하고, 또한 청산기간이 지난 후에 청산을 하면, 양도담보권자는 목적물에 대한 소유권을 취득한다. 공시방법은 양도담보권을 설정한 때에 이미 갖추고 있으므로, 따로 할 필요가 없음은 물론이다.

(1) 목적물의 값이 채권액에 미달하고 있어서 청산금이 없는 경우에 양도담보권자는 청산기간의 마지막 날이 끝난 때에 당연히 소유권을 취득하게 되고, 목적물의 인도를 청구할 수 있다(가담 4조 2항·3항).

(2) 목적물의 값이 채권액을 초과하고 있어서 청산금이 있는 경우에 청산기간이 지난 후에 청산금을 그 청구권자에게 지급하거나 청산금을 공탁한 때에 소유권을 취득한다(가담 4조 2항·8조 참조). 이때 양도담보권자의 목적물인도청구권과 채

무자 또는 물상보증인의 청산금청구권 사이에는, 민법 제536조의 준용으로(가담 4조 3항), 동시이행관계가 생기게 된다.

(3) 가담법 제4조 2항과 3항을 위반하는 특약으로서, 채무자나 물상보증인에게 불리한 것은 그 효력이 없다. 그러나 청산기간이 지난 후에 한 특약은 제3자의 권리를 침해하지 않는 것이면 유효하다(가담 4조 4항).

4. 법정지상권　　토지 및 그 지상의 건물이 동일한 소유자에게 속하는 경우에, 그 토지 또는 건물의 어느 하나를 목적으로 한 양도담보권이 설정되어 그것이 실행된 때에는, 건물을 위하여 지상권이 설정된 것으로 본다. 이 지상권의 존속기간과 지료는 당사자의 청구에 따라 법원이 정한다(가담 10조).

5. 채무자 등의 소유권이전등기말소청구권　　가담법 제11조는 부동산양도담보의 경우에, 일정한 요건을 충족하면 채무자 등은 소유권이전등기의 말소를 청구할 수 있는 것으로 규정하고 있다. 편의상 이에 관한 설명은 양도담보의 소멸 부분에서 보기로 한다.

제6관　양도담보권의 소멸

[268]　양도담보권의 소멸

1. 피담보채권의 소멸

(1) **채무의 변제**　　채무가 변제되면, 피담보채무는 소멸하고, 따라서 양도담보권도 소멸한다. 그러나 이때 처리해야 할 문제가 남는다. 그것은 양도담보권을 설정할 때에 목적물의 소유권을 대외적으로 채권자에게 이전하는 형식을 취하였기 때문에, 채무의 변제로 양도담보권이 소멸하더라도 형식상 취한 소유권이전은 그대로 남는다. 따라서 이 형식상 옮겨진 소유명의를 채무자 또는 물상보증인에게 되돌아가게 하는 것이 필요하다. 그 방법은 목적물이 부동산인 때에는 소유권이전등기를 말소하는 것이다. 이때 채무자나 물상보증인은 물권적 청구권으로서 등기청구권을 가지지만, 목적물의 소유권을 양도한 이후에는 양도담보설정계약의 당사자로서 채권적 청구권을 행사할 수도 있다. 한편 목적물이 동산인 경우에 설정자가 그것을 점유·이용하고 있으면(양도저당의 경우) 특별한 절차는 필요하지 않게 될 것

이고, 양도담보권자가 점유하고 있으면(양도질의 경우) 설정자는 담보권자에 대하여 목적물인도청구권을 행사해서 인도받게 된다.

그렇다면 채무자나 물상보증인은 언제까지 변제해서 양도담보권을 소멸시킴으로써 위와 같은 조치를 취할 수 있는가? 가담법이 적용되는 경우에는 다음과 같이 구분해 보아야 한다.

(개) 청산금이 있는 때에는 청산기간이 지난 후, 청산금채권을 변제받을 때까지, 그 채무를 변제할 수 있다(가담 11조 본문 참조).

(내) 청산금이 없으면, 청산기간 내에 변제하면 된다.

그런데 (개의 경우에, 또한 목적물이 부동산인 경우에 관하여, 채무자나 물상보증인이 청산금을 지급받지 못하고 있다고 해서, 언제까지나 채권액을 제공해서 소유권이전등기의 말소를 청구하지는 못하는 것으로 하고 있다. 즉, 다음과 같은 제한을 두고 있다(가담법 11조 단서).

① 채무의 변제기가 지난 때부터 10년이 지난 때.

② 선의의 제 3 자가 소유권을 취득한 때.

두 경우 중 ②에 관해서는, 가등기담보에 관하여 설명한 것과 비슷한 문제가 있다([254] 1 (5) 참조). 즉, 가담법 제 4 조 2항과 3항에 따라, 양도담보권자는 비록 자기 앞으로 목적부동산의 소유권이전등기가 되어 있다고 해도 소유권을 취득하지는 못하며, 청산기간이 지난 후 청산금을 설정자에게 지급해야만 비로소 미리 행한 등기에 부합하는 소유권을 취득한다. 그렇다면 청산금을 지급하기 전에는 설령 자기 앞으로 소유권등기가 있는 것을 이용해서 선의의 제 3 자에게 처분하여 이전등기를 해도 그 제 3 자는 이론상 소유권을 취득하지 못한다는 결과가 된다. 말하자면, 양도담보권자가 제 3 자에게 한 이전등기는 이론상 무효인 것이다. 그러나 이 이론을 관철한다면, 거래의 안전이 문제된다. 그와 같은 경우에 선의의 제 3 자는 유효하게 소유권을 취득한다는 것이 가담법 제11조 단서에서 말하는 「선의의 제 3 자가 소유권을 취득한 경우」의 의미라는 점은 이미 설명하였다([263] 1 (2) (내) 참조).

(2) **소멸시효의 완성**   피담보채권이 시효로 소멸하면, 양도담보권도 당연히 소멸한다. 소멸시효에 관한 이른바 상대적 소멸설에 의하면, 시효의 완성으로 소멸을 원용하는 때에 소멸한다고 하므로, 양도담보도 그러한 원용으로 피담보채

권이 소멸하는 때에 소멸하게 될 것이다.

　　2.　목적물의 멸실·훼손　　　양도담보의 목적물이 멸실·훼손하면, 그 한도에서 양도담보권도 소멸한다. 그러나 피담보채권은 소멸하지 않고 존속함은 물론이다.

부 록

본문의 설명에 대한 이해를 돕기 위하여 부동산사항전부증명서의 양식과 기재례를 소개한다. 부동산등기에 관한 기재례는 [1] 토지의 등기(616면~617면), [2] 집합건물의 등기(618면~620면), [3] 집합건물의 대지인 토지의 등기(621면~623면)의 세 가지이다. 그리고 [4] 동산담보 등기(624면~625면), [5] 채권담보 등기(626면~627면)에 관한 기재례를 추가하였다.

기재례는 실제 모양을 축소한 것으로 문서 하단의 바코드 등은 실제와 달라진 부분도 있고 주소나 인적 사항은 임의로 기재하였다.

[1]

616

등기사항전부증명서(말소사항 포함) - 토지

고유번호 0000-0000-000000

【 표 제 부 】 (토지의 표시)

표시번호	접 수	소 재 지 번	지 목	면 적	등기원인 및 기타사항
1 (전2)	1994년 8월 22일	서울특별시 은평구 응암동 213	대	350㎡	부동산등기법 제177조의6 제1항의 규정에 의하여 ○○○○년 ○○월 ○○일 전산이기

【 갑 구 】 (소유권에 관한 사항)

순위번호	등 기 목 적	접 수	등 기 원 인	권 리 자 및 기 타 사 항
1 (전5)	소유권이전	1994년6월12일 제1000호	1994년5월1일 매매	소유자 홍길동 600114-1******* 서울특별시 관악구 신림동 123
2	소유권이전청구권가등기	2012년3월10일 제2500호	2012년3월9일 매매예약	가등기권자 이태원 701115-1******* 서울특별시 서초구 강남대로 21(서초동)
3	2번가등기말소	2012년5월20일 제3500호	2012년5월19일 해제	
4	소유권이전	2012년5월20일 제3501호	2012년5월2일 매매	소유자 박을남 600909-2******* 서울특별시 종로구 율곡로1길 16(사간동) 거래가액 금350,000,000원

문서 하단의 바코드를 스캐너로 확인하거나, 인터넷등기소(http://www.iros.go.kr)의 발급확인 메뉴에서 발급확인번호를 입력하여
위변조 여부를 확인할 수 있습니다. 발급확인번호를 통한 확인은 발행일부터 3개월까지 5회에 한하여 가능합니다.

발행번호 123456789A123456789B123456789C123456789D123456789   1/2   발급확인번호 ABCD-0000-ABCD

발행일 0000/00/00

대 법 원

[토지] 서울특별시 은평구 응암동 213

【 을 구 】 (소유권 이외의 권리에 관한 사항)

순위번호	등 기 목 적	접 수	등 기 원 인	권 리 자 및 기 타 사 항
1	근저당권설정	2012년3월15일 제3691호	2012년3월14일 설정계약	채권최고액 금60,000,000원 채무자 김한솔 서울특별시 종로구 율곡로 16(원서동) 근저당권자 이거레 750614-1****** 서울특별시 중로구 창덕궁길 100(계동) 공동담보 건물 서울특별시 은평구 응암동 213
1-1	1번근저당권이전	2013년3월5일 제2200호	2013년3월2일 계약양도	근저당권자 강미래 790513-2***** 서울특별시 용산구 원효로 10(원효로1가)
2	근저당권설정	2012년3월4일 제2100호	2012년3월3일 설정계약	전세금 금52,000,000원 범위 토지 전부 존속기간 2012년3월4일부터 2013년3월3일까지 특약 전세권자는 전세권설정자의 승낙 없이 전세권을 타인에게 양도, 담보제공, 전전세 또는 임대하지 못한다. 전세권자 박병순 531010-2***** 서울특별시 마포구 마포대로117가길 25(염리동)
2-1	1번전세권변경	2013년3월2일 제2700호	2013년3월1일 변경계약	전세금 금80,000,000원

수수료 00원 영수함

-- 이 하 여 백 --
관할등기소

이 증명서는 등기기록의 내용과 틀림없음을 증명합니다.
서기 0000년 00월 00일

법원행정처 등기정보중앙관리소

전산운영책임관

* 실선으로 그어진 부분은 말소사항을 표시함.   * 등기기록에 기록된 사항이 없는 갑구 또는 을구는 생략함.

[2]

등기사항전부증명서(말소사항 포함) - 집합건물

고유번호 0000-0000-0000-000000

[집합건물] 서울특별시 서초구 서초동 151의 1필지 서초아파트 제101동 서초아파트 제1층 제101호

【 표 제 부 】 (1동의 건물의 표시)

표시번호	접 수	소재지번, 건물명칭 및 번호	건 물 내 역	등기원인 및 기타사항
1	2012년 10월 22일	서울특별시 서초구 서초동 151, 151-1 서초아파트 제101동 [도로명주소] 서울특별시 서초구 동광로27길 61	철근콘크리트조 슬래브지붕 7층아파트 1층 1,000㎡ 2층 1,000㎡ 3층 1,000㎡ 4층 1,000㎡ 5층 1,000㎡ 6층 1,000㎡ 7층 1,000㎡ 지하실 300㎡ 옥탑 100㎡	도면 제2012-321호

(대지권의 목적인 토지의 표시)

표시번호	소재지번	지 목	면 적	등기원인 및 기타사항
1	1. 서울특별시 서초구 서초동 151 2. 서울특별시 서초구 서초동 151-1	대 대	32000㎡ 3000㎡	2012년 10월 22일 등기

[집합건물] 서울특별시 서초구 서초동 151외 1필지 서초아파트 제101동 제1층 제101호　　　　　고유번호 0000-0000-000000

【 표 제 부 】 (전유부분의 건물의 표시)

표시번호	접 수	건물번호	건물내역	등기원인 및 기타사항
1	2012년10월22일	제1층 제101호	철근콘크리트조 87㎡	도면 제2013-321호

(대지권의 표시)

표시번호	대지권의 종류	대지권의 비율	등기원인 및 기타사항
1	1. 2 소유권대지권	35,000분의 30.534	2012년10월22일 대지권 2012년11월21일 등기
2			별도등기 있음 1토지(갑구50번 가처분등기) 2012년12월3일 등기

【 갑 구 】 (소유권에 관한 사항)

순위번호	등 기 목 적	접 수	등 기 원 인	권 리 자 및 기 타 사 항
1	소유권보존	2012년10월22일 제30000호		소유자 우신건설주식회사 111111-1234567 서울특별시 서초구 서초대로46길 60
2	소유권이전	2012년11월21일 제37000호	2012년11월2일 매매	소유자 위동현 601111-1****** 서울특별시 마포구 마포대로117가길 25(염리동) 매매목록 제2012-102호
3	소유권이전청구권가등기	2013년9월5일 제25000호	2013년9월1일 매매예약	가등기권자 이도령 360317-1****** 서울특별시 서초구 강남대로 21(서초동)
	소유권이전	2014년2월20일 제5000호	2014년2월17일 매매	소유자 이도령 360317-1****** 서울특별시 서초구 강남대로 21(서초동) 거래가액 금420,000,000원

620

[집합건물] 서울특별시 서초구 서초동 151의 1필지 서초아파트 제101동 제1층 제101호   고유번호 0000-0000-000000

【 을 구 】 (소유권 이외의 권리에 관한 사항)

순위번호	등 기 목 적	접 수	등 기 원 인	권 리 자 및 기 타 사 항
1	전세권설정	2012년12월15일 제3691호	2012년12월14일 설정계약	전세금 금260,000,000원 범위 전물 전부 존속기간 2012년12월15일부터2015년11월14일까지 전세권자 이겨배 750614-1035852 서울특별시 종로구 창녕궁길 100(계동)
1-1				1번등기는 전물만에 관한 것임 2012년11월15일 부기

-- 이 하 여 백 --

관할등기소 00지방법원 00등기소 / 발행등기소 00지방법원 00등기소

전산운영책임관

수수료 000원 영수함

이 증명서는 등기기록의 내용과 틀림없음을 증명합니다.
서기 0000년 00월 00일
법원행정처 등기정보중앙관리소

* 실선으로 그어진 부분은 말소사항을 표시함.   * 등기기록에 기록된 사항이 없는 갑구 또는 을구는 생략함.

문서 하단의 바코드를 스캐너로 확인하거나, **인터넷등기소**(http://www.iros.go.kr)의 **발급확인** 메뉴에서 **발급확인번호**를 입력하여
위변조 여부를 확인할 수 있습니다. 발급확인번호를 통한 확인은 발행일부터 3개월까지 5회에 한하여 가능합니다.

발행번호 123456789A123456789B123456789C123456789D123456789   발급확인번호 ABCD-0000-ABCD

발행일 0000/00/00

[3] 대지권의 목적인 토지등기부

등기사항전부증명서(말소사항 포함) - 토지

고유번호 0000-0000-000000

[토지] 서울특별시 서초구 서초동 151

【 표 제 부 】 (토지의 표시)

표시번호	접 수	소 재 지 번	지 목	면 적	등기원인 및 기타사항
1 (전○)	≥000년 7월 21일	서울특별시 서초구 서초동 151	대	32000㎡	부동산등기법 제177조의6 제1항의 규정에 의하여 ○○○○년 ○○월 ○○일 전산이기

【 갑 구 】 (소유권에 관한 사항)

순위번호	등 기 목 적	접 수	등 기 원 인	권 리 자 및 기 타 사 항
1 … 29	(생략)			(생략)
30	20번홍길동지분전부이전	2001년11월21일 제33000호	2001년11월2일 매매	공유자 지분 2분의 1 우신건설주식회사 111111-1234567 서울특별시 서초구 서초대로46길 60
31	30번우신건설주식회사지분2분의 1 중 일부(35,000분의 30.534)이전	2012년11월21일 제37000호	2012년11월2일 매매	공유자 지분 35,000분의 30.534 이○원 601111-1******* 서울특별시 마포구 마포로11가길 25(염리동) 매매목록 제2012-102호

문서 하단의 바코드를 스캐너로 확인하거나, 인터넷등기소(http://www.iros.go.kr)의 발급확인 메뉴에서 발급확인번호를 입력하여 위·변조 여부를 확인할 수 있습니다. 발급확인번호를 통한 확인은 발행일부터 3개월까지 5회에 한하여 가능합니다.

발행번호 12345678A12345678B12345678C12345678D123456789

1/3

발급확인번호 ABCD-0000-ABCD

발행일 0000/00/00

고유번호 0000-0000-000000

[토지] 서울특별시 서초구 서초동 151

순위번호	등 기 목 적	접 수	등 기 원 인	권 리 자 및 기 타 사 항
32	31번 위등현지분 전부대지권			건물의 표시 서울특별시 서초구 서초동 151외 1필지 서초아파트 제101동 2012년11월21일 등기
32-48	(생략)			
50	31번위등현지분가처분	2012년12월3일 제38000호	2012년12월1일 서울중앙지방법원의 가처분결정(2012카합12800)	피보전권리 소유권이전등기청구권 채권자 이별동 530305-1****** 서울특별시 서초구 강남대로 21(서초동) 금지사항 양도, 담보권설정 기타 일체의 처분행위의 금지

【 을   구 】   (소유권 이외의 권리에 관한 사항)

순위번호	등 기 목 적	접 수	등 기 원 인	권 리 자 및 기 타 사 항
1	근저당권설정	2000년3월15일 제2691호	2000년3월14일 설정계약	채권최고액 금160,000,000원 채무자 김희동 서울특별시 중구 원서동 1동 근저당권자 한주주택은행 110135-0012423 서울특별시 중구 배정로 17가-61-t (생략)
2 … 16	(생략)			
17	1번근저당권설정등기말소	2001년11월21일 제37001호	2001년11월20일 해지	

수수료 ●00원 영수함

관할등기소 00지방법원 00등기소 / 발행등기소 00지방법원 00등기소

-- 이 하 여 백 --

이 증명서는 등기기록의 내용과 틀림없음을 증명합니다.

서기 0000년 00월 00일

법원행정처 등기정보중앙관리소

전산운영책임관

* 실선으로 그어진 부분은 말소사항을 표시함.
* 등기기록에 기록된 사항이 없는 갑구 또는 을구는 생략함.

문서 하단의 바코드를 스캐너로 확인하거나, 인터넷등기소(http://www.iros.go.kr)의 발급확인 메뉴에서 발급확인번호를 입력하여 위·변조 여부를 확인할 수 있습니다. 발급확인번호를 통한 확인은 발행일부터 3개월까지 5회에 한하여 가능합니다.

발급확인번호 ABCD-0000-ABCD   발행일 0000/00/00

3/3

발행번호 123456789A123456789B123456789C123456789D123456789

열람용

624

[4]

동산담보 등기사항전부증명서(말소사항 포함)

등기고유번호 0000-000000

등기일련번호 000000

【 담 보 권 설 정 자 】　(담보권설정자에 관한 사항)

표시번호	상호 / 명칭	법인등록번호	본점 / 주사무소	등기원인 및 등기일자
1	주식회사 갑을설엽 (Kapul Industry Co., Ltd.)	110111-00123 45	서울특별시 서초구 서초대로 1(서초동)	

【 담 보 권 】　(담보권에 관한 사항)

순위번호	등기목적	접 수	등 기 원 인	담 보 권 자 및 기 타 사 항
1	근담보권설정	2012년6월12일 16시25분 제100호	2012년6월11일 설정계약	채권최고액 금50,000,000원 존속기간 2017년 6월 12일 까지 채무자 주식회사 갑을건설 　　　　서울특별시 관악구 신사로 1(신림동) 근담보권자 주식회사 부자은행 110111-0001234 　　　　서울특별시 종로구 세종대로 200(세종로)

문서 하단의 바코드를 스캐너로 확인하거나, **인터넷등기소(http://www.iros.go.kr)**의 **발급확인** 메뉴에서 **발급확인번호**를 입력하여
위변조 여부를 확인할 수 있습니다. 발급확인번호를 통한 확인은 발행일부터 3개월까지 5회에 한하여 가능합니다.

발행번호 123456789A123456789B123456789C123456789D123456789

발급확인번호 ABCD-0000-ABCD

1/2

발행일 0000/00/00

대 법 원

등기고유번호 0000-000000   등기일련번호 000000

[담 보 목 적 물]   (담보목적물에 관한 사항)

순위번호	동산의 종류	보관장소 / 특성	기타사항
1	개별동산 : 유압식프레스기	제조번호 : 2009AAB12-456	제조사 : 대한정밀 주식회사 모델명 : KOP-2000SL
2	집합동산 : 노트북 컴퓨터	서울특별시 서초구 서초대로 10, 303호(서초동, 제일빌딩)	

수수료 00원 영수함

[참 교 사 항]

가. 이 증명서는 동산 또는 채권의 존재를 증명하지 않습니다.

나. 동산을 보관장소에 따라 특정하는 경우에는 같은 보관장소에 있는 같은 종류의 동산 전체가 담보목적물임을 나타냅니다.

관할등기소 00지방법원 00등기소 / 발행등기소 00지방법원 00지방법원 00등기소

— 이 하 여 백 —

이 증명서는 등기기록의 내용과 틀림없음을 증명합니다.

서기 0000년 00월 00일

법원행정처 등기정보중앙관리소

전산운영책임관

* 실선으로 그어진 부분은 말소사항임.

문서 하단의 바코드를 스캐너로 확인하거나, 인터넷등기소(http://www.iros.go.kr)의 발급확인 메뉴에서 발급확인번호를 입력하여
위·변조 여부를 확인할 수 있습니다. 발급확인번호를 통한 확인은 발행일부터 3개월까지 5회에 한하여 가능합니다.

발행번호 123456789A123456789B123456789C123456789D123456789   발급확인번호 ABCD-0000-ABCD

2/2

발행일 0000/00/00

[5]

등기고유번호 0000-000000

등기일련번호 000000

채권담보 등기사항전부증명서(말소사항 포함)

[담 보 권 설 정 자] (담보권설정자에 관한 사항)

표시번호	상호 / 명칭	법인등록번호	본점 / 주사무소	등기원인 및 등기일자
1	주식회사 갑을실업 (Kapul Industry Co., Ltd.)	110111-00123 45	서울특별시 서초구 서초대로 1(서초동)	

[담 보 권] (담보권에 관한 사항)

순위번호	등 기 목 적	접 수	등 기 원 인	담 보 권 자 및 기 타 사 항
1	근담보권설정	2012년6월12일 16시25분 제100호	2012년6월11일 설정계약	채권최고액 금50,000,000원 존속기간 2017년 6월 12일 까지 채무자 주식회사 갑을건설 서울특별시 관악구 신사로 1(신림동) 근담보권자 주식회사 부자은행 110111-0001234 서울특별시 중구 세종대로 200(세종로)

문서 하단의 바코드를 스캐너로 확인하거나, 인터넷등기소(http://www.iros.go.kr)의 **발급확인 메 뉴**에서 **발급확인번호**를 입력하여 위·변조 여부를 확인할 수 있습니다. **발급확인번호**를 통한 확인은 발행일부터 3개월까지 5회에 한하여 가능합니다.

발행번호 1234567 89A123456789B123456789C123456789D123456789

발행일 0000/00/00   1/2   발급확인번호 ABCD-0000-ABCD

등기고유번호 0000-000000   등기일련번호 000000

【 담 보 목 적 물 】　(담보목적물에 관한 사항)

순위번호	채권의 종류	채권의 발생원인 및 발생연월일	목적채권의 채권자 및 채무자	기타사항
1	동산매매대금 채권	2012년5월30일 완구류 판매계약	목적채권의 채권자 갑을실업 주식회사 서울특별시 서초구 서초대로 1(서초동) 목적채권의 채무자 가나유통 주식회사 서울특별시 강남구 양재대로 200(양재동)	

수수료 0원 영수함

[참 고 사 항]

가. 이 증명서는 동산 또는 채권의 존재를 증명하지 않습니다.
나. 동산을 보관장소에 따라 특정하는 경우에는 같은 보관장소에 있는 같은 종류의 동산 전체가 담보목적물임을 나타냅니다.

-- 이 하 여 백 --

관할등기소 00지방법원 00등기소 / 발행등기소 00지방법원 00등기소

전산운영책임관

이 증명서는 등기기록의 내용과 틀림없음을 증명합니다.
서기 0000년 00월 00일
법원행정처 등기정보중앙관리소

대 법 원

* 실선으로 그어진 부분은 말소사항을 표시함.

문서 하단의 바코드를 스캐너로 확인하거나, 인터넷등기소(http://www.iros.go.kr)의 발급확인 메뉴에서 발급확인번호를 입력하여
위변조 여부를 확인할 수 있습니다. 발급확인번호를 통한 확인은 발행일부터 3개월까지 5회에 한하여 가능합니다.

발행번호 123456789A123456789B123456789C123456789D123456789   발행일 0000/00/00   발급확인번호 ABCD-0000-ABCD   2/2

조문색인

$$\left(\begin{array}{l}\text{좌측의 숫자는 조문을 표시하고}\\\text{우측의 숫자는 본문 페이지를 표시함}\end{array}\right)$$

판례색인

사항색인

공저자 약력

곽윤직(1925~2018)

- 서울대학교 법과대학 졸업
- 법학박사(서울대학교)
- 서울대학교 법과대학 교수(1991년 정년퇴임)
- 서울대학교 명예교수

주요 저서

독일민법개설(신구문화사)
대륙법(박영사)
민법총칙〔민법강의 Ⅰ〕(제 9 판)(공저)(박영사)
채권총론〔민법강의 Ⅲ〕(제 7 판)(전면개정)(공저)
　　(박영사)
채권각론〔민법강의 Ⅳ〕(제 6 판)(박영사)
상속법〔민법강의 Ⅵ〕(개정판)(박영사)
민법개설(개정수정판)(박영사)
부동산등기법(신정수정판)(박영사)
부동산물권변동의 연구(박영사)
후암 민법논집(박영사)
판례교재 물권법(법문사)
韓國の契約法 ― 日本法との比較(アジア經濟
　　研究所, 日本 東京)
Credit and Security in Korea〔The Legal Pro-
　　blems of Development Finance〕(University
　　of Queensland Press St. Lucia: Crane,
　　Russak & Company Inc., New York)

김재형

- 서울대학교 법과대학 졸업
- 법학박사(서울대학교)
- 서울지방법원 등 판사
- 독일 뮌헨대학교와 미국 콜럼비아 로스쿨에서
　법학연구
- 서울대학교 법과대학 · 법학전문대학원 교수
- 대법관
- 현 : 서울대학교 법학전문대학원 교수

주요 저서

민법론 Ⅰ, Ⅱ, Ⅲ, Ⅳ, Ⅴ(박영사)
근저당권연구(박영사)
언론과 인격권(제 2 판)(박영사)
민법판례분석(중판)(박영사)
계약법(제 3 판)(공저)(박영사)
민법총칙〔민법강의 Ⅰ〕(제 9 판)(공저)(박영사)
채권총론〔민법강의 Ⅲ〕(제 7 판)(전면개정)(공저)
　　(박영사)
민법주해 제16권(분담집필)(박영사)
주석 민법 ─ 물권(4)(분담집필)(한국사법행정학회)
주석 민법 ─ 채권각칙(6)(분담집필)(한국사법행정
　　학회)
기업회생을 위한 제도개선방향(대한상공회의소)
민법개정안 연구(공저)(박영사)
채무불이행과 부당이득의 최근 동향(공편)(박영사)
금융거래법강의 Ⅱ(공편)(법문사)
도산법강의(공편)(법문사)
통합도산법(공편)(법문사)
한국법과 세계화(공편)(법문사)
판례민법전(편)(2023년판)(박영사)
유럽계약법원칙 제1 · 2부(번역)(박영사)

제 9 판
물권법(민법강의 Ⅱ)

초판발행	1963년 3월 30일
전정판발행	1975년 5월 20일
전정증보판발행	1980년 9월 20일
재전정판발행	1985년 6월 15일
신정판발행	1992년 4월 20일
신정수정판발행	1999년 8월 10일
제 7 판발행	2002년 11월 15일
제 8 판(전면개정) 발행	2014년 4월 25일
제 8 판(전면개정) 보정 발행	2015년 2월 28일
제 9 판 발행	2024년 2월 28일

지은이   곽윤직 · 김재형
펴낸이   안종만

편   집   김선민
기획/마케팅   조성호
표지디자인   이수빈
제   작   우인도 · 고철민

펴낸곳   (주) **박영사**
서울특별시 금천구 가산디지털2로 53, 210호(가산동, 한라시그마밸리)
등록   1959. 3. 11. 제300-1959-1호(倫)

전   화   02)733-6771
f a x   02)736-4818
e-mail   pys@pybook.co.kr
homepage   www.pybook.co.kr
ISBN   979-11-303-4610-6 93360

* 잘못된 책은 바꿔드립니다. 본서의 무단복제행위를 금합니다.

정 가   35,000원